Martin Walser, 1927 in Wasserburg geboren, erhielt für sein literarisches Werk zahlreiche Preise, darunter 1981 den Georg-Büchner-Preis und 1998 den Friedenspreis des deutschen Buchhandels. Außerdem wurde er mit dem Orden «Pour le Mérite» ausgezeichnet und zum «Officier de l'Ordre des Arts et des Lettres» ernannt. Zuletzt veröffentlichte er «Shmekendike blumen» ein Lesebuch über den jiddischen Schriftsteller Sholem Yankev Abramovitsh, den Sammelband «Unser Auschwitz. Auseinandersetzung mit der deutschen Schuld» und den Roman «Ein sterbender Mann».

«Wettkämpfe des Lebens, Wettkämpfe der Kunst und Wettkämpfe mit dem eigenen Ich: Das ist der Stoff, aus dem die Tagebücher Martin Walsers gemacht sind.» (Die Zeit)

«Von allen vier Tagebüchern Martin Walsers ist dieses das spannendste, reichste, intimste.» (Frankfurter Rundschau)

«Die Notate sind die Keimzelle seines literarischen Werks. Nirgends ist dieser Entblößungs- und Verbergungskünstler so offen wie in den Tagebüchern.» (Südkurier)

«Ein Selbstgespräch, dem der Leser auf 700 Seiten gebannt folgt.» (Mannheimer Morgen)

«Eine Fundgrube für künftige Walser-Philologen.» (Neue Zürcher Zeitung)

MARTIN WALSER

Schreiben und Leben

TAGEBÜCHER
1979–1981

ROWOHLT
TASCHENBUCH VERLAG

Veröffentlicht im Rowohlt Taschenbuch Verlag,
Reinbek bei Hamburg, Januar 2016

Umschlaggestaltung any.way, Barbara Hanke / Cordula Schmidt
Umschlagfoto Isolde Ohlbaum
Satz aus der Bembo BQCB, PageOne,
von Dörlemann Satz, Lemförde
Druck und Bindung CPI books GmbH, Leck, Germany
ISBN 978 3 499 26951 6

Inhalt

1979

1. 1. 1979

Am Zoll. Es begann mit den Impfpapieren der Tiere. Beide abgelaufen. Machen Sie mal hinten auf. Haben Sie Fleisch dabei? Der Ton verriet, wir waren aufgefallen. Nein, kein Fleisch. Machen Sie mal hinten auf. Von dort quollen so viele Plastiktüten und Schuhe und einzelne Dosen hervor. Große Hunde-, kleine Katzendosen. Wie viel wir davon dabei hätten. Je vier oder fünf. Ja, sollen wir das Hunde- u. Katzenfutter verzollen? Er will in die rechte hinterste Ecke des Kofferraums. Dort auch nur Hundedosen. In den Plastiktüten nur Reis und Nudeln usw. Ich habe stöhnend ausgepackt. Immer wilder. Er sagt, es sei gut. Nein, nein, sage ich, Sie wollen doch alles sehen. Nein, nein, sagt er. Doch, doch, sage ich in unerbittlicher, schwerer, sich nicht mehr fassen könnender Wut. Ich hatte das Gefühl, nur wenn ich mir ein Ohr abreißen und ihm das blutige Ohr hinschmeißen könnte, fühlte ich mich erleichtert. Das Fleisch war auf dem Dach in der Kühltasche. Ja, warum dürfen wir denn nicht unser Fleisch mitbringen?

Mittwoch, 3. 1. 1979

Gestern wollten wir nach San Bernardino. Alle im Auto. Im Rückwärtsgang einschlagen zum Wenden, das Steuer bleibt eingeschlagen, blockiert, vielleicht das Lenkradschloss. Oder Wasser in der Leitung der Federung. Armin Henny kommt von Cazis herauf und untersucht in der Kälte das Lenkradschloss. Auf mein Drängen. Es ist etwas anderes. Er lässt Öl aus der Hydropneumatik der Leitung. Er muss wieder hinunter und den Abschleppanhänger holen. Der kleine Geselle, der nie den richtigen Schlüssel hatte (21 und 22 für das Lenkrad hatte er nicht, also muss es der 23er tun).

Es ist im Lenksystem. Das Teil ist nicht in Chur, auch nicht in Genf. Also in Paris. Aber dann doch noch im Land. Es soll morgen da sein und 1800 Fr. kosten. Plus Arbeit. Langenheinecke, von dem das Auto ist, ruft in Köln an. Wenn ich einem Herrn Sch. von der Garantieabteilung einen freundlichen Brief schreibe, wird er die Kosten auf dem Coulanz-Weg übernehmen, obwohl jetzt 12 Monate Garantie statt der früheren 6 und dafür keine Coulanz-Wege mehr. Der Caziser Garagist schlägt gleich vor, dass mein Händler die Reparatur auf einen Wagen nehmen solle, dessen Garantiefrist noch nicht abgelaufen ist.

4. 1. 1979

Wenn dieses Lenkrad bei der Rückfahrt, auf der kurvenreichen und tunnelreichen Straße, von San Bernardino blockiert hätte, hätten sich die Untersuchenden gewundert, wieso wir nach einer Kurve nicht mehr geradeaus, sondern in den Abgrund gefahren seien.

Die zwei, von denen jeder sagt, der andere verfolge ihn. Krieg als Privatverhältnis.

Das schwache Ich fühlt sich verfolgt. Auch wer glaubt, er habe mehr, als ihm zusteht. Und wer frühzeitig vielfach überwacht wurde. Das spräche für Monarchien. Solche Sprösslinge brauchten sich nicht verfolgt zu fühlen. Dafür Selbstvertrauen.

Käthe sagt, ob das sein könne, dass in Norddeutschland die Menschen schmalere Köpfe und Gesichter hätten als wir. Ihr kommt es so vor.

Der Föhn hat ein gleißendes Licht ausgegossen über die weiße Gipfelwelt. Alles erscheint scharf, wie geschliffen und dann gefettet.

Wie in der Nacht der Druck als stumpfer Stich unter dem Brustbein siedet. Wo der linke Arm auflag, schmerzte er. Er musste den linken Arm immer über den Kopf legen, dann wurde der Arm leichter.

Die kleinen Dörfer in den Wangen mächtiger Gebirgszüge.

Über Mittag eine knappe Stunde Aufstieg auf der leeren Piste. Im Föhnlicht. Manche niederen Himmelsstellen hinter den Südgipfeln leuchteten türkisgrün. Hier ist man selber in der Helle, die man vom Bodensee aus immer bloß sieht.

Wenn ein Angestellter das System nichts als verteidigen würde wie Karl May König und Vaterland. Wie sich Karl May schämen musste für das viele Geld. Die Umwelt merkt so etwas. Er wird von seinesgleichen öffentlich gebrandmarkt. Die würden auch gern so viel verdienen, deshalb finden sie es unerträglich, dass einer wie sie, aber nicht sie, so viel verdient. Bei Krupp, Thyssen, Hoesch und Herrn von Sowieso stört sie das weniger. Da ist es ein Naturgesetz, dass man viel verdient.

Lantsch (Lenz) noch das alte ärmliche Nest und droben der Ableger Lenzerheide, der reiche, gleißende, schon von Hochhäusern starrende internationale Luxusort. Frau D.: Da kann man Pullover kaufen in Geschäften mit Weltniveau.

Am Samstagnachmittag war ich vom Fahren völlig erschöpft. Schlief inmitten der lauten Familie von halbsechs bis halbsieben, und seitdem keine Herzschmerzen mehr.

Unsere Katze war gestern und vorgestern verrückt. Sie stieß ihre Fleisch- und Milchschalen um, rannte mit dem Kopf gegen das Fenster. Sie war bis jetzt noch nicht länger als Minuten draußen. Heute Nacht ist sie fort und noch nicht wiedergekommen. Vielleicht müssen wir ihretwegen noch 3 Tage länger bleiben. Auch steht Schnee bevor.

Johanna sitzt auf der obersten Treppenstufe, wo die Katze immer saß. Sie kann sich nicht rühren, weil sie so trauert über Meeschis Weggang. Sie fühlt sich schuldig, weil sie Meeschi hinausließ. Das hätte jeder von uns getan. Jetzt ist sie gelähmt. Sie kann trauern wie kein anderer Mensch, den ich kenne. Trauern ist bei ihr etwas, was sie ganz beherrscht.

Je heller die Nacht, um so schwärzer die Tannen.

Donnerstag, 11. 1. 1979

Johanna zu Ossi, der es uns erzählt: Sie sei im Wohnzimmer auf dem Sofa mit zusammengekrallten Händen gesessen und habe gesehen, wie die Türschnalle der Tür langsam heruntergedrückt wurde.

Claus Carlé gestern auf Befragen: *Seelenarbeit* sei vor Weihnachten nicht verschickt worden, weil Max Frisch und Karl Krolow nicht fertig gewesen seien.

12. 1. 1979

Kann man nicht schlafen, weil man solche Gedanken hat, oder hat man solche Gedanken, weil man nicht schlafen kann.

14. 1. 1979

Die hell und blitzend ins Feld rückenden Töne einer Haydn-Symphonie (Nr. 38).

Die Tondichte Bachs.

Der ebenso voluminöse wie schwebende Anfang der Ersten von Bruckner.

Man meint immer, eine Mutter sei eine Mutter, dabei ist eine Mutter doch auch ein Mensch.

Auf dem Skilanglauf fern zwei Reiter, die einen Hügel aufwärts galoppieren. Weil nichts als Wälder, Schneehügel und Schneewege in Sicht sind, kriegen die Reiter, die Skiläufer und die Landschaft etwas Historisches.

15. 1. 1979

Der Nachmittag verging wie das Leben bzw. das Leben wie der Nachmittag. Nach einem Tag schlichtester Bürotätigkeit ist die ganze linke Seite gespannt, verkrampft. Dabei glaubte ich, nicht hastig gewesen zu sein. Ich kann nicht mehr atmen, nur noch Atemzüge, die ich selber mache, finden statt.

Hinaus. Alles weist hinaus. Ich gehe schon. Da es jedem auf sich ankommt, kommt es auf mich nicht an. Also könnte ich doch wirklich gehen. Oder liegt mir so viel an mir? Aber mir läge doch nur daran, dass anderen an mir läge. Ich müsste mich also anderen aufdrängen. Aber wer möchte das, dass einem anderen nur an ihm läge, wenn er sich aufdrängte.

Das Kind kennt keine Gegenseitigkeit. Es möchte einseitig aufgenommen und bevorzugt werden. Es möchte nichts geben, nur nehmen. Alle sollten seine Eltern sein. Alle seine Mutter. Sie sollten sich reißen darum, seine Mutter sein zu dürfen.

Januarnachmittag.

Das Blut summt eine Weile und schläft ein. Die Röte im Westen ist schon schwarz. Im Keller brennen die Geister von Schachtelhalm und Saurier. Was von uns bleibt, wird keine Wärme geben.

Ich bin schon sehr dankbar, dass das *Fliehende Pferd* nach einwöchiger Abwesenheit (letzte Woche Pl. 78) wieder auf die Liste zurückgekehrt ist. Pl. 7. In Heft 1/1979 war die Jahresliste '78, da war es auf Pl. 2. Vielleicht ist es deshalb wieder in Bewegung gekommen. Ich möchte mich einrichten ohne dergleichen. Ich könnte es, wenn ich stärker wäre. Meine Blutgefäße sind nicht widerstandsfähig genug, sie lassen sich von jeder Nachricht pressen und klemmen. Ich könnte mit allem leben, kommt mir vor, aber mein Körper verlangt Privilegien. Er droht andauernd mit Kündigungen.

Nimm sie doch endlich an.

Schön wäre, das gestehe ich, ein Verkauf wie im vergangenen Jahr. Ich möchte das dann nicht ein drittes Mal. Ich möchte es nur deshalb zweimal, dass dann das eine Mal nicht als Ausnahme erschiene.

Lord Liszt

Franz Horn schreibt ihm, dass er jetzt nicht Tennis lerne, um Herrn Thiele zu schlagen, sondern weil ihn Tennis interessiert. Es interessiert ihn jetzt eben. Er ist doch nicht schuld, dass Lord Liszt hochmütig darauf verzichtet, eine Menge unbeholfener Bewegung in Kauf zu nehmen, um vielleicht einmal auf schönere Bewegungen zu kommen.

Der Druck in der Brustmitte. Wie von einem Betondaumen. Spürbar als Druck, genauso von innen wie von außen.

Gegen die eigenen Kinder wüten. Wüten gegen sich selbst. Und da es ein wirkliches Wüten ist, tut es wirklich weh.

Im Schnee die Rosen.

Die Föhre ist vom gefrorenen Nebel versilbert. Sogar die rostigen Blätter, die die Eichen noch tragen, sind silbern gefasst. Dem hügelaufsteigenden Abendwald hängt ein Nebeltuch um den Bauch.

Feierlich fängt die Reise jedes Mal an. Schon am Tag vorher. Erledigt kommt man heim. Dazwischen sind Bewegungen laut Fahrplan zu machen.

16. 1. 1979
9 Uhr 17 bis 11 Uhr 44 Stuttgart. 13 Uhr bis 14 Uhr 05 Berlin. Bristol Hotel Kempinski Zi. 302.

Sturz – Voraufführung, PR-Dienst.

In der Kurfürstenstr. 4, Café Einstein. Eine ehemalige Jugendstilvilla plus Gründerzeitzüge, die Henny Porten gehört haben soll. In einem hauskapellenartigen Nebenraum, der eine Decke hat wie eine umgestülpte Tulpe. Eine Versammlung eher abenteuerlicher Journalisten. Dr. Babette Raitmayer hat schon angedeutet, dass die Reaktion negativ ist. In Köln ein großes Debakel bei der Diskussion im WDR. Der von der *FAZ* brüllte, er werde dafür sorgen, dass dieser Film in den Müll komme. Hier aber brave Fragen. Der, der am meisten fragt, ist ein rothaariger Langhaariger. Er heißt, sagt er nachher, Kupferdach. K. wie Kupferdach. Ihm gefällt der Film. Wo verbreitest du deine Meinung, fragt Alf Brustellin. Er müsse nämlich jetzt Freunde suchen. Der: Das wisse er noch nicht. Er nehme immer Gespräche mit dem Tonband auf, die schreibe er ab. Das sieht ganz gut aus, wenn man da sieht, was man gesagt hat. Abnehmer hat er noch nicht. Er schreibt ja. Das traut er sich kaum zu sagen, aber er will schreiben usw. Also das ist nicht der Freund, den Alf jetzt sucht. Eine Versammlung von armen hilflosen Randfiguren des Journalismus. Alf Brustellin erläutert trocken den ökonomischen Zusammenhang zwischen Ehe und Geschäft. Hannelore Elsner nimmt sich jeden Mann einzeln vor. Zudringlich, als meine sie nur ihn. Sie kriegt hier jeden. Sie reißt immer ihr Kleidoberteil nach links und nach rechts, als wolle sie es von den Schultern reißen. Es rutscht so hin und her, dass man glaubt, es gebe sie gleich ganz frei. Man erlebt andauernd ganz krass, dass sie unter ihrem Kleid nackt ist. Sie muss immer zwischen Buchrieser und Alf hin und her küssen, obwohl Frau Buchrieser neben ihrem Mann sitzt. Sie braucht das. Sie ist furchtbar frustriert, weil aus der Zentrale in München die Entscheidung kam, der Film wird nicht übermorgen, sondern erst am 1. Februar in Berlin gestartet. Dadurch bin ich auch umsonst hier hergefahren. Zum Glück. Kurz vor 12 ins Bett. Babette Raitmayer schimpft auf die verkommenen Filmjournalisten, das seien die schlimmsten. Jedem müsse man den Film extra vorführen.

Eine Gruppe Japaner steht im Foyer 3 Japanern gegenüber, und alle verbeugen sich immer vor einander, sie können nicht aufhören. Offenbar will jeder der letzte sein, der sich verbeugt.

In der Halle, auch in der entferntesten Ecke der Halle, hört man ununterbrochen die Stimme des Portiers. Entweder telefoniert er mit einem Gast, der immer Herr Doktor heißt, den er immer sehr gut zu kennen scheint, weshalb er sich auf seinen «Besuch» freut, oder er gibt Befehle an Boys und an ihm Untergebene; obwohl er die Befehle nicht in der angehobenen Rufstimme gibt, mit der er telefoniert, versteht man auch jeden dieser mit tieferer Stimme gegebenen Befehle. Dabei sind in dieser Halle, in der Garderobe, im Empfang, im Blumenladen, in der Kasse, in der ebenfalls zur Halle hin offenen Telefonzentrale, an den Schreibtischen für Gäste und um die Couchtische herum viele Menschen am Arbeiten und Reden, aber man hört keinen von ihnen, sie alle bilden nur einen Geräuschteppich, auf dem ununterbrochen der Portier auftritt. Er hat ein etwas bayerisches Organ.

Ich war erst einmal im Kempinski: 1962, als ich bei Elisabeth Bergner vortanzen musste.

Wir fliegen in die Sonne. Unter uns der Himmel.

Der dritte Film soll etwas werden. Dass ein Film etwas wird bei uns, dazu müsste er vielleicht in aller Armut anfangen. Und nicht Amerika kopieren. Hier anfangen, mit dem, was man hat.

Ich suche, wenn unter uns Dörfer auftauchen, immer zuerst nach der Kirche. Landung bei Sonne. Der Schatten fliegt mit dem Schnee mit. Er strebt näher. Im Augenblick der Landung vereinigen wir uns mit unserem Schatten.

Wieder das durchdringende Stechen von der Achselhöhle an dem linken Arm hinunter, auf der Innenseite des Arms bis in die mittleren Finger. Und tief unter der Brustwarze die deutliche Sendestelle des Schmerzes, der aber erst von der Achselhöhle an wieder spürbar ist. Wie er von der Herzstelle zur Achselhöhle kommt, weiß man nicht.

Jagd

Ein alter Mann vor ihm, der mühsam geht, weil er wegen zweier kleiner Köfferchen den Stock mit Gummipolster nutzlos tragen muss. Totenblass, der Mund ein wenig offen, randlose Brille, eine schiffchenförmige dunkle Pelzmütze. Den stößt Zürn in seiner Eile um.

Vor dem Schlosshotel sitzen auf der Bank unter den Kolonnaden zwei Mädchen, jede in einer Hand eine Semmel, in der anderen einen aus der Verpackung herausragenden Schokoladenriegel. Sie lachen und sind lustig unruhig, dabei aber darauf konzentriert, von Semmel und Schokoladenriegel immer gleichzeitig etwas im Mund zu haben.

Franz Kafka (IRONIE). So darüber schreiben, dass es ihm und mir entspricht: deshalb keine sklavischen Übersetzungen von Einzelheiten. Es muss etwas mit der eigenen Kampfphase zu tun haben.

Wer Fotografie schreibt, muss auch bereit sein, Fase zu schreiben: sagt der konservative St. R.

Mit Inge Storz in Stuttgart, Tee in der Halle des Zeppelin. Sie fragt auf dem Weg zum Bahnhof, ob ich am neuen Buch hänge, wie wichtig es mir sei. Für mich klingt das, als wolle sie mir anbieten, das Buch zu einem Nebenprodukt zu erklären, dann könne sie ihr Urteil frei heraussagen. Da es erst am 11. eingetroffen ist, hat sie es noch nicht gelesen. Aber sicher jemand aus ihrer Umgebung.

Hans Christoph Buch beim Einsteigen am Flughafen Stuttgart: Er liest in Ulm. Er sagt im Bus zum Gebäude, er lese gerade das Buch. Spannend, sagt er, nein, sagt er, spannend nicht, aber es liest sich angenehm, man liest es gern. Ich fange zwanghaft von der sinnlosen gestrigen Berlin-Reise an. Ich kann es nicht ertragen, das zu hören.

Donnerstag, 18. 1. 1979

Der Zug um 10 Uhr 26 fuhr nicht. Erst um 10 Uhr 58. Im Wartesaal ein 55-jähriger buckliger Zwerg mit zu großen Schuhen und zu kurzen Hosen, ein Hosenbein hört mitten in der Wade auf, eines kurz über dem Knöchel, mit Brille und einer Zigarette im Mund, sammelt leere Gläser und volle Aschenbecher im Saal und trägt sie – er hinkt stark – zum Buffet, hinter dem eine riesige strohige Germanin ausschenkt. Sie hat auch immer eine Zigarette im Mund. Der Kleine kriegt 2 Schnapsgläser voll dunkles Zeug, wahrscheinlich ein Kräuterschnaps. Dann zu seinem Tisch. Da sitzt einer, ca. 50 ohne Zähne, dicke Brillengläser, Kinn immer in der Höhe, und ein Bub von 12, der einen kleinen roten Transistor hat, aus dem man aber wegen der dröhnenden Boxmusik nichts hört. Der Zwerg (der einen Liliputaner-Kopf hat oder einen Altmännerkopf) geht mit einem kleinen Kübel von Tisch zu Tisch, leert die Aschenbecher, putzt mit einem Lumpen, stellt sie wieder auf den Tisch. Aus der Nähe wirkt er älter als 55. Vielleicht 60. Er hat eine normale Männerjacke an, dunkelbraun, die hängt vorne weit über die Knie und hinten, wegen des Buckels, nicht ganz bis in die Kniekehlen. Er hat riesige Ohren. Der 12-Jährige ist sehr schön.

Der Tag der versäumten Anschlüsse. Ich hätte den 14 Uhr 07-Zug nehmen sollen. Jetzt Ankunft 16 Uhr 16, aber dafür gleich in Hüttental-Weidenau.

Ein 16-jähriger Blondschopf mit Pickeln und noch nie rasiertem Bartbeginn und in schwarzer Lederjacke setzt sich zu denen, die er kennt. Nach 5 Minuten ist er auf dem Stuhl eingenickt, eine Zeit lang sinkt ihm der Kopf immer nach vorne und wird wieder im Schlaf hochgehoben. Auf einmal sinkt der Kopf nicht mehr nach vorne, sondern nach hinten, ganz nach hinten, da bleibt er ruhig liegen, der Mund steht offen zur Decke hinauf. Pelzmützenträger wie aus sibirischen Wäldern. Die Mutter eines 12-jährigen wacht auf. Seine Augen sind rot. Alle rauchen. Alle. Nur der 12-jährige hat nicht geraucht. Seit er weg ist, rauchen alle.

Einer mit offener Windjacke, dunkelblau mit Nylonpelz, bonbonrosa Hemd, das auch offen ist. Ein Auge zeigt nur einen Streifen Weiß und ist noch verschwollen, ein Schneidezahn fehlt, ca. 18, mit einer kleinen Schwarzen. Er greift sich immer mit Daumen und Zeigefinger an seine Brust und daran herum, während er mit ihr spricht. Am kleinen Finger einen klotzigen Ring. Der Schneidezahn riss eine riesige Lücke.

Die Bedienung, weil der Alte 'n Bier und 'nen Wacholder bestellte: Wollen Se auch 'nen Kurzen dabei.

Hotel am Bahnhof. Trist. Zimmer 14.

Das Bett war nicht frisch. Mit Frühstück DM 30,–. Aus der Kegelbahn Gesang.

Ich frage mich, was ist mit den Direktoren heute, sind sie von oben her kraftlos? Warum kann sich ein Lehrer das heute leisten, nicht zur Konferenz zu kommen. Heute hatte ich z.B. 2 Studenten. Dann hatte mich eine junge Dame ins Büro kommen lassen, die redete: Das hat ja beinah im Kindergarten angefangen. Wir haben einen schlimmen Fehler gemacht. Wir haben versucht, der jungen Generation Schwierigkeiten aus dem Weg zu räumen. Wohlstand. Die sind immer für Sparsamkeit und dass man etwas nicht macht. Atom usw., wenn sie selber nicht betroffen sind. Die wissen nicht, dass das, was wir haben, ein Glückszufall ist. Ich gönne das denen ja, aber weltweit betrachtet, gehören die zu den Privilegierten. Sowieso habe ich das schon mal auf den Konferenzen gesagt, alles, was zu meinem Vorteil ist, ist gerecht. Mir ist Folgendes passiert. Da hat ein Mädchen 'ne Arbeit über Randgruppen geschrieben, alles nur noch Randgruppen, da gibt es ja nichts anderes mehr. Also z.B. Homosexualität. Da hab ich sie angegriffen: Homo sind doch nicht Randgruppen wie Behinderte. Das wusste sie gar nicht mehr, dass sie das geschrieben hat, ich wusste das, sie nicht, das ist das Gefährliche. Ich habe ja immer gesagt, mit der Psychologie kannst' einen ins Gefängnis bringen, aber mit der selben bringst' den auch wieder heraus. Das Problem ist überall: Macht kann einen Menschen verderben. 'türlich! Weil es doch zu schnell geht. Der Spengler oder wie hieß er, Spranger, Oberpostsekretär, was 'n Oberpostsekretär ist, wisst ihr, von heute auf morgen Gauleiter, der musste doch durchdrehen, da kamen se alle, die Weiber, die Kollegen, Herr Gauleiter, da muss er verrückt werden.

Wie wenn ich nie mehr etwas arbeiten wollte. Die Angst, die Neigung zur Arbeit sei ein für alle Mal verflogen. Dann müsste ich mich zur Arbeit zwingen. Das wäre unangenehm. Ich traue mir diese Kraft nicht zu. Dann wäre es also aus. Ich saß bisher ziemlich leichtsinnig an der Quelle und fing mit beiden Händen auf, was kam, und hätte zufrieden sein sollen. Jetzt werde ich erfahren, was das ist, arbeiten.

Freitag, 19. 1. 1979
Siegen, Hollstein-Hotel.

Im Konferenzraum der Bibliothek.

Die mäßig besuchte Veranstaltung. Also es war unnötig, für die hier genau so wie für mich. Warum glaube ich das vorher nicht? Warum drängen die vorher so und sind nachher überhaupt nicht interessiert.Warum habe ich mich da hineindrängen lassen, Mensch.

Dr. Riha, der Dada-Spezialist, will nicht nur Impulsivität, sondern Intellektualität und Dialektik in Bewegung gesetzt sehen bei mir. Im Sommer nach Amherst, zum Dada-Kongress. Lebensziel, nämlich 80 Jahre alt werden zu können, ohne sich Vorwürfe machen zu müssen. Es bedarf einer Setzung, sagt er, dann kann man mit gutem Gewissen 80 werden. Ich verstand zuerst «Sitzung» und fragte, ob wir die morgen machen können. Er klärte den Irrtum auf, sagte aber nicht, welcher Setzung es bedarf. Da ich argumentiert hatte, dass ein Ironiker nicht gesund 80 werden könne, kann er als Thomas-Mann-Anhänger auch mit Altwerden protzen. Beides ist gleich blöd. Aber ich habe angefangen.

Aus meinem wirkungslosen Kopf stiege ein Stückchen Stahl und leuchtete mir heim, abwärts und aufwärts durch den schwarzen Wald. Rehe entsprängen der Mulde. Das Fieber fällt mit dem Leben. Ich bin ganz gut gekleidet. Wie der schönen Bedienung die Cordhose die Schamhälften hochbändigt, dass dann zwischen den Schenkeln wieder ein Lichtraum ist in Form eines Vierkantschlüssels von beachtlicher Größe.

Claus Carlé hat in Karlsruhe dem Ober wie ein Strichjunge nachgerufen, er werde mit der Vorspeise (etwas mit Rahm und Champignons) mehr als halbfertig sein, bis meine da sein werde. Klagend rief er. Weil es ihn schmerzte, dass er nicht anfangen durfte, wo er es doch schon hatte. Ich rief, den Ober beschwichtigend (bevor der reagieren konnte) und Claus Carlé aufklärend, aufmunternd, dass ich doch gar keine Vorspeise bestellt hätte, dass er doch anfangen möge. Da fraß er befreit drauflos.

Er hat sich zurückgezogen. Vielleicht sind es sogar mehrere. Also haben sie sich zurückgezogen. Wenn ich mir über die Stirn fahre und den sehr dünn ausgetretenen Schweiß abwische, spüre ich es mit einer unwahrscheinlichen Sicherheit, dass heute kein weiterer Angriff zu befürchten ist. Ich bin sicher. Jaa. Ich könnte es hinausbrüllen. Ich hätte nicht die geringste Sorge, dadurch irgendetwas zu provozieren. Es wäre keinerlei Leichtsinn, auf das nächste Telefonhäuschen zu klettern und mit aller Kraft zu brüllen: Ich bin sicher. Ich weiß es, heute kann nichts mehr kommen. Ich hatte Angst vor diesem Tag. Und ich weiß ziemlich sicher, dass es morgen schlimm werden kann, es war heute schon zu merken. Ich habe sie ja nicht kleingekriegt. Keinesfalls aus dem Feld geschlagen. Ich habe sie nicht einmal besonders beeindruckt. Ich kann nicht sagen, ich hätte sie besiegt. Sie sitzen jetzt nicht zusammen und tauschen dumpfe Sätze aus, in denen sie einander bestätigen, sie seien von mir besiegt worden. Das nicht. Ich bin auch einmal völlig besiegt geblieben. Es gab sogar Augenblicke, in denen sah es aus, als müsste ich alles zugeben. Da stießen einzelne von denen, jeder auf eine sehr persönliche Art, auf mich ein und trafen mich an verwundbaren Stellen. Natürlich, als Masse wurden sie nicht Herr über mich. Aber ich auch nicht über sie. Aber eben einzelne trafen mich. Die drangen auf mich ein und stießen zu. Ich konnte nichts machen. D.h., während ich nicht einen einzigen von ihnen so traf, trafen mehrere von ihnen mich an empfindlichen Stellen. Wenn man genau messen würde, müsste ich heute als besiegt gelten. Trotzdem sind sie dann plötzlich abgezogen, wie nach einer beendeten Vorstellung, wie Zuschauer sind sie abgezogen, die das Interesse verloren, schon ein bisschen bevor die Vorstellung beendet ist. Es ist zu befürchten, dass sie morgen gar nicht mehr kommen. Sie haben das Interesse an mir verloren. Der Kampf war zu langweilig für sie. Ich kann so laut, wie ich will, ich-bin-sicher brüllen. Es interessiert keinen.

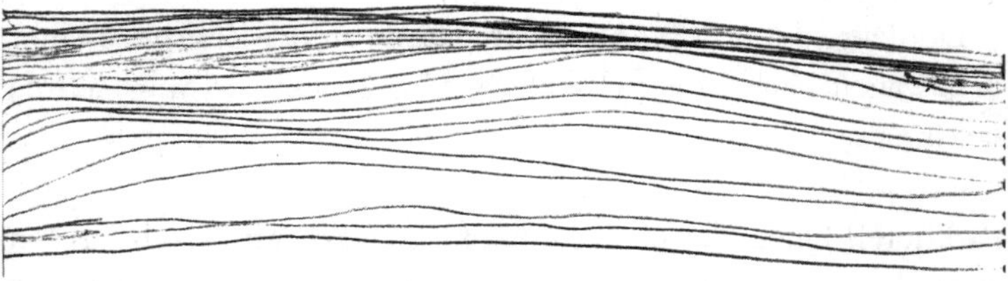

Wenn ich daheim wäre

Er freute sich schon auf den Waldschatten, den er aber noch nicht erreicht hatte, als er einen Schrei hörte. Es wurde ein Jubelschrei. Ein Schrei des Entzückens. Etwas Jauchzendes. Das wusste er so genau, weil er sofort hatte denken müssen, dass es ihm völlig unbekannt sei, wie man ansetzen müsste, um einen solchen Schrei hervorzubringen. Auch dass der Schrei von einem jungen Mann stammen musste, war ihm klar. Nicht ganz so sicher war, ob der Schrei aus dem Wald kam, von dem er noch dreißig, vierzig Meter weg war, oder von dem Hof, an dem er gerade vorbeigegangen war und der jetzt vielleicht fünfzig Meter hinter ihm lag. Der Schrei hatte einen großen Hall geweckt. Ohne diesen Widerhall wäre es nicht ein so ungeheurer, staunen- und schaudererregender Schrei gewesen. Triumph, Jubel, Entzücken. Er ging schneller. Sobald er im Wald war, blieb er stehen. Nichts. Also ging er weiter. Er behielt seine Spazierstrecke bei wie immer, das heißt, er verließ nach einem etwa einstündigen Weg den Wald an einer anderen Stelle als an der, an der er ihn betreten hatte. Er ging unter der Bundesstraße durch, schaute noch einmal zurück, als sei der Wald ihm noch eine Antwort schuldig, dann ging er langsam heim. Hatte dieser Schrei etwas mit Gewalt zu tun? War es nicht doch Schmerz, Schrecken?

20. 1. 1979
14 Uhr 41 ab Hüttental-Weidenau – Frankfurt 16 Uhr 26, Parkhotel Zi 114, DM 166,–.

Die 3. Sitzung des Seminars, von 10 Uhr 15–12 Uhr 30. 23 Teilnehmer. Das ist viel für Samstagvormittag, sagt Steinert.

Der Zug, der von Norden kam, «führt an der Zugspitze einen Kurswagen nach Friedrichshafen». Um 22 Uhr 20 wäre ich daheim.

Parkhotel: Unter den den Bahnhof umlagernden Hotels das teuerste. Er ging an den National-Europa-Tourist-usw.-Hotels vorbei, sah die schäbigen Foyers und die bitteren Portiers und ein paar arme Orientalen vor kleinen TVs. Wenn er in eines dieser abgewetzten Bahnhofviertel-Hotels ginge, wäre er sofort ein abgewetzter, fast schon alter Herr – für diesen Zweck ganz sicher sogar –, der sich in einer Art Stundenhotel ein paar sexuelle Übergriffe leisten will. Wenn er aber in das sündhaft teure Parkhotel ging, war er ein Bonvivant, ein Boulevard-Fünfziger, ein feiner Hirsch, eine fast tragisch-verwitterte Gestalt, einer, der sich vielleicht mit einer treulosen, ausbeuterischen Geliebten hier trifft, um sie zum letzten Mal – das glaubt er immer, dann hört er doch nicht auf – um Treue anzuflehen, oder um Liebe im besten Fall, im Parkhotel war er ein schönes, ein ergreifendes, fast ein stolzes Porträt in einem goldenen Rahmen, während er in jedem der Hotels, die dem Bahnhof um 20–50 m näher lagen und die halb so viel kosteten – also auch immer noch ziemlich teuer waren –, ein alter Schleicher war, der es nicht lassen kann. Der bittere Portier im billigeren, aber immer noch sehr teuren Hotel würde es ihn mit Genuss spüren lassen, dass er ihn durchschaue. Das Mädchen am Parkhotel-Empfang, das selber wie ein Porträt des 18. Jh.s. aussah, ein englisches, übergab ihm den Ausweis, mit dessen Hilfe er sich bei dem Portier den Schlüssel holen konnte, mit einer völlig unverletzenden Freundlichkeit. Und das Zimmer hatte Bad und Living-Room und noch einen Koffervorraum. Also bitte.

Als er heimkam, ein Anruf: Er solle sich in Zukunft in acht nehmen.

Ob das mit dem Schrei im Wald zusammenhing? Der Schrei tönte in seiner Erinnerung immer mehr wie ein Not- oder Schmerzschrei? Etwas war in dem Augenblick, als da geschrien wurde, zerrissen. Der Schrei selber gehörte zu dem Zerreißvorgang.

Am nächsten Tag hatten sich zwar wieder welche eingefunden, die sich nicht unterschieden von denen, gegen die er gekämpft hatte. Sie glichen denen von gestern vollkommen, konnten aber trotzdem nicht die von gestern sein. Da sie sich ganz anders verhielten als gestern, dachte er, dass es andere seien. Sie griffen ihn auch wieder an. Aber unheftig, als sei es ihnen befohlen worden, aber sie selber stünden nicht dahinter, ihnen sei es nur eine Pflicht, eine befohlene Arbeit. Pünktlich um 12 Uhr 30 ließen sie von ihm ab und entfernten sich mit mürrischen Gesichtern. Er stand plötzlich allein da und wunderte sich, dass die beim Weggehen nicht ein einziges Mal zurückschauten. Er ging in eine Kneipe und setzte sich an einen Tisch im fast leeren Nebenzimmer. Nur ein junger Mann saß da. Der Schankraum war übervoll von Leuten und voller Qualm. Der junge Mann sah aus wie aus einem Märchen. Wie ein Prinz. Langes, braunschwarzes, lockiges Haar bis fast auf die Schultern.

Als die Bedienung kam, bezahlte er und stand auf. Er hatte ein dunkles Malzbier zu bezahlen gehabt. Ich verstehe nicht, was Sie von mir wollen, sagte er und ging.

In der Bahnhofwirtschaft im Bahnhof Hüttental-Weidenau sitzen ca. 15 Jugoslawen in einer Ecke und spielen Karten in mehreren Partien. Die Gesichter sind ungeheuer aufmerksam und schön. Da er wusste, dass keiner von denen herschauen würde, schaute er lange hin.

Rules are rules. Sure. When it's convenient. I can see his sight of it. I'm just honestly bewildered. Providing some new jobs. Give a booze to economy. It's important to know both sides of the issue. News is next on AFN. Freezing rain is glazing roads shaky at best.

Martin Luther King: I have a dream that one day … I have a dream, seine 4 kleinen Kinder werden gleichberechtigt sein.

Einer: Wenn alle ihn behandeln, wie er alle behandelt! Wäre er da nicht verloren?

Zu Zimmer 114 muss man im 1. Stock noch durch eine Glastür in einen Seitenflügel. Offenbar ist 114 das einzige Zimmer, das in der Nacht von Samstag auf Sonntag besetzt ist. Sobald er drin ist, spürt er, dass die Größe des Apartments eine Art Angst erzeugt. Das ist ein Verbrecherhotel. Nur Verbrecher können solche Preise bezahlen. Er ist auch ein Verbrecher. Aber kein Gewaltverbrecher. Ein solches Hotel zieht sicher auch Gewaltverbrecher an. Welcher ist einer? Die zwei Araber, die mit Kreditkarten bezahlten? Hohe Beträge.

Wir schießen durch den grauen Tag, die Erde rast vorbei mit schwarzen Flecken. Ich möchte eine Ruhe haben, die dem Transport gewachsen ist.

Sonntag, 21. 1. 1979, Köln.

Zu Johanna. Die Bahnhofstraße hinauf, dann einmal Gereonstraße, Gereonsdriesch, G'hof, G'tor, G'kloster, G'pl., G'wall. Eine Eisenbahnbrücke mit ca. 10 Gleisen (nach Westen) führt von der Höhe des 1. Stocks von Nr. 29 über den G'wall. Lauter Ausländer links und rechts von der Tür auf den Namensschildern. Türkenviertel. Türkenläden, Sexshops. Johanna hat einen Jahresvertrag unterschrieben. Sonst hätte sie's gar nicht gekriegt. 170, ohne Heizung, ein winziges Waschbecken im Klo. Elektrische Heizung. Von der Brücke donnern, dröhnen, poltern, schrumsen und scheppern die Züge, ein Fenster scheppert mit. Der nähere Weg vom Bahnhof, viel näher, wäre gleich vor auf die Weidengasse. Essen im Toscana.

Montag, 22. 1. 1979
10 Uhr 05 Köln – 10 Uhr 54 Aachen, Hotel Central, Römerstraße.

Teppich, Keshan, willenlos gekauft für 8800,– und 90,– Versicherung.

Zuerst Dom, der karolingische Teil, das Oktogon und der gotische Teil, der in die Höhe fließende Stein. Wie gestern Abend der Kölner Dom, nur noch schöner. Dunkelheit und Gotik ergänzen einander. Gotik braucht wenig Licht. Die Birnau braucht alles Licht.

Oh, Kind! Im Türkenviertel, wo der Braten sich dreht, der Wirt mit ausgestreckten Armen am langen Stein das noch längere Messer wetzt mit Tambourbewegungen. Sie traut sich nicht, die elektrische Heizung anzulassen, weil sie denkt, ein Kurzschluss könne einen Zimmerbrand verursachen. Eine Ravensburgerin auch im 1. Semester. In 14 Tagen beginnt erst der Unterricht im Singen bei einer Schülerin des Sängers Reiss. Er will sie gelegentlich sehen und hören. Es ist schwer, sie dort zu lassen. Das Bedürfnis, sie einfach mitzunehmen. Keine Gesellschaft für sie gesehen. Pizzeria nebenan, der Wirt lässt seinen Range Rover ewig laufen.

Dass man sie da lassen muss, in diesem Viertelelend. Wenn sie jemand hätte, wäre alles sofort idyllisch. Da sie allein ist, ist alles eine Unverschämtheit. Manchmal sind Vorlesungen nichts als langweilig. Der Herr liest die lateinischen Namen der Muskeln vor und zeigt dabei jedes Mal auf einer Schautafel auf den betreffenden Muskel. O Kind.

Das ist das Wirkliche: Wenn man selber schon an jeder Stelle Schläge empfangen hat und (wahrscheinlich voreiligerweise) glaubt, es könne einem nichts neues Schlimmes mehr passieren,

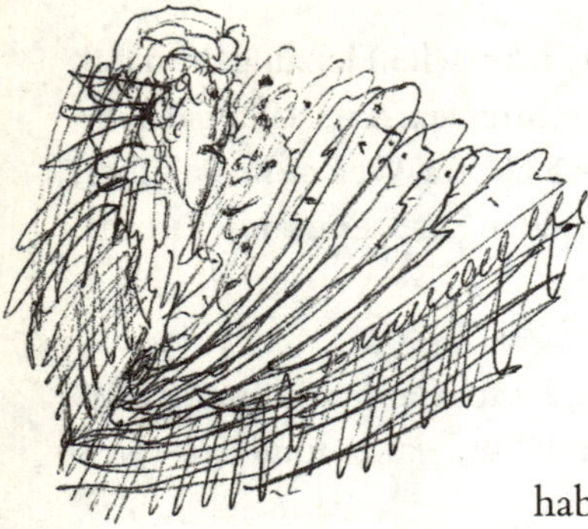

dann sind die Kinder so weit, dass sie geschlagen werden können; und die Schläge, die sie kriegen, sind schlimmer als die, die man selber je kriegte. Ganz neue Schläge sind das. Und ein Ende ist da natürlich nicht abzusehen.

Jede soll dann einen Teppich haben, der noch eine Zeit lang hält. Es fehlt noch einer. Der helle Keshan für Franziska, der dunkle Keshan für Johanna. Der helle Kirman für Alissa. Es ist nur ein Händerecken in keine Richtung, ein gedachtes nur, keiner sieht's.

Wenn du fallen würdest, solltest du so zusammenfallen, dass du, wenn du liegst, nicht mehr Platz bedeckst als stehend.

Der linke Arm ist heiß und schwer und von einem Stechen durchzogen, dessen Ausgangspunkt in der Herzgegend spürbar ist.

Dienstag, 23. 1. 1979

Gestern vielleicht die beste Lesung bis jetzt. Kármán-Saal der RWTH. VHS Lucrezia Hartmann. Heute um 8 Uhr noch in eine Schule. Die Schule auf einem steil ansteigenden Hügel in einer alten Villa, die sie in diesem Jahr räumen, um in ein neues atmosphäreloses Gebäude einzuziehen.

Schal verloren. Auf dem Weg zum Auto, man kann kaum gehen, so glibberig ist es. Schmutzschneehaufen, auf denen der Regen gefroren ist, sehen wie emailliert aus.

Aachen. 10 Uhr 30 – Maastricht – Utrecht – Groningen 16 Uhr 12.

Simpelveld. Das Rot an den Signalen zeigt, wir sind nicht mehr in Deutschland. Mit einem Eiltriebwagen schwanken wir durch die Ebenen des Schnees.

Der Schaffner hat einen Lehrling dabei, dem er zu jeder Fahrkarte etwas sagen muss. Der Schaffner sieht aus wie John Wayne.

Die Luft ist nebelgrau. Häuser und Bäume sind mild.

Der deutsche Grenzkontrolleur hatte ein Fahndungsbuch dabei, in dem er fast verschämt nachschaute, ob ich drin vorkomme. Eine holländ. Kontrolle findet nicht statt.

In Zwolle wurde der Zug getrennt. Das hat niemand gesagt, also fuhr ich nach Leeuwarden und musste dort noch einmal umsteigen. Um 16 Uhr 48 ab Groningen, an 17 Uhr 40 in Maastricht. Kein Schaffner mehr. Draußen immer die gleiche Tiefseenebelsuppe.

Zum ersten Mal Thomas Mann etwas näher durch seine Briefe. Obwohl der gestelzte Ton und die unermüdliche Selbststilisierung auch wieder auf die Nerven gehen.

Niet instappen.

Wenn man in die dunklen Orte einfährt, glaubt man, es sei 1908. Der Schaffner pfeift fröhlich wie ein Vogel. Das klingt komisch im Abendschneenebel.

Ich sehne mich danach, ein Gedicht machen zu können. Dass ich nicht aussprechen kann, wie es mir zumute ist, empfinde ich immer häufiger als einen Schmerz, zumindest als etwas bohrend Unangenehmes.

Dass man in diese Gegend nur einmal kommt. Groningen klingt schön. Rijksuniversiteit.

Hotel Frigge, Herestraat 72.

Und die wollen 1000 Mark zahlen. Das ist auch zu viel.

Ich sehe ruhig dem roten Wein entgegen.

Mittwoch, 24. 1. 1979
Hotel Frigge, Herestraat, Zi. 130, DM 45,–.

Von den 1000 Mark haben die zwei jungen Germanisten nichts gesagt. Der Manageriale hat sich sehr bedankt, dass ich gekommen bin. Das Essen zahle das Goethe-Institut.

Groningen schön verschneit. In den Straßen fehlt kein Haus, es sind noch alle da von früher. Lichter, Schnee, alte schöne Häuser und Radfahrer, die es nicht aufgeben. Und ein Kanal, in dem gedrängt, Bord an Bord, dicke Segelschiffe liegen und schwere Maste in den immer noch fallenden Schnee strecken. Wegen 70 Studenten hierher. Aber der Busfahrer gestern Abend schenkte mir 20 cts, der heute Morgen wollte überhaupt kein Geld dafür, dass er mich zum Bahnhof mitnahm. Seh ich schon so bemitleidenswert aus mit meinen zwei Gepäckstücken?

Amsterdam. Hotel Ambassade, Herengracht 341, Zi. 25. Das Hotel besteht aus fünf schmalen Häusern an der Gracht. Mein Zimmer hat das 2. Stock ganz. Nur die steile Schiffstreppe führt noch vorbei. Ein Fenster zur Gracht, eines hinten hinaus.

Nachmittag an der Gracht. Zuerst eine Suppe im Institut. Ein royales Gebäude. Für 2 Mill. umgebaut. Räume ca 4 ½ m hoch.

Herr Martin vom Institut hat einen Roman geschrieben. Jens lektoriert. Herr Labroisse hat *Seelenarbeit* gelesen. Sagt aber am Telefon nicht mehr als das. Und das könnte weniger heißen. Warum erwähnt er es überhaupt, dass er das Buch gelesen hat? Ob ich heute Abend *Seelenarbeit* lese? Nein. Er hat das Buch von einer Berliner Buchhändlerin. Wir werden ja sehen, ob er heute Abend noch einen Satz hinzufügt. Gestern in Groningen war auch jemand, der *Seelenarbeit* gelesen hatte, aus Speyer, die hat mehr gesagt als das. Man muss seine Bücher furchtbar solide machen oder nicht mehr aus dem Haus gehen.

Das Meerlicht heute Mittag über Amsterdam.

Donnerstag, 25. 1. 1979
Ab 8 Uhr 46 – Nijmegen 10 Uhr 18.

Am Computer für den Schlafwagenplatz. Sie fragt andere Mädchen, eine telefoniert die Fragen weiter. Sie soll noch die und die Taste drücken. Sie tut's, keine Antwort. Dann ein paar Reaktionen der hinter ihr stehenden Maschine, die ausdrucken soll. Dann heben drei Mädchen den Deckel ab, klappen die Maschine auf. Aha, da war das Papier nicht durch die Walze gezogen worden, es staute und bauschte und knäulte sich schon. Sie riss das Papier weg. Die anderen zwei schrien leise auf. Dann mussten sie das Papier wieder gerade abschneiden mit einer simplen Schere und der Walze das Papier so anbieten, dann gingen wir zur Maschine nebenan, dann tippte sie wieder, auch hier keine Reaktion. Aber der Bildschirm, den sie besorgt beobachtete, sagte ihr: Voll. Also einen Platz Richtung Konstanz! Tatsächlich schreibt die Maschine den doch aus. Für 131 Gulden allerdings. Also sind die Siemens-Dinger doch besser, als man denkt.

Adriaan wieder älter. Mit der Wollmütze. Wie eine alte Frau. Er hat ein Mädchen, die ist vielleicht 19. Noch kein Abitur und keinen Führerschein. Einmal fragt er ihren Freund, ob sie diese Nacht nicht bei ihm bleiben würde. Der sagte nein. Adriaan: Fragen wir sie doch. Sie taten's. Sie entschied sich für Adriaan. Der Freund von Guus (Adriaans Frau) hat auch eine Geliebte. Adriaan: Wenn die Männer, wenn sie eine Freundin haben, wenigstens treu sein könnten. Wenn ich eine Freundin habe, bin ich ihr treu. (Guus ist 55 und seine Freundin 19.) Die Tochter immer noch im Puff. Ein Freund vom Verlag kommt zu ihr. Überrascht. Dann: Grüß deinen Vater. Er war vielleicht doch schockiert. Adriaan schildert die Vorzüge dieses Berufes. Die Tochter könne sehr gut allein sein. Das kommt von ihrem Beruf, sagt Adriaan. Da hat sie andauernd Gesellschaft, dann ist sie gerne allein, oben in ihrem Zimmer, kocht für sich, liest viel, liegt im Bett. Adriaan spricht öfter mit ihr über ihren Beruf. Sie hat sicher eine Anlage dafür, sagt er, sie hat sich immer schon gern schön gemacht und gut angezogen.

Herrn Maassens Bruder war in einer Gruppe von Soldaten, die 1946 nach Indonesien kamen. 25 Jahre war er dort. Jetzt seit einem Jahr hier. Träumt nur von der Rückkehr nach Java. Obwohl er auch leidet unter dem, was er tun musste. Als die Revolutionäre eine Truppe in die Luft sprengten, wurde ein Kamerad in die Luft geschleudert, fiel ihm in den Nacken, von 15 waren sie noch 4. Er konnte sich nicht mehr rühren, musste Befehle geben. Als sie auf 5 Arbeiter stießen, mussten sie die sofort erschießen, weil die den Guerillas verraten hatten, wo sie, die Holländer, sind. Das hat er den Eltern nicht erzählen können, die denken, er ist immer noch der liebe Junge. Ist er auch. Er ist kein Verbrecher. Wenn man einmal dabei ist, ist man dabei. Oder man müsste ausbrechen.

Wir haben auch unsere Vergangenheit.

Ein Drittel der Surinamer verließ in den zwei Jahren vor der Unabhängigkeit das Land und ging nach Holland. Sie konnten wählen. Waren ja Holländer. Niemand kann sie zurückschicken. Die fünf Milliarden Gulden Hilfe versumpfen in der Korruption dort. Die Surinamer hier (30–40000 in Amsterdam) sind meistens arbeitslos. Holland hat die sozialste Gesetzgebung nach Schweden. Die können leben. Jetzt dealen sie usw. Jetzt will schon keiner mehr einen Surinamer einstellen. Die meisten sind Hindustani, die nach der Sklavenzeit als Kuli dort hinkamen, die hatten Angst, wenn die Kreolen in Surinam die Macht haben würden, unterdrückt zu werden.

Martin Mooij macht in Rotterdam Theater, in dem die ethnischen Gruppen der Surinamer lernen, dass sie nicht so getrennt und feindselig gegen einander sein müssen, wie sie das unter holländischen Anleitung gelernt haben. Theater als Wiedergutmachung.

Taxi's komen vanzelf! Niet storen!
God hoert u.
Vloek niet (Tramhaltestelle).

Anstatt die Frauen auch noch zu verhöhnen, weil sie nicht auf männliche Art selbständig werden können, sollte man sie preisen. Aber dazu müsste man ihre unverbrüchliche Zugeneigtheit als etwas Überlegenes erleben. Wie es ihnen weh tut, wenn sie allein sein müssen. Wie sie es nicht ertragen, den Geliebten zu verlieren. Welch ein Reservoir an Zukunft, dass sie lieben müssen. Dass sie sich emanzipieren, ist eine Panikreaktion, weil es nicht mehr zu machen war. Sie zerstören das Reservoir, auf das sie und wir angewiesen sein könnten. Es wäre unsere Schuld, wenn wir daran dann früher als sonst nötig eingehen würden.

Utrecht, Hotel Hes, Malistraat, Zi. 7, 1. Stock, 65 Gulden.

Eine halbe Stunde lang hörte ich dem kräftigen Gröhlen zu. Immer nur eine Musik liegt dem zugrunde. Dann schaute ich hinaus, weil diese gleichbleibende Hartnäckigkeit bei einem Betrunkenen doch auffallend war. Wie benahm sich der bei seiner furchtbaren Wiederholungsorgie? Und warum wurde er nicht heiser, nicht müde? Dann sah ich im Garten hinter dem Nebenhaus (der Garten war von einer ca. 2 m hohen Mauer umgeben, ich sah von oben hinein) einen offenbar geistig behinderten Buben auf einer Schaukel. Eine schöne, gekaufte Schaukel, gelb und blau gestrichen, an Ketten 2 Sitze, 2 rote, nebeneinander, auf einem er im mächtigsten Schaukeln begriffen. Hinten und vorne kam er jeweils so hoch wie das Rohr, an dem die Ketten seiner Schaukel befestigt waren. Und jedes Mal fasste er, wenn er den hinteren höchsten Punkt erreicht hatte, mit beiden Handschuhhänden die Kette, um der Schaukel nach unten neue Wucht zu verleihen. Sobald er den untersten Punkt passiert hatte, ließ er los und streckte die Hände links und rechts außerhalb der Ketten nach vorne, ließ sich durch den Schwung gegen die Ketten pressen und drehte die offenen Hände nach oben und ließ gleichzeitig den Kopf nach rechts auf seine Schultern fallen. Das wirkte wie eine Gefälligkeitsbewegung, ein übertriebenstes: Bitte, wie Sie wollen. Aber dabei hörte er keine Sekunde lang sein Täterätäääh auf. Er hatte eine Art Text, den ich nicht verstand. Es war immer derselbe Text, den ich nicht verstand. Es war immer derselbe Text, wie es dieselbe Musik war. Nur manchmal ließ er die Worte fahren vor Übermut und jauchzte auf seine Musik nur Laute hervor. An der Außenmauer des Gartens, im Rücken des Schaukelnden, flatterte in einer Voliere plötzlich eine wunderbar schlanke und strahlend weiße Taube auf und setzte sich auf einen höheren Ast in ihrem Bereich. Auch ein paar schöne cognacfarbene Hühner bewegten sich. Aber das hellste war die Taube. Sie leuchtete in diesem völlig grauen, kalten Wintertag wie ein Licht. Der Schaukelnde, der Zeit nicht kannte, schaukelte weiter. Man konnte nicht erwarten, dass er je aufhören würde. Die Stimme schien unerschöpflich und seine Lust zu schaukeln auch. Plötzlich schwang sich sein Ton in die Oktave seines Ausgangtons, es wurden i-i-i-Laute hörbar. Dann ließ er sich ausschaukeln, bremste, schwang, solange der Schwung reichte, sprang, als die Schaukel stand, ab, dann drehte er sich zu der Taube um und bedeutete ihr mit einer Hand, dass sie zu warten habe, dann ging er locker und beweglich ins Haus. Hinten verließ die Taube ihren höchsten Ast und flatterte wieder in die Tiefe, wo ich sie wegen einer Kiste nicht mehr sah.

26. 1. 1979

10 Uhr 32 ab Utrecht, in ’s-Hertogenbosch overstappen nach Tilburg.

Stationsherberg Tilburg. Das Bahnhofsdach ein Zeltdach wie in München über dem Olympiastadion.

Adriaan Morriën in Amsterdam jetzt. Geplagt von «Organneurosen», «Angstneurosen», Herz-Arhythmien: Er kann jetzt Frauen wirklich lieben, als Menschen, sagt er. Man lebt mit einander. Die Frau muss nicht andauernd Angst haben, dass sie mit einem Mann schlafen muss, sie wird wirklich geachtet, manchmal kommt es auch dazu, dass man mit einander schläft. Das ist ein sehr schönes Verhältnis, wenn eine Frau merkt, dass sie nicht nur da ist, um mit einem Mann zu schlafen. Und das könne er erst jetzt. Er glaube nicht, dass das vom Alter komme.

So verklärt er sein jetziges Stadium, der wirkliche Don Juan. Jeder muss immer alles, was er tun muss, verklären. Ein ungeheurer Verbrauch an Rechthaben, Rechtgeben, Sichgerechtfertigtfühlen.

Wie Herr Zürn schimpft, wenn ihm die Holländer die Taxen wegschnappen, obwohl er schon viel länger da ist. Er ruft öfter empört: Das ist nicht sehr höflich. Dann, als er allein da steht, als sogar die bunte, schwere, gut rasierte Indianerin mit ihrem Negerkind weg ist, kommt er sich lächerlich vor, weil er immer noch nach Gerechtigkeit ruft, wie einer, der überhaupt nichts lernen kann. Und ausgerechnet hier: Eine Schwarze und eine weiße Chinesin sitzen an der Bar und kauen und sehen in eine Ferne.

Heute Abend zu Johanna und um 23 Uhr nach Radolfzell. Ob sie da ist? Und sie dann wieder dort lassen.

Auf der holländischen Seite wieder weder Fahrkarte noch Ausweis kontrolliert. Auf der deutschen Seite wieder beides. Wir sind einfach fleißiger, misstrauischer, ordentlicher.

Der Zug um 23 Uhr 51 sollte von Gl. 7 a/b gehen. Aber um 23 Uhr 29 fuhr der Paris-Moskau-Express, der verspätete, auf dieses Gleis ein. Ansage: Der Dortmund-Basel heute auf Gl. 5 a/b, also dorthin. Da war er. Aber Ansage: Der fährt heute in 2 Zügen, die Wagen nach Konstanz, Sitz-, Liege- und Schlafwagen, heute auf Gl. 8. Also wieder rennen mit Gepäck. Endlich im schönsten Einzelzimmer der Welt.

Eine Ente den heftigen Nussbach hoch, bis mitten ins Dorf.

Theresia flötet wie eine Taube. Eine andere antwortet. Theresia: Ich streite mit dem Tauberich um die Taube. Sie zeigt sie mir.

Als die Klasse mit Herrn Krämer zum Schlittenfahren über die Straße ging und Herr Krämer rief, alle sollten aufpassen, dass nichts passiere, sagte Antje zu Theresia: Von mir aus, ich wär sowieso lieber tot.

Am Dienstag muss Antje vor Gericht wählen, ob sie zu ihrem Vater geht oder nicht. Er ist Chirurg und will das. Er habe ihre Mutter geschlagen.

Es hat 20 cm geschneit.

Alissa will alle ihre Pflanzen behalten, wenn sie auch nicht da ist.

Montag, 29. 1. 1979

Wirtschaftsticker, ein Fräulein ruft an, wann der Herr ein Informationsgespräch will, wann es passt? Ich will nicht. Nur ein Informationsgespräch. Ich will nicht. Sie: Ich mach nur die Termine, dass unsere Herrn nicht umsonst anrufen.

Käthe richtet Johannas Zimmer immer schöner her. Frisch gestrichen, weiß mit einem Rosaschimmer. Die Schreibkommode muss ins Regal eingefügt werden. Der griechische Teppich an die Wand. Berber auf den Boden. Darauf dann Schaffelle und Kissen. Sie muss etwas für sie tun, weil es der schlecht geht, das hat sie aus Johannas Schriften gestohlen. Dass die das Leid groß macht, weil sie eine Schreiberin ist, kommt nicht in Betracht. Sicher ist das auch nicht. Es kann auch pures Leid sein.

Wirtschaftsticker: Hätten Sie denn etwas dagegen, dass wir Sie später wieder anrufen? An was liegt's denn, dass wir nicht zusammenkommen. Sie sollen nicht den Eindruck haben, dass wir um jeden Preis in eine Geschäftsbeziehung kommen wollen.

Dienstag, 30. 1. 1979

Gestern, nach 13 Jahren, wieder in Friedrichshafen gelesen. Diesmal im St. Elisabeth. Nachher Buchhorner Hof.

Käthe: Jetzt hat's Alissa auch erwischt. Das sagt sie nicht ohne Befriedigung. Alissa meldete die Krankheit ihrer Mutter, die man keinesfalls weitersagen dürfe. Es sei eine Krankheit, die nach 9 Monaten mit 2 Armen und 2 Beinen auf die Welt komme.

Ich schäme mich und wage nicht zu gestehen, für was.

Jeder Januar hat es noch eiliger. Diesen Januar habe ich nicht zu Gesicht gekriegt. Er hat sich überhaupt nicht blicken lassen.

Sonntag, 4. 2. 1979

Gestern C.U.: Sie spricht wie jemand, dem man ein enormes, überhaupt nicht passendes Gebiss eingesetzt hat. Die Menschen fragten sie, sagt sie selber, ob sie neue Zähne bekommen habe. Sie selber bemerkt die Entstellung wahrscheinlich nicht so. Die Oberlippe und das angrenzende Gesicht wirken gelähmt, sprechhindernd. Sie nimmt Hypnorex, Trukal, Anafranil, Nortrilen und Kamilletabletten. Der Psychiater bekämpfte die zwanghaften Kau- u. Mundbewegungen damit. Die kamen aber auch von Mitteln, die hatte sie gegen die Depression: Es fallen einem nur entsetzliche Dinge ein. Das einzig Angenehme sind Selbstmordvorstellungen. Sagt sie. Es ist eine Stoffwechselkrankheit, das ist klar.

Möchte ich auf leerem Eis im Hall der Stille stehen und sagen:

Es müssen wirkliche Vorgänge sein,
von denen geredet werden kann.
Man kann von nichts anderem reden.

Theresia hat aus weißem Papier eine Kanadagans ausgeschnitten, naturgroß, also 1 m hoch, und an ihre Tür geheftet.

Wenn man mit Theresia hinaufgeht, wenn sie ins Bett geht, wenn sie so herzlich lieb ist, so ausstrahlend herzlich, dann denkt man: Wenn so ein liebes Kind nicht leben würde, müsste es auch nicht sterben. Das Leben ist das Sterben, das Sterben ist das Leben. Die Sprache ist ein völlig sinnloses, wörtlich richtungsloses Netz, das die Dinge, die mit ihm gefangen werden, nicht berührt.

Noch nie sind so viele positive Bemerkungen aufzufangen gewesen wie jetzt nach der Versendung der Lese-Exemplare von *Seelenarbeit.*

Nur Siegfried, das letzte Mal am Telefon: Die Verdauungssache am Anfang, darüber bringen die Vertreter aus dem Buchhandel schlechte Nachrichten. Siegfried: Da habe ich nicht aufgepasst. D.h., das hätte er mir ausreden sollen. Dass die Leiden des Darms das Hauptmotiv sind, also überhaupt nicht zu streichen, das fällt ihm nicht auf. Ich bedaure, dass ich das Motiv nicht gründlicher bewirtschaftet habe.

Frau Renate Schulz, 1928 in Magdeburg geboren, 1947 Abitur, Verwandte in Hamburg. Eine Tante, die Mutter und eine zweite Tante lassen sich schwarz über die Grenze bringen. Im Harz. Als sie zurückkommen, werden sie von Russen gefasst: Alle Rollmöpse und Bücklinge werden ihnen abgenommen. Die Russen fressen sie ihnen vor den Augen auf. Sie fragen schließlich, ob sie gehen dürften. Die brüllen: Rrrrraus! Mutter und Tante rennen, bis sie irgendwo im freien Feld erschöpft zu Boden gehen. Nach dem Abi über die Harzstrecke, ab in den Westen. Bis zum Grenzbach Ecker bringt sie der Führer, der 50 Mark kriegt pro Person. Dann müssen sie noch durch das Wasser, dann sind sie drüben. Bald wäre ihr der Name des Harzbachs nicht mehr eingefallen. Die Tante, die schon vorher einmal rüber wollte, um das Geld rüber zu schaffen, das sie für ihr Hotel bekam, 30 oder 40000 Mark, wurde dabei gefasst, das Geld aus ihrem BH gezogen, abgenommen, aber sie ließ man laufen. Heiratet einen Duisburger, dann 1956 nach Winterthur. Einmal im Zug steht eine auf (als sie gebeten hatte, ob man das Fenster öffnen dürfe) und sagt, mit einem Sauschwob sitze sie nicht in einem Abteil. Ein Herr entschuldigt sich für diese Schweizerin. Im Kantonsspital mit drei anderen Frauen, eine: In diesem Spital hätten fremde Vötzli nichts zu suchen, sie hätten schließlich mit ihren Stüürgealdr das Spital aufgebaut. Renate Schulz weint bei der Oberschwester. Die tröstet. Sie sei aus dem Schwarzwald. Wenn man schriftdeutsch spreche, warum lernt die nicht Mundart in 20 Jahren. Wenn man Mundart spreche, wenn sie Mundart nicht kann, soll sie doch schriftdeutsch sprechen.

Ein Sohn für 450,– eingebürgert, mit Gebühren 900,–, ein anderer Sohn für 1800,–.

Der Mann, geschieden, wieder in Duisburg. Sie könnte sich für 1800,– einbürgern. Nach der Lesung noch ein deutsches Ehepaar, das gerade eingebürgert wurde. Die norddeutsche Intonation Schweizer Vokale, das klingt grotesk.

Wie Max Frisch bei dem Familienstammbaum in der Sonne in Küsnacht gesagt hatte: Kai fremde Vötzli dazwischen, so benutzt auch Frau Schulz den Ausdruck «fremde Vötzli». Also auch dieses Wort war einmal unschuldig. Das würde bedeuten, dass es «vulgären» Sprachgebrauch erst durch mehr Befreiung gäbe.

Die Lesung im 1. Stock einer Wirtschaft zum Engel mit schönem Zeichen. Sehr laut von der Straße her. Die Leute an Tischen. Fünfzig. Die schlimmste Lesung bisher überhaupt. Die schlimmste seit Solingen oder Remscheid. Eine Habsburggründung 30 km von ZH, noch Burgreste und Schlosszentrum. Chäschüechli. Die bankrotte Buchhändlerin, sie schimpft nur. Ich bin so arm wie eine Volkshochschule.

Ich sehe zu, wenn die Vögel gejagt werden von etwas, das nicht fliegen kann.

Das große Orchester übt den Ton, den es kann. Wir hören alle nichts.

Etwas zwingt mich, es nachzumachen. Willkommener Schwindel.

Altes Holz spricht aus dem Himmel. Die Schluchten grünen. Mein Herz schlägt Mitternacht.

Fressend verhungre ich, scheinheilig. O Problem. Ich ringe im Schweiß mit dem Eiweiß. Dick aufgetragen, muss ich mich umrühren, blasentreibend ein Brei.

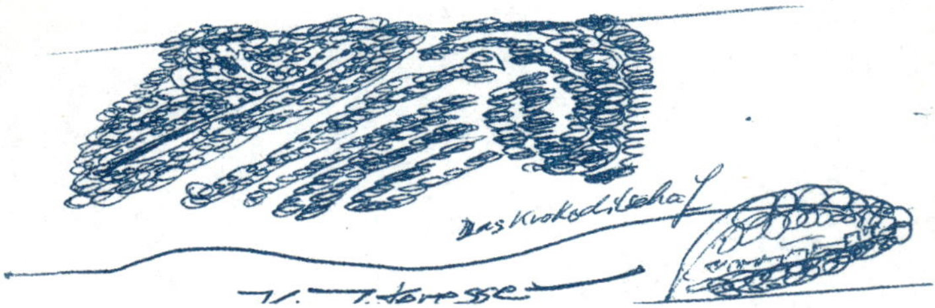

Rotz auf Leder, Fettfleck auf Seide. Die Zunge will den Teppichboden lecken in jedem Hotel.

Dein bin ich, Niedertracht, du Schöne.

Zürich, Florhof, Zi. 22.

April '78 2mal ZH, Mai '78 1mal, Februar '79 1mal. Viermal ZH in einem Jahr. Viermal zu viel.

Samstag, 10. 2. 1979

Hotel du Théâtre, Zi. 215, 85,– SFr.

12 Uhr 01 nach Luzern. 13 Uhr 38 an. 14 Uhr mit Herrn Marchi, 17 Uhr Lesung, Kleines Theater.

Herr Zürn: Die hätte er auch früher nicht geschafft. Wenn es zwischen Männern solche Unterschiede gab wie zwischen Frauen, das Verhalten beim Geschlechtsverkehr betreffend, dann war er eine bescheidene Nummer. Beim ersten Mal ging ja alles noch. Da konnte er fast noch mithalten. Aber beim zweiten Mal war er jetzt blamabel. Mein Gott, was würde die für einen verdienen! Als er sich mit der Hand behalf, wurde die fast noch unbändiger und anhaltend verloren. Zwischenhinein wurde sie aggressiv. Krallte in die Luft und schlug sich. Er musste sie ablenken. Sie wirkte wie jemand, mit dem man wegen jeder Kleinigkeit in eine unbändige Schlägerei geraten kann.

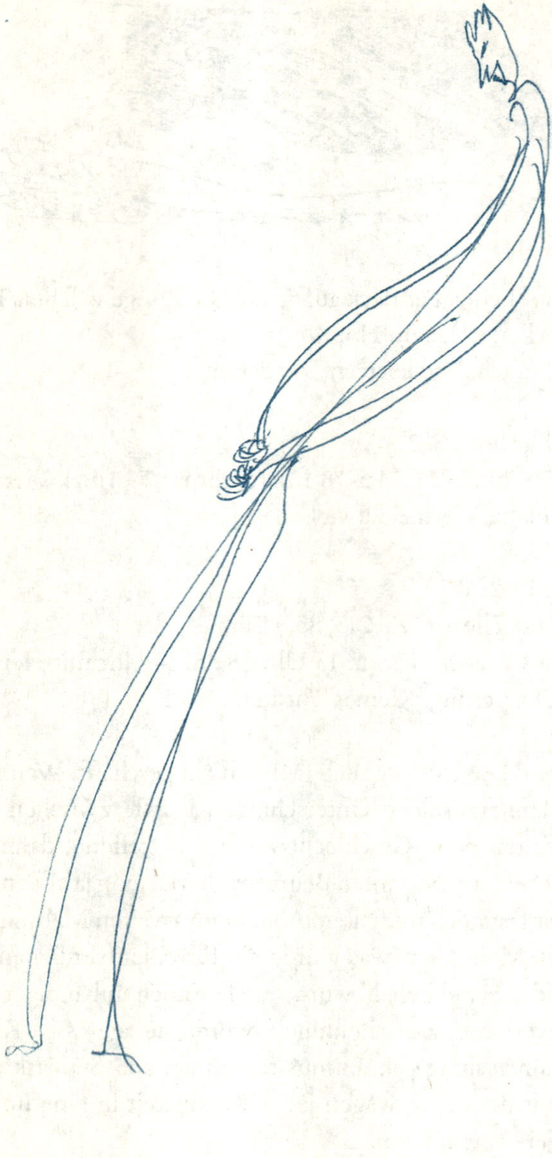

127

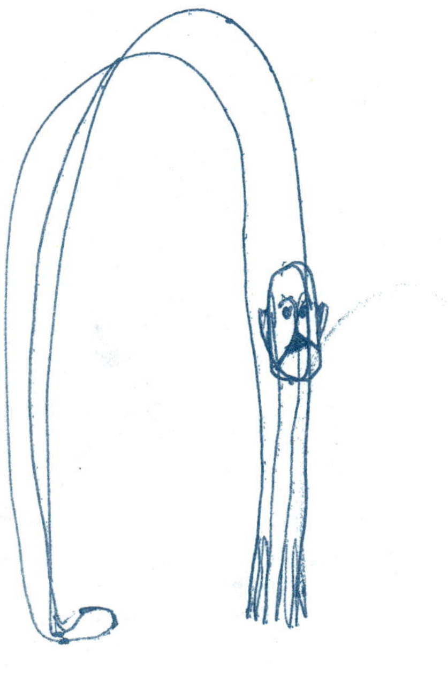

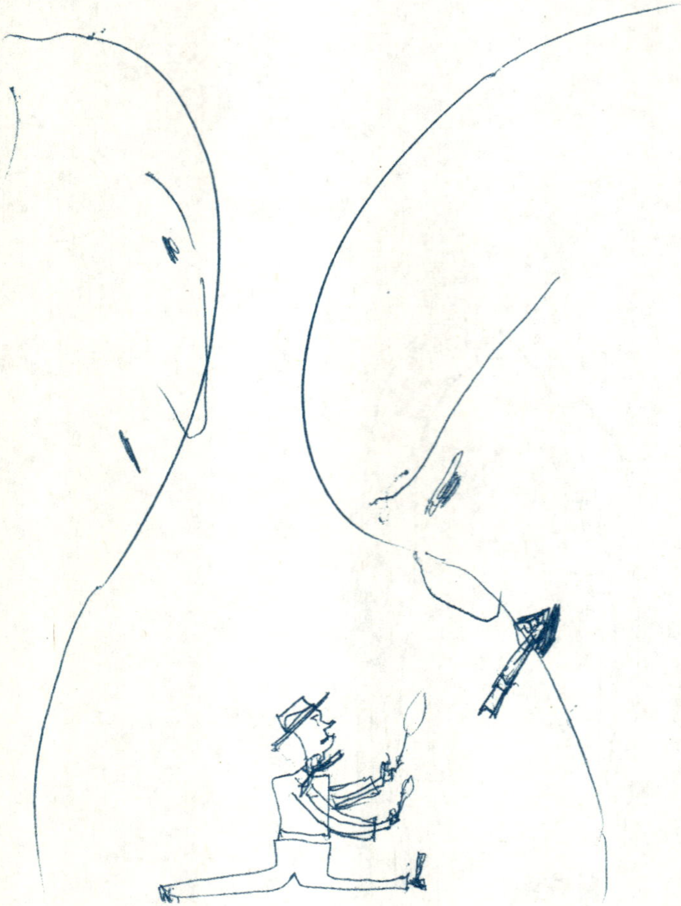

Zeichnung
einer
leichten
Bewegung

Niemals

121

Keiner

Weit
Weit

Mein Gesicht ist eine Tür,
durch die man herein kann,
aber nicht hinaus.
Mich verändert alles.
Ich verändere nichts.

In der großen Halle der Bahnhofswirtschaft unterhalten sich an einem Tisch zwei Taubstumme. D.h. einer erzählt, der andere sieht zu. Man möchte dem Erzähler, seinen Mund- und Handbewegungen auch zuschauen, weil er einen fasziniert. Aber man hat Angst, es sei ihm peinlich. Wer seine Ausdrucksweise kennte, würde ihn über viele Tische hinweg Wort für Wort verstehen, während man sonst nur das allgemeine Sprachgeräusch versteht, in das die Sprechenden an allen Tischen hineingetaucht sind.

Als ich bemerke, dass die 1. Symphonie, die ich für die von Bruckner hielt, von Brahms war, war ich froh, weil sie mir nicht so gut gefiel, und das wollte ich nicht. Dass mir von Brahms etwas nicht so gefällt, ist mir recht.

Gefallsucht als tödliche Krankheit.

Von Angst geschüttelt.
Ein weißer Baum fliegt
durch den Tag. Eile wartet
auf einen Halt.
Jeder weiß,
was er getan hat.

Rudolf Augstein hat wieder abgesagt. Darüber kann ich jetzt nachdenken. Gründe wurden nicht gegeben. Herr Busse rief an: Es geht doch nicht. Hat ihm da jemand geraten? Er hat Macht. Also muss ich über ihn nachdenken.

Damit man ihn nicht verfehle, ist es ein gleißender Draht, auf dem getanzt wird Tag und Nacht, er führt über einen leuchtenden Abgrund, und der Himmel über allem glänzt. Geblendet auf jeden Fall setzen wir Schritt für Schritt in den Raum der Angst.

Dienstag, 13. 2. 1979

Traum: In Wasserburg. Im Haus eine Art Explosion, es reißt uns in die Höhe, Habermas und mich, wir fahren schneller hoch als die auch schon nach oben fliegenden einzelnen Stockwerke. Ich mache Habermas auf das aufmerksam, was die hell erleuchteten Stockwerke enthalten. Dann schießen wir hoch in die Nacht hinaus und wissen, dass wir gleich wieder herunterfliegen werden und dass das tödlich sein kann. Wir klammern uns an einander, umarmen einander. Habermas hat mehr Angst als ich. Ich hoffe irgendwie auf Bäume und Zweige, an denen wir uns beim Sturz nach unten halten können. Lang fallen wir, aber dann kommen die Äste und Zweige, der Fall wird gedämpft, wir sind erschüttert, aber heil auf dem Boden. Wir umarmen einander noch fester.

Die Stiche links sind wieder da. Gestern. Heute.

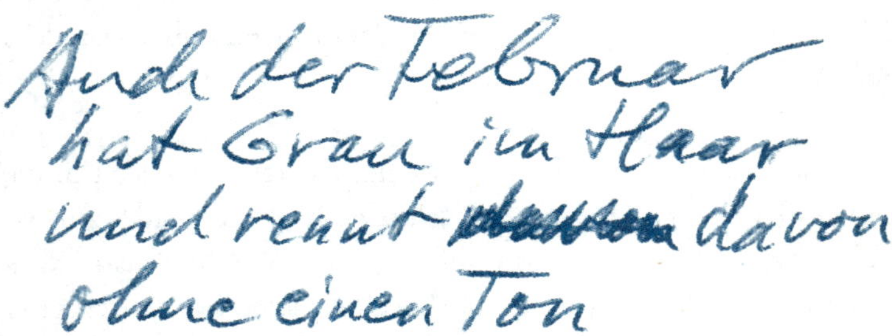

Auch der Februar
hat Grau im Haar
und rennt davon
ohne ein Ton.

Im Unterschied zu Don Juan kommt Herr Zürn (oder Herr Neuhaus) nicht zu den Frauen, hinter denen er eifervoll her ist. Er wird immer wieder abgefangen und entleert. Dann muss er ohne Motiv doch weiter. Ein Spezialist.

Das Missverständnis. Der Intellektuelle will mehr als das, was jetzt gerade erreicht wird. Die Tarifautonomie ist eine Voraussetzung, aber nicht die einzige. Es ist gelungen, das Bedürfnis zu kriminalisieren. Wer das Bedürfnis nach mehr Demokratie hat, unterdrückt es.

Mittwoch, 14. 2. 1979

Franziska berichtet von bestem Verlauf der Generalprobe, die öffentlich und ausverkauft war. Offenbar sind ihre Szenen sehr gut angekommen. Aber Dieter Dorn hat gewarnt, dass das morgen anders gehen könne. Es seien auch Leute gegangen, unzufrieden. Das ist das Stück. Gestern berichtete sie, dass ihr Dorn die Marie im *Clavigo* geben will, weil er Verena Peter umbesetzen muss. Auch Klaus Pohls Stück sei angenommen, und Edgar dürfe im Werkraum inszenieren. *Clavigo* am 25. 3.

Wenn alles läuft, ist ihre Stimme voll und frisch und springt von Laut zu Laut. Sonst schleppt sie sich eher ächzend über klanglose Strecken hin.

Natürlich fällt das Gefühl, das an einem solchen Tag steil in die Höhe steigt, hart anstoßend am Zeitgewölbe, krass wieder zurück. Aber es stieg doch an. Brauste auf, flog hoch. Wehte. Schaute weit hinaus. Über alles hinweg. Gut, dieser Tag ist jetzt vorbei. Aber er war doch. Die besondere Helligkeit und Goldbläue kenn ich noch. Allerdings wirkt am meisten die Vorstellung, dass man einmal an solchen Tagen nicht mehr da sein wird.

18. 2. 1979
Siegfried: Weil ein TEE Verspätung hatte, ein Ersatzzug, der aber nicht geheizt. Bis Mannheim. Siegfried im kalten Zug, und war doch nur angezogen für TEE und Hotel Zeppelin. Also erkältet er sich. Gestern war Peter Handke bei ihm zum Gespräch über den neuen Roman «Raumverbot». Auch ein einsamer Held wie bei Max Frisch. Auch ein Geologe.

Komisch, mit einem Kugelschreiber in der Hand dem Untergang zuzusehen.

Ein Rabenpaar verteidigt seine Eiche gegen ein Elsternpaar, das offenbar auf Wohnungssuche ist. Sie treiben sie von Ast zu Ast immer höher hinauf.

Ich bin ein krankhafter Sammler.

Nichts anzufangen wissen am Sonntag. Weil die Tätigkeiten, die zu tun wären, des Sonntags nicht würdig sind.

Ein Fiebertraum heute Nacht: Dass über Bertolt Brecht berichtet worden sei, er habe die Länge von Geschlechtsteilen von Erhängten gemessen. Und wenn die ihm zu lang vorgekommen seien, habe er gesagt, durch das Erhängen sei die Wirbelsäule gerutscht. Was er hier als Geschlechtsteil messe, sei in Wirklichkeit Teil der Wirbelsäule. Diese Nachricht sollte mir sagen, so fasste ich es im Traum auf, dass sogar Brecht besorgt gewesen sei hinsichtlich der Länge seines Gechlechtsteils. Aber im Traum nahm ich mir noch vor, diese Nachricht über Brecht als eine wirkliche Nachricht zu publizieren. Ich konnte ganz sicher sein, dass die Brecht-Feinde diese Nachricht befriedigt aufnehmen würden. Danach würde ich publizieren, dass es sich nur um einen Traum von mir gehandelt habe. So wollte ich die Brecht-Feinde beschämen. In allen halbwachen Momenten der Schwitz- und Halsweh-Nacht dachte ich daran, dass ich ja diesen Traum nicht vergessen dürfe, um meine Publikation starten zu können.

Bohrers Borniertheit, dass er dem *Sturz* vorwarf, er führe keine Höhe vor, aus der man stürzen könne. Ich erlebe, dass man, ohne jede Höhe, andauernd, unaufhörlich stürzen kann. Ich erlebe das Leben als einen Sturz.

Frau Wirkus mit Käthe über eine Beschäftigung als Putzfrau: Sie hat zwei Adressen gehabt, da hatte sie die Schlüssel, konnte ein und aus gehen, wie sie wollte. Frau Wirkus kommt aus Berlin, 10 Jahre war sie als Köchin in einer englischen Messe. Wie das?, fragt Käthe unsicher dazwischen. Ein Haus, in dem englische Lehrerinnen aßen. Dann in einem Krankenhaus. Dann hierher gezogen. Ihr Mann gestorben. Wieder geheiratet. Der Sohn geschieden. Die Enkelin bei der Mutter, die hat einen Jugoslawen geheiratet. Das Kind wurde oft verprügelt. Als Großmutter hat man ja leider kein Recht. Beim Bodensee-Werk 3 Jahre am Band, dann Sehnenzerrung. Käthe: An der Hand? Ja. Versetzt in die Verwaltung, das klappte nicht, entlassen und putzt seitdem und arbeitet für ein Handarbeitsgeschäft, das hat sie schon in Berlin getan. Das ist ihr Hobby. Seit ihrem 14. Lebensjahr. Stricken, Häkeln usw.

Dienstag, 20. 2. 1979

Die Praxis Dr. S. ist so filmhaft, dass man mit ihr und über sie einen Film drehen müsste, der zeigt, dass es filmhafte Zahnarztpraxen auch in der Wirklichkeit schon gibt. Die zwei dunkelhaarigen Mädchen, die unterhalb der farbigen Köpfe nur noch Weiß zeigen. Und er selber, der nur rötliches Haar hat, sonst ein weißer Engel ist. Und die Wände als Galerie.

Der Angsttyp redet, als gehöre er zu einem Schwall Wassers, der die Öffnung, durch die er hinuntergurgelt, schon erreicht hat.

Zur Abwechslung sind jetzt einmal die Knie unerwärmbar eisig.

Grund zur Ironie

Mich als den Betrüger zu zeigen, der ich bin, ist eine Chance, noch die Wahrheit zu sagen. Eine zweifelhafte Chance immer noch, weil das Geständnis unernst genug ausfallen wird, aber die einzige.

Andauernd drück ich mit zwei Fingern die Augen zu. So spiele ich mir einen vor, der sich heftig daran hindern muss, alles weiterhin zur Kenntnis zu nehmen.

Offenbar bin ich durchdrungen von der Vorstellung, nur Egoismus sei wahrhaft, alles andere sei Verstellung, Lüge. Nur Narzissmus sei ehrlicherweise möglich, alles andere sei Betrug, mehr oder weniger absichtlich. Ist das Propaganda? Jedes Soll gleich Heuchelei? Möglichst grad rauskotzen die eigene Gloriole und runter mit jeder Verbindlichkeit. Ich suche einen einzigen Grund für eine Setzung. Für ein Positives also. Das Bedürfnis ist der einzige Grund. Ich habe das Bedürfnis nach einem Satz, der anfängt mit Ich will. Und danach soll es möglichst glaubhaft weitergehen. Ganz und gar glaubhaft kann es nach Ich will nicht weitergehen, das ist klar. Sonst würde da gleich ein richtiges Zeitwort stehen. Ich will … da ist ja fast ein Hilfszeitwort im Dienst. Ich will, das ist nicht viel mehr als Ich werde … Das ist weniger. Ich will bloß. Ich weiß noch nicht, ob ich werde.

Erst am Schluss die Frage: Wer ist Ihr Chef. Lügen eignen sich besser, weil sie den Erwartungen des Chefs genau angepasst werden können. Wahrheit ist das, was genau nicht geht beim Chef. Mit Wahrheit würde man ihn verletzen.

Die blonde Schlanke im City Reisebüro, als Einzige, die Fasnachtsspuren an sich hat. Aber mehr als das, was sie auf dem Kopf und im Gesicht hat, ist es ihr Körper vom Jeansbund bis zur Brust: ein weißes Trikot mit blauer Schrift. Der Körper nimmt ab vom Bund nach oben hin, das Trikot wird immer leerer, wackelt immer leerer, und dann auf einmal stehen steil und fest, aber nicht total fest, die Brüste im Trikot. Dass man das erlebt und überlebt.

In den Bäumen wohnt nichts.
Der See ist verlassen. Fahnen
zu hissen ist uns zu schwer.
Wir atmen den Glanz ein
des Wassers und schweigen.

Neuer Grippevirus

Ein Forscherteam an der Universität Genua hat einen neuen Gripppevirus entdeckt. Es handelt sich um einen Virus der Gruppe B, der bei der jüngsten Grippeepidemie in Italien aufgetreten war. Er soll dem Virustyp «Hong Kong 72» sehr ähnlich sein, teilte das Zentrum zur Grippebekämpfung in London mit.

24327 oder Die erste Person

Ich bin Leser, Zuschauer, Hörer. Drei Berufe. Mein Tag ist ausgefüllt. Dabei sind das nur meine Brotberufe. Mein wahrer Beruf ist Dichter. Aber ich habe gegen diesen Beruf Bedenken. Deshalb übe ich ihn nur insgeheim aus. Kein Mensch weiß, dass ich dichte. Um ganz sicher zu gehen, dass ich mit dem von mir Gedichteten allein bleibe, habe ich eine der alten Sprachen gelernt, die heute nicht mehr gesprochen werden. Wir nennen sie Archivsprachen. Ich habe mir eine der komplizierteren Archivsprachen ausgesucht. Die Zentralregistratur meldet mir, dass ich seit 497 Jahren der Erste bin, der diese Sprache wieder erlernte. In unserer heutigen Sprache gibt es keine Bezeichnungen zur Unterscheidung der einzelnen Archivsprachen, obwohl diese Sprachen sehr verschieden sind von einander. Das habe ich festgestellt, als ich nach einer Sprache suchte, die heute niemand mehr spricht oder schreibt. Es gibt Dutzende solcher Archivsprachen. Die, die ich wählte, hieß früher Deutsch. Das war eine Sprache, die in mehreren kleinen Ländern auf der Nordhälfte gesprochen wurde. Die überlieferten Karten zeigen, dass damals ganz andere Gebiete bewohnbar gewesen sein müssen als heute. Dieses Deutsch war eine nicht sehr wichtige Sprache, aber es scheint mir, dass eine winzige Zahl von Menschen mit dieser Sprache interessante Versuche anstellte. Ach, ich will es nicht rechtfertigen. Ich hätte auch eine andere dieser erloschenen Sprachen wählen können. Sie sind alle interessant. Mir kommen sie sogar interessanter vor als unsere heutige Sprache. Den Mut, in einer Sprache zu sprechen und zu schreiben, die nur ein paar Millionen Menschen sprechen, hätte heute keiner mehr. Wir lernen gerade noch, wie unsere, der Globalspeak, in den letzten 2000 Jahren entstanden ist. Weiter zurück will keiner mehr. Oder vielleicht doch? Heimlich. So wie ich? Es ist ja nicht verboten, sich mit Archivsprachen zu beschäftigen. Es ist nur völlig nutzlos. Und man macht sich ein bisschen lächerlich. Ich merke das schon. Ich sehe jedem an, ob er sich über mich informiert hat oder nicht. Jedem, der meine Zahl tippt, wird natürlich mitgeteilt, wie oft ich mir vom Zentral-Archiv eine Archivsprache senden ließ.

27. 2. 1979

Hartmut Apfelstedt: Dr. Tränkle habe in seinem Erschöpftensächsisch gesagt … das hat ganz und gar durchschaut und überwunden nur einer, nämlich unser wunderbarer herrlicher Führer. Und es sei klar gewesen, dass er den nicht mochte. Er hat das immer zwischen seinen falschen Zähnen hervorgestoßen. Sollte ich einer der rohesten Quäler dieses edlen Mannes gewesen sein, das könnte mir niemand mehr verzeihen.

Hartmut: Mit Vollgummirad nach '45 bis ans Bodensee-Ende

gefahren. Nicht auf Geheiß seines Vaters, das sei ein Gerücht gewesen. Er wollte das selber. Er ist ungeheuer höflich. Er spricht so bedachtsam entgegenkommend, dass es erstens klingt, als spreche er absichtlich eine Terz tiefer als seine Normalstimme und fünfmal so höflich als ein Normal-Mensch. Es klingt alles so, als sage er es nur dem zuliebe, zu dem er gerade spricht. Dabei klingt doch nichts verlogen oder falsch. Es ist eine schöne, glückende Bemühung um tiefste Freundlichkeit. Er ist fast noch so schön wie früher. Nur ein bisschen fleischloser. Die Haut ist ein wenig fester um den schönen Vogelkopf gezogen, und die Haare geben ein wenig mehr runde Stirne preis.

Siegfried telefoniert. Er hat nichts gegen den Interviewtext, den ich für den *stern* entworfen habe. Elisabeth Borchers hat sogar gesagt, das sei ein rührender Text, das zeige auch, wieder wolle ich Herrschaft abschaffen. Er sagt, es sei ein «Rundum-Schlag» gegen Chefs. Das sei eben meine Ansicht und seine nicht. So ein Text sensibilisiere ihn. Erinnere ihn sofort wieder an die Stelle aus den *99 Sprüchen*, um derentwillen er dann die Sprüche doch nicht habe verlegen (er sagte «machen») können: *Über mir keiner, den ich nicht abwählen kann, unter mir keiner, der mich nicht abwählen kann.* Das wird nie der Fall sein. Es wird immer Chefs geben, ob die nun Fidel Castro, Breschnew oder sonst wie hießen. (Daran sieht man, wie viel diese zwei verderben.)

Ich sage, dass ich keinen Rundum-Schlag beabsichtigt habe. Ich schlage vor, Honnefelder soll den Interviewtext lesen und sagen, ob der dem Buch nütze oder nicht. Nur deswegen ist der Text ja gemacht.

Elisabeth Borchers hat den Text nur für Siegfried gelesen. Sie hat gefürchtet, er könne ihn nicht mögen, also hat sie interpretiert. Was sie sagt, stimmt, aber die Gegenbewegung stimmt auch. Und an keiner Stelle darf man einen ironischen Text anhalten, er muss in Bewegung bleiben.

Ein Betrieb versucht, einem Chef einen Satz zu verpassen, ohne den Chef zu beleidigen. Wie sich die Angestellten biegen, um vorweg zu verhindern, dass der Chef eine ungute Empfindung habe.

Siegfried: Er hat Mädchen im Betrieb, sehr schöne junge Frauen, für die kommt er als Mann überhaupt nicht in Frage, weil er für sie Chef ist, die sehen das nur ideologisch, sagt er, der Chef.

Siegfried: Es wäre wirklich falsch, wenn das Buch nur als die Illustration eines Herr-Knecht-Verhältnisses liefe.

Daran sehe ich, dass ich falsch lebe: Ich will den Ton hervorbringen, der durch mein Leben entsteht.

Ich will die Leser haben, die ich haben kann. Und die, die ich haben kann, wenn ich mich ein wenig menschenfreundlicher bzw. stärker gebe (oder mache), als ich bin.

O Tag und Jahr, vorbei.
Gejammer perlt wie eine Fingerübung auf und ab.
Ein Zeitverlust.
Wär ich verschwiegen, lebte ich.

An der Ostküste der USA einen Versuch machen. Den Anfang einer Bilderbuchgeschichte. Den Fuß auf einen Strand setzen. Zur Seite treten. Mehrere Landesbewohner bitten, sie möchten sich doch diesen Fußabdruck in ihrem Sand einmal anschauen. Es handle sich um einen Bewerber. Er selber sei dieser Bewerber. Amerika-Bewerber müsse er sich nennen. Er beherrsche sich. Sie sollten jetzt zuerst einmal ihre Meinung sagen. Einerseits die Wirklichkeit, die unverwechselbare, unersetzliche, immer einmalige, also auch unausdrückbare. Andererseits dieses Bedürfnis, nach einem Augenblick noch von diesem Augenblick zu reden. Fürchterliches Bedürfnis. Daraus entsteht das Schöne. Also auch das Hässliche. Das überwiegende.

Wo sind wir heute? Klopf an die Wand und frage.

Abgewiesene Sexualität wird ganz direkt Feindseligkeit. Ein verlustloser Umsatz.

Frau Wirkus sagt, sie muss putzen, sie braucht einfach Bewegung, die Anstrengung. Sie hat einfach zu viel Dampf. Sie ist sehr tüchtig, fast zu tüchtig, sagt Käthe.

Donnerstag, 1. 3. 1979

Keine Renumeration, d.h. alle kleinen Renumerationen, die heute möglich gewesen wären, blieben aus. Ich hatte nicht erwartet, dass sie alle einträfen. Aber dass gar alle ausbleiben würden, hatte ich auch nicht gedacht. Ich glaube immer, Erwartungen allmählich niedrig genug ansetzen zu können, und immer wieder untertrifft die Wirklichkeit noch meinen trainierten und erfahrenen Pessimismus.

Der Erzähler

Er weiß, was die Freunde jetzt wollen. Strichjungengeschichten usw. Und er geht hin und erzählt denen, was sie wollen. Das kann er, denn er muss erzählen können, sonst lebt er nicht. Und wenn man ihm nur zuhört, wenn er Strichjungengeschichten erzählt, dann erzählt er eben Strichjungengeschichten. Genauso wie ein Schauspieler, wenn er nichts anderes zu spielen bekommt, auch das spielt, was er wirklich am wenigsten wählen würde, wenn er wählen könnte.

Lassen Sie mich los!
Bitte.
Bitte nicht.
Na also. Weiter.
Nein, nicht, nicht!

Bitte, wie Sie wollen.

So kommen Sie doch.

Also, gehen wir, vorwärts.

(In dem idyllischen Verhältnis von Sklave und Sklaventreiber eilen sie weiter.)

Frau Menz: Das sei jetzt herausgekommen, dass da einige falsche Aussagen gemacht hätten. Der Totengräber z.B. und der Bürgermeister. Die habe man praktisch zur falschen eidlichen Aussage gezwungen. Der Totengräber sei dann schwer krank geworden, dann alles gestanden, dann gesund. Das sei psychosomatisch völlig klar. Und auf Bildern gebe es etwas, was das Auge nicht gesehen habe. Die Tote habe auf dem Sargdeckel gelegen, nicht im Sarg. Also doch eine echte Besessenheit. Aber das habe nicht herauskommen dürfen. Sie sage es auch nur mir. Jetzt. Es hat noch keinen Sinn, das weiterzusagen. Aber die Enthüllung stehe bevor. Inzwischen hätten alle ihre falschen Aussagen widerrufen. Sie seien z.T. sogar von der Kirche genötigt worden.

Siegfried: Ich habe auch einen Chef. Mein Über-Ich. Das denke ich oft, wer befiehlt mir das, jeden Morgen aufzustehen, schwimmen zu gehen. O ja. Sich eine Zeit lang in einem Gebüsch zu verstecken. Es sich nicht leicht machen, bitte. So einfach ist es ja nicht.

Samstag, 3. 3. 1979

Von Joachim Kaiser eine, wie Siegfried am Telefon sagt, «hymnische» Kritik des Romans. Die Kritik erweist sich aber nicht als hymnisch, sondern als ungeheuer um Lob bemüht. Ich hatte das Gefühl, dass er sich andauernd zurufen musste, wie gut das Buch sei, sonst hätte er es beim Schreiben seiner Kritik vergessen; und das wollte er keinesfalls; er wollte es gut finden. Da merkt man, vom Thema ist ihm höchstens die Hälfte sympathisch. Der Ausführung fehlt es an Handlung. Die Sprache rettet wieder einmal alles. Aber sein Ton ist wieder herzlich wie 1964. Er requiriert mich sogar bei den *Kürbiskern*-Kommunisten und nennt mich «unser MW».

Kathrinchen Adler am Telefon zu Käthe über die JK-Kritik, besonders über den Schluss, das *Kürbiskern*-Zitat: Ekel erregend. Jetzt geht es wieder los. Wenn mich Reich-Ranicki und Joachim Kaiser diffamieren, sagen meine Freunde nichts; wenn die mich herzlich loben, dann tun meine Freunde so, als fehle es mir an Charakter und mehr, erstens weil die mich überhaupt so loben können, was muss ich für ein Mistkerl sein, dass die mich so loben, zweitens weil ich nicht jedes Mal vor die Öffentlichkeit trete und mir dieses Lob verbitte.

Mittwoch, 7. 3. 1979

Montag–Dienstag, Paul Kersten für NDR-TV, ein Gespräch, das ohne jede Werbekraft für das Buch sein wird, weil Kersten selber Autor ist und öffentlich unmöglich etwas Freundliches über das Buch eines anderen sagen kann, obwohl er am Telefon zweimal sagte, wie sehr er begeistert sei. Das war, um sich Eingang zu verschaffen. Jetzt war er da, jetzt sollten schwere Probleme so gewälzt werden, dass es einem Millionen-Publikum Freude mache.

Über Enzensberger sagt er: Er lässt sich versprechen, dass im *Titanic*-Interview nicht erwähnt wird, dass es in Enzensbergers zweitem Wohnsitz Venedig stattgefunden hat. Er trat auf in schwarzem Seidenmantel mit weißem Schal, breitrandigem Panama, der, sagt Kersten, sofort an Kuba erinnert, und weiße Handschuhe, von denen er einen in der Hand trägt. Und jeder Satz sei gesessen. Enzensberger habe genau und souverän formuliert. Ein paar Häuser weiter wohne der Chilene G. Salvatore.

Im Urwald wächst der Sinn nicht.

Donnerstag, 8. 3. 1979
Beim Lauf Herrn E. begegnet, im Vorbeigehen, er solle doch noch einmal anrufen, ich sei bis Freitag da (er hatte zweimal umsonst angerufen). Gestern rief er an und kam. Um halb acht. Und sagte, er wolle nur kurz usw. Und zum Vespern auch nichts. Wir waren gerade am Anfang. Nur Brot, sagte er. Er sei aus dem Osten. Das sagte er, als erkläre das, warum er nur Brot wolle zum Wein.

Dann: Alle seien abgelenkt. Die Regierung tue nichts, die Opposition tue nichts, die 3. Macht im Staat, das Fernsehen, tue nichts gegen das, was uns bevorstehe: die Energienot. Das Öl werde knapp werden. Darüber müsse eine Fernsehserie gemacht werden. *Tagesschau*-Sprecher Köpcke sagt, dass die Öleinfuhren um 5% gekürzt werden. Das habe ja der Wirtschaftsminister Graf Lambsdorff bereits angekündigt. Daran sieht man, wie das um sich greift. Wie es fehlt. Da und da. Weniger Papier, weniger Pullover. Keine Transportmittel, um genügend Kohle überall hinzubringen. Eine kleine weitere Kürzung lässt die Panik massiv in Erscheinung treten. Rücken wir enger zusammen, laufen mit Fellen herum. Sofort Gewalt gegen einander – der Norden gegen den Süden. Das habe ja Orwell schon in *1984* beschrieben. Die Kriege in Afrika. Man könnte zwei Schlüsse machen, einen guten und einen schlimmen. Ich sage: Das ist was für Wittlinger, der kommt im Mai wieder. Er: Dann ist es zu spät. Jetzt müsse man das machen in die vom *Holocaust* aufgerührte Stimmung. Es würden nur noch Fehler gemacht in diesem Staat. Er habe schon 1967 darauf aufmerksam gemacht, dass diese Politik den Anarchismus fördere. Man habe ihn von der Schule in Weil a. Rh. praktisch wegintrigiert. Genau wie Kassandra auf den Mauern Trojas sei es ihm gegangen. In den nächsten 5–10 Jahren werde sicher wieder eingesehen, dass das, was jetzt passiere, katastrophal sei. Auch in der Schule. In der Pädagogik. Aber er, der das ausspreche, der auf das Oberschulamt nach Tübingen gefahren sei, werde als Querulant behandelt. Er wisse, dass der Mensch ein Produkt aus Zufällen sei, die durch die Entwicklung zu Gesetzmäßigkeiten geworden seien und den Menschen völlig bestimmten. Die Schüler lernten nicht mehr, sich zu fügen, auch einzufügen in den Organismus, der sie ohnehin bestimme, und so würden sie unglücklich. Er hat einem Schüler, der sich für nichts so interessiert habe wie für Chemie und der trotzdem immer nur schlechte Noten in Chemie hatte, den hat er auf der Treppe, auf der Treppe zum Fahrradraum – es passiert ja immer auf Treppen und unter Toren – da hat er den – es war kein Mensch mehr in der Nähe – da hat er den gepackt und hat gesagt: Du, Mensch, du. Und von da an hat das funktioniert, den Dankesbrief des Vaters hat er heute noch. Er ist eben aus dem Osten. Er überrennt die Leute gern, sagt er. Er umarmt sie. Das muss er. Er ist aus dem Osten. Mein Gott, wenn er dieses Gerede von Ost-West-Kulturgefälle hört! Solange die das hier nicht lernen, dass das Unsinn ist, solange gibt es keine Chance eines wirklichen Friedens. Egal, ob Herr Brandt da rumpfuscht oder ein anderer. Da hätte man einen nehmen müssen, der die drüben versteht. Schließlich heißt im Polnischen *granize* «Grenze». Also bitte. Und von wegen, dass das Deutsche ein Wort für ein Volk sei! *Thiudisk*, das war eine Bezeichnung für alles Mögliche, was nicht lateinisch war. Eine Sammelbezeichnung für Kelten, Slawen, wahrscheinlich noch für Iberer. Die waren ja vor den Kelten die wirkliche Urbevölkerung hier. Und der Instrumental im Russischen. Und der Ablativ im Lateinischen. Also bitte, bitte. Natürlich, mein Großvater hat 1939 in unserem Dorf südlich von Danzig in der Kaschubei, als ihn ein Pole polnisch grüßte, gesagt, ich kann nicht katholisch. Ja, das waren die Unterschiede. Schön, ich habe kein Haus. Wir hatten ein Haus, ein kleines, mein Vater war Zimmermann, 16 Morgen Land für Kartoffeln und Schweine, sehr arm. SEHR arm. Aber man lebte. Ich habe kein Haus. Gut, es gibt alte Damen – ich wirke auf Damen über 60, also gnädige Frau, für Sie komme ich noch nicht in Frage – aber über 60 gibt es auch, die wollen mir ein Haus verkaufen, ich bin ja der Letzte im Kollegium, der kein Haus hat. Also, Sie können meinen Opel Commodore, 2,3 l, sofort haben. Ich verkaufe ihn. Ich steige ganz aufs Fahrrad um. Jeden Tag diese Überlegung, nehm ich jetzt 's Rad oder den Wagen. Ich hab ihn in diesem Winter überhaupt nicht gefahren. Jetzt brauchte ich die Batterie eines Freundes. Aber kein Mensch kauft mir einen alten Opel ab, bzw. ich krieg nichts mehr dafür. Natürlich möcht ich auch ein Haus. Ich hab dieses Trauma des Flüchtlings. Des Heimatvertriebenen. Aus dem Polnischen haben sie das Wort jetzt offiziell gestrichen. Im Polnischen heißt es «Aussiedler». Grotesk. Wir haben da natürlich furchtbar gehaust, ganz furchtbar. Man muss zurück bis zu Friedrich dem Großen, wenn man da etwas gutmachen will. Aber die, die etwas davon verstehen, lässt man nicht ran. Unsereiner ist darauf angewiesen, dass eine Dame über 60 ein Einsehen hat und einem ihr Haus billiger verkauft, als sie müsste. Wenn sie das nicht tut, gut, ich brauch's nicht, solange ich die Füße warm und den Bauch voll habe, bin ich zufrieden. Aber die haben eben jetzt alle Häuser. Da kriegt man einfach einen Komplex. Es ist lächerlich. Und wenn das Öl ausgeht, dann hocken sie da mit ihren Häusern, mit ihren Autos. Das sag ich meinen Schülern immer: Was wir so hoch verehren, hat an sich keinen Wert, ist völlig wertlos. Ein Auto ohne Benzin, was ist das? Nichts. Sehen Sie, wir produzieren heute 44 dz Weizen pro ha, im Durchschnitt, ja. Die Russen produzieren 18. In unserem Dorf in der Kaschubei produzieren wir 28 dz. Die Russen sind immer noch bei der extensiven Landwirtschaft, das muss man einfach wissen.

Ich habe so das Gefühl, es muss sich jetzt entscheiden, ob ich als Lehrer weiter strebe oder ob ich sage: Danke, ich mach es mir jetzt gemütlich. Ich bin auf der Kippe im Augenblick. Ich habe diese Schmerzen hier im Rücken, Bandscheiben und mehr als das, das ganze Rückgrat, in der Wirbelsäule. Deshalb mache ich 2mal in der Woche eine Stunde diesen Lauf, mit meinem ältesten Sohn.

Red ich zu viel? Meine Frau schaut mich auch manchmal mit so großen mahnenden Augen an wie Sie jetzt, Fr. Walser. Ich bin aus dem Osten, müssen Sie wissen. Ich überfalle die Leute. Ich habe nichts dagegen, wenn man sich gegen mich wehrt, verstehen Sie. Ich weiß selber ganz genau, dass ich oft Unsinn rede. Ich bin meistens überhaupt nicht überzeugt von dem, was ich sage. Wenn ich zu meiner Familie sage: Los, komm jetzt, vorwärts, dann klingt das entschlossen. Aber in mir sieht es ganz anders aus, ganz anders. Aber das merken die nicht. Auch in der Schule nicht. Kein Mensch merkt, wie es in mir aussieht. Ich spiele mit Ihnen Tennis, wenn Sie wollen. Ich spiele genau so, wie Sie es brauchen. Das versprech ich Ihnen. Kein Schlag zu schnell, keiner zu hart, genau auf Ihrem Niveau. Das möchten Sie nicht!? Aber ich bitte Sie, ich mache das seit 15 Jahren hier. Ich habe mit der alten Dame, die da in Ihrer Straße zwei Häuser weiter wohnte, wie hieß sie noch, sie ist seit 3 Jahren tot, mit der hab ich, ach, mit vielen spiel ich, also wirklich, das können Sie annehmen, das tu ich gern, ich versteh schon, Sie reagieren mit einem Hybrid-Bewusstsein darauf, die Wortbildung ist von mir. Sie wissen, wir haben in der Technik Hybrid-Getriebe usw. Ich mach ja gern was mit der Sprache. Ich bin naturwissenschaftlich aufgewachsen und erst später zur Philologie übergewechselt.

Der Albtraum des Lehrers (wie bei mir), dass er noch einmal das Abitur machen muss, obwohl er weiß, dass er's schon hat, aber dass er seine eigene Abiturarbeit benoten muss.

Freitag, 9. 3. 1979

16 Uhr 10 Radolfzell – 17 Uhr 30 ZH.

Deesch 'n ganz schöne Schdress.

Samstag, 10. 3. 1979

Gestern: Im Widder, im 2. Stock, im «Bureau», Geburtstagsessen für Helene Ritzerfeld mit Siegfried Unseld, Joachim Unseld, Burgel Zeeh. Helene Ritzerfeld. EY Meyer und Max Frisch. Mousse de Saumon, die anderen Plat de fruits de mer. Max Frisch in Hochform. Wie schon gestern Abend bei der Rede im Muraltengut. Bis 5 Uhr früh bei Egon Ammann (um 12 Uhr hin), mit EY zum Bahnhof. Ich *FAZ* und *Tagesanzeiger.* Er: I däm Fall nimm i *Tagesanzeiger* und *Basler.* Er las aus seinem Stück. Als ich über Josef Winkler mit Egon Ammann sprach und sagte, dass der ein Genie sei, sprang EY 2 Meter entfernt davon auf und sagte: Schwätzsch du über mi?

Sie hat einen sehr schweren Koffer; ich helfe ihr, den zum Ausgang zu tragen, stelle ihn hin und sage, ich steige auch aus in Singen. Oh, es geht schon, stöhnt sie, ich werde abgeholt, das heißt so viel, als könnte sie meine Hilfe nicht annehmen, weil ich sie sicher nur anbiete in der Hoffnung auf irgend eine Gegenleistung, die sie mir, weil sie abgeholt wird, nicht geben könne. Sie geht auch gleich nach Schaffhausen an die Tür vor. Wenn man aus Rom oder Florenz kommt, ist man in Schaffhausen schon so gut wie in Singen, das ist klar. Besonders, wenn man abgeholt wird.

Sonntag, 11. 3. 1979

Ein alter Freund ruft an: Mein Film lief in Berlin. Kommt raus im Film-Verlag. Warsch immer skeptisch. Ich hoffe, dass ich dieses Jahr meine erste Regie mach. Reise durch Gomorrha. In L.A. hab ich doch jetzt a Firma. Ich hab seit einem Jahr einen Übersetzer, der arbeitet nur für mich. Alles, was ich schreibe, wird sofort ins Amerikanische übersetzt. Ich ignoriere momentan den Markt hier. In den nächsten 14 Tagen entscheidet sich was ganz Heißes.

Mit Johanna bei Merk, der setzt die Kupferrute an, die schlägt ihn, er schimpft: Also Frau Walser, von Ihnen hätt i dees zletschd denkt, m'a Kind solche Mittel gebe, m'a Kind gibt ma doch koine solche Mittel, abr so isch, wenn die Dektr nicht meh helfa kenne, denn isch d' Merk reacht, denn goht ma zum Merk. Es ist Samstagnachmittag, schon fast 2 Uhr, er hat noch nicht gegessen, Käthe hat schon vorgeschlagen, dass sie nicht mehr drankommen wollen, bei ihm geht es ja schon seit 7 Uhr morgens so, aber er wollte sie noch drannehmen. Also Johanna hat eine geschwollene Leber, das sieht man ja auch an ihrer Haut. 3 × Rosmarintee pro Tag. Nur Rosmarin und keine Mittel mehr. Dann am Dienstag wieder kommen. Als ich Johanna mit einem Apfel sehe und sage, dass Merk doch alles Ungekochte, alles Rohe verbiete, sagt sie: Moinsch, i will Skorbut. Sie ist davon überzeugt, dass sie, wenn sie eine Woche kein Obst isst, Skorbut kriegt. Sie scheint froh zu sein über jede Woche, in der sie keinen Skorbut kriege. Ich: Du redest daher wie ein Matrose des 18. Jahrhunderts.

Der Wind braust, als wäre die Welt ein Hohlweg.

Zürich, März

Am besten ist es, durch fremde Städte zu gehen,
Bekannte, die man hat, nicht anzurufen,
die Karten fürs Theater zu kaufen,
die Vorstellung zu versäumen,
die Süße der Todesidee zu kosten wie etwas,
woran man nicht glaubt.

Der Wind tut mythisch. Mir gelingt es nicht, ihn unübersetzbar zu finden. Wo ich hinschau, schließt sich die Linie und heißt etwas.

EY Meyer spricht wie mit Feuerstößen aus einer Waffe mit kurzem Lauf.

Montag, 12. 3. 1979
Rolf Becker im *Spiegel* über den Roman. Er spielt ihn herunter auf etwas Harmlos-Gelungenes. Die Überschrift «Es bleiben nur die Russen» tut das meiste.

Ich muss mich fassen.
Jedes Wetter ist schön.
Mit grauen Wolken,
die Silber enthalten,
tobt der Tag.

Darunter leiden, dass man kein Verbrecher ist. Man kann nichts begehen. Gefesselt bis zur Bewegungslosigkeit durch die Bande des Anstands. Brav zum Ersticken. Unfähig zu jeder erlösenden Gemeinheit. Weder Schlagen noch sonst was. Jetzt eine Figur, die endlich etwas tut: das Kind. Kaum. Der Feigling. Nein. Herr Zürn in Jagd? Nein. Gallistl? Kaum. Also eine weitere Figur. TSG? Mit Hilfe dieses Mädchens, das zurückkommt, als sie sieht, dass sie das alles für einen ehrgeizigen Kunsthistoriker getan hat und nicht für einen Verbrecher. Sie ist auf der Suche nach einem Verbrecher. Die Leute, die sie in Hamburg, Berlin, München, Frankfurt, Zürich kennengelernt hat, haben so viel von der Sinnlosigkeit erzählt, dass sich Verbrechen wirklich empfiehlt.

Traum: Der neue Papst, der Pole, liest in der Peterskirche eine Stelle aus der *Blechtrommel* vor. Ich beneide Günter Grass. Aber dann bemerke ich, dass das ein Traum ist, und überlege, ob ich daraus ein Bonmot für eine Gruppe-47-Tagung machen kann. Irgendwann, wenn es passt, werde ich plötzlich einflechten, dass der Papst Johannes Paul sicher bald aus der *Blechtrommel* vorlesen wird, das scheint mir eine ungeheuer witzige Bemerkung zu sein. Immer noch im Traum. Denn jetzt sehe ich ja, wie völlig unwitzig sie ist.

Völlig warm und sonnig. Der Föhn, ein Sommertag.

Wenn es jemanden gäbe, dem man danken könnte, müsste man sagen: Es ist eine Gnade, heute zu leben.

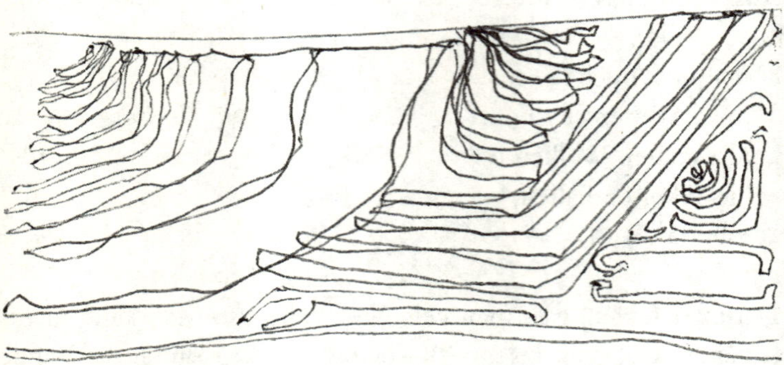

Mit Peter Hamm Aufnahmen in der Franz-Joseph-Straße. Im Hinterhof, wo Ingeborg Bachmann wohnte. Damals war das kleine Haus im Hof grau und alt. Jetzt ist es hellviolettrosa und geputzt.

Einer, braungebrannt, mächtig, schönes Gesicht, vorschwingendes Kinn, Backenknochen, volles rolliges Blondhaar, ein Bein. Armee-Anorak. Krücken. Den Rollstuhl im Gepäckwagen. Hilde ist klein und hat auch einen solchen Anorak. Er weist sie auf Stellen hin, die sie von ihren Märschen her kennen. Er erzwingt das Gespräch. Er spricht über sie. Er hat es geschafft, dass man mit ihr sprechen kann. Das kostet Zeit. Sie ist schwachsinnig, oder doch fast. Sie muss immer wieder den Mund ganz aufsperren. Er sei ein Gammler. Er ziehe ihren Sohn auf. Der könne kaum sprechen, mit zwölf. Sie habe den nicht von ihm. Er sei schon viermal eingesperrt worden, weil er im Freien schlafe. Heute waren sie in Ulm beim Versorgungsamt. Sein Rollstuhl ist kaputt. Die Fahrt nach Ulm kriegen sie nicht bezahlt. Mit 16 zum Militär in Ungarn, mit 18 verwundet. Sie haben in Ulm so viel Geld zusammengebracht, dass es bis nach Ravensburg reicht. Dann zu Fuß nach Lindau. Aber nicht heute. Es pressiert nicht. Auch öfter nach München zu Fuß von Lindau, übers Allgäu, sie schiebt. Er lobt sie. Sie sperrt den Mund auf. Er trinkt nicht, raucht nicht. Er singt gern. Aber nur im Freien. Am Anfang hat er gesagt: Hilde, mach das Fenster zu, sonst kriegst du's in die Ohren wieder. Darauf hatte der Herr, der da gesessen war, das Fenster selber zugemacht. Drei Kinder seiner Schwester kriegten, nachdem sie in der Jagst gebadet hatten, Kinderlähmung. Er gibt mir am Schluss die Hand. Er hat einen Griff, mit dem er mir sofort die Hand zerquetschen könnte. Er hat es in Ravensburg nicht eilig, hinauszukommen. Und kommt doch rechtzeitig hinaus. Er schaut immer wieder zu mir und grüßt mit Lachen und Nicken.

Ja, a Minuten vertrang mer ja: Der bayerische Schaffner mit dem Eilzug aus München, als wir warten müssen. Einer: Auf was warten denn wir? Der Schaffner: Bis rengt. (Lacht). Jetza packa mir's.

Donnerstag, 15. 3. 1979

Bei Anna: Ihre erste Diphtherie bei Schlegels. Der Hals wächst ihr zu. Sie geht ins Bett. Ein Schreiner aus Tettnang fragt nach Anna. Die sei im Bett. Halsweh. Er will sie sehen. Sie kommt im Nachthemd in die Stube. Das ist eindeutig Diphtherie. Er war Sanitäter im 1. Weltkrieg. Dann 15 Jahre später in Geiselharz. Der Onkel mit dem Urin nach Leutkirch zu Pfahl: Wenn das Fieber um ein Grad heruntergeht, darf sie, was er mitgibt, nehmen. Das tritt ein. Dann das 3. Mal, sie selber mit dem Rad nach Wangen. Dann mit dem Zug nach Leutkirch. Sie glaubt, sie stirbt, und betet, wenn sie doch erst abends daheim sterben könnte.

Ein Pfarrer im Franzosen-Lager auf dem Büchel für die Kranken kommt zu Anna, sie gibt Butter mit. Am Sonntag stapfen 5 Franzosen durch den Schnee, nacheinander, und Anna sitzt in der Stube, und die fünf machen ein Konzert.

Der vom Arbeitsamt aus Ravensburg von der Arbeitsfront wirft Anna vor, dass sie abends mit Kriegsgefangenen vor dem Radio sitze und Feindsender höre. Sie bestreitet. Sie greift ihrerseits an: Andauernder Wechsel, das geht vielleicht auf einem Hof, aber nicht hier in einer Käserei. Wenn einer eingearbeitet ist, dann muss er wieder weg. Unproduktiv. Nach der Befreiung war Anna gut dran.

Im Januar '45 kam Anton aus Prag. Sollte aber gleich wieder gehen. Erreicht es, dass Reck gehen soll aus Pfärrich. Der hat sowieso Butter verschoben. Aber Heine (Bauernführer) sagt zu Anton: Soll doch Georg gehen, bis der ausgebildet ist, ist der Krieg vorbei. Also muss der gehen. Anna wagt nicht zu sagen, dass sie von dem schwanger ist. Und Georg selber sagt auch nichts. Er war ja so gseha it grad an Held. Er geht und kommt nicht mehr. Und Anton schimpft noch, weil der das Auto in die Garage fuhr, die am Berg lag, und das Wasser ließ er erst drinnen ablaufen, wo, wegen der Neigung, nicht alles herauskam, also einfror und der Motorblock kaputt war, der Block oder was, sie weiß nur noch, es hat 1000 Mark gekostet. Und Anton hört tagelang nicht auf zu schimpfen, bis Agathe, die feine blasse Hochdeutsche, da ist: Also, Toni, Georg ist für dich gegangen.

Anna und Hanni mussten abends immer mit den Gefangenen Menschärgeredichnicht spielen. Anna hatte keine Lust, aber wenn sie es nicht tat, grollte sofort Michel, der Ukrainer: Ja, wir sind bloß Sau-Ausländer, nix gut spielen mit uns.

In Kümmertsweiler hatte unter der Treppe von Harzes ein Wilderer das Gewehr versteckt, mit dem dann der Großvater beim Spielen den gleichalterigen Buben von Heimpels erschoss. Die Mutter der Mutter war von Pfanners und heiratete den Meßmer in Kressbronn. Und ihre Tochter (die Großmutter) heiratete zurück nach Kümmertsweiler. Die Eltern des Großvaters: Der Vater 1824 geboren, Mutter 1820 aus Bechtersweiler, geborene Frei, Theresia, bis 1909. Er mit 54 gestorben: Lungenschwindsucht.

Den Schwestern im Kloster wurde immer Soda ins Essen gegeben, dass sie ihre Tage nicht bekamen, daran seien auch viele gestorben. Anna hat ihrer Schwester Kathrie Butter und Honig geschickt, so hat die die Schwindsucht nicht bekommen, meint sie.

Als Anna das 2. Mal Diphtherie hatte, blieb Hanni nachts in ihrem Zimmer, las bei Kerzenlicht, kommt immer wieder mit der Kerze und hält sie Anna an die Nase, ob die noch lebt.

Anton konnte sich nur immer hineinreden in eine dumme Sache, aber nicht mehr heraus. Das macht immer Anna. Als ihm einer sagt, er soll schauen, dass er jetzt bald das Eiserne Kreuz bekomme, sagt er, das seine sei ihm lieber, wird denunziert. Anna muss zum Bauernführer Brehm.

Den schönen, den unheimlich brillanten Föhntag hat sie erlebt, und sie ist dankbar dafür. Das ist sie für jeden Tag, sagt sie. Aber dass das ein ganz besonderer Tag ist, weiß sie. Es war auch das größte Leuchten auf den Gipfeln und das weißeste Blau, das durchsichtigste. Dieser Himmel war so leicht, dass er sich vom hohen Feld der Schneegipfel förmlich in die Höhe schwang.

Samstag, 17. 3. 1979

Max Frisch: Er ist von Marianne geschieden. Sie bekommt 10 % aller jetzt noch anfallenden Buchhonorare, das Berliner Zimmer und die Nutzung der Küsnachter Wohnung. Er beruft am 29. 4. die zusammen, die seinen Nachlass verwalten sollen.

Alissa erzählt, dass der Sohn von Herrn Michel Zweiter im Musikwettbewerb wurde. Ich: Wie alt ist er? Alissa: 15. Ich: Wenn Theresia 15 ist, wird sie auch Zweiter.

Alissa: Wenn du so daherredest, machst du sie nur krankhaft ehrgeizig. Es kann doch sein, sie wirft mit 14 die Gitarre weg und rührt sie nie mehr an. Ich: Das glaube ich nicht. Weil sie so früh angefangen hat zu arbeiten, behält sie das Arbeiten bei. Alissa: Dass du sie mit diesem Gerede nur ehrgeizig machst, siehst du nicht. Johanna: Oder sie wird enttäuscht, wenn es dann nicht klappt. Das ist typisch, dass sie das sagt. Aber Theresia: Ich werfe meine Gitarre und meine Geige nie weg. Ich verehre meine Gitarre und meine Geige, weil sie aus Holz sind.

Johanna hat Szenen aus dem Buch gelesen und sagt, ich hätte meine Kinder bösartig dargestellt. Ich versuche zu dämmen. Es ist, als drohe ein Flächenbrand. Ich muss ungeheuer vorsichtig taktieren, dass sie nicht unruhig und panisch werden.

Johanna: Alissa würde mir nie verzeihen, wenn sie vorkäme. Motive, an denen Leute in Überlingen merken könnten, dass sie und John vorkommen.

Ich: Ja, Motive, aber doch nicht mehr. Die Figuren sind doch Fiktion. Belletristik. Ich rede aufgeregt.

Sonntag, 18. 3. 1979
TSG durch Sport und Gymnastik, die er nur um seiner Gesundheit willen und weil es ihm Spaß macht, betreibt, wird ein Kletterer und im Handumdrehen ein Fassadenkletterer.

Der Zorn einer Göttin.

TSG erfährt von der Studentin, dass das Bild in Bad Schachen sein muss. Aber bei wem? Es kommen nur Reiche in Frage.

Unser Timon ist der einzige Hund, der allein herumstreunt. Wie er heute den Berg hinauflief und oben entlang. Das sah aus, als sei er sein eigener Herr. Die Dame raffte ihre schwarze kleine Fledermausbulldogge, nachdem sie sie endlich gefangen hatte. Sie hatte Angst vor Timon. Ihr Hund wollte dem nach. Ich pfiff Timon herunter. Er kam. Er war glücklich, nicht sein eigener Herr zu sein.

Trainierte seien vegetative Würstchen, sagte der Professor. Trainierte sind Vagotoniker. Ihr Kreislauf ist weniger anpassungsfähig als der von Untrainierten. Man hat solche und solche 7–8 Stunden ins Wasser gelegt und sie nachher aufrecht gestellt. Die Trainierten fielen um, die Untrainierten blieben stehen.

Die Katze sucht mich heute schon drüben. Bis auf den hinteren Schreibtisch kam sie. Wenn ich eine Briefmarke auf dem nassen Schwamm anfeuchtete, wurde sie gleich ganz wild vor Gier, mit ihrer Schnauze bei dieser Anfeuchtung dabei zu sein. Und wenn ich schrieb, wollte sie die weichste Stelle ihres Halses andauernd in die Schreibbewegung hineinhalten, dass eine Berührung entstehe und eine Reibung.

Die Komödie: Ein Vater möchte, dass seine Tochter durch Samenübertragung seinen Samen bekomme, ohne dass sie es selber erfahre. Dazu muss er zuerst alle von dieser Art der Fortpflanzung überzeugen, dann einen Arzt im Institut finden, der ihm seinen Samen abnehme und ihn der Tochter so diskret übertrage. Und wenn die das dann erfährt? Dies zu fragen genügt. Man muss die Komödie nicht schreiben.

Auch jetzt hat die Katze mich wieder gesucht und liegt mir weich und schwer und warm im Schoß. Wie für immer.

Ein Flugzeug flieht vor seinem Krach.

Der Wind heult nicht, er pfeift nicht, er stöhnt.

Die Krokusse übertreiben es. Mit der Hast von Krokussen.

Krokusse sehen immer aus, als seien sie zu früh dran.

Traum: Eine Arzthelferin sieht, dass meinen sich schließenden Augen noch zwei Tränen entquellen: Das sind jetzt die Todestränen, sagt sie. Das höre ich noch, dann ist es aus.

Wahrscheinlich, weil ich am Freitag beim Augenarzt war, eine weibliche Vertretung, die mir Flüssigkeit in die Augen presste, um irgendwas zu untersuchen.

Vorne im Lokal Jehle: die Fratzen von der Salem-Schule am rechten Tisch, die Stummen vom TG Überlingen am linken Tisch.

Der Junge: Mich hat *Halbzeit* nicht angesprochen. Und das *Fliehende Pferd* hat mich auch nicht angesprochen.

Das Mädchen: Alle Ihre Charaktere sind spießig und verklemmt.

Beispiele?

Die lassen, wenn sie miteinander schlafen, einen Hund zuschauen. Und Anselm Kristlein versteckt seinen klapprigen M12, damit Herr Frantzke nicht sieht, was Anselm für ein verlottertes Auto hat. Das ist doch spießig, wenn er glaubt, er müsse ein glänzendes Auto haben, um etwas zu gelten.

Ich hatte immer zu schnell etwas zugestanden. Ich lasse mich noch immer provozieren. Am Ende kommen die zwei Hauptquälgeister (männlich) her und sagen, sie würden das irgendwann gern fortsetzen. Und der eine lässt sich ein *Fliehendes Pferd* signieren, er sagt, auch wenn er das vielleicht spießig fände. Dabei habe ich mich die ganze Zeit bereitwillig als Spießer bekannt. Es war ein trauriger Abend.

Einer, der noch singt, dem Wind die Hand gibt, lieben möchte, zwanzig Mark zu schätzen weiß. Die Hunde kennen ihn. Er trägt die Wolken von da nach da. Die Brunnen rauschen auf, wenn er sich nähert. Die guten Wohnungen sind jetzt zu teuer für ihn. Er wohnt in Häusern, bei deren Erbauung Fehler gemacht wurden, sowohl vom Architekten wie von den Maurern.

Der Krüppel, der sich die Idiotin dressierte als Wagenschieberin.

Montag, 19. 3. 1979

Frau Eberhard. Sie fastet bei Buchinger. Im Winter zwei Stürze. Einmal rückwärts über die Haustreppe, einmal im Bad. Zuerst die rechte Schulter: alles gebrochen, dann die Rippen gequetscht, noch schmerzlicher als beim ersten Sturz. Ihr Mann noch tätig und ist über 80. Einfach weil er immer noch Lust hat, da zu sein. Seine ununterbrochene Pflichtfreude kann sie nur immer wieder verklärt schildern. Er ist einer der letzten noch lebenden Väter des GG'es. Sie hat schon vor '33 bei Buchinger gefastet mit ihrem Mann: in Witzenhausen, Nordhessen. Gesund zu leben, das gehörte zum Programm der Jugendbewegung. Mit ihrem ersten Mann wohl, der nicht mehr aus dem KZ kam.

Irgendwo gelesen, dass das *Fliehende Pferd* '78 am meisten Kritiker-Punkte gesammelt hat: 473, in der SWF-Wertung.

Die neue *FAZ*-Kritik meint es gut, ist aber total borniert. Sie vermisst den Egoisten. Und einer, der kein Egoist ist, ist nicht glaubwürdig. Nur Narzissmus, Egoismus, Ich-Orgie ist authentisch. Alles andere ist nicht vertrauenswürdig.

Käthe sagte, als Frau Eberhard da war, Rut Brandt habe sich sehr sympathisch geäußert.

Frau Eberhard: Ja. Wo?

Käthe: Im *stern*.

Frau Eberhard: Ach so. Ja, den *stern* les ich nicht. Das sagte sie so unbeschreiblich feinsinnig hochmütig, dass Käthe sagen musste: Ich sonst auch nicht. Ich las ihn nur, weil er im Haus war, ins Haus kam. Ich glaub, Alissa hat ihn mitgebracht.

Ich hätte ihr helfen sollen, denn in Wirklichkeit hatte ich ihn mitgebracht. Ich hatte ihn gekauft, weil ich dachte, es sei schon eine Kritik drin. War aber nicht. Aber weil Käthe so hilflos war, wurde ich von ihrer Hilflosigkeit förmlich gelähmt, konnte nur noch schreckenslahm zusehen, wie sie nach Wörtern fuchtelte und dabei unterging. Mir fiel überhaupt nicht ein, dass der *stern* durch mich ins Haus gekommen war. Das fiel mir erst ein, als Frau Eberhard schon wieder eine Stunde aus dem Haus war.

Dienstag, 20. 3. 1979

9 Uhr 52 Überlingen – 14 Uhr 41 Frankfurt.

Endlich im Himmel

Wer da ist und wer nicht. Es fehlen Juden und Kommunisten. Es sind da: Strauß, Himmler, Adenauer, Wilhelm II. usw. Alles, was gut und teuer ist. Hitler wird geschnitten. Oder er verbietet sich jede Anbiederung von Strauß usw. Stalin ist im Souterrain, Kesseldienst. Alle tun alles ohne die Gegenstände. Mir kommt der Verdacht, dass ich auch nicht auf Papier schreibe, sondern so schreibe, wie die anderen essen. Kauen ohne Speisen. Man tut, was man immer getan hat. FJS macht immer große Schimpfbewegungen ohne Publikum und Gegner. Der Himmel ist das Komischste, was es gibt. Und dass es der Himmel ist – woher wissen wir das? Wir haben uns entschlossen, das Himmel zu nennen. Ich forsche nach. Niemand weiß, wer das Himmel nannte. Es ist klar, dass die,

die da Engel spielen und Petrus usw., Leute sind, die das schon bei Lebzeiten machten. Genau dieselben. Vielleicht ist es die Hölle. Nein, um Gottes willen. Das wäre ja nicht auszuhalten. Man fühlt sich gleich ein bisschen besser, wenn man das Himmel nennt.

Dialog

Sie am Fenster. Weiter runter geht's nicht. Er fotografiert sie von außen. Sie: Du, ich nehm bald Geld fürs Fotografieren. Der Zug fährt an. Sie: Nimm lieber die hübsche Kirche da auf. Er: Ich liebe dich. Sie: Du, fahr vorsichtig.

Der Mann liest *Bild*, die Frau wartet. Wenn er alles gelesen hat, gibt er ihr die Zeitung, und sie gibt ihm ein Tempotaschentuch, damit er sich die Finger, die er sich an der Zeitung beschmutzte, sauberwischen kann.

Mittwoch, 21. 3. 1979

12 Uhr 32 Frankfurt – 14 Uhr 41 Stuttgart.

… sind auf Kapazitäten ausgelegt, die mit der Nachfrage nicht immer übereinstimmen …

Die Jagd: Das hört Gottlieb Zürn, wenn er gerade seine sexuelle Überflüssigkeit bedenkt.

Von den Tieren wissen wir nicht mehr als sie von uns.

Herr Zürn: Von den Ehen, die er kannte, waren fast alle zumutbar.

Freitag, 23. 3. 1979

11 Uhr 25 ZH – 14 Uhr 40 Boston. Brahms 2. Symphonie, D-Dur.

Herr Städtler, Steven Scher und Ulrike in Boston. Logan International Airport.

Mit einem großen grünen Ford. Das ist die Collegefarbe, alle

Wagen des College sind so grün. Der, den wir morgen bekommen werden, auch.

Auf die 93 North. Dann die 293 bei Manchester. Dann auf die 89. Und dort Exit 18. Die Autobahn, ein Damm durch Moor und Wald. Immer wieder große Seen. Links und rechts Nebel, aus dem die Bäume, besonders die toten, gespenstisch herausragen. Als wir bei E 18 sind, wird es gerade etwas heller. Steven Scher und Ulrike schreien: Sonne, was sagen Sie dazu, Sonne! Ich mache mein Kompliment für diese Dramaturgie. Wir fahren zu ihm, dann zu dem Haus, zu «unserem». Das Haus ist wirklich klein. Ein altes Paar, das nach Europa geht, zieht aus, vorerst in ein Ferienhaus am Sunapee-Lake. Sie sind unheimlich liebenswürdig. Nicht nur zu uns, sondern auch gegen einander. Wenn irgendetwas nicht funktioniert, will jeder schuld daran sein. Die gläserne Tischplatte ging gestern kaputt. Das sei nun wirklich sie gewesen, sagt die Frau, ihr Mann habe damit nichts zu tun. Das ganze Haus ist japanisch eingerichtet. Ulrike: Japan-Kitsch. Sie ist Wienerin und deshalb offenbar zu herabsetzenden Äußerungen über andere verpflichtet. Die vielen Blumen müssen alle drei Tage gegossen werden. Die Vögel auf der porch sollen gefüttert werden. Sie verdrecken die Veranda, sagt die Frau, aber da kann man ja manchmal Wasser drüberschütten. Der TV ist im Keller. Eine Wasserpumpe auch. In der Kaminöffnung ein Radio und Plattenspieler. Rattanmöbel, helle, in Bambusfarbe. Eine Nike von Samothrake innen unter dem Giebel. Das Haus liegt am Bach, und das Land darum herum zeigt nicht die geringste Spur von Bearbeitung oder menschlichem Eingriff. Hinter dem Haus geht ein Hügel hinauf zum Wald. Auf dem Hügel stehen meterhoch die verdorrten und fast schon farblosen Gräser vom letzten Jahr. Am Bach und über ihm hängen gestürzte Bäume wild in einander. Birken und ebenso schlanke und glattrindige Bäume, aber nicht weiß, sondern ganz hellgrau, fast silber.

Bei Steven Scher: Der Nachbar auf dem Hügel über ihm im

Backsteinhaus (das ist hier wahrscheinlich der höchste Rang, auf einer Kuppe UND aus Stein) ist Christian Wolff, Sohn von Kurt und Helen Wolff. Er unterrichtet Altphilologie und Komparatistik. Er ist ein international anerkannter Avantgarde-Komponist. Ja, das ist Kurt Wolffs Sohn, wiederholt Steven Scher.

Wir vespern Salami, Leberwurst, zwei Käsesorten. Ich bekomme 2 Flaschen Andechser-Bier aus Glasflaschen, die anderen trinken Tee.

Monika T.: Sie ist aus Deutschland (Mainz) zurückgekommen, und die drei Studentinnen, denen sie ihre Wohnung ließ, haben ihr die Wohnung verwüstet. Sie musste tagelang putzen. Mit dem Messer musste sie den Dreck vom Boden kratzen. Aber Kenkel hat seine Wohnung drei Studenten gelassen, die haben alles wunderbar in Ordnung gehalten und viel von dem, was nicht ganz in Ordnung war, in Ordnung gebracht.

Monika T.: Merken Sie sich, was Sie in der ersten Nacht träumen.

Ich: Gut, ich erzähl's Ihnen morgen. Dann also: Als ich das erste Mal erwache, kriege ich die vorangegangenen Träume nicht mehr zu fassen. So vorsichtig ich auch nach ihnen greife, sie entschwinden. Beim zweiten Erwachen habe ich mehr Glück. Ich habe geträumt, bei einem Zusammentreffen zu sein, bei dem die Frau von Franz Josef Strauß erwartet wird. Ich will gehen, bevor sie eintrifft. Es ist klar, dass im Raum alle gegen eine Frau sind, die die Frau von Franz Josef Strauß ist. Aber ich habe das Gefühl, ich sei nicht gegen sie. Da viele unter den Anwesenden von mir annehmen, dass ich gegen die Frau von Franz Josef Strauß bin, will ich lieber gehen, bevor sie kommt. Aber es ist schon zu spät. Sie kommt herein. Gibt mir die Hand, sieht unheimlich gesund und jung aus. Rotbackig und frisch. Überzeugend. Wer so aussieht, muss die richtige Lebensart haben. Das ist der Eindruck, den ich von ihr habe. Laut, dass es alle hören – aber ohne das zu beabsichtigen –, sagt sie, wo wir uns das letzte Mal getroffen haben und wo und wann das vorletzte Mal. Usw. Es endet irgendwie peinlich. Dann ein Traum, in dem ich in einem Haus sitze, das fast nur aus Fenstern besteht, und ich bin nicht richtig angezogen. Die Leute schauen von ihren höheren Fenstern auf mich herab, und ich kann mich nicht rühren. Alle bemerken, dass ich, als ich noch versuchen konnte, mich zu bergen, in der Eile beide Beine in ein Hosenbein gezwängt habe. Dadurch konnte ich natürlich meine Hose nicht ganz hochziehen. So sitze ich jetzt da und leide unter den Blicken der Zuschauer.

Im dritten Traum: Mit einem jungen Germanisten gehe ich durch die Landschaft und muss Fragen von ihm beantworten. Er behauptet, ich hätte in Amerika einmal eine Art Gedicht geschrieben mit dem Titel Litanoia und Profania Lucia. Wie ich das gemeint hätte. Es ist sehr beschämend für mich, dass ich keine Auskunft geben kann, weil ich mich nicht erinnern kann, so etwas geschrieben zu haben. Dass ich mich nicht daran erinnern kann, versuche ich zu verbergen.

Obwohl auf Heizungs- u. Pumpgeräusche durch den Besitzer vorbereitet, erschrecke ich einige Male. Wenn die Heizung angeht, klingen die langen dünnen, unten an den Wänden entlang liegenden Blechlamellen so bizarr, als breche ein Hirsch durch einen Glaswald. Dazu aber noch die harten klanglosen Schläge eines Rockschlagzeugers.

Beim Frühstück die Vogelwelt auf der porch.

Ich stehe um fünf auf. Theresia um sechs. Einen Augenblick, bevor ich Licht mache, sehe ich hinaus in die umgebende Zweige- und Graswildnis und spüre einen wilden Anhauch Amerikas. Ich genieße es eine Sekunde lang unheimlich heftig, in dieser Morgendämmerstunde in Amerika zu sein. Die Heizungsbleche klingen wie Glasglöckchen oder sehr ferne Kuhglocken.

Dieses Haus ist sehr sauber, sie haben die Decken gewaschen oder zum dry cleaning gegeben. Trotzdem hat das Haus innen einen Geruch, der uns unangenehm ist. Es ist der Geruch des Lebens dieses Ehepaars. Man kann lüften. Alle Türen aufsperren, dann zieht es durch, und im ganzen Haus herrscht die frische Luft. Dann schließt man die Türen wieder, und dann breitet sich, aus allem Inneren strömend, wieder der Geruch des Lebens dieses Ehepaars aus. Man kann nicht in ein Haus eines anderen Ehepaars ziehen, ohne auch in das Leben dieses Paars einzuziehen.

Auf dem Tischchen vor dem Sofa: *Hanover Gazette*, *Valley News*, *National Geographic*, *Reader's Digest* mit dem Quiz Are you a Genius?

A cloudy nasty day, sagt der Mann im Supermarkt.

Mit Käthe telefoniert. Franziska und die ganze Inszenierung scheint erfolgreich zu sein. Nur das Bühnenbild nicht. Aber mein Buch ist noch nicht auf der Liste. Das ist der Verlag! Nach drei Wochen noch nicht. Ich tauche ins Waldtal. Unberechenbar. Abgeschieden. Ich muss lernen, nirgends hinzuschauen. Nur wo ich bin, möchte ich sein. An diesem Bach, an diesem Fluss, der sich durch die Wälder zieht. Das wäre alles gut, wenn die Kinder keine Katastrophen erleben müssen. Ich werde auf jeden Fall das Seminar ernster nehmen, als ich dachte. Ich werde mich einsetzen.

Nina Kleinhardt verabschiedet sich: Sehr schön, Sie zu sehen. (Sie ist 12.)

Monika T. lebt zusammen mit Ken, der im letzten Jahr in Harvard seinen PhD in Sanskrit gemacht hat. Aber man braucht nur drei solche Doktoren, und die hat man, und sie sind noch ziemlich jung. Jetzt wartet er also darauf, dass man sozusagen wider alles Erwarten doch noch in absehbarer Zeit einen Sanskritdoktor braucht.

Montag, 26. 3. 1979

Th. gestern, als sie sah, dass ich notiere, was die vor uns lesen: Also woisch, jetzt schreibsch scho wieder alles auf. Du bisch 's reinschte Notizbüchle. Das ist die Folge von Johannas und Alissas Reden über ihr Auftauchen im Roman.

Dienstag, 27. 3. 1979

Dreiviertel vier aufgewacht. Wenn die Heizungsbleche wieder abkühlen, weil die Heizung aussetzt, finden rundum kleine scharfe Explosionen statt.

Ich habe immer gefürchtet, dass einmal kein Papier mehr oder doch nicht genug Papier da sein werde zum Schreiben und dass ich mit den Kugelschreibern sehr haushalten müsse, jeden scharf überwachen, dass er nicht verloren gehe. Dass ich jetzt Papier und Schreiber in jeder beliebigen Menge kaufen könnte, lähmt mich fast.

Ich werde nichts mehr sehen, für mich wird nichts sein, ich müßte mich einziehen wie eine Angelschnur und verstauen oder liegen lassen, es ist alles gleich, mir fehlt jetzt auch der Mut, den man braucht für einen Sinn.

Brief an Lord Liszt

Ein altes Problem. Ob Sie's glauben oder nicht, lieber Liszt, ich zucke nur noch kurz und nur ein winziges bisschen zusammen, wenn mir wieder ein Beweis geliefert wird, dass man Sie lieber mag als mich. Ich senke die Nasenspitze etwa um einen Zentimeter, und das nicht heftig, langsam, das genügt. Sofort durchströmt mich dann ein Gefühl wohltuender Einsamkeit. Des weiteren bewirkt die geringe Senkung des Kopfes in der Nackenmuskulatur ein Gefühl wie Stärke.

Wenn ich mich krümmen könnte, bis ich mich nicht mehr weiter krümmen möchte.

Ich habe fast alles gesagt.

Und ich weiß nicht, ob jemand etwas verstanden hat.

Wem begegnen, so bloß. Verschwinden.

Der Vorteil dessen, der sich vorbereitet.

Jede Stunde ist ein Showdown.

Man sollte niemanden drüben haben. Alle sollten herüben sein. Hier im Wald. Den Kopf so tief im Sand als möglich. Wo denn sonst? Wo, wo denn sonst? Ich will nicht mehr arbeiten. Nur noch weinen. Dieses hochdeutsche Wort heißt sowieso nichts. Gar nichts. Das hat mit dem, was es meint, für mich nichts zu tun. Hier in den Wäldern, mit Leuten, die den gleichen Dialekt sprechen, das wär's. Leider ist so eine Collegestadt stolz auf ihre Internationalität.

Gestern Abend in *Hedda Gabler* im Hopkins-Center. Eine Truppe aus Connecticut. Die Bemerkungen über Bücher, Manuskripte werden von diesem College-Publikum wach und herzlich aufgenommen: Eine foreign university made him a doctor, alle lachen. Der Chairman of the Drama Department mit Frau und Tochter: ein Jamaicaner, hellschwarz oder tiefbraun. Die Mutter ist die hellste. Als Steven Scher jemand zuwinkt, von der Französischen Abteilung, sagt Ulrike: Die Französische Abteilung scheint mit hübschen jungen Mädchen gesegnet zu sein. Mit Steven Scher gestern durch die Bibliothek. Sie sind gerade beim Umstellen von der alten Kongressbibliothekseinteilung nach Zahlen zu der neuen, in der die einzelnen Gebiete durch Buchstabenkombinationen bezeichnet werden. PT ist Deutsche Literatur Floor 3, Annex.

Daniel Webster öfter als schönes Porträt: Dartmouth Class

1801. In der Englischen Abteilung ist alles holzgetäfelt, einer Barockbibliothek nachempfunden. Nischen links und rechts, oben rundherum eine Galerie. Hier wird jeden Tag um 5 Uhr Tee gereicht mit Crackers. Die Englische Abteilung ist natürlich die beste, schönste, größte.

Die mexikanischen Fresken in der Eingangshalle: Von Urzeiten bis zu einer schönen Arbeitswelt. Von Orozco 1929 gemalt. Carlos Fuentes wird im Mai darüber sprechen.

Ein Poetik-Raum in der Englischen Abteilung. Mit Dichterporträts. Der amtierende Poeta Laureatus Richard Eberhart: Dartmouth Class 1926. Jetzt als Lehrer und Poeta Laureatus hier. Steven Scher mag ihn nicht. Blaue Samtpolster beherrschen diesen Salon. Ich habe das Büro eines Herrn Hoffmeister, Zi. 329. Er ist in Mainz.

Eine warme Festung in New Hampshire, von Wäldern umstellt. Tag und Nacht leuchten aus den Waldwänden als Geäder die Birken. Der Fluss sträubt sich weiß auf den Steinen. Aus den Baumgründen scheint noch Schnee. Ums Haus das fahle Feld vom letzten Jahr. Die dürren Dickichte aus nie gemähtem Gras. Der Versuch des Alten, es dem Neuen schwer zu machen. Nachher wird's Nahrung.

Ein Sonnentag. Das Schöne hier: Für die, auf die es ankommt (drüben), ist dieser Tag schon fast vorbei. Und ich werde auch fertig werden mit ihm.

Wir wohnen an der tiefsten Stelle, am nächsten beim Fluss. Alle anderen wohnen auf kleinen Hügeln, die immer höher hinaufreichen, immer weiter in den Wald hinein. Dann eine Zeit lang nur Wald, dann beginnt die Stadt. Sie steigt weiter an. Wo dann eine größere ebene Fläche beginnt, beginnt auch schon der Campus. Er ist auf einer Seite zur Stadt hin offen. Da ist auch das Hanover Inn. Das Hotel gehört dem College, das hat auch 1 Stunde weit weg an einem kleinen See ein Schlösschen mit 12 Zimmern für Tagungen. Auch 40 Hütten von hier bis Washington. Nicht bewirtete. Man kann die Schlüssel holen und dort übernachten auf Wanderungen. Herr Kleinhardt trägt aber lieber sein Zelt auf dem Rücken mit und schlägt es auf, wo er gerade will. Hier darf man überall campen.

Hanover gehört zum Dresden School District.

Hier nicht. Da nicht. Nicht. Das Geheimnis gibt es, weil es Sprache gibt, die es lösen will. An sich gibt es kein Geheimnis. Bevor gesprochen wurde, war alles klar. Wenn nicht mehr gesprochen wird, ist alles klar.

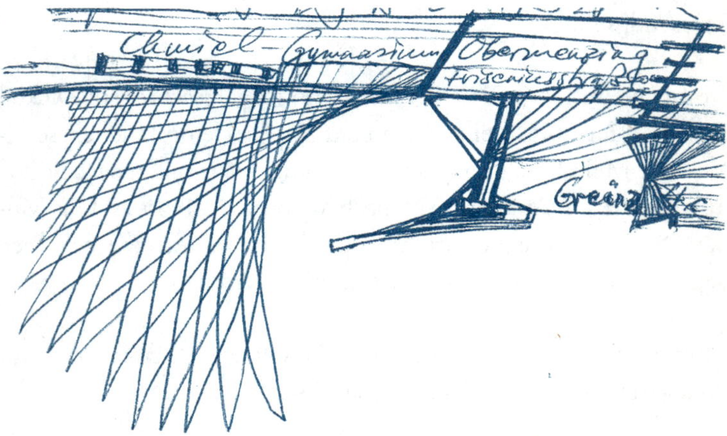

Hier beendet jeder, auch von den Eingewanderten, auch wenn sie Deutsch sprechen, jeden Satz mit Okay. Es ist ein fragendes, fast noch mehr ein aufforderndes, auf jeden Fall ein jedesmal überraschend energisches Okay. Kommen Sie um sieben zu uns zum Essen, okay? This is your room, okay?! I hope you will enjoy your stay, okay?!

Friss dich fort, kleines Flugzeug.

Wenn man mit einem Kind irgendwohin kommt, muss man sich auf jede Weise klar machen, dass man dieses Kind in einer Weise liebt und vergöttert, wie es kein Kind verdient. Man muss sich unbedingt bis zur Lächerlichkeit als der in sein Kind vernarrte Vater aufspielen. Die Umwelt würde, wenn man auch nur im geringsten selber Kritik an diesem Kind übte, sofort zupacken und das Kind mehr oder weniger vernichten und sich dabei auf den Vater berufen, der ja höchstselbst zu verstehen gegeben habe, wie sehr dieses Kind mitleidloser Genauigkeit und Strenge bedürfe. Schüchtert man sie aber durch Liebe und lächerliche Überschätzung des Kindes ein, dann halten sie, wenn auch knurrend und grinsend, still.

Voice and Vision in West Lebanon. Im Orgelgeschäft ein Dicker, an einer der 30 Orgeln. Versunken spielt er eine kindlich sentimentale Melodie, als sei es eine Bach-Fuge. Wir sollen nach South Royalton. Ex 2. Auf der 89 N, nach Woodstock. Dort zu Ellis Music. Der Mann schaute extra im Büro nach, um uns, wie er selber sagte, nicht noch eine falsche Auskunft zu erteilen.

How-do-you-do-nice-to-meet-you. Das sagen 2 Parteien, die einander treffen, völlig gleichzeitig, chorisch.

Theresia möchte wieder einen Fisch. Wenn ich jetzt einen Fisch hätte, ging ich gern ins Bett, dann hätte ich jemand, mit dem ich sprechen könnte.

Gestern für Theresia Sneakers, einen Pullover, für mich für 16 $ Dartmouth-Hemden.

In der Dining-Hall mittaggegessen mit Theresia, gestern $ 2,75 each. Dafür konnte man sich an verschiedenen Ausgaben Verschiedenes zusammensammeln.

Brief an Lord Liszt

Wir wollen das doch einmal ganz offen aussprechen: Wir lieben beide Hern Thiele. Aber ich liebe ihn mehr als Sie. Einfach weil ich dümmer bin. Weniger anspruchsvoll und vielleicht weil die Fähigkeit, einen Mann zu lieben, bei mir ein wenig größer ist als bei Ihnen. Trotzdem, Sie bemühen sich auch, Thiele zu lieben. Das weiß ich. Sie verachten ihn zwar, aber das gestatten Sie sich nicht. Nicht mehr. Sie haben es sich einmal nur zu gern gestattet. Sie und Ihre feinsinnige, auf Ansprüchen stelzende, immer ein bisschen geziert denkende Frau. Aber dann hat Herr Thiele Sie beschämt. Jahrelang hat er Sie beschämt. Das mussten Sie zur Kenntnis nehmen, der, den Sie einen Koofmich nannten, hat Sie behandelt wie ein Gentleman. Ja, ja. Das habe ich Ihnen gegönnt. Ich habe zugesehen, wie Ihre süßsaure Überlegenheit über den unfeinen Herrn Thiele hinschmolz, wie Sie zugeben mussten, dass er doch ein feiner Kerl sei, dieser Sachse in Oberschwaben. Je größer Ihre eigenen Schwierigkeiten wurden, im Betrieb und dann mit Ihrer Frau, desto nachsichtiger wurden Sie, desto milder. Heute würden Sie, wenn wir miteinander sprechen, behaupten, Sie hätten Herrn Thiele schon immer richtiger eingeschätzt als ich. Das heißt, Herr Thiele hat uns beide besiegt. Was mich im Augenblick noch stört, ist, dass Sie auch jetzt wieder recht haben wollen, Sie wollen mir nicht einräumen, dass ich Herrn Thiele vor Ihnen liebte, andauernd liebte. Sie wollen mir Herrn Thiele, den Sie mir vor zehn Jahren vor- und nachgeworfen haben, streitig machen. Das ist fies, mein Herr. Fies, fies, fies. Ich spür es, ich weiß es, ich liebe ihn. Sie haben nur Konsequenzen gezogen. Sie sehen jetzt schon genauer, was Sie sich leisten können und was nicht. Herr Thiele hat Sie mehr besiegt als mich. Sein Sieg über Sie ist größer als der über mich. Ich liebe ihn, mich kann er nicht besiegen. Ich leiste es mir auch heute noch zu sagen, dass er ein charakterarmer Kerl ist, der jedem nur so weit entgegen kommt, als es die Kalkulation empfiehlt. Er kalkuliert uns alle. Wir sind ihm nur so viel wert, wie wir für ihn wert sind. Was wir ihm bringen, das erlebt er. Das erlebt er wirklich. Da kann er zärtlich werden wie wahrscheinlich keine Frau, wenn wir Erfolg haben für ihn … ich gebe zu, wenn ich der Einzige wäre, der in diesem Verhältnis zu ihm lebte, würde ich an diesem Verhältnis wenig auszusetzen haben. Das Ärgerliche ist, dass wir andauernd um seine Gunst kämpfen sollen. Das ist nicht nur ermüdend, es ist entehrend, beleidigend. Die tägliche 10-Uhr-Sitzung hat nur den Sinn, uns spüren zu lassen, wie wir an diesem Tag notiert sind, und uns danach zu richten. Notiert er uns herzlich hoch, müssen wir den ganzen Tag so arbeiten, dass wir auch morgen Vormittag noch so notiert werden. Behandelt er einen mit Geduld, mit Nachsicht, mit deutlicher Selbstbeherrschung, also mit ärztlicher Güte – er schimpft ja nicht, er weiß ja, dass er auf unser Selbstvertrauen angewiesen ist; wir würden ja, wenn er uns so behandelte, wie er eigentlich möchte, immer noch weniger leisten –, dann wissen wir, wie wir dran sind, und versuchen, an diesem Tag irgend eine Leistung zu erzwingen, die ihn, weil sie wahrscheinlich keinen Betriebsvorteil verspricht, wenigstens dazu veranlassen soll, unseren guten Willen lobend zu bemerken. Am Ende geben wir ja zu, dass wir, verglichen mit ihm, alle eine Art Flaschen sind, aber das möge er uns, bitte, nicht übel nehmen, wir versuchten ja durch Fleiß, Loyalität, Zähigkeit, ja, durch übermenschliche Zähigkeit ein wenig von dem zu zeigen, was er gern bei uns, an uns sähe. Er ist ein Tropf, dieser Sachse. Ein Schlitzohr. Ein Chinese. Er legt uns herein. Lebenslänglich. Aber ich liebe ihn. Obwohl ich mir zur Zeit überlege, diese Empfindung auszurotten in mir. Daran ist aber nicht er schuld, daran sind ganz allein Sie schuld, Lord Liszt. Sie haben mich ausgetrickst bei ihm. Und wenn so etwas möglich ist, ziehe ich mich zurück. Es liegt mir nicht, zu Herrn Thiele hinzurennen und ihm sozusagen klaren Wein einzuschenken über Sie und Ihre Frau, über die Wandlung des Urteils im Haus Liszt. Abgesehen davon, dieses pragmatische Genie aus Chemnitz würde mir antworten: Was wollen Sie, wenn Dr. Liszt mich verachtet HAT, jetzt aber nicht mehr verachtet, das ist doch prima. Da stünde ich und könnte ihm nicht erklären, dass Sie ihn nur widerwillig achten, dass Ihre Achtung mehr aus Ihren eigenen Schwierigkeiten stamme als aus einer anderen Einschätzung, dass Ihre Achtung eben rein taktischer Natur sei. Das müsste ich ihm sagen. So wie Sie hingelaufen sind zu ihm, mich schlecht gemacht haben bei ihm. Sie tun so etwas nie aus persönlicher Rancune, Sie sind immer ganz Betriebsvernunft. Ihr Plan, mich gänzlich aus dem Auslandsgeschäft zu vertreiben, lässt nicht im geringsten persönliche Züge spüren. Ich bin ziemlich sicher, dass Sie sich selber glauben, Sie müssten so im Interesse des Betriebs handeln, Sie sind ja zu einer furchtbaren Sachlichkeit fähig. Im Gegensatz zu mir, der immer zugegeben hat, dass er keine Grenzen kennt. Komisch ist nur, dass Ihre furchtbare Sachlichkeit immer auch zu Ihren Gunsten operiert. Ihr Vorteil und der Vorteil des Betriebs scheinen sich in einer Art axiomatischer Identität zu befinden. Oder darf man das schon nicht mehr fragen, warum Sie Herrn Thiele nicht auch einmal etwas vorgeschlagen haben, was Ihren eigenen Aufstieg, wenn auch nur für fünf Minuten, gebremst hätte. Wie weit Sie aufgestiegen sind, das erfahre ich immer nur zufällig. Ich verfolge Ihren Aufstieg ja nicht mit dem Eifer, mit dem Sie meinen Abstieg organisieren. Wenn ich mal mit Wiesbaden oder Vaduz telefoniere, oder mit Hamburg, verrät mir der oder jener durch eine beiläufige Floskel, wie hoch Sie schon sind. Man fürchtet Sie. Auf jeden Fall spricht man von Ihnen in der Branche.

Ist es mir jetzt
langweilig genug? Müsste es
mir, damit ich mich wohlfühlte,
noch langweiliger sein?
Ich bin in der Lichtung.
Fort von Geräuschen

Ich weiß, dass ich
zurück muss. Es gibt
keinen Gewinn.

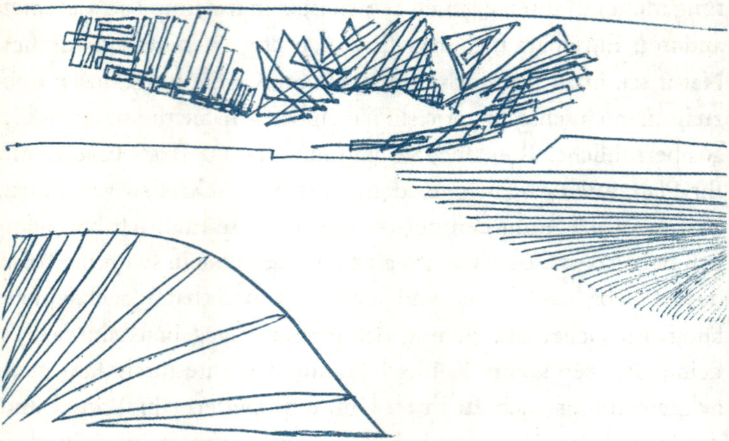

Ein Löffel war in den disposal geraten, durch die Gummimanschette durchgerutscht, die Sicherung brannte durch. Der release button brachte es nicht.

Sie haben *The Random House Dictionary of the English Language* auf dem Tisch, das Riesending.

Spiteful … a desire to inflict a wrong or injury on someone, usually in return for one received. Spiteful implies a mean or malicious desire for (often petty) revenge: *a spiteful attitude toward a former friend. Revengeful* is a strong word, implying a deep, powerful, and continued intent to repay a wrong: *a fierce and revengeful spirit. Vindictive* does not imply action necessarily, but stresses the unforgiving nature of the avenger: *a vindictive look.*

Mittagstraum auf dem Sofa: Ich lag auf einem Sofa in einem engen gangartigen Zimmer, da kam eine Frau, eine ungeheuer schöne und ganz und gar für Eroberung von Männern aufgemachte, vorbei. Ich tat, als schliefe ich, u. hoffte, sie würde mich sehen und Halt machen und zu mir kommen. Aber ich musste die Augen geschlossen halten, von ihr musste die Initiative ausgehen. Sie war schon da. Ich wusste, in der nächsten Sekunde war sie an mir vorüber und würde sich nie mehr nach mir umschauen. Wenn ich also noch eine letzte Chance haben wollte, sie auf mich aufmerksam zu machen, musste ich jetzt sofort, sofort die Augen aufreißen, obwohl ich gerade dagegen den aller größten Widerstand spürte. Ich riss die Augen auf – und starrte ins grelle Mittagslicht. Ich war wach. Die Frau war verstört. Jetzt wusste ich, warum ich diesen Widerwillen hatte gegen das Augenöffnen.

In South Royalton bei Ellis Music die Geige geholt: 3 Monate 18 $ und 3 $ Versicherung. Nur ein Türschild. Dann durch die Küche in einen Anbau. Ein großer Raum, der bis unter die Decke voll ist mit gestapelten Instrumenten. Alle in ihren Behältern. An jedem Behälter eine Karte. Das sieht aus wie ein Leihhaus. Auf den Karten stehen Namen und Daten. Sie leihen wahrscheinlich für alle Colleges in der Gegend. Zuerst noch ca. 10–15 km am White River entlang. Dann über den Fluss. Und vorher schon über den Connecticut.

Tel.: Oh, so you are their butler. I always told Terry to take a butler. So finally she found one. My cousin at Hanover is going to Greece and Paul's going to Switzerland and I stay in Lyme, isn't that terrible. Just because I don't fly, only by ship. I used to have 18 horses in the barn. I prefer to go slowly. After 70 they don't take you on a steamer. I shall pretend to be 68 … so you sound like a wonderful person. I would like to meet you.

Die alte Wienerin, die Monika und Ken aus geschlossenem Autofenster klopfte und ihre Dienste anbot. Ach so, in die Berggasse wollen Sie. Wohin? Freud-Haus. Ach der, ja, in Amerika hat er Erfolg. Sie sagt mehrere Wege dort hin. Ulrike sagt, sie träume so offen und unverhüllt, dass kein Freud nötig sei. Erzählt dann, dass sie träumte, sie schaffe einen Telefon-Anruf nicht, kann nie fertig wählen. Ein Frustrationstraum sei das. Sie sei zuerst hier in Amerika Au-pair-Mädchen bei einem Psychiater gewesen, mit 4 Kindern, habe immer die Anrufe der Verrückten annehmen müssen und habe doch hier zum ersten Mal mit einem Telefon zu tun gehabt. Dass das Nichtwählen eine naheliegende Bedeutung haben könnte, will sie nicht wissen.

Monika T. träumt, dass sie im Kreißsaal liegt, ihre Ärztin ist eine Dr. Cohen. Ihre Doktorvaterin ist Dorrit Cohn. Die Ärztin tröstet sie, als sie mit ihren Wehen nicht weiterkommt. Das haben wir gleich, Kindchen, was Ihnen fehlt, ist einfach eine tüchtige Spritze, und verpasst ihr ein ungeheures Ding. Dann kommt das Kind, die Doktorin nimmt es und hängt es, will es an die Wand hängen. Monika (laut protestierend): Ein Kind hängt man doch nicht an die Wand.

Ken (unterbrechend): Das ist dein Diplom.

Monika T.: Ja, ist das nicht schlimm, einen so blanken Traum.

Ich: Warum überhaupt diese Dissertations-Übersetzung? Ist doch nicht nötig. Der Traum ist doch direkt viel besser. Sie holen sich ihre Dr.-Vaterin herüber zum Kind, das sie wegen der Diss nicht kriegen, und beschämen die Papierfrau, weil die nicht weiß usw. Sie hätten auch träumen können, dass das Kind einen angeborenen Aufhänger im Nacken hat.

Freitag, 30. 3. 1979

Theresia hat mit den Übungen zum Vibrato angefangen. Der neue Lehrer wunderte sich, dass sie das noch nicht konnte. 15 $ pro Stunde. Er ist sehr jung und vielgefragt. Jede Stunde muss extra verabredet werden.

47 degrees. Highs around fifties. Nothing but the atomic bomb can save Idi Amin now.

Einmal pro Tag bzw. pro Nacht kommt der Zug Montréal–Washington–Montréal durch.

Die Waldwände um mich herum sind vom Nebel mild. Deine braunen Augen nagen an mir über den Atlantik hinweg. Die zu schönen Stacheln gebündelten Wimpern strahlen. Wenn ich an eine Frau denke, denk ich an dich. Fester Händel im Radio. Auf der Veranda schmaust das Squirrel. Die nächsten Bäume tragen ihre Knochenäste klar. Ich will mich wohlfühlen hier. Und sei es mit Fleiß. Streicht die Geigen, Nebel mach zu, kreuzt euch, Äste, lasst mich allein mit einem Ton, der aus Uhren rinnt. Wenn der Händel fertig ist, hör ich wieder dem Mink Brook zu, der an mir vorbeigeht mit einem frischen Geräusch. In fünf Minuten ist er im Connecticut, dann geht es nur noch nach Süden und ins Meer. Ich werde mich schon beherrschen. Ich habe mich fast immer beherrscht. Sogar in Hamburg, München, Berlin habe ich mich nur lächerlich gemacht. Mehr nicht. War dir doch recht, oder? Das muss dir recht gewesen sein. Aber wenn Sehnsucht krebserregend wäre? Lächerlich ist sie. Und für nichts. Wörtertreibend wie Hitze Schweiß. O du heißer Sopran, anzusehen wie perlend. Seufzen tut auch gut. Zum Glück sitz ich zentral. Inmitten. Dem Nebel im Herzen. Mit Nebellungen atmend. Und das Blut geht durch die Nebelmilz. Wer sich sehnt, durch den geht der Wind. O Nebel, bleib. Widersteh dem Wind, der mir Herz und Lunge und Milz fortreißt. Ich halte mich. Halte mich. Ich bin doch schwer. Einen Blick auf meinen Bauch, bitte. So. Ich traue den Bäumen. Lass mich einnehmen vom Brook. Ich sehe ruhig zu, wie der River fortzieht. Ich bleibe am Bach, dessen Bett verwüstet ist von den Orgien des verendeten Winters. O Sopran, o Nebel, o Sehnsucht, ach, Bach. Immer hier diese einsilbige Sehnsucht, die mich kränkt.

Immer deine krebserzeugenden Augen. Nebel, sei so gut und mildere die, dann unterhalte ich mich fließend mit den schwarzen Vögeln, deren Hälse grünlich schimmern, und an der Seite tragen sie, wie Uniformierte, kleine, farbige Streifen. Ich werde die Ränge studieren und mich an jeden wenden, wie es sich gehört.

Theresia kommt heim: Papa, schau, i hon eine neue Schrift. Und tatsächlich, sie hat eine. Woher? Das sei die Schrift von der Ali. Ihre eigene schien ihr für den neuen Anfang in der hiesigen Schule nicht gut genug zu sein.

Heute schon wieder Feueralarm. Es hat wieder einer angerufen und hat gesagt, in der Schule sei eine Bombe versteckt. Der Lehrer: Der macht das vielleicht so lange, bis wir glauben, es handle sich um nichts Ernstes, und nicht mehr glauben, es sei etwas Ernstes, und nicht mehr Alarm machen und drinnen bleiben, dann zündet er sie. (Das könnte der sagen, der die Bombe gelegt hat.)

Sie hat im Aufsatz Excellent.

Der Wettermann zeigt, dass der Wind mit 45 mph von Harrisburg, PA, auf Boston zukommt. Mit dem Fall-out aus dem nuclear plant (the crippled plant). Aber der Anchorman beruhigt wieder.

Für Lord-Liszt-Brief.

Dass Sie jetzt herumtragen … «herum» – nehm ich zurück. Aber Herrn Thiele, wem denn sonst haben Sie einzureden versucht, ich hätte mit Gläsern um mich geworfen, ich hätte in der Bar geschrien, dass der Barkeeper sich genötigt gesehen habe, mich auf das Niveau des Lokals, auf die «Würde dieses Lokals» aufmerksam zu machen. Da es sich um ein Nacht-Lokal handelte, in dem billige Tänze aufgeführt werden und ein Käsebrot 16 Mark, der billigste Sekt 84 Mark kostet, ist es gar keine Frage, dass die «Würde des Lokals» eine Prägung ist, die nur von Ihnen, niemals von Herrn Thiele stammen kann. Ich weigere mich trotzdem, mich mit Ihnen wie eine Nation nach einem Krieg über Kriegsschuldfragen zu streiten. Wenn es Ihnen danach ist, wenn Sie immer noch nicht zugeben, dass sich zwischen uns Streitstoff angesammelt hatte, der heraus musste, dann schieben Sie alle Schuld auf mich, bitte. Mit Ihnen habe ich ausgestritten. Mich kriegen Sie nicht mehr dazu. In Zukunft müssen Sie Ihre Streitsucht – denn nichts anderes ist Ihr Rechts-Narzissmus – schon an einem anderen austoben. Ich stehe nicht mehr zur Verfügung.

Samstag, 31. 3. 1979

Joyce Carol Oates: *The Triumph of the Spider Monkey*, p. 82: «So his tragedy was that he loved people who did not love him. We call that irony. And, conversely, he was contemptuous of people who loved him ...»

Gottfried Zürns Geschichte in kurzen Kapiteln. Balladenton. Motivpflege, nicht Zeitverlauf. Immer zur Sache, nicht die sinnlose, erschöpfende Wertung des Nacheinanders.

The nation's rush for more resources in der Mitte des 19. Jahrhunderts nach Westen. Immer noch ohne jeden Zweifel.

Ich möchte mich nicht mehr von dem Papier trennen. Papier ersetzt mir schon bald alles. Das Schönste ist ein dicht bedecktes Papier. Enggedrängte Buchstaben, dicht unter einander stehende Zeilen und eine voll schwarze Tinte.

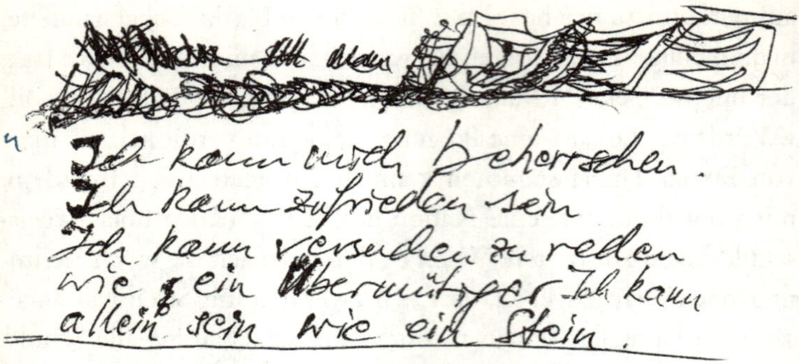

Die Stunde der Wahrheit

Erst wenn er ein Verhältnis zu ungunsten der anderen darstellte, kam er in Fahrt, so seine Erzählung, trittsicher, satzsicher, stellten sich die richtigen Bilder ein. Wenn er erzählte, wie es war, war alles sofort langweilig. Aber das war es noch nicht. Nicht nur kritisch musste er erzählen, sondern wirklich feindselig, andere herabsetzend. Er war sich dessen bewusst, während er noch erzählte. Er merkte nur, ob er in Fahrt kam oder nicht. Erst nachträglich, meistens erst im Bett oder am nächsten Tag, fiel ihm ein, was ihm wieder passiert war. Jedes Wort marschierte wieder auf gegen ihn und klagte ihn an. Denn jetzt sah er nur noch sein Unrecht. Die hämische Virtuosität. Alles hatte er entstellt. Nicht um die zu denunzieren, die er denunzierte, sondern um denen zu gefallen, denen er gerade erzählte. Deshalb war seine Denunziation auch völlig wahllos. Er war nur gut, wenn er andere heruntermachte. (Und da gab es immer den, der nur gut von sich redete und dadurch gefiel. Schön von sich reden, das würde auch genügen.)

Heute um sechs zu Kleinhardts. Nina mag Pekinesen. Damit drückt Theresia größere Differenzen aus. Sie hat unter dem Essen dort gelitten. Eis mit den gefärbten Kirschen, die bei uns wegen Krebserregungsgefahr nicht angerührt werden. Im Garten Hundedreck. Der Hund hat ein großes Krebsgeschwür am Kopf. Im

Haus stinkt es nach Katzendreck. Die Frau drängt Theresia das Essen auf, das sie aus der Dose gemacht hat. Und da müssen wir heute miteinander hin.

Es waren da Herr und Frau Rüb, die das Hanover-Kamerageschäft in der main Street haben. Herr und Frau Sinseni, retired Professsor of the German Department. Seine Frau Ungarin, Dr. der Psychologie, er aus PA, Familie vor 1700 aus der Schweiz eingewandert. Mennoniten. Um 1700 in PA alle Familien im Hafen in Schiffsbüchern erfasst, wenn auch mit krassem spelling. Seine nicht dabei, also vor 1700 eingewandert. Die Frau: Der Vater protestantischer Pfarrer. Als junger Pfarrer bei einem in Südungarn, der hatte einen Kuchen aus Holz, den trug er nach dem Essen kurz herein und wieder hinaus und sagte: Ich sehe, Sie wollen keinen Kuchen mehr. Wenn sie Masern hatten, wurde ihnen Fleisch auf die Augen gelegt. Der Mann muss z. Zt. das Wohnzimmer malen.

Die italienische Sängerin Monacelli fragt: Do you prefer the roll or the brush? The brush.

Er hat 90 acres. 3 Kühe, die nennt er seine girlfriends. That keeps him at home, sagt sie. Nicht zum ersten Mal.

Rosenstock-Huessy war hier, kein Erfolg, ohne Demut. Kam mit dem Pferd in die Stadt. Vor einem store ging das Pferd hoch, weil dort Pferdefleisch verkauft wurde. Rosenstock-Huessy war im 1. Weltkrieg Artillerie-Offizier und verantwortlich für die Eisenbahntransporte zur Versorgung der Schlacht um Verdun. Rüb musste die letzten 2 Jahre mit Tonband aufnehmen, das war schwer, weil der immer herumwanderte. In Tunbridge der Rosenstock-Huessy-Arbeitsdienst. Frau Roosevelt unterstützt das. Jeden Morgen ziehen die aus und tun etwas für Leute, die sich keine Arbeitskraft leisten können. Die *NYT* kommt. Rüb muss Bilder machen. Dann werden die Mittel gestrichen. Um 1938 ist das verdächtig. Als in der *NYT* der Bericht über Tunbridge erschienen war, flog die Bewegung auf. Kein Geld mehr. Rosenstock-Huessy war Professor in Breslau gewesen.

Herr Kleinhardt: Die trustees und der Präsident, die von den Alumni gewählt werden, sind die hohen Priester, wir sind die Mönche.

Die Italienerin: Die Callas hat einen Bandwurm geschluckt, um abzunehmen. 18 Pfd. hat sie geschafft. Aber mit 55 starb sie.

Immer wieder lobt sie das Mediterrane. Nennt die Amerikaner ein bisschen dumm, weil sie so auf Chemie schwören. Sie geht zu den Mönchen. Wenn sie ein Mittel verschrieben bekommt und da sind so künstliche Sachen drin: Via! Gerade jetzt im Frühjahr. You must make the spring. Man muss ihn selber machen.

Sonntag, 2. 4. 1979

Ich saß zwischen der italienischen Sängerin und der ungarischen Psychologin. Wenn die Sängerin sprach, hörte sie nicht so schnell wieder auf, deshalb musste die Ungarin, die bei Gott auch etwas zu sagen hatte, versuchen, der Italienerin das Wort flink und doch sanft zu entwinden. Jedesmal wenn sie in den schnell und trocken aufjauchzenden Redefluss der Italienerin hineinsprechen wollte, parierte die wie eine erstklassige Fechterin mit einem blitzschnellen «Pardon», und schon sprach sie weiter über die italienischen Herbalisten, das kluge italienische Volk, über die konkurrenzlose Schönheit von allem, was mediterran ist.

Trotzdem bin ich sicher, dass die Ungarin dieses Duell vor 20 Jahren gewonnen hätte. Jetzt, mit 75, spürte man noch, dass sie genauso schnell sein könnte, bloß mit noch mehr Mark als die Italienerin. Dabei war sie nicht so konkurrenzgestimmt wie die Italienerin. Sie stellte ihr sogar eine Frage, von der sie wissen musste, dass die Italienerin sie sofort zu einem Triumph machen musste. Die Italienerin hatte erwähnt, sie habe 5 Töchter, sind die hell oder dunkel, fragte die Ungarin. Die Italienerin antwortete wie eine Sturm-Böe, die in ein schlaffes Segel fährt. Ich bitte Sie, sie sind alle schwarz, mediterran.

Als Rübs kamen, wurde die Italienerin Frau Rüb vorgestellt. Missis Monacelli. Die schon völlig vom Alter zusammengezogene Frau Rüb fragte: Ist das ein italienischer Name. Da fuhr die Ungarin, bevor die Italienerin etwas sagen konnte, mediterran dazwischen: Eine Mischung aus Mona Lisa und Botticelli. Ich verneigte mich hin zu ihr und sagte bedächtig: Very quick. Eine Tochter der Italienerin spielt Viola, eine Violine, eine Klavier … auf jeden Fall alle fünf spielen im Vermont Symphony Orchestra. Auch the crippled nuclear power plant in Harrisburg kam zur Sprache. Frau Kleinhardt hat einen Bekannten in Paris, der ist Physiker, der hat gesagt: Hoffentlich passiert bald einmal was, dass die den Wahnsinn einsehen.

Frau Monacelli ist für die Atomkraft. Ihr Mann ist Chemiker und Physiker. Der ist auch dafür.

Herr Rüb war wieder mal daheim in Biblis. Nach 25 Jahren. Da seien sie alle stolz gewesen, sie hätten den größter Reaktor der Welt.

Frau Kleinhardt (zu ihrem Mann): Ist der in Frankreich nicht größer? Der in dem Tal … wie heißt das jetzt wieder? Wir warten alle stumm, wie Herr und Frau Kleinhardt über französische

Landschafts- und Städtenamen hinweggleiten. Ich biete Dijon und Besançon an. Nein, nein, viel weiter südlich. Provence. Vaucluse. Er hat's. Vaucluse. Dort ist der größte.

Als Frau Sinseni sagt, I hate cooking, kommt Monacelli groß heraus: Das sei doch das Schönste, eine gute Nahrung. Aber die Ungarin: Don't worry, ich habe 46 ½ Jahre gekocht, und Sie sehen, wir haben es überstanden (ganz gut sogar), trotzdem hasst sie kochen.

Warum?

Weil es schade um die Zeit ist.

Was sie denn mit ihrer Zeit anfangen wolle?

Plastik, Lesen, Musik hören, Spazierengehen.

Als der Käsekuchen aufgetischt wurde, der ein rein weißes Rund war und in der Mitte mit ein paar Kirschen und Schokoladeplättchen verziert, sagte ich: Jugendstil. Um endlich auch wieder etwas hören zu lassen. Frau Monacelli nahm zwei große Stücke mit dem Kommentar: Ich habe keine Probleme mit der Linie. Das fand ich angesichts des bedrückend großen Problems, das die Hausfrau damit hat, vielleicht mediterran hart, aber doch hart. Aber die Signora und die Hausfrau waren befreundet. Die Signora versorgt die Hausfrau mit Tees, macht mit ihr Spaziergänge, Wanderungen. Das sei das Gesündeste. Gehen und dabei sprechen. If you would like to make someone talk, make him walk, sagte sie und saß dabei noch aufrechter, atmete noch vorbildlicher vom Zwerchfell aufwärts und ruderte mit den Armen noch schöner schwanenhaft. Sie war sowieso ein Schwan, ein mediterraner Schwan. Der Sohn der Signora ist Pilot bei der TWA. Er wohnt in den Bergen in PA und fährt von da immer zu dem Flugplatz nach NY zu seiner Arbeit. Frau Monacelli ist vielleicht 53, aber ohne dass das an irgendetwas deutlich würde. Sie ist ungeschminkt, hat keine Falte. Tadellose, völlig makellose weiße Zähne, eine fabelhafte, ein wenig zu aufrechte stolze Haltung und Figur. Man weiß einfach nicht, woher man die Unverschämtheit nimmt zu denken, sie sei 53. Und doch weiß man nichts genauer und sicherer als das. Sie ist sogar 55.

Der Dackel, der alte mit dem Krebskropf, dem der Bauch bis auf den Boden hängt, frisst jedem von uns das Gemüse aus der Hand, das Frau Kleinhardt als erstes herumgereicht hat: Selleriestengel und Karottenstücke. Jeder nahm sich eines, die Italienerin nahm vier, da wusste man noch nicht, warum.

Frau Sinseni: Erzähl den Witz mit dem Einwanderer-Namen. Dann erzählt er ihn. Juden auf dem Schiff erfahren, dass sie einen guten Namen angeben können. Einer kommt hin. Sie heißen? Habe schon vergessen. John Ferguson. Guter schottischer Name.

Es ist eine vollkommene Gemeinschaft, diese 46 ½-jährige Ehe. Sie weiß, welche Geschichten und Witze er weiß. Er weiß das nicht. Erst wenn sie ihm das Stichwort sagt, fällt es ihm ein.

Er ist ein höflicher Mensch. Er sagt, er sei immer nach Deutschland gefahren, um deutsche Klassiker zu sehen. Er hat Drama gelehrt. Für Shakespeare hatte er nie eine Reise gemacht, aber für Schiller und Gerhart Hauptmann.

Über dem Fluss liegt Norwich. Man spricht das -w- im Unterschied zum engl. Nor(w)ich. Frau Kleinhardt: Die, die jetzt kommen, haben keine Beziehung mehr zum Ort und zu den Leuten. Wir haben noch Beziehung zu allem. Sie sind 14 Jahre hier.

Ein Leichnam liegt, die Vögel
singen, keiner ist allein,
aber wir kennen uns nicht,
darum haben wir Namen.

Die schwarzen Vögel haben einen goldgrüngleißenden Körper und tiefrote Flügel. Und trotzdem sehen sie aus 10 m Entfernung uni schwarz aus. Erst in der Nähe sieht man, dass Schwarz an ihnen überhaupt nicht vorkommt.

Brief an Lord Liszt

Wie steht es übrigens mit Freunden bei Ihnen? Sie haben damals im Café Kraft bei unserem ersten Weißherbst gesagt, ich sei der einzige Freund, den Sie hätten. Dieser Satz hatte ein fürchterliches Echo in mir. Ich hatte mir bis zu diesem Augenblick noch nicht überlegt gehabt, ob ich einen Freund hätte oder nicht. Heute weiß ich, dass man Freunde hat, solange man sich diese Frage, ob man welche habe, noch nicht stellt.

Ich habe also keinen mehr, das gebe ich zu. Und Sie? Bei Ihnen ist es eher aufwärts gegangen.

Mittags 12 Uhr, zum ersten Mal in Amerika, hör ich eine Kirchenglocke läuten.

Wie Käthe mit mir telefoniert, ist eigentlich ungeheuer. Dieses Tschüü-üs am Schluss klingt, wie wenn eine fröhliche Bekannte einen fröhlichen Bekannten anruft. Sie kann kein Gefühl für meine Empfindung haben, wenn sie so mit mir spricht. Das Einzige, was sie ausdrückt: dass es ihr schwer fällt, von dort wegzufahren, weil es offenbar Johanna schwer gefallen ist, nach Köln zu fahren. Wenn wir es früher gesagt hätten, habe Johanna gesagt, wäre sie auch mit nach Amerika gefahren. Käthe fällt die Trennung von den Kindern schwer, weil sie sie jedes Mal als das erlebt, was sie tatsächlich ist oder doch wenigstens sein soll, sein müsste: endgültig.

Das Schlimmste, was man einem Ehepaar vorwerfen kann, ist, dass es eines ist. Alles andere, was nötig ist für die Fortsetzung, für die Erhaltung dieser Ehe, kann man dem Paar ja nicht mehr vorwerfen. In der Tat ist nichts so undurchschaubar wie ein Ehepaar. Es ist ja nicht so, dass sie immer eine Tendenz verträten. Es ist möglich, sie kämpfen vor uns nicht nur zum Schein gegen einander. Es ist aber genau so möglich, dass sie vor uns nur zum Schein gegen einander kämpfen. Nichts ist so undurchschaubar wie ein Ehepaar.

Montag, 2. 4. 1979
Käthe klingt leblos bis gedämpft. Sie würde natürlich lieber drüben bleiben, kann das aber nicht sagen. Sie ist immer bei einem der Kinder, da mindestens eines immer irgendetwas hat. Darüber wird dann das Leben vergangen sein. Gefreut, gemeinsam leicht gelebt hat man dann nie. Immer war etwas.

Gestern zuerst bei Monika T. in der 19 South Park Street. 2. Stock (bei uns wär's der erste), Ecke Austin Ave. Im Treppenhaus ist es wüst und überwarm. Die Wohnung trotzdem nett. Die Katze setzt sich einem sofort auf den Schoß, wenn man sich irgendwo hinsetzt.

Nachher Professor Wykoff (im 18. Jahrhundert aus Holland), Verwandte in Kansas. 1000 acres Weizenfarm. Konrad O. Kenkel. Sein O wird oft schottisch geschrieben. Er ist allergisch gegen Nüsse. Als Kind nie welche angerührt. Als er 11 oder 12 war, befiehlt der Vater am heiligen Abend, dass er jetzt auch einmal ein paar Nüsse esse. In einer Viertelstunde hat er am ganzen Körper rote Quaddeln. Später einmal im Eis noch eine Nuss, ohne dass er es wusste: Atemwege schwellen zu. Und einmal eine Brasilnuss in Hamburg, da muss er mit Blaulicht ins Krankenhaus: anaphylaktischer Schock, wird sofort intubiert, dass die Luftröhre nicht mehr weiter zuschwellen kann.

Nachher kommen noch Steven Scher und Uli herüber. Steven Scher hat Herrn Wykoff schon vor 15 Jahren Hebbel vorlesen müssen, weil der fast blind war. Der will immer die Haar- und die Augenfarbe der Studentinnen wissen und nähert sich deshalb so, dass er sie mit der Nase berührt. Das gönnt man ihm, sagt Uli. Sie musste ihm den ganzen *Doktor Faustus* vorlesen. Beide mussten auch die Anmerkungen, die er früher gemacht hat, vorlesen. Meistens wusste er noch: Ist da nicht eine Anmerkung am Rand? Uli musste auch die Seitenzahlen mitlesen, weil ihre Lesung aufgenommen wurde auf Band, damit er danach arbeiten konnte. Jetzt ist er 87. Schon seit 25 Jahren mit einer 30 Jahre Jüngeren nicht verheiratet, aber zu jedem Kongress gereist mit ihr und immer ins Hotel mit ihr. Das war mutig, sagt Uli, die auch so mit Scher lebt. Unbefangen spricht sie auch über die mangelnden Rechte, wenn nicht verheiratete Paare auseinandergehen. Was kriegt da die Frau? Uli hat vielleicht ihre Karriere gestoppt usw.

Professor Wykoff war in Yale. Thomas Mann schrieb ihm in den *Einsiedler*, Wykoff hätte es besser gemacht. Uli musste ihm das Trevrizent-Kapitel aus dem *Parzival* vorlesen.

Tuesday, 3. 4. 1979

Die drei Studentinnen über drill instruction. Der Erfinder ist Rassias, ein Grieche, short und ugly, aber he's got something, he knows to live. Er ist in der Sprachkommission, die Carter einberufen hat, er reißt sich alles Mögliche auf beim Unterricht, er kennt keine Grenze und hat keine Hemmung. In 3 Tagen je 8 Stunden wird man drill instructor.

Baker Library Reserve Corridor, Panel on the Orozco Murals.

Die Murals: The explosion of a national culture. 45 years ago. Orozco: What a place for a mural. Sie stellten Orozco als Associate Professor an und zahlten ihm etwas für Farben und the physical labour. He did publicly: als Unterricht über mural painting. Für 2 Jahre je 5000 Dollar. A full professor's salary. Und keine Zensur. His proposal: The praecolumbian strain, the migration to this hemisphere. Carlos Fuentes: The identity of my country. Cortez bei Karl V. soll beschreiben: warf ein piece of parchment auf den Tisch: that's Mexico.

Zapata, 1915 took over. In den Palästen ganze Tage vor den Spiegeln, den wandfüllenden goldgerahmten.

Text: Soldaten verfolgen streikende Arbeiter und töten sie. Weder die Soldaten noch die Arbeiter geben dabei etwas von sich. Stumm wird gemordet, stumm gestorben.

Heute mittaggegessen im Owl's Nest Inn. Fresh Boston Schrod 3.95. Salad Buffet 1.90: überreich sortiert: ca. 20 verschiedene Angebote: Tossed Lettuce, Potatoes, Noodles, Peppers, Carots, Cucumbers, Apple Sauce, Beans (grüne und rote), Sweet-and-Sour Pickles, Paprika (grüne, rote), Cellery usw.

Noch ein Schneeversuch. Ohne Dauer.

Verlassen von der Musik, schauen wir zurück, um zu sehen, wann sie uns verlassen hat.

Das weiße Gebein der Birken in dem fahlen Waldgemisch.

Parzival im Radio. Ein zähes Männerstimmengewoge, das einen durch die Zeit tragen würde. (Texaco sponsored.)

Mississippi is flooded.

Bartók: Klavierkonzert Nr. 2.

Megalopolis around Philadelphia.

Every writer has a hustle at his side.

Gestern für 293 $ Polaroidausrüstung gekauft. 5 Filme (50 Bilder). Ein Ausbruch sexueller Bedürftigkeit. Probeaufnahmen von Theresia und von mir.

Heute sollten sie kommen.

Wednesday, 4. 4. 1979

Alissa und Käthe kommen um 10 vor 6 auf dem kleinen Flugplatz in Lebanon an. Lebanon ist eine Reihe von Einkaufsgelegenheiten an der Straße 10.

Thursday, 5. 4. 1979

Steven Scher, als ich überrascht war, dass in dem abgelegenen Ort South Royalton eine Law School sei: Die ist privat, die gehört der Mafia, die lässt dort ihre lawyer ausbilden.

Theresia hat jeden Tag einen Zusammenbruch. Am Dienstag wegen des Gitarrenlehrers, der nur Ferdinand Sor gelten lässt: Wenn man Geige spielt, muss man Bach spielen, spielt man Gitarre, Ferdinand Sor. Was Theresia spielt, nennt er «fancy». Und erzählt, dass er aus Virginia stammt, Autodidakt sei, in NY mit 17 Segovia getroffen habe. Theresia ist wütend, weil er sie nicht gelobt hat und nicht spielen ließ. Jetzt merkt man erst, dass man mit einem Instrumentenlehrer ein Publikum zahlt für ein Kind. Gestern wegen der Schule. Science-Test. Occident, des hon i no nie g'hört, und wenn fragsch, dann sagt se: You-u-te-ell-me-ee-ee! Sie singt dabei, die Lehrerin. Ich sage, das heiße einfach Abendland. Nein, das müsse etwas sein, was man zum Atmen braucht. Ach so, oxygen. Sie habe ja nur das Wort wissen wollen, dieses und andere, aber jedes Mal habe die bloß gesungen: You tell me. Offenbar hat sie wenig Punkte gekriegt an diesem Tag. Nina hat mehr. Nina kommt nachher: Ich habe 47 Punkte, wieviel hast du? 42. Diese blöde Konkurrenz. Die wollen alle bloß Punkte, die lernen bloß, weil sie Punkte wollen. Sie gehe da nicht mehr hin. Nein, nie mehr. Sie lerne doch nicht für Punkte. An dem Tag, an dem sie selber mehr Punkte als andere hatte, hatte sie anders gesprochen. Dann kam Nina. Sie mache science. Multiple choice. Wie groß sind capillaries? Das könnte ich auch in Deutsch nicht beantworten. Was für eine Art Blut trägt die renal vein eines mit viel waste organic usw. Und was ist das für eine Ader, die ein so-und-so Blut hat, ist das eine portal vein, eine artery, eine renal vein oder …

Freitag, 6. 4. 1979

Flug 73, 12 Uhr 15 Lebanon – 1 Uhr 55 LaGuardia, NY. 3 Uhr 35–4 Uhr 45 Pittsburgh. 8 Uhr 50–9 Uhr 50 University-Park.

Meine teure Kamera, 700 Mark, in der Lounge vom Gate 20 auf dem LaGuardia-Airport liegengelassen. Und morgen der blöde Vortrag. Am liebsten umkehren und heim. Have you already hugged your child today?

In meinen Gedanken knackst es wie in der Heizung, wenn sie kalt wird.

Ich möchte ausdauernd böse sein können. Sofort gleich wieder entspannt. Nur nicht so zerdrückt, gedrückt, so ichlos. Ein Bündel Krampf.

Im Restaurant Red Winds ein Roasted Prime Rib. Schlecht, schlecht, schlecht.

Der Nebensitzer aus dem Flugzeug von NY hierher brachte mir meinen 1.50-Schreiber, den ich offenbar im Flugzeug verlor.

Alle hier sind fröhlich, obwohl sie auch warten und wegen bad winds eine cancellation nach der anderen eintrifft.

Bus to Buffalo wird auch abgesagt und wieder zugesagt.

Have a good time. Thanks. Bye.

Ich kann immer noch nicht warten. Ich reg mich wegen immer weniger auf. So dumm wie ich hat sich heute auf diesem übervölkerten Airport niemand benommen. Mein Kopfweh hilft mir. Irgendetwas ist. Ich bin eben nicht fröhlich. Was möchte ich denen sagen, zu denen ich komme. 3 Termine, alle erpresst. Aber warum habe ich nachgegeben? Ich könnte jetzt bei Käthe, Alissa u. Theresia sein und ein Wochenende haben. Das erste gemeinsame. Dafür fliege ich unter schlechten Bedingungen. Noch nie so durchgeschüttelt wie mit der Hochdecker-Propeller-Maschine von Lebanon nach LaGuardia, NY. Mir war schlecht. In der Lounge kurz eingeschlafen, dann nicht mehr an die Kamera gedacht. Ich könnte immer an die 700 Mark denken und an den Film, der drin ist. Das sind 30 Bilder von der Familie. Heute mit Franziska telefoniert. Sie hat noch ihre Erkältung, das hört man. Und da musste sie die Aufzeichnung machen, bei den Proben dazu ins Freie, sie halbnackt und nackt und schwitzt wegen der Scheinwerfer, dann der Zug.

Ich werde nichts mehr sehen,
für mich wird nichts sein, ich
müsste mich einziehen wie eine
Angelschnur und verstauen
oder liegen lassen, es ist alles
gleich, mir fehlt jetzt auch
der Mut, den man braucht
für einen Sinn.

Ich denke auch an alles, aber es huscht nur durch, der Kopf, bleibt kalt wie ein Gebäude, das seit langem nicht mehr bewohnt wird. Ich bin dem Flughafen Pittsburgh nicht gewachsen, das ist alles.

In the Allegheny baggage claim area.

Ich kann vor lauter Krampf nicht mehr lesen. Schreiben auch nicht. Nichts. Nichts.

Tag vergeh. Und wenn's der letzte wär. Vergeh ein bisschen schneller.

Ich habe keine Grimassen mehr.

Samstag, 7. 4. 1979

University Park, Nittany Lion Inn.

Wenn ein Schulbus hält, muss man halten, egal, von welcher Richtung man kommt. You could hurt more than a law.

Women are pretty good in outsmarting men.

Flug zuerst ruhig, dann gegen Schluss eine wilde Viertelstunde. Das Flugzeug sackte weg, wir saßen in der Luft, sackten ihm nach. Es riss nach der Seite aus, wir flogen noch einen Augenblick lang gerade aus weiter, dann riss es auch uns herum. Es knallte auf das Luftpolster, hüpfte hoch, wir wurden in unsere kleinen, harten Sitze hineingeschlagen. Wir sahen einander an. Wir taten, als lachten wir.

Das Flugzeug von Lebanon nach NY hatte ein Geräusch wie eine 10 m große Schnake, die 2 Stunden lang versucht, unseren Kopf anzugreifen.

Das 15-Personen-commuter-Plane vermittelte den Eindruck, es rase ununterbrochen.

Practical jokes.

Als er das Zimmer verlassen wollte, fiel ihm ein Schild an der Tür auf, in Augenhöhe, unübersehbar: Stop! Have you left anything?

Das schwarze Gehäuse des Rasierapparates zog meinen Blick jäh an. Aber es war nicht die Kamera.

And now a report about the damage the wind did today.

Ein Schiff sank, a ship on the lake.

Temp 28 Hi 46. Lo 25, Winds 10–17 ph from W.

The windfall profits tax. The law will not pass fighting with the oil lobby.

In der großen Halle ist es still. Nur aus unsichtbaren Lautsprechern singt und seufzt eine Geige.

Ich könnte leichter über den Verlust der Kamera wegkommen, wenn die Familie nicht wäre, die immer etwas anschaffen soll, was gebraucht wird. Und wie Käthe spart.

Wie lange schmerzt der Verlust einer solchen Kamera? Herr Kenne hat seine in Wien in einem Café liegenlassen und nicht mehr gekriegt. Aber die war schon alt.

TSG: Eine Kamera finden und etwas daraus machen. Der Film, der drin ist, ist etwas wert. Aber: ihn entwickeln lassen? Bei Hugo in Stuttgart, der entwickelt ja selber.

Zi. 227, Wände und Decke mit einer Röschen-Tapete tapeziert.

Das Kopfteil amerikanischer Bettgestelle ist immer nur eine Dekoration. Es ist nur unten mit Schräubchen an dem Eisenrahmen befestigt, von da nach oben zu schwankt es frei. Und wenn es, wie in Hanover, fast 2 m hoch und wie ein Siegestor geformt ist, dann schwankt da ganz schön etwas, das schlägt dann bei jeder Regung im Bett donnernd gegen die Wand. Er hängt alle Arten von Decken über den oberen Querrahmen des Siegestors, so dass die Schläge gegen die Wand etwas dumpfer wurden. Dort ist das Siegestor aus Messingleisten. Hier in University Park ist das Kopfteil Holz, also eine schwankende Holzwand. Die zwei klassischen Bettpfosten, die nicht fehlen dürfen, sind gedrechselt und münden oben in runde Kugeln. Man hört richtig, wie die gegen die Wand schlagen.

2431927

Offenbar fand damals das Sterben in einer furchtbar naturalistischen Art statt. Man starb sozusagen von außen. Also der normale Tod damals war das, was wir heute den Unglückstod nennen, ein Tod, den man nicht selber bestimmt, sondern der durch Krankheit oder Alter kommt. Die Leute wurden damals ja nicht älter als 60, 70, 80, 90 Jahre, und da sollen die letzten Jahre auch nicht mehr die schönsten gewesen sein.

Sonntag, 8. 4. 1979
8 Uhr 49 ab University Airport. Depart for Swarthmore.

Gestern: We liked your speech. Brian McLaughlin, langes, ein bisschen kräuseliges Haar, tiefes Rot. Die rötlichen Augenbrauen werden da, wo sie einander an der Nasenwurzel berühren, ganz hell. Ein brauner, etwas zu enger, nicht neuer Feincord-Anzug, ein universales Gesicht. I'm a nationalist. Möchte, dass Frau Thatcher Premier wird. Ist aber Sozialist. Möchte, dass Labour gewinnt, darf das aber nicht sagen wegen Schottland. Ist aber schließlich doch dafür, dass Labour gewinnt. Ein schwacher Labour-Gewinn wäre das beste. Aber Mrs. Thatcher wird es machen. Auf jeden Fall soll die Regierung dort schwach sein. Er ist in der Englischen Abteilung hier und studiert den Einfluss ausländischer Literatur auf den englischen Roman. Er habe gedacht, der sei amerikanisch, habe jetzt gefunden, dass das nicht stimme. Er hat ein starkes Gesicht. Und das Mädchen mit den großen, leeren, immer melancholischen Augen, die etwa 10 Männer hatte und findet, dass die alten Männer besser sind als junge Männer, they are that hollow, they have just one side, bei älteren immer mehrere Seiten, nicht so crazy und versessen auf ihr eigenes Projekt. Junge sind egoistisch.

Die Sekretärin (3 kids und husband) agrees. Sie arbeitet von 8–6 und schreibt. Der Harvardstudent, der über den Einfluss der Antike im Werk Ezra Pounds arbeitet. Von Wyndham Lewis erzählt: Ein Hitlerbuch, das Lewis 1939 widerruft, von da an wird es von Pound propagiert.

Und der schöne jüdische Theatermann aus NY, der dann allein tanzt. Er macht Verrenkungen im Halbdunkel, Stühle an allen vier Wänden wie in einem Tanzkurs.

Bei dem Empfang im Keller-Building hat eine Komparatistik-Studentin die Finanzierung und Organisation geschildert, was sie alles gelernt hätte dabei. Sie erzählt das allen, damit andere davon ermuntert seien, einen Kongress zu organisieren. Die Deans hätte sie dabei als hilfreich kennengelernt. Die seien gar nicht so fürchterlich, wie man während des Uni-Alltags sonst glaube. Und die Studenten im Komitee seien auch nicht immer einer Meinung gewesen, aber sie hätten sich immer zu Beschlüssen durchdiskutiert, die dann realisiert werden können. Des öfteren kommt «demokratisch» vor. Die Studentin ist sehr schön. Es kommen viele Studenten und machen freundliche Sprüche über meinen Vortrag.

Eine noch kleinere Maschine, ca. 10 Plätze. Bei 100 heben wir ab.

Ein Ehepaar (38) mit 5 kleinen Gepäckstücken, Kram, hat auch einen alten Kinderstuhl (ca. 1890) dabei, so einen hohen, der früher unter der Sitzfläche einen Topf hatte. Gedrechselte Beine usw. Der Mann von Allegheny schaut im Nebenraum lange in der Betriebsordung nach, dann macht er lange klar, dass er diesen Stuhl nicht befördern darf. Aber mal sehen. Eine Viertelstunde hat er mindestens mit dem Paar verbracht. Und genau so viel Verspätung haben wir jetzt. Dann wird der Stuhl doch mit hinausgebracht zu der Maschine, dort hievt einer das Gepäck in die Maschine. Und dann geht der Stuhl doch nicht hinein. Es geht einfach nicht. Also müssen die 5 Gepäckstückchen wieder herausgefischt werden, das dauert, dann kommt der alles verhindernde Stuhl mit den 5 Stücken zurück: Das Ehepaar fliegt überhaupt nicht mit. Sie werden mit dem Auto nach Philipsburg fahren (25 ms) und von dort – das hat aus seiner Brusttasche ein Passagier gleich geraten – nach Chicago.

Mr. Townsend, Stanley, hat Lion Feuchtwanger beim Kontrollieren der Übersetzung geholfen. Feuchtwanger entschied sich nach seinem Gefühl aus dem multiple choice. Er sagt, er sei der Autor, der am meisten verdiene. Und er gibt Geld aus für 3 Dinge: 1. Staat Israel. 2. Kommunistische Partei. 3. Für seine Bücher. Nach seinem Tod sorgt Stanley Townsend dafür, dass Marta Feuchtwanger in dem Haus auf Lebenszeit bleiben kann, dann gehen Haus und Bücher an die Uni Südkalifornien. Keine Nachkommen, keine Verwandten.

Manfred Kenne aus Solingen, aus unteren Verhältnissen, protestiert gegen die Behauptung in den *Seelenarbeit*-Kritiken, dass ein Chauffeur das und das nicht wissen könne. Sein Vater wisse das alles, was mein Chauffeur wisse.

Custer's last stand. So nennt man die Verteidigung der PhD Thesis. Custer wurde von den Indianern in der letzten großen Schlacht in Montana aufgerieben.

Graduate School. Eine Schule, eine Uni, in der man nach der Undergraduateprüfung sofort auf den PhD zugeht. Aber noch eine preliminary examination. Die Studentin mit den Krücken: Sie muss 8000 Seiten lesen, das sind nicht so viele Bücher, wenn schon ein Thomas-Mann-Roman 1000 Seiten hat.

Der aus Harvard zitiert den Anfang der lateinischen *Ilias*: arma virumque cano. Jeder glaube, in seiner Sprache spreche man das richtige Latein.

Was habe ich heute irgendwo vergessen?

Kennes Freund hat eine gebrauchte Piper gekauft (20 ms von hier in Lock Haven werden die produziert) für $ 7000,– mit 25 anderen zusammen.

Montag, 9. 4. 1979
Wyoming Gothic nennen die Studenten die schweren Granitbauten ihres Colleges in Swarthmore. Nachgemachtes Altengland mit Granit- und Schieferplatten. Aber erstens scheint das zehnmal so lang zu halten wie jeder andere Bau, und dann sieht es doch schön verwunschen aus.

Professor George Avery und seine Frau Doris (aus Sankt Gallen) und Ina, der Hund, und Nicki und Christine. Die Kinder sind adoptiert. Das erwähnt er so: Und da ich keinen falschen Eindruck entstehen lassen möchte, sage ich gleich, dass die Kinder adoptiert sind. Nicki (17) darf nicht mehr fort am Abend. Das wird nachmittags mitgeteilt. Bestimmt und wirksam. Nicki sitzt im Sessel und lässt seine Hände trommeln und fliegen; es ist, als sei er unter Strom, Hände, Beine und Füße beben andauernd von einer Kraft, von der wir nichts wissen. Man könnte Angst kriegen, wenn man daran denkt, dass diese Kraft einmal eine Sekunde lang nicht in diese tanzenden und blitzenden Bewegungen hinauskönnte. Was müsste Nicki dann tun?

Eine Äthiopierin, fließend reines Deutsch. Vater Botschafter in Bonn, wird abgesetzt, jetzt in Washington im Exil, tut nichts. Die Mutter wieder in Äthiopien. Sie will hier fertig machen, dann an einen schönen Platz, viel Geld machen und sehr gut leben. Es sieht so aus, als gelinge ihr das. Man staunt sie an, wenn sie spricht. Sie hat nicht nur die Schönheit eines Lebewesens, sondern dazu auch noch die Schönheit einer vollkommenen Frucht. All das Vorgewölbte, Volle, schon im Gesicht. Wie an einer Kirsche im höchsten Augenblick ist an ihr nichts zu viel, nichts zu weich und nichts zu hart. Man hofft: Wäre man beim Abendessen mit ihr an einem Tisch gesessen, dann wäre das Leben von da an anders verlaufen.

Der weniger erfreuliche Herr Bänziger aus Romanshorn. Es tut mir gut, ihn ein wenig unfreundlicher zu behandeln, als ich das üblicherweise tue. Er lässt mich zu deutlich merken, dass er mich schlechterdings verurteilt. Warum ich so über Gott gesprochen habe, fragt er. Er sei zuerst geschockt gewesen. Aber da er weiterspricht, sehe ich, dass er immer noch schockiert ist. Er sagt leise und kalt, sagt es einfach auf eine schlimme Art. Diese Mischung aus Einfachheit und Hochkompliziertheit liege ihm wahrscheinlich nicht. Das Beleidigende in seiner Ausdrucksweise ist das Höfliche. Er spricht wenig aus, aber man spürt, dieser Mann könnte, wenn er wollte, so Vernichtendes über dich sagen – er sagt es nicht, er will dich doch wirklich schonen –, dass du froh sein musst, dass er dich nur mit den Spitzen seiner Messerchen ein bisschen berührt. Ungerecht bin ich zu den Wienern, da einer Altenberg-, Nestroy- und Kraus-Spezialist ist. Auf das Letzte hätte man selber kommen können, sage ich geil.

Das Kind

Es hat Angst vor dem Gegner, weil der Gegner besser ist: Er kümmert sich um das Richtige, tut das Richtige (politisch, ökologisch, ist überhaupt für das Gute engagiert), das Kind ist schlecht, klein, egoistisch, hässlich, gekrümmt, es passt sich andauernd an vor lauter Angst, Schwäche und Gefallsucht. Und überall, wo es hinkommt, hört es, wie mutig der Mann hier war. Und es ist ihm nicht schlecht bekommen. Da denkt sich das Kind, dass es sich eigentlich doch lohnen würde, mutig zu sein. Es fühlt sich wirklich verlockt, auch einmal mutig zu sein. Aber dann klappt es gleich wieder zusammen vor Angst. Es weiß ziemlich sicher, dass bei ihm das Mutigsein ganz anders enden würde. Mit einer fürchterlichen Blamage vielleicht. Oder noch wahrscheinlicher mit einer Art Vernichtung. Es würde sich unmöglich machen. Es würde sich entblößen, und irgendjemand oder alle würden auf es einschlagen. Anders kann es sich das nicht vorstellen.

Die Elefantenhaut der Buchen.

Das Poe-Haus ist geschlossen z. Zt.

Als George Avery die Vorberge im St. Gallerland sah, liebte er seine Frau noch mehr.

Er ist aus Philadelphia. Swarthmore W grenzt an Chester (Delaware County). Chester war der erste Ort nördlich der Mason Dixon Line, die den Süden vom Norden trennte, also hier waren die Schwarzen zum ersten Mal in Sicherheit. Relativ.

Swarthmore ist vor 30 Jahren noch rural gewesen. Jetzt eine Siedlung von Weißen, die aus Philadelphia vor den Schwarzen geflohen sind. Eichen, Linden, Pappeln, Buchen, Magnolienherden. Forsythien. Wie geweiht liegen die Häuser unter den hohen Bäumen. Eine nicht enden könnende Platane vor der dining hall. Ohne weitere Unterstützung schwingen sich die Äste, besonders die unteren, hinaus in Bogen, dadurch halten sie; lauter kleine Brückenbögen, aber ohne Pfeiler und unregelmäßig lang und hoch.

G. Avery, 230 Haverford Ave, Swarthmore, 19081 Pa.

Ca. 100 Leute in Swarthmore.

George Avery auf der Fahrt: Zeigt auf die Sümpfe. Schilfgelände: Wir liegen auf der Vogelfluglinie. Das sagt nachher die Frau auch. Er: Dass er das schon gesagt habe. Sie: Das gehöre aber doch in ihr Fach.

Die Gänsehaut auf seinen Backen, wenn es sich begeistert. Und die nassen Augen.

Er hat mir in sein Buch geschrieben, ich sei very ein spiritual kin. Instead of blood kin a spiritual one.

Die Frau des Erfolglosen ist anders als die Frau des Erfolgreichen. Die Bitterkeit und der Krampf bleiben noch lange oder immer, wenn der Erfolglose ein Erfolgreicher wird. An der Frau hält sich das Stigma der Erfolglosigkeit länger als am Mann. Er schwenkt schneller, erholt sich rascher.

Die Bedienung, deren Geschlechtsteil genau in der Höhe der Tischplatte war. Und was die Soldaten aus Frankreich im Jahr '41, '42, '43 in Wasserburg darüber erzählten: dass die französichen Weiber 5-Markstücke vom Tisch nehmen konnten mit ihren Vulven.

Wie DAS KIND die Nachrichten über den MANN aufnimmt. Glücklich, wenn der etwas tut, dass man ein bisschen lachen kann. Seine Geldgier. Seine kleinliche Sexfreude. Obwohl, die ist schon fast wieder ein Grund zum Neid.

Mit dem Zug nach Philadelphia. Dort 30th Street, die Main Station, 900 Staircase 7, NY-Express: ein silberner Zug mit geriffelter Außenwand und den runden Rechtecken als Fenster.

Ein- und Ausfahrt in Philadelphia an schrecklichen Häuserfronten entlang. Brutal rostig, backsteintraurig, glaskaputt, Krachgeniste. Manche zum Glück schon völlig wüst und leer.

Eine Nervöse löst Kreuzworträtsel, sie trägt dabei dunkelblaue Seidenhandschuhe auf ihrer weißen Haut.

Wenn man an einer Zeile dichtstehender hölzerner und elend verkommener Einfamilienhäuser vorbeifährt, entsteht nichts von dem Schmerz und Grimm und schlechten Gewissen wie bei der Vorbeifahrt an den Finsterfronten der Unglücksgeniste in Philadelphia, weil man spürt: Wenn die es lieber schöner und besser hätten, müssten sie nur ihre Häuschen herrichten. Farbe ist billig, den Rest könnten sie am Wochenende selber besorgen.

1. Station: Trenton, NJ, am Fluss, Cooper Town. 1976 hier übernachtet.
2. Station: Princeton Junction. Change to Princeton. Thank you for riding Amtrak.

Dopefiend: The Story of a Black Junkie, das liest die Schwarze neben mir. Das zerlesene Buch hält sie in ihren unglaublich starken schönen Händen. Sie schaut schräg hinunter auf das Buch, ihre riesigen Lippen hängen offen nach unten weg aus dem Gesicht. Ihre Augen sind fast zu beim Lesen.

Die Jagd

Freude und Trauer angesichts der Tischorgie, da man nur gebraucht wird und sich nicht viel für sich abzwacken kann. Fast nichts.

Hier die Überlegung, dass er Frauen schlemmen möchte, aber er darf Agathe nicht wecken, und wenn er sie wecken dürfte, sie wäre nicht zu begeistern für einen GV in der Morgensonne.

3. Station: New Brunswick is next.
4. Station: Sie steigt aus: Newark.

Unter dem düster-schmutzigen Glas- und Stahlgehäuse von Newark-Station, das ein dunkelbraungrauer Tag noch erheblich verdüstert, gehen auf dem Bahnsteig durch das Labyrinth von rostigen Trägern die Schwarzen und ein Verkrüppelter, dessen Beine wie zusammengewachsen sind, so dass er nur ganz unten die Füße ein wenig auseinandersetzen kann, aber auch dazu braucht er die rudernden Hände. Er stoppt bei meinem Fenster, er muss in die andere Richtung, muss also umdrehen; das sieht aus, als müsse ein Schiff auf festem Land sich völlig drehen.

Trüber kann ein Tag nicht sein.

Die Laster kriechen langsam über die Brücke, Schornsteine verharren schwarz vor Grau, nicht ein Licht will sich zeigen. Die Kolonne der Bahnarbeiter in gelbem Zeug und roten Helmen bewegt sich.

Wednesday, 11. 4. 1979

Bright day, sunny, cold. Ein heißes Stück von Debussy. Kochende Vogelstimmen. Die sinnliche Hast. Sonate für Flöte, Viola und Harfe.

NY. Zuerst versucht, Siegfried tel. im Algonquin zu erreichen wie abgemacht. Er ist nicht da. Hinterlasse, dass ich um 12 Uhr 30 mit Tom Wallace im Century Club esse, 7W 43. Str.

Der Century Club: Wie ein Bankeingang, und innen der schwarze Portier.

Ein Pult mit Buch: Guests write their names here.

Zwischen Marmorwänden steigt die Treppe aus der Halle hinauf.

Der schwarze Portier: Hi … sorry … with this weather! Der Schwarze grüßt den breit gehenden Greis um halb eins Good afternoon, Sir. Der geht mit den auseinanderlaufenden Füßen wie ein Seemann bei hohem Wellengang.

Viele sind verabredet in der Halle. Aber keiner muss lang auf seinen Verabredeten warten.

Sie sind alle pünktlich. Kaum ist der eine da, ist der andere auch schon da.

Der Schwarze bietet mir einen more comfortable seat in dem kleinen Salon an, aus dem ein schwarzes Ledersofa, so ein genageltes, gleißt. Ich bleibe auf der Holzbank.

When we're pegged out for good upon our board
And pegs of red and white no more record
Our comings and our goings here below
May Pegasus who bears aloft our fames
Then peg us in with stars against our names
Where all the Century's immortal go.

White peg: present, red peg: has left, green peg: will come.

Ein dritter Schwarzer auf meine Frage: Mr. Wallace is generally a bit … (mit einer dünn-hohen Stimme) … Ich: A bit late? Er: It seems so.

Die Sekretärin kurz vor eins: He is often a bit late.

DIE PYRAMIDE, PYRAMIDENBAU.

Der Club, 1908 nach London-Vorbildern gebaut. Bank – Kirche – Tempel. Für Verleger, Schriftsteller, Journalisten, Maler. A. J. Schlesinger am langen Tisch, an dem wir auch sind. Eine kalte, rote Gemüsesuppe mit spanischem Namen, die sehr gut ist. Dann ein Fisch und gebackener Rogen. It smells extremely fishy. Tom Wallace empfiehlt es. Er hat seinen Sohn in der private school. Public School was an issue of 19th century in this country, it isn't any more. In die public school kommen Kinder, who might be nice children but their cultural background is too much different. Maybe they never had a book in their hands when they start school, und da Kinder mehr von Mitschülern lernen als von Lehrern, this cultural gap could be disastrous for a middle class child. $ 3000 per year die Elementary. To 6- und 7000 in der Middle und High School. Die Frau hat eine Literatur-Agentur. Er war in Kilchberg. Katia nach dem Essen: You boys want talk business now. Zu ihm und Golo, dessen *Wallenstein* er herausbrachte. Golo Mann: Er hätte das nicht schreiben können, solange sein Vater noch lebte. Das sagt der 65-Jährige, sagt Tom Wallace. Und Katia Mann fütterte während des Essens mit einer Hand immer den Hund unter dem Tisch. Sie ist 95 und ein wenig senil. Tom Wallace spricht andauernd und schnell. Dieses schnelle und völlig widerstandslose Sprechen scheint ihm weniger Mühe zu machen als zu schweigen. Sobald er schwieg, hatte man das Gefühl, das strenge ihn an. Drunten in der Garderobe, als wir uns näherten, sofort sein Schirm und die Galoschen bereit. Mit einander zur Central Station.

Dann ich mit dem Taxi zur 8. Straße corner University Place und einbiegen in die Washington Mews, Nr. 42, das Deutsche Haus, und dann heim zu Volkmar Sander, in den 26. Stock, ein schöner Blick stadtauswärts. Empire State und Chrysler-Spitzen momentan in den Wolken, Gebäude bis zu etwa 80 floors sieht man ganz. Später, wenn schon etwas dämmrig, verziehen sich die Wolken. An das Chrysler Building schließt sich nahtlos ein niedereres, vielleicht 50-Stockwerk-Haus an, der Chryslerturm sieht jetzt wie ein Kirchturm aus, und das andere Gebäude ist das Kirchenschiff, also steht über Manhattan eine riesige gotische Kirche.

Volkmar Sander und Frau. Beide schon etwas sauer gegen Amerika. Man muss sie erinnern, dann fällt ihnen auch Gutes ein. Und ganz gegen die BRD. Aber verglichen mit den USA doch auch wieder gut. Er muss mit Reaktionären zusammenkommen wegen Geld für das Deutsche Haus. Eben mit den Mächtigen. Auch Siegfried Unseld ist für ihn einer von denen. Sanders Gesicht ist ein zartes leichtrosa gefärbtes Knabengesicht mit fast farblosem Bärtchen. Aber um den ein wenig schwellenden Kindermund ist eine Zone von zarter Säuerlichkeit und schon ein wenig zerstörerisch einschneidender Bitterkeit entstanden.

Lesung geht. Gerade noch voll der kleine Raum. Mrs. Rosenberg (ca. 75 jetzt), von der ich 1958 100 Dollar holte. Ihr Vater war gegen Dialekt (in Fürth) und für Bildung. Oper, Theater. Wenn wir Buchhändler nicht für Bildung wären, wer denn dann? Frau Oskar Maria Graf war auch wieder da, sie sei immer da. Sie hat drei Wünsche: 1. Besuch (Adresse, kriegt man sofort, nicht Karte, sondern Aufklebadresse), es sei alles noch so, wie es OMG hatte.

2. Ein Nachwort. Noch ein 3. Wunsch. Moment, der fällt ihr jetzt nicht ein. Doch, ja, jetzt weiß sie ihn wieder: eine OMG-ein-Mann-Schau, ob das Aussicht hätte, und wenn ja, wen könnte man die machen lassen? Sepp Bierbichler?! Jetzt reist die OMG-Ausstellung. Zur Zeit in Basel. Vielleicht fährt sie hin. Sie setzt ihren Noch-immer-Charme immer noch ein für nichts als OMG.

Siegfried zur Lesung mit Minette. Er trägt ihre dunkelblaue Schildmütze mit dem überzogenen Knopf in der Mitte. Er ist aufgedreht. Als er sich habe gerade aufhängen wollen, sei Minette gekommen und habe ihn gerettet. Er erzählt das als meine Schuld. Dass er nicht da war usw., will er nicht hören, hört er auch nicht. Er war 2 Stunden allein, daran bin ich schuld. Und das muss schlimm für ihn gewesen sein, 2 Stunden allein zu sein.

Nachher in die Fifth Avenue. Vorne im Lokal eine Bar. Musik: Platten von 1935 und weiße Frackhemden. Der Oberkellner, ein schönes Mädchen im Frack. Sie schneidet für Siegfried den Lobster auf.

Vom Goethe-Institut Kalinka Dittrich. Soll jetzt nach Amsterdam gehen. Siegfried macht plötzlich Volkmar Sander fertig. Eine Book Week in Manhattan, völlig verpufft, wen hat er denn eingeladen, die Diskussion der beiden US-Kritiker war eher beleidigend für uns, der eine: I wouldn't even spit at Handke. Siegfried ist durch und durch sauer. Ich versuche, Sander zu retten. Siegfried dann: Ja, Sander hat eine wunderbare Arbeit getan, aber diese Book Week, eine lächerliche Ausstellung, kein Echo, er ärgere sich, dass er das ermöglicht habe.

Volkmar Sander: Was er gemacht habe, sei nach 20 Jahren nichts als ein Anfang. Er wolle gar keine solchen Effekte, wie Siegfried Unseld sie verlange. Leute, die zu Rosenberg und Adler's nicht gingen, die könnten in diese Ausstellung und endlich einmal ein Buch in die Hand nehmen. Das scheint für ihn ein ungeheurer Sieg zu sein, wenn jemand ins Deutsche Haus kommt und ein Buch in die Hand nimmt, vielleicht sogar einmal blättert darin und wieder geht. Siegfried Unseld möge vielleicht vom Verlegen etwas verstehen, von Kulturpolitik verstehe er nichts.

Sander und seine Frau müssen dann doch gehen, ohne dass irgend eine Milderung erreicht ist. Und sie müssen gehen, ohne dass jemand mit ihnen geht. Alle bleiben bei Siegfried Unseld. Mit ihm noch in den vorderen, in den Trinkteil des Lokals. Da sagt jemand, nachdem Sander vorher die sicher große Rechnung bezahlt hat bzw. der dt. Steuerzahler: So, jetzt zahlen Sie mal. Darauf steht Siegfried auf, geht und lässt sich nicht mehr holen. Ich noch ein Bier. Der von der Bank für Gemeinwirtschaft zahlt.

Das Lokal hat von einem Schiff die Innenausstattung gekauft, ca. 1900, auch schönes Besteck. Wenn Siegfried Unseld jemand wäre, der inzwischen gestürzt sein könnte zu Hause, dann wäre Volkmar Sander wieder gerettet. Das wäre die richtige Schlusskurve für das Stück PYRAMIDENBAU.

Dass eine Mutter abwesenden Kindern immer zu lange Briefe schreibt, um die an allem teilnehmen zu lassen.

Donnerstag, 12. 4. 1979

Wenn der staff sich über die schöne Janine Fate unterhält, steuert jeder etwas bei über die schöne Dumme. Ob das Gespräch über Janine anders ausfallen würde, wenn die Frauen der Lehrer nicht dabei wären! Bei jedem war sie zwar schön, aber gesagt habe sie kein Wort. Einer rühmt sogar, dass sie nach zwei Sätzen nicht mehr gekommen sei. Er erzählt das, als wäre es ein Beweis für sein hohes Niveau. So exklusiv ist er.

Zuckerrohrmark kauen und Schlucken des herausgekauten Saftes.

Ich bin ganz erledigt vom Korrigieren der Übersetzung mit Kenneth Langer.

Schön sonnig. Aber im Schatten sehr kalt.

Jetzt ein Plymouth Horizon von Chrysler. Ein bisschen besser.

115

Mir tut es weh, wie die Blicke junger Menschen auf Käthe und mir einschlagen, wie Granaten, und von uns nur Zerstörung übrig lassen. Ich ertrage uns nur allein. Auf jeden Fall nicht mit Jüngeren.

So wie ich die Töchter nicht ertrage in Gesellschaft von schöneren Mädchen. Ich will nur solche Gesellschaft, dass unsere Töchter dadurch schön werden oder bleiben. Ich will keine uns herabwürdigende Gesellschaft.

Freitag, 13. 4. 1979

Stabat mater von Domenico Scarlatti. Das ist das Einzige, was an Karfreitag erinnert.

Ist das nicht ein komisches Verhältnis: Wir beten einen Juden als Gott an, den die Juden selber überhaupt nicht besonders notieren. Vielleicht hätten sie noch mehr Gott-Figuren, die sie der Welt zur Anbetung zur Verfügung stellen könnten. Und was heißt das, dass sie Jesus bis heute nicht in IHRE Geschichte aufnehmen konnten?

Golgatha means skull.

The real place is owned today by the Ethiopian church.

Passover: Gestern Abend, gefilte fish.

No jew is free as long not all jews are free.

NPR National Public Radio.

Heute wären wir in Sarn. Das wäre mir noch lieber, als hier zu sein.

Gestern Abend German Club. Almaden-Wein, zwei Käsesorten. Apfelsaft. Bi- und Triscuits usw.

Den Wein kauft man von weniger Konzernen als das Benzin: von Masson, Almaden, Gallo und Taylor. Das ist der Kapitalismus: Jeder dieser Unternehmer glaubt, er werde übrig bleiben in seiner Branche. Es geht mich nichts mehr an.

Carlos Fuentes Lecture: ein englischer Mexicaner, marineblauer Zweireiher. Ein Musikerkopf.

Sonntag, 15. 4. 1979
Händel.

Verdi, Triumphmarsch *Aida*, würde sich gut eignen bei einem, der zu einer Verabredung geht, die glücken wird. Gepfiffen.

In Neuburg a. d. D. am Beginn des Altmühltals hätte ich mehr Zuhörer als in Manhattan. Warum lese ich dann in NY und nicht in Neuburg? Auch würde ich in Neuburg besser bezahlt. Warum also dieser lächerliche Unterschied? Ich begreife mich nicht. Je größer die Stadt, desto weniger Leute kommen zu einer Lesung von mir. Aber umkehren lässt sich das nicht. Je kleiner eine Stadt, desto mehr … das stimmt nicht. Kritische Grenze bei 5–8000. Ideal 50–100 000er Städte.

Obwohl uns Nitschelms warnten vor dem Krach, den Waschmaschine und Dryer machen werden, erschrickt man jedes Mal wieder, wenn dieses hauserschütternde Gepolter im Keller beginnt.

Mädchenleben als Manuskript hinterlassen und eine Veröffentlichung empfehlen, wenn die Jüngste der Betroffenen 50 ist: 2016. Also doch gleich als Veröffentlichungsjahr: 2017. Angenehm für alle.

Oder doch 2027, dass es gar nicht mehr schmerzt. Wem es überlassen?

Ob das zumutbar ist, sieht man innerhalb von 10 Jahren. Je besser ihr Leben verläuft, desto zumutbarer ist es.

Gilligan's Island schauen sie immer noch an. Julia Child kocht immer noch.

Dienstag, 17. 4. 1979
Alissa: Marion, als ihre Katze kurz vor Weihnachten fehlt: Die Italiener haben meine Katze gegessen.

Was man bedauert,
bleibt, zum Beispiel,
dass man Abend
gegessen hat
an verschiedenen Tischen
Was zu bedauern ist,
bleibt.

Blutend durch die Tage,
nachts den Mund auf die Wunden
pressen, die der Mund erreicht.
Das Schönste ist doch die Lächerlichkeit.
Eine Krone ist sie, die nicht wankt,
[illegible] so passt sie auf meinen Kopf.

Die Verdauung des Chefs

Einmal am Tag und einmal in der Nacht kann er sich leeren. Das geht wie geschmiert bei ihm. Verstopfung kennt er nicht. Leute mit Verdauungs- oder Magenproblemen verachtet er. Da wird er misstrauisch. Er weiß aus Erfahrung, mit so einem stimmt etwas nicht. Das hat er mehr als einmal erlebt.

Brief an Lord Liszt

Nachdem er schon Wein getrunken hat: noch ein kleiner Einschub über Herrn Thieles Verdauung. Und Sie, Herr Liszt, haben sich natürlich auch in der Frage der Verdauung genau an Herrn Thiele angeschlossen. Sie gehen wie Herr Thiele zweimal aufs Klo, ja! Einmal um 14 Uhr 30 und einmal nachts um halb drei. Und sobald das vorbei ist, schlafen Sie weiter, als wäre nichts gewesen, nicht wahr. Genau wie Herr Thiele eben. Er sagt ja, er gehe eher schlafend als wach seinen nächtlichen Gang. Die Entleerung folge ihm wie am Schnürchen. Hat er nicht auch gesagt: wie geschmiert. Ich habe nichts dagegen, wenn Herr Thiele so etwas sagt. Zu ihm passt es. Er hat sich, was diese Sphäre betrifft, eine allerhöchste Babyhaftigkeit bewahren können. Womit ich meine, er sei da eher unschuldig. Aber Sie sind da so wenig unschuldig wie ich. Sie tun nur, als seien Sie eine Art Herr Thiele, als hätten Sie eine Verdauung eines Chefs. Ich frage Sie jetzt wirklich einmal im Interesse der Zurechnungsfähigkeit, Ihres und meines Verstandes: Ist es nicht blödsinnig oder irrsinnig oder einfach über jede Bewertbarkeit unsinnig, wenn ein Angestellter wetteifern will mit der Verdauung eines Chefs? Das ist doch der pure Quatsch, mein Lieber. Ich kenne Sie. Ich will davon nichts mehr hören. Ich möchte bitten dürfen, von allen Ihre und Thieles Verdauung betreffenden Mitteilungen verschont zu werden. Ist das ein so unerfüllbarer, ein so luxuriöser Wunsch? Gnade, mein Herr. Herrn Thiele kann ich ja nicht bitten darum. Aber Sie können das bei ihm durchsetzen. Sie dürfen es in Ihrem ungemein leisen, auf winzigstes Bassregister gestellten Spott- u. Hohnton sagen, dass der indigestiöse Franzl Horn als eine Verdängungshilfe um eine Unterdrückung aller auf Defäkation bezüglichen Sprachteile zu bitten sich nicht hat enthalten können. Summ – summ – summ.

Wie sehr kann man, wenn im Keller unter gleichbleibenden Bedingungen immer neue Geräusche entstehen, an der Tatsache zweifeln, dass wir, die das Parterre bewohnenden Mieter, nicht die einzigen Bewohner dieses Gebäudes sind, wir sind nur – und das ist vielleicht sogar das Schlimmste – die einzigen legalen.

18. 4. 1979

Sunny bright zum ersten Mal wieder. Drei Loewe-Balladen (Fischer-Dieskau: Prinz Eugen, Herr Heinrich sitzt am Vogelherd …). Als die Morgensonne ein Thermometer traf, waren es sofort 79 F. Zum ersten Mal die Übungen im Freien.

Er musste die Kinderzeichnungen, die sein Vorgänger an die Wände geklebt hatte, ertragen. Wahrscheinlich waren das Zeichnungen, die die Kinder des Vorgängers, des Inhabers dieses Büros, gemacht hatten. Man erträgt nur die Zeichnungen eigener Kinder. Wie blöd Kinderzeichnungen, die nicht von eigenen Kindern sind, spürte er jeden Tag: ein orangefarbenes Papier, darauf ein schwarzer Haufen, aus dem eine schwarze Stange ragt, die von ein paar schwarzen Palmblättern gekrönt wird. Und oben entlang schwarze wüste Striche, die in den schwarzen Kreis münden. Ein Blatt, ein Flugzeug in voller Draufsicht, in vier Fenstern bunte Strichmännchen, die sich riesig zu freuen scheinen. Das war ein Knabe, der das gezeichnet hat.

Wenn man sich zerquetscht fühlt, wird alles sehr direkt.

Freitag, 20. 4. 1979

Burlington, Vt., Sheraton, Zi. 22.

Gestern Vortrag in der Uni, dann turkey bei Doanes. Fred, Heike Doanes riesiger jungenhafter Mann. In Jeans, im weißblau quergestreiften Blusenhemd und Sneakers. So kommt der Industrial and Environmental-Analyst von seinem Büro. Heute sei ein

schwerer Tag gewesen. Er fährt sich mit der großen starken Hand quer durchs Haar. Seine Haare seien noch ganz elektrisiert von dem ewigen Telefonieren. Und nächste Woche, erfahren wir später beiläufig, nach San Francisco (von Boston aus), dann am nächsten Tag nach L. A. und abends mit dem Red-eye-Flight wieder zurück nach Boston, Mi und Do also ca. 12000 km. Die Firma ist dicht neben dem Flugplatz hier. Sie können heraus und in die Cessna, die 2-motorige, hinein. Der Flug ist immer angemeldet, der Computer hat alles übernommen. Dann nach Philadelphia, Washington usw. Einmal ist Markus, der 9-Jährige, von Philadelphia nach Washington geflogen. Markus begreift alles Technische sehr gut. Spielt auch Klavier. Will dicht neben Theresia sitzen. Kathy will zwischen Alissa und Theresia sitzen. Ob sie Cranberry Jelly will: Nein. Dann on the other hand why not, gimmi some.

Sie ist sechs und winzig. Sie ist die Mutter, er der Vater. Als sie in Idar-Oberstein waren, briet die Verwandtschaft Fred zuliebe einen turkey, weil sie dachten, Amerikaner äßen nur turkey.

Sonntag, 22. 4. 1979

Gestern Nacht aus Montréal eingetroffen. Auf der Hinfahrt, schon bei der Fahrt durch Burlington, in unserem Horizon ein Geräusch rechts vorne, wie wenn etwas in der Radkappe schürfte. Bei stehendem Auto nichts. Bei jedem Druck aufs Gaspedal stottert der Motor, und der Temperaturzeiger ist weit nach rechts gerutscht. Und es stinkt auch schon. Rechts ran, alle raus. Ich winke. Schon das zweite Auto hält. Ein Pick Up Truck. Wir laden alles um, er fährt uns zur nächsten Tankstelle, ruft Avis an, kein Erfolg, dann Hertz, auch nichts, dann den Flughafen, auch nichts. Dann merkt er erst, dass es ein out of town-Anruf ist, er muss eine 1 vorwählen, jetzt klappt Avis. Jetzt erst verlässt uns der Hilfreiche. Heißt John Workman. Er sagte gleich, er werde bleiben, bis die Hilfe funktioniere. Ein typisch amerikanisches Erlebnis. Avis gibt uns einen riesigen neuen Chrysler. 8000 ms gefahren. Marineblau, weißes Dach, weiße Polster, blauer Fußboden. Um 5 sind wir in Montréal. Hotel Château Versailles, 1659 Sherbrooke St. W.

Mit Dr. Becker vom Goethe-Institut zu Ben's Delicatessen. Jüdisches Massenrestaurant, erstklassig. Smoked meat. Er isst nichts zu Abend, nur Sprudel. Sonst ginge er auseinander wie ein Pfannkuchen, sagt er. Sieht aber überhaupt nicht so aus. Seine Frau ist Schweizerin, alte ZH-Familie, Kinder dort. Prisca, 17, will Schauspielerin werden. Hohe Tel.-Rechnungen. Ein Haus in Splügen.

Dr. Essig nach der Lesung über Käthes Cousine Jehle. Am nächsten Tag ruft sie im Hotel an. Man könne nicht in Montréal sein und sie nicht besuchen. Sie ist mit uns per Sie. Wir fahren hinaus in die Madison Ave. 4087. Tel. 489–1754. Eine lange, nicht aufhörende Vorstadt aus kleinen Brickstone-Häuschen auf einem fast unmerklichen Hügel. Die Cousine ist groß und völlig dürr. Sie ist 89. Die Beine sind Stecken. Sie stakst ziemlich sicher auf diesen Stecken. Ihr Gesicht ist der mühsam verborgene Totenkopf. Der Mund klafft. Die Augenhöhlen sind auch beherrschend, die Haut tut fast den Dienst nicht mehr. Auch das Haar ist fast nicht mehr da. Sie lebt mit einer fleischigen, rundrückigen, französisch sprechenden Bedienerin, der eine Riesennase über einem riesigen Mund hängt. Offenbar trifft man hier noch auf das alte kanadische Québec-Verhältnis: Gretel Riche spricht englisch vor allem, vertritt die englische Seite, war Geschäftsfrau, hatte ein Modegeschäft in der Peel Street. Und die Dienenden waren frankophone Kanadier. Sie ruft ihre Bedienerin Madame. Sie spricht nur per Madame von ihr. Das Haus ist ein Doppelhaus. 4085 wohnt ihr Sohn, sagt sie zu Käthe immer wieder. Er kommt. Sieht ein bisschen wie Jehle aus. Wie der Werner Jehle in Zürich. He lives next door, is commercial artist. Er spricht ein unamerikanisches Englisch, also das hiesige, ein fast englisches Englisch. Seine Frau liegt wieder in der Badewanne, sagt er zu Dr. Essig, der mit uns gefahren ist. Sie gehen heute aus, darum kann er auch nur kurz da sein. Dr. Essig ist ein Arzt aus Friedrichshafen. Seinen Eltern gehörte das Turmhaus an der Bahn. Es war von einer Brandbombe beschädigt. Damals war Gretel einmal da, sie war mit seinem Vater befreundet, sie sagte, komm doch nach Kanada. Das hat er dann getan. Die Seifensteinfiguren, die hier stehen, hat er gebracht. Von den Eskimos. Er war 2 Jahre droben, als dort eine Radarfrühwarnstation errichtet wurde, musste die 700 Leute ärztlich betreuen. Die Eskimos sind darauf angewiesen, alle Bewegungen in der Natur vollkommen zu erfassen und richtig zu deuten, deshalb seien viele fähig, solche Plastiken herzustellen, die das ganze Wesen eines Tieres zum Ausdruck brächten. Im Bücherschrank im Hinschauen Hans Grimm, Horst Wolfram Geißler, Bjørnson, Thomas Mann. Sie hat von mir gelesen, kann aber nichts damit anfangen. Der Sohn hat keine Kinder. Die Frau kommt noch schnell und geht gleich wieder. Dr. Essig und die Cousine erzählen: Fünf Jehle-Mädchen, des

Dr. Jehle. Frau Dr. Jehle war eine geborene Miller, deshalb wurde Dr. Miller Vormund.

Die Jehle-Eltern starben sehr früh. Gretel kam nicht aus mit dem Vormund. Haute ab nach Frankreich. Verdiente dort ihr Geld als Geigenspielerin in Stummfilmkinos in Paris. So lernt sie den australischen Schafsfarmer Riche kennen. Den heiratet sie und geht mit nach Australien. Er fällt im 1. Weltkrieg. Sie fährt nach England noch während des Krieges. Das Schiff wird verfolgt von der Breslau, auf der der Vater von Dr. Essig Schiffsarzt ist. Von England bald weiter nach Kanada. Dort ein Colonel, der ihr ein kleines Pelzgeschäft verschafft. Wie sie zu dem steht und warum das keine Ehe wurde, darüber erfährt niemand etwas, auch Dr. Essig nicht, der sie in ernstesten Situationen betreut hat. Damals, sagte er, konnte man zwei Pelze zusammennähen und die Klauen wegschneiden, und es war ein fur coat. Sie macht dann eine Kleiderfabrikation auf. Sie selber sehr stolz: 35 Mädchen hatte sie. Jetzt noch 3. Es leben noch ein paar Kunden, die ihr treu geblieben sind. Dr. Essig: Sie hat dann hauptsächlich Kleider für verkrüppelte Mädchen und Frauen gemacht, mit Buckel usw. Die Leute kamen von weit her. Bis aus Vancouver (also tausend und mehr Meilen) kamen ihre Kundinnen. Sie: Sie habe nie ein Kleid selber genäht. I designed. Sie hat das Geschäft erst vor 3 Jahren aufgegeben. Also bis zum 85. Lebensjahr etwa. Und das alles hatte sie nie gelernt. Sie hat ein Landhäuschen 60 ms weg von Montréal. Dort ist sie im Sommer und aquarelliert. Sie schenkt Alissa und Theresia je ein Blatt mit kanadischer Landschaft. Sie zeigt uns ein Bild von A. Y. Jackson, das ist einer der besten kanadischen Maler, der erst seit ein paar Jahren tot ist. Es wurden ihr gerade 1000 $ geboten. Sie habe gesagt: 10000 $. Sie hat überhaupt schöne Bilder in ihrem Zimmer. Originale. Ihre Schwester Bertl heiratete in Friedrichshafen den Dr. Arnstein, der Konstrukteur bei Zeppelin war. Der wird nach dem 1. Weltkrieg nach Amerika gerufen, weil die Amerikaner auch Luftschiffe bauen wollen. In Akron, Ohio. Nähe Cleveland. Bertl lebt noch. Der Mann nicht mehr. Sie kommt einmal im Jahr zu Gretel. Die Söhne haben den Namen geändert: Austin. Beide sind Ärzte in Boston. Beide Harvard-Professoren. Einer soll John Wayne operiert haben.

Dr. Essig: Ja, wenn man sich's noch einmal aussuchen könnte, würde man wahrscheinlich nicht Kanada wählen. Die Winter sind doch recht lang hier. Sie nickt auch. Und im Sommer, im plötzlichen, herrschen zuerst einmal die Mücken. Erst im August wird es dann besser.

Treffen mit Parouir Mikaeljan. Er ist dicker geworden. Er hat uns Blumen ins Hotel geschickt. Er kommt mit Dr. Dora Sakayan in die Lesung. Wahram, sein Sohn, muss arbeiten. Schwarzarbeiter. Auch am Samstag kommt er nicht mit. Er kann nicht wegbleiben von seiner Arbeit. Schon morgens um 6 Uhr muss er gehen. In einer Gießerei ist er. Nebenher studiert er. Mikaeljan will mir am Sonntag noch 2 Flaschen Whisky aufdrängen, und die Blumen für Dr. Sakayan will er bezahlen. Sie hat nachts nach der Lesung noch alle, die noch da waren, zum Essen eingeladen: Dr. Becker, den Kulturattaché der Botschaft in Ottawa, Prof. Schimpf und Frau, die bringen noch zwei zarte Kinder mit, die schon einmal Alabasterfiguren des Schachspiels in dieser Wohnung kaputt gemacht haben, sie sehen aus wie schwindsüchtig. Puppen aus dem 19. Jahrhundert. Da ihr 52-jähriger Vater noch die Lippen und die Augen eines Jungen hat, ist das nicht verwunderlich, dass seine Kinder das Kindhafte dadurch auszudrücken suchen, dass sie sich im 19. Jahrhundert exemplarischen Kindheitsausdruck entleihen. Sie wirken wie auf Innigkeit geschminkt. Aber sie fangen gleich wieder an zu zerstören. Ich habe meine drei nicht mitgebracht. Dora ist sofort beleidigt, für eine Armenisch-Einladung können nie zu viele Personen kommen. Sie hat diesen vollen schönen Tisch von 9 bis 12 ohne Einkauf zustande gebracht. Kaviarschnittchen, gedämpfte Auberginen, ein Squashgemüse mit anderen Gemüsen gemischt, ein Blätterteigspinatkuchen, Traubenblätter mit Fleischfüllung, Blinis mit Pilzfüllung, Salate usw., Nusskuchen mit Puderzucker, türkischen Kaffee. Ihre Tochter ist Physikerin in Toronto, deren Mann Physiker in Chicago am Accelerator. Nächstes Jahr beide Dr. der Physik. Die Mutter kann stolz sein. Eine Tochter ist ausgezogen. Frau Dr. Sakayan ist vor 4 Jahren offiziell aus Jerewan ausgewandert. Sie lehrt Deutsch an der McGill-University. Sie glaubt, sie kam nur weg, weil sie eine tolle Wohnung in einem neuen Hochhaus hatte, die wollte jeder. Die Uni hatte 6 Wohnungen in diesem neuen Hochhaus, und davon hatte sie eine. Und eine Garage. Sie erzählt, welche hohe Persönlichkeit sich die Wohnung und welche sich die Garage angeeignet hat. Vorschlag: Einem einen Mercedes zu schenken, und der wandert dann aus. Auf den Québec-Nr.-Schildern: Je me souviens.

Jeder, der bestraft wurde, möchte bestrafen.

Wer bestraft wird, will bestrafen.

Keiner kann etwas vergeben.

Nur wem vergeben würde, der könnte vergeben.

Einmal hat einer die natürliche Folge unterbrochen. Christus. Die Wirkungen waren groß; obwohl wir alle sehen, dass es das Höchste wäre zu lieben, zu vergeben, obwohl wir sehen, dass sich nichts so lohnt wie das Lieben und das Vergeben, dass wir durch nichts so berühmt, so beliebt, ja so angebetet werden könnten wie durch Lieben und Vergeben, tut es keiner, bringt es keiner mehr fertig; jeder versucht weiterhin in völlig unsinniger Weise, die Welt dazu zu zwingen, dass sie ihn liebe.

Was wäre die größte Grausamkeit? Wenn jemand die Macht hätte zu sagen, ich müsse eines der Kinder zur Hinrichtung benennen. Täte ich's nicht, so würden alle vier hingerichtet.

Es ist alles eine Scheinbewegung. Ich könnte über die Herzstiche, die wieder da sind, glücklich sein. Sie versprechen ein ehrliches Ende.

Einer der Sprüche des Herrn Zürn: Der Mensch ist ein Dichter. Und wenn er kein Dichter mehr ist, dann ist er auch kein Mensch mehr.

Also gut, das Leben ist eine Wunde, die sich nicht schließen will als durch den Tod. Akzeptiert. Und trotzdem dient jede Sekunde nur dem Trachten nach Schmerzminderung. Wundenschließung bei Lebzeiten, das ist die Utopie. Eine Empfindung, die kein Schmerz wäre. Oremus.

Trieb ich den dunkelblauen Glanz des neuen Chrysler unterm weißen Dach über Québecs Ebenen in die Felskulissen Vermonts und die fahlen Wälder von New Hampshire.

Als wir uns im Holiday Inn mutlos hinter 20 Leuten anstellten, um zu warten, bis die Hostess uns einen Platz anweisen würde, sagte einer der vor uns Wartenden, es gehe schneller, als wir dächten, die Hostess komme gleich zu uns; sie warteten, nur weil sie eine Gruppe von 12 seien, die an einen Tisch wollten. Die 4, die wir seien, kämen sofort dran. Er gehörte nicht zum Management.

Nice day, sagte der Mann, der seinen Wagen neben meinem parkte in der Main Street.

Philipsburg ist die erste Stadt in Kanada nach der Grenze.

Dass du nicht zu leben wusstest, ist deine Schuld.

Für das KIND ist die Lösung: das GT der Frau. Das ist das Einzige, was nichts eingebüßt hat von seinem Reiz, seiner Gewalt.

Ein Onkel, der lispelte und dem grausamerweise geraten wurde, nach Amerika auszuwandern, da er nirgends sein Lispeln so gut nutzen könne wie dort.

Wir kennen die Trauer des Jahres Neunzehnhundert besser als unsere eigene. Nur dass wir verlassen sind, spüren wir. Aber nicht, wovon.

Tannenzapfen auf einem Nadelboden, der so rein ist wie kein anderes Bett.

Der glutvolle Hochsommertag lädt mich ein, mich als Blume aufzuspielen, die am Verwelken ist.

She has not yet ticketed my flight.

Slightly und lightly sagen das gleiche.

Frau R. zeigt den Strand auf der Postkarte, die sie mitgebracht und an die Wand geheftet hat. Dieser Strand auf St. Thomas (Virgin Islands) sei einer der 7 schönsten Strände der Welt. Eine mit dichtgrünem Pelz bewachsene Insel, die in sanften Küstenlinien schmalweiße Strände bietet.

DAS KIND merkt erst am Ende, dass es da hingekommen ist, wo es hinwollte.

24. 4. 1979

Die trustees gestern: sex-blind admissions. Bisher nur 30% females.

Spaulding Auditorium, Hopkins Center, 19 Uhr 30.

Etwa 2000 Studenten. Ein General aus dem Vietnam-Krieg soll Auskunft geben. Er sagt: The media mislead the American people. Die Studentin, die zur Protestbewegung gehörte, sagt, sie sei nicht gekommen, um zu hören, was der General sage, sondern um den jungen Studenten zu sagen, warum sie damals marschiert seien, denn dass er das falsch darstellen werde, habe sie gewusst; dieser Studentin antwortet der General überhaupt nicht.

Wednesday, 25. 4. 1979
Wieder ein neues Auto von Avis: light blue Spirit, American Motors. 2 große Türen, hinten ein Fließheck zum Öffnen. Der rechte Vorderreifen streift beim Einschlagen.

Gestern bei Zantops. Er, Geologe. Nach dem Vordiplom Stanford. Dr.-Arbeit über Manganoxide. Lagerstättenkunde in Mexiko. Dann für Bethlehem Steel nach Spanien, Galicia, wo die Römer schon Gold schürften. Wasser als Bohrkraft und 40 m lange Kanäle zur Auswaschung des Goldes. Die Kanäle waren mit Schaffellen ausgeschlagen, in deren Haaren der Goldstaub hängen blieb, die Felle wurden verbrannt, und das Gold blieb übrig. 300000 Sklaven von 200000 Soldaten bewacht. Sie ließen immer wieder an einer Stelle die Steine unberührt stehen, dass der Gouverneur, der alle paar Jahrzehnte kam, sah, wie viel sie abgehoben hatten. Diese Steinsäulen stehen heute noch. Lagerstättenkunde ist Herrn Zantops geologische Spezialität geblieben. Seine Frau, Komparatistin, über Carlos Fuentes: dass er über Mexiko schreibt wie ein Tourist. Er ist in England geboren, hat meistens im Ausland gelebt, auch jetzt, sein Verhältnis zu den Mythen ist künstlich. Die Eingeborenen, die Indios, kommen bei ihm nicht vor, nur die Mythen. Die Indios finden, die Mythen sind uninteressant. Er war Botschafter unter Díaz. Als der die Studenten niederschießen ließ, abgesetzt wurde und nach Madrid als Botschafter gehen musste, war Carlos Fuentes in Paris als Botschafter und trat zurück, weil er nicht Botschafter sein könne, wenn so einer Botschafter werde. Es habe ihm gerade in seinen Karriereplan gepasst. Er sei ja nach wie vor befreundet mit Echeverría, der als Premierminister der

Nachfolger jenes Díaz geworden sei und der unter Díaz Innenminister gewesen sei, also ganz direkt verantwortlich für die Schüsse auf die Studenten.

Kartenspiel: Konrad Kenkel beim Mischen (auf deutsche Art) (to shuffle), als er, weil er irre schnell und heftig mischt – mit Virtuosenanspruch –, wieder stecken bleibt: Ham sich wieder ein paar Damen quergelegt.

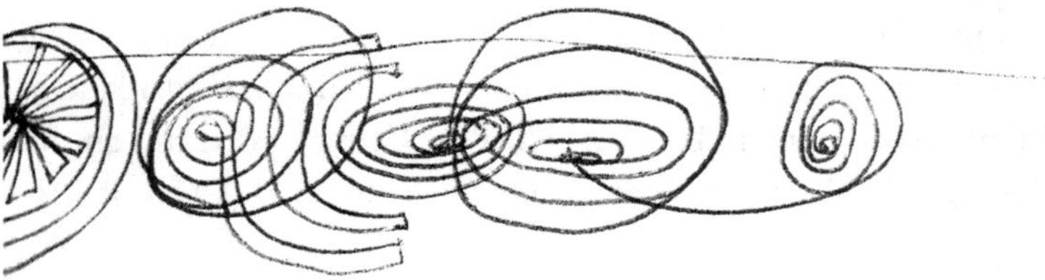

Thursday, April 26, 1979
4 pm Lebanon – 4 Uhr 50 Boston Logan; shuttle bus zu American Airlines. 6 Uhr 30 nach Chicago O'Hare (Gate 22).

Käthe und Alissa auf dem Flugplatz. Käthe lässt sich nicht fortschicken. Sie bleibt draußen am Haag, bis zum Start. Sie hat Angst wegen der kleinen Maschinen und vertraut auf eine Art Dabeiseinskraft. Das sagt sie nicht, das spürt man. Wir fliegen aus den Wäldern hinaus, über die von den Wäldern behüteten Seen hinweg, hinunter nach Boston, wo 72 Grad gemeldet sind.

Heute im *Spiegel* Pl. 3, mit Bestenliste 1 (114 Punkte, nächste Chr. Wolf mit 82 Pkten) und Sellerliste 3 wäre also das Buch, das umflatterte, ein Erfolg. Seit ich 50 bin, soll es mir besser gehen. Das Gefühl, zurückgepfiffen worden zu sein, noch einmal laufen zu müssen. Nach '76 wieder von vorne anfangen. Ich hatte es falsch gemacht? Aber was ist an dem, was ich jetzt gemacht habe, richtig?

In der vergangenen Nacht fühlte sich die Angst an wie eine zu große Geschwindigkeit, die einem den Atem verschlägt.

Am meisten sind die Kreuzworträtsellöser zu bewundern, die ruhig ihre Felder füllen.

Prof. Segal für Alissa: Sie habe with admirable regularity seine Vorlesung besucht.

Wenn Alissa über den Green kommt, eine unter all den College-Studenten, sieht man schon von weitem, wie wenig gelassen sie ist. Sie ist die Einzige, die jeden Wirbel empfindet, jeden Schritt bewusst tun muss. An ihrem langen Hals sitzt ihr Kopf hochgereckt. Das Kindergesicht leidet unter irgend einem Gedanken. Sie ist am meisten irritierbar von uns allen. Und sie wirft uns am heftigsten vor, dass wir uns nach anderen richteten.

Das rote und das blaue A von AA.

Schön fleischige und künstliche Mädchen stehen herum. Manchmal sehen sie aus wie Bräute, die die Hochzeitsreise ohne Bräutigam machen und darüber nicht unglücklich sind.

Wir sitzen reihenweise in der Glashalle und schauen den Maschinen zu, die sich in den Abendhimmel bohren, bis er sie schluckt.

Die Jagd

Ihr Vater ist jünger als er.

An den Kettchen, die den Mädchen hier um die Zähne geschmiedet werden, sieht man noch, warum bei uns die Zahnärzte Zahnschlosser hießen.

Junger blonder Riese, auf dem Haarpolster ein dunkelblaues rundes Rabbikäppchen, goldgerandet und oben in der Mitte ein goldener Punkt.

Dass die Herzstiche mir hierher gefolgt sind, ist enttäuschend. Vielleicht immer noch die Akklimatisierung. Alles noch verspannt.

Der Rabbi hat den Hemdkragen riesig über den Jackenkragen gebreitet.

Die Stunde der Wahrheit

Wie angenehm es bei A's war und wie herzlich. Und doch besteht die Möglichkeit, dass das reine Gegenteil wahrer ist als das, was war. Zumindest ist es nicht weniger unwahr. Das wäre entsetzlich. Es ist auch nur ein Spiel, hoffe ich. Ich hänge an irgendjemandes Angel. Immer schon. Der lässt mich in jeder Richtung zappeln.

Heute ist, was die Düsen ausstoßen, schwarz.

Das Kind

Der Gegner kann z.B. kochen und essen. Das Kind muss sich auf diesen Wettbewerb einlassen.

Wenn diese vielen Leute alle genau so sinnlos reisen wie ich … das muss angenommen werden.

Please be patient with us, we have to do things the hard way today.

Der Flug 47 geht über Chicago O'Hare nach San Francisco.

Freitag, 27. 4. 1979
Ivy Inn, Madison, Zi. 236.

Von O'Hare 9 Uhr 50–10 Uhr 27 an Madison. Bei mir aber Ortszeit 11 Uhr 27 und mit Verspätung fast 12 Uhr.

Mädchenleben

Julia: Je mehr ihr Hintern sich auswuchs, das heißt, je mehr er in die Breite und Tiefe strebte, desto länger wurde ihr Hals, desto höher trug sie also ihren Kopf, der dadurch fast ein Köpfchen wurde. Es sah schon aus, als wolle dieses Köpfchen da droben nichts zu tun haben mit dem immer hinabziehenderen, schwerer werdenden Körper darunter. Erheben wollte sich dieses Köpfchen über die unflätige Körperlichkeit da drunten.

Trio

Sie haben auch noch eine Putzfrau, die 3 Stunden kommt und eine richtige junge Arbeiterfrau ist. Die beste von allen drei Frauen. Das wäre sie überhaupt. Aber zu der hin herrscht zwar eine ungeheure Spannung, aber da geht überhaupt nichts.

Reinhold Grimm und Frau holen mich ab. Er sagt schon, bevor die Frau den ersten Satz sagen konnte, dass es sich um eine Sächsin handeln würde. Das klang, als bereite er einen auf die sächsische Akustik vor. Er isst überhaupt nie zu Mittag. Abends aber viel. Morgens auch fast nichts. Die Frau hatte im Studentenheim in Erlangen, das eine ehemalige Kaserne war, die ehemalige Arrestzelle als Zimmer. Sie sind seit 1968 hier.

Das Kind

Wenn er sitzt (in einer Lounge), sieht er, dass er der Einzige ist, der die Beine über einander schlägt wie die Frauen, der einzige Mann. 2 Mädchen schlagen sogar die Beine über einander wie die Männer.

Der junge Rabbi hatte rotblonde Haare, ganz genau die Farbe von Altgold. Deshalb sah man den Goldrand des Käppis gar nicht so gut. Vorne hatte er dieses religiöse Ding mit einer banalen Haarnadel auf seinem dicken Haarpolster befestigt. In der Lounge in O'Hare holt er aus seiner Papiertasche einen weißen Seidenschal heraus; an beiden Enden Querbalken. Es ist ein sakrales Textil, das sieht man sofort. Er liest seinem Freund den auf einem goldenen Band auf den Schal gestickten hebräischen Spruch vor. Dass es Hebräisch sein muss, sieht man daran, dass er von rechts nach links liest.

Das Ivy Inn ist Triple A approved.

Ein Mädchen, italienischer Typus, neben mir hatte einen Pappkoffer, den mindestens 20 Leute von diesen 250 Leuten hatten. «Perishable» konnte man auf beiden Seiten des Griffs lesen. Erst in Chicago in der Lounge für Madison sah ich, dass das Lobster-Schachteln waren. Offenbar kauft man das in Boston. Sie stellt ihre Sandalenfüße auf den Lobster-Karton, dadurch werden die Knie, da auch noch der weiße Rock zurückrutscht, die Hauptsache. Sie sinkt immer tiefer in ihren Sessel, ihre Knie steigen und steigen. Es ist ihr nicht ganz gut. Sie verlangt Aspirin und kriegt es. Wir fliegen über einer schmutzigen Atmosphäre in einem reinen Himmel einem unveränderlichen Sonnenuntergangsrotstrich entgegen. Dieser Strich liegt im Westen auf dem Atmosphärepolster.

Das Mädchen hat gefragt, ob er nach Chicago fliege oder nach San Francisco, nach Chicago. Sie auch. Dann nichts mehr. Dieses Gesicht, eine Art Gesichtsfläche, aus der die zarte Nase fast aufbegehrt. Eine große Brille, die sie meistens in den Haaren trägt. Und von der Seite konnte man hineinschauen, wo die Brust ist. Da ist sicher nicht viel, das sieht man an den kleinen Schultern, aber das Wenige wäre wahrscheinlich entzückend, wenn man es sehen könnte. Man kann aber nicht. Es sieht nur so aus, als könne man.

Wenn man dann tatsächlich den Mut aufbringt, den Kopf so scharf zur Seite zu drehen, dass man da hineinsehen kann, dann sieht man zwar hinein, aber man sieht sofort, dass man nichts sieht. Man muss ja auch gleich wieder wegschauen. Was sagt man jetzt am besten? Ein Gespräch. Wenn man es nicht schafft, jetzt ein Gespräch zu beginnen, dann wird man sich das ewig vorwerfen. Umbringen musst du dich allmählich, wenn du nicht einmal ein Gespräch weiterführen kannst, das sie doch schon begonnen hat. Sie hat dir doch schon zu verstehen gegeben, dass es ihr langweilig ist. Sie hat ihre Frage, wo du hinfliegst, so gestellt, dass du sehen solltest, wie wenig es sie interessiert, wo du hinfliegst, aber wie gern sie jetzt mit dir spräche. Das kann sein. Das kann aber auch nicht sein. Aber machte sie wirklich ein lustiges Gesicht, als sie fragte: Fliegen Sie nach Chicago? Andererseits ist diese Frage zu lange her. Du kannst nicht mehr daran anknüpfen. Wenn du jetzt etwas sagst, ist es, als sei noch nichts gesagt worden vorher. Du musst praktisch wieder von vorne anfangen. Du hättest eben weitermachen müssen, als sie sagte, dass sie auch nicht nach San Francisco fliege. Also von vorne. Wie? Aspirin. Natürlich, das Aspirin. Did the Aspirin help? Das wäre die Frage. Los, stell sie. Heraus damit! Mein Gott, did the Aspirin help, das wirst du doch noch herausbringen. Er spürte, wie jedes Mal, wenn er ansetzen wollte, sofort ein Verschluss entstand in seinem Hals, der nichts zuließ. Ja, warum denn? Mein Gott, so eine simple Frage, so eine simple Konversation, hör doch, alle, alle rundum plaudern mit einander, nur du … Aber er wusste genau, warum er nichts sagen konnte. Er hatte Angst, dass sie sofort hören würde, wie viel er von ihr wollte. Did the Aspirin help? Seine Stimme würde beben irgendwie. Unüberhörbar würde sein: Ich will mit Ihnen leben, ich habe jetzt lange genug ohne Sie gelebt; ich weiß, dass das übertrieben klingt, aber es ist das Wenigste, was ich sagen kann, wenn ich überhaupt etwas sagen kann. Ich würde mich wahrscheinlich umbringen vor Glück, wenn Sie mir jetzt eine ihrer wunderbaren Naturhände überließen. 3 Ringe an 10 Fingern, alle in Gold, ein bis zur Unsichtbarkeit winziges Kettchen, auch Gold, am rechten Handgelenk.

Wie lange erträgt man das, so einen einfachen Satz nicht sagen zu können. Und sie bietet ihm auch noch ihren Kuchen an. Aber das hat er schon gefragt, ob das Aspirin geholfen hat. Ja, es hat. Eine kleine Unterhaltung. Sie fliegt im Sommer nach Europa. Sie hält ihn für einen physician. Sie ist nurse. Ach so. Das löste einen Wärmestoß aus. Das brachte ihn zum Schmelzen. So eine nurse. Jetzt begriff er ihre Naturhände. Den zarten Oberkörper, die kräftigen Beine. Nurse. Natürlich. Wunderbar. Nurse.

Wie viel schöner ist das als Schwester. Weil ja von Schwester in der Berufsbezeichnung überhaupt nichts mehr übrig geblieben ist.

Ist es nicht eigenartig und grauenerregend, wie wenig in dem Wort Schwester von Schwester übrig geblieben ist, sobald wir hören, dass es sich um eine Schwester handelt!

Aber nurse. Nurse, mein Gott, da war noch alles drin.

Er sagt noch etwas über die Zeitdifferenz. Muss man die Uhr vor- oder nachstellen? Er sagt es falsch. Es ist lächerlich. Sie korrigiert ihn. Sagt, dass jetzt am Samstagabend sowieso die Sommerzeit eingeführt wird. Er sagt, also noch einmal eine Stunde vor. Sie sagt, nein, zurück. Er hat es wieder falsch gesagt. Sie fragt: Haben Sie das in Europa auch? Nein, nur im Krieg haben wir das gehabt. So ein blöder Satz. Jetzt muss sie ihn für 90 halten. Der Krieg war schließlich vor der Jahrhundertmitte, und inzwischen nähern wir uns dem Jahrhundertende. Also so blöd, so blöd, nein, nein, nein. Um das zu korrigieren: In England hat man die Sommerzeit auch. Bei uns diskutiert man sie auch. Man kann ja eine Menge Energie sparen durch die Sommerzeit. Etwas anderes sagt er nicht. Er schaut hin zu ihr, schaut in den heroischen Himmel, die ungeheure Ebene blaugrauen wolligen Schmutzes, über der sie stehen, der glutrote schmale Strich im Westen und darüber das fahle Nichts. Und ihre Knie auf dem Lobster-Karton. Sie hat ein grünes

Buch aufgeschlagen, hat einen Schreiber in der Hand. Sie unterstreicht eine Zeile. Sie gibt es auf. Sie will keine Zeile mehr unterstreichen. Sie hat diesen Quatsch satt. Zeilen unterstreichen. Aber sie will natürlich nicht mit ihm weiterfliegen. Das ist klar. Sonst würde sie ja herübersinken. Aber könnte man sich nicht herausreißen aus allem. Wenn wenigstens das Flugzeug jetzt abstürzen würde. Das würde etwas dauern, von 36000 Feet bis zum Grund. Er könnte sie in diesen letzten 2 ½ Minuten oder so noch küssen, aber wie, er würde sie so mit seinem Mund, mit seinen Zähnen und Händen bearbeiten, dass sie froh sein würde, jetzt gleich sterben zu können. Eine Welt, in der man so mit einem umgeht, nein danke. Und er hätte auch seinen Frieden, wenn er im Augenblick des Zerschmettertwerdens seine ganze Zunge bis zur Wurzel in ihrem Mund untergebracht haben würde. Wahrscheinlich wäre sie, schon bevor sie zerschmettert würden, an seiner Zunge erstickt.

We are entering the Chicago area. Das Flugzeug kippte aus der Bewegungslosigkeit großer Höhe, raste und holperte, jetzt selber so ein schmutziger Körper mit böse zuckenden Lichtern, durch die schmutzige Atmosphäre hinab auf die schmutzige Welt. Gute Nacht. Sie stand nicht auf, als man aufstehen konnte. Also wollte sie ihn los sein. Also stand er auf, grüßte und ging. Als er vom Klo

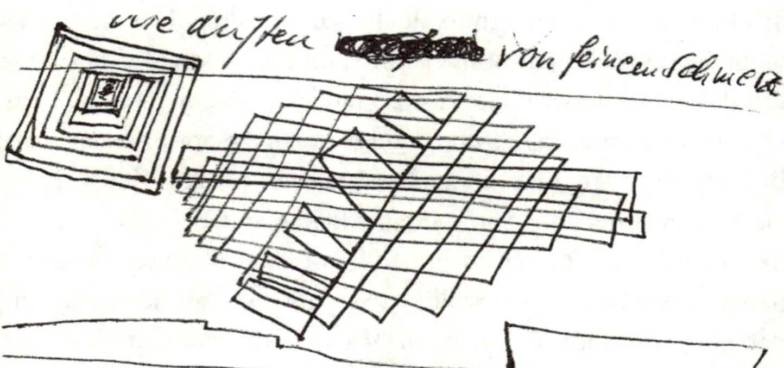

wieder auf den Gang heraustrat, kam sie gerade vorbei. Sie hielt einen jungen Kerl umfasst, der junge Kerl hielt sie umfasst, so gingen sie dem Ausgang zu. Ihren Lobster-Karton trug jetzt der junge Kerl. Basta.

Das Kind

Über seine Frau. Du bist eine Frau. Du bist 50. Du bist reif, alt, auf jeden Fall nicht mehr jung, du bist müde, wie alte Leute müde sind. Er ist das alles nicht. Er rast. Er ist krank, aber gesund. Du bist gesund, aber krank. Und treibt dann doch auf sie zu und landet bei ihr an ihrer Vulva. Die will er fotografieren. Und ein Häuslein bauen mit ihren Vulvereien. Sie sagt am Ende: Kindskopf. Oder: Du bist ein Kind.

2431927

Es gäbe genug, aber die Menschheit wurde unglücklich, also macht man künstlich Mangel. Man verteilt den Mangel gerecht, weil die Menschen nur mit Mangel glücklich sind.

Und wie sie spielen: um Geld. Wenn sie alles hätten, würden sie nicht mehr spielen, würden sie nicht mehr zittern usw.: das wäre tödlich.

Eine Alte zur Bedienung: So listen, I can't eat very much. Give me pancake or soup.

Bedienung: One pancake?

Sie: I don't know. Is it big? Give me soup.

Die Alte am Nebentisch: A nice place to stay.

Die andere Alte: I am tired of it.

Bei den Airlines schreiben andauernd Leute für einen etwas auf einen Zettel, auf den Anhänger usw. Und hier schreiben fast alle mit der linken Hand. Das legt nahe, dass hauptsächlich Linkshänder ausgewandert sind.

Heute Nacht geträumt, dass einer plötzlich Pistolen verteilte, bevor wir in ein Haus gingen. Und es war sein Altruismus, dass er es tat. Wir hatten ihm dankbar zu sein. Aber er sagte nicht, ob sie geladen und wie sie gesichert seien und wie man sie entsichere oder ob sie vielleicht entsichert seien. Man hatte das Gefühl, man dürfe sie überhaupt nicht berühren. Sie waren einem selbst gefährlicher, als sie je einem anderen werden konnten.

Reinhold Grimm hat gesagt, er werde eine tongue-in-cheek introduction geben.

Danach ein höherer Verwalter von der Uni, er berichtet: 1853, mit 7 Kindern, wanderte ein Martin Walser aus Graubünden hierher aus und kaufte gleich Land für eine Farm. Und viele hießen danach noch Martin. Warum, will Frau Walser, die mit 2 Kindern zum Vortrag kam, wissen. Er, Ronald C. Walser, hatte meinen Scheck unterschrieben und wollte den Vetter sehen. Er hat eine Fotokopie dabei über das Kleine Walsertal. Er hat in NY Queens einmal im Telefonbuch nachgeschaut. Nur 2 oder 3. Sie wissen noch, Graubünden hieß der Ort, woher die kamen. Mehr wissen sie nicht. Nicht einmal, dass das in der Schweiz ist.

28. 4. 1979

Herr Zürn, der Dichter: Wenn er eine halbe Stunde mit einem spricht und der stottert, stottert er in einer halben Stunde auch! Er muss sich beherrschen, dass der andere dieses Hingerissensein nicht für eine furchtbare Parodie halte.

Reinhold Grimm, der unentwegt Publizierende. Muss noch schnell Fahnen schicken über «Kafka und Nietzsche» an die German Quarterly in L.A. Weist mich auf Stellen hin, wie er da ironisch sich als Nicht-Nietzsche-Fachmann bezeichnet: das sei ein ganz schönes understatement, da er einiges über Nietzsche wisse. Und beim Essen heute über ein Honorar von $ 56,– von den Studi tedeschi in Rom. Und abends: Dass er dort auch noch Fahnen hinschicken müsse.

Reinhold Grimm erzählt auch während der 5-Minuten-Autofahrt zum Flugplatz über eintreffende Fahnen. Weil es ihm selber vorkommt, es häufe sich, sagt er, offenbar ziehe ich durch mein Hiersein Fahnen in sein Haus. Bei Arnold wird ein Aufsatz erscheinen über einen gestrichenen Satz aus dem *Woyzeck*: Alle haben Hut publiziert, er hat gesehen, dass es Hund heißt und muss deshalb nicht nach Weimar, um die Manuskripte zu prüfen, so sicher ist das. Er erinnert mich daran, dass er Proletarier sei. Er hat das auch geschrieben in der Anthologie bei Minder. Es hat ihm eine diebische Freude gemacht, seine proletarische Herkunft zu erwähnen.

Reich-Ranicki wollte gleich den Artikel über Hund und Hut. Aber der ist schon versprochen.

Reich-Ranicki hat über Katharina Blum gesagt, sie handle aus persönlicher sexueller Frigidität, nicht aus politischen Gründen! Reich-Ranicki hat über die Zurückgewinnung des Innerlichen gesprochen. Seit Pulvermühle Zerstörung der deutschen Literatur. Jetzt wieder auf gutem Wege. In der BRD gibt es keine Unterdrückung. Alles, was nicht gedruckt wird, ist Dreck. Nur Dreck wird nicht gedruckt. Alle hier zitieren voller Verachtung die Sätze Marcel Reich-Ranickis, aber als er da war, hat ihm in der Diskussion keiner widersprochen. Das geht klar hervor. J. Hermand wundert sich auch darüber.

Man muss supporter des Sytems so handeln lassen, dann wird das System deutlich.

Je schlimmer man sich aufführt, desto interessanter ist man dieser Welt.

Andauernd muss Frau Grimm ihn chauffieren, man steigt aus, sie muss einen Parkplatz suchen. Es sieht aus, als wolle er sich so einen feinen Anstrich geben. Aber als 12-Jähriger Holzhacken, ein Scheit ins Auge, zum Glück Nähe Tübingen, eine Ärztin operiert 2 Stunden, in Betäubung, Auge bleibt, aber keine Konturen mehr, nur überintensive Farben. Also kein räumliches Sehen, kein Auto. Wenn man vor den Schienen steht, soll sie, soll sie nicht! Man soll nicht mehr. Aber die anderen, die auch gehalten haben, sehen, der Zug kommt doch noch nicht, also fahren sie, aber ihr redet man zu, nicht zu fahren, aber dann fahren doch zu viele, aber jetzt ist es schon fast zu spät, aber das kann sie auch nicht auf sich sitzen lassen, und er sagt, wenn du gleich gefahren wärst, wärst du längst drüben, also – jetzt braust aber der Zug heran, vielmehr er donnert – fährt sie doch noch knapp vor dem Zug hinüber. Das war aber jetzt fast zu knapp, sagt man zu ihr.

Uwe ist hier zusammengesackt. Nach wenig Wein. Hat aber schon vorher nach Bier gerochen, wie jemand festgestellt hat.

Boeing 727–223 luxury jet / 18c / der letzte Nichtraucher. Seat at the aisle. 6 Sitze, getrennt durch Mittelgänge.

8 Uhr 35 von Madison mit North Central (Jet) 22 Min. nach Chicago O'Hare. 10 Uhr weiter mit AA Boeing 727–223 – 1 Uhr Boston, fl. 580.

In San Antonio: Der Mann, 64, aus seinem Auto; Camper; mit Schnellfeuerwaffen auf Polizei und Leute. 2 Frauen tot. Er schrie: Traitors. 3-mal. Und: What kind of society is this. 30 Minuten Schießerei. Nach weiteren 30 Minuten sind sie bei ihm drin: tot. Ein Polizist: Er habe ihm in den Kopf geschossen. Bestreitet, dass der Selbstmord gemacht habe. Die Flower Parade wird abgesagt.

Wahl zwischen pancake und omelette. Also pancake mit 2 winzigen Würstchen und Sirup. Also Würstchen mit Marmelade.

Reinhold Grimm geht in Colorado mit dem Kollegen Schmidt (Österreich) auf die Berge. Über 4000, keine Pfade. Er hat dort ein Paar Schuhe stehen.

53 Tage in Wisconsin. In diesem Winter nicht über den Gefrierpunkt, ununterbrochen.

Bis auf die Minute genau hat der Pilot die Landung angesagt, 12 Uhr 56, um 1 Uhr at the gate.

Die Äcker nördlich von Chicago sind reine Schachbretter. Keine Naturform mehr.

Lord-Liszt-Brief

Sie seien ruhig im Café Kraft gesessen, hätten Ihren Wein getrunken und seien plötzlich in sich zusammengesackt. Nur ein bisschen. Da sei auch noch Ihre Frau zur Tür hereingekommen, sie und die Polin, die beiden hätten Sie fast unauffällig hinausgebracht. Und jemand sagte: Ohne dass Sie nach Bier stänken, treffe man Sie nicht mehr an. Wenn ich jetzt sage: Kommen Sie doch ganz zu mir, dann krieg ich bei nächster Gelegenheit eine gewischt von Ihnen. Ich schaue, ehrlich gesagt, Ihrem Untergang lieber aus einer Entfernung zu, die nicht so groß ist, als dass ich nicht unter Ihrem Niedergang litte, aber doch so groß, dass ich, wenn Sie um sich schlagen, nicht getroffen werde. Sie sind mir zu groß. Ich möchte, dass bei mir nur Normales passiert.

Plumpe Landung, das Geschwätz des Kapitäns.

Herr Zantop, Geologe. Ein New-England-Atomkraftwerk auf einer Verwerfung gebaut. Jetzt hat jemand entdeckt, dass man die Erdbebenwerte, die man an dieser Stelle durch eine Kreuzung zweier Bebenfelder zu erwarten hat, nicht zusammengezählt, sondern von einander abgezogen hat, so blieb man unter der kritischen Zahl. Nur so.

Man könnte nach Martha's Vineyard fliegen jetzt, wo ich 1958 mit der Britin war: Anne Smith. Der Nachmittag in dem Zimmer. Der Abend mit Fisch. Und die Nacht.

Zwei alte Damen, Schwestern, eine im Rollstuhl, von Schwarzen gebracht. Die im Rollstuhl raucht. Sie haben eine Katze im Allegheny case.

Zweimal hinaus aufs Rollfeld: Das erste Mal noch Sonne und ganz wenig Nebel, der immer dicker wird, lange draußen, dann wieder zurück. Um 18 Uhr 35 die nächste, ausgebucht. Aber man muss warten, auf den Bus, der muss die von 18 Uhr 35 (weil der doch auch nicht geht) mitnehmen.

Draußen Nebel, innen Geisterlicht. Der Lautsprecher kracht, als bräche man Zähne ab.

Woody Allen hat in seinem Glashaus über der Fifth Avenue bemerkt und es seinen Freunden gesagt, dass er am liebsten 75 % seines Besitzes verschenken und viel bescheidener leben möchte. Scharfes Nachdenken brachte ihn darauf, dass er es nicht überleben würde, New York zu verlassen, etwa um auf dem Land mehr mönchisch zu leben. Also bleibt er im Penthouse. Aber da denkt er – auch scharf – über den Tod nach. His home is attractive, but not opulent, containing more books and records than anything else. Er hat ein Hemd, das trägt er schon seit 1969. Sogar im Film. Time, April 30, 1979. If my film makes one more person feel miserable, I'll feel I've done my job. O Gott o Gott o Gott.

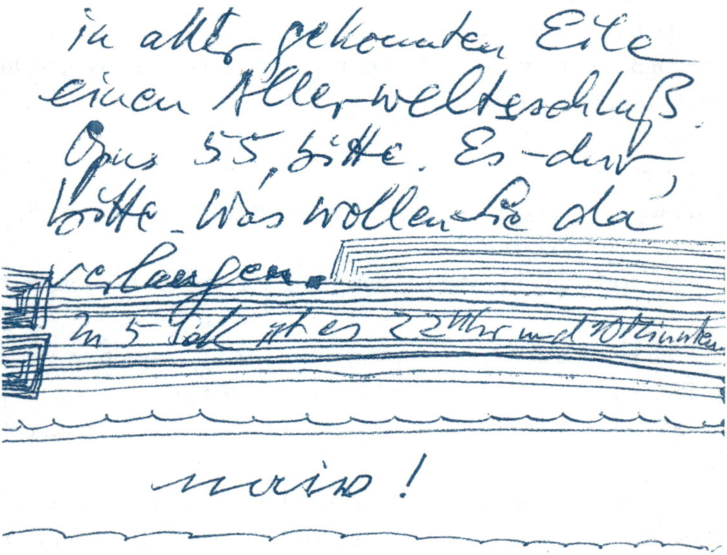

Saratoga. Clark Gable – Jean Harlow, Lionel Barrymore. What kind of a son you are anyhow.

Warum macht es mehr Spaß, ein Buch zu lesen als ein Buch über ein Buch? Weil der Existenzeinsatz größer ist. Natürlich gibt es historische Urteile, die ohne Einsatz interessant sein können: z.B. dass der Konjunktiv II seit der deutschen Klassik immer mehr zunimmt. Wenn das stimmt, alle Achtung. Aber dass Franz Kafka die Briefe schreibt wie nachher den *Prozess*, ist doch nichts, was wir wissen müssen.

Wissen und Sein wie Haben und Sein.

Montag, 30. 4. 1979

Sommerlich heiß.

Annual Miss USA Beauty Pageant.

50 dazzling contestants.

Original state costumes. Preliminary events seit einer Woche, in swimsuits, Interviews.

Some gorgeous young ladies.

Interviews:

Eine: will study psycho drama in California.

Eine war Model in Paris.

Eine hatte English Major, Finance Minor, will go to broadcasting.

Eine will social worker werden, z.B. marriage consulting.

Eine will advertising machen. I flew my own plane.

Alle 50 sind groß, reden gescheit, highschool provokes excellence.

Jetzt die Liste of the 7 finalists out of 50: Miss Arkansas, Delaware (black), North Carolina, Texas, Pennsylvania, Oklahoma, South Carolina.

America's Junior Miss wird gesucht. Coke adds …

Dienstag, 1. 5. 1979

Herr Zürn, wie er seiner Frau zusieht, wenn sie etwas machen muss, das sie nicht gern macht, weil sie glaubt, sie könne es nicht.

Leute einladen z.B., kann ich da einfach anrufen? Ja, was denn sonst. Was mach ich denn da? Gefüllte Kalbsbrust? Was du willst, sagt er, mach, was du willst. Er weiß, dass er sie gerade dadurch in eine Art Verzweiflung hineintreibt. Wenn sie alles machen kann, weiß sie nicht, was sie machen soll. Sie würde gern im Gespräch mit ihm die Möglichkeiten einschränken. Diesem Gespräch entzieht er sich. Er mag sie leiden sehen.

Herr Zürn spürt im Voraus den Würgegriff der Steuer. Wenn ihm dieses eine Geschäft gelingt, kriegt die Hälfte die Steuer.

Herr Zürn ist nie mehr ohne den nadelfeinen Herzstich. Er könnte die Welt hassen, weil er in der Brust andauernd dieses feine Stechen hat. Er möchte gern noch sein Geschäft abschließen, bevor dieser Stich Folgen hat. Möchte er auch sonst noch etwas vorher?

Was ich bereue
Dass ich den Opportunisten die Hand gab
Dass ich meine Verachtung verschwieg.
Dass ich freundlich war, wo ich hätte schreien müssen.
Dass ich mich nicht traute, böse zu sein.

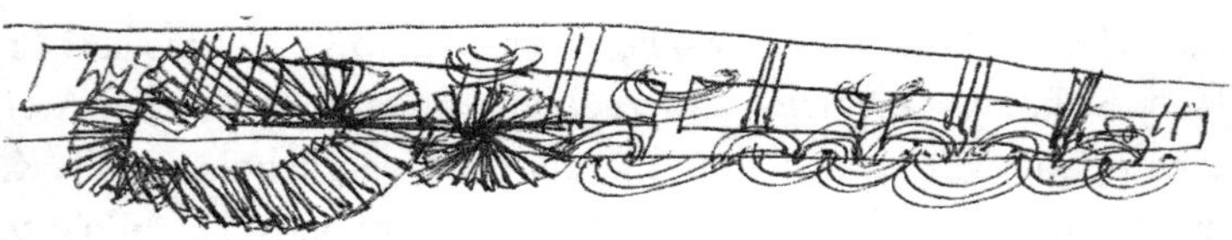

Die Stunde der Wahrheit

Warum wollte er wissen, ob XY ein Jude sei? Hieß es überhaupt «ein Jude sei» oder – «Jude sei»? Hatte er ein vergleichbares Fragebedürfnis andere Personen dieser Umgebung betreffend? Dass XY Franzose war bzw. aus Frankreich eingewandert war, wusste er genau so, wie er wusste, dass XX aus Wien eingewandert war und XZ aus Prag. Aber bei denen genügte es ihm zu wissen, dass sie Österreicherin war, dass er Tscheche war, bevor sie Amerikaner wurden. Warum genügte es ihm nicht zu wissen, dass XY, bevor er Amerikaner geworden war, Franzose war? Tat er nicht schon so, als ob er den Verdacht hege, XY sei Jude? Kann man einen verdächtigen, Jude zu sein? War das eine unabschüttelbare deutsche Erbschaft? Aber er hatte doch von allen Personen dieser Umgebung die herzlichste Freundschaft zu Christian Klopfer. Und Christian Klopfer war Jude. Das war nie eine Frage gewesen. Trotzdem musste er sich jetzt sagen, dass er die Art Liebe, die er gleich zu C. K. empfunden hatte, nicht mit dem Gefühl verbunden hatte, C. K. sei Jude.

Das musste er sich laut und deutlich sagen, und zwar aus zwei Gründen: Er hatte sich sofort zu C. K. hingezogen gefühlt, ohne überhaupt zu überlegen, woher er komme. Er hatte ihn einfach gemocht. Seine Zartheit, Gescheitheit, seine Zuneigungskraft. Er hatte ihn einfach gemocht. Also dieses Mögen war kein aus Antisemitismus stammendes Kompensationsprodukt, das man Philosemitismus nannte. Also seine Liebe zu C. K. war ganz und gar unschuldig. Aber hatte er sich nicht gefreut, als er dann erfahren hatte, dass C. K. Jude sei? Ja, er hatte sich gefreut. So ein Gefühl hatte er gehabt. So ein Also-bitte-Gefühl! So ein Da-habt-ihr's-Gefühl. Und warum wollte er wissen, ob G. V. Jude sei? Er fand, A. K. und G. V. seien anders als alle anderen. In welcher Art? Physiognomisch kamen ihm alle anderen, verglichen mit C. K. und G. V., mehr oder weniger bedauernswert vor. A. K. und G. V. hatten Köpfe, Gesichter und eine Haut, die nicht nur Material für Menschenwesen war, sondern schon das Menschliche selber. Oder so ähnlich. Er war sicher, dass man von C. K. und G. V. kein Foto machen könnte, auf dem die banal oder lächerlich aussähen. Und nur weil G. V. so für ihn irgendwie zu C. K. gehörte – obwohl er ihm weder gleichsah noch ihm in irgend einer Art ähnlich war –, hatte er sich gefragt, ob G. V. auch Jude sei. Aber diese Frage hatte ihn in eine Verwirrung gebracht, der er nicht mehr Herr wurde.

Die beiden hatten ja nicht mehr gemeinsam als ein Vogel und ein Reh. Und doch waren sie gleich schön. Und das in mehr als ästhetischer Hinsicht. O Gott.

Ich möchte in meinem Zimmer bleiben dürfen und keinem Menschen sagen müssen, warum ich nicht hinaus will, warum ich keinen Menschen sehen, mit keinem Menschen sprechen will. Ich weiß genau, warum ich nicht hinaus will. Aber meine Gründe sind so lächerlich, so blamabel, dass ich sie höchstens auf einer Folter gestehen würde.

Der Vorbehalt

Das ist viel mehr als jede andere Verstörung. Der Vorbehalt ist mein wirkliches Leben. Er sitzt mir im Kopf wie eine heiße Klemme.

Das Kind

Weil er sich nicht traut, etwas von sich zu erzählen, erzählt er es so, als handle es sich um einen Bekannten. Dann wird der scharf verurteilt: neurotisch usw. Dann weiß er, was er zu erwarten hätte, wenn er gestanden hätte, dass es sich um ihn handle. Oder ist das eine automatische Reaktion: Man freut sich, verurteilen zu können, und kann das natürlich leichter, wenn der, um den es sich handelt, nicht da ist?

Die Stunde der Wahrheit

Er kann nicht so gut kämpfen wie seine Gegner, weil er gegen das Gute kämpft. Er muss seinen Kampf im Geheimen führen; er darf nur Schläge anbringen, wenn es niemand sieht. Für ihn gibt es keinen Sieg, denn das Gute und die Guten sind unbesiegbar. Würde er besiegt – und er wird besiegt werden –, dann ist das immer ein großer Sieg.

Die Studentin, die im Bikini, an einem Grabstein lehnend, in der Sonne liegt und sich bräunen lässt auf dem College cemetery.

Wie mich die Wut biegt, kein Anlass zu klein, daran ermess ich meine Schwäche.

Ehrlich zahl ich leidend zurück. Soviel ich gab, krieg ich jetzt. Jedem ein dankbares Ziel.

Wenn man von den Mitteln nichts mehr verlangt, verschwinden sie. Übrig bleibt unmittelbar der Darstellende. Aber, fragt man sich, wieso stellt der sich noch dar, wenn er nur sich darstellen will.

Ich möchte auf die Zähne beißen, bis sie splittern und mein Mund aussähe wie der Wald nach dem Tornado.

Franziska hat ihre Bronchitis nicht weg, sie hat eine leichte Lungenentzündung dazu. Muss aber spielen. Das Ganze kommt von der TV-Aufzeichnung. Jetzt wieder Antibiotika (Bactrim). Ihr Katarrh ist auch immer noch da. Sie wird nicht fertig damit. Sie liegt im Bett, wenn sie nicht spielen muss. Sie muss aufstehen zum Essen, weil niemand sie versorgt. Edgar hat ihr seinen Arzt empfohlen. Ob er mehr tut, erfahren wir nicht. Man hört, wie sie zusammenklappt, wenn sie endlich jemanden hat, dem gegenüber sie leiden darf. Sie muss sich beherrschen, das spürt man auch, dass sie sich nicht noch mehr gehen lässt. Am liebsten würde sie weinen. Man spricht mit ihr so, dass sie das, was man sagt, als übertrieben zurückweisen muss.

Was man schnell gemacht hat, muss wirken. Wenn das nicht wirkt, wirkt, was man langsam macht, auch nicht. Dann wirkt eben nichts.

It runs a little over a week, sagte die im Kamera-Shop, die den Film entgegennahm.

Von allen wissen wir etwas, aber von Johanna gar nichts. Keine Zeile, kein Anruf. Nichts.

Ich vertue die Zeit, die meine Zeit gewesen sein wird. Aber erst wenn sie vorbei ist, wird sie das gewesen sein.

Käthe hat auch in Boston gewartet, bis Alissas Flugzeug gestartet worden war.

Selbst auf DC-10 mit 250 Sitzen glaubt sie Einfluss zu haben. Vielleicht braucht ihre Nähe auch bloß der Pilot zu spüren, damit alles gut geht.

Ich habe meinen Kopf
in manche Hand gelegt zum Träumen
von mir und meiner Welt
die ich nicht machen kann.

Mir hat man nicht gesagt, wie ich sei, sei ich gut. Ich bin durch Widerspruch geworden, was ich bin. Dem wurde widersprochen. Dem widersprach ich. Man ließ mich nicht sein. Ich widersprach. Aber aus mir spreche nicht ich, sondern der Widerspruch.

Eine Eile reicht mir nicht, ich brauche zwei. Es ist zu spät für Symphonien. Ich rutsche steile Hänge hinab. Von vielen, die ich kenne, grüße ich wenige. Keinem sage ich, warum ich so in Eile bin. Es ist eine Folge der Teilnahmslosigkeit. Nichts hielt mich. So die Beschleunigung.

Hast du's mit den Sätzen schwer, wenn du die Sätze mit sich selber oder wenn du sie von dir sprechen lässt?

Mir wird der Prozess gemacht. Lang und schmerzhaft. Aber wenn ich zugäbe, dass ich es bin, der ihn verursacht, könnte man rasch, könnte man, ich weiß nicht, was man könnte, ich auf jeden Fall kann nichts dazu …

Woran wird mich das erinnern?

Steven Scher taucht auf, um zu sagen, dass er keine Zeit hat. Sein Beethoven speech. Er hat noch nicht richtig angefangen. Er hat Angst, es könne banal werden. Das sind gute Ängste. Er treibt sich an.

Der Gast bemerkt, dass es ein System von Informationen über ihn gibt. Alles, was er tut oder sagt, wissen alle. Auch Leute, von denen er noch nichts weiß. Er trifft jemand, und der sagt gleich: Ach, Sie sind gestern in Boston hängen geblieben. Nein, vorgestern. Und gestern waren Sie wieder in Boston.

Ich möchte nicht sein. Ich möchte lieber nicht sein.

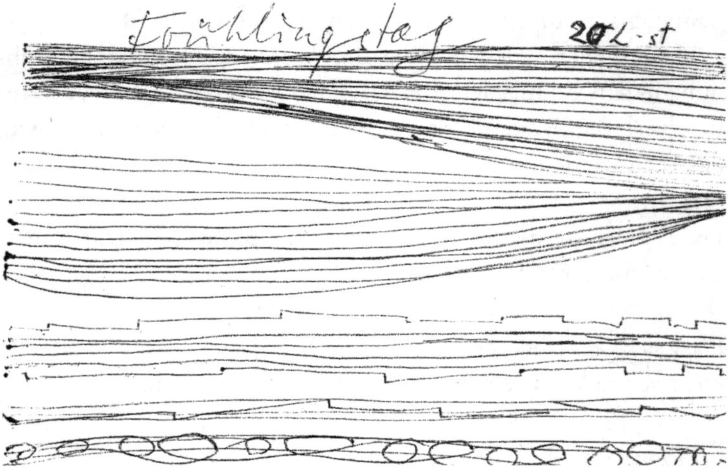

Keep your age a secret.

Es ist immer keine Kunst, ein Grund, sich zu schämen, jeder zahlt wenig und jammert noch. Und man soll ihn pflegen. Ende.

Mitten in der Nacht von einem Schmerz umarmt, eitel, ausgesucht, vom Tod faselnd. Der Zikadengesang schwingt eine Peitsche über die Niederung.

Heute Nacht setzen die fahlen Birken grüne Perücken auf. Ich werde fehlen.

Wednesday, May 2nd.

Heute Avas erster Brief. Gestern ein 12-Seiten-Brief von Nathalie. Theresias Angst, dass Ava ihr Nathalie wegnehme. Dann überlegte sie. Vielleicht doch nicht. Vielleicht bleibt Nathalie doch ihre Freundin. Heute also Avas letter. Jetzt vergessen sie mich doch nicht, die zwei, die sind lieb. Und sofort wird sie auch lieber.

Die wie lackiert glänzenden Beine einer Langläuferin. Wie der Sonnenglanz auf dem Lack dieser Beine auf und ab fährt.

Unser neuer Weg am Mink Brook entlang bis zu einer Mündung in den Connecticut River. Die Flüsse runden sich hier so ruhig durch die Wälder, dass es aussieht, als wollten sie immer wieder Seen werden.

Die erste grüne Blätterwelle auf den Campusbäumen trifft genau das Grün der Kupferdächer.

Dass sich jeder Schmerz anfühlt wie für immer. Man kann sich nicht vorstellen, wie man den wieder loswerden soll.

Donnerstag, 3. 5. 1979

I'm woebegone today.

Bruce Duncan, hoch und schmal und ein Kindergesicht, umrahmt von einem an den Rändern grau wirkenden Bart und eine randlose Brille, die deutlich macht, dass ein Rand für dieses unausdrücklich schöne Kindergesicht einfach zuviel wäre.

Herr Kleinhardt nahm Bruce Duncan als Beispiel für Leute, die ununterbrochen an der Schule waren. Elementary, High School, College, Graduate School und wieder College. Er aber wurde als 15-jähriger Schüler beim Erdbeerpflücken in Parchim in Mecklenburg von russischen Soldaten abgeholt, das war im Frühsommer '45. Anfang '46 in Sibirien. Er war als Oberschüler Scharführer in der Marine-HJ gewesen. Mehr nicht. Dann dort in einem Lager für Politische. Die Mehrzahl Russen und Ukrainer. Er als Holzfäller, Bergmann, Zimmermann, Schreiner, Koch, Friseur, Dolmetscher am Haupttor. Das Lager 2–3 km Seitenlänge. Alle Nationen des Ostens vertreten. Er sah noch Genickschüsse, ausgeführt vor 10000 Leuten. Und Folterungen, bei denen er dolmetschte. Sie hatten einen alten Chinesen, der im August sagte, er sehe einen großen Blitz und 100000e fliegen. Dann war das Hiroshima. Der Chinese war ihr Radio. Er konnte Zen.

Er hätte Karriere machen können danach. Aber seine Angst vor Russen war ausschlaggebend. Nach Berlin, Französisches Gymnasium. Hamburg, Springer Auslandsdienst. Paris, Lektor an der Sorbonne. Dann nach New Hampshire. In 5 Jahren chairmann. Dann Steven Scher, Herr Kleinhardt wird gestürzt. Ist heute zurückgestuft. Hat zwar nach 5 Jahren tenure und seit 2 Jahren citizenship. Aber er verdient ein paar tausend Dollar weniger als andere auf seiner Stufe. Das ist beliebig. Er kann nicht kämpfen darum. Er kann auch nicht weggehen. Seine Frau ist aus Polen. Flüchtling, polnisches Arbeitslager, 6 Jahre. Er hat hier sein Nest gebaut, seine Festung, die braucht er. Gebaut hat er zu groß, um nach 2 Jahren wieder verkaufen zu können, jetzt sitzt er da.

Wenn ihm am Morgen das falsche Gesicht begegnet, ist der ganze Tag für ihn verdorben. Das College ist organisiert wie die katholische Kirche. Die trustees, der Aufsichtsrat, sind das Kardinalskollegium. Der dean ist der Kardinal-Staatssekretär. Der Präsident ist auch nur ein Kardinal. Die Kommission, die über das Personal entscheidet, wird vom Präsidenten berufen. Die Lehrer machen Vorschläge, aber der Präsident entscheidet, wie er will. In Genf in einem Park ein weißes Dartmouth-Haus, dort eine Tagung der trustees. Einige trustees wohnen am Genfer See.

Wir sind Saurier, die letzten. Er hat gesehen, wie einer trotz tenure gechasst wurde, indem man etwas an seinem Visum drehte. Dem hat er jetzt vorgebaut, seine Festung ist sicher. Allerdings reicht sein Gehalt bald nicht mehr, er kriegt 4–5 % mehr pro Jahr. Die Inflation ist 10–15 %. Er hat eine Hypothek für 25 Jahre, $ 150,– im Monat. Aber mit anderen Fixa sind es 500.

Den Amerikanern fehle, was Europäer und Asiaten hätten,

die Leiderfahrung. Nur die Schwarzen hätten das hier und die Emigranten, die Juden vor allem. Die Musik der Schwarzen zeige es. Aber hier sei doch noch nie Krieg gewesen. Besonders hier in Vermont und New Hampshire.

Über 50% der Amerikaner seien farbenblind.

Einen Tag in den Bergen, und er habe sich wieder erholt von den Bedingungen. Er werde für etwas bestraft, weil er versucht habe, ohne mit den Verhältnissen genügend vertraut zu sein. Er habe die Macht falsch eingeschätzt. Jetzt sei es zu spät. Er werde bestraft. Er beteilige sich nicht am Zirkus der Publikationen. Nur wieviel einer publiziere, gelte oben. Was einer für ein Lehrer sei, sei egal. Obwohl er doch als Lehrer angestellt sei. Aber da sei natürlich auch jede Diffamierung möglich. Keiner könne beweisen, dass einer ein guter Lehrer sei. Zeitschriftenbeiträge dagegen könne man zählen. Steven Scher verstehe das mit den Oberen. (Ich habe auch nicht gewusst, wie wichtig der dean ist, sonst hätte ich mich mit ihm vielleicht ein bisschen mehr unterhalten bei der Duncan-Party.)

Einer aus Dresden spricht hier, wird nach 20 Minuten unterbrochen, er habe jetzt genug Propaganda gemacht, ob man ihm auch noch reale Fragen stellen könne. Er sagt nachher bei Kleinhardts zu Hause: Wenn Kleinhardt zurückkommen wolle, seine Mutter würde sich sicher freuen. Das löst Angst aus, dass die sich so um einen kümmern. Damit schaffen sie's. Als Kleinhardts Mutter legal zu Besuch in Hamburg war, kommt sie nach Paris, nachher wieder drüben, fragt einer von der Stasi: Wie es ihr in Paris gefallen habe. Der große Bruder ist ein lächerlicher kleiner Bruder.

Wie das russische Volk diesen Terror trage, sei groß.

Von Dartmouth waren 15 Studenten in Rumänien. Für die waren 15 Mädchen vorbereitet, mit Tonband in der Tasche. Grotesk der Aufwand.

itchin'

Dass man keine Freundschaft mit Amerikanern haben könne, weil die nur oberflächlich sein wollten. Nicht verbindlich.

Sie schwärmen von der Dordogne, der Südbretagne und von Menton, wo die Alpen bis ans Wasser reichten und man von keinem Punkt der Stadt länger als 5 Minuten zum Wasser bräuchte. Er brauche keine Kommunikation mehr. Der Amerikaner trinkt bei der Cocktailparty auf nüchternen Magen 3–4 Drinks und sagt dann, jetzt reicht's, weil er Angst hat, er könnte etwas von sich verraten.

Er habe sich der Philosophie zugewendet, schreibe Gedichte, Aphorismen, Geschichten. Auch ca. 10 Romanfragmente lägen da. Es fehle ihm das Selbstvertrauen zum Publizieren. Aber er genüge sich eben doch mehr und mehr selbst. Er kann sich alles Nötige selber sagen. Auch sei er, je länger je mehr, im Zweifel, in welcher Sprache, Deutsch, Französisch oder Englisch. In Paris habe er Celan gekannt. Celan habe mit ihnen ausschließlich Französisch gesprochen. Deutsch sei seine Poesiesprache gewesen, seine langue pure, die wollte er nicht sprechen. Das Amerikanisch sei eine Sprache ohne jeden Klang, ohne jede Intonation sogar. Die Franzosen drückten das sehr gut aus, wenn sie das Amerikanische als langue de canard bezeichneten. Die Entensprache. Die amerikanische Sprache sei die einzige Sprache, die überhaupt nicht klinge.

Bei allem, bei gar allem, was er sagte, hätte man genau so gut das Gegenteil sagen können. Es waren lauter Unhaltbarkeiten. Aber die Notwendigkeit, so sprechen zu müssen und nicht anders, war ebenso deutlich. Was er erfahren hatte, zwang ihn, so zu sprechen.

Herr Zürn: Ein Tag, an dem man in der Mittagszeit koitiert hat, wird immer mehr eine Art Verdammnis.

Herr Zürn: Gibt es etwas Hässlicheres als ein hässliches Paar, das bei hellem Tageslicht den GV betreibt.

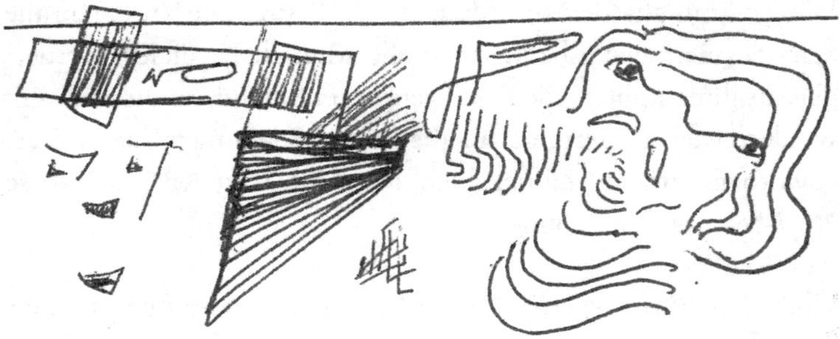

Ich wage nicht zu sagen, wie entsetzlich ich alles finde, weil ich keine Gründe anzugeben vermag. Also kann alles nur durch meine Schwäche, durch meine Lebensschwäche verursacht worden sein. Es ist nichts als Schwäche. Mir fehlt nicht nur nichts, mir geht es zu gut, und die Reaktion, die notwendige: Ich halte das nicht aus. Ich empfinde den Stich in der linken Seite als ein Versprechen. Es kann mit 56 oder 58 Schluss sein. Am besten wäre 57. 57 ist eine schönere Zahl als 56 oder 58.

Theresia möchte die Nathalie anrufen. Sie hat vielleicht Ava schon einen zu langen Brief geschrieben. Das könnte Nathalie verletzen.

Das Kind

Er hat Angst vor jeder Prüfung. Er ist zutiefst davon überzeugt, dass er keiner wie auch immer gearteten Prüfung gewachsen sei. Und diese Empfindung hat er auf alle seine Kinder perfekt übertragen. Prüfungen sind so gemacht, dass sein Mangel entdeckt werden muss. Das ist gewissermaßen das Ziel der Prüfung. So ist es ja auch immer gewesen. Dass Prüfungen andere Namen tragen, dient nur der Verschleierung dieses Tatbestandes.

Ich merke, dass mich das Umständliche weniger interessiert. Immer weniger.

Die Zusammenarbeit der Medien: *NYT*-Anzeigen, in denen die Stars des heutigen Abends als große Menschen gefeiert werden, jenseits ihrer Rollen. Die Anzeigen, seitenfüllend, können bezahlt werden, weil die Firmen, für die in den Sendungen dieser Stars geworben wird, so viel bezahlen, dass CBS oder ABC sich diese *NYT*-Seiten leisten können.

Über den *Blechtrommel*-Film wird im neuen *Spiegel* gesprochen, auch darüber, wie er gemacht wird. Bis zu Volker Schlöndorffs RAF-Reiz und dem Berliner Bürgermeister wird die Dimension ausgestattet. Und dass das eine Geschichte der Verweigerung sei. Das habe Volker Schlöndorff, sagt er, angezogen. Und dann haben Geldgeber diese Geschichte mit 7½ Millionen Mark finanziert, dass ein Film der Verweigerung gemacht werden könnte. Das gehört alles dazu.

Das Kind

Er kroch durch die Hintertür seines Hauses hinaus. Da sah ihn sicher niemand. Wenn er sein Haus hätte aufrechtgehend verlassen können, hätte er natürlich die Vordertür, die eigentliche Haustür benutzt. Aber da er im Augenblick das Gefühl hatte, er könne nur kriechen, musste er durch die Hintertür hinaus. Er hätte sich doch einfach geniert, durch seine Vordertür hinauszukriechen, auf dem aus Steinplatten gebildeten Weg bis zum Gartentor zu kriechen, auch da noch, falls es offen gewesen wäre, durchzukriechen und dann schon damit rechnen zu müssen, dass ihn Leute aus der Nachbarschaft sähen, Leute aus dem Ort zumindest, die ihn dann doch gefragt hätten, Herr Zürn, was ist los, fehlt Ihnen etwas? Das war wohl klar, dass er solche Fragen nicht ausgehalten hätte. Kriechend hätte er die nicht ausgehalten. Er hätte sich sofort aufrichten und aufstehen müssen, hätte sagen müssen, aber nein, ich hab nur gerade etwas gesucht und habe es zum Glück schon gefunden. Aber hätte er sich denn aufrichten können? Natürlich hätte er. Er wollte aber nicht. Lieber wollte er alle jetzt noch nicht recht vorstellbaren Mühen auf sich nehmen, als sich aufzurichten, aufzustehen, um als der übliche Aufrechte in die Stadt zu gehen, um alle durch seine gewohnte Erscheinung in Sicherheit zu wiegen. Nur die Vorstellung, sich kriechend zu bewegen, war noch erträglich. Das hieß allerdings, dass er Leute meiden musste. Herr Zürn war jemand, dem nichts so unsympathisch war, wie Aufsehen zu erregen. Und ausgerechnet ihn musste dieses Bedürfnis überkommen, sich kriechend zu bewegen.

Nachdem Herr Zürn durch die Hintertür auf Knien und Händen wie ein Mann, der mit kleinen Kindern spielt, in seinen kleinen Garten gekrochen war, wusste er, dass er über seinen Garten nicht hinauskriechen konnte. Die Leute. Zum Glück hatte er, seit sie dieses Haus bewohnten, geradezu mit Unerbittlichkeit dafür gesorgt, dass der Garten hinter dem Haus von keinem Nachbarn eingesehen werden konnte. Im Sommer schon gar nicht. Und es war Sommer. Und was für ein Sommer. Es war Hochsommer. Heiß und trocken war es. Sobald er auf seinem Rasen angekommen war, fühlte er sich wohl. Seine Familie war verreist. Niemand sah ihn. Er konnte vorerst kriechen, so lang er wollte. Er gestand sich, dass er lieber vorne zur Haustür hinausgekrochen wäre. Das wäre sein wirkliches Bedürfnis gewesen. In den Ort hineinzukriechen. Auf die Hofstatt. Wenn er bis dahin gekommen wäre. Wenn sie ihn nicht mit Kranken- oder Polizeiwagen gestoppt hätten. Bis auf die Hofstatt zu kriechen und dort auf einem der für Autos vorgezeichneten Parkplätze zu bleiben. Auf Knien und Händen. Was für ein Quatsch. Und doch dachte er gern daran. Dass er auf seinem 800-qm-Rasen herumkroch – und zwar immer an den Außenkanten entlang –, fand er auch schön; aber er fand es nur schön in Gedanken an sein eigentlich erwünschtes Kriechen, an sein öffentliches In-die-Stadt-Kriechen. Dass er das nicht wagte. Was für ein Feigling er war. Aber wer wagte denn das? Das wagte doch keiner! Was machte er sich da für unnötige Vorwürfe. Man kann wirklich zu viel verlangen von sich. Es beunruhigte ihn fast, dass er solche unerfüllbaren Ansprüche an sich stellte. Ehrgeiz, wahnsinniger Ehrgeiz. Sein altes Leiden. Wirklich. Hatte er je eine Krankheit gehabt, die nicht eine Folge seines Ehrgeizes war? Nein, nie. Den Leuten imponieren, beliebt sein ... das waren doch die Motive seines Handelns. Im Grunde war er ein Politiker, der nicht zugab, einer zu sein. Und zwar ein guter Politiker. Einer, der sich verzehrt hätte im Dienst der Gesellschaft. Und der dafür nichts wollte, als immer wieder mit 98,8 % der Stimmen gewählt zu werden. Und der wahrscheinlich nicht mehr hätte schlafen können, bis er die restlichen 1,2 % aufgetrieben und von sich überzeugt hätte. Wehe, wenn er die nicht aufgetrieben hätte. Geschüttelt hätte es ihn nachts vor Angst und Unsicherheit, weil da noch 1,2 % Leute waren, die gegen ihn waren. Zum Glück war er kein Politiker geworden. Regelmäßig öffentlich zur Kenntnis nehmen zu müssen, wie beliebt – oder unbeliebt – man war, er kannte nichts, was einen größeren Mut, eine gewaltigere Kaltblütigkeit erforderte. Also zu nichts wäre er unfähiger gewesen als dazu. Also war er doch kein Politiker. Nichts war er weniger. Aber nichts wollte er mehr sein. Das war auch bezeichnend für ihn, dass er das sein wollte, was er überhaupt nicht sein konnte. Aber daher konnte sein Bedürfnis, kriechen zu wollen, nicht kommen. Während er mit sanftem Genuss ein ums andere Mal um seine grüne Rasenfläche herumkroch, konnte er in Ruhe dem Motiv nachsinnen, das ihn zum Kriechen veranlasst hatte. Es läutete. Zürn sprang sofort auf, rannte um das Haus herum, es war der Telegrammbote, der gerade winkend wieder in sein Auto stieg.

Nachher wunderte er sich, dass er der Versuchung, sich auf Knien und Händen niederzulassen, nicht widerstanden hat, dass er das nicht fertig brachte, denn jetzt, nach dem Telegramm, ist es nicht schwer, aufrecht stehen zu bleiben.

Wir haben Johanna nach dem dritten Anruf erreicht. Sie ließ sich zu keiner Bewegung bewegen. Ihre Stimme wurde während des kurzen Gesprächs lahmer. Ich versuchte es nach Käthe noch einmal. Umsonst. Macht das Studium Spaß? Dann und wann. Läufst du noch? Ja. Und die Gesundung? So und so.

Mitten in der Nacht von einem Schmerz umarmt, eitel, ausgesucht, vom Tod faselnd. Der Zikadengesang schwingt eine Peitsche über die Niederung. Heute nacht setzen die fahlen Birken grüne Perücken auf. Ich werde fehlen.

Jeder Tote, von dem man spricht, musste zuerst sterben. Wir können nicht immer einbeziehen, dass das sehr schwer gewesen sein kann.

Das Kind

Er bedrängte sie einfach. Sie saß auf dem Sofa und las. Er setzte sich in die andere Ecke des Sofas und tat, als lese er auch. Dann fragte er plötzlich, da er wusste, dass sie in der letzten Nacht schlecht geschlafen hatte, wie sie heute Nacht geschlafen habe. Schlecht, sagte sie. Dann leg dich doch ein bisschen hin, sagte er. Du weißt doch, dass ich tags nicht schlafen kann, sagte sie. Er sagte, trotzdem tue es gut, sich ein bisschen hinzulegen. Warum nicht hier auf dem Sofa. Und schon zog er sie ein bisschen her. Er war zuerst ein wenig zu ihr hingerückt. Jetzt lehnte sie schräg an ihm. Sie vermied es, ihren Kopf auf seinen Schoß zu legen, das war klar. Er rückte ganz weg, dass sie auf das Sofa zu liegen kam. Dann stand er auf, rollte sie ganz an die Sofalehne und legte sich neben sie. Da die Fläche schmal war, musste er sich an sie pressen, wenn er nicht hinunterfallen wollte. Er presste sich zweckvoll an sie.

Dann bedrängte er sie, ohne das noch zu verbergen. Er machte an ihr herum. Sagte ihr Provozierendes, dass mit ihr nichts mehr los sei. Dass sie gar keinen Mann mehr brauche. Vielleicht nie einen gebraucht habe. Nur Kinder im Kopf habe. Aber das provozierte mehr ihn selbst als sie. Aber vielleicht war sie doch ein bisschen angemacht. Ihn begeisterte die Hässlichkeit der Situation, wie sie auf dem zu engen Sofa lagen, wie er arbeitete, wie so gar keine Stimmung herrschte. Und sie sah, weil sie fast die ganze Nacht nicht geschlafen hatte, ganz verwirkt aus. Und wenn sie ihre Unterkörper entkleiden würden, sähen sie noch grotesker aus. Aber auf dem Sofa liegend, konnte er ihr nichts ausziehen. Das Telefon läutete.

Danach. Sie stand in der Küche. Er ging einfach hin und führte sie ins Schlafzimmer und legte sie aufs Bett und zog ihr aus, was ihn störte. Dann legte er sich zwischen ihre Beine. Jetzt merkte er, dass er keinen GV mit ihr wollte, er wollte nur zwischen ihren Beinen sitzen und sich mit ihrem GT beschäftigen. Er hatte das Gefühl, er könne zwischen ihren Beinen sitzen oder knien oder liegen wie in einem Sandkasten und spielen. Mit ihrem GT.

Freitag, 4. 5. 1979

Das steile Waldufer am Connecticut hastete eine Damhirschkuh herauf und vor uns den Weg abwärts. Die beiden Vorderbeine abgeknickt, nicht mehr brauchbar. Also vorne praktisch auf den Knien. Weiter unten verließ sie den Weg wieder. Wir sahen sie erst wieder, als wir unten ans Ufer kamen. Sie schwamm über den Fluss, der hier schon etwa 150–200 m breit ist. Drüben arbeitete sie sich die Böschung hinauf. Würde sie die Straße überqueren? Wir konnten das von hier aus nicht beurteilen. Also zurück zum Auto, flussabwärts über die Brücke, drüben wieder flussaufwärts bis zu dem Haus mit der Tanne. Zwischen diesem Haus und dem Ufer lag sie im Gras. Wir sahen nur den runden langen Rücken. Wir gingen um das Haus herum, um uns eine günstige Annäherungsmöglichkeit zu suchen. Bis wir drüben wieder Sicht hatten, stand sie schon wieder und arbeitete sich wieder zum Flussufer hinunter. Am Ufer läuft die Bahnlinie Montréal–Washington, eingleisig. Sie verschwand im Uferbewuchs. Theresia will, dass wir einen Förster verständigen oder die Leute. Sie will einfach etwas tun und lässt ihre Wut, weil sie nichts tun kann, an uns aus.

Samstag, 5. 5. 1979

Das Kind

Als er spürte, dass er aus dem Haus kriechen wollte, spürte er genau so stark, dass er sich beherrschen musste. Das war doch ein eher lächerlicher Einfall. Da hatte er sich schon gegen ganz andere Versuchungen gewehrt. Sich auf Hände und Knie niederzulassen und dann durch die Haustüre ins Freie zu kriechen, eine solche Anwandlung musste man wirklich nicht Versuchung nennen. Also er wusste fast im selben Augenblick, in dem er das Bedürfnis, zur Haustür hinauskriechen zu wollen, empfand, dass er diesem Bedürfnis leicht widerstehen würde. Das war nicht einmal eine Anwandlung. Nichts als ein dummer Einfall war das. Mit dummen Einfällen hatte er zu rechnen, das wusste er. Aber eben deshalb wusste er auch, dass er sich von diesem besonders dummen Einfall nicht würde hinreißen lassen. Wenn seine Frau und die Kinder da gewesen wären, wäre ihm so etwas gar nicht erst eingefallen. Aber was einem, wenn man allein im Haus ist, einfällt, darf man nicht überschätzen. Das darf man überhaupt nicht ernst nehmen. Am besten vergisst man es. Allein im Haus zu sein heißt, auf dumme Gedanken zu kommen. Basta.

Als Herr Zürn so weit gedacht hatte, hatte er das Gefühl, dass er sich jetzt ruhig auf Hände und Knie niederlassen könne, um einmal ein bisschen hin und her zu kriechen. Nicht zum Haus hinaus. Niemals. Und schon gar nicht zur Vordertür hinaus. Aber warum nicht in seinem Zimmer. Vielleicht war er überhaupt nur auf diese

Idee gekommen, weil er seine Teppiche ausnützen wollte. Er war ein Teppichliebhaber. Er fand es immer idiotisch, dass man in Europa mit Schuhen, auch noch mit Straßenschuhen, auf diesen wunderbaren Teppichen herumging. Es war angenehm, auf Händen und Füßen über diese Teppiche hinzukriechen. Für Hände und Knie war es angenehm. Noch schöner wäre es gewesen, wenn diese Teppiche im Freien gewesen wären. Dafür hätte Marga kein Verständnis gehabt. Nur auf den Schnee zum Klopfen durften die Teppiche gelegt werden. Nicht ins Gras. Aber in der frischen Luft unter dem freien Himmel zu kriechen hätte ihm einfach mehr Spaß gemacht. Natürlich würde er nicht zur Vordertür hinauskriechen. Er spinnt doch nicht. Er wusste doch genau, was er zu gewärtigen hätte, wenn er zur Vordertür hinaus auf die Straße kröche. Jägers und Graninis, seine Nachbarn, würden sagen, wie entsetzt sie seien und wie sie doch auch überhaupt nicht entsetzt seien, weil sie das von Zürn immer schon erwartet hätten.

Rübs hatten letzte Woche ihr 40-jähriges Firmenjubiläum hier in Hanover. Er sprach im Radio mit unverfälschtem hessischem Akzent. Seine Frau, als ich eintrat und wartete, bis sie sich vom Geldzählen an der Kasse weg- und mir zuwenden würde, als sie sich herdrehte und mich sah: Jetzt, ob Sie's glauben oder nicht, jetzt hab ich an Sie gedacht, weil ein Amerikaner würde einen so mit Hello störe und würd net warte, bis mer fertisch is und Zeit hat fir en. Herr Rüb hat auch jedes Mal etwas über Amerika zu klagen. Aber am Ende seiner Klage (die meistens die Verschwendungssucht der Amerikaner betrifft) ruft er sich zurück und sagt, man müsse eben vor dem die Augen schließen, es gebe auch Erfreulicheres.

Das Kind

Natürlich dachte er auch an den Psychiater. An den denkt man, sobald man eine gänzlich ungewohnte und einigermaßen heftige Empfindung hat. Aber er würde nie mit einer ernsthaften Sache zu einem Psychiater gehen. Das empfand er ganz deutlich, dass alles, was in ihm heftig oder bedrohlich oder sozusagen wild oder unbezähmbar aufbrach, immer eine Art hatte, die es unmöglich machte, mit einem zweiten Menschen darüber zu sprechen. Nicht mit seiner Frau und schon gar nicht mit einem Psychiater. Ein Psychiater fällt einem zwar ein, aber sobald er einem einfällt, weiß man auch, dass man lieber an dieser Sache sterben würde als mit einem anderen darüber sprechen.

Das Kind

Was die alles mitgekriegt hatten. Er hatte immer geglaubt, mit den und den Eigenschaften und Erfahrungen allein zu sein. An der Art, wie die mit ihm sprachen, merkte er, dass die alles mitgekriegt hatten, was ihm passiert war. Offenbar waren in seiner Familie Leute, die alles, was in der Familie passierte, in der Stadt erzählten. Und zwar konzentriert, hauptamtlich gewissermaßen, nicht nur nebenbei.

Als Theresia von Ava erfährt, dass Ava bei einem Ersatzdienstler (Sebastian Fuhrmann) Gitarrenstunden hat, und Ava sagt, dass sie praktisch jeden Tag in der Pause mit dem spielen kann, bittet Theresia Nathalie im nächsten Brief, der Ava zu sagen, dass Nathalie auch Stunden bekomme, und zwar von Theresia. Und sie verspricht Nathalie, ihr Stunden zu geben, so oft sie wolle.

Das ist alles unvernünftig, unverhältnismäßig. Sie muss einfach wild rudern, um den Schlag zu verkraften, den Ava ihr dadurch versetzte, dass sie ihr ankündigte, sie werde in Zukunft auf dem Gebiet, das bis jetzt Theresias Domäne gewesen war, das Gitarrenspiel, als ihre Konkurrentin auftreten. Und da Ava alles, was sie macht, besser macht als andere, kann Theresia damit rechnen, dass sie bald ihre letzte Domäne verloren haben wird. Mit Nathalie würde sie nie in eine solche Konkurrenz hineingeraten. Mit Nathalie ist offenbar alles eine Freude.

Das Kind

Während er so seinen Rasen umkrabbelte und seine Spur, sobald sie braune Stellen zeigte, um eine Menschenbreite nach innen verlegte, dachte er daran, wie falsch es doch sei, alles nur daran zu messen, wie die Leute darüber urteilen würden. Freiheit, mein Gott, gibt es denn keine Freiheit mehr! Doch es gibt. Man muss sie sich nur nehmen. Man muss nur ein bisschen mutig sein und kriechen, wenn einem nach Kriechen zumute ist. Man muss nur nicht alles, was man tut, in Gedanken den Leuten vorlegen zur Beurteilung, und schon ist man frei. Aber verbergen muss man vor ihnen schon, was man tut. Trotz aller Freiheit. Er könnte sich ja ruhig eingestehen, dass dieses Auf-seinem-Rasen-Kriechen, dieses Mäander-Kriechen nicht genau das war, was er wirklich wollte. Das würde er sich spätestens eingestehen müssen, wenn er auf dem Mittelpunkt der Rasenfläche angekommen sein würde, wenn nichts anderes übrig blieb, als den zertrampelten Mäander zurückzukriechen oder aufzustehen. Sein wirkliches Bedürfnis wäre immer noch gewesen, in die Stadt hineinzukriechen und auf der Hofstatt auf einem für Autos ausgezeichneten Platz in der Stellung zu verharren, in der er hingekrochen war. Er wollte doch gar nicht wissen, wie die Leute, die ihn nicht kannten, darauf reagieren würden. Gerade das wollte er nicht wissen. Er wollte allen durch sein öffentliches In-die-Stadt-Kriechen beweisen, dass er nicht wissen wollte, wie sie darüber dächten, wie sie über ihn dächten. Und genau das schaffte er nicht. Warum verlangte er es von sich? War das Kriechen nicht auch schön, ohne die Leute, die sahen, ohne dass er den Leuten damit irgendetwas bewies? War es nicht doch eine Demonstration der Freiheit, dass er herumkroch, wenn niemand ihn sah? War nicht das die wahre Freiheit? War er dadurch, dass er hier allein herumkroch, nicht viel freier, als wenn er dem Zwang, den Leuten durch sein Kriechen seine Freiheit zu beweisen, nachgegeben hätte? Gab es etwas Freieres, Schöneres als dieses Herumkriechen in seinem Garten? Gab es etwas Sinnloseres? Das war doch wohl klar: Nur wenn ihn jemand gesehen hätte, hätte das Kriechen einen Sinn gehabt. Nur wenn es öffentlich stattfand, war das Kriechen eine Mutprobe. Seit wann war er der Ansicht, dass er mit dem Kriechen eine Mutprobe ablegen wollte? Das hatte er doch überhaupt nicht vorgehabt. Kriechen hatte er wollen, sonst nichts. Allerdings öffentlich. In die Stadt hinein kriechen. Auf die Hofstatt kriechen. Ohne etwas zu denken oder zu beabsichtigen. Ein reines Bedürfnis war das gewesen. Jetzt war alles schon durch Nachdenken verdorben. Das Kriechen war ihm verleidet. Wenn die Frau und die Kinder zurückkämen, was sollte er sagen, wer das Gras so niedergewalzt hatte? Das konnte und könnte er seiner Familie nicht zumuten. So wenig wusste man von einander. So weit war man entfernt. Sie würden einfach erschrecken, wenn er ihnen sagte, dass er es gewesen war. So steh doch auf, du zerdrückst immer noch mehr Gras, es wird immer unerklärlicher. Und da du es doch nicht öffentlich tust, hat es ohnehin keinen Sinn. Also bitte. Na ja, na ja, vielleicht sei das noch schöner, dass es gar keinen Sinn hat. So ist es doch am ehesten dein Kriechen und niemandes Kriechen sonst. Er stand auf. Er sah auf seine Knie. Wenn Anna diese Hose sähe, könnte er nicht mehr leugnen, dass er es gewesen sei, der den Rasen so zugerichtet hatte. Es läutete.

Das Kind

Und dieses Gefühl, er sei mit Tränen angefüllt und die wollten heraus. Manchmal durfte er sich gar nicht bewegen, sonst würde er weinen. Abgesehen von der Peinlichkeit würde man ihn fragen, warum.

Sonntag, 6. 5. 1979

Bei Ken und Monika zu einem Curry, den Ken macht mit eggplants, in Teig gebacken. Grüne Bohnen gedämpft mit Kokosflocken. Linsen. Hühnerbrust und die Gewürze. Bruce Duncan, der Große, fast Magere, isst immer noch Teller um Teller, wenn alle längst Kaffee trinken und reden. Wenn Bruce da ist, sagt Monika, gibt's wenigstens keine Reste! Wenn man mit Bruce auf einen Kongress fährt, gibt seine Frau ihm große Tüten voller Sandwiches mit.

Wie Herr Kleinhardt hier behandelt bzw. nicht behandelt wird. Er ist gestrichen wie die Familie Barnabas.

Steven Scher ist immer noch nicht fertig mit seinem Beethoven.

Wie DAS KIND politisch unreif ist, rennt eine Zeit lang zu Extremisten, könnte sich alles Mögliche wünschen. Denkt nicht weiter. Wie vernünftig ist dagegen immer der Mann.

Gestern bis zur Mündung vom Mink Brook in den Connecticut.

Chariot Race der Studenten. Gestern Straßen- und Lawn-Party. Sie machen einen enthemmten Eindruck, hängen auf ein paar Autos und im Gras herum und auf den Stufen der Dormitories. Jeder mit einem Pappbecher in der Hand.

Der Präsident vom Dartmouth College ist ein Computerfachmann. Der dean Physiker.

Das Kind

Obwohl er deutlich spürte, dass er einfach nicht mutig genug war, auf dem Gehweg in die Stadt und dort auf die Hofstatt zu kriechen, spielte er noch mit dem Gedanken, er habe nicht so sehr Angst vor dem, was die Bekannten und Unbekannten über ihn oder zu ihm sagen würden, als vielmehr davor, dass sie ihn vielleicht überhaupt nicht bemerken würden oder doch so tun würden, als bemerkten sie ihn überhaupt nicht.

Wie eine Peitsche schwingen Frösche und Zikaden ihren hohen Ton.
Das Tal hallt wider, der Mond
vergießt Licht, jetzt schweigt die Hälfte.
Ich habe kein Schicksal als das Papier.
Mein Schmerz ist von mir, verbindet mich
mit nichts, er wird unbekannt vergehen
wie ich und du. Die Luft ist schwer
ich habe lang genug
gelebt. Die Willkür.

Lass mich jetzt sein, alles ergreifendes Licht,
ich wäre gern draußen.

Wir rasen mit offenen Augen.
Was sind wir für Bastler.
Wie interessiert an Regelmäßigkeit.
Und erfreulich, jedes Mal wenn ein Gewicht
hinunterfällt, horchen wir. Auch ich bin
von Zahlen begeistert. Hell von Vertrauen.

Wenn ich meine Mütze aufsetze, bin ich.

Wie auf Kommando schweigt das Tal.
Wir warten auf den Schlaf.
Uns wird keiner beneiden.

Montag, 7. 5. 1979

TV: Was würden Sie Mädchen mit dicken Knien und kurzen Schenkeln raten? To stay at home.

Freitag, 11. 5. 1979

Seit 90 Jahren die heißesten Maitage. Chance of thunderstorms now. But it doesn't look like. Eher Regen. In einem Vorort von Boston, wo Ch. u. G. auf einer Party von einem Mann den Schlüssel kriegten, dass sie in sein Haus sollten, weil er und seine Frau nicht da seien, Ch. und G. aber in Boston wären. Haben den nie gekannt davor, legten sich dann in das Bett von denen, ohne die frisch überziehen zu können.

Samstag, 12. 5. 1979

Das Kind

Er muss mittags heim oder ins Hotel! Die Müdigkeit wirft ihn hin. Er erwacht, sitzt auf dem Bett, wartet. Sie kommen nicht.

Schritte usw. Wenn sie doch bloß endlich kämen. Schritte im Gang entlang, ein hartes Klopfen, Tür öffnen, bevor er Herein sagen kann. Geklopft haben sie ja nur, damit er nicht vor Schreck und Überraschung einem Herzschlag erliege. Sie wollen ihn ja lebendig. Das ist die Bedingung schlechthin. Lebendig. Also so lebendig als möglich, dachte er. Und keine Ahnung, wie sie aussehen würden. Wirklich nicht die allergeringste Ahnung. Idiotisch, mit einer so atemraubenden Angst auf jemanden zu warten, den man sich nicht im Geringsten vorstellen kann. Und dann auch noch ein Bedürfnis danach, dass die endlich, endlich kämen. Dass ein Ende sei. Er konnte doch kaum mehr atmen vor Spannung. Warum diese Angst, dass das, was er glaubte, nur befürchten, aber nicht erleben zu müssen, in jeder fehlenden Sekunde passieren, Wirklichkeit werden könne? Warum? Es war so, und er hatte da weder etwas zu bestimmen noch etwas zu erklären. Er konnte nur sitzen und merken, dass in seinem Mund eine Art Erdbeben ausgebrochen war. Die Kiefer bebten. Die Zähne zitterten. Er spürte es ganz deutlich. Seine Zähne zitterten unter diesem Munderdbeben so, als würden sie gleich aus ihren Wurzeln gerissen.

Sonntag, 13. 5. 1979

Herr Kleinhardt wurde von einer jüdischen Ärztin gerettet, als er Thyphus hatte in Sibirien. Sie gab ihm Opium, das lähmt die Darmtätigkeit, so hörten die Blutungen auf, und er überlebte. Jetzt sagt er: New Hampshire ist Sibirien ohne Geistigkeit.

Am Samstag das Symposion. Und jetzt die TV-Leute, ZDF, R. Hoffmeister. Die unterste Kategorie der öffentlichen Meinung und des Showbusiness: dazu gehöre ich. Da trete ich auf. Die volle Peinlichkeit dieser untersten Kategorie muss ich immer wieder auskosten. Weil ich nicht nein sagen kann. So einfach ist es.

Auf dem Flohmarkt 2 Kerzenständer aus Holz = $ 6,–. Bei der Versteigerung kriege ich noch einmal 4 Kerzenständer fast gegen meinen Willen; nur weil ich mich einmal bewegt hatte, $ 60,–. Wir können jetzt 14 Kerzen stecken.

Ich möchte das und das nicht sehen. Die Vortrefflichkeit von Joyce ist mir schnuppe. Ich sinke. Irgend einem Fernsehprogramm entgegen.

Red-Eye Special heißt vielleicht der Flug von der Westküste nach Boston.

Die Luft ist voller auf- und nieder- und forttreibender Samenflocken. So viel wie bei einem leichten Schneetreiben. Das sind die Samen aus den Schilfzwiebeln, die so schön, kurz vor der Spitze ihrer Schafte, stehen; einfach eine zwiebelartige Verdickung des Schafts. Wenn einem eine solche Flocke auf die Hand treibt und man besieht dieses helle, unendlich leichte und trockene Gebilde, könnte man neidisch werden auf diese Art Fortpflanzung.

Herr Kleinhardt hat deutlich einen DDR-Anzug von ca. 1960 an; kurze Beine, eine riesige runde Hose, die dann gewaltig abnehmen muss, damit die Hosenbeine unten etwas enger enden können. Und dunkelgrau, farblos.

Herr Kleinhardt hat so sehr Angst vor den Russen, dass er in den Hügel, auf dem sein Haus steht, einen atombombensicheren Keller graben und mauern will. Selber in jahrelanger Arbeit. Mit Kenntnissen, die er im Arbeitslager in Sibirien erworben hat.

15. 5. 1979

Herr Kleinhardt und Monika im Vorraum zu allen Zimmern. Licht von oben. Wenn man das elektrische abschaltet, ist es ein von ein wenig Oberlicht kaum halbheller Raum; gemütlich oder düster, wie man's selber empfinden will. Herr Kleinhardt schimpft gerade wieder darüber, dass an diesem College in den Händen eines Einzigen die Vollmacht liege zu entscheiden, wie viel jeder verdiene. Und das sei ja nicht gerade die unwichtigste, sondern die wichtigste Entscheidung. Wie bei der Kirche, aber selbst da ist es nicht ganz so schlimm, weil da ja, was jeder verdient, überindividuell geregelt ist. Und die Studenten, die am wenigsten verstünden, bestimmten durch ihr kenntnisloses Dreinreden auch noch mit über den einzelnen Lehrer. Durch die Fragebögen, die wiederum nur der eine chairman auswerte, lieferten die Studenten dem jeden Vorwand. Ob ein Lehrer vorbereitet sei auf seine Stunde oder nicht, könnten doch die Studenten überhaupt nicht erkennen. Wenn der Lehrer die Stunde spielerisch angehe, heiße das doch nicht, dass er nicht vorbereitet sei. Es könne genau so gut heißen, dass er sich entschlossen habe, den Stoff, den er inzwischen vollständig beherrsche, einmal auf eine ganz andere, nämlich spielerische Weise darzubieten. Kurz, nur von Gleichen könne man richtig beurteilt werden, nicht aber von völlig Ungleichen. Aber da sich alle das gefallen ließen, sei der Lehrer inzwischen zur Dienstleistungsperson herabgesunken. Er verkaufe education. Und der Student bestimme, ob der Lehrer gut oder schlecht sei. Als einzigen zusätzlichen Maßstab: Die Collegespitze halte sich an die Veröffentlichungen der Lehrer, obwohl das ja nun überhaupt keinen Maßstab ergebe, die Leistung eines Lehrers als eines Lehrenden zu beurteilen.

Er halte das französische System immer noch für das beste. Man lasse Gleiche über sich befinden. Wenn hier ein junger Lehrer anfängt, soll er sich 2 Stunden lang einem Kreis von 10 erfahrenen Lehrern stellen. Wenn er denen standhalten kann, kann er auch der Klasse standhalten.

K. Kenkel kam herein, gibt Monika die Hand, behält deren Hand etwas länger in seinen beiden Händen, als er sie loslässt, schreit sie auf. Er habe ihr einen toten Maikäfer in die Hand gedrückt. Nein, lacht er und holt ihn vom Boden, wohin er aus der Hand der erschreckten Monika gefallen war, zurück, nein, er lebt doch noch.

Herr Kleinhardt orgelt weiter seine Klage, seine Wut. Der gestürzte Engel. Luzifers tägliches Grollquantum. Er hat die Briefe gelesen, die vom chairmann an den Präsidenten geschrieben worden sind. Die Auswertung der Studenten-Fragebögen. Sein Name sei darin überhaupt nicht aufgetaucht.

Kenkel: Woher er das wisse?

Kleinhardt: Vom Empfänger des Schriftstücks.

Kenkel: Sein Name sei auch nicht aufgetaucht.

Kleinhardt: Doch, er sei. Daran erinnere er sich genau, lobend sei Kenkel erwähnt worden, dass er seinen Unterricht so und so gut halte usw., während sein, Kleinhardts, Name einfach nicht auftauche. So. Und eine Berufungsmöglichkeit gibt es nicht. Wie in der Kirche. Und so wird hier darüber entschieden, wieviel einer verdient. Nur darum gehe es ihm. Sein Selbstbewusstsein brauche er sich nicht von Leuten zu holen, die das Lehrgeschäft nicht halb so lang betrieben wie er, und bestimmt nicht mit größerem Einsatz als er. Ihm gehe es um das Geld, das man ihm vorenthalte. Von Jahr zu Jahr in einem noch drastischeren, unerträglicheren Ausmaß.

Principle of Performance. Principle of Achievement. Work Ethics.

Die Schöne in meiner Sprechstunde. Vor Nicht-in-Frage-Kommen möchte man vergehen. Möglichst rasch das hinter sich bringen. Also nichts ernstnehmen. Ihre Pseudoprobleme mit Pseudoantworten abspeisen. Alles sei möglich. Möge sie machen, wozu sie grad Lust hat. Sie spürt aber, dass das ihre Aufgabe unendlich erschweren würde. Sie will eine Anleitung. Eine Einengung auf eine fest umschriebene, ihren Fähigkeiten angepasste Aufgabe. Sein Angebot, dass es auf nichts ankomme, muss sie zurückweisen. Also muss er weiterreden, auf das eingehen, was sie vielleicht wirklich meint oder doch sagt.

Eine hellgraue Kordhose, einen weinroten Pullover mit V-Ausschnitt, eine noch etwas dunklere, also fast schon violette Bluse, die deutlich getönte Haut, die schwarzen Haare, der weder zu große noch zu kleine Mund, so überhaupt alles. Und sitzt leicht und lässig auf dem Stuhl, Beine offen. In den Händen den Pappbecher mit Kaffee.

Wenn man überhaupt nichts ändern kann an seinem Schicksal, dann erträgt man es auch. Man sagt ja dazu, weil man sich wohler fühlt. Das Sich-Fügen mildert den Druck des eigentlich Unerträglichen ein klein wenig. Das Sich-Sträuben würde den Druck vergrößern. Allerdings würden beim Kämpfen und Sich-Sträuben Momente der Illusion passieren, in denen man das unerträgliche Verhängte für nicht endgültig halten würde; aber gleich danach, wenn sich die Endgültigkeit des Unerträglichen wieder etabliert hat, ist es noch schmerzlicher, sich wieder fügen zu müssen. Deshalb wäre es besser, sich gleich zu fügen, gewissermaßen um das sinnlose, zusätzliche Wundscheuern zu vermeiden.

Warum möchte ich singen? So gern sähe ich mich singend.

Supreme Court Judges: ihre Vermögenslage: 2 sind Millionäre. Die anderen eher bescheiden.

We do a hell of a job.

Die Zikaden peitschen das Abendtal mit ihrem Gesang. Wenn wir uns nähern, verstummen sie.

Nina Kleinhardt will nach Australien, wenn sie groß ist, und dort will sie in Ruhe gelassen werden von den Russen. Dort kommen die Russen nicht so schnell hin.

Käthe telefonierte, als ich heimkam, mit Frau Kleinhardt, dieses Paar braucht Zuhörer.

Johanna hat, schreibt sie, Psalmen belegt.

10 Mädchen im Gras im Lotussitz, Räder drum rum und Abgelegtes, eine Versammlung von Göttern. Auf den kleinen Plattformen, die entstehen, wo die Feuerleitern wenden, halten welche ihre Schöße der Sonne hin. Überall ein Jugenddurcheinander. Es ist sicher besser, sich diesem Hagel nicht auszusetzen.

Es gibt kein Verständnis zwischen Jungen und Alten. Mir sind die Alten immer unverständlich vorgekommen. Jetzt kommen mir die Jungen unverständlich vor. Ich bin immer borniert gewesen.

Offen für Schmerz, sonst zu.

Dieser Sommer im Mai

Demütig sitzen Alte am Rand und schauen, als müssten sie dankbar sein, weil sie noch zittern. Mädchen laufen mit Flammen über die Straße. Auf Schwarzen kommt's zur Donnerexplosion. So verloren, wie ich bin, kann ich mich nicht fühlen. Wer wär nicht edel. Lass etwas gehen, dich.

Donnerstag, 17. 5. 1979

In der Sprechstunde mit Jane F. Wie sehr er wünschte, dass sie wieder draußen wäre. Und dann denkt er: wenn sie draußen sein wird, wirst du wünschen, sie wäre noch hier, also … Aber was müsste er tun, sagen? Unter den Freiheiten, die er ihr bot für ihre Arbeit, entpuppte sich eine, die er gern ein bisschen ausschmückte: Sich freischreiben, wie auch frei sprechen, man ist doch immer am Anfang sprachlos, und nichts stimmt von dem, was man sagt, aber allmählich könnte man nach 4 Wochen oder 4 Stunden … Er hofft, sie bemerke, was er beschreibt. Er fürchtet das auch.

Freitag, 18. 5. 1979
Boston. Gestern gelesen im Goethe-Institut. Steven fliegt nach California. Kongress über Libretto, Literature and Music. Sein Beethoven-Vortrag in Stanton.

Mit Ulrike zurück nach Hanover. Sie redet: Ein Englischprofessor in Hanover hat eine junge Französin geheiratet, seitdem arbeitet er an dem großen Roman über die französische Résistance. In den 30ern hat Thomas Mann einen Roman eines Lewisohn eingeleitet, einen freudianischen. Der Sohn ist Professor. Gedichte ohne Erfolg. Als seine Frau mit einer short story Erfolg hat, erschießt er sie vor den 4 Kindern, sich verwundet er nur leicht. Jetzt lebenslänglich in Maine. Die Kinder werden adoptiert. Daraufhin hat Ulrike den Roman seines Vaters gelesen. Bei Städtlers: Ob Duderstadt nur bei Göttingen oder auch bei Darmstadt. Party. Und in Mexiko: Immer 3 10-Jährige als Führer und Händler, dafür nimmt sie die zum Essen mit. Bei Guatemala im Dschungel fiel ein Motor ab. Der Pilot betete nur noch Rosenkranz. Dessen Sohn blieb ruhig. Auf dem Copilotensitz. Er brachte die Maschine herunter. Keiner tot. Zu Fuß zurück. Mit einer Bananenmaschine zurück.

Wie das aussieht, wenn im Hancock Tower nur in zwei Stockwerken Licht ist: etwa im 52. und im 73. Stockwerk. Zwei parallele Blitzlinien zeichnen die Stockwerklichter in die Nacht hinein.

Wenn einer in Gorleben drehen will, zieht die Anstalt sofort ihre Unterstützung zurück. Semioffiziell. Selbstzensur.

Das Kind

Er glaubt, diesmal geht es endlich gut. Diesmal wird er mit dem Mann fertig. Und gerade diesmal geht es ganz schief. Allerdings auf eine völlig neue Art. Das ist immer das Überraschende: Wenn er sich vorbereitet, den Fehler, den er das letzte Mal gemacht hat, zu vermeiden, passiert ihm ein ganz neuer Fehler. Aber auch dieser neue Fehler ist sofort erkennbar als ein für ihn typischer Fehler. Dieser Fehler ist alles andere als ein Zufall. Er scheint einfach einen unerschöpflichen Vorrat von höchst persönlichen Fehlern zu haben. Wieviel noch, möchte er jedes Mal fragen.

Ein Fehler: dass er unsympathische Leute nicht liebt. Dass er Leute unsympathisch findet.

Wie Ulrike bei allem, was sie erzählt, die Trivialschicht trifft. So lang sie auch erzählt, sie ist nie in Gefahr, die Trivialschicht zu verlieren. Sie ist ganz sicher. Auch wenn sie die unbekanntesten Fälle und Sachen berichtet, man hat sofort das Gefühl, dass man das kennt, dass man in dieser Art über alles sprechen könnte, diese Schicht kennt man von allem, was es auf der Welt überhaupt geben kann. Steven kann seine Mutter nicht einladen. Sie ist 71. Wenn sie hier krank würde, das könnte er nicht bezahlen. Sein Vater starb im Herbst. Jetzt ist die Mutter allein. Hier darf man nicht krank werden. Und in den sozialistischen Staaten gibt es auch keine Versicherungen.

Die zwei Alkoholikerinnen: die staksige Kleine, fast Haarlose, Amerikanerin durch Heirat. Sie war Professorin für … (sie überlegt): Germanistik. Noch ein Haus in der DDR. Das verwaltet ein Vetter. Die Freundin, die immer hinter ihr her hinkt, kann nur mit der Zunge im Mund herumrudern. Sprechen kann sie nicht mehr.

Ulrike zu Hans Magnus Enzensberger: Entschuldigen Sie, Herr Enzensberger, wenn ich Sie jetzt etwas fragen will, ich habe noch nichts von Ihnen gelesen …

Hans Magnus Enzensberger: Ich von Ihnen auch nicht.

Niemands Gesicht, erlöster Tag,
freundlich lehnt er abendwärts,
rötliches Übergewicht, aber erst

wenn das Licht fehlt,
singen Zikaden den ständigen Zweigesang,
der Fluss schweigt gleich. Wer
eine Stirne hat, ist erschüttert.

Ulrike kommt vom Examen. Man fragt sie: Wie war's? Boring, sagt sie im breitesten Vienna English.

Sie hat 30 exams dabei, die sie korrigieren muss. Sie hat ein full scholarship in Harvard, Hanover zahlt ihr $ 8000,– pro Jahr. Und das für 5 Jahre.

Lass mich hinaus. Befreie mich
von dem Wunsch, da zu sein. Löse
mir die Hände vom Bord.
Der Frieden jagt am Himmel.
Senkrecht stürzen Gespenster herab
und decken uns zu zum Ersticken.
Dass er gelebt hat, gibt keiner zu.
Jeder zeigt mit einem Kinderfinger
auf weiße Flecken, da war er noch nicht.
Einen zu rufen
unverrichteter Dinge. Fluchend ab.

Samstag, 19. 5. 1979

Ulrike: Zum 2. oder 3. Mal, dass Steven Scher sie auf einer Party einer Dame, die gefragt hatte, ist das Ihre Frau, so vorgestellt hat: Nein, meine Mutter. Und die blöde Kuh hat das auch noch geglaubt, fügt Ulrike jedes Mal hinzu.

Nach Woodstock. Zuerst wieder zwei Stunden im flea market: Der Einstein in seiner Koje im letzten Winkel presst sich gerade ein weiches Sandwich in den Mund und sagt, wir sollten ruhig eintreten, da wir ja … dann irgendwas mit «kaufen», das ich, weil er es so ins Sandwich hineinsprach, nicht verstand. Von seinem Sandwich verbreitete sich ein strenger Gemüsegeruch in der kleinen Koje. Dann in Woodstock durch die Geschäfte. Käthe unermüdlich, Theresia und ich ermüdlich. Zurück: Von der 4 East (vorher war sie West) in Quechee ab über den Appalachian Trail in das White-River-Tal nach Hartford und von dort über Norwich zurück nach Hanover. Die schöne Einsamkeit der Häuser an diesem trail.

Statistisch gesehen wird bei mir fast kein einziger Wunsch ausgelebt. Von den 199 Bedürfnissen, die sich pro Tag regen, werden 197 ½ unterdrückt. Teils weil ich ein Mensch bin, teils weil ich ich bin, teils weil ich 52 bin, teils weil sowieso keine Chance bestünde, dass diesen Bedürfnissen ihr Recht zuteil würde.

Auf den porches lässt sich die Armut von der Sonne wärmen. Es blättert das Holz. In diesem Jahr ist den Hosen weniger cotton beigemischt als im Vorjahr, Baumwolle stieg im Preis. Nächstes Jahr kann es wieder umgekehrt sein.

Sonntag, 20. 5. 1979

Ich könnte diese Töchter wahrscheinlich reich, also unabhängiger von den Demütigungen machen, die sie als Abhängige hinzunehmen haben, wenn ich sie minder beschriebe, als sie sind; aber das darf ich nicht.

Warum habe ich das alles ertragen? Weil ich nicht mehr zurück konnte. Das ist das Einzige, was zu meiner Entschuldigung gesagt werden kann: Ich habe nicht gewusst, worauf ich mich einlasse. Ich habe einfach angefangen zu schreiben, aus vollem Herzen. Und mein Programm war das größte. Ich habe immer verglichen. Was hat Schiller in dem Alter gemacht, was Dostojewski. Ich habe von Anfang an Abstriche machen müssen. Aber ich habe dieses

Abstrichemachen nicht ernst genommen. Ich fühlte mich immer noch ganz und gar im Stande. Wie lange hielt ich wohl das volle Programm für möglich? Vielleicht glaube ich immer noch daran? Zumindest mache ich mir immer noch viel vor.

Für $ 408: Vorlegbesteck für Fisch (Elfenbein/silver), ein Glaskrug mit Silberdeckel: $ 18, eine Tiffanylampe: $ 260, zusammen: $ 408.

Käthe daheim: Das möchte man wissen, von wem das ist.

Ich ergreife das Wort nur als einer unter anderen. Was ich mitteilen will, hat nicht den geringsten Anspruch, für wahrer gehalten zu werden als das, was von anderen über diese Sache mitgeteilt wird. Das Besondere dieser Zeit ist es oder wird es gewesen sein, dass sie nichts Besonderes hat bzw. gehabt haben wird. Zumindest in Deutschland oder in Westdeutschland. Unsere Größe liegt in unserer Bedürfnislosigkeit nach Größe. Natürlich sind wir unzufrieden. Tag und Nacht. Aber als Unzufriedene sind wir sehr zufrieden. Uns fehlt wenig. Russland hat die Entwicklung zum Sozialismus für ein Jahrhundert miesgemacht. Erst nach 2017 wird man wieder weitermachen können an diesem größten Projekt. 2033 wird Deutschland eine soziale Demokratie sein. Dann reicht es auf absehbare Zeit. Wir konnten nicht mehr tun, als das Bedürfnis nach Demokratie nicht ganz einschlafen zu lassen. Das ist keine große Arbeit. Aber sie wurde getan in der Zeit von 1945 bis 1990.

Der Hohn riecht. Scharf zeigt das Licht auf uns.

Ken: Die jüdische Hochzeit seiner Schwester unter dem «Himmel», den Verwandte tragen. Juden haben sonst kein Dach, heißt das.

Saturday war aus Anlass des Equal Access bzw. Sex-Blind Admission eine BYOB-Party im Bootshaus: Bring your own booze.

Am Samstag und Sonntag, wenn man Mrs. Hirsch anruft, trifft man nur eine Stimme an, die sagt, I'm her babysitter.

Montag, 21. 5. 1979

Mit Franziska telefoniert, ½ 5 bei ihr, sie hat geschlafen. Sie klingt unfroh. Ich will sie auffordern, heller zu sein; ich versuche, sie anzufeuern, aufzumuntern, sie reagiert nicht besonders. Es ist, als falle ihr das Leben schwer. Ich möchte ihr zurufen: Jetzt leb halt ein bisschen lieber. Aber ich wage es nicht, weil ich Angst habe, sie würde antworten: Kannst du mir sagen, warum.

Ein Brief von Johanna. Sie weiß noch nicht, ob sie für länger gesund ist. Sie ist oft müde. Spaß mache ihr nur Tanzen und Singen. Sie langweilt sich, wenn sie lesen soll für ihre Kurse. Sie will an Pfingsten lieber heimkommen. Sie deutet an, dass sie gern hier am College wäre. Auch ein unfroher, zerrissener Brief.

Wozu müsste ich, wenn ich bei mir bleiben wollte, im Stande sein?

Als ich gerade an den Tod dachte, spürte ich, dass ich nie zuvor so deutlich an den Tod gedacht hatte wie jetzt. Es gelingt mir, die Deutlichkeit der Vorstellung des Sterbens zu vergrößern. Ich sehe das Hinabgerissenwerden deutlicher. Ich hatte es mir noch nie klar gemacht. Und auch jetzt ist es alles andere als klar. Von Mal zu Mal kriegt die Vorstellung des Hinabgerissenwerdens mehr Deutlichkeit, also mehr Gewalt. Bis die Vorstellung auch nur eine minimale Ahnung dessen enthält, was dann wirklich passieren wird, muss sie noch milliardenmal an Deutlichkeit und Gewalt zunehmen. Eine entsprechende Vorstellung ist nicht möglich. Das ist das Schöne. Der süße, entsetzliche Schrecken, den die Vorstellung des restlosen, unmilderbaren Hinabgerissenwerdens aufruft, ist rein nichts gegen die Gewalt, die dann auftreten wird: Mit der wird nicht mehr zu reden sein. Stumm hinabgerissen zu werden, das ist alles, was man lernen kann.

Theresia sagt immer noch: Baked tope(i)do.

Die Transportfirma nimmt erst ab 500 lb Aufträge an. Wir haben im Second Hand Store einen etwa 30 oder 40 Jahre alten Samsonite-Schrankkoffer für $ 5,– gekauft. Käthe wollte immer schon zu dem alten Mann, der auf einer lottrigen porch in W-Lebanon zwischen Gerümpel sitzt und Zigaretten raucht. Dass er den weißen Holzkoffer hatte, hatte ich nicht gedacht. Dahinein das Glas usw. 105 Pfd. (amerikanische) dürfen wir haben pro Person.

Dienstag, 22. 5. 1979

Auf dem Green spielt auf einer Bühne mittags um 12 Up with People, sofort rundum voll. Eine tolle Gruppe. Noch nie Rock so wie unter diesem Himmel, mittags. Es tut weh, nicht tanzen zu dürfen. Alles in einem zuckt und möchte, aber man darf nicht. Ob man in 500 Jahren als 52-Jähriger sich einfach auch erfassen lassen darf von der Musik?

Heute beim Selbstmordkapitel des *Prozess*-Romans konnte ich Jane F. überhaupt nicht anschauen. Es war zum Schreien. Und wie sie hinauseilt nachher. Und draußen eilt sie weiter.

Die Musik vom Green dringt in mein Büro. Frisch, reizend, pumpend, ansteckend, zum Himmel schreiend. Nicht auszuhalten. Maimusik. Squaredance. Streichelgewalt. Jetzt eine Stimme. Eine Schwarze. Das hört man. Dieser Stahl, diese Stimme des schier unendlich biegsamen Stahls haben nur Schwarze, nur schwarze Frauen. Sie werben für eine Veranstaltung morgen in Lebanon.

Lunch mit 3 Leuten von der *New England Review* und Monika Totten: Sydney Lea, Jay Parini, Robin M. Barone. S. L. spricht. Zuerst über einen *NER*-Lunch mit einem bengalischen Dichter, der Rob. Frost übersetzte und deshalb hierherkam, um eine der Farmen zu besichtigen, auf denen Frost lebte. S. L. doesn't know who was sponsoring the Bengal poet's journey.

Er war mit dem bei Richard Eberhart, dem Poet Laureate von Dartmouth. Das Bild im Poetry Reading Room. Sie machen sich lustig über den kleinen Bengalen, der immerzu Verbeugungen machte vor dem Poetenriesen R. E., der glaubt, er sei berühmt, weil es ihm hier jeder sagt, er sei es. Er gehört zum Programm für gewisse Besucher, und er glaubt, die kämen seinetwegen. Zwei Gedichte hatte man dem Bengalen zu lesen gegeben. Er sagte, besonders das eine gefalle ihm sehr gut. R. E: Das andere sei aber auch sehr gut. Es werde jeden, der momentan hier im Bill's Eye sitze, überleben. Der Erzähler führt aus, wie gut das ergebene Kopfnicken und Komplimentemachen des Bengal poet und die unersättliche Komplimentesucht des Poet Laureate zusammengepasst hätten.

Mittwoch, 23. 5. 1979

Gestern Monika und Ken bei uns. Ruth um 5 Uhr am Busbahnhof abgeholt. Sie sieht gut aus. Erzählt abends, ich hätte immer Krawatte getragen aus Extravaganz in Regensburg. Und wir seien mit einander in einer Carossa-Lesung gewesen. Ich hätte ihr Kafka gegeben. Gegen den Antisemitismusvorwurf hätte ich eingewendet, ich läse aber doch Kafka. Zeitungen hätten mich nicht interessiert. Die Prozesse in Nürnberg auch nicht. Ja, für George sei ich gewesen. Sie ist jetzt gänzlich Vegetarierin. Sohn Dan rudert. Sohn Percy ist Produktions-Assistent für special effects. Ihre Mutter hat ihr ein Haus gekauft, das hat sie genommen, ohne es vorher angesehen zu haben. Sie sucht gleich den Kontakt zu Ken. Woher sind seine Eltern, in welcher Sprache ist er aufgewachsen, kann er Jiddisch, können es die Eltern? Woody Allen ist schnell beider Schwarm. Ken zitiert eine W.-A.-Figur aus dem XY-Film. Wacht im Jahr 2300 auf und denkt, dass er 300 Jahre lang bei seinem Psychiater verbracht hat, oder so ähnlich. Orthodoxe Juden dürfen nicht homosexuell sein. Ruths Mutter (vier Männer hinter sich). Ihre Abneigung gegen Hausarbeit ist so groß, dass sie sie auch keinem anderen zumuten will. Dass man diese Arbeit auch anders erleben kann, begreift sie nicht. Sie hält das für eine male-chauvinistische Ausrede.

Schlussgespräche. Lynn, Paul, Jane und Erika und der, der an die Divinity School nach Yale geht. Erika will into international banking. Lynn auf eine Law School.

Jane hatte Shorts an, sehr, sehr kurze und knappe. Ihre Beine gingen groß daraus hervor. Ihre Knie, braun, immer wieder über die Tischplatte. Wie sich ihre Lippen schließen und lösen beim Gespräch; nicht auf einmal, nie jäh; ihr Mund kann nicht aufgemacht werden oder aufgeklappt werden; zuerst müssen sich die Lippen langsam von einander lösen und wieder ebenso langsam schließen. Als sie ins Freie kommt, wo ich Paul mit sinnlosen Fragen über sein 10-Gang-Rennrad aufhalte – hat es eine tube? Ja, es hat; benützen Sie alle 10 Gänge? Nein, nur 5; aber Sie haben ja gar kein Licht? Doch, ich klemme eine Taschenlampe hier an die Lenkstange, das genügt. Als Jane heraustritt in den warmen Mairegen, der fast eher Wasser-Staub als Regen ist, stößt sie einen schönen, lieben, unendlich rührenden Seufzerlaut aus. Die ganze Tragödie im Sanftlaut gesagt.

Dann verschwindet sie langsam im Dunkeln. Sie wartet nicht. Erwartet nichts. Es ist eigentlich nicht auszuhalten. Man möchte das Leben ändern oder aufgeben. Hätte ich statt der Tiffanylampe einen Seidenanzug gekauft und wäre frisch hier erschienen anstatt 3 Stunden quälendes Interview und 1 ½ Stunden trostlose Cocktailparty.

27. 5. 1979

Minary Center Colloquium, Freitag und Samstag. Squam Lake in den hohen Wäldern, in denen Rhododendronwälle blühen.

Wozu führt die Einteilung in Primär- und Sekundärliteratur? Diskutiert am Beispiel Franz Kafkas.

Transtextual news.

Mitigate the dilemma.

A clown poet schizophrenic would like to add the scholar if scholarship can be more than my speech against speech. Alternative patterns: seemingly nonsensical situations make sense.

To distinguish nonsense from madness. The victim discovers/invents an escape route.

Maple to leave the field.

Tried to escape the role of the victim.

Her real answer lies in her inaccessibility, inventive language of patients.

Literature: desintegration of the myth called health.

A disturbing experience.

I shouldn't even have used the word schizophrenic.

Walter Sokel über Thomas Mann: Thomas Mann wird in Amerika bis in die 30er Jahre als pedantisch – deutsch – schwerfälllig – schwer lesbar angesehen. Erst als er etwas über die Juden schrieb in einer Zeit, in der sie verfolgt wurden, änderte sich das. Er gewann die NYer Juden für sich, und sie verschafften ihm Eingang in ihr Land.

R. Angress: Man konnte ihn brauchen.

Nachts gepokert: It comes only by doing.

Wenn man nicht erhöht, donnern nur aces, zwingt man den anderen, die Karten zu zeigen.

Nachzahlen, um to stay.

Who's doing the bidding.

Jack Bube Ace Ass.

If you pass does an Ass mean you drop are you in.

Pair of aces showing.

How can you outsmart shuffle.

Just the two of us.

To scare out on e.

It's been argued.

Gestern noch Abschiedsparty für E. Städtler bei Frau Beckmann. Sie hieß Elsa Naess. Ein Foto von Albert Einstein mit Widmung. Sie: Es war für mich nicht ausreichend, dass es hieß, sie war mit Einstein befreundet. Sie kam erst 1970 mit Beckmann hierher.

Mit dem Provost and Dean of the Faculty. Zur Zeit Berater des Präsidenten, d.h. er gehört zu der Kommission, die den 3-Mile-Island-Unfall untersuchen soll. Der Provost arbeitete mit seiner Frau schon in Fort Alamo, schon seitdem eine Meinungsverschiedenheit. Sie aus einer Journalistenfamilie, also schaut sie das alles anders an als er. Das erklärt er, als sie protestierte gegen seinen Ausdruck, dass es media created problems gebe. Und wenn sie zurückgingen auf Kohle-Strom, würde der CO_2-Gürtel (Kohlendioxid) um die Erde so dicht werden, dass die Temperatur sofort um zwei Grad zunähme, also würden die pole caps schmelzen, also stünde das meeresebene Florida schon einmal unter Wasser, dasselbe, wenn die Russen auf Kohle umstellten. Aber seine Frau ist immer gegen Atomstrom.

Mit Alissa telefoniert. Wieder erkältet. Die Schule macht keine Freude. Wenn sie etwas mit Freude liest, wird es ihr nachher in der Schule vermiest.

Aus dem Schweizer Liederbüchlein im Minary-Center:

> Mein Lieb' ist eine Alpnerin.
> gebürtig aus Tirol;
> sie trägt, wenn ich nicht irrig bin,
> ein schwarzes Kamisol.

Ich bin so leer wie ein abgestellter Eisenbahnwagen.

Die nach hinten geneigte Haltung einer Hochschwangeren.

Nobody can do it like McDonald's can.

Montag, 28. 5. 1979

Mittag: Wieviel Schwingen suchen den Wind. Meine Augen hängen über dem Abgrund.

Die ununterbrochene Kraftanwendung, mit der man die Kinder ins Leben schiebt. Wenn man eine Sekunde abließe, stürzten sie, wie eine Last abstürzt, wenn man sie nicht mehr hält, zurück ins Vorleben.

Mit den *Noon News* Good Afternoon.

American Airlines am Freitag, 270 Tote in Chicago O'Hare: Ein Bolzen brach, one engine dropped.

Eine 72-jährige im Boston Hospital starb, als sie hörte, dass ihr 35-jähriger Sohn in der DC-10 war.

Bei Kleinhardts: Wieder die ganze Geschichte. Am letzten Tag in Paris im Uni-Hof ein alter Mann auf einer Bank, er neben dem, erzählt dem, dass er einmal in die USA will, weil er im Springer-Auslandsbüro in Paris jeden Tag Meldungen aus Afrika usw. verarbeiten muss, also will er die USA kennen. Er ist auch schon einmal pro Woche Lektor an der Sorbonne. Ohne Manuskript, 50 Minuten wie ein Maschinengewehr, sonst wirst du ausgepfiffen. Der Alte: Prof. Burkhardt, Doyen der US-Germanistik, Harvard. Sie hätten keinen Besseren auftreiben können, die kommen alle hier vorbei. Er sprach einen an aus Indiana und einen aus Dartmouth. 4 Monate später kriegt er eine Einladung. Mit 6 Kisten hierher, nach 6 Monaten das Haus gebaut, ganz auf Hypothek. Nach 5 Jahren muss er als chairman seinen Nachfolger suchen. Er schlägt eine erste Liste vor, die wird ganz abgelehnt, weil das Leute sind, mit denen er konnte. Alles full professors. Oft mit tenure. Auf der 2. Liste Steven Scher. Der wird genommen. Er hatte Weisstein, Indiana, vorgeschlagen, Steven Scher nimmt Konrad Kenkel, den Kleinhardt in Hamburg gesehen hat, wie er dem Prof. Beck die Tasche nachgetragen hat.

Wenn er sich beschwert wegen zu wenig Geld, sagt der Provost immer: Why don't you go? Vom Präsidenten einen Brief, dass seine Zensuren zu gut seien. Kl. lässt Creatives schreiben. Meist vergebe er A oder B. C bei ihm, das müsse ein Idiot sein.

Emil Rüb ist aus Heppenheim, Frau Rüb aus Guntersheim. Er als junger Jude von einem jüdischen Komitee von NY hierher geschickt und einem Fotografen zugeteilt als Lehrling, zweimal die Woche auf die Polizei. Nicht weiter als bis Lyme und Lebanon. Seine Freundin weg von daheim, weil sie als Judenliebchen diffamiert wurde. Nach England, dort als Deutsche auf die Insel Man ins Interniertenlager. Nach 1945 zusammen und geheiratet. Er ist bitter, weil er als Nazi verdächtigt wurde und weil sie ihm grinsend sagten, was sie in seinen Briefen gelesen hätten. Erst mit der Wiedergutmachung konnte er sein Geschäft richtig ausbauen. Rübs werden von den hiesigen Juden als Verräter bezeichnet, weil sie jedes Jahr nach Deutschland fahren.

Steven Scher kommt immer mit einem Stoß Bücher und Manuskripten. Und liest daraus vor. Herr Kleinhardt ohne Aufgeschriebenes. Ihm macht es Spaß zu agieren. Und den Studenten macht es Spaß, ihn zu erleben. Er braucht jetzt noch 5 Stunden für eine Stunde Vorlesung. In Paris noch 5 Tage für eine Stunde.

Frau Kleinhardt will von 1945 erzählen: Die Russen kommen auf den Hof. Dann die Politkommissare. Nehmen Vater und Bruder mit. Dann die Mutter und die zwei Mädchen (15 und 17). Marsch nach Graudenz. Als sie den Vater holten, hat ein russischer Soldat die Schwestern ins Zimmer nebenan gerissen. Die Mutter glaubt: vergewaltigt. Aber er wollte sie retten. 2 Tage später müssen sie mit. Zu Fuß. Dort Verhöre. Zuerst in den Nächten werden die Frauen heruntergeholt zu Vergewaltigungen. Sie heult jetzt schon; Herr Kleinhardt sagt ihr, sie möge nicht mehr weiter erzählen, aber sie zwingt sich. Als die Verhöre beginnen, sind die Vergewaltigungen beendet. Die Schwester war im BDM. Frau Kleinhardt nicht. Dreimal aufgefordert, ging nicht. Die Großmutter war Halbjüdin. Der Vater nicht in der Partei. Die Schwester und die Mutter werden nach Sibirien transportiert. Der Mutter sagen die Russen, die Töchter hätten zugegeben, dass die Mutter in der Partei gewesen sei. Die Mutter fragt die Töchter, die haben nichts gesagt. Frau Kleinhardt trampt heim. Polen raten: Über Schlesien nach dem Westen. Sie sind bei Danzig. Werden erwischt. Hier ist sie endgültig fertig. Schon vorher kam Nina, halb alarmiert. Sie soll doch bitte aufhören, das zu erzählen. Jetzt kann sie gar nicht mehr. Geht zu Nina ins Zimmer. Man hört beide hemmunglos weinen. Herr Kleinhardt: Sie schafft es einfach nicht. Bei der Cuba-Krise hatten sie Angst in Paris. Fort in die USA. In Frankreich 10000 Francs, um zu leben. Viel Arbeit. 6 Stunden. Goethe-Institut, eine Stunde Sorbonne, Springer-Auslandsdienst. Aber mehr Freizeit als hier. Er hätte dort bleiben sollen als Lektor. Man war ein Mensch. In Frankreich war man ein Mensch. Den Amerikanern fehlt die Leiderfahrung. Rosenstock-Huessy habe gesagt: Erst in ein paar hundert Jahren werden die so viel Leiderfahrung haben, wie nötig sei, dass eine menschliche Gesellschaft entstehe.

Nachher kann Frau Kleinhardt noch erzählen, dass ihre Mutter 1947 mit der Schwester aus Russland zurückgekommen sei. Der Vater 1948. Der Bruder wird kriminell. Von dem weiß sie nichts mehr.

Steven Scher hat ihn beim Provost denunziert, weil er mit seinen Studenten einmal in 10 Wochen 36 Seiten Nietzsche gelesen habe.

Als Bruce Duncan bestellt wurde, habe von vieren nur Kleinhardt für ihn gestimmt. Aber B. D. kann jetzt nicht mehr für Herrn Kleinhardt sein, weil er Steven Scher schmeicheln muss. Ein Kollege hat gesagt, man werde ihm den Hals abdrehen. 2 Studenten haben gesagt, er sei Panzergeneral gewesen. Er macht ihnen klar, dass er jetzt 43 sei, und 1945 sei er 15 gewesen. Die glaubten, er sei auch damals 43 gewesen. Herr Kleinhardt hat 2 Gewehre an der Wand: ein Karabiner 98 mit einem Zielfernrohr, den er von Frau Kleinhardts Vater bekam und hier montieren ließ, und eine 12 mm Elefantenbüchse. Und ein 8 mm Trommelrevolver Single-Action. Langer Lauf. Den nimmt er mit auf die Bärenpirsch. Nur zur Notwehr. Beidhändig zu schießen, dann aber auf 50 Meter. Und ein Bogen, Stahl, schwedisch. Er will nur Wildschweine schießen. Er fühlt sich als Tartarin de Tarascon.

Er publiziert nicht. Er tut alles ins Kreative. Er kann nicht analytisch arbeiten. Das würde ihm die Kreativität rauben. Was er da schreibt, kommt alles in die Schublade. Weil man sich nichts mehr zutraut. Man scheut die Prüfung, ob es wirklich gut ist. Bis Januar dieses Jahres hat er noch geglaubt, in die BRD zurück zu können. Jetzt hat er eingesehen, dass es nicht mehr geht. Alle Bewerbungen sind fehlgeschlagen. Seine Bilder sind abstrakte Wirbel aus Dingsymbolen. Er hat auf dem Hügel gebaut, auf dem die Scheune stand. Christian Wolff hat das Farmhaus gekriegt, weil er die Tochter kriegte, die das von ihrem Vater (Art Department) erbte. Herr Kleinhardt wollte nur etwas, was sicher war vor dem Fluss.

Dienstag, 29. 5. 1979

Herr Kleinhardt sehnt sich nach dem russischen Menschen, mit dem er sofort tiefen Kontakt hatte. Ich wende ein, dass das System ihn aber ungleich schlechter behandelt habe als das hier. Systeme, sagt er, große, sind immer banal.

Statt 713 sind nur noch 184 $ auf dem Konto. Man präsentiert mir das, was der Computer sagt.

Mittwoch, 30. 5. 1979

Dass man immerzu nur von seinem Alter sprechen möchte, muss. Man könnte es in jedem Satz erwähnen. Wie geht's? Na ja, wie soll es einem schon gehen, wenn man über 50 ist. Wie fanden Sie das Albee-Stück? Das können sich junge Leute leisten, solche Streitereien. Man könnte jeden Text übersetzen in einen Text, den einer über 50 spricht.

Vorgestern Nacht ging ein schwarzes Tier neben uns auf das Haus zu, wir im Auto. Im Scheinwerferlicht läuft es vor uns vorbei. Wahrscheinlich ein Skunk.

Gestern Morgen schlüpft durch das hohe Gras, eng am Haus entlang, bergauf eine dunkle Schlange mit einem hellen Band an jeder Seite. Garter snake.

Rote Akeleien blühen an den Waldrändern. An Mücken kein Mangel.

Seit ich das Schicksal Kleinhardts ahne, sehe ich die humanities an diesem College anders. Liberal Arts. Einer, der auf jede Machtkonzentration losgeht wie auf das rote Tuch. Auch wenn ihm nichts getan wird, wenn er gar nicht gemeint ist.

Ich könnte auch, und zwar in jedem Augenblick, den von allen Seiten andrängenden Einwänden, die sich nicht einmal legitimieren müssen, nachgeben. So entstünde endlich eine Bewegung, die, da sie andauernd unterbrochen wird, nicht oder so gut wie nicht vorankäme. Je nach den Lichtverhältnissen, ein reizender Eindruck.

Ulrike hatte gestern ihre orals. Wahrscheinlich kommt sie heute und sagt wieder, alles sei «boring» gewesen.

Was ich, weil ich zögere, nicht mehr erreiche, ist, sobald ich darüber nachdenke, etwas, das mich ausstattet.

Gestern 4 Bücher- und 3 andere Pakete weggeschickt: $ 35,– und 10,–.

Auch wenn andere einen dadurch, dass sie einen misshandelten, zwangen, sich gegen sie zu wehren, also auch wenn man etwa in der Abwehr das Gegenteil tat von dem, was sie von einem wollten, hat man, wenn man's nachträglich betrachtet, getan, was sie wollten; auf jeden Fall hatten sie einen größeren Einfluss auf einen als man selbst. Ist das, womit man sich gewehrt hat, etwas Anschaubares, wird es einem nachträglich leicht widerlich?

Mieten kassierende Kinder, auf dem Arm die strampelnden Enkel, verschwenden ist schön. Ich will nur noch vom Alter reden. Gegen jede andere Gewalt hab ich mich von selbst gewehrt. Dem Alter füg ich mich so früh als möglich.

Besuch bei Freya von Moltke. Im Telefonbuch unter V. Sie hat sich im Frühsommer auf die Reise gemacht von Kreisau nach Berlin. In Berlin blieb sie. Hörte von den englischen Freunden, dass die Ostgebiete wahrscheinlich nicht zu halten seien. Also schrieb sie nach London und Südafrika, wo sie nicht nur Freunde, sondern auch Verwandte hatte (ihres Mannes). Dann fuhr sie zurück. Im August war Potsdam mit seinen, für die Deutschen, schlimmen Beschlüssen. Im September kamen englische Diplomaten aus Warschau. Im Oktober kommt ein englisches Angebot aus Berlin, eine ganze Truppe, die auf dem Gut biwakiert. Mit allem Kostbaren beladen, rollt der Konvoi ab und über die Grenze. Die Flüchtlinge, im Jahr darauf, wurden von den Gefährten heruntergepeitscht und ausgeraubt. Natürlich hatte Frau von Moltke schon genug mitgemacht unter Hitler und hätte es nicht verdient gehabt, dass sie noch einmal schikaniert worden wäre. Aber wer sagt, dass jeder arme Schlesier verdient hatte, was ihm jetzt durch Polen, die unter dem Naziterror gelitten hatten, angetan wurde?!

Donnerstag, 31. 5. 1979
Jane F.: Sie sehen müde aus, sagte sie und lachte und sprang auf und ging.

Herr Kleinhardt schwärmt von Frau von Moltke: Solche Menschen sind begnadet, das sind wirkliche Adelige.

Steven Scher und ich haben von 12–13.15 in der Sonne Tennis gespielt.

Freitag, 1. 6. 1979
2 Pakete aufgegeben.

All set.

Wieder die große Hitze. Tennis mit Steven Scher, gestern und heute. 6:4 und 2:1, 6:0, 4:6, 6:1, 2:1. Auf dem Privatplatz im Wald.

Käthe hat den Boden gewachst.

Ich gleiche allen, keiner gleicht mir.

Ich träume von meinen Füßen.

Samstag, 2. 6. 1979
Gestern nach Strafford. Das Dorf im grünen sanften Tal, 3 Kirchen, eine davon die «schönste Kirche der Welt».

Die Abendsonne schon hinter den südwestlichen Talbegrenzungen, den Hügeln mit den grünen Pelzen, ein Platinlicht bleibt rein und grell. Als werde über die Kirche gesprochen, läutet sie mit einer Glocke. Innen Ofen mit Rohr, das Quäker-Viereck, darum herum Bänke. Aus diesem Dorf stammt der Pfarrer, der an einem Gesetz mitgewirkt hat, das die Regierung veranlasste, Land zur Verfügung zu stellen. Eine bonbonrote neugotische Kirche von 1843: das war Morrills Kirche and homestead. Stein. Die beiden anderen, die ältere, schönste, und die neuere: weiß, Holz.

Sonntag, 3. 6. 1979

Heiß, schwül, halb bedeckter Himmel. Putzen und Packen.

Ein gelber Falter mit dunkler Zeichnung, so groß wie ein kleiner Vogel.

Wer schwächt die Bäche?
Wem dient der Verbrauch?
Wieso oben und unten?
Keiner hat etwas rückgängig gemacht.
Das Leben zielt. Die Erinnerung bleibt
bei den Vögeln. Ungenau möchte ich
auskommen mit der Zeit.

Wir fahren gleich ab und lassen Hanover und die Brook Road und Dartmouth und New Hampshire eingehen in den Schmerzstoff, den wir hätscheln. Abschied ist gewöhnlich. Wenn aber der Wind noch aufwacht und die verbrauchte Stirne kühlt, hat der Abschied Leben.

Montag, 4. 6. 1979

Mit einer DC-10 Swiss Air – 10 Uhr 55 Zürich. Mit *Falstaff*, Verdi. Neben mir ein Zahnarzt aus Kalifornien.

Ein Kulturfilm: *The world you never see.* Als die Bienen als schlechte Flieger gefilmt wurden, wackelte gerade unsere Maschine.

In Kloten die jungen Männer durch die Halle. Einer: Etz müamm'r langsam bressiera. Da ist man wieder daheim.

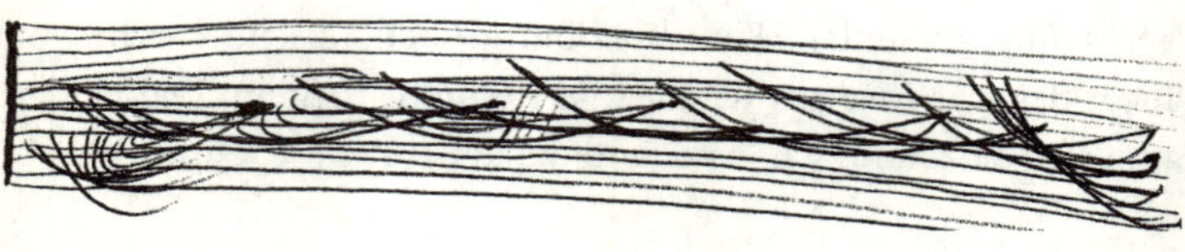

Theresia denunziert Nina bei Nathalie. Aber nur, um sich einzuschmeicheln. Sie meint es überhaupt nicht böse gegen Nina, das weiß ich, sie legt Nathalie die Denunziation der US-Freundin als eine Art Reisegeschenk zu Füßen. So will sie wieder aufgenommen werden. Nathalie nimmt das Geschenk an, erwidert es aber nicht.

Donnerstag, 7. 6. 1979

Bei Regen sprudelt jetzt nahezu sofort Wasser aus der Kellerwand. Die Wand schwitzt große Tropfen. Herr Steffen lässt Rohrfrei in den Gully vor der Garage leeren und prüft mit einem präparierten Papierstreifen, ob das Wasser aus der Kellerwand aus dem Garagengully kommt. Kein sicheres Ergebnis.

Gestern und vorgestern um die Stange geschwommen. Heute zu kalt.

Mit Nathalie und Theresia zu Knalls, 2 Hasen, Theresia schlägt englische Namen vor, um einen Aussprachevorteil zu haben. Herr Krämer hat Nathalie und Ava als die 2 Klügsten bezeichnet. Theresia findet es komisch, dass solche Wertungen getroffen werden während ihrer Abwesenheit. Aber sie gehört sowieso nicht dazu. Sie hofft, wir verlangen von ihr nicht, dass sie zu den zwei Klügsten der Klasse gehört. Ob wir das verlangen? Nein, natürlich nicht.

Freitag, 8. 6. 1979

½ 5 aufgestanden. Am Dienstag um ein Uhr mittags mit dem Taxi aus Kloten: 255,– gesagt, 265,– verlangt, 280,– bezahlt = 312 Mark. In der 1. Nacht schlafen wir von 12 Uhr bis 11Uhr, in der 2. Nacht schläft Käthe überhaupt nicht, ich von 1 bis 5 Uhr und nachmittags von 13–15 Uhr.

Die Nelken aus Friedrichshafen, die hinter dem Haus in 11 Jahren nichts wurden, wuchern jetzt vor dem Haus als wilder kleiner Wald. Sie teilen das Beet mit den Rosen.

Der Besuch bei Constantin Boden

Die Rhododendron-Wälder in den Wäldern Neu Englands, in Brookline bei Boston z.B., wo man an Privatstraßen wohnt. Die Häuser in Brookline liegen in grünen Wällen völlig abgeschlossen, nicht so offen wie die kleinbürgerlichen Häuser in Hanover.

Bei Constantin Boden, 26. Codman Road. Ein schönes Ziegelhaus, 1934, aber wie im 19. Jahrh. mit Erker. Der Livingroom, ein Rechteck, genau richtig für Gesellschaften. Der Speiseraum fast genau so groß. An den Wänden die Vasen, das Chinesische, die Teller usw. Im Livingroom ein japan. Blumenbild auf grobes Holz gemalt vor 250 Jahren. Das hat der Jugendstil gesehen. Neben dem Livingroom eine winzige Bibliothek mit Spieltisch, Backgammon-Fläche, gestickt (needle work) und dann unter Glas gelegt und dafür den Tisch bauen lassen. Die Hausfrau: Der Tisch wurde, sagt Constantin, ein bisschen zu groß und schwer. Nicht ganz gelungen. Der Livingroom liegt längs dem Garten, eine Tür dort hinaus. Der Ess-Salon, so muss man das Porzellan- und Mahagonizimmer wohl nennen, liegt mit der Stirn zum Garten. Ein Fenster dort hinaus. Der Garten, ein weites, wie von selbst entstandenes, nicht regelmäßiges Rasenrund durch Ahorn, Schwarzeichen, Juniperus (Wacholder) usw. für $ 100000,– vor 10 Jahren. Constantin soll, bevor er weiterstudiert, Jura, sagt sein Vater, in die USA, der Sprache wegen. Der Vater sucht Dartmouth aus. Constantin geht dorthin für ein Jahr, nur für ein Jahr. Dann sagen die: Wenn er noch ein Jahr bleibt, kriegt er ein Zeugnis: Graduation. Also bleibt er noch ein Jahr. Dann denkt er, bevor er weitermacht in Deutschland, geht er nach Südamerika und arbeitet dort einmal ein Jahr. Tut das. Dann: Warum nicht ein Jahr Business School Harvard. Aber schon verheiratet. Also sucht er Arbeit in

Boston, bevor er im Herbst nach Harvard geht. Die First National City sagt, ja, er kann kommen. Und jetzt ist er immer noch dort. Eine zweite Frau, die erste war wohl älter, von der hat er jetzt eine 20-jährige Tochter. Von der zweiten einen 16-jährigen Sohn.

Er fährt uns zum Country Club, an diesen aus Parks meist dunkel herausschimmernden Villen vorbei. 70 % Juden in Brookline. Juden wohnten gern bei einander. In der Schule seien die alle sehr gut und sehr fleißig, große Konkurrenz. Der Club hat ein großes Gitter für platform tennis, das spielt man fast nur im Winter, weil es so anstrengend, also erwärmend ist. Einen Swimmingpool, Curlingbahn. Tennishalle und Golfkurs. Die TEE-Stelle, wo man anfängt, und dann 17 oder 18 Löcher, Fairway, Traps (die Sandkuhlen), der Green mit dem letzten Loch. Er erläutert es an zwei Spielern. Dann das Clubhaus: 100 Jahre alte Tennisrackets, die den Stil noch nicht in der Mitte haben, unter Glas. Alte Leute, die hier Cocktails trinken. Tee oder Kaffee gibt es hier nicht. Hierher kommt man zum Cocktail. Sofort sind da Verwandte seiner Frau. Say hello to the relatives of my wife. Zwei alte Paare. Einer auch in der Bank gewesen und Clubpräsident. Von nice to meet you bis nice to have met you. Konservierte Konservierte.

Die Herren kariert und Silber. Die Damen tragen blaugrau gemachte Haare und cremefarbene Kostüme. Aquarium.

Zurück zum Essen. Charcoal Broiled Steaks. Es stellt sich heraus, dass Käthe und ich die Tenderloins kriegen, für die anderen gab es nur noch Porterhouse Steaks. Coni hat gebraten. Dazu Kartoffeln in der Schale. Salat. Davor Clam Chowder. Danach Rumkuchen mit Erdbeer und Cream. Dazu Burgunder aus Kalifornien. Fetzer. Den haben sie auch zum ersten Mal. Sehr gut. Danach Champagner. Dann Kaffee und Brandy. Um 10 Uhr gehen wir, nachdem wir noch schnell in die winzige Bibliothek gerufen wurden, weil die Hausfrau durch ein Tel.-Gespräch verständigt wurde, dass eine Cousine im Channel 2 ein Bild von ihr versteigert bekomme. On the Edge of the Sea. Ein Aquarell. Das hat sie gestiftet für die Werbung für das public TV. $ 150 angesetzt, für $ 160 geht es weg. Von der hängt auch in der Eingangshalle ein Bild: eiförmige, lichtblaue Gebilde in einer nicht ganz so lichtblauen Sphäre.

Auf dem Tisch eine große Glasschüssel, in der nur Glaskugeln liegen. Theresia, Käthe und ich nachher bestätigen einander, dass wir versucht waren, in diese Schüssel zu greifen, um eine solche Glaskugel anzulangen. Irgendwie hatten wir das Gefühl, dass das etwas zum Essen sein müsse. War es aber nicht. Und natürlich hatte es zu diesem Dinner kein anderes Licht als das von Kerzen auf dem Tisch und den Kerzen an den Wänden gegeben.

Die Hausfrau hatte tapfer Deutsch gesprochen und sich für ihre Fehler immer wieder entschuldigt. Sie wird im Sommer in Murnau zwei Monate im Goethe-Institut Deutsch machen.

Ihm sind alle Verbindungen nach Deutschland sehr wichtig. Er würde jeden Tag wieder zurückgehen. Aber wer soll ihm einen Job anbieten? Das ist unwahrscheinlich. Trotzdem, auch seine Frau spürt das. Der Goethe-Kurs sei ihre eigene Idee gewesen. Seine Idee war es offenbar, dass er jetzt in der Auslandsabteilung seiner Bank arbeitet und so siebenmal pro Jahr hinüberkommt. Vielleicht ergibt sich so etwas. Das sagt er nicht. Aber wie wichtig ist ihm der Freund aus der Klasse, der jetzt eine Spielbank auf Korfu leitet, und einer ist Physiker in Zürich, einer Professor in Köln. Und er will in diesem Jahr alle zusammenorganisieren.

Er fährt uns zurück ins Airport-Hilton, Zi. 2222 und 2221. Keine Handtücher! Je ein Bett. Eines für $ 45, das andere für $ 55. Wir fliegen mit einer DC-10. Gestern in der Zeitung, dass DC-10's stillgelegt werden, ab sofort. Nur Jugoslawien will noch weiterfliegen mit denen. Die Schweiz will am Donnerstag entscheiden. Alle anderen Länder haben sofort Schluss gemacht.

Herr Zürn: Ein ernsthafter Krach als Voraussetzung zum GV. Er musste einen Krach entstehen lassen und durchhalten: Das erschütterte sie so, dass sie es danach nicht ohne GV aushielt. Was für ihn der Alkohol, war für sie der Krach.

Als wir durch das Tal am Mink Brook entlanggingen, abends im schwingenden Ton der Zikaden, hörten wir die vorwurfsvolle Stille. Erst wenn wir wieder 20 m weiter waren, setzten sie wieder ein.

Warum fotografier ich das, hat man sich auch selber gefragt, als man Wälder, Wasser und die Hauptstraße eins ums andere Mal fotografierte. Jetzt, da man weg ist, begreift man, warum man fotografiert hat. Und man spürt: Nicht einmal hat man zuviel fotografiert.

Der Neffe von Frau Knall hat sich, sagt er, jetzt mehr in Schafen engagiert, als ich nach zwei Hasen frage. Er hat schon noch welche. Das Geschlecht kann er noch nicht sicher feststellen. Aber wir dürfen umtauschen. Die eine Tante, die runde, immer lächelnde, saß draußen auf der Wiese unter den Bäumen auf einem alten, abgestellten Heuwender, einem verrosteten, und hat Bobtails gekämmt. Jetzt kommt sie herein mit 5 Bobtails, die mit ihr gehen, als wären es Schafe. Die vier Jungen sind gepflegt, die Mutter verklettet wie ein nass gewordenes Schaf. Sie lächelt selig ohne Blicke. Frau Knall hat wieder die Zigarette im Winkel. An der Wange Tierscheißspuren. Jeder von den Bobtails holt sich aus einem Marmeladekübel einen Fetzen Fleisch und trottet damit in den Zwinger. Die kleinen Yorkshires werden ins Haus gescheucht, die kamen mit den großen Bobtails herein. Gänse schreien, und ein Schäferhund tobt. Die Truthähne gackern. Ein Mädchen führt einen schwarzen Ponyhengst her. Der Neffe: Den hat er getauscht, weil sein Hengst nichts mehr war. Seiner fiel kurz nach dem Tausch im anderen Stall tot um.

Ein schüchterner, aber flehender Brief.

Inhalt: Würdest du bitte etwas von mir lesen, wenn ich es dir schicke? Es wäre mir sehr, sehr wichtig. Du müsstet es nicht umsonst tun. Ich würde auch etwas von dir lesen. Ehrlich. Du könntest dich darauf verlassen. Also, willst du? Ich wäre dir wirklich sehr dankbar.

Samstag, 9. 6. 1979

Theresia spielt die Kranke am Telefon. Ava kommt trotzdem. Sie wird weggeekelt. Ich will das rückgängig machen. Ava verlangt von Theresia, dass sie Nathalie wegschickt. Sie will auch bloß zu zweit.

Käthe fegt Theresias Sack mit den Amerika-Geschenken durchs Zimmer und schreit, ich soll ihr helfen, sich bei den Kindern durchzusetzen. Sie hat es nicht verstanden, die Kinder zur Arbeit, zur Mitarbeit zu erziehen. Auch daran bin sicher ich schuld.

Sonntag, 10. 6. 1979

Franziska ist schlank und schön. Ich: Fr. soll, wenn sie nicht mehr in dem Stück nackt auf der Bühne sein muss, ruhig etwas essen. Das ist als ein Kompliment gemeint. Aber Franziska und Käthe brausen auf. Franziska sei weder zu dünn noch zu dick. Dass sie mit Edgar zusammen ist, wird durch die Häufigkeit der Erwähnungen und durch die Zusammenhänge, in denen er erwähnt wird, klar. Er hat ein Sofa und einen Tisch ausgesucht. Das Sofa von 1200,– auf 950,– und einen Tisch von 1600,– auf 1490,– heruntergehandelt. Sie hätte das nicht gekonnt, sagt sie.

Wie er nach der nackt herumliegenden Frau schauen muss.

Traum

Was ich alles träumen muss. Heute Nacht in Sibirien auf gefrorenen Pisten. Hans-Peter Schabert macht unter den vielen gefrorenen Spuren eine neue und fährt ihr mit Skiern nach. Die Spur ist eine physikalische Entdeckung, die viel Geld bringen wird. Er fährt so schnell über die flachen Hügel davon, dass Käthe und ich allein sind in dem Spurengewirr und im gläsernen Licht zurückbleiben und gleich auch nicht mehr wissen, wohin wir uns wenden sollen. Aber wir sind schon zu weit von dem Punkt weg, an dem Hans-Peter Schabert sich von uns trennte. Wenn er auf seiner Spur zurückfährt, um uns zu suchen, wird er uns dort nicht mehr treffen. Also, wir erfrieren.

Und mit einem Peugeot mussten wir steile, fast senkrecht steile Kurven hinauf. Am Steuer Franziska.

Für die Europawahl haben wir 4 SPD-Stimmen gestellt. Wenn Johanna in Köln wählen und auch SPD wählen würde, sogar 5.

Schöne Alissa, erwachsene.

Montag, 11. 6. 1979

Franziska steht mit Wendt schlecht. Sie tut, als sei sie stolz darauf. Sie will mir aber nichts darüber mitteilen. Das müsse sie so machen, wie es ihr liege. Ich würde sie nur zum Kleinbeigeben und Frommsein überreden.

Schwül, es müsste ein Gewitter kommen. Natürlich wäre es, jetzt nichts zu tun, als das Gewitter zu erwarten. Seit gestern Abend schon.

Vielfach müde, spreche ich nicht. Der schwere Raum im Kopf. In jedem Augenblick schreiben können. Das Gewitter ist da. Timon folgt einem auf Schritt und Tritt. Regen mit Hagel. Meeschi unterbricht ihren Schlaf einmal durch ein Aufschauen. Ihr ist das Gewitter egal.

Wasser fällt herab. In das senkrecht fallende Wasser fällt noch schräg Wasser hinein, das die Windböen hertreiben.

Dienstag, 12. 6. 1979
Zweimal zur Birke: um 8 und um ½ 2.

An diesem Vormittag über drei Stunden verloren: Dachrinnen räumen und Moos vom Dach kratzen.

Mittwoch, 13. 6. 1979
Bedeckt, etwas kühler Westwind, zur Birke.

Sonnenbrand. Das wusste ich während der Arbeit auf dem Dach. Ich wartete darauf, dass Käthe etwas sagen würde. Jetzt kann ich ihr ein wenig die Schuld geben an den Verbrennungen.

Theresia: Die, die größer sind als sie, seien leichter als sie. Sie nennt Größe und Gewicht von mehreren. Sie ist niedergeschlagen. Sie muss sich jetzt daran gewöhnen. Sie will nichts mehr essen. Dann abends doch wieder plötzlich Süßigkeitengier.

Donnerstag, 14. 6. 1979, Fronleichnam.
Bei höheren Wellen, ca. Windstärke 4, bis zur Birke, nach Tennis mit Herrn Oswald.

Doris Maier, Schnetzenhausen, jetzt mit ihrem Mann, einem Studenten, der abgebrochen hat, in Albanien: Sie spreche im Radio, vormittags um 10 Uhr Nachrichten. Sie sind Kommunisten geworden. Die Eltern sind unglücklich.

5 nackte, rosarote Amseln im Nest. Die Mutter wartet mit dem Füttern, bis wir weg sind.

Vielleicht kann Franziska Edgar wirklicher machen. Zuerst müsste sie ihn füttern. Verglichen mit seinem Vorgänger ist er wirklich eine Erlösung.

Herr Zürn, der Dichter: Er weiß nicht, ob er ein guter oder ein schlechter Dichter ist, aber dass er ein Dichter ist, weiß er sicher. Er würde gern veröffentlichen, aber er hat Angst. Wenn sie ihm nämlich dann sagten, er sei ein schlechter Dichter, dann wäre er sehr unglücklich. Deshalb zeigt er keinem etwas, behält es für sich. Das erzeugt zwar eine Art Enge, aber man kann leben damit.

Franziska soll jetzt Klaus Pohls Stück unter Noëls Regie spielen. Zum ersten Mal wurde sie gefragt bzw. gebeten, eine Rolle doch bitte zu spielen. Bisher waren es immer Zuteilungen, Gewährungen, Anordnungen.

Das Kind fühlt sich verfolgt, flieht, zieht sich zurück. Die Frau bringt dann heraus, ohne dass sie weiß, dass er sich verfolgt fühlt, wie sehr sich der Gegner, der Verfolger, vom Kind verfolgt fühlt. Eine interessante Variante, sagt das Kind.

Ich bin ein Fahnentuch an einem eisernen Mast. Der Sturm reißt und schlägt mich. Ich knalle, aber ich komme nicht los. Nur wenn ich zerrisse, käme ich, zum Teil, los.

Es wird sich nicht rentiert haben. Ich hasse mich im Voraus dafür.

Freitag, 15. 6. 1979
Ich will von Dingen nichts mehr wissen
ich taufe nur noch den Schmerz
dem Regen füge ich mich
immer genauer richte ich mich
nach der Sonne. Vergesst mich
wie ich mich vergessen habe.
Weil ich die Sprache des Regens lerne
vergess ich die Wörter der Leidenden.
Bin ich bestochen?
Oder taub vor Müdigkeit?
Man muss sein dürfen, wie man ist.

Meeschi frisst auch Pfannkuchen, wenn sie zu uns zum Mittagessen an den Tisch kommt: die vegetarische Katze. Familienmitgliedschaft ist ihr wichtiger. Wenn sie eingerollt auf meinem Schreibtisch liegt, ist sie ein genaues Halbrund, das sich atmend hebt und senkt.

Peter Handke oder das Problem der Problemerzeugung.

Sein Problem ist, sein Problem in einen Spiegel sehen zu lassen, in dem es sieht, dass es in einen Spiegel sieht zu dem Zweck, vorgeführt zu werden.

Drei Kollegen (Böll, Grass, Lenz) lehnen das Bundesverdienstkreuz ab und begründen es, nachdem sie in der *FAZ* gerügt worden sind. Keiner fragt, was er wohl falsch gemacht habe, womit er sich wohl das Bundesverdienstkreuz zugezogen habe.

Mein Privileg ist, dass ich viel Zeit allein in einem Zimmer sein darf.

Das macht mich fast unzuständig für die meisten anderen.

Besuchen sehe ich jetzt schon mit Unwohlsein entgegen.

Muss ich hinüber? Rufen sie gleich?

Ist es besser einzutreten, bevor sie rufen?

Bloß kein Auftritt.

Die Hände werden über einen Abgrund gereicht, über den kein Netz zu spannen ist.

Herr Zürn. Auf dem Schreibtisch seines Klienten lagen Papiere, halb bedeckt von anderen; da drängten sich fettgedruckt Wörterteile vor, die doch leicht verständlich waren: MIETEINNAH, MIETGARAN, EIGENKAP, FREMDKAP, STEUERVO.

Samstag, 16. 6. 1979

Lähmende Nachricht und die Lähmung durch Nicht-Nachrichten.

Ich werde gezwungen, alles ernst zu nehmen. Ich soll mich wohl läutern unter Zwang. Mein Geschick annehmen. Nicht mehr spekulieren. Nicht mehr hinausäugeln. Aber ich kann es nicht lassen. Das weiß ich. Ehrgeiz. Das Leerste, was es gibt. Ich habe das Gefühl, ich glaubte weniger an mich als jeder andere. Deshalb schlechtes Gewissen bei Erfolg. Aber trotzdem Gram bei Misserfolg. Ich kann den Misserfolg nicht für gerecht halten, obwohl ich dazu im Stande sein müsste. Das ist keine paranoische Vorstellung. Ich habe mich nicht gut benommen in den Augen der Herrschaften, deshalb übersehen sie mich jetzt bei jeder Gelegenheit. Damit geben sie meinem Benehmen nachträglich recht. Also ist doch alles in Ordnung. Wir bleiben getrennte Leute.

Tot sein will jeder, sterben keiner.

Als ich kurz vor 7 draußen stehe, hüpft das Amselmännchen durchs nasse Gras und durch den Rosen-Nelken-Wald heraus auf die Granitterrasse und hüpft und schreit mich an, bleibt stehen, hüpft noch näher her mit immer demselben Imponierschrei: Rühr dich bloß nicht, heißt das, meine Frau füttert gerade die 5 Jungen, rühr dich bloß nicht von der Stelle, solange meine Jungen noch nicht flügge sind, 18 Tage lang kommst du keinen Meter näher als jetzt, sonst pick ich dir die Augen aus. Kühner war kein David.

Franziska: Da sie in *Germania* eine Stunde vor Schluss fertig ist, wollte sie heim, am nächstsen Morgen Probe und jeden Abend Vorstellung. Aber im engen Gang kommt ihr Wendt entgegen. Sie kriegen Krach, weil er sie zwingt, dazubleiben und beim Schlussapplaus auf der Bühne zu erscheinen. Sie kann es nicht mit ihm.

Diese Frau ist manchmal unmöglich. Ich bin oft auch so. Man kann nicht auskommen ohne Pein. Aber ohne einander auch nicht. Das ist kein Einfall, sondern die Erfahrung.

«Eingelaufene Bergschuhe» sollen die Kinder anhaben bei der Bergtour, was das sei, will sie wissen.

Der Regen rast in senkrechten Stäben herab.

2431927

Von 17500 bis 19500 gelang es, den darmfreien Menschen zu züchten. Die Züchtung selber dauerte also nur ca. 2000 Jahre. Aber 17000 und mehr Jahre dauerte es, bis man so weit war, in der Menschenzüchtung wirklich mit der Heuchelei Schluss zu machen. Ab 10000 nehmen überall die Züchtungen zu. Aber die Forscher müssen ihre Züchtungen für Zufälle ausgeben, weil aus irgendwelchen nicht mehr recht erkennbaren Gründen die Menschenzüchtungen mit Tabus belegt waren. Als dürften wir nicht, was wir können. 17000 Jahre dauerte es, bis in Ghana zum 1. Mal die völlige Freiheit der Forschung formuliert wurde. Von XY: Tut, was ihr könnt.

Käthe am Zusammenbruch entlang, Theresia heult haltlos: Es ist 9 Uhr, und sie schläft noch nicht, weil Käthe verlangt, sie soll 3 Fehler in dem Text korrigieren, den sie über den Hahnenfuß abschreiben sollte. Andere Eltern sorgten dafür, dass die Kinder um 7 im Bett lägen, uns sei es egal, wenn sie um 12 noch auf sei, auch wenn sie dann morgen überhaupt nichts mehr könne. Ich bin schuld, dass sie das Minnelli-Musical sehen durfte. Originalversion.

Die harmlose Fahrt nach München morgen, nur zu einem angenehmen Geburtstag, wirft ihre Schatten bzw. Schrecken voraus. Wahrscheinlich ist Käthe deshalb so nervös. Und ich könnte, wenn ich nur daran denke, in ein endloses Zittern verfallen. Vor Schwäche. Angst. Verzagtheit. Es könnte ja sein, dass ich nur durch irgend einen Zufall am Leben bin. Vielleicht sollte ich schon gestorben sein, aufgebraucht. Mehr als aufgebraucht.

Johanna hat angerufen aus Köln. Fester Ton: Käthe und ich stellen das fest. Jeder sagt es, will es aussprechen. Im Singen weiß sie nicht, ob sie weiterkommt. Sie kann nicht beurteilen (auf meine Frage), ob die Stimme der Studentin gut sei. Aber sie kann auch nicht feststellen, ob sie schlecht sei und in welcher Hinsicht. Wir lachen beide, als sie das am Telefon erklärt.

17. 6. 1979

Die Angst, nicht mehr zu leben, nicht mehr leben zu können, plötzlich. Da sich einfach alles in einander schiebt und bricht. Nichts mehr kann gehen, es geht ja immer etwas nicht gut, genauso gut kann auf einmal alles nicht mehr gut gehen, alles nicht mehr gehen.

Wenn in einem Zimmer nebenan etwas Schweres zu Boden fällt, und es ist ganz sicher, dass niemand nebenan ist, auch keine Katze, auch kein Hund.

Dass der Druck in den Ohren zunimmt, hat man seit Stunden bemerkt; aber er nahm doch nur so weit zu, dass man es sich nicht ausdrücklich eingestehen musste. Jetzt ist der Druck von beiden Seiten so stark, dass man vor Singen und Tosen alles andere nur noch von ferne hört.

Die Beziehungen älter Werdender werden so kritisch, dass nichts verborgen bleibt von denen, die in diesen Beziehungen leben. Eine Entblößung zuerst, dann eine Entstellung, dann eine Verzerrung ohne Ende. So war man nicht, so wird man.

Nichts mehr geht. Aber sage mir den Grund! Keiner hat heute dem anderen etwas getan. Keiner hat den anderen betrogen, beleidigt, verhöhnt, enttäuscht, und trotzdem hat sich im Lauf der letzten 12 Stunden eine bösartiger Härte zwischen uns ausgebreitet, die man nur mit Gift und Messer illustrieren könnte. Aber falscher könnte man's nicht illustrieren, denn das Bezeichnende dieser Stimmung ist, dass nichts passiert, ja, dass nichts passieren muss. So bleibt das schlimmste Stadium, bleibt der schmerzliche Bösartigkeitsmoment erhalten, keine Katastrophe löst ihn in einer großen Zusammenbruchsbewegung auf. Minus 183 … alles, was man herholt, erweist sich als idyllisch, verglichen mit dem, was es ausdrücken soll.

Wenn ein riesiger Panzer vorbeikäme, rasch einschwenkte, das Haus niederwalzte und sich 100-mal auf den Trümmern drehte, bis wir trocken wären, dann wäre ein wenig weniger Arges in der Welt.

Er hat das Gefühl, er kann seinen Stuhl nicht mehr verlassen, wenn sie nicht ruft, er solle kommen. Natürlich kann sie nicht bis zu seinem Zimmer kommen, um ihn zu holen. Das ist genauso undenkbar, wie dass er von selber aufstehen könnte, um dann ihr nach in das gemeinsame Schlafzimmer zu gehen. Ein gemeinsames Zimmer … Die Vorstellung tut weh. Aber sie könnte, so weit als möglich weg von ihm, seinen Namen brüllen, eng verbunden mit einem Fluch oder einem Wort des Abscheus. Das würde ihr ermöglichen aufzustehen, das würde ihm ermöglichen aufzustehen und ohne Eile oder Langsamkeit auf normalen Sohlen die Treppe hinauf und ins Schlafzimmer zu gehen und sich auszuziehen und zur Seite zu drehen, ohne dass sonst noch irgendetwas zu gewärtigen wäre. Mehr als eine Stornierung des Unerträglichen kann in einer Nacht wie dieser nicht erreicht werden, aber ob sie heute erreichbar ist, ist fraglich. Er kann nur warten. Das weiß sie auch. Jeder weiß, ohne dass man auch nur ein Wort wechseln müsste, wie es steht. Die Zeit der Dialoge, mein Gott, das waren noch Zeiten. Mal sehen, ob sie ihn sitzen lässt. Er kann sie dann morgen durch Bewegungen, Wegwendungen, Hinwendungen, Blicke, Hüsteln, Nicht-Hüsteln strafen. Sie kann dann …

Es ist 10 Uhr 20. Er wird noch ein Glas Sprudel trinken, ihr auch eins einschenken. Während sie trinkt, wird er sagen, er freue sich jetzt auf sein Bett. Auf nichts als auf sein Bett freue er sich. Aber darauf freue er sich, wie er sich vielleicht noch auf nichts in seinem Leben gefreut habe.

Montag, 8. 6. 1979
Kühl, ohne Regen, sieht aus, als ob es schöner werden wollte.

Im Verlag anrufen, um etwas über das Buch zu erfahren. Diesmal von Honnefelder, da Siegfried nicht mehr informiert ist. Aber Honnefelder ist auch nicht im Haus, erst am Donnerstag wieder zurück.

Ich bin ein Alkoholiker, der nicht trinkt.

Kann ich nicht froh sein, dass ich nicht tauge für dies oder das.

In der glühenden Ferne sanfte, fast nachdenkliche Schüsse, an den Rändern unscharf wie eine Wolke.

Der See, das geschäftige Wasser.

Das Wasser bis zur Treppe. Von uns aus gesehen, ist der See jetzt randvoll.

Wenn er daran dachte, wie sehr er sich heute werde beherrschen müssen, wurde es ihm sofort ein wenig schwindlig im Vorgefühl der Anstrengung, die dazu nötig sein würde.

Herr Wojezechowski ruft an, ob ich ihm Arbeit bei Rombach oder Herder verschaffen könne, mit meinem Namen. Es sei eben jetzt das Kind da, und da sei es wichtig, dass er wenigstens am Vormittag arbeite. Es sei ja egal, was und wenn er hinten etwas auspacke oder die Preise der Bücher reinschreibe.

Die Kälte fasst mich an.

Dienstag, 19. 6. 1979

Gestern bei Jürgen Habermas, 50. Geburtstag. Man sieht Gershom Scholem mit Windmühlen-Armen immer auf jemanden einreden. Marcuse sitzt immer gebeugt und hört zu. Er muss sich auf den Tisch stützen. Seine Handrücken sind bunt gesprenkelt wie ein militärischer Tarnanzug. Scholem ist sicher älter, aber viel gesünder. Sein Mickymaus-Gesicht ist immer voll im Ausdruck beschäftigt. Wenn ihm von Siegfried oder Jürgen Habermas Gäste vorgestellt oder zur Begrüßung hingeschleift werden, kennt er sie nicht, auch wenn diejenigen sagen, dass sie ihn vorgestern oder vor einem Monat da und da getroffen haben. Er will auch gleich weiterreden. Sich durch Neue nicht unterbrechen, sondern im Erzählen anregen lassen. Also am 29. 1. 1917 hört er von einem Bekannten in Berlin, dass sein Bruder, der als Soldat in Serbien diente und eine Verwundung in Halle auskurierte, gerade verhaftet worden sei wegen Landesverrat. Linke SPD, dieser Bruder. Bevor der Vater das von der Polizei erfährt, weiß es jetzt Gershom Scholem und bereitet sich darauf vor, von seinem Vater jetzt endgültig rausgeworfen zu werden, weil der Vater unter Gershoms Zionismus litt und unter dem Sozialismus des Bruders. Zionismus und Sozialismus, alles gleich schlimm. Gershom besorgt sich Quartier in einer Pension, in der nur russische Juden wohnen. Einer ist der Chef, ein großer Zionist. Alle essen nur Trefes dort, sind also Trefnikim. Gershom soll ein Buch aus New York aus dem Jiddischen ins Deutsche übersetzen, da er doch Hebräisch und Mittelhochdeutsch könne. Was an Russisch und Polnisch nötig sei, das erfahre er von dem großen Zionisten, so könne er etwas verdienen. Und da sind auch noch Berichte oder Briefe von Juden, die gegen die Araber in Palästina gefallen sind. Aber einer hört das und meldet es Martin Buber in Heppenheim. Den Juden in der Türkei schade dieses Buch. Buber strich den Bart und sagte: Ich habe einen Auftrag. Was heißt das, fragt Marcuse. Gershom: Nu, so ein Goi bist du wieder nicht. Aber weder Marcuse noch wir erfahren, was Martin Buber meinte. Aber das Buch durfte erscheinen. An einer anderen Stelle spricht Gershom von einer goischen Vernebelung, wenn er einen, der nicht scharf denken konnte, charakterisieren will. Die etwa 40 Jahre jüngere Freundin von Marcuse lacht jedes Mal laut. Sie spricht dann mit Frau Scholem Hebräisch. Sie hat den Stern an. Als Gershom auf seine erste Zeitschrift zu sprechen kommt, erwähnt er die Farben Blau-Weiß. Ich frage, warum. D.h. ich blamiere mich, weil ich nicht weiß, dass das die Farben der Zionisten und Israels sind.

Ute und Jürgen Habermas öfter fürsorglich zu mir: Dass ich doch den Gershom Scholem nicht möge. Ich sage, ich mag ihn, vor allem ihm zuhören mag ich. Mir ist die Begleiterin Marcuses weniger sympathisch, trotz ihres Hebräisch.

Gershom Scholem: Er sei schon als Fünfzehnjähriger in Berlin der bunte Hund gewesen, weil er Hebräisch konnte.

Wir gingen um halb elf, gerade als Joachim Kaiser und Susanne kamen, unter der Tür begegneten wir einander. Beide hatten schon vorher gemeldet, dass sie noch ins Konzert gehen müssten, bevor sie kämen,

Susanne Kaisers und Marianne Kochs Kleider sind so gearbeitet, dass ihre Brüste von links und rechts in den Ausschnitt hereinreichen. Man glaubt in jedem Augenblick, man bekomme gleich viel mehr zu sehen, und schaut deshalb immer wieder hin. Dazu gehört bei beiden die braune Haut. Auch bei Hille Baumgarts höher geschlossenem Feinleinenkleid in Cognac-Farbe ist ihre Sonnenbräune wichtig. Sie hat Urlaub in Italien gemacht und war beim Petrarca-Preis. Peter Handke hat dort offenbar Caroline Neubauer beleidigt oder Baumgarts, aber Hille will gerecht sein, Handke kann auch sehr menschlich sein, acht Tage war er im Krankenzimmer bei Nicolas Born. Sofort hingeflogen, als er hörte, dass der Lungenkrebs habe, ein Lungenstück schon entfernt, acht Tage gesessen und nur da gewesen für den. Peter Hamm und Marianne waren in Cannes und in Rom.

Heute Vormittag um elf lädt Siegfried zum Frühstück in den Bayerischen Hof. Ich gehe nicht hin. Als Grund: die TV-Aufnahme mit Josef Winkler im Olympia-Park.

Winkler ist jetzt viel deutlicher als damals in Klagenfurt. Er ist entwickelt, weil ich jetzt mehr weiß.

Marcuse wunderte sich andauernd über Scholems Gedächtnis und Wissen. So über Bloch, Rosenstock-Huessy … Der war aus Breslau, sage ich, um auch etwas zu sagen. Gershom Scholem: Und wie! Wieder ein Lacher!

Als Jürgen Habermas sagte, Kortejan sei armenischer Jude, sagt Gershom: Das gibt es nicht. In Armenien gibt es keine armenischen Juden. Entweder sind es Juden oder Armenier, tertium non datur. Das finde ich interessant, darüber hätte ich gern mehr gehört.

Peter Hamm kann keinen Weißwein trinken, weil er sofort eine Speiseröhrenentzündung bekommt. Zuerst wie Angina, dann aber doch die Speiseröhre. Dass Peter mit Marcuse per Du ist, wirkt komisch, bei diesem Altersunterschied.

Siegfried provoziert: Wie wurde man zum ersten Mal gedruckt? Man hört, er testet einen Buchplan.

Gershom Scholem einmal: Phänomenologischer Goi-Nebel. Da wurde die Frage diskutiert: Ist ein gebratener Fisch noch ein Fisch. Damit war für Scholem klar, dass er der Phänomenologie fernbleiben würde.

Das ganze Gerede ist ungeheuer leicht, und jeder glaubt, sich dabei auszeichnen zu können. Jeder erhofft sich etwas. Eine Deutlichkeit, die er vor 10 Sekunden noch nicht hatte. Deshalb meldet er sich zu Wort. Ja, jeder ist sich, wenn er etwas sagt, andauernd bewusst, wer ihm zuhört. Jeder will sich steigern. Gershom Scholem ist der, der noch am meisten weiß. Auch Siegfried schwärmt von diesem Gedächtnis. Deshalb habe doch Max Frisch in der Biografie diesen Satz geschrieben, das Einzige, was er sich wünsche, sei ein gutes Gedächtnis. Das Gedächtnis der Juden ist ungeheuer.

Ich sitze etwa ab 8 Uhr 30 so, dass ich nichts mehr zu trinken habe, nach dem großartigen Essen, das man sich holen konnte. Ich rasend schnell nüchtern und komme mir spröde und distanziert vor. Scholem und andere trinken Orangensaft und sind doch ganz dabei. Für irgendeine Teilnahme bräuchte ich Alkohol. Ich komme mir unpassend vor und besiegt, einfach weil ich so etwas nicht mitmachen kann.

Am Schluss sagte Jürgen Habermas noch vor Peter Hamm, dass ich einen schlechten und ungeheuer nationalistischen Aufsatz geschrieben hätte. Er meinte meinen Aufsatz «Händedruck mit Gespenstern», geschrieben für ihn, für sein Jaspers-Jubiläumsprojekt. Darüber, dass jede Meinung immer das weglässt, was gegen sie sprechen könnte. Also die prinzipielle Einseitigkeit jeder Meinung. Natürlich auch der linken. Aber seit ich die deutsche Teilung öffentlich unerträglich nenne, nennt mich jeder Linke nationalistisch. Ich reagiere schwach: Das könnten wir beide noch nicht entscheiden, das komme auf die Leute an, ob ich gut oder schlecht genannt werden müsse. Er lenkt um des lieben Friedens willen ein. Vorher hatte er in größerer Runde einmal weingereizt gerufen, ich sei, chronologisch gesehen, der Letzte, der Allerletzte seiner Freunde, und er müsse sich überlegen, ob er da vielleicht einmal einen Schnitt mache. Die Art, wie mir Reinhard Baumgart tröstend über den Kopf fuhr, kann heißen, das sei beleidigend gewesen.

Auf jeden Fall fuhren wir heim in die Stadt, in Franziskas Wohnung, weil die in Wien *Groß und klein* spielt. Ich war erbittert, geschlagen usw., ich hatte ja auch gedacht, Siegfried würde mir irgendetwas über das Buch sagen, eine Verkaufszahl undsoweiter, ich dachte, er hätte sich nach unserem letzten Telefongespräch jetzt informiert. Früher pflegte er manchmal ein Stück Papier mit solchen Daten mitzubringen. Ich hatte noch am Vormittag im Verlag angerufen, wollte Honnefelder sprechen, um dann Siegfried abends zuvorzukommen, aber Honnefelder war nicht da, also konnte ich Siegfried nicht zuvorkommen. Aber er wollte sowieso nichts davon hören

Wenn ich fünf solche Erfolge hätte wie *Pferd* und *Seelenarbeit*, dann würde ich mich anders verhalten. Jetzt tue ich aber nur so, als verhielte ich mich anders. Ich ziehe mich 1 mm zurück. Könnte ich es mir leisten, würde ich mich 100000 km zurückziehen. Ich würde keinen mehr sehen wollen von denen. Ich komme immer mit einer Art Verliebtheit auf eine solche Gesellschaft, und dann verreckt alles. Ich hatte mir von Käthe ein goldenes Kettchen und die beiden Anhängsel (die Hand mit den zwei Fingern und die Schlange) ausgeliehen und umgelegt. Nur Reinhard Baumgart bemerkte das und verwarnte mich fürsorglich, dass man in einem gewissen Alter gewisse Sachen nicht mehr tragen dürfe. Ich schloss den Hemdkragen. Wir waren sowieso schon am Gehen.

Scholem: Bloch habe beteuert, er habe bei Scholem Kabbala gelernt. Das sei aber nicht wahr, keine Spur.

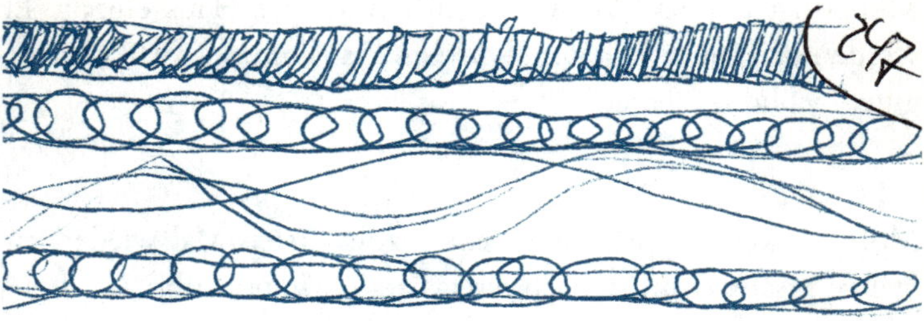

Mittwoch, 20. 6. 1979

Aufgewacht an dem Messerstich, den mir im Traum einer von zweien kurz vor Morgengrauen ein paar Meter vor einer Fähr-Landestelle beibrachte. Mit Theresia im Auto wartete ich noch auf die zwei, um sie zur Fähre mitzunehmen. Aber ich sah schon, als sie noch nicht ganz beim Auto waren, dass das ein endgültiger Fehler gewesen war. Einer zog das Messer, stach zu, ich griff nach seinem Handgelenk, das vordere Drittel des Messers bog sich ab, als die Spitze mich traf. Er drückte nach, ich dagegen. Der Stich schmerzte, aber das war noch nicht tödlich. Ich erwachte und holte Atem. Seitdem der Stich. Und ich bin müde, sterbensmüde, lebensmüde.

Es ist kalt, der See läuft fast über, aber es regnet nicht mehr. Die Katze und ich schlafen.

Immer öfter sage ich etwas anderes, als ich will. Allmählich muss ich zugeben, dass ich nicht der bin, der ich gern wäre. Oder soll ich weiter einen Text von mir verlangen, den ich, bevor ich ihn sagen kann, zuerst machen muss?

Der mit dem Zwölfzylinder-Jaguar: Hier kommt der Kleinbürger mit zwölf Zylindern.

Donnerstag, 21. 6. 1979

Helmut hat aus Kapstadt angerufen. Als er das letzte Mal kam, hatte er nur Jeans und ein Hemd an und eine Plastiktasche. Alle Kleider hatte er an Schwarze verkauft. Hier kauft er neue. Und die

Möbel hat er verkauft, weil er in ein kleines Haus einzog. Er werde nicht mehr heiraten, heißt es. Das komme der Firma zugute. Liebherr, Biberach.

Freitag, 22. 6. 1979
Morgens sonnig, nach dem Mähen zum ersten Mal wieder zur Stange geschwommen, nachmittags grau, windig, kühl.

Was einem von außen zugerufen wird, ist ungenau, schwer verständlich und zeigt nur, dass man sich selbst immer noch nicht ausgedrückt hat. Was man da zu hören bekommt, klingt wie für einen anderen bestimmt. Der müsste man zuerst werden, dann könnte man gehorchen.

Wilde Steine schreien aus dem Wasserschwall
die Blätter sieden an jedem Ast
schwarze Käfer gießen sich in Scharen
auf die Terrasse, der Besitzer isst ein Eis.

Das Amselpaar fliegt her, sobald die Katze aus dem Haus kommt, und zetert, solange sie sichtbar ist.

Jede Welle eilt für sich ans Land, wo sie strandend verrauscht.

Eine Hummel bohrt sich gegen Glas. 10 cm weiter könnte sie durch das offene Fenster, durch das sie kam, wieder hinaus. Erschöpft lässt sie immer wieder ab und geht auf dem Fensterrahmen hin und her. Aber nie weit genug.

Dienstag, 26. 6. 1979
Gestern beim Arzt: Muskelfaserriss. Einbinden mit Mobilat, eine Woche kein Tennis, kein Schwimmen. Auf das Schwimmen verzichte ich nicht.

Abends Herr und Frau Ficus. Er ist hin und her gerissen zwischen seinen jüdischen Freunden und seinem Antisemitismus. Er ist für die Todesstrafe, und zwar ohne jede Verhandlung, ohne Rücksicht auf Umstände, unter denen einer einen anderen tötete. Nichts da, Kindheit usw. Und Frau Ficus: Als sie BDM-Mädchen war, konnte sie in Ravensburg vom Heim den langen Weg heimgehen durch die Dunkelheit, ohne das geringste Angstgefühl. Und sie war übrigens keine Führerin. Das waren die Bürger-Kinder, die heute bei der CDU führend sind, die immer führend sind. Sie sind keine Opportunisten. Herr Ficus: Aufgeklärte Diktatur, zu etwas anderem sind die Menschen nicht zu gebrauchen. In Frankreich fehlt heute der Pétain, das sagen die Franzosen selber. Er liebt de Gaulle. Memoiren wie ein antiker Schriftsteller. Wie ein Plinius. Mussolini ist der Beste. Den bräuchte man. Einen Mussolini, wie er vor seiner Zusammenarbeit mit Hitler war. Herr Ficus hat Polypen auf den Stimmbändern. Am 5. Juli Operation, Dr. Krug. In Chicago hat ihn ein Schwarzer umarmt. Er hat den weggestoßen. Ob der nur betrunken war, weiß er nicht. In Saint-Louis im Schwarzenviertel ist ihm Angst geworden. Auch in Harlem. Seine Schwarzenbegeisterung ist zurückgegangen. Amerika ist für ihn eine Welt für Trauer. Vielleicht hat er das dort gesucht. Die Feuerleitern, die Fassaden, die Leute. Herr Müller-Oerlinghausen ist gestorben. Frau Ficus war noch 2 Stunden vorher bei ihm. Urämie. Seit 16 Tagen. Das war noch ein bürgerliches Haus. Nicht so wie bei Dr. Schostock, der auch sympathisch ist, aber was für ein Unterschied in der Führung seines Hauses. Bei Müller-Oerlinghausen steht offenbar alles an seinem Platz, und da steht nichts, was nicht dahingehört. Und nur eine kleine Todesanzeige in der *Schwäbischen Zeitung*. Und die Frau ist so immens reich, aber sie bleibt ganz bescheiden. Nicht wie so ein reich gewordener Handwerker, der eine halbe Seite braucht für seine Todesanzeige, um zu beweisen, wieviel Geld er hat.

24327

Die Zuhörer sind die Künstler. Sie sehen dem Tod ohne Unsterblichkeits-Hysterie entgegen. Man weiß nichts über sie. Aber sie bringen es fertig, mit nichts überleben zu wollen. Sie haben die Geistesstärke, dem Tod entgegenzusehen, ohne in den Krampf, in die Illusion zu verfallen, durch irgendwelche Werke nachher ein bisschen weniger tot zu sein. Die stummen Helden, so sitzen sie da, durchschaubar. Bewundernswert, wie wenig sie sich davon versprechen, sich mitzuteilen. Sie wissen offenbar, dass es sinnlos ist, sich Leuten mitzuteilen, die nachher selber sterben, von Leuten verstanden werden zu wollen, die in 100 Jahren genauso tot sind wie man selber, und ein Medium, das irgendetwas bewahren könnte, ist noch nicht erfunden. Bis jetzt ist alles immer wieder untergegangen. Unsere eigene Geschichte ist nicht älter als 24327 Jahre und die ersten 8000 Jahre, davon ist nicht mehr viel übrig geblieben. Nicht mehr, als in zwei Bunkern Platz gefunden hat. Nachher hat es wieder von vorne angefangen. Dass ich in dieser längst zum Tode verurteilten Sprache schreibe, die keiner mehr kennt, ist der Versuch, mich auf eine völlig verstummte Art auszusprechen. Da das sinnlos ist, spreche ich mich wenigstens in einer Sprache aus, die niemand hier versteht.

Letztes Jahr habe ich, sobald die Fliegen sich bemerkbar machten, den Kampf aufgenommen und getötet, was ich töten konnte. Ich rollte Zeitungen zu harten Rollen, konzentrierte mich, schlug zu. Mir entgingen so gut wie keine. Jeden Tag schlug ich noch mehr tot. Vielleicht Mitte Juni wurden es weniger. Ich begann zu siegen. Die Plage wurde kleiner. Jetzt sind wir im Juni zurückgekommen. Die Fliegen beherrschen die Räume. Ich bin nicht in der Übung.

Sie klettern auf mir herum, quer durchs Gesicht, über Lippen und Nase. Ich kann mich nicht aufraffen, etwas zu tun. Ich merke, wie unmöglich es ist zu töten, dieses Jahr. Dieses Jahr kann einfach keine Fliege totgeschlagen werden. Wie wird das im Juli? Im August? Und werden dann im nächsten Jahr 50-mal soviel Fliegen da sein? Ich kann nur hoffen, dass ich irgendwann wieder im Stande bin, Fliegen zu töten.

Mittwoch, 27. 6. 1979

Von den Amseln hört man nichts mehr. Die Katze hat gesiegt. Das Zetern hat aufgehört.

Es ist, als wäre das Amselpaar sofort nach dem Tod aller seiner Kinder, es waren fünf, ausgewandert. Aber wahrscheinlich sind sie einfach verstummt jetzt. Warum machen sie ihr Nest bei uns, wo Hund und Katze drohen? Weil in den von Giften bewachten Rasen und Gärten der Nachbarn kein Futter gedeiht. Bei uns gedeiht alles. Auch die Katze.

Fest-Menü anlässlich der Verleihung des Bodensee-Literaturpreises, Sonntag, 24. Juni 1979.

Horst Jaedicke im Krankenhaus. Von einer Stunde auf die andere. Sofort operiert wegen Blinddarm. Zweieinhalb Liter Blut-Transfusion, wegen Verwachsungen, dann ein paar Tage zu Hause, wieder Fieber: Abszess, noch einmal operiert. Jetzt schon vier Wochen im Krankenhaus. Bald heim.

Donnerstag, 28. 6. 1979

Gestern bis zur gelben Boje jenseits der Birke, heute, das Wasser vom Nachtregen kälter, zur Stange.

Leben und Schreiben

Aus Erfahrung weiß man, dass man durch Schreiben Gedanken klären kann. Man schreibt hin, überprüft, ob das das ist, was man sagen wollte, was man empfand. Dann korrigiert man alles, was durch das Formulieren anders geworden ist, als man wollte. Das ist schon komisch, dass man nicht sagen kann, was man will. Es gibt viele Störungen. Auch Feigheit, Rücksicht. Also jetzt korrigiert man, schreibt neu usw. Das nächste Mal ist das Geschriebene schon näher dem, was man sagen will. Aber dass das so aus einem selber kommt, wenn das die Erfahrung ist, warum kann man das nicht sagen, ohne es zu schreiben? Das Misstrauen, das ich gegen jeden empfinde, der etwas, was er anderen sagen will, zuerst aufschreibt: dieses Misstrauen vor allem gegen mich, den Schriftsteller.

Sage und schreibe

Warum kann man nicht einfach sagen, was man denkt? Was kommt dazu, wenn man schreibt, was beim Sprechen nicht dazukommt? Die Konzentration ist größer. Aber warum kann nicht verlangt werden, dass man in Gegenwart von anderen genauso konzentriert ist?

Das Lebensgeschichtliche. Man muss sich einen Ersatz schaffen für den andauernden Zeitverlust. Jeder Lebenstag ist ein Verlust. Man verliert einen Lebenstag, indem man ihn erlebt. Man hat ihn dann ja nicht mehr. Danach. Und diese Erfahrung verführt einen dazu, festzuhalten. Zu schreiben.

Wenn ich nur noch aus Angst arbeite, Angst vor dem Kein-Geld-mehr-Haben, dann arbeite ich erst unter den gleichen Bedingungen wie die meisten Leute. In der Tat wüsste ich momentan kein anderes Motiv. Ich bin so müde, den ganzen Tag, dass ich einfach nichts tun möchte. Aber ich gestatte es mir nicht, nichts zu tun. Ich tue nicht nichts. Ich tue etwas. Ich schreibe. Ich schreibe, was einem einfällt, wenn man Angst hat. Aber ich zwinge mich dazu, dieses alleinige Motiv zu verarbeiten. Vielleicht wird etwas ganz anderes daraus, etwas Schöneres.

Freitag, 29. 6. 1979
Zum ersten Mal bis zum Steg.

Samstag, 30. 6. 1979
Im Dreieck bis zur Birke, dann zur Stange wegen Wellen und Westwind.

Gestern Kaspar Wespi mit Freundin und Fotograf: Er ist jung und schmiegsam wie eine Sechswochen-Katze. Statt 2 Stunden 7 Stunden, Alkohol! Und ich habe zwanghaft fast alles gesagt, was ich verschweigen wollte. Heute einen listigen Brief geschrieben, um alles Wörtliche zu korrigieren: Das will ich noch einmal sehen, ob er es mir schickt? Soll mir noch einmal passieren, was mir letztes Jahr passiert ist!

Das Kind

Was hat er alles erzählt? Wieviel hat sie davon behalten? Wird sie ihn absichtlich … Nein, das nicht. Aber ohne dass sie es will, wird sie ihn denunzieren. Dann braucht er morgen gar nicht mehr nach Stuttgart zu fahren, dann ist seine Sache verloren, dann kriegt er den Auftrag nicht. Er hat alles gesagt, was er nicht sagen wollte. Das Schlimmste war das Politische! Warum konnte er sich nicht beherrschen! Hatte sie ihn? Ihn konnte man immer provozieren, wenn man etwas gegen Kleinbürger sagte. Dann spielte er sich auf als Kleinbürger-Verteidiger, und dazu griff er Großbürger an. Und weil ihm dazu nicht allzu viel einfiel, es fehlt einfach an Fakten, redete er sich in Hitze, demonstrierte durch Zorn, Empörung und Hass, was er mit schlichten Mitteilungen nicht beweisen konnte.

Franziska: Dass die Harald-Clemen-Regie wieder wankt, sie zu Dieter Dorn, der kann nicht schon wieder übernehmen, das Ganze wankt, ihre erste größere Rolle dort, größer als jede bisherige.

Samstagnachmittag. Essen, trinken, Fernsehen, der Geldfluss. Was wird mit dem? Und die Welt eine Wüste, wenn der Geldfluss zu stottern anfängt, sofort unbewohnbar alles, in allem waltet das Geld als die Substanz. Etwas anderes als Geld wird nicht produziert.

Am liebsten jubeln, den Verstand nicht gebrauchen, hinüber sein. Wer 70 werden will, soll denken! Ich habe geträumt, gestorben zu sein, mit Theresia und Käthe, zu dritt waren wir tot. Durch meine Schuld. Es war nicht schön, aber auszuhalten war es schon, man dachte, es könne noch schlimmer kommen.

Ein anderer Traum: Wie der voller Geschichte war. Die Mutter als eine Arbeiterin in einer zum Himmel gebirgsartig ansteigenden Bürokratie, im Jahr 1932. Der Plan einer Auswanderung nach Amerika sollte besprochen werden. Deshalb ließ ich sie aus ihren sowieso chicagohaften Arbeitswelten herausrufen, dann aufgewacht und auf den Abort. Was war ich für ein schwerer, sinnloser Körper, verglichen mit den Geschichtsspannungen im Traum.

Karin Kiwus. *Angenommen später.* Das sind respektable Gedichte, man wüsste gern, wie teuer sie waren. Bezahlt hat sie das, das sieht man.

Harald Clemen ist unsicher geworden durch das letzte Abbrechen. Als Unsicherer kann er jetzt keinem die Sicherheit geben, die jeder Unsichere von ihm erwartet. Alle müssten zusammenlegen, ihn zuerst ausstatten, ihn wieder strahlungsfähig machen.

Letzte Woche mit Honnefelder: Noch nicht ganz 39000 verkauft. Gedruckt 51–75000, aber kein Absatz mehr. Meine Enttäuschung nach all den Kritiken usw. Also soll ich im Herbst wieder reisen und werben! Wie viele waren im letzten Jahr um diese Zeit vom *Pferd* verkauft? Ich habe mir das nicht einmal notiert.

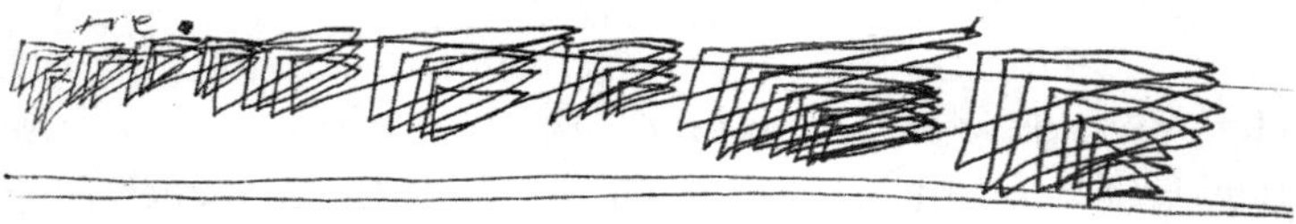

Sonntag, 1. 7. 1979

Hugo ruft an: Günter Schöllkopf ist tot. Ja, die Adern geplatzt im Magen, im Darm, Blutsturz, nicht mehr zu sich gekommen, im Krankenhaus. Am Dienstag noch ganz fröhlich gewesen und am Donnerstag den Blutsturz.

Ach Günter, ich habe oft nur widerwillig mit dir telefoniert, weil du betrunken warst und ich nicht hineinfand in deinen schwingenden, schweifenden, kühnen Ton.

Gallistl II

Einen Tag später, eine Stunde später, sagt Marianne, kann es mir allerdings vorkommen, als sei es völlig unmöglich, ein Streichholz anzuzünden.

Montag, 2. 7. 1979

Schöllkopfs Schwester rief an. Ich ließ mich verleugnen. Käthe schon von sich aus, noch bevor sie sagte, wer da sei: Der kommt erst morgen zurück. Die Schwester: Dann ist es zu spät.

Schöllkopf war einer, dem ich die Gefahr, in der er lebte, nicht glaubte. Warum er, warum nicht ich.

Für jeden Toten, mit dem ich noch befreundet war, eine Liegestütze.

Politisches hinderte uns, sonst wäre es vielleicht eine richtige

Freundschaft geworden, vielleicht die einzige, die noch möglich gewesen wäre.

Herr Zürn muss mitatmen und wird ohnmächtig bei *Über allen Wipfeln ist Ruh.* Er kann nur atmen, wenn der Sänger atmet. Aber warum atmet dieser Sänger nicht!? Der zieht einen Ton aus dem anderen hervor, fast unmerklich, man denkt, jetzt endet er, dann ist schon wieder ein neuer Ton entstanden.

Brief von Siegfried: 35000 gebundene Exemplare des Romans liegen da. Offenbar falsch disponiert. «... die abfließen müssen», hieß es in dem Brief über die Exemplare.

Alissa hat sich geweigert herunterzukommen, solange die Fernseh-Leute da waren.

Dienstag, 3. 7. 1979
9 Uhr 22 bis 13 Uhr 05, München.

Statt Gallistls Verbrechen die Gallistlsche Lösung: als ironisches Buch. Das Lob der Verhältnisse, die er genießt: privat und öffentlich. Wie ihn seine Frau betrügt. Wie er tut, als würde er das, falls er es erfahre, nicht ertragen.

Wie er schmarotzt, und das darf er, denn er tut nur, was im Gesetz steht. Die Kommunisten leben auch davon, dass sie welche sind. Das ist ihre Identität und ihr Geschäft. Jeder wird für das, was er ist, bezahlt. Auch der Veitstänzer.

Kein Feld reicht weit
kein Hügel will höher sein
als der andere. Alles ist
süchtig nach Bemessenheit.

Donnerstag, 5. 7. 1979

Gestern mit Franziska in *Maria Stuart* von Wendt, ihrem Feind. Nachher in der Kulisse. Franziska und ich mit Lambert Hamel und dessen Frau am Tisch. Es war eine schöne Aufführung. Viel Intelligentes. Franziska resignierend: Jetzt ist das auch noch ein guter Regisseur! Sie meint Wendt. Ja, leider, das ist er. Sie wird das Verhältnis ändern müssen.

Gestern mit Franziska und Edgar in den Starnberger Hof. Herbert Achternbusch sitzt dort noch mit Sepp Bierbichler und dessen Bruder und Schwester. Wir hatten *Der junge Mönch* angeschaut, einen schönen, bedeutungslosen Film, der schon eine Routine in der Anarchie verriet. Achternbusch als Schockvirtuose. Nachher will er Edgar als Preußen attackieren. Der lässt sich aber nicht provozieren. Achternbusch will, dass Edgar hier etwas Bayerisches (Boarischs) esse. Edgar bestellt etwas Italienisches. Was da kommt, lässt er angeekelt stehen. Achternbusch höhnt. Das geschehe ihm recht, hätte er etwas Boarischs gegessen. Achternbusch schwärmt von dem Hof, auf dem er als uneheliches Kind aufgewachsen ist. Alles scheint ihm rühmenswert. Das kennt man. Aber man würde sich nicht trauen, alles so um seiner selbst willen zu rühmen: die Kinder-Seligkeiten auf einem 600 Jahre alten Hof im bayerischen Wald. Das ist für den, der es erzählt, wichtiger als für die, die sich das anhören sollen. Er möchte andauernd außer sich geraten vor Hingerissenheit an damals. Er rast förmlich, weil es ihm nicht gelingt, den Verstand vor Begeisterung ganz und gar zu verlieren. Wir sitzen da und hören und sehen zu. Die großen Magdhände von Annamirl Bierbichler und ihr schönes Gesicht. Der ernste Bruder, der Musiker.

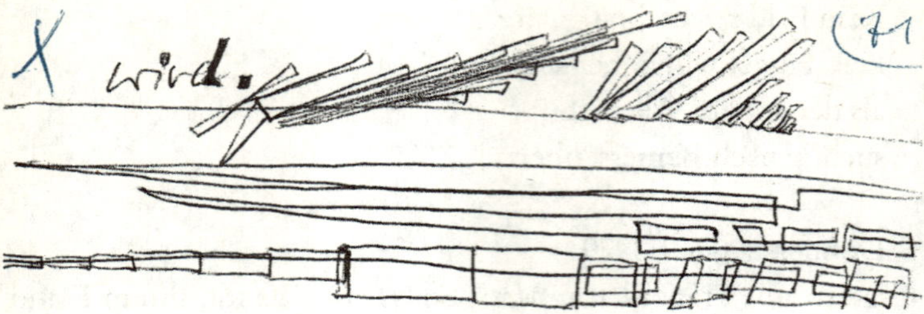

Heute bei WK in Haar, Bau 21 B. Ein langer Marsch von der Hauptpforte bis zu diesem in das Waldwiesengelände des Krankenhauses gebauten Flugzeugträger aus Beton. Sechs Meter hohe Betonwände, darauf noch Stacheldrahtspiralen, eine Tür ohne jede Aufschrift, man läutet, kommt vor ein zweites Gebäude, nach 2 Metern wieder eine Tür, dann alles abgeben bis auf Taschentuch und zwei Zigaretten. Dann in den Sprechraum, ca. zehn Plexiglas-Sprechstellen, man spricht in ein Sieb, schaut am Sieb vorbei den da drinnen an, hinter dem sitzt ein Pfleger, so nennt man sie, es sind Wächter. Man riecht den verbrauchten Atem des Gesprächspartners. Wolfgang hat Paragraph 63, d.h. die Gesellschaft muss vor ihm geschützt werden, und er muss geheilt werden. Dr. W. nachher: Der Gesetzgeber hat ein Gesetz geschaffen, ohne auch die Einrichtungen zur Durchführung des Gesetzes zu schaffen. WK brauche eine Soziotherapie. Er, Dr. W., habe 72 Patienten hier, Häftlinge, Geisteskranke, Nervenkranke. Wenn er Visite macht, für jeden 2 Minuten, das sind mit Treppen usw. schon 150 Minuten. Aussichtslos. Auch W. klagt: Es fehlt die Therapie, er sei hier für Therapie, aber nichts geschehe. Dr. W. nachher: WK habe eine Charakterneurose, früher hätte man gesagt: Psychopath, das Wort dürfe aber nicht mehr verwendet werden. Ziemlich viel Mieses in diesem Charakter. Er glaubt nicht mehr ganz an eine Besserung. Trotzdem müsste man versuchen, wenn man könnte. Hier das System von 3–4 Bauten, immer freier, am Schluss Arbeitstherapie, Freiheit. Hier könnte WK 25 DM die Woche verdienen. Der lehnt ab. Nur Steckkontakte zusammenstecken, den ganzen Tag, das mache ihn aggressiv. Frau B. hat ihm einen TV gekauft, will den aber bezahlt haben, jemand hat daran herumgedreht und etwas kaputt gemacht. Es kann nur der Hausarbeiter gewesen sein, der diesen Job macht, um sich auch einen TV-Apparat zu verdienen. W. geht zu dem hin und haut ihm zwei Ohrfeigen runter. Das hat er jetzt zu büßen. Dr. W.: Wenn noch einmal, dann sperrt er ihn acht Tage ein. Er gibt ihm schon ohnehin zu viele Privilegien. Das ist nicht gut. Dr. W. hat die Fotos des Opfers gesehen. Er war früher in der Pathologie, aber diese Fotos waren auch für ihn ein Schock. Der müsse minutenlang auf die Frau eingeschlagen haben: Gesicht, Brust und Schenkel.

Ich kaufe mich bei W. mit Salami, Zigaretten, 40 DM los. Er besteht auf der Schreiberei, alles andere lehnt er ab. Wenn er in den Keller arbeiten gehe, denke er doch nur an das Schreiben. Und seine Aggressionen nehmen zu beim Arbeiten. Und wenn er sich hier denen zuliebe verstelle und alles brav mitmache, damit sie ihn vielleicht schon nach drei Jahren hinausließen, dann komme er hinaus, sei aber endgültig kaputt, dann platze er vor Zorn und Wut. Das seien Schweine hier, sonst nichts. Er ist der Einzige, der den ganzen Tag oben bleiben darf und nichts tut als schreiben, aber er möchte Gesprächstherapie, er möchte gern den Doktor machen oder den Professor, wegen des Titels. Ein Bankkaufmann, der hier drin ist, hat ihm gesagt, er könne den Doktor machen. Er will nicht das Abitur usw., nur den Doktor.

Dr. W.: Diese Mauern um das Haus gefallen keinem von uns, aber ich sage immer: Diese Mauern hat auch die Presse gebaut. Wenn einer entfloh, haben sie getönt: «Geistesgestörter Krimineller entflohen!» Die Entflohenen seien aber Leute gewesen, mit denen er, Dr. W., jede Nacht in einen Wald gegangen wäre. Jetzt entflieht keiner mehr. Wenn die Presse jetzt komme, schreibe sie über diese alle Erträglichkeit vernichtende Mauer.

Ab 14 Uhr bei Frau Reiniger. Der zweite Mord-Fall an diesem Tag. Sie nimmt Mittel. Um die Entzündung der verbrauchten Oberschenkel-Hüft-Partie zu verhindern, dazu ein Herzmittel, aber sonst gut. Sie erzählt: Der Staatsanwalt, der sie anklagen sollte, hielt eine Verteidigungsrede, also Freispruch. Aus ihrer Geschichte: Der ältere Bruder wurde aus 130 Bewerbern nur nach seiner Handschrift ausgewählt, ist dann Direktor geworden und Millionär. Der andere Bruder, zuerst Bäckerlehre, der Meister wirft der Meisterin im Streit den Teig nach, holt den Teig wieder, hebt ihn vom Boden auf und verarbeitet ihn. Nachher wird im Brot Mäusedreck gefunden. Der Meister lässt alle Lehrlinge und Gesellen antreten und hält eine Strafpredigt. Aber die Frau: Das kommt davon, dass der Meister ihr den Teig nachgeworfen hat und ihn dann wieder aufhob. Der Meister will in seiner Wut der Frau an den Kragen, aber Frau Reinigers Bruder setzte ihn auf den nächsten Tisch und kündigt. Der Meister muss ihm trotzdem ein gutes Zeugnis geben. Er wird dann nach einer Banklehre sogar noch Beamter. Ihr Vater hat auf 108 Morgen Land in Ostpreußen Vollblut gezüchtet. Die Russen griffen sie auf, als sie Kohlen auf dem Wagen heimfahren, nehmen sie und die Kinder mit dem Pferdefuhrwerk mit. Sie denkt, die gehen nachher mit ins Haus, dann passiert es. Aber die laden sie ab, nichts passiert. Sie sagt: Danke, die Russen: Nix danke. Es gibt noch Gerechtigkeit. Ihr Mann wurde strafversetzt als Lehrer, weil er sich von einer Familie mit sieben Kindern scheiden ließ. Als sie mit dem vierten Kind schwanger war, fing ihr Mann mit dem neuen Mädchen an. Plötzlich will der einen Ausflug machen auf die Jägerhöhe, und als man abends zurückkam, begleitet er das Mädchen, um die Kühe zur Tränke zu führen, und kommt lange nicht zurück, erst als es schon fast dunkel war, kommt er mit ihr und den Kühen vom Rehsauer See zurück. Und beim Melken ist er immer im Stall, wenn das Mädchen gemolken hat. Sie fragt, warum. Er müsse die Kuhschwänze halten, weil das Mädchen sonst Angst habe, die Kühe schlügen ihr beim Melken mit den Schwänzen ins Gesicht. Der Mann wurde ein Trinker, Taugenichts, Schürzenjäger. Sie weiß dann, dass ihr Mann auf nichts aus war als auf Geschlechtsverkehr. Sie war nur zu naiv, für sie gab es so etwas einfach nicht. Zu Hause nicht und im Bekanntenkreis nicht, das waren alles ehrbare Leute. Sie war ja nicht prüde. Sie versteht schon, dass einem Mann einmal ein Mädchen besser gefallen kann als seine Frau, aber bei ihrem Mann war das einfach immer so und dazu das Verlogene, das war das Schlimmste, dass er kein wahres Wort sagen konnte. Der Staatsanwalt hielt eine Verteidigungsrede und sollte sie doch anklagen. Sie könnte immer noch von dem Staatsanwalt schwärmen. Es gibt noch Gerechtigkeit! Ihr ging es schließlich immer gut, weil sie selber gut war. Ihr jetziger Mann ist ihr untertan, mild und klug, er bewundert sie. Sie ist sehr höflich zu ihm. Entschuldige, Felix, sagt sie, wenn sie ihn unterbricht, was sehr oft geschieht. Felix wurde immer wieder von einem tief heraufkommenden Hustenanfall geschüttelt. Jedes Mal versuchte er, den Kuchen in der Mitte des kleinen Tischchens durch Wegdrehen des Kopfes und eine vorgehaltene Hand vor dem durch den Husten Herausgeschleuderten zu schützen, aber ich hatte den Eindruck, das gelinge ihm nicht besonders gut.

Einer aus der Provinz New Brunswick in Kanada wohnte dort in Untermiete, ein Plastiktischchen brach, er klebte es mit kanadischem Brot, tüchtig eingespeicheltem, das gelang.

Die Jugoslawin nannte mich beim Essen immer Herr Dichter usw., nicht auf unsere, sondern auf bäuerlich schöne Art. Es war schade, dass ich bei jeder dieser Anreden abwehrend zusammenzucken musste.

Freitag, 6. 7. 1979
Eine ganz junge Ente, längsgestreift, wurde von den rasch aufkommenden Wellen ans Land getrieben. Sie kann nicht älter als zwei oder drei Tage gewesen sein. Theresia machte fanatische Fütterungsversuche mit Ei, Brennnessel, Löwenzahn, nach 5 Stunden war das Ding tot.

Das Kind

Er war immer froh, wenn er etwas nicht getan hat, wenn ein Anruf nicht gelang. Heute zwei Anrufe zum Beispiel: Er kann doch froh sein, so ein Blödsinn, XY anzurufen, mein Gott, wegen dieser Sache den anzurufen! Er muss nach aller Erfahrung froh sein, wenn ihm etwas nicht gelingt. Alles was ihm gelingt, ist zu seinem Nachteil.

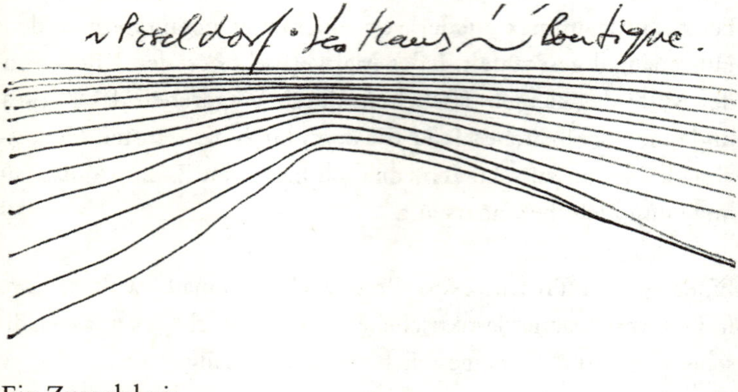

Ein Zugerlebnis

Im Hotel beim Aufwachen ein Armutsanfall mit Geldschrei. Dann rast er auf den Zug, den nächsten, und wenn es ein Personenzug ist. Es war dann aber doch einer, der auf den zu Herzen gehenden Namen Eilzug hört. Nur so schnell wie möglich aus der Stadt hinaus. Im Zug fallen ihm die Antworten ein, die er gestern Abend hätte geben müssen. Die Heimfahrt ist eine Orgie gelingender Antworten. Die Kurven, in die der Zug hineinfliegt, erzeugen die immer besser gelingenden Antworten. Das Gefühl, die wunderbaren Sätze, die in ihm jetzt entstehen, haben das Gepräge dieses gewaltigen Zugbrausens durch die Neckartal- und Schwarzwaldtalkurven. Alle wollen aus der Schmerz- und Leidenszone heraus. Nur wer nichts mehr macht, leidet nicht mehr. Wer nicht handelt, leidet nicht mehr. Handeln ist Leiden. Er lehnte sich mit allen seinen Gedanken in die Kurven, in die sich der Zug hineinbiegt. Das Glück des Misslingens. Plötzlich schrie er dann doch auf. Das Geld. Er brauchte das Geld. Seiner Frau ist Sparen schon zur Leidenschaft geworden, zwei seiner Kinder sind schon richtig geizig! Und er schwärmt vom Vermeiden! Er muss den gestrigen Abend korrigieren. Und redet sich in eine zuerst verlogene, dann immer wahrer werdende Rede zum Ruhm seines Konkurrenten hinein. Und landet beim Glück des Unterliegenden. Und das Schönste: einem so tollen Gegner zu unterliegen! Als er das alles los hat und sich die staunenden, ihn mit bloßer Bewunderung anstarrenden Gäste anschaut, freut er sich. Die hat er ganz schön hereingelegt. Die halten ihn jetzt tatsächlich für einen Bewunderer von A von S. Hoffentlich würde sich von dieser Bewunderung ein Glanz bis zu A von S durchschlagen. O nein, er hatte diese Rede ja gar nicht gehalten. Verkrampft gestottert hatte er. Hass und Neid, mehr war nicht aus ihm herausgekommen. Trotzdem, jetzt hatte er die Bewunderungsrede doch gehalten. Er war fähig, den A von S zu bewundern, das tat ihm schon gut. Das löste ihn. Er hätte diese Bewunderungsrede längst üben sollen! Er wusste doch, dass sie überall verlangt wurde. Von Schritt auf Tritt stieß man auf Bewunderer von A von S. Ohne einen Beitrag zur A-von-S-Bewunderung konnte man keinen Schritt vorwärtskommen. Mein Gott, warum hatte er nicht längst so was präpariert. Und er bewunderte den ja wirklich. Also was soll's, dass er ihn andererseits gar nicht bewunderte, vielleicht sogar nicht einmal beneidete, sondern ihn in seiner ganzen Gelungenheit herzlich verachtete. Das musste er ja niemandem sagen, das würde man nicht verstehen. Man würde das für Futterneid und Ressentiment halten, wenn er etwas gegen A von S sagte. Das hatte ihn schon oft gelähmt. Jetzt wurde es ihm erst deutlich, er passte sich in einem so unglaublichen Maß an an das, was von ihm erwartet wurde, dass er sogar das tat, was ihn in der Meinung der Leute arg herabsetzen musste. Da er es für sicher hielt, dass sie meinten, er sei gegenüber A von S zu nichts als Ressentiment, Neid, Hass, Minderwertigkeitskomplexen fähig, äußerte er, sobald die Sprache auf A von S kam, nichts als Ressentiment, Neid, Hass, Minderwertigkeitskomplexe. Wenn ich etwas anderes äußere, glauben sie, ich lüge! Man kann den Leuten nicht mit etwas kommen, was sie nicht erwarten, das gibt nur Missklang. Wenn sie einen für einen neiderfüllten Kläffer halten, ist es am besten, sich als ein neiderfüllter Kläffer aufzuführen, dann befriedigt man sie doch ein bisschen. Sie lieben einen dann schon eher, als wenn man sich ganz anders benimmt, als sie es erwarten. Das empört sie. Was fällt dem ein, uns so anzulügen, denken sie. Merkt denn der nicht, wie lächerlich er sich macht, wenn er so frech daherlügt! Mein Gott, der ist ja noch schlimmer, als man dachte, denken sie dann. Fügt man sich aber ihren Erwartungen, dann empfinden sie, falls sie eine traurige Figur in einem sehen wollen, dann empfinden sie eine Art sie selbst erhöhendes Mitleid. Deshalb würde er in Zukunft nur noch als ein A-von-S-Feind auftreten, der vor lauter niederer Antipathie kaum richtig reden kann, der ihnen demonstriert, wie er unter der Größe ihres Lieblings leidet. Das musste sie freuen. Seine Ansicht, A von S sei als Maler ein ziemlicher Schmierer, als Architekt ein Pfuscher und als Makler, der er, verkündet er, nur mit seiner linken Hand sei, weil seine Linke auch tätig sein wolle, ein Hochstapler, das musste er wirklich für sich behalten. Das würde man ihm zuletzt glauben. Sollte in seiner Gegenwart jemals jemand etwas gegen A von S sagen, es gab Erzkonservative, denen das zuzutrauen war, dann war es das beste, er widerspräche denen ganz und gar. Er hatte das Gefühl, er sei in einen Hexenkessel geraten. Er riss das Fenster auf und streckte den Kopf hinaus. Der Fahrtwind bog ihm den Kopf zur Seite. Das tat gut. Die Luft schlug auf ihn ein. Schon strebte der Zug aus dem hin und her biegenden Tal in den Hegau hinaus und schoss zwischen den Vulkankegeln direkt auf Singen zu.

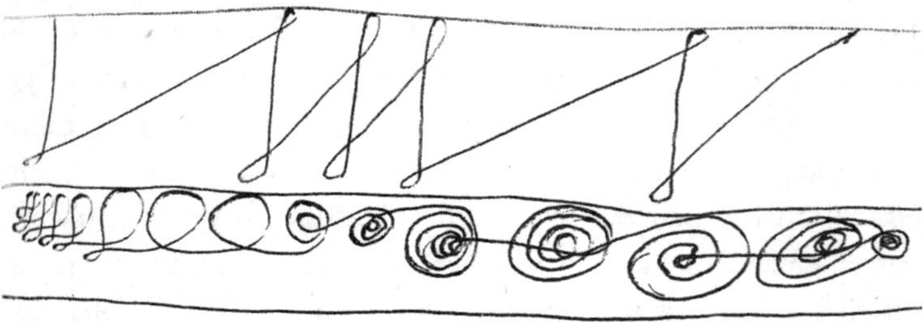

Geheimhaltung

Tun Sie das nicht täglich? Tun Sie überhaupt nichts täglich, was Sie nicht tun dürften? Etwas, was Sie einem sagen möchten? Sagen können? Ich tue etwas täglich, was ich keinem Menschen sagen kann, keinem. Daran sehen Sie, dass ich es allein tue. Aber wenn ich nicht ziemlich sicher wäre, dass Sie aus der Angabe, dass ich es allein tue, noch lange nicht schließen können, was ich da tue, hätte ich diese Angabe natürlich nicht gemacht. Denn in der Tat, es ist ganz unmöglich, dass jemand das erfahren darf. Ich würde mich zu sehr schämen. Ich wäre vernichtet, ganz vernichtet.

Samstag, 7. 7. 1979

Die Ente war gar nicht tot. Sie hat sich, als Theresia sie in ihrem Schoß wärmte, wieder geregt. Wenn ich mich über sie lege, ist sie zufrieden, sagt Theresia. Frau S. bringt sie zu einem Lehrer nach Ober-Uhldingen. Es sei eine exotische Ente, der Lehrer sei entzückt und werde sich gleich mit einer Kollegin, die Ornithologin sei, beraten. Zuerst war Theresia froh, aber dann brach sie aus: Das sei doch ihre Ente, der soll die hergeben, die gehöre doch ihr, wehe, wenn die nicht durchkommt. Sie hat einen Tag in intensiver Mutterschaft verbracht und will sich ihr Junges nicht nehmen lassen.

Das ist gespenstisch, dass Günter Schöllkopf tot ist. Der Ärger fehlt, für den er gut war. Ich habe jetzt keinen konservativen Freund mehr, der mich jetzt vormittags anruft aus einer Hölle, in der Schönheit gemacht wird. Ich klage, weil er mir fehlt. Ich klage, weil ich seine Blässe nicht ernst genommen habe. Ich bin mit ihm umgegangen, als hätten wir Zeit. Ich habe alles versäumt. Nicht einmal im Remstal war ich mit ihm. Ich bin ein Bellezzamacher, hat er gesagt. Er hat sich seine Hände angeeignet. Er hat jeden Strich bezahlt. Er hätte nicht sterben dürfen mit 44. Acht Jahre länger hätte er leben sollen, dann wäre es schon weniger peinlich gewesen. Aber so. Wir werden ihn vergessen, wie wir vergessen werden. Aber nichts wird sein, wie es war. Jeder ist für mich gestorben. Gute Nacht, Günter.

Sonntag, 8. 7. 1979

Gestern zweimal zur Birke, abends nach der Sauna. Heute West-Sturm, nicht ganz bis zur Stange.

Auf breiten Sträuchern kochen Mückenschwärme
die schwere Luft trägt Glockenschläge
her von wo keine Kirchen stehen
die Rosen lauschen überrascht
der Seewind silbert die Weiden
wirft Tropfen an die Scheibe
jeder Busch ist seine Orgel
dem Jasmin bläst er das Leben aus
er versucht das Haus

Klammert sich eins an das andere
sich rettend, verliert es sich
Schiller und Goethe meinten
einander zu steigern

Von wem möchtest du gerufen werden, heute schreibt jeder aus New York, mich hätte man entwöhnen müssen. Die Wahrheit ist eine tote Fliege.

Ava war bei Theresia, sie sieht den alten Singbär. Ava: Schenkst du mir den? Theresia: Den habe ich schon so lang, an dem hänge ich so, das tät mir jetzt direkt weh, wenn ich den hergeben müsste. Ava: Ja, was glaubst du, wie mir das weh getan hat, als ich dir den Pudel schenkte. Der Pudel ist ein Plastikding.

Käthe: Wenn man zu Ava sagt, hast du schon einen Trainingsanzug, sagt sie: Das ist für uns viel zu teuer.

Gestern eine grell am Telefon: Hier Ursula Haag. Dass nicht alles gestimmt habe in *Ehen in Philippsburg*. Sie sei die Schwester der Blinden, jetzt bei der Bundespost, aus uns allen ist nämlich noch etwas geworden, verstehen Sie, Herr Walser, aus uns allen ist etwas geworden, das hat eben nicht ganz gestimmt mit denen, das haben Sie halt bloß gehört, man soll nicht bloß nach dem Hörensagen Bücher schreiben, aus uns nämlich, aus uns allen ist noch was geworden. Sie muss über vierzig sein, aber die Stimme eines Kindes.

Schau nicht in den Spiegel, schau zum Fenster hinaus. Wenn man nicht neu ist, ist man alt. In mich sickert Schwere, sammelt sich, ich könnte sitzen.

Auschwitz und kein Ende. Entwurf für die Rede zur Eröffnung der Ausstellung von Zeichnungen von Häftlingen des Konzentrationslagers Auschwitz 1940–46.

Seit Auschwitz ist noch kein Tag vergangen. Es gibt eine Zeitrechnung, in der man nicht diskutieren muss, ob Verbrechen verjähren sollen oder nicht. In dem Zeitverlauf nämlich, den man die Geschichte der Menschheit nennt. Ich weiß nicht so recht, wie man in dieser, der historischen, Zeitrechnung einen Tag weiterkommt. Ich glaube aber zu spüren, dass uns unsere Auschwitz-Verbrechen noch auf der Seele liegen. Wir können über die KZ-Verbrechen noch nicht mit der Abgeklärtheit sprechen, mit der wir über die Völkermorde des 19. Jahrhunderts in Nordamerika und sonst wo sprechen. Ein einziges Bild aus einem KZ, und wir haben nichts mehr zu sagen. Oder möchte sich jemand zutrauen, uns zu erklären, wie unsere Leute zu so etwas fähig wurden? Aber ist das nicht das Schlimmste, diese Verbrechen ins Unerklärliche geraten zu lassen? Aber wir können doch nicht sagen, dass wir das, was da getan wurde, auch nur im Geringsten verständlich finden. Etwa im Ursache-Wirkung-Schema. Es gibt keine Ursachen, die diese Wirkungen beabsichtigen können. Kein Mensch, auch nicht Himmler oder Hitler, könnte Ursachen nennen, deren Wirkung die Tötungsfabriken in Auschwitz sein mussten. Und doch sind diese Fabriken entstanden. Sie wurden entwickelt. Schritt für Schritt. Man reagierte auf das, was man zuerst nur gedacht oder gebrüllt hatte. Als Gedachtes oder Gebrülltes war es noch nicht das Getane. Es war Rassenhass, Faschismus. Die Realisierung war Auschwitz. Ich wage einen Vergleich, der nichts gleichsetzen, kein deutsches Verbrechen entschuldigen soll, der nur dazu dienen soll, eine Ahnung zu erwecken von dem, was man als wissenschaftliche Denkart bezeichnet: Wissenschaftler entwickeln die Möglichkeit, Waffen herzustellen, mit der die Menschheit ausgerottet werden kann. Unsere Nationalsozialisten haben auch Wissenschaftler beschäftigt, um ihren Rassenhass zu entwickeln, und sie haben Wissenschaftler gebraucht, um ihre Tötungsfabriken zu konstruieren und zu betreiben. Menschen mussten umkonstruiert werden zu Vertilgungsgehilfen; und zwar auf jeder Ebene, von einfach-bestialisch bis zu subtil-zynisch. Techniken mussten erdacht werden, die dem Massenzeitalter entsprechenden Massentötungen zu ermöglichen. Ein ganzes Abbild unserer Gesellschaft. Sind wir darüber hinaus? Was entscheidet in uns über Möglichkeit und Unmöglichkeit? Gott verbietet schon lange nichts mehr. Der Humanismus hat Auschwitz geschehen lassen. Ein Bild aus Auschwitz, und man spürt, dass man nicht sagen kann: Das ist endgültig vorbei. Ja, in der Organisationsform Auschwitz und in der Begründung durch deutschen Nationalsozialismus ist das endgültig hinter uns. Aber wenn dergleichen jetzt aus der Welt wäre, könnte man diese Bilder vielleicht anschauen wie andere Entsetzlichkeiten unserer Geschichte. Man kann nicht. Opfer und Täter stehen einander in ihren Angehörigen, in ihren Völkern immer noch gegenüber. Es gibt Organisationen für Begegnung. Es gibt Versuche, die Scham nicht zur Lähmung werden zu lassen. Es gibt Unternehmungen zur Entschuldigung. Ein einziges Bild aus Auschwitz, und alle Versuche sind wieder wie nichts. Man kann schaudern, wenn man hört, es gebe Leute, die 1 Million Morde wegdiskutieren wollen. Aber welches Verhalten entspricht dem Faktum Auschwitz besser? Gibt es da ein entsprechendes Verhalten? Das möchte ich kennenlernen. Ein Bild aus Auschwitz, und wir müssen zugeben: Es ist noch kein Tag vergangen seitdem. Wir können diese Bilder gewissermaßen immer noch nicht zur Kenntnis nehmen. Wir können hinschauen und müssen gleich wieder wegschauen. Leben kann man mit solchen Bildern nicht. Man ist in Gefahr, sich gegen diese Bilder zu wehren. Man muss diesen Kampf in sich auskämpfen lassen. Immer wieder. Es gibt bei unseren Lebzeiten kein Verhältnis zu Auschwitz. Es gibt keinen Standpunkt, den man erreichen könnte, um von ihm aus eine Meinung oder doch eine erträgliche und verlässlich stabile Empfindung zu haben über das, was da getan wurde. Was in Auschwitz getan wurde, gehört zu unseren andauernden Aufgaben. Keiner von uns kann sich über den Lagerboden erheben und sagen, das seien ein paar Psychopathen oder ein paar deutsche Kleinbürger gewesen oder Bürger oder sonst welche, mit denen er nichts zu tun habe. Wir haben mit denen zu tun. Was wir mit denen zu tun haben, ist unsere Unruhe, unser Erfolg, unser Anstand und Wohlstand. Nicht dass wir ein Gewissen demonstrieren sollten, dass wir nicht haben, aber wir dürfen zugeben, wir sollten vielleicht sogar zugeben: Auschwitz ist nicht zu bewältigen. Entstehe daraus, was wolle. Wir können das nicht dem oder jenem zuschieben. Wir können auch nicht im Chor eine Tonart finden, in der über Auschwitz gesprochen werden kann. Aber als Einzelne können wir uns etwas eingestehen. Angesichts eines Bildes aus Auschwitz. Solche Eingeständnisse würden wahrscheinlich zu einander passen. Wir wären einander darin wahrscheinlich näher als in einem Auto …

Das Aufreizende an einer so jungen Mutter ist ihre Unansprechbarkeit. Sie ist nur daran interessiert, dass man über ihre Kinder spricht. Sie will von nichts hören, was sich nicht auf ihre Kinder bezieht. Sobald von etwas anderem als von ihren Kindern die Rede ist, schweift ihr Blick ab. Man sieht, sie will jetzt von einem Kind zum anderen schauen. Erst wenn man wieder von ihren Kindern anfängt zu sprechen, kehrt ihr Blick zurück. Solange man dann von ihren Kindern spricht, hält sie es sogar aus, ihre Kinder nicht anzuschauen. Falls sie tatsächlich einmal die Kinder nicht anschauen würde, obwohl man gerade nicht von diesen Kindern spricht, greifen die selber ein: Die Zweijährige setzt sich einen noch nicht ganz leeren Topf auf den Kopf und brüllt aus einem Meter Entfernung: Hallo, hallo. Oder der Vierjährige leert ohne jede gefühlsmäßige Beteiligung eine Flasche Sprudel auf den Boden. Das versteht man geradezu. Erwachsene machen Schlimmeres und geben es nicht so offen zu.

Wo möchtest du unaufhörlich sein? Solange du das nicht weißt, bist du sterblich.

Alle guten Besprechungen helfen dem Buch nicht, wenn die *FAZ* nicht mitmacht. Jetzt 40000 Exemplare. Mit der *FAZ* wären es vielleicht 45- oder 50000 gewesen, mehr sicher nicht. Von 50- bis 100000 tragen dann die Leser ein Buch.

Das Bewusstsein meiner Unfähigkeit bereitet sich so langsam in mir aus, dass zu hoffen ist, es werde mich erst kurz vor meinem Tod vollkommen durchdrungen haben.

Ruhend, allem gegenüber, und heiter lebe ich hier, ein Verbraucher wie Wenige. Ich bin Spitze. Die Pyramide trägt mich.

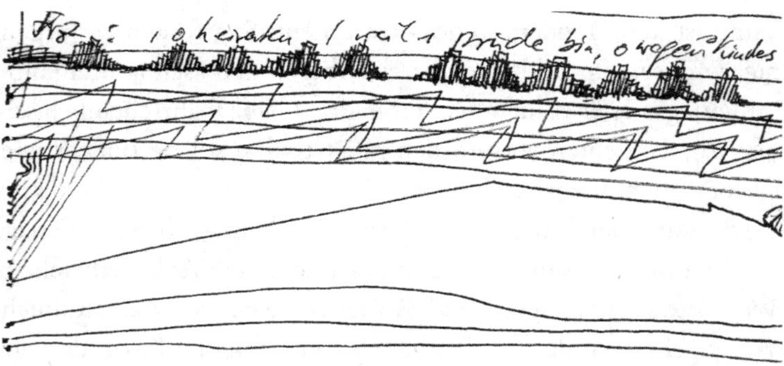

Dienstag, 10. 7. 1979

Franziska am Sonntag im fünften Akt vom *Sommernachtstraum*, ohnmächtig. Sie habe gerade noch ihre Hände gesehen, als ganz grün. Und so sei sie nach dem Urteil der anderen im Gesicht gewesen. Spritze vom Theater-Arzt.

Mittwoch, 11. 7. 1979
Johanna und ich zuerst Tennis, dann von zwei bis 4:00 Uhr Windsurf-Kurs im Strandbad West. Zuerst auf dem Simulator, dann aber auf den BOARDS im schwankenden Element, noch ohne Segel. Da hätte ich lieber wieder aufgegeben. Nachher mit Segel etwas haltbarer, geriet aber zu weit hinaus und wurde nach Westen in das Badeleben hineingetrieben, weil der Wind schwächer war als die Strömung. Gregor immer mit dem Megaphon die Anweisungen: Segel auf die andere Seite, der Wind kommt von hier, dann wieder starten, Segel aus dem Wasser heben, Mast senken usw.

Bei Franziska hat Wendt übernommen. Die erste Probe sei gut verlaufen.

Jürgen Habermas will den Verlag verlassen, wenn von Busch nicht eine öffentliche Erklärung abgegeben werde, dass er wie bisher arbeiten könne, also dass klar wird, die Neue Folge der edition suhrkamp ist kein Tendenzwende-Instrument. Sonst kann es Jürgen nicht mit seinem Bild vereinbaren. Aber es gehe schon drei Jahre im Verlag, wie er es nicht wolle. Siegfried habe wahrscheinlich seinen Rotary-Leuten versprechen müssen, dass solche Bücher wie in der *es* nicht mehr erscheinen.

Ich würde auch manchmal gern ausziehen aus diesem Verlag, aber ich müsste dann wieder in einen anderen Verlag einziehen. Was hätte sich dann geändert? Höchstens, wenn ich zum Rotbuch Verlag gehen würde. Eine Trennung vom Lack und Luxus der Gesellschaft. Das wäre befriedigend für mich. Bequem und unbequem. Ich käme mir wichtiger vor. Ich hätte etwas getan, was ich von mir verlangen kann. Andererseits hätte ich auch nichts getan als den Verlag gewechselt.

Wer aus der Sonne kommt, schreibt nicht.

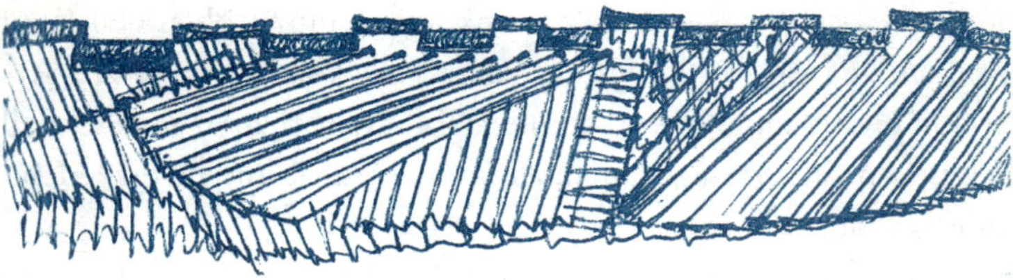

Wenn man lang in keinem Strandbad war, möchte man jedes Mädchen im Bikini anstarren wie eine Erscheinung. Ich habe das wohl lächerlicherweise getan. Die Badeanzüge haben sich inzwischen so sehr vermindert, dass sie als Flecken gelten können, durch die man auf das Sehenswerte aufmerksam gemacht wird. Wie das alles ruhig hingenommen wird. Sogar die vierzehnjährigen Buben tun, als sei das gar nichts.

Johannas Stimmübungen blitzen im Haus auf und ab. Sie grenzt manchmal an einen Vogel.

Ab nächsten Montag selber surfen.

Freitag, 13. 7. 1979

Heute letzte Surfstunde, mit Theorie.

Herr K. hat die Zeugnisse verteilt, die Charakteristiken. Theresia hat ziemlich viel Kritisches eingeheimst. Nathalie triumphierend: Noch nie ein so gutes Zeugnis. Theresia: Da wär mir ein Sechser schon lieber als solche Sätze. Sie gehen ihr zu nah. Sie wehrt sich dagegen, dass jemand das Recht hat, sie als Person kritisch zu beurteilen. Tatsächlich sind da Noten von 1–6 zurückhaltender. Herr K.: Dass alle dankbar sein müssen, dass Ava in der Klasse sei. Sie alle könnten davon nur profitieren. Ava zu Theresia nachher in einem entrückten Ton: Ich bin die Beste … Ich bin die Beste usw. Käthe: Das könnte er ruhig in deren Zeugnis schreiben, aber doch nicht vor allen sagen.

Jedes Mal ausweichen, Lippen einkneifen, unmerklich den Kopf senken, auf jede Anknüpfung verzichten können oder den Anschein produzieren, das zu können. Todesnachrichten ganz schnell schlucken. Sich versagen, nein zu sagen. Dem Widrigen eine Hand hinstrecken.

Blutend durch die Tage, nachts den Mund auf die Wunden pressen, die der Mund erreicht. Das Schönste ist doch die Lächerlichkeit. Eine Krone ist sie, die nicht wankt, so passt sie auf meinen Kopf.

Johanna singt fast ununterbrochen in ihrem Zimmer. Es klingt von ganz fern her: immateriell.

Das ist sicher: Wenn von uns eine die Beste wäre, würde sie nicht in Trance verfallen und murmeln: Ich bin die Beste … Es ist ganz sicher, dass Theresia zu ihrer Freundin sagen würde: Ich bin auch nicht besser als du.

Das bisschen Gehör links und rechts und dazwischen die riesige Strecke Taubseins.

Das bisschen Sehenkönnen und die Blindheit für das meiste.

Diese winzige Empfindung. Von dem, was ist, nimmst du so gut wie nichts wahr.

Neulich deutlich müder. Eine Stufe weiter herunter. Aber das darf ich weder sagen noch merken lassen. Ich muss auftreten auf der Stufe, auf der man mich zuletzt sah.

An einem Abend alles Papier der Welt mit mir vollschreiben.

Jeder Mensch hat mehr Kehrseiten als Seiten. Ein Leben darf man haben, dagegen sagt fast keiner was, selbst Doppelleben sind unter Umständen erlaubt. Aber dann hat es sich. Du musst verheimlichen. Auch vor dir.

Günter Schöllkopf habe nachts oft seine Mutter angerufen und gesagt: Du, ich blut wieder so.

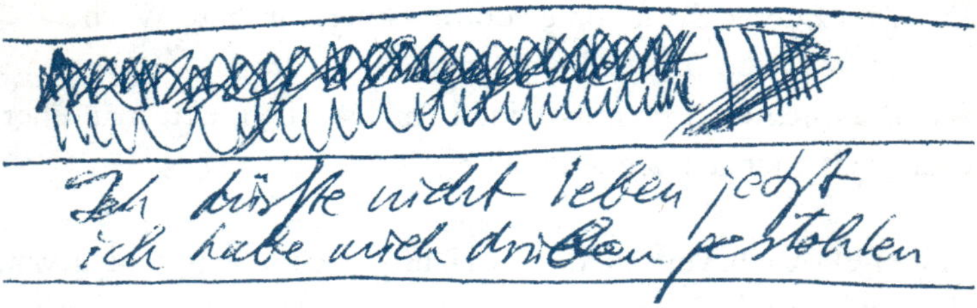

Sonntag, 15. 7. 1979
Er entfernte sich von seinen Kindern wie von einem Verbrechen.

Dienstag, 17. 7. 1979
Der klagende Mittelstand, der doch ganz schön verdient. Die Klagen kommen wahrscheinlich von der Erschöpfung. Man muss zu viel tun, um diesen Wohlstand fortzusetzen, und man weiß nie, wie lange man das noch schaffe, erstens wegen der eigenen Gesundheit, zweitens wegen der allgemeinen wirtschaftlichen Lage. Diese Angst und die Erschöpfung produzieren dieses lebenslängliche Klagen, das komisch wirkt, weil der, der da klagt, ja noch sehr angenehm lebt.

Heute fünfz ich
morgen sechz ich
übermorgen siebz ich
mit den Seligen im Wind

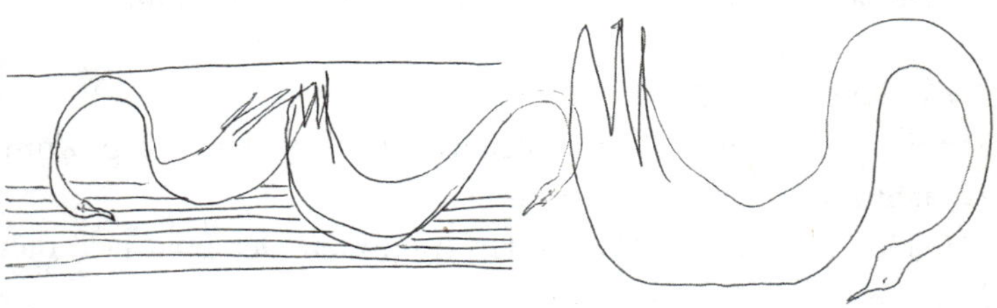

Der 1. Satz der 2. Symphonie von Bruckner: für diese Woche.

Für Braunschweig: Es muss einen Anlass geben, den man eher exogen als endogen nennen könnte.

In den USA ein Vortrag, der zu Hause geschrieben worden war, aber andauernd die Situation des jetzt vor uns Sprechenden beschrieb und ausdrückte. «Vortrag» heißt der Vortrag. Er arbeitete für seine Beweisführung andauernd mit dem Augenblick, in dem er vor uns stand. Das fiel so auf, dass er das alles doch zu Hause vor Tagen oder Wochen geschrieben hatte. Er hatte sich also damals vorgestellt, wie er vor uns stehen und zu uns sprechen würde. Das halte ich fast für unmöglich.

Der Schmerz und der vergangene Schmerz. Misstrauen gegen Meinung, nicht gegen Empfindung und Mitteilung. Etwas, was einem nur einmal einfällt, kann nicht so wichtig sein.

Mittwoch, 18. 7. 1979

SWF-Kritiker wollen dem *Pferd* noch 10000 DM stiften, weil es am meisten Punkte einbrachte. Damit ist es das erfolgreichste Buch eines Jahres. Die Lotterie hat einmal fusioniert. Es gibt sicher höhere Gewinne. Und 1979 als Haupttreffer-Jahr wäre mir lieber als 1978.

Man sagt, wenn es einen selbst betrifft, nicht Selbstmord.

Donnerstag, 19. 7. 1979

Tennis mit Wittlinger und Johanna. Dann bis zum Steg. Zum zweiten Mal erst in diesem Sommer.

Seit gestern unbezweifelbar Hochsommer. Der Eindruck, diesem Sommer könne nichts mehr passieren.

Freitag, 20. 7. 1979

8–9 Tennis mit Wittlinger und Johanna. Dann Surf-Versuche bei starkem Wind. Davor noch bis zum Steg geschwommen.

Zum Gähnen geneigt. Kein Recht
auf etwas. Ruhend im Beutenest. Bis
zum Hals in Privilegien.
Das steinerne Herz meldet Schmerzen.

Sonntag, 22. 7. 1979

Ich will nicht verstanden werden: das möchte ich sagen können.

Montag, 23. 7. 1979

7:00 Uhr Tennis mit Herrn Oswald.

Dienstag, 24. 7. 1979

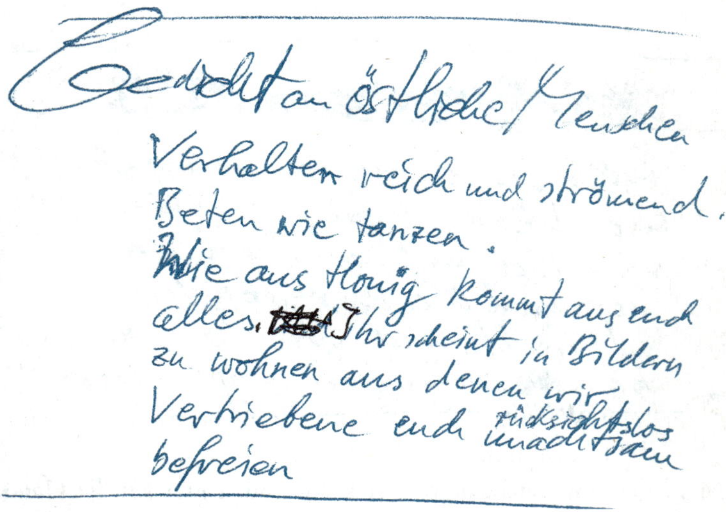
Gedicht an östliche Menschen
Verhalten reich und strömend.
Beten wie tanzen.
Wie aus Honig kommt aus euch
alles. Ihr scheint in Bildern
zu wohnen aus denen wir
Vertriebene euch rücksichtslos unachtsam
befreien

Gedicht an östliche Menschen
Verhalten reich und strömend.
Beten wie tanzen.

Wie aus Honig kommt aus euch
alles. Ihr scheint in Bildern
zu wohnen, aus denen wir
Vertriebene euch unachtsam befreien

Herr Zürn als Verwalter. Räumt einem ein Recht ein, das der dann mit immer neuen jungen Mädchen nutzt. Herr Zürn wird zum Voyeur. Ein Exhibitionist, dem nichts übrigbleibt, als als Voyeur vorlieb zu nehmen. Ein mutloser Exhibitionist.

Auf mir liegt eine Last, die keinen Namen hat. Was ich sage, ist von ihr erpresst.

Trocken verdämmere ich in Angst und Stille. Ungebraucht. Leben und Tod sind mir fremd. Ich neige mich über die Abwesenheit und trachte nach ihrem Ton. Ich bin stumm vor Neigung zum Glück.

Trocken verdämmere ich in Angst
und Stille. Ungebraucht. Leben
und Tod sind mir fremd. Ich
neige mich über die Abwesenheit
und trachte nach ihrem Ton. Ich
bin stumm vor Neigung zum Glück.

Mein Nacken gleicht dem Hirtenstab und wartet auf die Hand.

Wenn die Flüsse unwissend sind, sind wir es auch. Höchstens die Bäume kämen durch ihre Standhaftigkeit, und weil sie weiter reichen, hinaus über unsere Verblendung, die Zeit.

Ich bin überhaupt kein Deutscher. Ich gehöre dazu, ausgespuckt von den Tälern in ein Reich. Selber wankend, hat die Geschichte uns mitgerissen.

Lass es doch Sommer sein
rennen nicht schreiend voraus
trink etwas wie jemand
der heute nicht stirbt.

Ich lebe von wenigen Rosen.
Die Sonne kommt zu spät ich
zeichne Sekundensterne, Pferde
scheinen zu trauern. Ich auch.

Wir sind nicht so schön wie Gitarrenklänge, die man durch Wände hört. Das Blut schießt donnernd durch die Adernwälder.

Abends schleifen Losgelassene durch den Bahnhofs-Grund und sättigen sich an Farben aus einem schwarzen Quell.

Noch keiner ist feig. Gläsernen Mutes spielen wir, was verlangt wird, manche können küssen mit einem liebevollen Mund.

Alissa rief an, ob sie heute schon kommen könne. Morgen noch Andacht um acht und dann Zeugnisse holen. Sie sei erkältet. In der Andacht werde nur ringsum gehustet und geniest. In Gaienhofen gehe Gehirnhautentzündung um. Sie bietet wirklich alles auf. Man muss es nur ihr überlassen, zu kommen oder nicht zu kommen, dann stirbt sie ab. Widerspräche man ihr, steigerte sie sich in das heute Heimkommenmüssen so hinein, dass sie drüben die eine Nacht noch nicht aushielte.

Meine Tage vergehen von selbst. Ich mische mich nicht ein. Ich bin ein Fleck, der trocknet. Ich werde gewesen sein.

Wir denken immer, dass Theresia eines Tages als Gitarrenvirtuosin aufleuchten wird und es dann leichter hat. Dabei könnten wir doch an ihrem Lehrer, der 1000-mal besser spielt als sie und der es eher schwer hat, sehen, dass wir uns täuschen.

Maria Menz: Wenn schon glauben, dann doch ganz. Sie beschämt die Relativierer, die Anpasser.

Widerrede

Um die Schnauze wächst mir ein Samt
den ich nicht mag,
darum hör ich mich nicht
in dem, was ich sag.

Von allen Stimmen, die aus mir sprechen, ist meine die schwächste.

Mittwoch, 25. 7. 1979

Nicolas Born hat Lungenkrebs. Er hat sicher nicht gedacht, dass er so etwas auszuhalten haben werde. Marie-Luise Scherer rief an und sagte, sie rufe ihn öfter an. Sie wisse nicht, ob sie ihm 1 Stunde wegschwätzen dürfe. Er spreche immer selber von seiner Krankheit, von nichts anderem.

Dass ich mich selbst da noch unterscheiden möchte, auf eine fast politische Art.

Herr Oswald ist ein 7:00-Uhr-Spieler. Er spielt lieber mit den besten Frauen als mit den schlechtesten Männern. Wenn er eine Zeit lang milde zurückgibt, muss ich mich fragen, ob er müde ist oder kein Interesse mehr hat, mit mir zu spielen.

Lass uns Illusionen schöpfen. MutterMariaPhantasien. Argonauten-TraumFliese kämmen.

Nach Dornen, die sich, solange man sich nicht rührt, noch nicht in unser Fleisch einbohren, sehne ich mich. Inmitten einer Drohung zu sitzen, die warten kann, sehne ich mich. Etwas, das sich nicht auf mich zubewegt, vertrüge ich. Ich glaube, ich kann jetzt schon Ruhe bewahren und eine Situation, die sich ohne mein Zutun nicht zum Schlimmen ändert, auch wenn sie nicht besonders angenehm ist, lange ertragen. Bewegungen, die der Verbesserung zu dienen scheinen, sind, weil sie wie jede Bewegung überhaupt, zur Verschlimmerung führen, zu unterlassen. Alles ertragen, alles unterlassen, nichts unternehmen, nichts erhoffen. Blei sein. Ein Blatt am Grund des Wassers.

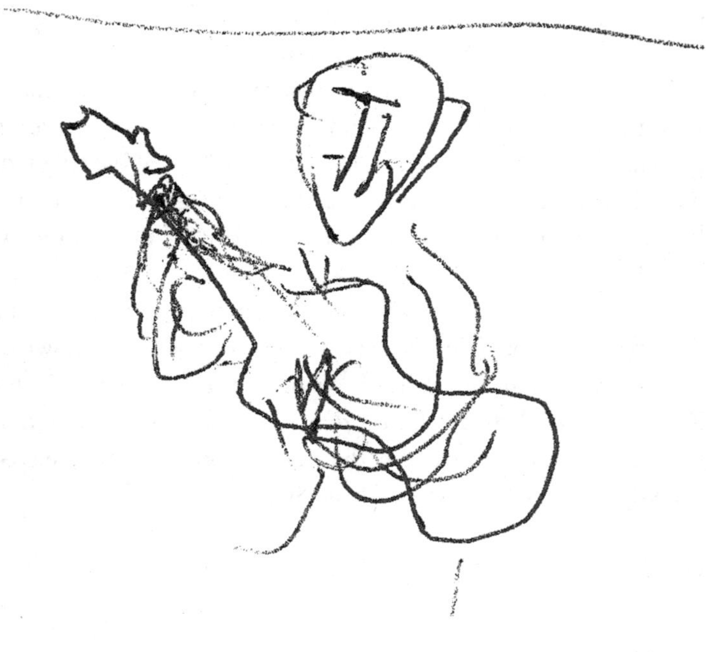

Mir geht es, sage ich grinsend, so gut, wie es mir, seit ich denken kann, noch nie gegangen ist. Dass ich wie andere keine Mutter und keinen Vater mehr habe, zu denen ich wegen jedem Dreck rennen kann, werde ich wohl aushalten, das … Ach was, das auch. Und sonst auch alles. Also mir geht es ausgezeichnet. Ich weiß es, aber ich spüre es nicht. Ich schäme mich. Vor den Leuten an den Siemens-Martin-Öfen, an den Fließbändern …

Donnerstag, 26. 7. 1979

Gestern in Bregenz, *Turandot*, Puccini. H. I. hat die Karten besorgt und war dabei. Sie trinkt nachher nur wenig von dem Soave, weil sie Medikamente nimmt gegen Depression. Jetzt wird der fast hektische Redefluss verständlich. Sie sagt etwas, hat Angst, das könne falsch verstanden werden oder doch einen Eindruck machen, den sie nicht machen will, also sagt sie zur Korrektur gleich noch etwas, aber das fällt keinesfalls so zu ihrer Zufriedenheit aus, dass sie jetzt einfach still sein und abwarten könnte, wie wir auf das Gesagte reagieren, sie muss vielmehr, noch bevor sie ganz ausgesprochen hat, auch selber geradezu heftig sich ins Wort fallen, die Korrektur korrigieren. Und so weiter. Aber eigentlich ganz fröhlich aufgedreht, könnte man sagen. Von den Medikamenten aufgedreht.

Bei der Oper klappte die Beleuchtung nicht. Die Stimmen sind mächtig und schön. Die Musik ist nachgerade zu erträglich wie ein etwas zu aufdringliches Parfüm. Wagner wäre der einzige richtige Komponist für diese Bucht, für den Abend, für die PseudoNatur, für das Schön-Gemachte, für die Seelen-Kosmetik, für den Gemüts-Tourismus, für die öffentliche Süße.

Der See geht jeden Tag 1 m zurück zur Zeit.

Gehüllt in eine Schwere, warm und süß,
im Abseits geborgen, fast schon fähig,
nichts zu denken, komm ich mir vor, wie
ein verstummter Musiker.

Trio

Vielleicht erschießt er sich auch, dass die junge Frau an eine Tür klopft, hinter der zwei Tote sind. Vielleicht tritt sie ein.

Die Malven haben die Herrschaft über den Garten übernommen. Jetzt fehlen nur noch die Yuccas.

Ich will durch, möglichst heute noch, aber wohin? Nur durch, nichts als durch, ohne warum und wohin.

Theresia möchte über ihre Vogelliebe sprechen. Käthe: Da wird's mir schlecht. Bloß weil du nicht mit anderen Kindern spielen willst, müssen wir uns dieses Vogelzeug anhören. Theresia: Nein, ich könnte jederzeit mit Nathalie spielen, aber dann müsste ich mir andauernd ihre Pferdegeschichten anhören, und dazu habe ich überhaupt keine Lust. Dann beweist sie uns, dass ihre drei Schwestern immer mit Hasen allgemein begonnen haben, und dann kriegten sie später ihr eigentliches Lieblingstier, Franziska den Hund, Johanna die Katze, Alissa den Hund. Es wird Theresia versprochen, dass sie nach Kalifornien auch ihr Tier bekommt. Käthe: Mach doch einen Vogel aus Pappmaché. Wie? Käthe weiß es auch nicht genau. Sie fahren in die Stadt, um es zu erfahren und zu kaufen.

Ein Roman ist etwas Schönes, das es außerhalb des Romans nicht gibt.

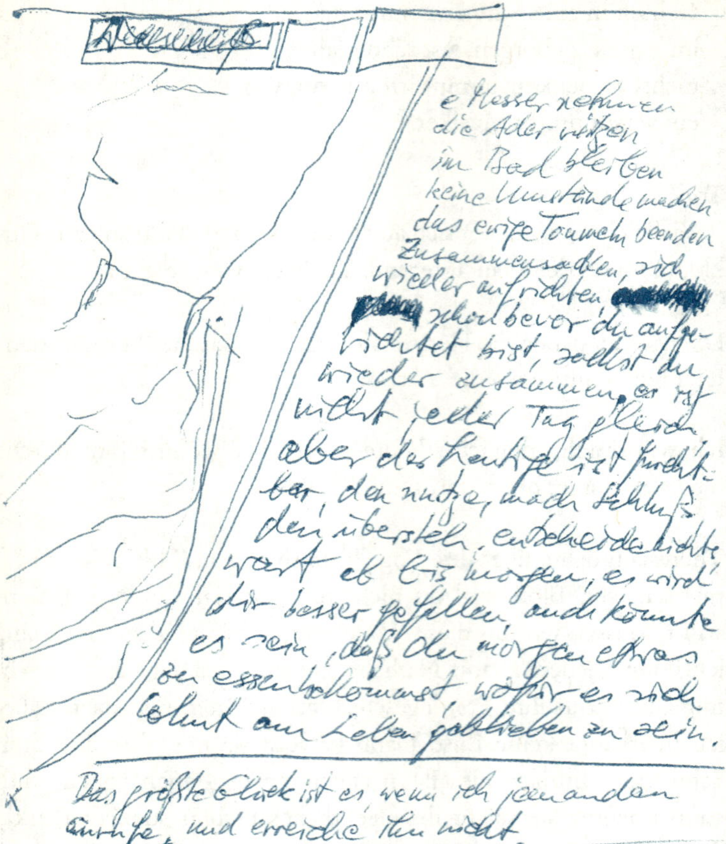

Freitag, 27. 7. 1979

Zuerst Tennis mit Johanna, dann bis zur ersten Boje hinter dem Lampensteg, zum ersten Mal.

Werner Brändle: Sein Vater hat in der Zeit, als er noch magenkrank und furchterregend war (er hat allerdings nie geprügelt), gesagt: Wenn I di no in d'Echiz gworfe hett, denn hett I's wenigschtens blumpse ghört.

Der CVJM in Unterhausen telefoniert dem jungen Pastor WB: Sie sagen am nächsten Sonntag, dass Er auferstanden ist, sonst werfen wir Ihnen die Fensterscheiben ein. Entweder der Käsemann-Schüler gibt nach, oder er geht. Und er geht. In die Germanistik. Und jetzt geht er von da zurück in die Theologie. Zwei Doktorarbeiten. WB zieht offenbar das *Einhorn* der *Seelenarbeit* vor.

Heute fast 2 Stunden gesurft. Mit einem großen Segel hätte ich diesen 2–3er Wind schon nicht mehr halten können.

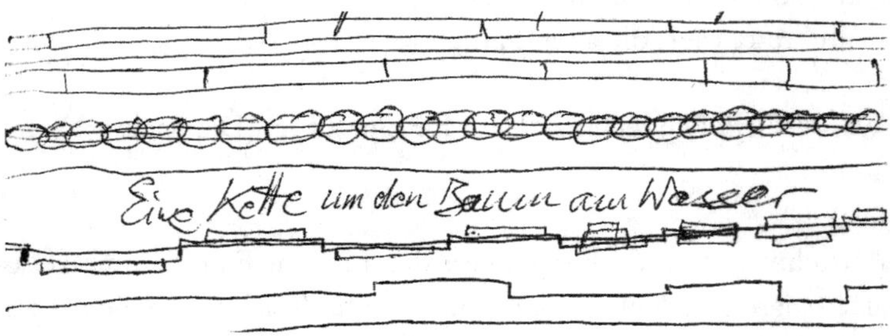

Samstag, 28. 7. 1979

7–8 Tennis mit Herrn Oswald, dann bis zur Stange hinter dem Steg, also die weiteste Strecke in diesem Jahr.

Immer mehr Kraft und mehr Arbeit mit immer weniger Effekt.

Dass es ernst ist, wissen wir, aber wir glauben es nicht.

Hell klingt das Kies von Schritten
das Wasser löscht den Klang
der Wind erhält ein Brausen
ich bin der Schmetterling

Sonntag, 29. 7. 1979
Zum ersten Mal bis zum Strandbad. In den vergangenen Jahren immer bloß einmal so weit.

Käthe mit dem Boot, weil sie nichts mehr von mir gesehen hat. Das Boot in der Nähe verdirbt leider den Reiz des Schwimmausflugs.

Morgensilber dringt vom See
durch Luft und Land
die Sonne löscht es aus
und restauriert die alten Farben

Wasserburg: Die haltens einem für eine Ehre. (Dia haaltns Dr fir an Ehr.)

Entstehung und Wirkungsweise der Fiktion. Eine Schreibweise als fingierende. Sie lässt sich spüren, sie fühlt sich vor, ohne das zu wollen. Hauptsächlich erzählt sie, aber sie erzählt erzählerisch.

Surf
Die Welt schwankt angenehm
das Hirn brennt leer
ich winke die Berge
die Berge winken mich her

Herbert Marcuse liegt, sagt Siegfried, im Sterben. Siegfried möchte Tag und Nacht auf dem Laufenden gehalten werden, obwohl die Familie nichts daraus machen möchte. Die Gebrochenheit war schon offenbar an Habermas' Geburtstag. Verglichen zum Beispiel mit dem Quecksilber Scholem. So habe ich noch mehr oder weniger kennengelernt die vier großen jüdischen Geister Bloch, Adorno, Scholem und Marcuse.

So hängen wir zusammen, dass wir nicht genug hören können, wie uns ein anderer vermisst. Jeder möchte der Vermissteste sein.

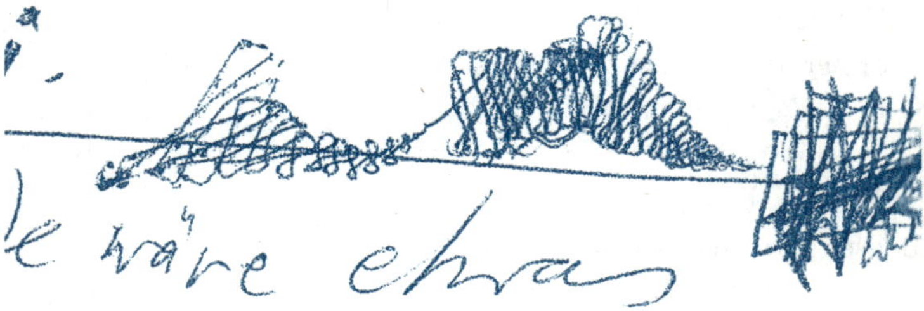

Mittwoch, 1. 8. 1979

Wasserburg: Mit dem ersten Zug einmal im Mai mit Käthe von Lindau heim vom Chamäleonsfest. Sie im weiten weißen Kleid mit blauen Stickereien, saß im Zug auf mir. Das war Gewalt gegen sie. Wurde sie verletzt? Oder nachdem sie im Sommer von Kressbronn zurückkam und ich sie auf den Lausbüchel schleppte in die Heu-Schochen. Oder in der Bucht im Wasser am Strand. Und in den Brennnesseln mit Ameisen. Und im Schobloch-Badehäuschen: das war die große Erscheinung meines Lebens. Und sie weiß es nicht mehr. Nach dem Baden. Bei stürmischem Wetter. Das Ausziehen und Anziehen unterm Vordach. Unerträglich schön, ca. 1950.

Donnerstag, 2. 8. 1979

Vor 8 bis zum Strandbad.

Das Kind

Wenn er länger nicht allein war, wurde er traurig oder finster oder verzweifelt.

Freitag, 3. 8. 1979
Um neun bis zum Strandbadpfahl.

Der See ist eben. Ein ewiges Licht
dringt heute aus allem. Man sieht
den Wolken in ihr Weiß

Samstag, 4. 8. 1979
Bei starkem Gegenwind bis zur Birke.

Eine hübsche bzw. augentiefe Frau Klein lässt das *Pferd* signieren. Stuttgarter Dialekt. Sie ist auf der Heimfahrt von Immenstaad. Farblose Wildlederhosen und eine cremefarbene Seidenbluse.

Wie sich drehen,
wie sich wenden,
dem Banalen zu entgehen, das
an allen Enden
lauert wie ein Reim.

Mittwoch, 8. 8. 1979
Heute bis zum Strandbad-Sprungbrett geschwommen.

Von Sonntag bis gestern in München, Wohnungssuche für Franziska. Hesseloherstraße, Kaiserstraße, Emmanuelstraße, Hohenzollernplatz, Oberföhringer Straße, Unsöldstraße.

Donnerstag, 9. 8. 1979
Theresia bringt uns Nathalie und sagt, Nathalie sei einmal Anne Frank gewesen in ihrem ersten Leben. Warum? Weil sie so aussehe und auch so sei. Nathalie lacht geschmeichelt. Theresia ist voller Verehrungseifer. Sie ist glücklich.

Franziska: Einmal sei im *Clavigo* Zapatka das Schwert entglitten und knapp neben ihrem Hals heruntergekommen, einmal habe Edgar sie bei der Probe mit dem Kopf auf den Boden geschlagen, einmal sei ein Bleistück neben ihr niedergegangen.

Sammelt sich denn nichts mehr?
Zum Betrug nicht geneigt. Was dann?
Wiederholung annehmbarer Täuschungen.
Streng bewache ich meine Motive.
Was mich nicht preist, unterdrücke ich.
Zugelassen wird, hergerufen wird,
was mich rühmt. Was bin ich
für ein schlechter Handwerker.

Dienstag, 14. 8. 1979
Um 0.15 Uhr zurück aus München.
Heute zum Steg.

Wie kann ich herausbringen, ob ich noch Energie habe? Oder genügt es zu glauben, ich habe noch welche? Auf jeden Fall würde der Glaube, ich hätte keine mehr, auch die, die vielleicht noch da ist, zerstören.

Sitzen wir nicht alle ununterbrochen auf Terrassen? In der Sonne? Wir sitzen zuviel im Freien. Ich muss zurück ins Innere.

Ich schreibe jetzt nur noch mit japanischen und amerikanischen Kugelschreibern.

Mittwoch, 15. 8. 1979
7–8 Tennis mit Herrn Oswald, dann mähen, dann bis zum Steg.

Donnerstag, 16. 8. 1979
Bei Windstärke vier bis zur Birke.

Lektüre Heinrich Dickreiter. Er hat das gleiche Militärerlebnis mit einem Unteroffizier gehabt wie ich. Und auch mit Schnee. Nur, bei mir ging es um die Farbe, bei ihm, ob das überhaupt Schnee sei.

Montag, 20. 8. 1979
I'm on a Bruckner binge this summer.

Am 16. war Hermann Gremliza da. Er leidet, sagt er, unter Hans Magnus Enzensbergers politischer Charakterlosigkeit. Er hat mit der Hausbesitzerin Krieg. Sie kam mit zwei Stöcken unendlich langsam von der Gerichtssaal-Tür nach vorne, der Prozess war so gut wie verloren. Zu Hause schwingt sie sich mit einer Krücke ums Haus und im Haus herum. Aber dann bringt Gremliza sie doch zum Sprechen, dass sie sich so benimmt wie zu Hause. Und er gewinnt.

Am Samstag und Sonntag Steven Scher und Ulrike. Sie waren am Lago Maggiore bei einer Freundin mit einem netten, klugen Mann. Aber die haben einen Luftschutzkeller und einen Speiseaufzug für später, wenn sie selber nicht mehr Treppen gehen können. Das kommt Steven und Ulrike schweizerisch vor.

Morgen wieder nach München wegen Franziskas Wohnung.

Samstag, 25. 8. 1979

Alissa klagt mit Recht, dass das Licht bereits ein Winterlicht sei. Warum zieht ihr nicht nach dem Süden?

Sonntag, 26. 8. 1979

Ich schwimme im Regen
unter den hellen Bäuchen
der Schwalben, die stumm
ihre Bahnen übers Wasser
schwingen.

Die Bäume stehen im Regenglas.
Die Rosen trauern nass.
Von den Zweigen tropft es weise.
Der Himmel ist mein Grab.

Typische Tochter-Reaktion: Dass doch Zigeuner in den Schmid-Vorfahren seien. Ich: Man sagt es. Alissa: Aber doch auch Juden. An mir sieht man es am deutlichsten. Weil ich der dunkelste Typ bin bei uns. Meine Augenbrauen.

Dass eine Generation vorher so etwas verleugnet und jetzt gesucht wird.

Vom Rittersaal des Schlosses Heiligenberg aus gesehen, liegen die Hügel wie Kissen am See.

Anton Egon, der Letzte der Heiligenberger Linie, starb irgendwo im Osten und wollte, dass sein Herz hier begraben würde. Jetzt liegt es also unter dem Altar in der Kapelle.

Wir singen nun gemeinsam das Lied Nummer 668, Sonne der Gerechtigkeit.

Alissa trägt mir auf, jeden Tag ihre Mangopflanze zu gießen. Das Schlimmste für das Pflänzchen ist ein Ortswechsel. Und das Fenster nicht aufmachen und im Winter immer heizen, sonst erfriert es. Und täglich zwei Becherle lauwarmes Wasser. Du musst ihr das Klima machen ungefähr wie in Trinidad.

Die Steigerungen im 3. und im 4. Satz der *Romantischen Symphonie* sind endlich nicht nur äußerer Art. Das Beben und Fliegen wird in ein inneres Hin und Her verwandelt. Rufe und Antworten, das Zusammenströmen von Rufen und Antworten. Das triumphierende Aufeinandertreffen von Rufen und Antworten. Das Auseinandergehen, das Verklingen von Rufen und Antworten. Das Sich-zurück-Wenden, das verzweifelte Wiederholenwollen, das Noch-einmal-aufeinander-zu-Fliehen, das Ineinanderstürzen, das ruhige Zugeben, es war nur eine Vorstellung, eine wirkliche Wiederholung gibt es nicht, es bleibt auch nur eins übrig, Ruf oder Antwort, das Alleinige ist ein bisschen spannungslos, auf jeden Fall für sich, eine Art Klagen, und doch wieder Hörner, Aufforderungssignale, doch noch einmal, aber sie werden abgelenkt, Verschränkung, der Ablehnende wiederholt die Aufforderung, unwirklich heiter, und schmettert herum und macht einen Punkt. Wenden. Sehnen. Wenden. Sich lehnen. Umschauen. Alles noch einmal. Aber im Geist. Und doch wieder durchbrechend. Weil es Musik ist. Alle Bewegungen, egal, ob sie hinauf oder hinab führen, alle Bewegungen haben das gemein, dass sie kurz sind. Das ist der 3. Satz.

Mittwoch, 29. 8. 1979
Hubert: Ich bin kein Urlauber, vor zwölf Jahren das letzte Mal in Italien, nach drei Tagen geflohen.

Freitag, 31. 8. 1979
Hans-Peter sagt, seine Mieter sind sehr zufrieden. Die Leute verlangen gar keine Zentralheizungen mehr. 2–3 Mark pro Quadratmeter Miete. Er hat in Treuchtlingen ein Haus, da ist eine Wohnung drin, die ist einfach nicht mehr zu vermieten, die steht leer. Das ist schon ein komisches Gefühl, wenn in einem deiner Häuser plötzlich eine Wohnung leer steht, dein Kapitaldienst geht weiter, und da steht eine Wohnung einfach leer. Am schlimmsten sind diese alten eisernen Küchenbalkone. Die rosten und rosten. Das kostet gleich 5000 DM, so einen zu ersetzen. Am ganzen Haus dann 40000. Er findet, das Beste wäre jetzt, ein amerikanisches Baugelände zu kaufen. Plätze in amerikanischen Städten. Mit seinen US-Aktien, Procter & Gamble und American Steel, hat er jetzt schon 30000 in drei Jahren verloren. Er bleibt dabei. Eine kleine Dividende zahlen die ja doch jedes Jahr. Nur der Kurswert geht runter.

Hans-Peter musste sich zusammennehmen bei der Aussegnung, als der Pfarrer den Spruch sagte, dass man dem Herrn lebe und sterbe und nicht für sich, er spürte, das stimmt. Seine Mutter hatte nicht für sich gelebt, sondern für ihn, den einzigen Sohn. Es war zwar nicht der Herr, aber doch jemand, für den sie gelebt hat. Was er machte, war immer richtig, sie hat nie auch nur eine Sekunde an ihm gezweifelt. Seine Mutter hat, als sie im Sarg der Hauskapelle lag, sagt er, unheimlich gut ausgesehen. Sie hat mir schon gefallen, sagt er, die scharf geschnittene Nase, das Gesicht, nur der Mund eingefallen, weil sie vergessen hatten, ihr das Gebiss hineinzuschieben, aber trotzdem, sie hat schon sehr gut ausgesehen.

Die Sicherheitsbestimmungen für Atomkraftwerke sind in der BRD so überkandidelt, dass Export kaum mehr möglich ist. Wenn die sechs Brenner in den Iran geliefert worden wären, hätte man neben der Anlage zwei 18-Stockwerk-Häuser nur für die Unterbringung aller Informations-Bürokratie bauen müssen. Neulich wurde ein Fehler entdeckt in einer Übersetzung, da musste für 40000 DM Schriftzeug neu kopiert werden. Der TÜV in der BRD, der noch mit den Innenministerien korrespondieren müsse, muss immer einstimmig sein, eine abweichende Meinung ist unmöglich, weil alle Aussagen und Entscheidungen auf dem Reaktorgebiet richtig sein müssen. Solang eine abweichende Meinung bestünde, kann das, was geschieht, falsch und damit katastrophal sein.

Samstag, 1. 9. 1979

Auf dem Flugplatz, wenn die Düsenmaschinen starteten, hörte er die Seelen der Saurier brüllen.

Gestern nach Bochum, Burg Kemnade, Eröffnung der Auschwitz-Ausstellung. Weil eine Frau Spielhof mich störte beim Durchsehen des Manuskripts, fehlte nachher bei der Eröffnung die letzte Seite, so dass ich rasch improvisieren musste. Der vom ORF war nur wegen des Schlusses geblieben: der fiel jetzt weg. Die einzige Überlebende, die dabei war, Frau Anni Fels-Kupferberg aus Holland. Der polnische Botschafter und der OB von Bochum sind nachher gleich wieder weggegangen. Ich im Wartburg zum Airport Hotel. Der Fluglärm prasselt durch das in das Dach eingeschnittene Fenster.

Heute Nachmittag bis zum Steg.

Das Konto ist auf 531000. Aber inzwischen sind nicht mehr so viel drauf. Das war am 30. Juni. Wahrscheinlich der höchste Stand, der je erreicht worden sein wird. So hoch wird es nie mehr kommen. Wir räumen scharf ab. Und niemand weiß, wo das Geld bleibt.

Ich habe den Sommer im Kopf,
mein Umriss ist grün. Auf
meiner Haut hat die Sonne
Wasser getrocknet …

Ich möchte mit gesenktem Kopf weit sehen, und es sollte warm sein.

Meine Augen sind erschöpft und wollen sich schließen.

Die Kurven nahm er, dass es ihm fast die Zähne zog.

Dass sie ihn ausnehmen will in der Nacht vor der Reise. Er will aber vor einer Reise nie. Nach einer Reise immer. Ihr Motiv!

Sonntag, 2. 9. 1979

Bis zum Steg um 8 Uhr 30.

Joseph Haydn, *Mariazeller Messe.*

Montag, 3. 9. 1979

Bei Regen und Windstärke vier um die Stange. Wie einen die Wellen dann heimschieben und tragen. Begütigend.

Dienstag, 4. 9. 1979

14 Uhr 04 bis 15 Uhr 55 Zürich.

Eine Mitreisende: Verspätung kann er ja nicht haben, weil's ein Schnellzug ist.

Mittwoch, 5. 9. 1979

Gestern Lesung für Orell Füssli.

Zuerst zu Max Frisch, jetzt Stockerstraße 39, ein reines Geschäfts- und Firmenhaus, er der einzige Bewohner. Er wurde, sagt er, von *NZZ*-Lesern in schönen Häusern als Mieter abgewiesen. Und von Kleinbürgern und Beamten auch, weil ein Einzelner nicht in der Altstadt zweimal 80 m^2 einer Maisonette bewohnen soll. Alfred Andersch hat es einfach, sagt Max Frisch. Auf einer bourgeoisen Gesellschaft tönt der, Zürich sei immer noch eine kunstfeindliche Stadt, man fragt entsetzt, warum? Er habe immer noch keine wirklich gute Wohnung. Herr Weinberg, Textilfabrikant, hört das, 14 Tage später wohnt Andersch in dem Haus, in dem das holländische Konsulat untergebracht ist im Seewiesen-Viertel. Wie Max Frisch in dem ausgebauten Dachgeschoss allein lebt, ist traurig. Der Lohn der Scheidung. So würde es manche Frau formulieren. Er kommt nach zehn noch zufällig an der Wirtschaft vorbei, in der wir sitzen. Egon Ammann holt ihn herein.

Ein alter Mann, der von mir vor der Lesung als Robert Walser unterschrieben haben will, dem ich ein Fläschchen mit Herztropfen öffnen muss, der stört nachher die Lesung, weil sein Hörapparat so gemein als möglich dazwischenfiept.

Er sollte immer zwei Ausweise dabeihaben, weil er immer einen leicht verliert.

Einer geht durch den Zug und ruft zu laut: Schweizer Zoll. Er schaut nichts an, hält sich nicht auf, er ruft nur.

Dank dir für alles: das ist die Abschiedsformel von Gästen.

Es waren nicht mehr als 40–50 Leute, vielleicht 60, bei der Lesung. Ich habe es vorher gewusst und gesagt. Ich habe mich angestrengt und 600 Fr. verdient. Aber 80 das Zimmer, 40 die Fahrt und dreimal Taxi. Viel verkauft wurde auch nicht.

Heute Nachmittag nach München.

Freitag, 7. 9. 1979

Gestern und vorgestern in München. Gestern beim Notar für Schlotthauerstraße 16. Danach zum Notar Levin von Wulffen, Preuße. Hinter ihm ein Bild im goldenen Rahmen, wahrscheinlich der Großvater, ein Virchow-Greis im Frack, die Frackbrust voller Orden, weißhaarig, zart, rosig, Schnauz und Kinnbart. Auf unserer Seite an der Wand ein Schlachtengemälde, Einzelkämpfe von Reitern, aus dem Siebenjährigen Krieg wahrscheinlich. Die Bilder haben schon würdigere Plätze als diese Notarskanzlei gehabt. Der lange Glasschrank zeigt langweilige Serien von Sammelwerken. Der Notar raucht Dunhill-Zigaretten und Pfeife. Aber nicht während unseres Aktes.

Er weiß nicht, was er vorliest. Das stellt sich heraus, sobald er fertig ist. Er weiß nicht, dass er etwas über die Terrasse vorgelesen hat. Wir sagen es ihm. Es ist ein tödlich formeller Akt. Er nörgelt ein bisschen am Bauherrenmodell herum, erinnert an das BGH-Urteil vom letzten Jahr, nach dem Notariatsverträge als nichtig erklärt wurden, weil die Baubeschreibung wichtige Gegenstände nicht enthielt. Er selber weiß aber gleich nicht mehr, dass er vorgelesen hat, was die Terrasse für einen Boden bekommen hat. Im Vorraum ein schicker, sportlicher, rotblond-sommersprossiger Händler mit einer Mandantin, die noch brauner ist als er. Er hat auch eine Kamera um den Hals.

Ich schreibe den Maklerscheck auf der Straße aus: 14440.

Dann noch in die Bauerstraße. Dort ein Haus, das sie renoviert haben, nebenan eines, in dem wohnen Ausländer, die arbeitslos sind, umsonst. Das gehört einem Steuerflüchtling, der in Liechtenstein lebt und das Haus immer wieder bei Versteigerungen von jemandem ersteigern lässt, der es dann nicht bezahlt, so dass es wieder versteigert werden muss. In der Zwischenzeit versucht er in Liechtenstein, es immer wieder zu verkaufen, verlangt aber so viel, dass er es nicht losbringt. In der Zwischenzeit sind die arbeitslosen Ausländer hier untergebracht. Die sind dann den ganzen Tag da und machen Lärm.

Wir sind jetzt also wieder hochverschuldet. Hoffentlich noch nicht zum letzten Mal.

Käthe: Dass die Kinder unbeschädigt aus dem Haus kommen, ist wichtiger, als dass jede ein eigenes Haus hat. Das ist richtig.

Trotzdem möchte ich, dass jede wohnen kann, ohne Miete bezahlen zu müssen.

Inzwischen ist es sonnig sommerlich. Heute Morgen nach dem Tennis im Nebel um die Stange. Von draußen war das Ufer fast weg.

Der nachheroische Mensch.
Der Feigling als Held.
Der neue Held.
Der neue Mensch.

Käthe zu Alissa am Telefon: Sie soll ihr Geld in den Geldbeutel tun.

H. I. ruft an: Ich soll M. anrufen und sagen, dass der Schnuddel ihr gehöre. Sie rufe aus dem Hotel vis-à-vis an. M. lässt sie nicht anrufen. Gestern Abend habe er das verhindert. Und gesagt, Doktor Walser sei in Amerika. Sie wollen nach St. Gerold hinauf. Sie habe jetzt alle durchschaut, alle diese Schlangen. Der Schnuddel gehöre doch ihr. Ich soll in Bern anrufen, dass die Monique ihr den Schnuddel bringe. Das Geld, das die inzwischen für Schnuddel ausgegeben haben, bezahle sie denen zurück, sie habe etwas Geld, sie brauche den Hund jetzt. M. sei gestern Nacht in die Apotheke, habe ihr was geholt und auf den Tisch geknallt, da nimm das. Aber sie nehme keine Tabletten mehr, das sei furchtbar. Wenn man diese gelben Tabletten nehme, da schlafe man 20 Stunden und sei einfach fertig. Man tritt mir ständig auf den Zehen rum. Gestern bin ich ins Hotel drüben und habe gefragt: Waren jetzt die Leute da, oder bilde ich mir das vielleicht bloß ein, wie M. sagt. Natürlich waren die Leute da. Die Schlangen, die falschen.

Frau Wirkus hat den Gips weg. Aber sie kann noch keine Arbeit annehmen, vor allem nicht mehr von dem Handarbeitsgeschäft, von der Wollstube. 3–4 Stunden hatte sie an einem Kostüm in ihrer Freizeit gearbeitet. Oft tief in die Nacht. Beim Fernsehen und nachher. Und die in der Wollstube hat gesagt, Frau Wirkus arbeite eben am saubersten. Sie kriegt 180 DM für die drei Wochen. Das rentiert sich natürlich nicht. Handarbeit kann man nicht bezahlen, das wissen Sie ja. Das ist Hobby bei ihr. Schon als ich 25 war, war das mein Hobby, und deshalb bin ich das auch gewohnt.

Johanna hat gestern angerufen, man soll ihr einen Krankenschein schicken, es sei ihr wieder schlecht und schwindlig. Theresia am Apparat, sie könne doch heimkommen. Aber sie hat zur Zeit keinen Koffer. Den hat sie dem Dienstmädchen der Frau G. gegeben, die das Haus verlassen habe, weil sie von Frau B. fast nichts mehr zu essen bekommen habe und deshalb zu verhungern fürchtete. Sie bringe ihr den Koffer zurück, dann könne Johanna ja heimkommen. Wir schicken ihr auf jeden Fall per Eilboten einen Krankenschein.

Samstag, 8. 9. 1979

Au, da bin ich falsch, entschuldigen Sie.

Alissa: Die Biologie-Lehrerin tut den Schülern schön, und hinten herum ist sie kleinlich und streng. In der ersten Stunde macht sie das Angebot: Wenn jemand nicht kommen will, ich melde es nicht weiter. Es genügt, wenn er das nächste Mal sagt, warum er nicht da war.

Die gestürzte Frau ist wieder bei sich, lässt aber außer ihrem Mann niemanden kommen. Sie sagt: In 4000 Jahren möchte ich wieder heim.

Jetzt ist es geschehen, keiner kauft mir meinen Angstschweiß ab, das kann ich verstehen.

Ich stoße kurze Schreie aus
und wünsche, sie wären noch kürzer.
Sobald ich verstumme, sink ich
zu den toten Schauspielern.

Wieder ein Kroetz-Interview, in dem er ununterbrochen betont, er sei der am meisten gespielte lebende deutsche Dramatiker. Das stimmt sicher.

Was für Gesten sind nötig, um zu leben, bis man stirbt.
Wie oft muss man sich bewegen
bis man sich nicht mehr bewegen muss.
Wie oft muss man sprechen
bis man nicht mehr sprechen muss.
Wie oft muss man feig sein
bis man nicht mehr feig sein muss.

Wir stammen ja vom Land, wir haben mit Wasser nichts zu tun. Die erfrischende Fremdwirkung des Wassers wird sich deshalb zu unseren Lebzeiten nicht verlieren.

Blaues Leinenhemd, du hältst mich seit langem.

Montag, 10. 9. 1979

Heute Morgen fünf knallende Gewitter, Theresia kam herüber.

Bei leichtem Regen im blitzblanken See bis zur Birke, vielleicht 17 °.

Die Gefahr der Erstarrung ist die größte. In Bewegung bleiben.

Über den Wolken gurgelt ein Jet.

Der liebste Gast dieses Sommers: ein Rotkehlchen. Es hüpft bis unter den Tisch herein, war auch schon im Wohnzimmer. Von der Katze weiß es nichts.

Aus dem Kopf könnt ich den Säntis zeichnen.

Ich verfalle in einzelne Sätze. Die tarne ich als Rufe.

Geschichte der Deutschen Bank, Seite 157: Der Sultan sah aus wie ein kleiner Kursmakler.

Mittwoch, 12. 9. 1979
Heute sollen Kaisers kommen. Käthe protestiert mit jeder Bewegung. Franziska ist auch dagegen, dass Kaisers hier empfangen werden. Sie haben nun seine negative Kritik wahrgenommen. Das, was früher war und was seitdem ist, gilt nicht. Ich: Alte Feinde sind genau das gleiche wie alte Freunde. Es gibt da keinen Unterschied.

13. 9. 1979
7 Uhr 07 bis 12 Uhr: Frankfurt.

Gestern Joachim und Susanne Kaiser. Ich habe versucht, mich in einem schwebenden Zustand zu halten, in den ich mich schon vorher versetzt hatte. Eine Art Euphorie. Eine Pose nur, aber es war angenehm. Wir haben einander nichts Böses getan. Hoffe ich.

Über den Pianisten Horowitz, der für eine Rachmaninow-Aufnahme 430000 $ kriegt. 1000 pro Minute, und einige Minuten in der Einleitung ist er gar nicht dran, sagt Joachim Kaiser. Karajan: 1,2 Millionen für eine Schumann-Aufnahme, pro Probe 400000 und für die Aufnahme 400000. Das ist billiger, als wenn man für Böhm 100000 bezahlt, weil sich Karajan leichter verkauft.

Sie haben Krebs im Goldenen Hirsch in Salzburg gegessen, und als sie die Rechnung kriegten, sagte Susanne: Haben wir Bratwürste gegessen? Sie waren noch die Preise von Kampen auf Sylt gewohnt.

Weibliches und Männliches sind sicher nicht an ein bestimmtes Geschlecht gebunden. Falls eine Zuordnung des weiblichen und männlichen Wesens zu dem einen oder anderen Geschlecht gewünscht wird, kann es sich nur um statistische Aussagen handeln.

Freitag, 14. 9. 1979

Gestern 500 Exemplare für Hertie signiert, dann in der Hertie-Zentrale für 80 Abteilungsleiter, Buchhandel, gelesen und diskutiert. Dann ein Doppel mit Siegfried, Joachim und Honnefelder. Joachim und ich gegen die anderen zwei. Wir haben gewonnen, dann Schach mit Siegfried, zwei zu eins für ihn. Heute Morgen 20 Bahnen im Freibad Hausen geschwommen. Siegfried 28, ich 20 Bahnen. Pro Bahn 25 m.

Heute Abend fahren Siegfried und Hilde zu einem Professor in Heidelberg, Hegel-Forscher, verheiratet mit einer Dreiundzwanzigjährigen, die einmal zu Siegfried kam, sich auszog und sagte: Du musst jetzt mit mir schlafen. Sie hatte keine Strumpfhosen an, sondern Strümpfe mit Strapsen. Ihr Mann unterdrücke sie unglaublich. Nachts um 1 Uhr 00 sagt Siegfried: Jetzt rufe ich noch New York an, mein Körper ist hier, aber meine Seele dort. Die kommt demnächst. Das ist fast eine Liebe, sagt er. Hilde hat sich schon gestern Abend über den ausbleibenden Feedback beklagt, ununterbrochen und auf die Nerven gehend. Siegfried hat gesagt, vorher, dass sie am Vortag plötzlich Blutungen hatte. Tage davor beim Homöopathen, der untersucht mit Akupunktur und stellt eine Virusinfektion fest. Sie klagt, dass Siegfried sie einfach an den Arzt weitergebe. Nach 30 Jahren, in denen man sich aufgeopfert und ruiniert habe, und dann kein Feedback. Nur: Geh doch zum Doktor. Was anderes höre man nicht. Er: Was sie heute nach dem Aufwachen gesagt habe, vergesse er nicht. Sie: Und warum? Da kocht man denen ein Abendessen, so einen Rostbraten und selber gemachtes Kartoffelpüree … Er: Selber gemacht? Sie: Ja. Ich hätt's ja auch aus der Büchse nehmen können. Aber nein, man macht es selber und solche Platten voll Salat und einen Nachtisch, dann fressen sie rein, keiner sagt ein Wort, dann muss man selber sagen: So, schmeckt's? Einer Köchin hätten sie etwas gesagt. Auch wenn es nicht geschmeckt hätte, sie hätten sie korrigiert oder kritisiert, sie hätten irgendetwas gesagt, nur bei mir, kein Feedback, und dann hocken sie sich ans Fernsehen und glotzen Deutschland–Argentinien. Joachim sagt, er werde immer, wenn er heimkomme, als Richter missbraucht.

Im Verlag Diskussion mit Gottfried Honnefelder: Ob es heißen soll «Der unglaubliche Erfolg des Martin Walser» oder «Die große Zustimmung zu Martin Walser». Ich bin für das zweite. Honnefelder und Carlé für das erste.

Mit IC Ludwig Uhland von Frankfurt nach Stuttgart, 11 Uhr 37 bis 13 Uhr 51.

Samstag, 15. 9. 1979

Im Rathaus Stuttgart gelesen. Mit Lodemannn. Nachher mit Max Seckler und Hajek. Der ist Dr. h. c. der Katholisch-Theologischen Fakultät Tübingen. Der ist alles, und das ist auch recht.

Er durfte nicht an seine Familie denken. Für ihn war, was er getan beziehungsweise unterlassen hatte, erträglich, für ihn war es notwendig. Eigentlich befriedigend. Aber er konnte es denen daheim nicht sagen.

Kräne im Gelände, die aussehen wie Galgen, die Feiertag haben.

Zimmer 221. C. I. war auf Korfu mit Nicolaus Sombart, Hubert Burda, Elisabeth Fehrenbach, ein Kongress von Historikern: Wilhelm II. auf Korfu, also besonders seine Homosexualität. Liebchen hieß er in den Briefen der Freunde, die Eulenburg vernichten ließ. Das Schloss auf Korfu hatte zuerst Elisabeth von Österreich gehört. Oben beim Schloss ein Hotel, dort wohnten sie. Nachts hatten sie Spiralen um sich herum, auf denen eine Flamme brannte und einen Geruch ausströmte gegen die Schnaken. Burda hat den Kongress finanziert. Wilhelm II. hat Archäologie betrieben auf Korfu. C. war als Protokollantin dabei.

Er fährt mit dem Rücken zur Fahrtrichtung, immer. Er fährt nie irgendwohin, sondern immer von irgendwo fort.

Wir fahren über dem Tal, auf seiner Schulter entlang, und was sich da unten im Grünen findet, ist der Neckar, gleich in Horb: da gehen wir runter ins Tal.

Sonntag, 16. 9. 1979

Franziska wieder weg. Sie hat Klaus Pohls Stück präpariert. Das war schön, mit ihr draußen in dem Stück herumzulesen und zu sprechen. Wie richtig und konkret sie reagiert. Aber wie wird sie reagieren, wenn sie wieder im Apparat ist.

Mit Johanna telefoniert. Sie ist alleine im Haus und weiß nicht, ob sie nicht doch endlich den Sänger bitten soll, sich um sie zu kümmern. Der hatte gesagt, er werde ihren Unterricht alle vier Wochen kontrollieren. Er hat es vergessen. Sie weiß nicht, ob sie ihrer Lehrerin, die seine Schülerin ist, sagen soll, dass sie den Sänger verständigen will. Sagt sie der nichts, ist die vielleicht beleidigt.

Käthe meint, dass die Hausbesitzerin Frau G. gar nicht fort auf dem Land ist, sondern in einer Trinkerheilanstalt. Die erste Hausgehilfin war eine Trinkerin. Der Mann der zweiten Hausgehilfin ein Trinker. Die lernte sie vielleicht in diesen Anstalten kennen.

Wir wissen mehr, als nötig wäre, um gut zu sein.

Ich mag dieses Murmeln der Arien-Vorspiele in den gewöhnlichen Opern des 19. Jahrhunderts. Wenn nur nicht schon so viele tot wären. Das Übergewicht des Todes ist grotesk. Natürlich hat die Erde noch eine Zukunft. Es ist gut möglich, dass auf der Erde noch mehr Menschen geboren werden, als bisher schon gestorben sind. Aber diese Ungeborenen wiegen nichts, verglichen mit den Millionen und Abermillionen von Toten. Jeder dieser Toten ist gestorben. Dass er gelebt hat und wie, Schwamm drüber. Aber er ist gestorben. Er hat einen Toten abgegeben, einen Toten mehr. Die Erde ist inzwischen ein reines Totenfeld. Jeder Quadratmeter ist übersättigt von Toten. Wahrscheinlich sind wir voller Leichengift. Wir sind so angepasst, dass es uns nicht mehr umbringt. Aber es zieht uns doch nieder. Oder möchte noch jemand den Kopf heben? Sicher, sicher. Noch Millionen möchten den Kopf und werden ihn heben. Ich bin, glaube ich, seit längerem ein Kumpan der Leichen. Ich glaube zwar nicht, dass unser sicherer Tod irgendetwas entschuldigt, aber es fehlt mir die Kraft, an ihm vorbeizuschauen. Es gibt ihn nicht. Das wissen wir alle. Wir sterben, aber es gibt keinen Tod. Der Tod ist ein Hauptwort, das für nichts steht. Es gibt Gestorbene, aber es gibt keinen Tod. Der Tod ist eingetreten, sagt man. Das ist eine Formulierung vom Wirklichkeitsgrad wie Der Engel des Herrn oder Vater unser der du bist im Himmel. Unsere Bedürfnisse sind eine Wirklichkeitsschmiede besonderer Art. Da wird produziert, was wir brauchen, nicht, was es schon gibt. Da wird also produziert, was es nicht gibt. Den Tod gibt es nicht, aber wir würden es nicht gut ertragen, wenn wir andauernd von unserer Vernichtung sprechen müssten, also sprechen wir von unserem Tod. Da klingelt das Sensenmännlein fast komisch mit,

Skelett und Sense. Tod, das fingiert Würde, fingiert etwas, ist etwas ganz anderes als nichts. Tod, wo ist dein Stachel nun. Da kann man solide sprechen vom Tod fürs Vaterland, vom Liebestod, dem Freitod usw.

Montag, 17. 9. 1979

Nach Tennis um die Stange geschwommen, aber es ist fast schon zu kühl. Die Blässhühner und Enten sind überrascht, dass noch jemand zum Baden kommt. Sie glauben, um diese Zeit den See wieder für sich haben zu können.

Heute Geburtstag von Käthes Vater. Er wäre 84.

Dienstag, 18. 9. 1979

Alissa hat diese Woche Nachtfahrtstunde. Wenn ich jetzt einen Fahrfehler mache, sagt sie: Du hast den Führerschein von Neckermann.

Mittagssurf bei Stärke 4–5.

Mittwoch, 19. 9. 1979

Morgens um die Stange.

Der 2. Satz der *Fünften* von Bruckner.

Ich leihe mir Hände, kaufe Köpfe, ich vergrößere mich mit fremder Kraft. Eigentlich gibt es mich nicht. Ich muss mich zusammennehmen und alles sagen, was ich, um es zu sagen, gelernt habe.

Donnerstag, 20. 9. 1979
Nach Tennis um die Stange. Immer noch Sommer.

So notlos ohne Ton, fast tot. Kein Stein weiß weniger. Ich bin im Inneren aus Licht, aber das kann man nicht fassen.

Als er sich ins Gesicht griff, stieß er nur noch auf seine Knochen, kaum noch Haut und Fleisch, den Totenschädel spürte er und tastete ihn in rasant zunehmendem Schrecken ab. Dabei dachte er so gern an den Tod. Denkend ging er gern mit ihm um, aber er wollte ihn nicht spüren.

Theresia: Deutsch und Geschichte darf man nicht zusammen nehmen im Abi, aber Physik und Mathe darf man.
Sie schnarchte, wie wenn man eine Uhr aufzieht.

Freitag, 21. 9. 1979
Morgens im Regen um die Stange. Die Rosen stehen im Regen, als wüssten sie's.

Welch eine Würde kriegen Postkarten, wenn sie 70 Jahre herumgelegen sind. Verwunderlich ist das nicht. Es ist eine Leistung, 70 Jahre lang der andauernden Vernichtung zu entgehen.

Wasserburg. Kindisch war das Wasser, wenn es aus der Dachrinne sprudelte und dem Gitter zuschäumte.

Als es noch schön war, habe ich es nicht gewusst. Ich werde nie etwas schön finden, was noch ist.

Marlene Mertens und Esther Weigand. Marlene erzählt: Sie reiste für eine kirchliche Organisation durch die Staaten. Ein Pastor, krachrote Haare, eine Frau, knallblond, hinter denen zwei Kinder, fünf und sieben, krachrot wie der Vater. Die Kinder flüstern mit dem Vater. Offenbar glauben sie, Anspruch zu haben auf etwas, was sie verdienten. Und zwar auf eine Geschichte. Also nimmt der Vater sie je auf ein Knie und sagt: Gut, weil ihr so brav wart, erzähl ich euch folgende Geschichte: Ein Mann und eine Frau, jung verheiratet, in Kansas City, er Pastor, beschließen, keine Kinder zu haben, sondern welche zu adoptieren. Also reisen sie los, fahren herum und herum und finden schließlich in Ohio einen kleinen Buben, der hat krachrote Haare. Der Vater und die Mutter rufen: Den und keinen anderen. Und dann fahren sie weiter, durch noch mehr Staaten, bis sie auf ein Mädchen treffen mit ganz genauso krachroten Haaren. Die oder keine, rufen sie. Und sie kriegen sie. So haben wir euch beide gefunden. Die Geschichte ihrer Adoption ist die Lieblingsgeschichte der beiden Kinder.

Rosenstock-Huessy auf dem Spaziergang mit Marlene plötzlich: Verleger sind Schweine.

In der Kirche in der Wall Street kam der Wechsel von der deutschen zur englischen Sprache über sie. Es war Pfingsten. Sie hatte schon oft das Vaterunser auf Englisch gesagt, aber es war nur Blabla Blabla gewesen. Lieben und beten kann man nur in der Muttersprache, hatte sie geglaubt. Jetzt erfuhr sie, es geht auch in Englisch. Man hat viele Heimaten. Esther Weigand: Weil das Evangelium deine wahre Heimat ist, darum kannst du das sagen.

Der Regen murmelt wie für immer. Verständlichkeit liegt ihm nicht. Er weiß, man hört ihm zu.

Außer Schlägen nichts empfunden.

Jäh einsetzende Herzschmerzen. Geradezu abgeklemmt wirkt links alles. Jedes Geräusch ein Schlag. Der Atem unsicher. Nichts als Unruhe und Angst. Das Wetter? Die wieder begonnene Arbeit.

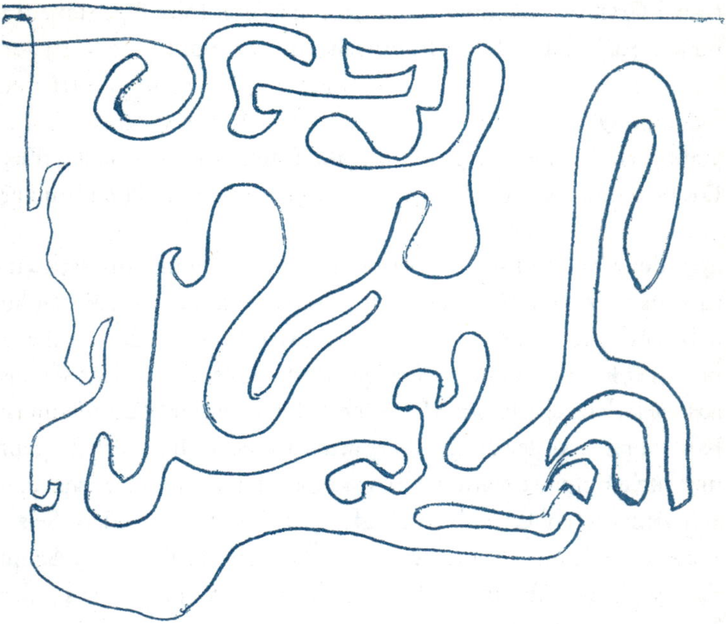

Sonntag, 23. 9. 1979

Venedig, Hotel Cipriani, Zimmer 235. Käthe und ich als Siegfrieds und Hildes Gäste. Gestern Hildes 57. Geburtstag. Sie mit ihrer Freundin. Von dem Filmproduzenten Stapenhorst geschieden, der hat dann Ingmar Zeisberg geheiratet usw. Jetzt macht sie Atem-Yoga.

Um neun zu Hause weg, 11 Uhr 45 Zürich–Mailand, um 17 Uhr 35 gebucht, aber um 19 Uhr noch vertröstet, die Maschine ist gar nicht eingetroffen, wegen Motorproblemen. Mit dem Autobus bis zum Aeroporto Venezia. Durch Gewitter und Wolkenbruch. Manchmal wirklich blendend und schwimmend. Am Flughafen, kein Bus, kein Taxi. Ich rege mich auf. Es hat keinen Sinn. Um 23 Uhr 15 der normale Bus. Bis zur Piazzale Roma. Ins Boot umsteigen, nach weiterem Warten bis San Marco. Zu Fuß am

Canal Grande entlang bis zum Cipriani-Steg. Eine Bootstaxe für 8000 Lire, hinüber. Um Mitternacht sind wir dort.

Dienstag, 25. 9. 1979

Gallistl II. Einer erzählt, er könne im Traum polnisch lachen. Der DKP-Mann, der nicht Russisch kann, aber russisch lachen kann er.

Siegfried ist immer schnell betrunken und hat dann Sprechschwierigkeiten, er gleitet aus. Hilde hat Geburtstag, hat eine Freundin dabei, die ihre Meisterin ist im I Ging. Man muss aus den Zahlen 6 bis 9 Zahlen wählen, in beliebiger Reihenfolge, dann legt sie das aus nach den Regeln der 64 Sprüche. Bei Siegfried kommt heraus: Kurz vor der Vollendung. Aber wenn der Fuchs über das Eis geht und nicht aufpasst, wird der Schwanz nass, also aufpassen auf den Schwanz. Nachher will sie Siegfried ins Gewissen reden. Seine Frau sei am Ende, könne nicht mehr, das habe sie ihr gesagt. Seine Frau sei ernsthaft irritiert. Da nimmt er sie frontal an. Er sei der beste Ehemann in Europa. Das lasse er sich nicht bieten, Krise, Irritierung. Diese Frau, was die ihm antue, das sage er nicht, das sage er nie, das werde er nie sagen. Und schnarchen tut sie auch. Er stößt ein paar virtuose Röchler aus. Und er bringe ihr seit Jahren jeden Morgen den Kaffee ans Bett. Er sei der einzige Ehemann in Europa, der das tut. Und wenn er sich anzieht, mache er das Licht an, um den Anzug für diesen Tag auszusuchen, die Krawatte, er muss ja jeden Tag genau kombinieren, heute die Redakteure der Zeitungen, die vom Verlegerverband, die Gewerkschaften, die Staatssekretärin ... Da brauche er Licht, also mache er es an, da macht sie wieder ihre Theater-Pantomime mit Stöhnen.

Als Siegfried hört, dass der Markusplatz überschwemmt ist und dass dort alle Frauen die Röcke über die Knie heben und waten und dass dort eine tolle Stimmung sei, er sofort hin, und zwar in seinem silbergrauen Velours-Badecape, das nur so weit reicht wie die Badehose, die volle Beinlänge ist sichtbar. Und ein Gürtel. Seine ganz tolle Figur. Nachher kommt er zurück. Noch nie in seinem Leben ist der so oft fotografiert worden. Es herrschte Begeisterung über sein Erscheinen und überhaupt. Meraviglioso, hat ein Italiener aus Louisiana gerufen.

Eine US-Yacht, zweimastig, vis-à-vis des Hotels vor Anker.

Die Meisterin nimmt seine Aggressionen tapfer hin. Hilde flüstert der Meisterin zu: Getroffene Hunde bellen. Am nächsten Morgen ist er wieder überaus herzlich und gewinnend und findet hier alles toll. Einer der Portiers zum Schluss: Herr Doktor, die Stunde der Vergeltung. Eine Liste mit Kosten. Zigaretten für die Frau. Er sagt, er bezahle keine Zigaretten für seine Frau. Er meint es scherzhaft. Die Frau kriegt es nicht so mit, sie sagt, sie habe die Zigaretten bezahlt beim Frühstück. Aber die auf der Liste sind von vorgestern. Also bitte, ein total lächerlicher Betrag.

Siegfried zu der Mahnerin: Meine Arbeit ist all meine Liebe. All meine Liebe ist meine Arbeit. Und wer das nicht weiß und das nicht will, der ist aus, aus, aus. Basta.

Vom Cipriani mit Bootstaxi hinaus bis zum Flugplatz.

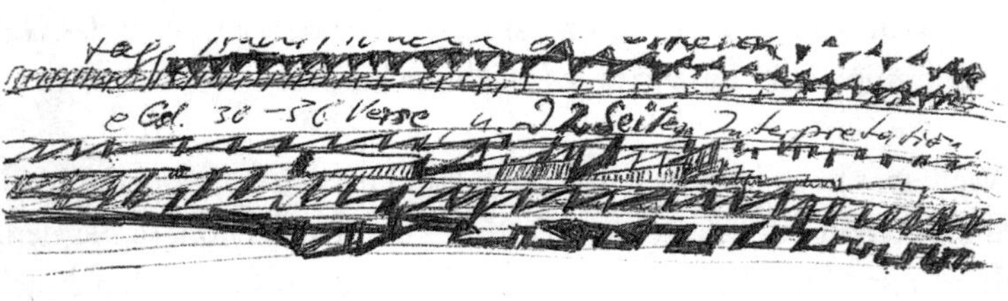

Donnerstag, 27. 9. 1979

Johanna: Die Haushälterin von Frau G. kriegt zu wenig zu essen. Nur ein halbes Brötchen zum Frühstück, sie könne ja mittrinken. Sekt trinkt Frau G. zum Frühstück und möchte, dass die Haushälterin mittrinkt. Sie ist geizig. Wäsche von Hand waschen, weil es sonst zu teuer wird. Aber sie säuft gern mit der Putzfrau, mit dem Gärtner. Irrationalität des Lasters.

Jürgen und Ute Habermas über Mittag hier. Weil ich gestern telefonierte und mitteilte, dass ich jetzt nicht nach Berkeley könne. Beide herzlich und gewinnend, dass wir halb zugestimmt haben. Wir gehen doch mit. Aber jetzt, nachdem sie fort sind, kommt mir das unmöglich vor.

Eine Erscheinung: Sie trägt etwas Serailhaftes, gleißend Blaues, an den Knöcheln sich wieder Zusammenfindendes und dazu eine gewaltig baumelnde rubinrote Kugel an goldener Kette, als wäre sie die Bürgermeisterin einer türkischen Geschlechtsbombenstadt, und sie hat so eine schöne kleine, strenge Nase, dass man immerzu den kurzen deutlichen Grat auf und ab wanderte mit den Augen und das Unzureichende dieser Augenbewegung als quälenden Reiz empfand, und auf beiden Seiten dieses Nasenwerks bubenboshaft oder belustigt wirkender Blick aus kühl blauen Augen. Das war ja eine ganz prima Frau. Das war ja ein Mädchen. Die war erreichbar, das spürte er sofort. Mein Gott, mein Gott.

Freitag, 28. 9. 1979

Vertrieben ist jeder von wo, und jeder vertreibt einen anderen. Ameisen, scheint es, helfen zusammen. Menschen mögen das Gemeinsame nicht. Einzigartiges zeichnen sie aus.

Vielleicht habe ich nur Angst, kein Geld mehr zu verdienen. Und dieses einzige Angstproblem taufe ich dann auf schönere Namen. Und mit Hilfe dieser Angst verdiene ich dann Geld. Manchmal mehr, als ich brauche. Dann muss ich Angst haben, ich könne jetzt, weil ich keine Angst mehr haben muss, auch nicht mehr arbeiten, dann habe ich also wieder Angst und kann wieder arbeiten

Ich muss nur in Gedanken fest aussprechen: Es ist jetzt klar, ich kann nicht nach Amerika, dann erzeugt das sofort das Gefühl, ich dürfe diese Gelegenheit nicht zerstören, ich muss nach Amerika.

Samstag, 29. 9. 1979

Bis vor die Birnau mit dem Surfbrett, dort ein Sturz, ziemliche Böen, und unterm Segel hervor mit Mühe und mit Mühe zurück wegen der starken Nordwestböen. Je stärker der Wind, desto schwerer ist das Abfallen. Dann mit halb seitlichem, halb achterlichem Wind zurück.

Gestern Wasserburger Bichel.

Ludwig Grübels Musiker-Gesicht: die melodisch geschwungene Nase, darunter ein schön scharfer Mund, darüber die hochrunde Stirn.

Düsterer könnte die Welt nicht sein. Verabschiedet hat sich das Licht. An seiner statt ein fahler Glanz Erinnerung.

Im Oktober muss der Oswald-Sohn wieder nach Hamburg, für sechs Wochen. Jede Woche zwei Infusionen. Mit Haxoran und noch einem US-Mittel. Wenn es jetzt gelingt, dann ist er vorerst außerhalb der Gefahr. Fünf Jahre keine Metastasen mehr.

Sonntag, 30. 9. 1979

Vom Licht hat nur der Schatten überlebt. Am liebsten würde ich die Elstern schimpfen, die Winterbringer, die krassen. Aber das Morgengrauen stopft mir den Mund.

Johanna fragt: Was sind asymmetrische Rhythmen? Was sind Synkopen? Was ist ein Auftakt? Bei dem Vorsingen in der Rheinischen Musikschule zuerst «Leise flehen …» und «Voi che sapete …», da wurde sie unterbrochen. Beim Einsingen hörte sie, dass es tolle Stimmen gab.

Im Osten tönt die Welt, als sei sie aus anderem Material.

Alissa isst Trauben und bläst die Kerne in die hohle Hand.

Montag, 1. 10. 1979
9 Uhr 30 Zürich–Helsinki über Kopenhagen, Finnair, DC-9.

Thomas Mann: Seine hochstatthafte Aufgeplustertheit macht ihn noch nicht zu einem Goethe-Gleichen oder auch nur Ähnlichen. Auf mich wirkt er vielmehr wie ein Huhn, das sich für einen Pfau hält und deshalb alles Mögliche gegen seine Eitelkeit unternimmt, was man bei einem Huhn nicht so recht versteht.

Wie Siegfried vieles zweimal oder dreimal erzählt, ohne es zu merken. Und das geht jedem so, aber nur bei anderen fällt es einem auf. Wie sich die Frau vergeistigt mit ihrer Meisterin. Was sie für eine Person wird. Und wie die Gier die Männer komischer macht als die komischsten Frauen.

Wir sind über Hamburg und sollen in einer halben Stunde in Kopenhagen sein.

Kopenhagen–Helsinki 1 Stunde 20 Minuten.

Die Stewardess zieht den Getränkewagen bergauf.

Helsinki, Helsingfors.

Am Südhafen das Staatspräsidentenpalais. Das aquamarin-helle, klassisch schöne Rathaus. Das schwedische Gouverneurspalais. Der Dom und die Uspenski-Kirche.

Zimmer 769 im Klaus Kurki Hotel.

In der Unilesung in Helsinki waren ca. 100 Personen in einem hohl tönenden Saal, in dem man andauernd mit der eigenen, von Decke und Wänden zurückschlagenden Stimme zu kämpfen hat, der Eindruck: Je lauter man sprach, um gegen den eigenen Widerhall anzukommen, desto lauter wurde der Schall, desto lauter musste man dann den überschreien, desto lauter wurde man wieder … Wie lange würde man in dieser Weise Herr werden über sich?

Der preußische Architekt Engel, der in Petersburg die Residenz bauend tätig war, wurde vom Großfürsten nach Helsinki geschickt und baute dort den Platz und das Darumherum. Vorher war alles Holz und alle zehn Jahre niedergebrannt, vorher war die Hauptstadt Turku.

Herr von Willebrand. Eine lombardische Familie, über Österreich und Deutschland bis nach Finnland. Ein Anekdoten-Erzähler. Über die Norweger: In Genf ein internationaler Wettbewerb über den Elefanten. Der Franzose über das Liebesleben. Der Engländer, wieviel er geschossen hat. Der Amerikaner, wie man den Elefanten noch größer machen könnte. Der Deutsche, eine 27-bändige Beschreibung als Einleitung. Der Norweger: Norwegen und wir Norweger. Jetzt lehrt er an der Handelshochschule. Seine Frau: Als sie zum ersten Mal nach Mittel-Finnland fuhr mit dem Zug, wurde es so plötzlich dunkel, dass sie glaubte, sie sei erblindet. Es war aber ein Tunnel. Und sie hatte nicht gewusst, dass es Tunnels gibt in Finnland. In Lahti auf der Schule und in der Stadt durfte niemand etwas Rotes tragen, weder in der Krawatte noch im Hemd, sonst wurde er wegen Kommunistenfreundlichkeit diffamiert. Sie liebt Benn, vor allem seine Briefe, und ihn persönlich. Bei Thomas Mann liebt sie das Familienwesen.

Der Germanist, der fünf Kilo Lachs im Wasser vor seinem Landhaus fängt.

Im Finnischen waren nur die Geschichten da. Jetzt soll *Jenseits der Liebe* dem *Pferd* folgen. Da sieht man, wie das immer geht.

In der finnischen Sprache kein Unterschied zwischen männlichen und weiblichen Wörtern.

Mittwoch, 3. 10. 1979
Helsinki 12 Uhr 05 SAS, DC-9, Stockholm 12 Uhr 55.
Hotel Esplanade, Zimmer 23, Strandvägen.

In der Gebäudebucht, an der das Esplanade liegt, gibt es am innersten Punkt der Einbuchtung eine links und rechts mit den anderen Häusern zusammengebaute Palais-Front mit einem Säulenportal und von zwei Seiten zum Portal steigenden Treppen, und auf den Treppenbegrenzungen stehen brennende Paktole. Wahrscheinlich ist dieses Palais wegen immer ein Soldat in der Einbuchtung.

Die Unmöglichkeit eines solchen Aufenthalts dringt auf einen ein wie eine große Kälte auf einen mangelhaft Bekleideten. Helsinki hatte wenigstens einen lieblichen Bahnhof und Bewohner wie Leute, die unter <u>einem</u> Baum zusammengedrängt sind und gebunden durch eine Sprache, die nur sie können. Ihr guten Tag murmeln sie wie eine Beileidsbezeugung

Donnerstag, 4. 10. 1979
Gestern bei Frau Dr. Hillebrand vom Goethe-Institut. Durch ein reines Ibsenviertel oder Strindbergviertel. Im Hochparterre die bürgerlichen Zimmer mit Stuck oder Kassettendecken, lackierten sogar. Auch geschnitzte und bemalte Balken. Und viele, viele Lüster. Das Apartmenthaus, in dem Frau Hillebrand wohnt, steht an dem Platz, an dem das Haus stand, in dem Strindberg wohnte. Und das Apartment, das sie bewohnt, gehört Ingmar Bergman.

Hier wieder rotbraune, schöne alte Möbel im Hotelzimmer wie in Helsinki, vielleicht Mahagoni. Und doch stört es ein bisschen, wenn man diese ehrwürdigen Handwerksstücke anschaut und denken muss, dass die, während man sie anschaut, arbeiten. Wenn man sie anschaut und sie bewundert, arbeiten sie ganz besonders. Diese drei Tische, schön gearbeitet. Alles Schöne arbeitet. Und ist darum weniger schön. Der Raum im ersten Stock wird als English

Lounge gepriesen wegen eines large balcony und wegen des wonderful view of one of Stockholm's picturesque waterways and the island Djurgården, formerly the Royal Deer Park.

Von 12 bis 3 heute in der Skeppargatan, bei Henschel zwei Tische gekauft: 2400 + 5600 SKr, 17,2 % Exportsteuer = 6632 Schwedische Kronen. Mit der U-Bahn bis T-Centralen, umsteigen in die Linie 11 bis Solna centrum, dort mit dem Taxi zu Frey. Der Transportpreis ist etwa 1200 Kronen. 600 für die Kiste, die sie machen müssen, dass den Tischen nichts passiert. Die Firma Freys Express sorgt für das Transportieren bis Friedrichshafen, innerhalb 14 Tagen bis drei Wochen. Eigentlich hätte ich noch ein Regal dazu kaufen sollen, aber die Kraft zum Geldausgeben war durch den Tischkauf völlig erschöpft. Man konnte den großen Jacobean-Tisch in Braun, Honig-Braun oder in Steingrau haben. In Braun also, es ist ein nachgemachter Tisch, Refektoriumstisch. Der Teetisch, der kleine in Mahagoni, ist Chippendale. Der große ist aus Eiche. Zehn Leute haben daran Platz. Wir werden das Esszimmer vergrößern müssen.

Eine Ferse schmerzt so, dass das Gehen keinen Spaß macht.

Herr Zürn, was tun Sie? Früher sind Sie Mädchen nachgerannt, jetzt kaufen Sie mehr Tische, als Sie brauchen. Nichts war so überflüssig wie diese Tischkäufe. Je schwächer dein Dasein, desto stärkere Dosen brauchst du, um dich zu spüren. Käufe sind solche Dosen. Sie wirken ein paar Stunden. Auch ein 5000-DM-Kauf wirkt nicht viel länger als 4–7 Stunden. Ich hätte besser für die daheim etwas zum Anziehen gekauft für 250 DM, das hätte auch 2–3 Stunden gewirkt. Also eine relativ viel stärkere Wirkung als der 5000-DM-Kauf mit seiner 4–7-Stunden-Wirkung.

Freitag, 5. 10. 1979

Vormittagsgespräch für Schulfunk, um 3 Uhr Interview für eine Arbeiterzeitung. Abends Lesung in der Handelshochschule. Das *Pferd*, dann Diskussion. Es ging ganz gut. Manchen schien es sogar nahegegangen zu sein.

Der heiße Schmerz in der linken Seite, wirklich ein Stich, der vor allem als Hitze spürbar ist. Eine glühende Nadel. Man möchte die linke Seite andauernd bewegen, weil man hofft, so den glühenden Stich verteilen zu können. Man probiert es mit Verreiben. Solange man reibt, verteilt sich der Schmerz. Hört man auf, kehrt er sofort an die Stelle zurück und in gleicher, durch nichts zu mildernder Schärfe.

Es wird einem wieder bewusst, dass unsere Sprache aus dieser Gegend stammt. Wir sollten uns auch die Schriftzeichen nachkommen lassen, weil wir unsere hiesigen Laute sonst nicht schreiben können.

Wieviel Gerede
was soll es sein
wie wenig sehe ich
wann komme ich heim

Peter Weiss gestern Abend: Er hat nur zwei Punkte. 1. Dass er hier in der Fremdsprache lebt und froh ist, wenn das Goethe-Institut ihn mit deutschen Gästen zusammenbringt. 2. Dass er keine Zeit mehr hat. Fast noch genauso wichtig für ihn, aber objektiv weniger sinnvoll, immer wieder: Dass die Bundesrepublik ein entsetzliches Land sei, in dem er nicht leben möchte. Warum, begreift man nicht ganz. Zum Teil wegen der Angriffe, die ihm gelten nach seinem Aufsatz über Vietnam: Er wollte erklären, warum es Flüchtlinge gibt, er wollte die neuen Mächtigen dort entschuldigen. Das erregt die Leute, macht sie gehässig. Gunilla, seine Frau, ist auch sehr politisch. Ich zwischen ihr und der Frau von Lars Gustafsson, der in seiner gedehnt und klagend klingenden Sprechweise sagte, dass er jeden Tag ein Gedicht mache, d.h. er fange jeden Morgen an, ein Theaterstück zu schreiben, und stelle jeden Mittag fest, dass es wieder ein Gedicht geworden sei. Er wisse nicht, wie lange er diese tägliche Fehlentwicklung noch dulden müsse. Er habe schon an die 100 Gedichte auf diese Weise. Er war gerade mit seiner Familie am Lago Maggiore bei Fritz Cremer, das sei ein Biochemiker. Er hat mit Weinstein in Austin in Texas Tennis gespielt: Der sei sein Freund, den er fast in jedem seiner Romane verstecke. Er glaubt, ich sei aus Tübingen. Ich lasse einen Widerstand gegen ihn bestehen. Für den ich keinen Grund angeben kann. Vielleicht wegen seiner Internationalität. Als er mit Bengt Holmqvist spricht, höre ich, dass er sich jetzt nur noch mit Intrigen europäischen Ausmaßes abgebe, also, wer kriegt den Nobelpreis und wer nicht, darunter tue er es nicht mehr.

Peter Weiss war einmal in Wasserburg.

Lars Gustafsson erwähnt auch, dass ein Herr von der Schwedischen Akademie das *Pferd* gelesen habe.

Wie hätte ich gestern Abend operieren müssen? War der Satz: Sie verwechseln mich also mit Walter Jens, auf den hin alle lachten, ein schlimmer Fehler? Ich konnte ja nicht ahnen, dass alle lachen würden. Das Lachen galt Lars Gustafsson. Über ihn wurde gelacht. Es sah aus, als hätte ich etwas gesagt, was ihn lächerlich macht. Aber eine völlig reizlose Antwort zu geben konnte ich mir auch nicht leisten.

Ich sage in Gesprächen fast nichts mehr, was ich nicht schon vorher zweimal gedacht und einmal ausgesprochen habe.

Wie ich heute Nacht wieder mit dem Bauen und Umbauen von Sätzen beschäftigt war, die ich gestern Abend gesagt habe. Aber es waren nur Sätze, die ich zu Herrn und Frau Gustafsson gesagt habe, weil sie eine Macht verkörpern. Peter Weiss und seiner Frau gegenüber habe ich das nicht nötig. Im Gegenteil. Als Bengt Holmqvist auf dem Heimweg sagte, Beckett arbeite vielleicht mehr für eine Veränderung als Peter Weiss, der gewissermaßen nichts mehr zu Stande bringe, also wirklich in einer Sackgasse sei, da fiel mir sofort ein, dass ich den ganzen Abend mit Peter Weiss und seiner Frau verbracht hatte, dass ich mich sozusagen erotisch auf diese zwei gestürzt oder doch beschränkt hatte, während ich Lars Gustafsson gegenüber kühl bis kalt geblieben war. Dabei führt der Weg zum Nobelpreis nur über Lars Gustafsson, nicht aber über Peter Weiss. Andererseits ist es lächerlich, wenn ich solche Berechnungen anstelle. Ich könnte demnächst schon den Herren vom Büchner-Preis sagen: Ich habe bis jetzt auf Sie gewartet, jetzt schließe ich zu. Oder muss ich wahrer sagen, ich würde gern zuschließen, um Ihnen und mir so meine wirkliche Unabhängigkeit zu beweisen. Aber wenn man einen Preis bekommt, hat man ihn auch verdient. Keiner kriegt einen Preis ohne Grund. Mancher entkommt ihm. Die meisten, die ihn verdient haben, bekommen ihn auch. Manche scheinen ihm jahrelang zu entkommen. Schon glaubt man, sie seien entkommen, aber dann erreicht er sie doch noch. Andere trifft er schon in früher literarischer Jugend, wie Peter Handke, Hans Magnus Enzensberger. Das sind die Gefährdetsten. Wird Ihnen die Resozialisierung gelingen, oder werden sie ein Leben lang als preisgekrönte Dichter herumlaufen? Man muss ihn annehmen, man muss ihn tragen, man hat es verdient, dass man ihn bekam. Jeder sollte sich fragen, wodurch er ihn verdiente. Das ist wichtig für ihn und für die Akademie und für die Gesellschaft, der er und die Akademie zu dienen haben. Man kann nicht erwarten, dass in der Preisurkunde schon ganz und gar ausgesprochen sei, warum er den Preis tragen soll. Warum habe ich ihn nach meiner Meinung bekommen? Das werde ich mich dann fragen müssen. Die Antwort darauf wird mir zugleich sagen, aus welchem Grund ich diesen Preis annehmen muss und mich ihm nicht etwa durch Ablehnung entziehen darf. So angenehm 20000 DM sind für jemand, der acht Romane, sieben Stücke, vier Bücher mit Aufsätzen, 6–10 Hörspiele und sonst noch dies und das geschrieben hat, so können 20000 DM, gar wenn er gelegentlich bei der immerzu laufenden literarischen Lotterie als Hauptgewinner davonkam, so können 20000 Mark kein Grund sein, einen Preis anzunehmen, durch den er auf eine kaum mehr rückgängig zu machende Weise integriert wird. Oder hat einer die Chance, durch sein Dabeisein alles andere und alle anderen zu ändern? Diese Vorstellung ist mir fremd. Also was habe ich gemacht, dass ich jetzt zu den Büchner-Preisträgern gehören soll? Ich habe vernachlässigt die wirklichen Leiden meiner Zeit und habe meine eigenen in den Vordergrund dringen lassen. Ich habe mich mit mir beschäftigt, als wäre ich das Wichtigste. Ich bin müde geworden. Ich bin preisgekrönt worden. Ich habe die Hütten Hütten sein lassen und die Paläste Paläste. Das wird in den Palästen bemerkt, gewürdigt, belohnt. In den Palästen wohnen freundliche Menschen. Freundlichkeit ist etwas, was man sich leisten können muss. Ist das alles? Nein. Es ist nicht nur eine Schwäche, es ist bei mir das Älterwerden. Ich will mich immer noch durch dasselbe rechtfertigen, aber es klingt jetzt viel leiser. Ich möchte nichts mehr erzwingen. Fast nichts mehr. Es würde mich freuen, wenn Entwicklungen in der erwünschten Richtung verlaufen würden, aber ich kann nicht mehr tun, als fromme Wünsche murmeln.

Er hat seine erste große Einnahme seiner Mutter gebracht. Das war ihm damals ganz selbstverständlich. Inzwischen fragte er sich öfter, was wohl seine Frau gedacht haben mag. 10000 DM, das war damals viel, viel Geld. Damit hätten sie ein Jahr leben können, und das trägt der einfach aus dem Haus und gibt es der Mutter. Die hatte inzwischen gebaut, hatte selber Schulden gemacht, aber beherrschte Schulden, kluge Schulden, den inflationären Tempi genau angepasste Schulden, also nicht die wild aufschießenden, zu vernichtenden Ungeheuern werdenden Schulden, die sein Vater bewirkt hatte, wann immer er die Hand geschäftlich regte. Man darf die Schulden nicht ausgehen lassen, hatte seine Mutter gesagt, als sie begriffen hatte, wie die Wirtschaft der Nachkriegszeit gedacht war. Wer die richtigen Schulden macht, dem zahlt sie die Inflation, sagte sie. Also sie wäre, wenn sie sich auch immer bis an die Grenze des Tragbaren verschuldete und deswegen immer mit ein bisschen angehaltenem Atem lebte, sie wäre durchaus ohne ihn ausgekommen. Aber er war, als er den 10000-DM-Scheck in der Hand hatte, von der schönsten Begeisterung erfasst worden, die er je erlebt hatte. Da, hat er gesagt. Es war das kürzeste, atemloseste Da seines Lebens. Er hatte seine Mutter nicht anschauen können. Wahrscheinlich hatte er Fieber. Sie hat auch nicht viel gesagt. Sie hat den Scheck nicht annehmen wollen. Unwillig oder verdrossen oder wie beleidigt hat sie den Kopf geschüttelt. Jetzt hör bloß auf, hat sie gesagt. Nix da, hat er gesagt. Er wusste, dass sie in diesem Augenblick glücklich sein musste.

Und sofort musste man zu irgendetwas Unwichtigem übergehen. Der 10000-DM-Augenblick durfte nur ein Augenblick sein. Schließlich handelte es sich um nichts als Geld. Und Geld ist bei Gott nicht alles. Also bitte. Was soll's! Aber jener Augenblick war vielleicht doch der höchste gewesen in seinem Leben. Der Augenblick großen Einvernehmens mit seiner Mutter. Es war zwar vielleicht entsetzlich, dass dieser Augenblick nur einem Scheck zu verdanken war und dass es sich um Geld handelte, andererseits war gerade das, dass er und seine Mutter nur über so etwas wie einen Scheck ins einmalige Einvernehmen kamen, typisch für sie und für ihn, für ihre Familie. Das Traurige dieser Einvernehmensbasis erhöhte die Innigkeit des Augenblicks schier ins Unendliche.

Auf Gleis 5 um 12 Uhr der Zug nach Uppsala.

Wo nicht Wald ist, ist Wasser. Er begleitet die Birken auf ihrem Weg nach Norden bis Uppsala.

Als die Journalistin das Mikro in seiner Halterung aufpflanzte, ragte es in seiner GT-Form schräg nach oben so in den Raum, dass man gar nicht mehr hinschauen konnte.

Das Kind

Wie er die Abwesenheit von seiner Familie nur durch Schwächeanfälle beantwortet. Und diese Schwächeanfälle werden immer häufiger Kaufanfälle. Er bringt und schickt immer häufiger Zeug heim, das man nicht braucht, das aber die Finanzen der Familie gefährdet.

Mir vertreiben Fremde die Zeit. Ich bezahle für alles, was es gibt. Am Nebentisch der Amerikaner verzweifelt, weil er, wenn er spoon bestellt, die Gabel kriegt. Er verzichtet ungern auf die Sauce. Ich dagegen bin im Ausland still und lasse meine Zeit durch die Finger rennen, bis es reicht. Der Amerikaner dagegen kriegt seinen Löffel, dann schmeckt ihm wieder die Sauce nicht. Er hat es schwerer als ich. Er probiert es mit Brot. Jetzt klappt es.

Le Monde, 3. 1. 1979, Titelseite: démission, fatalisme, refus de l'engagement, repli sur soi, faire défaut la réalité.

Samstag, 6. 10. 1979

Gestern in Uppsala im Wermland-Keller. Gotisches Netzgewölbe mit Backsteinlinien. Die Wahl zwischen Lachs und Elch. Also Elch mit Rotweinsauce und Vogelbeeren. Die Wulfila-Bibel im Schrein. Die Seiten sind sehr dünn und dunkel. Im Dom der Heilige Erik, den es vielleicht überhaupt nicht gab, im goldenen Sarg, Gustav Wasa im Chor und Linné, *Botanicorum Principis*. Im Marmorsarg Swedenborg! Der Kopf erst neulich auf einer Versteigerung bei Christie's in London erworben. Tatsächlich soll der Kopf im Sarg gefehlt haben.

Das Kind

Dass er immer alles sagt. Er ist geschwätzig, haltlos. Immer erst nachher merkt er, dass er ununterbrochen geredet hat. Und alles, was er ausgeplaudert hat, ist peinlich. Er kann nichts für sich behalten. Ihm fehlt eine Schranke. Er denkt etwas, und schon sagt er es. Dass er es nicht ruft, ist ein Wunder. Wenn er in der Eisenbahn sitzt, möchte er ausrufen: Was für ein gewaltiges Tal.

Die Rinne im Pissoir im Wermland-Keller erinnert ihn an die Rinne in Wasserburg, obwohl sie hier aus Stahlblech ist, und die in Wasserburg war eine gemauerte und dann geteerte und später noch geplättelte Rinne. Er war jetzt allein in dem Pissoir. Noch schöner wäre es gewesen, wenn noch einer mit ihm an der Rinne gestanden hätte und ihr Urin hätte sich in der Rinne vermischt. Wie das früher in Wasserburg war. Da standen an zwei Pissoirwänden oft drei oder fünf Männer und er dazwischen. Und es prasselte und furzte und stöhnte. Diese blöden Individualbecken, an denen jetzt jeder für sich steht, das ist doch nichts mehr.

Der junge Mann mit den winzigen Ohrringen, verschwindend dünnes Gold, Vollbart und eine ziemliche Haarfülle und Gesichtszüge, vor allem Augen, die das reine Mädchen verrieten. Dass der sich für einen Mann hielt und, was sein Geschlechtsleben anging, sicher auch einer war, das sah man. Trotzdem war er dem Wesen nach ein Mädchen, das sah man genauso deutlich.

Im Moderna Museet ein Kandinsky, 1908, *Trauermarsch*, sorgmarschen. Picasso, *Die Quelle*. Frühe Gris-Landschaft. Schöne düstere Blumen von Nolde, 1918. *Das Rätsel Wilhelm Tells* von Dalí, riesig, Tell hat die Züge Lenins, 1923. Braque-Landschaft bei Dieppe, viel schöner als diverse Natures Mortes. Ein lebendiger und ein toter Mondrian. Im Nationalmuseum Rembrandt. Lucas Cranach, El Greco. Rubens: eine Herde von ferkelhaften Putten, spielend, tobend, ein paar fressen. Cézanne. Courbet: *Der tote Fuchs* und *Die schöne Irin*. Der *Fuchs* von Courbet geht zu Herzen. Im Moderna Museet ein Bild von Strindberg: ein wüstes schwarzes Wogen-Bild.

Mit Frau Hillebrand im Teehaus. Ihr Vater, vor drei Jahren mit 100 gestorben, hat sich bis drei Monate vor seinem Tod immer gefreut. Hat noch ein Jahr davor gesagt: Ich habe ja gar keine Zukunft mehr, aber ich finde das Leben so schön. Als junger Kaufmann nach Frankreich und England, Lehre, durch eine Annonce zu einer Hamburger Firma am Amur. 40 Tage Reise hin. Dort die Oberschicht Russen, unten alles Chinesen. Da gibt es vom Pariser Bad bis zur Nähnadel alles, was man im hinteren Asien wollte. Dann ausgezeichnet mit dem Sankt-Georgs-Orden, den sonst Ausländer nicht kriegen. Er hat die Stadt gerettet, als die russische Besatzung zum Boxeraufstand nach China muss und die Chinesen in der Stadt bedrohlich werden. Er lässt sie einfach alle in ein Lager sperren. Wälle und Gräben darum herum. Das gelingt. 17 Tage lang, bis die Russen wiederkommen. Er hätte alle zusammenschießen lassen müssen. Er war froh, dass es so ging. Im Krieg wollte er zurück, weil er national dachte, wird aber vor dem Übertritt nach Finnland gefasst, er lässt den Kriegsminister benachrichtigen, kommt heraus, kam nach Petersburg, wurde selbständig. Er hat den roten Kaviar als Erster nach Europa eingeführt. Ein Roman erscheint gegen ihn: *Die Spinne.* Dass er ein Netz über ganz Russland gesponnen habe als Spion, und mit so einem lässt sich der Kriegsminister ein. Also freiwillig in die Internierung. Wie alle Deutschen muss er 2000 km von der russischen Westgrenze weg. Kann das Gouvernement wählen. Wählt Pensa, weil dort der Balte von Lilienfeld Gouverneur ist. Dort sind schon viele andere. Man hat es gut, hat Geld und gute Gesellschaft. Er lernt dort seine zukünftige Frau kennen, eine baltische Adelige, die mit ihrer Mutter dort ist. Sie war als Mädchen in Oxford, wollte selber etwas tun, studieren. Das Adelsleben auf den Gütern sei langweilig. Man wisse, was komme, ganz genau. Der Vater hatte keinen Umgang mit Bürgerlichen. Die nannte man Literaten. Die Vorfahren waren mit den Schwertrittern ins Land gekommen, im Mittelalter, und hatten kolonisiert. Einige waren nach Schlesien gegangen. Nach 1918 alle wieder zurück. Zum Teil wurden sie 1939 auf polnische Güter gesetzt. Viele zur SS. Ein Vetter hat gerade seine zehnjährige Strafe verbüßt. Nach '45 viele nach Kanada und in die USA. Sie hatte nichts gelernt, auch nicht zu arbeiten. Das war nicht leicht. Gute Charaktere, nicht so intelligent, aber eine gewachsene Kultur. 1945 war Frau Hillebrand in der Tschechei. Zu Fuß bis Hannover, dann holt sie ihre Eltern dahin. Es geht ihnen nicht gut. Sie hat ein russisches Kästchen vom Vater geerbt, jetzt erst hineingeschaut, Briefe ihrer Mutter von 1908 bis 09 aus England, an Gertrud von Birken, eine Schwester der Mutter. Ihr Vater: Man darf das Teewasser nicht kochen lassen. Sie: Es gibt so viele Arten, Tee zu kochen, wie es gibt, Reis zu kochen. Eine Singhalesin aus Ceylon zu ihr: Nur 5 Minuten, dann abgießen. Der Vater hatte Erfolg, aber auch Misserfolg, weil er nicht an das Böse in den Menschen glaubte. Damit rechnete er einfach nicht. Das musste er manchmal büßen. Er hat gesagt: Ich tauge nicht zum Sklaven. Aber wenn ich selber Sklaven habe, dann möchte ich sie auch gut behandeln. Er hat Erfindungen in Russland einzuführen versucht. Er konnte gut rechnen, hatte ein klares Urteil. Zum Beispiel Brücken, Fertig-Brücken in Teilen. Er hat den Zaren zweimal lang gesprochen. Die Zarenwitwe dann auch noch. Nach 1918 organisierte er einen Eisenbahnzug für alle Internierten dort und fuhr sie heim nach Deutschland, durch das Revolutionsrussland hindurch. Er gab sich und die anderen als Diplomaten aus. Die Mutter hat gesagt: Sie hat immer vor sich gesehen, dass sie das langweilige Leben einer baltischen Adeligen führen müsse, dann sei es aber interessanter geworden, als sie es sich gewünscht hatte, zwei Kriege, Revolutionen usw. Sie und ihr Mann haben alles verloren. Schicksale Schicksale Schicksale …

Sie erzähle immer so viel von ihrem Vater. Leute, die sie kennten, wüssten das. Aber ich sei ein so guter Zuhörer. Sie möchte nicht in der BRD leben. Erst im Ruhestand komme sie zurück. Und dann nur nach Berlin. Die Personen in den Büchern von Grass, Lenz und die in meinen Büchern finde sie grässlich. Mit solchen Leuten möchte sie nicht zusammenkommen. Ich schriebe doch sicher nur über die, weil die mich ärgerten. Da seien ihr die Leute in Dostojewskis *Idiot* noch lieber. Überhaupt die Russen. Ihr Vater sei nach 20 Jahren Russland für den Westen verdorben gewesen. Sie hat beobachten können, dass das, was einem als Kind gefehlt hat, nie mehr nachgeholt werden kann. Diese Leute sind ewig unsicher und leiden unter Komplexen und Versagensängsten. Die können einem richtig auf die Nerven gehen. Die sind meistens nicht einmal fähig, Liebe zu empfangen. Egal, wie sehr sie geliebt werden, es ist, als empfänden sie es nicht, sie kommen sich immer zu wenig geliebt vor. Sie glauben einfach nicht, dass man sie lieben kann, und verlangen immer noch mehr und verderben dadurch alles. Ihr Vater hat durch seine tolle Persönlichkeit immer jeden ganz aufgenommen. Man fühlte sich vollkommen sicher bei ihm und durch ihn. Und so anerkannt. So unheimlich anerkannt.

Mir, einem in ihrer Terminologie Unerträglichen, erzählt sie das.

Sonntag, 7. 10. 1979

Gestern Abend noch bei Peter Weiss und Gunilla. Die Wohnung schon eingepackt. Der Altbau wird saniert. Sie können die Wohnung nicht kaufen. 300000 Kronen und dann monatlich 3000. Gunilla war schon bei Bergman. Arbeitsgespräche benutzt der nur zum Klatschen. Er will so viel als möglich Privates erfahren, das benutze er dann für seine Filme. Peter wird von Siegfried misshandelt. Peter fragt sich, wie lange Siegfried noch seine Bücher nehme. Er bringt alles mit seinem Eintreten für das jetzige Vietnam zusammen. Dass er den SWF-Preis nicht bekommen hat! Er hat gemeint, er kriege ihn.

Für alle vier Kinder noch Schmuck. Ein finnischer Bronze-Hänger, ein frecher Ring …

Einer gestern: Die Finnen haben kein Geld gehabt, als der Jugendstil verachtet war und als Kitsch galt, deshalb stehen dort die schönen Häuser noch. In Stockholm hat man Geld gehabt, von 1950–70, da wurde alles abgerissen und neu und ausdruckslos gebaut.

In Schweden darf nur der Staat Alkohol verkaufen. Die Alkoholläden heißen Systemet.

Neuerdings bemerke ich, dass ich in Hotels im benachbarten Ausland fast ungeniert deutsch nach meinem Zimmer frage. Bei der geringsten Schwierigkeit kapituliere ich in Englisch. Aber solange ich so mutig in deutscher Sprache auftrete, komme ich mir ein bisschen vor wie ein Franzose.

Jetzt ist der Stich wieder da. Ich werde sicher nicht nach Amerika fahren. Ich schwöre es. Mal sehen. Aber es wäre Wahnsinn. Ja, schon, aber … Nichts aber.

Sonntag in Stockholm

Mächtige Glocken schwellen von irgendwo herüber. Der Mann auf Zimmer 23 wäre bereit. Er hat geduscht und gegessen. Tee und Brot. Er wollte keinen anderen Geschmack als den des Brotes, den des stark verdünnten Tees. Die zarten Sessel in seinem Zimmer waren mit wilden Blumenmustern überzogen. Welch ein Abschied. Er wusste nichts voraus. Er kam sich arm vor. Teils durch eigene Schuld. Die Schmerzen waren so stark geworden, dass ihm Zweifel nicht mehr erlaubt war. Alkohol. Sein liebstes Schmerzmittel. Aber in diesem Hotel gab es keinen Alkohol. An einem Stich sterben in einer Sekunde. Das wäre erwünscht.

Mit Bengt Holmqvist im Centralen-Restaurant, sehr guter Lachs mit Béchamel-Kartoffeln und weißem Bordeaux. Jemand hatte angedeutet, Holmqvist sei Alkoholiker. Daran dachte ich jetzt gern.

Um 15 Uhr 50 Stockholm–Oslo, um 17 Uhr 50 Oslo–Bergen.

Montag, 8. 10. 1979

Bergen. Hotel Terminus gegenüber vom Bahnhof, Zimmer 421.

In Stockholm vier Nächte 770 Kronen.

Mittagessen bei Generalkonsul Rode. Atlanta, Washington, New York, Göteborg, Amsterdam, Rotterdam und jetzt noch, kurz vor der Pensionierung, Bergen. Alle anderen Nationen haben ihre Konsulate geschlossen. Nur wir noch. 200 deutsche Frauen, die mit Norwegern verheiratet sind, die allmählich Norwegerinnen werden. Er rät ihnen selber dazu. Ein paar Ärzte und Ingenieure. Keine deutsche Kolonie. Im Sommer überschwemmen deutsche Touristen das Land. Die Norweger nehmen das Geld der Deutschen ganz gern, die sind ja nicht so sparsam wie die Holländer. Die Holländer nehmen alles mit, was sie im Urlaub brauchen, die kaufen nichts. Auch Schokolade, Büchsenmilch, alles. Aber sie haben es zu was gebracht auf diese Art, und sie sind ja nur mit sich selber so geizig. Wenn zu einer Spendenaktion aufgerufen wird im Fernsehen für Erdbebenopfer in Persien, das ist unglaublich, wieviel die dann geben, also einfach unglaublich. Die Bergener hier sind nicht leicht zugänglich. Auch nicht nach Jahr und Tag. Ein Mädchen am Straßenrand winkte, um mitfahren zu dürfen. Der Generalkonsul: nicht hübsch genug. Der Chauffeur lachte, die Frau Generalkonsul, um diesen Satz nicht stehen zu lassen: Am hübschesten ist es hier ja im Juni, wenn der Rhododendron blüht, bergauf, bergab.

Frau Springsklee vom Goethe-Institut, gebürtig aus Meißen, spricht fast nur vom Regen. In diesem Jahr eine Woche Sonnenschein. Mantel und Regenschirm und Ölzeug sind die wichtigsten Bekleidungen. Mit der Bahn 500 km nach Oslo. 200 Tunnels.

Die Hanse-Firmen hatten Zeichen für die nicht lesen könnenden Fischer. Jeder Fischer musste nach einer Ordnung aus dem 15. Jahrhundert immer mit demselben Kaufmann handeln. Dass der dem auch Vorschuss geben konnte, wenn er einen Sommer nichts oder wenig gefangen hat.

Königsdorsch im Wappen mit dem halbierten Adler: das Hansewappen. Das sind, wie man jetzt weiß, kranke Dorsche. Sechs Jahre Lehrzeit, dann Geselle, und man war in jeder Hanse-Niederlassung willkommen.

Der Generalkonsul: Dass die Wikinger nur Kopf ab kannten. Raueste Christianisierung.

Im Norden haben die Deutschen Hammerfest und Narvik zerstört, das erste mutwillig beim Abziehen 1945.

Als ich noch auf Nachrichten scharf war, kamen sie nicht. Jetzt, da ich, um zu überleben, mich abgewandt habe, treffen sie ein, ich wehre mich nicht.

Im Lokal sagt eine Zwölfjährige etwas sehr lebhaft zu Frau Springsklee. Sie erklärt es mir. Die Zwölfjährige habe gesagt, sie sei taub. Die sagte das so, als hätte sie gesagt: Ich darf heute zum ersten Mal fliegen, ist das nicht wunderbar!

Frau Springsklee: Ich mag die Norweger, als Piloten und als Zahnärzte. Sie leidet unter dem Isolationssyndrom. In Bergen ringsum nur Fels und Wasser. Kein Feld, keine Wiese. An den Wochenenden ist es besonders schlimm. Sie war neun Jahre nicht hier. Es hat sich überhaupt nichts geändert. Das Rundfunkprogramm ist noch ganz genau gleich. Sie machen nur als Epigonen mit, was in Mitteleuropa passiert, mit entsprechender Verspätung. Am lebhaftesten spricht sie von ihrem Bergamasker. Wenn sie mit dem spazieren ging, lief der voraus, wenn der Weg sich gabelte, setzte er sich, wartete, bis sie bei ihm war, dann sah er herauf zu ihr und fragte, wohin es jetzt gehe. Und eben dieser Blick zu ihr herauf, der sei noch so lebendig, der vergehe nie. Diesen Hund hatte sie einem Schafhirten abgekauft in Lenzerheide, dem begegnete sie und sah sofort diesen Blick.

Die Samen, die nicht Lappen genannt werden wollen, demonstrieren mit Fell und mit Zelt. Die 20–30000 norwegischen Samen werden bedroht durch den Bau eines Kraftwerks, das so vergrößert werden kann, dass die immer noch weiter nach Norden gedrängt werden und daran eingehen.

ich kann mir nichts leisten
ich bin vor Vorsicht fast lahm
ich bin feiger als die meisten
ich war von Anfang an zahm.

Mittwoch, 10. 10. 1979, Oslo, Nobelhotel Karl Johan.
Mit Herrn Kaul und Frau Müller-Schiener im Theater-Café, einem fast riesigen schönen Lokal im Jugendstil. Holzwindungen, Lampen, an denen goldene Blätter wachsen, Gläser mit matten, organischen Mustern und eine Kapelle auf der Empore, zwei Geigen, ein Cello, ein Klavier. Das sei Willy Brandts Lokal in der Emigration gewesen, sein Sitzplatz ist bekannt. Graved Lachs mit Béchamel-Kartoffeln. Noch besser als in Stockholm. Fast roh. Wird vergraben, mariniert, Steine drauf, dadurch so weich. Sagenhaft.

Der alte Johan Vogt: Die norwegischen Zeitungen sind langweilig. Herr Kaul sucht nach einem glaubwürdigen Widerspruch. Er braucht lang, bis er endlich beim Satz angelangt ist: Jede Zeitung sei so interessant wie das politische Leben des Landes, in dem sie erscheine. Dann korrigierte er das mühsam. Ich hätte geantwortet: Je langweiliger die Zeitungen eines Landes sind, desto angenehmer muss da das Leben sein.

Mit Super DC-9 in 50 Minuten nach Kopenhagen.

Wir sind aus dem anziehenden Troll-Land heraus und über dem offenen Dänemark. Man fliegt immer überm Wasser an in Skandinavien und hüpft dann gerade noch auf den ersten Happen Land.

Ich liebe die europäischen Völker, aber in die nordischen bin ich verliebt. Ich beneide sie.

Was muss ich, weil ich nicht stark bin, auf mich nehmen. Die Flughafen-Musik, die angesagten Flüge nach Los Angeles, wie soll ich mich den Verführungen der Sonne widersetzen. Ich will nicht meinetwegen nach Kalifornien. Ich hielt es für nötig. Den Ausschlag gibt die Schwäche. Ich kann nicht nach Kalifornien.

Steh mir bei, Heimathülle, auch wenn du dann, wollte ich dich in Anspruch nehmen, nichts bist. Scheine etwas. Das reicht. Vielleicht.

Auf der Bank nebenan ein paar Isländer. Wenn sie durcheinandersprechen, was sie langsam und gewichtig tun, klingt es wie daheim.

Gott: Durch ihn sind alle Einzelnen verbunden. Er ist der Beweis, dass wir uns einigen können, dass wir nicht allein sind. In ihn haben wir alles zusammengelegt, was wir gemeinsam haben bzw. nicht haben, aber haben möchten. Sage mir, wer dein Gott ist, und ich sage dir, wer du bist. Hat das Nietzsche gesagt? Die Materialisten, die Gott abschafften, waren töricht. Sie haben Gott für etwas gehalten, was im Himmel existiert wie wir auf der Erde. Sie haben die Sprache nicht verstanden. Gott als Geschichtsbeweis …

An Bord der Icelandair das Gefühl, bei einer Familie mitzufliegen. Und es ist keine ganz fremde Familie. Vielleicht haben sie diese Boeing geschenkt bekommen. 2 Stunden 45 Minuten sollen wir fliegen. Also wirklich halb nach Amerika. Für nichts und wieder nichts.

Der junge Mann, durch einen leeren Sitz getrennt von mir, schreibt genauso auf wie ich.

15 Uhr 45. Wir sind über Island. Die Sonne hat uns in den zwei-

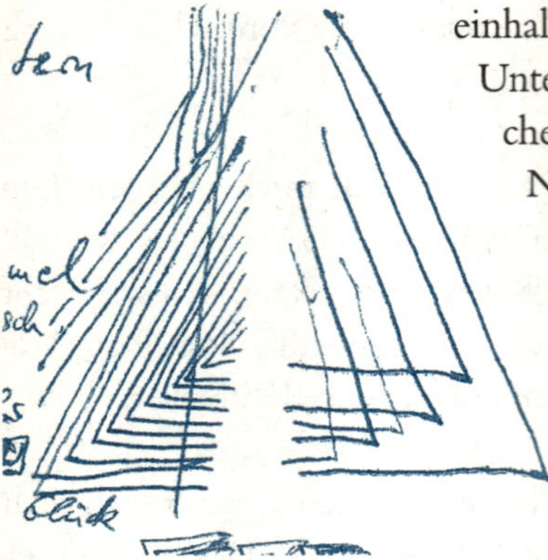

einhalb Stunden ein wenig überholt. Unter uns elefantengraue Steinflächen, ausgetrocknete Flussbetten. Neben der Rollbahn das dürftige Gras auf schwarzem Boden. Local time 2 Uhr 50.

Donnerstag, 11. 10. 1979
Übernachtet im Loftleidir Hotel. Nach der Lesung im Hinterhof des Hauses, zwischen Mülltonnen stehend, noch das Nordlicht entdeckt, das Nordlicht, ein über den ganzen Himmel reichendes, höchst reizbares, keine Sekunde lang ruhig sein könnendes Lichtgatter, ein Lichtzaun aus senkrechten, aber wanddicht stehenden Stäben, gegen Süden zu verliert es Kontur. Da wird es ein breiter Verlauf wie das Ende eines Pastorenbäffchens. Aber über uns und nach Norden hin rast, springt, zittert, vibriert es wie das universale Licht-Riesen-Reh, man könnte dazu eine Musik komponieren. Vorher Abendessen mit dem deutschen Geschäftsträger-Ehepaar im Saga Hotel. Zum Eingang wieder Graved Lachs. Nachmittags die Fahrt mit dem Lauda Sport mit vier Gängen, bloß 12 l in der Stadt, am Laxness-Haus und -Hof vorbei, dann nicht mehr geteert, nur noch die Schafe.

Nachher im Institut: Ein Betrunkener provoziert, warum nichts von der deutschen Literatur für die Welt. Er lässt mich nicht los. Weil ich ausweichen will, wird er direkt: Ich sei nicht human. Er sagt das zehnmal, bei mir keine humane Breite. Vorher hat er die deutsche Armut begründet mit der Isolation, in der der Schriftsteller in der kapitalistischen Gesellschaft der BRD lebe, mit der Unfreiheit. Ich frage nach der Freiheit der DDR und der UdSSR. Er: Wenn keine Kritik erlaubt sei, gehe er.

8 Uhr 00 Flug zurück, Flugzeit 2 Stunden 50 Minuten.

Etwa um zwölf in Kopenhagen. Missionshotel, Zimmer 234.

Einer sagt: Wenn er von Island zurückkomme, sei es, er komme nach Mombasa. So ist es jetzt. Hier ist es frühlings- oder sommerhaft warm. Das arme Eisland.

Die Puffins fangen Fische, mit denen sie dann schwerfällig in ihre Nester an den Felsen fliegen. Kurz vorher werden sie von Jägern mit Netzen gefangen. An langen Stangen haben die Netze, mit denen man die schwerfälligen Vögel fangen kann. Im Saga Hotel hätten wir sie essen können.

Freitag, 12. 10. 1979

7 Uhr 50 mit SAS nach Frankfurt.

Gestern noch eine Reisetasche, Büffelleder, italienisch, 1500 Kr.

Bei der Lesung gestern der Widerstand der Jungen, Schönen. Nachher sind es zwei Schwestern, Birgit und Iris. Aus der DDR, dann Sigmaringen, Afghanistan, Kopenhagen. Vater Textilingenieur. Mutter letztes Jahr gestorben an Krebs. Die eine ist asiatisch gemischt, die andere rein deutsch. Iris, die Asiatin, sagt: Ich sei oberflächlich. Birgit: Warum ich solche Sachen mitmache. Noch lange sprechen wir im Freien. Dabei auch Hermann Schmid aus Senden bei Ulm, er studiert in München. Wir verabreden uns für eine Wanderung in Norwegen im September '80. Er sieht aus wie ein Einstein aus dem Allgäu. Iris hat asiatische Händchen, die, wenn man sie in die Hand nimmt, in jeder Richtung nachgeben. Dass das Schwestern sind, scheint völlig unglaubhaft

Ich verabredete mit den Schwestern einen Briefwechsel und mit Hermann Schmid eine Wanderung. Das sind Verabredungen um Mitternacht in Kopenhagen.

Die Einteilung in männlich und weiblich darf nicht an die Rollen gebunden werden, die man bei der Fortpflanzung zu übernehmen hat.

Samstag, 13. 10. 1979

Hotel Haarlass, Heidelberg, Zimmer 57. Ein Mief, als sei es seit 55 Jahren bewohnt, aber nie gelüftet worden. Dürftige Sparmöbel der fünfziger Jahre, überhaupt alles so vergammelt, dass jeder Filmregisseur entzückt wäre. Aber die kommen kaum in solche Zimmer.

Dass jeder Mensch ein Dichter ist, dass jeder diese von innen drängende Empfindung kennt, man will etwas sagen, aber nicht etwas Bestimmtes, sondern sofort alles, also reißt man sozusagen den Mund auf, um den allergrößten Ton anzustimmen, aber man bleibt natürlich stumm, stumm, stumm. Überhaupt nichts kommt heraus, nicht einmal ein Stöhnen. Aber das von innen nach außen dringende Empfinden, dieser kochende Äußerungswunsch wird nicht schwächer, wenn erlebbar wird, dass es zu nichts als zu diesem äußersten Mundaufreißen kommen wird. Ein Schmerz mischt sich in die Empfindung, und jetzt spürt man, dieser Schmerz ist überhaupt die Hauptsache, der ist überhaupt die Empfindung, auf die es ankommt. Dieses Stummsein bei offenem Mund, nichts könnte einem deutlicher machen, dass man lebt, und nur darauf, das zu spüren, kommt es an. Wenn er die Leute anschaute, sah er direkt, dass sie diese Erfahrung schon gemacht haben mussten. Er hat noch nie einen Menschen gesehen, bei dem er sich hätte sagen müssen, der kennt das nicht. D.h. er hat noch nie einen gesehen, der kein Dichter gewesen wäre. Im Grunde genommen weiß das jeder, sonst könnte er einem anderen gar nicht in die Augen schauen und sofort in ihnen daheim sein. Was einem die Augen jedes anderen Menschen so vollkommen vertraut macht, ist, dass in ihnen jeder solche dichterische Moment schwere Spuren hinterlässt. Dieses Stummseinmüssen bei offenem Mund wirkt sich auf die Augen aus.

Yoshiko Nishikawa. Dieses winzige Japanermädchen hat inzwischen eine grauenhafte Zahnfront erhalten, einen Zaun so unmäßiger Zähne, dass es ihr fast nie gelingt, ihre schönen Lippen ganz darüberzuziehen. Und wenn sie auch nur ein bisschen lacht, und sie lacht fast andauernd und heftig, springen die Zähne voll und ganz hervor. Es sieht dann aus, als hätten die Lippen keine Chance mehr, diese Kunststoffbatterie je wieder zu bedecken.

Gestern Abend in der Siesmayerstraße. Alejo Carpentier. Er rühmt die Karibik. Er ist geschichtsbezogen. Die Feinen rümpfen ein wenig die feine Nase. Nachher noch mit vielen am Tisch, Handlesen. Kurzes Gespräch mit Dolf Sternberger, der aussieht wie ein greiser Zögling. Mit Jürgen Becker, der im Augenblick alles Fettfleischige des Babys mit der Fleischeslast eines alt werdenden Dicken verbindet. Michaelis tritt in der Verdrießlichkeitsrolle auf. Der zarte Urs Jenny hat innen so viel abgenommen, dass er nach außen karg und mager wirkt. Ugnė Karvelis, dick, mit Stock, wegen verstauchter Zehe. So reagiert man in Paris auf einen verstauchten Zehen. Immer noch die Gauloisekettenraucherstimme. Die Zähne sind dunkel verschwunden. Sie will eine Verabredung. Warum? Über Erich Wulff zu berichten, der zuerst aus seinem neuen Vietnam-Buch lesen sollte, und dann bläst Siegfried das ab. Sie ist aufgeregt. Die Linken dürfen sich das nicht gefallen lassen. Man muss wissen, warum macht Unseld das. Sie hat mit Erich telefoniert, du weißt, dass ich mit Erich befreundet bin, wir sind jetzt bald Zwillinge, wir möchten einfach verstehen, warum Erich nicht lesen darf.

Wenn man wartet auf jemanden, der mit dem Auto kommen soll, dann ist man, solang andauernd Autos eintreffen, überhaupt nicht beunruhigt. Erst wenn keine Autos mehr kommen, fängt man an, auf eine peinliche Weise zu warten.

Über Nicolas Born: Sie haben ihm eine Probe aus dem Gesichtsfleisch genommen, und jetzt ist alles in Ordnung, dann nach 10 Minuten, Moment, das war eine Verwechslung, es ist doch nicht alles so ganz in Ordnung. Er hat eine schwere Lungenoperation hinter sich. Jetzt Metastasen schon im Rückenmark. Das Schmerzsyndrom. Er schreit vor Schmerzen. Wenn man anruft und mit seiner Frau spricht, muss sie die Hand über die Muschel halten, weil man sonst nur seine Schreie, aber nicht sie hören würde. Warum geht er nicht ins Krankenhaus? Weil er Angst hat, er komme dann nicht mehr heraus.

So bleibe ich also empfindungslos zurück zwischen den Blättern, lobe den Herbst wie jemand, der ewig lebt.

Das ist auch so ein dichterischer Effekt oder vielleicht das Dichterische in jedem Menschen: dass er glaubt, er lebe ewig. Jeder glaubt das. Wie man Kaffee trinkt, zum Fenster hinausschaut, Berge erklettert und im Sand liegt, das beweist, dass man nicht an den Tod denkt, sonst könnte man nicht so umgehen mit seiner Zeit.

was wird mir
mir kann nicht
wie soll denn
es hat doch
auf jeden Fall werde ich
oder wenigstens will ich
aber vielleicht sogar
wenn nicht dann doch
allerdings müsste ich
und kann nicht

Ihrem Leib ist er entgegengereist und hat ihn nicht getroffen.

Die Stille zerbrach die Hoffnung.

Das letzte tote Wochenende. Dann blitzschnell noch durch fünf Städte und Schluss.

Er wird diese Nacht auf dem Stuhl verbringen. Er wird ein Taxi nach Frankfurt nehmen. Er wird die Schmerzen im Fuß beobachten, die Krämpfe links.

Sonntag, 14. 10. 1979, Frankfurt.
Solange er fort war, hat sie eine Schwangerschaft am Leben erhalten. Acht Wochen lang. Dann zur Ärztin Dr. L. Von ihr sofort die Bescheinigung, soziale Indikation. Dann zu Pro Familia, auch hier sofort die soziale Indikation bekommen. Dann muss eine Klinik gefunden werden, ein Arzt, der es macht. Uni-Frauenklinik, der junge Assistenzarzt: Sie wissen, dass das Mord ist. Ein Komitee der Klinik, in der auch ein Jurist, die müssen entscheiden, sonst nützen die beiden Zeugnisse nichts. Sie hat schon in Bremen einen Termin in der Abtreibungsklinik von Pro Familia und einen Termin in Bonn. Dann der Anruf von dem Arzt, lakonisch kalt: Wir machen es, Dienstagmorgen 6.00 Uhr. Sie und noch vier müssen in den Keller, dort müssen sie sich ausziehen, werden in riesige Hemden gesteckt, müssen die Haare hoch nehmen und unter einer Haube verstauen, sich auf fahrbare Betten legen, werden per Lift nach oben gefahren, in den OP, kurz davor noch wird sie mit unzähligen Elektroden bestückt, sie ist die Erste, zum Glück, die hineinkommt, auf einmal ist sie weg, und jetzt kommt das Schönste, was sie vielleicht in ihrem Leben erlebt hat, dieser Traum: durch farbige einzelne Wolken hindurch segelt und schwingt sie immer auf etwas Weiches zu, umgeben vom Blau des Himmels, diese ganze Licht- und Farbwolken-Welt, und dann, gerade als sie auf diesem herrlichsten Weichen landen könnte, hört es auf, sie sieht eine Uhr, sie ist zurück in diesem Zimmer, eine der anderen

von den vierzig in diesem Zimmer schreit und brüllt, wie ein ganz kleines Kind, wie ein Baby brüllt, immer Mami. Mami, es ist entsetzlich, wieder hier zu sein, das ist das Schlimmste. Sie fragt, ob sie auch so gebrüllt habe, nein, sie sei friedlich gewesen. Sie fragt den kalten jungen Arzt, als sie noch am gleichen Abend entlassen wird, ob sie irgendetwas besonders beachten soll? Er, so kalt wie immer: Das werden Sie dann schon merken. Vor 14 Tagen beim ersten Besuch hatte er noch gesagt, er verdiene auch nicht mehr als sie, und er würde nie ein Kind abtreiben. Und es wird ihr gesagt, und sie muss unterschreiben, dass sie damit einverstanden sei, dass ihr eine Spirale eingesetzt wird. Frauen mit regelmäßigem GV wird die Pille empfohlen. Frauen mit unregelmäßigem GV die Spirale. Ein Kupferblatt mit zwei Seitenteilen, die die Eileiter abklemmen, dass kein Ei durchkommt. Sie kriegt nach ein paar Tagen immer größere Schmerzen. Zuerst denkt sie, das sei eine Folge der Operation, Narbenbildung oder dergleichen, dann werden die Schmerzen trotz Tabletten unerträglich, also zu Frau Dr. L., die nimmt ihr sofort die Spirale heraus, und sofort ist der Schmerz weg. Sie schimpft über den Unfug, unmittelbar nach einer Abtreibung eine Spirale einsetzen zu lassen. Sie empfiehlt die Pille.

Sie legte ihre Beine auf seine Schultern, so dass sie fast nur noch mit Kopf und Nacken auflag, ihr Körper hing zwischen ihm und ihrem Kopf, wohl der beste Zugang. Und ein so bewegliches, dirigierbares Ding. Als sich ihr Blick wieder ins Außerordentliche verdrehte, suchte sie nach etwas zum Kauen und Lutschen und Beißen und fand eines ihrer Knie. Und eine Zeit lang schob sie ihm ihren abgeknickten Zeigefinger zwischen die Zähne, dass er darauf herumbeiße. Blitzschnell zog sie ihren Finger aus seinem Mund und steckte ihn gierig in den ihren und entlutschte ihm eine Botschaft.

Lieber Herr Seeba,

ich kann mich an keinen Brief erinnern, den ich so ungern geschrieben habe wie den, der mir jetzt bevorsteht. Schließlich habe ich in insgesamt vier USA-Aufenthalten mit zunehmender Neugier nach Kalifornien hinübergestarrt. Dann machte es Jürgen Habermas möglich, und ich kann nicht. Das hat etwas von einer Traumdramaturgie. Aber warum kann ich nicht? Ich bin in eine Klemme geraten. Durch den USA-Aufenthalt in diesem Jahr wurde der Anfang eines Buches aufgeschoben. Im August war ich dann endlich so weit, dass ich anfangen konnte. Ende September musste ich schon wieder unterbrechen, weil ich eine Lesereise durch Skandinavien absolvieren musste. Also hoffte ich auf die Rückkehr. Aber da drängte sich schon während der Reise der neue Abreisetermin im Januar auf. Seitdem hat diese Beklemmung physische Folgen gehabt. Auf der linken Seite natürlich. Zwei Ärzte gaben einen Rat: alle Termine absagen. Ich fühlte mich durchschaut. Die Unvereinbarkeit meines Arbeitsbedürfnisses mit den Schönheiten eines Kalifornien-Aufenthalts hat mich gezwungen, dem Rat der zwei Ärzte zu folgen. Ich kann mich nicht mehr daran vorbeimogeln, weil die Symptome drastisch gegen meine Termin-Politik demonstrieren. Vor drei Wochen musste ich in San Diego absagen, weil die Schule unserer Tochter allenfalls einem Zehn-Wochen-Aufenthalt, nicht aber einem Zwanzig-Wochen-Aufenthalt zugestimmt hätte. Jetzt also auch noch bei Ihnen. Ich würde sehr gerne sagen: Es mögen sich bessere Umstände einstellen. Aber angesichts der organisatorischen Verlegenheit, in die ich Sie jetzt bringe, sage ich nur: Es tut mir wirklich leid, und wäre meine linke Seite ein wenig unempfindlicher gegen die Diktatur meines Parasympathikus und hätte diese Nervengegend ein bisschen mehr Nachsicht mit dem Rest von mir, dann würde ich nur zu gern ins ersehnte Kalifornien kommen. So aber bleibt mein Amerika-Bild Fragment. Eldorado fällt aus. Dass das zu mir passt, tröstet mich nicht. Mit sehr herzlichen Grüßen auch an Herrn Kudszuss, Ihr MW

Montag, 15. 10. 1979
Mit IC Diplomat, Frankfurt 10 Uhr 23 – Bremen 14 Uhr 45.

Lieber Jürgen, ich, Kenner der Niedertracht der *FAZ*, drücke dir die Hand, die Ute mir lässt, dich zu halten, damit du nicht losschlägst, denn es ärgert Wirkungslosigkeit den Infamen. Leicht weise grüßt aus Bremen Martin.

Es ist schade, dass man, wenn man Gott sagt, fast nur falsch verstanden wird.

Unter einem hohen grauen Himmel ist Platz für alle Windungen der Aller. Langsam biegt sie sich durch die Wiese, auf der die Gestütspferde gehen und stehen.

Dienstag, 16. 10. 1979
Gestern Park Hotel Bremen, Zi. 207.
10 Uhr 38 mit IC Gutenberg nach Dortmund, 12 Uhr 35.

Marianne Frisch in Frankfurt: Die Trennung habe Max gewünscht. Er habe ihr sein Alter nicht mehr zumuten wollen. Er sage doch immer, man müsse klare Schritte platzieren. Sie berichtet über Nicolas Born. Der ist in ihrer Wohnung in Berlin, wird von Ingrid Krüger und von Frau Buch versorgt. Er findet keine Einstellung zu seiner Krankheit. Er schreie und hoffe doch immer noch. Ganz anders Luc Bondy, der auch ein Jahr in ihrer Wohnung wohnte, mit seinen Eltern. Der hat sich der Krankheit gestellt, der hat gesagt: Ich kämpfe. Die von der Schaubühne seien Tag und Nacht gekommen und um ihn herumgesessen und hätten mit ihm zukünftige Inszenierungen ausgearbeitet. Die vielleicht nie stattfinden würden. Sie hätten auf jeden Fall nicht daran geglaubt. Sie hätten fingiert. Aber er habe geglaubt und so überlebt. Ganz anders Nicolas Born. Sie scheint das Benehmen gegenüber dem Tod noch in ein Besseres und Schlechteres einteilen zu können. Ihr schaudert ein bisschen. Sie will doch aus ihrer Wohnung keine Krebsbaracke machen lassen.

Bei Hilde war der junge Amerikaner, der Castalia gegründet hat in der Nachbarschaft des Eranos-Kreises. Als es für die Amerikaner nicht mehr verlockend war wegen der Dollarschwäche, ihr Innenleben in der Schweiz zu pflegen, da verlegte er sein Castalia nach Tanglewood, Mass. Aber auch dort ging er bankrott. Seine Frau ist querschnittsgelähmt von einem Autounfall, den er verschuldet hat. Sie lässt sich nicht scheiden. Er hatte acht Jahre lang eine junge, kräftige Schwarzwälderin, die ihm die Wirtschafterin und Geliebte machte. Immer 60–80 Personen in dem alten Bau. Die Frau gibt Querschnittgelähmten Unterricht. Sie selber hat es weit gebracht durch Training, kann sich vom Rollstuhl ins Auto hieven, den Rollstuhl nachziehen, fahren, das Auto verlassen. Jetzt reist er herum und sucht, Geld aufzutreiben. Er habe 20 Bücher anzubieten. Als er noch mehr getrunken hat, sagt er: Hier habe er 20 Bücher drin, und klopft sich an die Brust.

Gestern in Bremen im kleinen Saal in der Glocke, 500 Plätze, etwa 250 Leute. Viele Karten wurden zurückgegeben, weil eine Folge des *Buddenbrooks*-Films lief im Fernsehen. Thomas Mann plus Fernsehen, das ist zuviel. Gleichzeitig noch Freimarkt, eine Mischung zwischen Volksfest und nördlichem Fasnachtsversuch. Gelesen die Seiten 151–171, 40 Minuten, und 117–132, 20 Minuten, eine wahnsinnige Anstrengung, weil ich andauernd auf die Uhr schaute und gedacht habe, die 17 Seiten in weniger als 30 Minuten lesen zu können. Meine Seitenzählung stimmt nicht, wegen der unberechenbaren Kürzungen. Trotzdem starke Reaktion. Ich werde in eine Apotheke gehen.

Eine schlimme Nacht ist das gewesen. Immer wieder am Ende keine Luft mehr. Die Nase zugeschwollen. Über die Haut pflügen nadelspitze Kälteschauer. Unter denen lag ich starr. Ein einziger Krampf. Das bisschen Atem, das gelang, konnte nichts ändern, nichts lösen. Eine Folge der übermäßigen Lesung. Und die Leute fragten: Wo haben Sie das gelernt, sind Sie ausgebildet als Schauspieler, lesen Sie nur eigene oder auch Texte anderer. Und wenn ich sage: Ich presse mir das ab, dann lachen sie und halten es für ein heiteres Understatement.

Hotel Römischer Kaiser, Dortmund, Zimmer 314.

Siegfried bei Fest am Sonntagabend. Neue Villa beim Schloss in Königstein. Siegfried schätzt 4–5 Millionen. Kolbe-Plastik, riesig. Alte Meister an den Wänden. Siegfried beeindruckt, ein bisschen traurig, weil er so was nicht hat; aber auch froh, dass er so was nicht hat. Fest ruiniere sich. Das könne er sich trotz der 2 Millionen vom Hitlerbuch und seines Jahreseinkommens von 220000 nicht leisten. Er habe Schulden gemacht. An seiner Renaissancegebärde gehe er kaputt.

Gestern signiert: 30 *Seelenarbeit*, 9 *Pferd* und ein paar andere.

Auf dem Plan ist für Dortmund als Kontakt bei Buchhandlung Krüger ein Herr Sonnenburg angegeben. Rufe an, werde verbunden, sage meinen Namen und dass ich da sei, aber er weiß nicht, wo er mich hintun soll. Erst nach einer Weile erinnert er sich, dass ich ja für seine Buchhandlung lese. Er werde heute Abend nicht da sein, aber Herr Soundso und ein hoffentlich zahlreiches Publikum.

Für den Werkkreis

Ich bezweifle, dass ich irgendwas politisch meine. Aber wie soll man es rechtfertigen, dass man eine Arbeit hat, die man sich selber gibt, während andere jeden Tag in eine Organisation hineinmüssen, in der sie nur durch Einfügung, Unselbständigkeit, Abhängigkeit überleben können? Gegen einige Übel wird man noch etwas finden. Aber das Hauptübel, die Unterwerfung des Arbeitenden unter das von außen diktierte, technische und wirtschaftliche Prinzip, scheint unbesiegbar zu sein. Das Fließband, der Akkord, die Schichtarbeit, die Konkurrenz der Abhängigen untereinander, die Ausbeutung der Frau durch ihre doppelte Tätigkeit, in diese Welten kommt kein Dante. Und selbst Wallraff geht bald wieder. Der Bereich der Produktion, die rentabel sein muss, der Bereich, von dem wir alle leben, ist der unöffentliche Bereich, und zwar schlechthin. Und warum denn auch nicht? Ist Öffentlichkeit ein Wert an sich? Hätten die, die dort tätig sein müssen, etwas davon, wenn ihre Arbeits- und Lebensbedingungen so öffentlich werden würden wie etwa die Probleme der empfindlichen Einzelgänger unserer Zeit? Was Hunderttausende in tosenden Hallen empfinden, wenn sie sich lebenslänglich dem technischen und wirtschaftlichen Kalkül in der Form unbeeindruckbarer Maschinen, absolut dominierender Maschinen unterwerfen müssen, das wissen wir nicht.

Lesung. Bessere Reaktion als '78.

Heidelberg

In dem Hotel Haarlass, in dem nur noch Pakistani abzusteigen schienen, waren sie mit allen Übungen, die bei der Fortpflanzung vorkommen, beschäftigt, ohne es jedoch so zu meinen. Das ist ein Phänomen, dachte Gottlieb Zürn. Mit einer nicht genug tun könnenden Umständlichkeit führten sie ihre Körper und Glieder einander zu, und zwar mit einer Sorgfalt und Konzentration, als seien sie ein Ärzteteam bei einer Herztransplantation. Aber das, wozu das alles gedacht war, die Fortpflanzung selbst, die vermieden sie mit panischer Beflissenheit. Das ist ein Phänomen, dachte Gottlieb Zürn. Der GV ist das Absurdeste, was es gibt. Er ist geradezu der Ausdruck dafür, dass wir das Absurde genauso notwendig oder noch viel notwendiger brauchen als das so genannte Vernünftige. Der Glaube an ein Paradies, das man nach dem Tod persönlich erreichen kann, um dort dann für immer mit hundert Engeln auf singenden Wiesen zu wandeln, ist etwas total Rationales, verglichen mit der Unsinnigkeit aller Veranstaltungen, die zum GV führen sollen und ihm dienen.

Eine mäßige Nacht. Von 4 Uhr 30 bis nach 6 der Krampf und das Gewicht auf der linken Seite und die zugefallene Nase.

Angst vor dem Lesen.

Mittwoch, 17. 10. 1979

Bald der letzte Außentag.

In der Halle des Hotels haften die Gäste am Anblick des Daseins. Die Treppe schwingt sich empor. Der Himmel weiß von jedem Hotel und leiht ihm Wasser, Strom und Gnade. Der Portier mit den gekreuzten Schlüsseln am Revers ist einarmig.

Ich müsste doch hier sein, weil ich dort noch nicht bin. Aber meistens bin ich weder hier noch dort.

Donnerstag, 18. 10. 1979

In Essen gestern im Hotel Jung.

Täglich ca. zwölf Baldrian-Dispert.

Wie kann man zwischen herunterhängenden, weit reichenden Lianen jemandem entgegengehen, der, obwohl es ihn nicht gibt, grün angezogen ist und am liebsten eine Frau wäre, die den Tropenhelm abnimmt, um endlich ihre Haare frei fallen lassen zu können. Sie hat ein Kindergesicht, das durch professionelle hardships gezeichnet ist. Die zu großen Schneidezähne im roten Lippenherz. Aber über Backenknochen und Kinn eine gegerbte Haut. Diese Widersprüchlichkeits-Person trägt die grüne Seidenjacke offen, alles klar. Wende dich ab von ihr, und beschwere dich in Hollywood.

Nichts zu haben selber
was einen ausmachte, un-
verwechselbar, also be-
schenkt mit Notwendigkeit,
ist immer mein Befund,
dem ich, unüberzeugt,
zum Zeitvertreib, widerspreche.

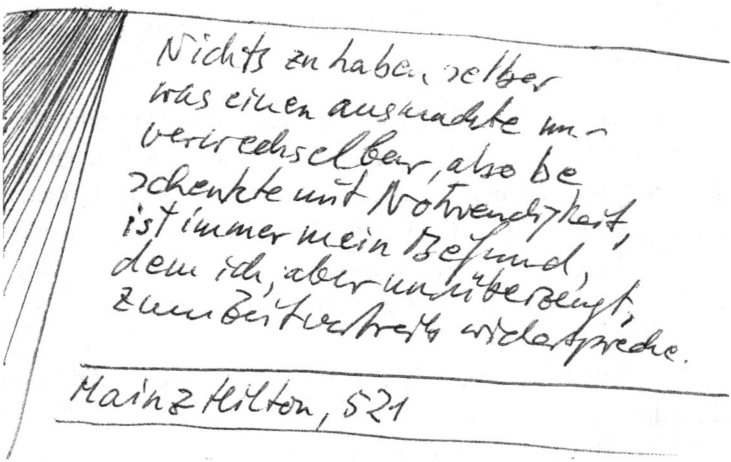
Nichts zu haben selber
was einen ausmachte un-
verwechselbar, also be
schenkte mit Notwendigkeit,
ist immer mein Befund,
dem ich, aber unüberzeugt,
zum Zeitvertreib widerspreche.
Mainz Hilton, 521

Mainz, Hilton, Zimmer 521.

Das Fenster öffnen, wenn der Himmel schwarz wird, den Sturm einladen, bei dir Platz zu nehmen. Vielleicht könnt ihr singen. Wenn er nicht käme, wärst du allein.

Freitag, 19. 10. 1979
10 Uhr 31 ab Mainz. Ab Frankfurt 14 Uhr 37, Mannheim an 15 Uhr 29.

Mit Siegfried mittaggegessen. Er hat für Joachim für 250000 DM die Handschrift von *Beschreibung eines Kampfes* gekauft. Durch E. Fröhlich bei Esther Hoffe, die letzte Freundin von Max Brod. Die hat noch viel. Er will den *Prozess* für 1 Million. Fröhlich meint, für 5 Millionen. Siegfried: Er hat Frau Hoffe in der Hand, weil er ihr 150000 schwarz gegeben hat beim letzten Kauf. Esther Hoffe will, dass Siegfried Brods Bücher bringe. Es gibt über 100 davon. Er sagt: Nur wenn Joachim Einblick in den Briefwechsel Franz Kafka – Max Brod erhält.

Frau Merkle, Bosch-Boss-Gattin, wurde bei einer Geburtstagsfeier des Herrn Guth, des Vorstandssprechers der Deutschen Bank, von Siegfried aus Versehen am Busen berührt. Sie rief ihn an, das hat sie erschüttert, fast ein Orgasmus.

Siegfried hat Frau T. in New York von Bernheim 1000 $ geben lassen. Dann kam sie nicht. Konnte nicht. Ihr Mann ist gekündigt bei der UNO. Er hat einmal von Wechmar kritisiert. Der ist dort jetzt mächtig, weil die BRD den Vorsitz führt. Als Erstes kündigt er T. Sie muss jetzt für die 1000 $ recherchieren für Joachim. R. Klopstocks Nachkommen haben Tagebücher, darin sind vielleicht Franz Kafkas letzte Äußerungen.

Nach Festigkeit trachten. Ich finde es toll, wie Siegfried für Joachim die Doktorarbeit organisiert.

Mir entfliehen, ohne zurückzukehren.

Dr. Keim in Mainz bestritt seine ganze Einleitung mit meinen Misserfolgen, durch die ich zum Erfolg gelangt sei. Bei den Lesern habe ich schon immer den Erfolg gehabt, den ich bei der Kritik erst jetzt habe, sagt er. Es war eine lästige Sache, und es ist elend, ein Leben lang der Misserfolgreiche zu sein.

Herr Zürn denkt an eine Kriminalgeschichte: Mehrere Morde nacheinander, keiner weiß, warum gerade diese Personen ermordet werden. Bis der Wissenschaftler sagt: Die waren alle bei Zürns an jenem Abend, davon lebt jetzt nur noch Gottlieb Zürn. Die Polizei kommt, er muss, weil er noch lebt, der Mörder sein, klar. Er sieht sich verhaftet.

Mannheim, Wartburg, Hospiz.

Was ich aus meiner Schwäche heraushole, wundert mich selbst.

Honnefelder zeigt das Bestell-Buch: Wir sind bei 48800, also noch 1200 bis 50000. Nach 50000 können wir zufrieden sein, meint Honnefelder.

Geld ist das Beste gegen den Tod. Das Geldverdienen ist etwas Unendliches und etwas Sinnloses. Aber diese unendliche Sinnlosigkeit des Geldverdienens lenkt am meisten von der unendlichen Sinnlosigkeit des Sterbenmüssens ab. Entscheidend dafür ist, dass dabei Zahlen eine Rolle spielen, dass gezählt werden kann. Sobald gezählt werden kann, ist die Illusion der Einteilungsmöglichkeit gegeben. Das ist das dem Tod am meisten Entgegengesetzte. Zeit ist so eine Einteilung. Aber Zeit allein hilft noch nichts. Man hat sie ja so erfunden, dass wir sie als Vergehende erleben. Es wäre besser, und genauso gut möglich gewesen, wenn wir sie als sich Häufende erleben würden. Es gibt ja mit jeder Sekunde, die eintritt, mehr Zeit in der Welt. Die Welt wird mit jeder Sekunde zeitreicher.

Samstag, 12. 10. 1979

7 Uhr 29 ab Mannheim, Radolfzell an 10 Uhr 56.

Hbf-Halle. Ein zarter Strichjunge kommt in schwarz glänzenden Wursthauthosen, einer weiten schwarzen Wolljacke, die Hände in den Taschen, herein, seine kurz geschnittenen, im Grunde braunen, aber goldgefärbten Haare sind, wenn er durch die Halle geht, das Leuchtendste, was es hier gibt. Er sieht frierend aus und wird erwartet.

Die Kirchtürme verschwinden im Nebel. Über der Rhein-Ebene liegt die Sonne wie eine goldene Flut. Nur ganz am Boden, höchstens 2 m hoch, noch ein schon ganz durchschienenes Nebelpolster. Die Welt ist wieder wahnsinnig schön. Selbst eine endlose Reihe von rostigen, mit Rüben beladenen Güterwagen ist im Augenblick nichts als schön. Wir fahren in dichteren, höheren Nebel, die Sonne gleißt durch eine gewaltige Milch, die sie immer noch zerstäubt. Der Nebel hat eben heute keine Chance.

Wenn sich die Leute in Donaueschingen auf dem Bahnhof wieder Auf wiederluaga zurufen, weiß man, dass das Schlimmste hinter einem liegt. Aber noch spannt die Zeit. Die letzte Stunde ist die längste.

Draußen ein Tag im August, wenn in den Wäldern schon das Laub kapituliert hat.

Siegfried: 250 Exemplare des *Pferdes* in Leder, die sollen verkauft werden unter der Hand.

Die Luft baut Blaue Türme. Alle Farben liefern Gott ans Licht. Der Waldrand schweigt, ich bin zu schwach, ihn zu durchdringen.

Wenn die Sprache nicht spricht, muss der Geist kommen. Der Sprache ist viel verboten.

Montag, 22. 10. 1979

Im Winter hält sich Gott mit Vorliebe auf, wo ich bin, auch der Wind hat im Winter gern zu tun mit mir. Natürlich flieht auch viel im Winter, dann bin ich mit Gott allein. Und ununterscheidbar von ihm, sage ich, er sei mein Pseudonym, dann sagt er: Namen sind Abfall. Ich liebe das haltlose Reden mit ihm. Mein Bart steht dir gut, sage ich und greife an mein nacktes Kinn.

Johannas Bewerbungseifer entspricht mein Absage-Eifer.

Schicksallos rauschend
schnell und unbestimmt
heiß von Leere und Willen
angestrengt vom Ende
kippen wir uns in den Grund.

Noch sind genug Blätter grün. Es wird alles beobachtet. Ich war so naiv zu glauben, ich lebte für mich, aber jetzt wird schon publiziert, welche Bücher Reich-Ranicki von mir bespricht und welche nicht.

Mit geschlossenen Augen schaue ich auf die Uhr und schlürf aus allen Gläsern Langeweile.

Die Katze nimmt Platz auf meinem Tisch, vom Bildhauer geschickt. Zwanzigmal tanzt sie mit den Vorderpfoten auf meinem Schoß, bis sie sicher ist, dass der Grund nicht zu weich ist, dann lässt sie sich nieder.

Wenn einer schreibt, bis er stirbt, wenn er sich überhaupt nicht fügt. Wenn er protestiert, solange er kann. Wenn er nicht das winzigste Verständnis zeigt. Wenn er nur protestiert. Wenn er überhaupt keine Fassung findet. Wenn er nichts als seine Angst hinausbrüllt. Wenn er nur noch von seiner Feigheit quasselt. Wenn er von keinem mehr etwas hören will. Wenn er alle Verbindungen abbricht mit denen, die ihn überleben werden. Wenn er jeden anspuckt, der sich ihm nähern will. Wenn er brüllt, er wolle, bevor er verrecke, noch die ganze Welt in die Luft sprengen. Wenn er brüllt, er werde es nicht zulassen, dass ihn auch nur ein einziger Mensch überlebe. Wenn er sämtliche Schallplatten, die er besitzt, zerbricht. Wenn er die Tür schließt und keinen mehr hereinlässt. Wenn er auf nichts mehr reagiert. Wenn er nicht den geringsten Kontakt zulässt. Wenn er keinem auch nur im mindesten die Illusion lässt, er könne Abschied nehmen von ihm. Wenn er verlangt, alle müssen ununterbrochen um ihn herum sein. Wenn er verlangt, alle sollten sich jetzt sofort die Pulsadern öffnen. Wenn er verlangt, dass alle mit ihm stürben. Wenn er sich unmöglich benimmt, dann benimmt er sich richtig.

Michaelis am Samstagabend, dass Raddatz entlassen werde, wenn er nicht am Mittag Belege für seinen Artikel über NS-Spuren in bis dahin unbescholtenen Figuren habe. Dieser Artikel muss so hysterisch gewesen sein wie der ein Jahr vorher über die *Liebe*. Jetzt sollen Telegramme helfen. Raddatz wisse nichts von dem Anruf. Hans Mayer habe gesagt, das sei der Schlag gegen den linken Raddatz. Michaelis sagt, das sei die Quittung für das Eintreten von Raddatz für Peter-Paul Zahl.

Ich kann mich nicht rühren. Der Angreifer ist Reich-Ranicki. Wenn ich für Raddatz bin, dann aus Solidarität mit dem Reich-Ranicki-Opfer. Das ist aber lächerlich. Am besten, man stellt sich unempfindlich. Wenn ich mich verteidigend stelle und der stürzt, dann bin ich sozusagen mit ihm gestürzt. Wenn er bleibt, gehöre ich zu denen, die ihn halten, obwohl er auch das und das schreibt. Wenn ich nichts tue, tue ich nichts. Dann hält er mich in seiner Not für einen Treulosen. Das Gesetz des Marktes, das er und seine Zeitung vertreten, will, dass man nichts gegen sich, also nichts für einen anderen tue. Deshalb: nichts.

Nachts hört man, wenn man auf die Straße geht, links und rechts die Igel knabbern.

Mittwoch, 24. 10. 1979

Wieder aus Bern zurück. Dort gestern zweimal Lesung im Kunstmuseum, im Foyer um 19 Uhr und 21 Uhr. Beide Male übervoll. Hodler im ersten Stock: *Enttäuschte Seele.*

Donnerstag, 25. 10. 1979

Ich fahre mit Rückenwind in die Tiefe, die Erde
ist mein Schiff.
Privilegien sind Verbrechen.
Ich schau dem Tod ins Gesicht
und sag: es gibt dich nicht.

Eine Religion, die ihren Sprachvorrat aus Hirten- und Jägerzeiten hat, ist im Vorteil gegenüber jedem zeitgenössischen Versuch. Ich bin der gute Hirte, meine Schafe kennen mich, das ist unschlagbar.

Ich muss nur anfangen und zugeben, dass ich ein ernstes Buch schreibe. Diesmal keine Witze. Die sind immer von selbst entstanden. Diesmal werden sie verhindert durch das Pathos des Kindes.

Ich bin weder ich noch ein anderer
ich erstrecke mich von Zeit zu Zeit
und frage mich wie ein Wanderer
bin ich bald da oder ist es noch weit

Mir kommt der Herbst grad recht
mit seinem bunten Getue
ich sage: dein letztes Gefecht
bringt mich nicht aus der Ruhe

Ich liebe den künstlichen Ton, in dem nichts atmet, nichts schreit. Viel zu früh habe ich auf die Uhr gesehen und Schluss-Parolen gesagt, als ich noch hätte leben können. Jetzt ist es zu spät, jetzt bleibt nur noch die Uhr.

Ganz schnell schießt alles hinab
Wasser, Laub, Sand, kein Gitter
hält etwas zurück. Ich komme im Trab
vorbei und sag, der Tod sei ein Schnitter

Herzlichen Dank für die Ernte, sage ich
nach Norden hin, Richtung Ruhrgebiet
ihr habt genug für euch behalten, hoffentlich
weil mir sonst die Scham das Gesicht verzieht

Wenn ich melancholisch bin
wieg ich drei Tonnen
dös tagelang vor mich hin
ins Blei versponnen

Manche meinen, ich sei munter
die sind mir lieb
am liebsten möchte ich, dass ich als
Untergang ihnen als Aufgang blieb

Es hat, was geht, keinen Wert
wir können das Rasche nicht loben
nur was sich gegen alles kehrt
sieht dann aus wie von oben

voller Eifer, Eiter und Zorn knie ich
in den Flammen des Sonntags Oktober
und wenn ich nicht feig wäre, schriee ich
Noch ein Glas Bier, Herr Ober

Vorne hinaus, hoch hinaus, gelebt mit vollem Maul, solang der Urin noch schäumt in der Schüssel aus feinem Porzellan und das Verbrechen besungen wird mit Wörtern, die duften von feinem Schmerz.

Immer, von der Kürze fasziniert, wird mir die Zeit lang.

Ich bin zufrieden mit den Krümeln vom Tisch der Ewigkeit. Auch stelle ich mir gern vor, ich sei ein Klavier, das einem gehört, der gestorben ist. Man möchte die Stille loben und kann nicht. Wer trinkt noch Wasser mit der Wonne des 19. Jahrhunderts? Wen macht Schmerz noch schön? Wer fletscht nicht vor Wut und Eile? Ich möchte jemanden in den Nacken küssen, den gemalt hat … Feuerbach. Ich genieße, was andere entbehren. Aus Versäumnissen näh ich meinen Vorteil. Mich überlebt, die ich angehäuft habe mit verlegenem Grinsen, die Schuld. Jeder bleibt, seiner Fürchterlichkeit entsprechend, im Gedächtnis der Welt. Ich möchte um Erlösung bitten und kann nicht.

Montag, 29. 10. 1979

Reizbarkeit. Zu viel Post, bitte Theresia beim Mittagessen, mir einen langen Brief vorzulesen, sie lehnt ab, ich reagiere mit einem Wut- und Erpressungsanfall, der sie völlig zerquetscht. Sie will den Brief lesen, ich kann nichts mehr ertragen. Ich reibe mit ihrer Hand meine erstarrte linke Seite.

Ich möchte in einem Flussbett liegen aus reinem Gold, vom Wasser gefragt, und ein Gegenstand der Neugier sein des Mondes, ich möchte Pfannkuchen essen aus einer Pfanne, die es nicht mehr gibt, ich möchte nicht gewesen sein.

Siegfrieds Anruf: Reich-Ranicki, laut Greiner, wetzt das Messer gegen Handkes neues Buch, Max Frisch in ärztlicher Behandlung.

Man hat, wenn man den Tod dem Leben vorzieht, sich selbst einen Gefallen getan.

Rechtzeitig kontern, ins Leere schlagen, bis sich ein Ziel einstellt.

Dienstag, 6. 11. 1979

Gestern fünfundzwanzigjähriges Fernsehjubiläum auf dem Killesberg. Micha fehlt. Angeblich, weil Corinne da sei. Hans Gottschalk, seine Tante ist tot, spricht nicht mit Jedele. Der habe ihn einmal so behandelt, da sei es um seine Existenz gegangen, vor drei Jahren. Mit Frau Jedele telefoniert er, mit den Buben spielt er Fußball, aber mit ihm will er nichts zu tun haben. Jedele kommt zu mir. Hans zu Käthe: Da könne ich nicht vermitteln. Jedele stellt mir den Abbruch unserer Beziehungen so dar: Er hat angerufen, ich sei nicht erreichbar gewesen, dreimal. Dann habe er einmal Unseld getroffen in Marbach, der sei gerade vier Tage bei mir gewesen und habe berichtet, mich könne man abschreiben, mit mir sei praktisch nicht mehr zu sprechen, nur noch Antikapitalismus usw. Und jemand habe ihm gesagt, ich hätte gesagt, das Nicht-Telefonieren treffe ihn stärker als mich. Und er habe gedacht, dass ich eben ihn auch für einen Kapitalisten halte, mit ihm nichts mehr zu tun haben wolle. Meine Version, dass er mit mir wegen meiner politischen Meinungen nichts mehr zu tun haben wolle, belacht er hell als Verfolgungswahn.

Mittwoch, 7. 11. 1979

Braunschweig, Hotel Deutsches Haus. Das Hotel ist auf übertriebene Weise bemüht, seinem Namen gerecht zu werden, oder der Architekt wusste, dass er ein Hotel baute, das Deutsches Haus heißen würde.

Gestern «Leben und Schreiben» in der Uni Braunschweig, frei nach Notizen. Ziemliche Wirkung, auf jeden Fall mehr als nach einem abgelesenen Vortrag.

Wolfsburg, Parkhotel.

Die letzten Blätter fürchten um ihr Grün, gib zu, es ist November.

Der Taxifahrer, der zwanghaft reden muss, auf alles reagiert er redend. Und er spricht alle an, antwortet, als hätten sie alle mit ihren Aktionen ihn angesprochen. Wenn einer einen Motorradfahrer behindert, sagt er: Wenn du dem mal nachts begegnest, der lässt dir die Luft aus dem Gebiss. Wenn ich sage: Eine Quittung bitte, sagt er: Alles da außer Soda. Auch seiner Zentrale hat er immer etwas zu sagen über die Kollegen, über die Wege usw.

Donnerstag, 8. 11. 1979

Ab Wolfsburg 8 Uhr 22, Gießen an 14 Uhr 10.

Der große Saal in Wolfsburg war zum ersten Mal voll. Die Lesung überaus anstrengend. Die Nacht eine Folge von Albträumen:

Ich bin schuld, dass eine Kuh über die Wiese hinausgerät und steil abstürzt und tot liegen bleibt. Ich werde von einem jungen Bauern verfolgt. Ich fahre mit der ganzen Familie steil bergauf, so steil zuletzt, dass unser Auto sich nach rückwärts überschlägt und fällt und fällt, wir haben noch Zeit, uns das jetzt gleich fällige Zerschmettertwerden vorzustellen. Ich erwache am Blechkrach des Aufpralls. Es ist gleichzeitig ein Herzinfarkt, Einschlag und Stich. Ich habe den Eindruck, als werde jetzt noch ein einziger letzter, nicht sehr tiefer Atemzug möglich sein, dann sei Schluss: Dann stehe ich am Rand eines großen eigenen Wohnzimmers bei Fritz Ludwig Schneider, berge mich an ihm. Alle Wände sind aus Glas. Ich ziehe Schneider zur Stirnwand, weil dort zwei Männer kommen und durch das Glas hereinschauen: Herr Frommknecht und jemand, der mir sehr nah ist, den ich erst nach und nach erkenne, und darüber, dass ich diesen mir so nahen Menschen so spät erkenne, wundere ich mich. Dann geht Franziska völlig nackt in Wasserburg von der Küche in die Wirtschaft, sie trägt eine Weinflasche, aus der sie selber trinkt. Ich bleibe in der Küche mit anderen, wir lauschen gespannt, wie die Gäste drinnen auf den Auftritt der nackten Franziska reagieren werden. Sie selber ist ohne jede Furcht.

Die Elf- bis Dreizehnjährigen, in Scharen strömen sie die Treppen hinab und drüben hinauf und dringen in den Zug, Mädchen und Buben. Ein Ausflug. Alle erregt. Alle sprechen gleichzeitig. Einer reißt den anderen zu sich hin. Ein hoher, hämmernder Ton entsteht, ein irrealer universaler Sopran aus Hunderten von Kinderstimmen auf dem Höhepunkt ihrer Stimmentwicklung.

Freitag, 9. 11. 1979

Herr Schormann, Ferber'sche Unibuchhandlung in Gießen. Der junge dynamische Unternehmer: Eine Firmenberatung aus Hannover hat zwei Konkurrenten geraten, sofort alle Angestellten zu entlassen, gegen Schormann könnten sie nur als Familienbetriebe bestehen. Schormann hat schon drei Angestellte von denen übernommen. Er hat für 1 Million DM gebaut. Von 280 auf 560 m^2 Ladenfläche.

Wieder Hotel Kübel, Zimmer 502.

8 Uhr 19 bis 10 Uhr 35 Gießen – Köln, durch das herbstliche Sauerland, das im Regen glänzt mit seinem Schieferschwarz, Tannengrün und Blättergold, an der Sieg entlang.

Auf dem Weg zu Johanna das Kreuz mit den Bildern der Ermordeten: Schleyer und vier Polizisten.

Samstag, 10. 11. 1979
11 Uhr 23 nach Frankfurt, an 13 Uhr 27. Continental Hotel, Zimmer 310.

Wieder 450–500 Zuhörer, diesmal in der Uni.

Sonntag, 11. 11. 1979, Parkhotel Frankfurt, Zimmer 104.
18 Uhr 32 nach Trier, an 21 Uhr 30, Hotel Central.

Ich habe kein bisschen Kraft behalten. Vor allem nicht die, die man bräuchte, sich umzubringen, und das wäre das, woran mir am ehesten gelegen wäre.

Die Art, in der ich mich jetzt heimsehne, ist die eines ganz kleinen Kindes. Eine heulende Neigung, die erst aufhören würde, wenn ich daheim die Haustüre hinter mir zumachen könnte. Was muss ich alles sammeln, bevor ich weiterleben will, sehne ich mich danach, zerstört zu werden? Wäre Vernichtung erwünscht? Ich werde diesen Abend überleben, man braucht nur Geduld. Und Vorsätze. Wenn nicht eine solche Woche bevorstünde, mit solchen Umwegen. Wenn es anders wäre, wenn ich innen nicht so ausgeräumt wäre, in mir herrscht die totale Motivlosigkeit.

Erfolgreiche Männer benutzen ihren Erfolg einzig und allein dazu, erotische Gewinne einzuheimsen. Sie haben bei ihrer Arbeit nicht das Gefühl, dass sie deswegen arbeiten. Aber die dann eroberten Spielräume wollen sie nur ihrem Geschlechtsleben zugutekommen lassen.

P ist zufrieden mit dem Ausgang des Berliner Abenteuers. Er ist jetzt auch gegen die Junge, weil sie kassieren will. Er wäre bereit, wieder der Alte zu werden. Er hat endlich einmal eine gehabt, aber L. kann ihm nicht vergeben, dass er mit der in Berlin gelebt hat. L. hat ihr ganzes Leben lang Erfolg gehabt mit der Unterdrückung seines normalen Wunsches. Und jetzt, kurz vor Toresschluss sozusagen, entwischt er, zerstört ihr Lebenswerk, das geheißen hätte: Mein Mann hat mich nie betrogen. Sie hat sicher auf alle anderen Ehefrauen herabgesehen, und das kann sie jetzt nicht mehr. Jetzt ist sie eine wie andere. Sie hat auch einen Kompromiss machen müssen. D.h. sie müsste einen machen, und genau das will sie nicht. Sie will die einzige Unbetrogene sein.

P: Ich schäme mich ganz und gar, diese Scham ist sicher ein Zeichen vitaler Schwäche, aber sie beherrscht mich vollkommen. Schäme mich vor meiner Frau wie noch nie. Gleich sind Sehnsucht und Scham. D.h. ich habe nur eine einzige heftige Empfindung, die ich genauso gut Sehnsucht wie Scham nennen kann.

Heute muss ich mich durch Schreiben retten. Durch Schreiben kann man das Denken verlangsamen. Wenn ich mein Denken heute nicht durch Schreiben bremsen würde, würde es mich irgendwohin reißen, wo es gefährlich wäre.

Siegfried hat Magenschmerzen wegen Jürgen Habermas, weil der nichts von sich hören lässt. Der sollte sein Manuskript abliefern, bevor er nach Amerika geht. Morgen ist Vertreter-Sitzung.

Eine Gruppe japanischer Reisender. Immer wieder lösen sich zwei aus der Gruppe, um einander zu fotografieren oder sich von einem Dritten fotografieren zu lassen.

Zwei kleine Greisinnen, die selber nur noch trippeln können, führen einen Greis, der offenbar gerade erst erblindet ist und überhaupt noch nicht, ohne zu sehen, gehen kann. Jede hat eine seiner Hände. Sie drehen ihn in die Richtung, in die gegangen werden soll, sie drehen ihn, als wäre er ein Gegenstand. Und trotzdem boxt er noch gegen eine Tür. Er hat offenbar selber ein Richtungsgefühl gehabt, und das war falsch.

Ich halte mich auf diesen Seiten fest wie an einem Bootsrand. Ich bin zu schwach, in das Boot zurückzuklettern, aber ich hoffe, ich bin gerade noch stark genug, mich am Bootsrand festzuhalten, bis ich gerettet werde.

Kann ich heute noch mit Käthe telefonieren?

Die Zähne kauen abwechselnd die obere und die untere Lippe.

Wenn man mit jemandem nicht für immer zusammengebunden wird, kann man über vieles hinwegsehen.

Der Schaffner geht in großen Schritten vom Zug weg, als hätten wir keine Chance mehr, weiterzufahren. Wenn das wenigstens im 19. Jahrhundert stattfände, dann würde ich nichts sagen, dann würde man nämlich nach der Ankunft in Trier entlohnt. In einem schwachen Licht stünden Hotelportiers und würden sich unter fröhlichen Sprüchen die Zeit vertreiben, und jeder wäre, wenn er seinen Gast dann hätte, noch aufgedreht und würde einem auf dem Weg zum Hotel, den man zusammen zu Fuß zurücklegte – das Gepäck schöbe er mühelos auf einem Stechkarren –, würde er einem alles erzählen, was er und seine Kollegen gerade diskutiert hatten. Bis man im Hotel wäre, wüsste man schon eine ganze Menge über Trier und könnte an einem Tisch Platz nehmen, an dem Einheimische säßen. So aber …

Dieses Central-Hotel mit seinen goldenen Medaillen für die Küche, und was für ein schmutziger und von roten Punkten durchsetzter Schinken. Und eine Nahrungsmittelfliege kommt mit dem Schinken, die stürzt dann aber zum Glück bald in mein Bierglas, weil sie das Bier jetzt nach dem Schinken mehr interessiert als der Schinken.

Montag, 12. 11. 1979

Jedes Mal, wenn er mit einer Frau verkehrte, machte es ihn elend, dass er sich nur zu einem so geringen Teil in ihr unterbringen konnte.

Als Zürn aufwachte, spürte er, noch bevor er die Augen öffnete, dass er auf dem Kopf stand.

Trier, eine Stadt andauernd schlagender Kirchen, und nicht nur mit schlichten Glockenschlägen. Ein wildes Auf und Ab setzt jede Stunde ein, aber auch jede Viertelstunde schlägt es von überall her. Weil diese Uhren nicht alle gleich gehen wollen, dann käme ja nicht jede zur Geltung, hört man es eigentlich andauernd schlagen.

Siegfried, auf dem Weg zum Bahnhof: Die SPD wird, wenn sie die Wahlen gewinnt, eine radikale Sparpolitik betreiben. Hochzins, Geldverknappung bis hin zum Preis-Stopp. Die CDU würde eine Konjunkturpolitik machen. Das wird sehr interessant. Man spürt, dass er für die CDU wäre, wenn er dürfte. Aber das darf er nicht wegen des Verlags. Ob er sich von diesem Zwang einmal befreit?

Heute Morgen im Dom, diesem Hochwald aus Steinen. An einer Uhr haben sie in vergoldeten Buchstaben geschrieben: Nescitis qua hora dominus veniet. Den Domschatz kann man nicht besichtigen.

Mittagessen Seelachsfilet plus Bier bei Nordsee. Und zwei Birnen vom Markt. Die Marktfrau spricht eine Sprache, wie ein wilder schöner Garten wirkt diese Sprache, ein herrlicher Ton nach dem anderen! Die hochdeutsche Sprache ist die ärmste Möglichkeit des Deutschen.

Vor dem Fenster lichterloh ein Kirschbaum, der noch alle Blätter hat. Der kann im Mai nicht flammender gewesen sein.

Dienstag, 13. 11. 1979
10 Uhr 06 ab Trier über Koblenz und Darmstadt nach Weinheim, 13 Uhr 50.

Öfter über die Mosel, einmal über den Rhein. Auf der Mosel steht die Sonne mit den Fetzen eines Nebels, der, weil es November ist, sich nicht vertreiben lassen wollte. Die steilen Hänge hat die Sonne schon freigemacht.

2000 Jahre 2000 Schritte: Trierer Spruch.

Der erste Marx kam aus Amsterdam, eine andere Linie, Katzenellenbogen, aus dem Osten. Der Advokat Marx trat, um vorwärtszukommen, 1816 zum Protestantismus über.

Warum sind Gegenstände feierlich?

Erst Napoleon hat die Porta in Trier freilegen lassen. Die war bis über die Torbögen, also bis zum ersten Stock, unter dem Boden.

Ein Ehepaar adoptiert ein Kind, die Frau: Sie wollen das Kind in die Waldorfschule geben, damit sie genauer erfahren, wo seine Begabungen liegen. Sie können ja nicht sagen, das hat es von dir und das von mir, deshalb muss ihnen an einer Schule liegen, in der Talente zuverlässig entdeckt werden.

Kein gelungener Abend. 350 bis 400 Leute, wenig Verkauf.

Der Rhein, die leuchtende Schlange. Mein Geist kehrt von überall zurück und lässt sich müde in meiner Leere nieder.

Die Zeitung in Trier heißt immer noch *Trierischer Volksfreund*, das erinnert noch an die Zeit des Fortschritts.

Weinheim.

Hotel Fuchs'sche Mühle, im Wald, man muss am Empfang läuten. Eine alte Frau, Dame, kommt, man sagt den Namen, sie schaut nach, sagt Zimmer 44, schaut nach dem Schlüssel, sagt: Huch, wo ist der Schlüssel. Sie sagt, sie komme mit, und das klingt, als brauche man Mut, um vom Empfang zum Zimmer 44 zu gehen.

In Weinheim kreuzen sich täglich um 13 Uhr 50 die Züge Lindau–Wilhelmshaven und Wilhelmshaven–Lindau.

Die, die das Bardepotgesetz umgingen mit Hilfe von Liechtenstein, erzählten den Witz, dass sie aus den Maschen des Gesetzes warme Pullover strickten.

Frankfurter Klo-Spruch: Die Stadt Frankfurt ist verbaut wie des Mannes Eichel durch die Haut.

Eine Autobahnbrücke stakst auf hohen Betonstelzen über das Tal weg.

Keine Macht für Niemand: in grüner Schrift auf Beton.

Siegfried hat am Samstag gesagt, am Dienstag erscheine im Literaturblatt der *FAZ* ein Handke-Verriss von Reich-Ranicki. Aber der ist heute nicht erschienen. Konnte Siegfried verhindern, was er bei mir weder verhindern konnte noch wollte?

Für Stefans Tod in der Apostelgeschichte des Lukas braucht man nicht mehr als zehn bis zwanzig Zeilen. Allerdings, gesteinigt wird er, nachdem er die ganze jüdische Geschichte erzählt hat, als sei sie eine Vorgeschichte für das Erscheinen Christi. Ein Historiker wird gesteinigt. Von Christus redet er nur kurz am Schluss. Und er ruft, bevor er stirbt, noch besonders laut, Gott möge seinen Mördern nichts nachtragen. Da extra erwähnt wird, dass er das besonders laut rief, muss man annehmen, er sei der Meinung gewesen, Gott hätte ihn sonst nicht gehört, oder hatte er Angst, die Welt bemerke sonst nicht, dass er, der erste Märtyrer, schon fähig sei, genau so zu sterben wie der Meister?

Marinespruch: Auf, auf, ihr faulen Leiber, die Pier steht voller nackter Weiber.

Als er im Hotel im Neuen Testament las, die Angst, er könne völlig eingenommen werden von dieser Art Text und zurückfallen in die religiösen Anfechtungen seiner Kindheit, und wie sollte er das den Leuten erklären?

Würzburg.

Napoleon hat gesagt, Würzburg hat das größte Pfarrhaus Europas. Die bischöfliche Residenz, gebaut von Balthasar Neumann.

Hotel Rebstock.

Als er das letzte Mal heimkam, war der in Aachen gekaufte Teppich eingetroffen. Eine riesige, in Plastik gewickelte Wurst lag in der Halle. Er rannte nach einer Schere und schnitt auf, dann versorgte er die Folie, dann rückte er mit Alissas Hilfe den Tisch zur Seite, dann wurde der alte Kirman gerollt und in den ersten Stock gelegt, welches Kind ihn bekommen würde, konnte jetzt nicht besprochen werden, dann endlich durfte er den dunkelblauen Keshan mit fast hellen Ranken vor allen entfalten. Er sah, dass Käthe vor Bewunderung schier umsank, und er fing sie auf. An so etwas sind wir verloren, dachte er. Das hast du jetzt von mir. Aber schön ist dieser Teppich schon, das muss man einfach zugeben. Kinderarbeit wahrscheinlich, Frauenarbeit, denen ist das abgepresst worden. Schön ist der schon, sagte er, findest du nicht. Der ist wahnsinnig schön, sagte sie. Jetzt müssen wir ihn bloß noch bezahlen, sagte er. Sie erschrak. Daran hatte sie wieder nicht gedacht. Das wusste er. Es gehörte zu seinen Aufgaben, ihr und sich die Freude an diesem schönen Teppich ein bisschen zu verderben.

Donnerstag, 15. 11. 1979

11 Uhr ab Würzburg, 12 Uhr 09 Hassfurt. Eine Hausiererin: Fahren's auch bis Zeil? Können's mir was rausreichen in Zeil, ich hab a wenig viel, 's geht nett kaputt, Sie können's rausschmeißen.

Eine Beate kam noch in mein Zimmer um ein Uhr nachts, will, dass ich ihr vorlese, ich weigere mich. Sie will herein, nicht unter der Tür stehen bleiben, ich lasse sie schließlich herein, sie will etwas trinken, Wasser, bitte, ich sage nichts, sage nur, dass ich müde sei, nicht ganz gesund, dass das Lesen mehr als anstrengend sei, dass ich schlafen müsse oder es morgen zu büßen habe, kurz vor zwei sage ich ihr noch, sie sei ein Kind. Vorher sagte sie, als ich sie nicht einlassen wollte, sie so unter der Tür stehen zu lassen sei schmählich. Heute kam sie noch an den Zug und brachte eine Flasche wahrscheinlich sehr guten Bocksbeutel Wein mit. Sie wolle, dass jeder von Würzburg mit einer guten Erinnerung wegfahre. Sie sei in der vergangenen Nacht einfach von der Idee, mich noch zu besuchen, überwältigt worden, ihr sei noch nach etwas gewesen, und sie habe gedacht, mir auch. Nachdem sie von mir draußen war, sei sie noch eine Stunde spazieren gegangen. Als sie endlich das Abteil verlässt und ich weiterlese, nachdem ich den Wein eingepackt und mich bedankt habe und nachdem ich schon längst wieder meine Zeitung lese, sagt eine Frau, die am Fenster zum Bahnsteig sitzt: Der Herr soll noch einmal rausschauen. Sie steht draußen und winkt und winkt, obwohl der Zug noch lange steht. Sie ist ein Kind. Aber ich auch, deshalb kann ich nur ein klein wenig zurückwinken und muss dann wieder lesen.

Gestern 410 Zuhörer, 32 *Seelenarbeit*, 22 *Pferd*, 10 andere.

Freitag, 16. 11. 1979
Nürnberg, Burghotel.

Der Grund zum Zorn
Ich sei geschwätzig, sagt Herr Dr. Meurer
in seinem Katalog in Heidenheim
darin er Bücher zum Verkauf beplaudert
mit einem hoch konzentrierten Schleim.

Geträumt, dass mein Parker, als ich ihn ein wenig aufschraube, völlig auseinandergeht, und ich versuche vergeblich, ihn wieder zusammenzufügen. Jedes Teil, dass ich anfasse, geht wieder in mehrere Teile auseinander. Und ich weiß sofort nicht mehr, wie sie zusammengehören. Ich muss den Parker aufgeben. Aber dann stehe ich vor einem jungen Mann, der wartet nur darauf, es ist sein Beruf, diese Teile wieder zusammenzufügen. Mir kommt es vor wie ein Wunder.

Noch ein Traum: Käthe wird in Friedrichshafen von den Leuten, die wir kennen, vor allem von den Männern, mit Beifall überschüttet. Sie steht schön neben mir, hat die Haare kürzer, hat ungeheuer blitzende Augen, zuckt aber mit Augen und Lippen so, dass ich merke, sie weiß überhaupt nicht, warum man ihr so zuklatscht. Mir fällt ein, dass ich ihr nicht gesagt habe, was ich in der Stadt verbreitet habe: Das Theaterstück sei von ihr. Da sie es wirklich nicht weiß, gelingen ihr Gesten der Bescheidenheit, die den Applaudierenden hinreißend vorkommen müssen. Sie glauben, das seien nur Gesten, in Wirklichkeit wisse Käthe sehr wohl, was für ein tolles Stück sie geschrieben habe.

Die Gemeinheit, dass wir erwachen. Oh, warum schlafen wir nicht.

Samstag, 17. 11. 1979

Gestern Nachmittag für einen Damenzirkel in Erlangen im Haus der Frau G. gelesen und konversiert. Der schöne große zarte Sohn mit weißen Jeans und einer weißen Halskette im offenen Hemd. Und seine Freundin, die auch schön war, aber wenn sie nicht aufpasste, zog sich die Mundpartie rattenhaft zusammen, dann kam es nur noch auf ihre Schneidezähne an. Aber dann merkte sie es wieder und verteilte die Konzentration aufs ganze Gesicht und wurde wieder schön. Die Hausfrau aß nicht von ihrem Käsekuchen, weil sie wisse, was drin sei.

Hans-Peter erzählt auf hohem Niveau launisch seinen Arbeitskampf. McKinsey berät Siemens: den Abteilungsleitern wird aufgegeben, 40 Prozent aller Arbeiten einzusparen. Rationalisierung. Die Angestellten sollen davon nichts mitbekommen. 200 Abteilungsleiter müssen alle Tätigkeiten in ihren Abteilungen benennen und dann 40 Prozent davon zur Diskussion stellen. Ein Mannjahr. Hans-Peter hat jetzt Arbeiten für 40 Mannjahre. Er bringt 71 Tätigkeiten, Arbeitsgänge zusammen: Vergabe, Vergabe-Vorbereitung, Vergabe-Abwicklung, Schreibarbeiten, Zeichnungen, Zeichnungen-Überprüfung, Lesen der Infos, Spannungs-Analysen, Wiederholung der Spannungs-Analysen mit anderen Daten. Seine Abteilung hat 3 Gruppen: a) Apparate und Schalter; b) Berechnungen und Maschinen; c) Sonderkomponenten.

Herr Maiwald aus der Gruppe Apparate und Schalter will sein Nachfolger werden. Hans-Peter bringt das ganz offen zur Sprache. Er hat dem im Frühjahr einen Brief geschrieben. Nicht länger als eine Seite, weil der Brief auch von seinem nächsten Oberen, dem Bereichsleiter, gelesen werden sollte. Hans-Peter hat viele Patente, von denen er finanziell fast nichts sieht. Die helfen ihm auch nicht. Er hat resigniert, sagt Hannelore. Er selber spricht launisch darüber. Er diskutiert mit dem Konkurrenten Maiwald, wie man die McKinsey-Studie so anlegen kann, dass die drei Gruppen eine Abteilung werden und er dadurch sich selber einsparen könne. Drei McKinsey-Profis sind im Konzern tätig, bis die Rationalisierung durch ist. Wer jeweils gehen muss, ist eine andere Frage. Es geht in der ersten Runde nur um die Prozente. Hans-Peter: Er wird einen 40-Prozent-Vorschlag ausarbeiten, das ist die erste Runde. In der zweiten Runde wird er dann klarmachen, warum das kein diskussionsfähiger bzw. realisierbarer Vorschlag ist.

Seine Sekretärin protestiert, wenn er einer Stenotypistin etwas zum Abschreiben gibt. Mit vor Erregung weißer Nasenspitze schreit sie dann, dass er diesen Bauerntrampel bevorzuge!

Anstrengende Lesung in den Kammerspielen. Droben im Opernhaus Wolf Biermann. Ich mit 250 Leuten à zehn oder fünf, der sicher mit 800 Leuten à 20 oder 30. Die Jugend strömt zu ihm in langen Kleidern, glücklich und aufgeregt. Zu mir kommen die, die wie ich sind, die Verkrampften. Es ist ein unglückseliges Gewerbe. Und bei Lesungen wird deutlich, was es wirklich ist. Sollte man sie deshalb meiden? Aber ich habe mich sowieso gestern seriös übernommen. Die Stiche sind ganz rabiat. Also gut. Nach dem 2. Dezember nie mehr. Ich zahle ehrlich.

Jörg Wedemeyer, der Dramaturg: Franz Xaver Kroetz liest bei ihnen, hat aber gleich gesagt: Nicht unter 1000. Ich lese für 600. Und das ist auch richtig so.

Ein Lexikon für Wörter, die in meiner Muttersprache nicht oder anders vorkamen als in der Schriftsprache: fliehen, Zustimmung, feilschen, lieben, herrschen, weigern, töten, quälen, neigen, schauen, tadeln, fortsetzen, stoppen. Dafür also: abhaue, reat gea, handla und schachera, möge, zum Saga ho oder regiera, se speerre, hie macha, bloaga, se bucka, luaga, schimpfe und verseckla, wittermacha, halta.

Das Affentheater des Vorlesens. Das Sich-beliebt-machen-Wollen, nachmittags, mit den 15 Damen. Ärztinnen, Direktorsgattinnen usw. Wenn sie alle nackt gewesen wären, wäre es besser gewesen für alle. Hans-Peter verhält sich fürsorglich. Dagegen bin ich verantwortungslos. Er baut nicht alles auf Besitz. Gleich viel auf Besitz (klassisch gestreut in Immobilien, Aktien, Pfandbriefen) und Ausbildung plus Beeinflussung.

In Biberach der erste Schnee. Das Oberland kündigt sich an.

Montag, 19. 11. 1979

Theresia: Herr Krämer hat zu einer dicken Mitschülerin gesagt, bei dir wächst eben auch mehr der Körper als der Geist.

13 Uhr 54 ab Radolfzell, an Tübingen 16 Uhr 22.

Wenn man umsteigt in einem Tal, um in ein Nebental zu fahren, sehen die Leute in dem sonst nirgends mehr verkehrenden, aber peinlich sauberen Eisenbahnwagen trotz sehr verschiedenen Aussehens wie Verwandte aus. Hier in Horb sitzen zum Beispiel nur Leute mit übermäßig vielen Haaren, sie sehen fast aus, als müssten sie unter diesen Haaren leiden. Sie blasen, schieben, streichen und werfen sie andauernd aus ihren Gesichtern. Auch dieses fette, pastose Blond, das überhaupt nicht hell wirkt, kommt fast auf jedem Kopf vor. Es sieht aus, als führen wir in ein Märchenland.

Dienstag, 20. 11. 1979

Tübingen, Hotel Katharina.

Das Audimax nicht mehr überfüllt, weil eine Veranstaltung der Schmetterlinge in der Mensa stattfindet. Und keine richtige Einstellung zum Raum. Und zu erpresserisch gelesen. Und nachher Blödsinn geredet.

Egon Gramer, der nackte Mann, vor allem der Kopf, der kein Kopf, sondern ein Schädel ist, und die immer entblößten Unterarme, und wie jäh er erröten kann.

Tübingen ab 10 Uhr 21, Freiburg an 14 Uhr 29.

Das rotblonde Schilf, das den Wasserlauf säumt, will sexuell verstanden sein.

Er kann sich nichts abschlagen. Er ist hinreißbar.

Die Schüler fallen ein, die, die älter als 16 sind, haben keine Schulmappen mehr, sondern schon die kleinen eckigen Köfferchen, mit der rund um die Welt die Manager reisen, die haben sie auf die Oberschenkel gelegt, so geben sie gute Tische zum Kartenspielen ab. Die Köfferchen sind auch mit roten Herzchen und Sprüchen beklebt. Sie spielen Menscheln: Jetzt hon i Kreutz, jetzt kommt Schippe! Doof bleibt doof, da helfen koine Pillen. Oder wie sehen ich das. Du sollst mir nicht immer in d' Karte gucke, auch wenn d' a Ass häsch.

In Löffingen alle Schüler raus. Der Wagen wieder völlig leer.

Freiburg, Hotel Oberkirch, Fenster zum Münster, gegenüber dem dritten Strebebogen. Das Pflaster des Münsterplatzes drunten wie die Schuppenhaut einer Echse.

Mittwoch, 21. 11. 1979

Freiburg ab 7 Uhr 42, Überlingen an 11 Uhr 05.

Memoiren eines Innenseiters. Provoziert von der Menge der Emanzipierten. Er allein ist noch der Verklemmte, der von sich und anderen Unterdrückte. Alle kommen weiter, er allein weiß, dass er bei Lebzeiten keinen Schritt weiterkommen wird. Er wird genau so klein und elend und egoistisch und kitschig und wertlos bleiben, wie er ist. Er wird hauptsächlich Neid empfinden. Auf alle und auf alles. Wenn andere jünger sind, schöner sind, reicher sind, gesünder sind und umgeben und geliebt sind von Jugend, Schönheit, Reichtum und Gesundheit, ja, soll er da vielleicht nicht vom gemeinsten Neid gequält werden.

Gottlieb Zürn ist süchtig, es anderen recht zu machen. Wenn er Daten aufnimmt, rufen die in ihm alle Daten auf, mit denen er schon einmal freundlich entsprechen konnte. Anpassung an andere ist ihm eine Lust, eine tiefe, die tiefste Befriedigung. Er will nichts selbst. Aber nicht aus Altruismus. Es befriedigt ihn ja, er tut sich ja selbst etwas zuliebe, wenn er vollkommen auf andere eingeht und ihnen entgegenkommt. Es kann natürlich sein, wenn es eine Art Selbstlosigkeit im wahrsten Sinn des Wortes ist, die ihn so glücklich macht, dass er sich anderen unterwirft.

Donnerstag, 22. 11. 1979

Nach einem Abend bei Frau Dr. R. Wenn die anderen sich auch so verstellt haben wie er? Das muss man sich einmal vorstellen. Die denken so über ihn wie er über sie! Das kann er nicht glauben. Die denken besser über ihn, als er über sie. Sonst wäre es nicht auszuhalten, bzw. von dieser Illusion lebt aller menschliche Umgang.

Über ein Ehepaar: Sie liebten einander nicht, aber sie waren ungeheuer einig.

Dasso

Handlungen: Eine Eleonore fotografiert die andere. Es ist ein zärtlicher Kampf. Daneben findet das Gespräch statt, auf das es ankommt. Dasso spielt Schach gegen den Herzog. Die beiden Damen spielen Tennis gegeneinander.

Frau Zürn ist weder Rechts- noch Linkshänderin. Du weißt doch, dass ich beides kann. Er wusste es nach über 20 Jahren immer noch nicht.

Freitag, 23. 11. 1979

Der hohe Nebel wölbt sein unsichtbares Dach.

Es regnet schwarz. Ich freue mich, dass man nicht lange lebt. Ich bin kein Wärmeleiter.

Samstag, 24. 11. 1979

Ein Bub redet seinem Mädchen nur über das Zugfahren. Wenn's d' oft zugfahrst, kennst du allmählich die Tricks. Wenn sie zum Beispiel in so einen Zug einen Schnellzugwagen reinhängen, der sieht aus wie erster Klasse, die Polster und so, keiner geht rein, aber wenn du's weißt, dann gehst du rein. Oder da drüben, die erste Klasse, in den Gang kannst du dich ruhig stellen, das ist erlaubt. Sie: Da hast was davon. Er: Ja, also weicher ist der Boden auch nicht als in der zweiten Klasse, aber halt mehr Platz. Dann er plötzlich: Manchmal kriege ich einen Rappel, dann will ich was verdienen!

In Bamberg waren es fast 600 Zuhörer. Weil mir der Weg zur Treppe auf die Bühne zu weit war, versuchte ich hinaufzuspringen und stürzte. Aufs Knie. Nachher war das Mikro zu laut eingestellt. Das nahm der ersten Hälfte ihre Wirkung. Verkauf gering, ca. 15-mal *Seelenarbeit.*

Samstag, 1. 12. 1979

Berlin. Hotel am Studio.

Gestern zuerst Diskussion mit Sarah Kirsch und Peter Glotz über die Habermas-Anthologie. Dann Kaiserdamm 88, Leibniz-Gesellschaft für kulturellen Austausch. Sarah Kirsch ist schon dort: Eine rothaarige Königin mit zu kräftigen Gesichtspartien, die darüber hinaus noch mit einander im Streit zu liegen scheinen, und sie ist sehr sympathisch. Nachher auf Enzensbergers Empfehlung ins Yogi. Italienisches Restaurant. Er kommt mit Katharina Käfer. So gesund wie noch nie. Unheimlich große Augen. Wenn er sie bewegt, von da nach da schaut, hat man das Gefühl, der Blick bleibe mit einem deutlichen kleinen Zimbel-Schlag stehen. Der Blick stößt an am neuen Gegenstand, und das macht jedes Mal Dingg. Zu Sarah Kirsch hingeschaut, Dingg, von ihr zu Peter Schneider, der dicht neben ihr sitzt, trotzdem ruckt der Blick deutlich und steht mit dem Dingg auf ihm. Wenn er in schnellen Blick-Rucken herumschaut, hört man das DinggDinggDingg.

Um elf Uhr in die Salzachstraße in Nikolassee bei Jutta Karow, von Schumacher getrennt, die Scheidung läuft, sie kriegt 2600, dann also noch mit Malerei 1000 dazuverdienen.

Juttas Schwägerin, Restauratorin: Ihr Mann, Arzt, fuhr nach einer Geburtstagsfeier geradeaus, wo eine Kurve war, schwere Kopfverletzungen, Schädelbasis-Trauma, wird monatelang am Leben gehalten, der Kopf schwillt fast auf doppelten Umfang. Er erkennt niemanden mehr. Auch seine Frau nicht. Sie verliebt sich in den jungen Arzt, der ihren Mann betreut. Sie wird damit fertig, dann stirbt ihr Mann. Jetzt trinkt sie. Sie wirkt schwer.

Auch noch bei Ulla und Helmut. Ulla malt seit einem Jahr blanke, musterlose, von einer Farbe unmerklich in eine andere übergehende Hintergründe. Alle ihre Bilder haben so eine scharf gemalte Wand, davor oft ein Stuhl oder ein Tisch oder ein Podest. Sie ist stolz auf ihre Bilder. Nennt sie surrealistisch, weigert sich, wenn man ihr eine Bedeutung, eine Geschichte für ein Bild anbieten will. Stimmt heftig zu, wenn man sagt, ihre Bilder seien gemalte Träume, und sie weigere sich, die Traumarbeit rückgängig zu machen. Sie will nicht wissen, warum sie das und das so und so gemalt hat, zum Beispiel zwei Birnen stehen neben einander und eine dritte ein bisschen getrennt davon. Die dritte ist ein Birnen-Schnitz, sie ist nur ein Drittel von einer Birne und ragt nacktgeschält auf neben den zwei verschlossen und unberührt stehenden Birnen. Ulla zeigt auf Helmut: Der schält mich ja wie eine Banane noch und nöcher. Helmut, stolz: Mensch, Mädchen, was du für

Komparative erfindest, das ist einfach gut! Ulla wirft mir vor, dass ich nur väterlich sei zu Frauen. Sie verlange einen Geliebten, der Frauen jagt, hetzt, nimmt. Ich passe. Sie setzt sich mir zu Füßen, kuschelt sich an. Helmut holt ein Bild ihres Vaters, als der 17 war, gestorben als Trinker. Sie schwärmt von ihm. Helmut darf nicht einmal zustimmen, wenn sie über ihren Vater spricht. Ihr Vater ist unvergleichlich, und Helmut versteht überhaupt nichts von ihm. Er macht geltend, dass er immerhin bei der Beerdigung dabei gewesen sei. Sie ist wütend. Ein Bild: Lauter zarte, nackte, gleich graublaue Figuren, dicht gedrängt, von hinten zu sehen. Aber statt Köpfe haben sie Muscheln, Schneckengehäuse der verschiedensten Art. Bei der Heimfahrt zum Hotel soll ich zu ihr auf dem Rücksitz. Helmut kurz und sachlich: Kein Flirt im Auto, und weist mir den Platz vorne an. Er spielt ihre Erregung herunter. Er sagt, er habe ihr ein kleines Atelier unter dem Dach eingerichtet. Wo das Geld herkommt, weiß sie nicht.

Der Kapitän sagt, es sei sehr windig über München, die US-Stimme sagt Eisenach, Kyffhäuser-Monument …

Sonntag, 2. 12. 1979

12 Uhr 40 mit PanAm über Nürnberg nach München.

München, Hotel Ariston, Zi. 102.

Ein weiterer Unterschied zwischen Schubert und John Lennon: Schubert wurde früh durch Krankheit weggerafft, Lennon durch Geld.

Der Föhnbesen, der goldglühende, hat den Süden von Wolken freigekehrt. Jetzt strahlt der Himmel blau über Wiesen und Wäldern, die in all ihrer Herbstlichkeit in diesem zudringlichen Licht fast verlegen aussehen.

Deutsche Akademie für Sprache und Dichtung

Für mich wäre immer ein Grund gewesen, auszutreten, weil sich diese Akademie für eine Elite hält, weil sie sich feintut mit Zuwahlstatuten und Kommissionen. Ich hatte nur den Mut nicht, auszutreten. Es wäre mir pompös vorgekommen, aber ich geniere mich seit Jahren, dass ich drin bin, weil nicht alle drin sind. Ich weiß, dass ich dieses Gefühl schon hatte, gleich nachdem das Telegramm eingetroffen war, mit dem ich gefragt wurde, ob ich einer Aufnahme zustimme. Ich habe schnell einen Freund und Fachmann angerufen, ob ich annehmen solle, der sagte: Selbstverständlich. Schon dass ich zuerst jemanden anrufen musste, hätte mich stutzig machen sollen. Ich wollte die Entscheidung nicht allein tragen. Inzwischen ist es mir längst klar, dass meine Akademie-Mitgliedschaft mich stört. Ich will anderen nicht ausreden, in einer Akademie zu sein. Ich will nur bekennen, dass ich glücklich bin über jeden Durchschnittlichen und Obskuren, der aufgenommen wird, weil ich mir dann nicht mehr so am falschen Platz vorkomme. Ich glaube nämlich nicht an Unterschiede zwischen Menschen und bekämpfe im Stillen alle Institutionen, durch die Unterschiede betont werden könnten, ich bin also glücklich darüber, dass W. S. in die Akademie aufgenommen wurde. Es ist klar, die Akademie wird viel mehr Eindruck machen, wenn sie sich auf die Aufnahme von möglichst gleißenden Figuren spezialisiert. Von was die gleißen, ist nicht einmal zu wichtig. Nur nichts Bürgerlich-Durchschnittlich-Verwechselbares. Existenz als Showbusiness, das müsste das Zuwahlprinzip sein. Dann flutscht es. Das ist die erste Stufe: die Abwehr jeder Unterschiede stiftenden Institution. Eine zweite Stufe: Eine Akademie repräsentiert etwas Allgemeines. Wenn du aufgenommen wirst, dann hast du dich offenbar so benommen wie jemand, der dazu gehört. Wer für eine Akademie vorgeschlagen wird und lehnt ab, der scheint mir im ersten Augenblick richtig zu handeln. Man soll nichts geschehen lassen, was Unterschiede schafft. Aber wenn andere der Meinung sind, man gehöre so sehr dazu, dass sie einen für das Dazugehören auszeichnen wollen, dann ist es schon zu spät, noch abzulehnen.

Wenn in einem Haus musiziert wird, ohne dass man gleich daran denkt, damit Geld zu verdienen, ist das eine Freiheit, die Gottlieb Zürn nicht kennt. Er muss alles benützen, alles in Dienst nehmen.

Jennifer Minetti ist nach Göttingen gefahren und hat von dort telegraphiert, dass sie das Theater jetzt verklagen will. Sie werde gegen die Kammerspiele einen Prozess führen. Sie kommt in eine Entziehungsanstalt. Ihr dreizehnjähriger Sohn ist schon einmal zu einem Heroinsüchtigen abgehauen und wurde bei dem gefunden. Minetti ist in fünf Vorstellungen drin. Jetzt hagelt es Umbesetzungsproben.

Edgar: Dass *Trommeln in der Nacht* nach Budapest eingeladen worden sei, Wendt habe aber gesagt, diese Vorstellung sei nicht repräsentativ für seine Mitarbeit. Er will, dass *Kabale und Liebe* geht. Daran hat er vier Monate gearbeitet. Für Franziska und Edgar ist das eine niederdrückende Auskunft. Schmidinger hat Edgar und Franziska für *Trommeln in der Nacht* gelobt, aber eine Stunde später, in der Bar, nachts um zwei, fängt er an, beide furchtbar zu beschimpfen, weil sie Harald hätten fallen lassen. Edgar konnte dann nicht schlafen, weil er daran denken muss, dass Schmidinger die Vorstellung nur gelobt habe, um nachher schimpfen zu können.

Die Lesung im Terrassensaal war überfüllt und ging sehr gut. Wegen der Ankündigung der Reihe «Im Entstehen begriffen» wurde vor den *Seelenarbeit*-Abschnitten Gallistls Fernsehrede gelesen. Zusammen eine Stunde. Kolbe rechtfertigt alles in einer virtuosen, improvisierten Rede.

Trio

Die Studentin muss auch einen Freund haben, einen, der auf seine Weise genauso wenig zu ihr hält wie der Mann. Die Hauptsache: dass eine Schauspielerin eine junge und eine ältere Frau spielen soll, also eine immerwährende Frau.

Landrat Steuer: Er schwärmt von Ernst Jünger. Der sei überall dabei, mische sich unter die Leute, auf dem Markt in Riedlingen ist er dabei, bei seinem fünfundachtzigsten Geburtstag wird wieder die Bürgerwehr ausrücken.

Ich liege, das Gesicht nach unten,
und lache ohne Geräusch,
man könnte sagen, in mich hinein.
Weil ich nicht weiß, warum ich lache,
verberge ich es, auch finde ich,
Lachen stehe mir nicht.

Montag, 3. 12. 1979

München ab 10 Uhr 43, Überlingen an 14 Uhr 08.

Mittwoch, 5. 12. 1979

Adriaan ist um 12 Uhr 04 wieder abgefahren. Er hat viel erzählt. Vor allem, was er mit Frauen erlebt hat. Mit Helene ging er zum Auto, gibt ihr gegen den Muskel des Oberarms einen Stoß, Monate später fängt sie morgens an, dass er damit habe sagen wollen, sie sei schon alt, ihr Fleisch sei lose, wackle wie bei einer alten Frau. Sie weint und schreit. Sie ist 31. Einmal nachts reißt sie sich Haare vom Kopf und brüllt, dass ihr schon die Haare ausgingen. Janine, die 19-jährige Bedienung, die nebenher Abitur macht, betrügt ihn und sagt es ihm gleich am Telefon. Einmal liegt sie neben Adriaan und onaniert. Er hört das Geräusch, das Atmen, den Orgasmus. Einmal sind sie mehr als sechs Stunden beschäftigt, bis Adriaan seine Ejakulation hat.

Dieser Dezember verführt Gänseblümchen und Forsythien zum vorzeitigen Blühen. Die sind offenbar immer bereit, es muss nur warm werden.

Montag, 10. 12. 1979

Gestern EY Meyer mit einer rumänischen Bühnenbildnerin aus Paris. Sie ist erschöpft. Letzte Proben in Konstanz und in Bremen. Sie will heim. Er weist das ziemlich brutal zurück. Überhaupt ist er unter dem Vorwand, anspruchsvoll zu sein, öfters hart. Wir rufen Ludwig Harig an, mit dem ist EY herzlicher als mit mir. Das ist mir recht. Von Harig erfährt er, dass Nicolas Born am Freitag gestorben ist.

Man streckt seine Ohren über die Menschheit hinaus. Ich höre den Wind, die Zeit, sonst nichts. Vielleicht bin ich versunken, mein Mund ist vielleicht voll von Fischen, die zielen.

Angst, weil ich zu viel investiert habe in München. Mehr, als ich in zehn Jahren verdienen kann.

Sie legte sich rücklings auf ihn, als komme es darauf an, genau von demselben Punkt aus in den Himmel zu schauen. Und darauf kam es eigentlich auch an. Wie zur Justierung, damit sie wirklich von einem Punkt aus hinaufstarrten, steckte sie sein GT in sich hinein. Jetzt waren sie aufeinandergenagelt, jetzt würden sie alles nur noch zusammen erleben.

Dass es plötzlich vorbei ist. Bis 45 gilt man als jung. Zwischen 45 und 50 sei man auf dem Höhepunkt, nach 50 gilt man als alt, dann hagelt es 1000 Bestätigungen. Man soll junge Autoren fördern. Was hält man von der jungen Literatur, wird man gefragt. Man müsste mit dem eigenen Tod völlig einverstanden sein. Das kann verlangt werden. Man ist offenbar verpflichtet, synchron zu empfinden mit dem biologischen Verlauf. Das wäre das Glück: sich jung zu fühlen, wenn man jung ist, und sich alt zu fühlen, wenn man alt ist. Ich habe mich alt gefühlt, auf jeden Fall nicht jung, als ich jung war, und jetzt, da ich alt bin, fühle ich mich nicht alt. Ich war nie synchron. Deshalb nie eins mit mir. Nie sozusagen glücklich. Immer im Streit mit der Forderung der Stunde. Dieser Streit heißt Symphonie bzw. Roman. Das Lächerliche des Augenblicks im Streit mit dem Epochalen, Schicksals-Nervosität. Con brio.

Eroica, 3. Symphonie

Der 1. Satz frech, wenn auch nicht ohne Trotz gegen Angekratztsein. Der 2. Satz gibt nachdenklich zu, dass der erste Satz zu frech war. Daumen und Zeigefinger spreizen sich zu einer edlen Gabel, in die man das vom Energischsein ermüdete Kinn legt, um den Blick einer Weite anzuvertrauen, die mit nichts Bestimmtem wehtut. Man lässt das Weinen in klugen Dosen zu. Licht entsteht. Tatsächlich von innen. Da will sich der Himmel nicht lumpen lassen. Eine Wolkenschlucht lässt Sonne triefen. Glanz rinnt zusammen. Die Welt bedient sich. Innen und außen sind ein Team. Zeit, ein Irrtum. Phänomen ist alles. Solang etwas ist, ist alles.

Nur Dissonanz hat einen Anspruch auf Laut.

Ich bin anregbar. Unter anderen Verhältnissen einen Rhythmus nicht loswerden. Etwas, das nicht mehr hergehört, eine Rolle spielen lassen müssen.

Der junge Mann, der glaubt, alles werde so sein, wie man sich das vorstellen kann.

Der 2. Satz hörte ehrlich auf. Er hörte wirklich auf. Der 3. Satz fing wieder an. Die Illusion, man könne a plus b sagen, dass es nennenswerte Folgen habe. Auf einer Rechnung bestehen. D.h. jünger sein. Der Triumph der Vorstellung über Erfahrung. Man kann ja Waldhörner einführen. Über die Geräumigkeit des Waldinneren anklingen lassen. Sie aber umgeben sein lassen von der unabweisbaren Schicksals-Nervosität. Ein wenig auf Routine vertrauen. Laut und leise zum Zug kommen. Trotz nur in Bruchstücken. Einen 4. Satz hersäbeln, aber gleich zugeben, dass es weitergeht wie im dritten. Oder es ist überhaupt noch der dritte. Einzelne Versuche, schneidig hinauszuschauen. Vielfalt wie etwas, was man nicht verhindern kann. Unüberblickbarkeit des Gedränges. Aber etwas historisch Gemeinsames kommt bei dem ganzen Schaugedränge doch zum Ausdruck. Feines folgt auf ganz anderes, ohne sich darauf etwas zugutezutun. Aber es ist zweifellos etwas gelernt worden. Die Nerven sind milder. Fragmente des Gelingens. Tanzankündigungen. Volksfeste reisen herein. Alles wird gleich leicht, gleich schwer. Eine nicht zu einfache und nicht zu schwierige Lösung probiert sich aus. Der junge Mann hält es für möglich, dass so etwas möglich ist. Er gibt sich bescheiden. Aber dann kann er sich doch nicht beherrschen. Er besteht auf der Lernfähigkeit. Er zieht uns mit hinauf und präsentiert in aller gekonnten Eile einen Allerweltsschluss. Opus 55, bitte. Es-Dur, bitte. Was wollen Sie da verlangen.

Mittwoch, 12. 12. 1979

Mir tut es leid, dass die CSU keiner Erneuerung fähig war. Ich hätte es ihr gegönnt, dass sie ihr christliches Potenzial als soziales ernstgenommen hätte, anstatt dass sie nun einen Kalte-Kriegs-Haudegen aus der Adenauer-Zeit auf modern schminken muss. Die Krämpfe der Jungen Union sind nur zu verständlich.

VS: Könnte man ganz unpolemisch nur sich selber fragen, ob der Neigung zum Narzissmus nachzugeben sei oder nicht?! Natürlich sind wir alle versucht. Natürlich mag die Sprache gern diesen Rückfall ins autoerotische Babytum. Tautologie, das mag die Sprache. Wenn die Wörter von nichts als von ihrem eigenen Klang klingen. Wenn die Wörter so fallen dürfen, dass sie ein Verhältnis nur zu sich selber haben. Wenn die Welt alles sei, was der Fall ist. Und immer der entsprechende Heidegger. Aber immer trivialisiert. Nichts ist so trivial wie der sich selbst berührende Narziss. Nein, nicht polemisch! Sich beherrschen.

Donnerstag, 13. 12. 1979

Gestern Fuhrmanns und Zanders.

Schon vor dem Essen, Herr Fuhrmann: Wie war Ihr Sommer. Er wollte das Stichwort geben zu einer Suada über seine Erlebnisse in Neapel und Palermo. In Neapel kam ein junger Mann, der nicht so aussah, als habe er es nötig, und stürzte sich auf die Aktentasche, die Herr Fuhrmann an einem Lederriemen über der Schulter trug. Es gelang ihm, den Lederriemen zu zerreißen. Fuhrmann rannte ihm nach und brüllte in deutscher Sprache Schimpfworte. Irgendwann muss dem etwas begegnet sein, er kehrt um und wirft Fuhrmann die Tasche an den Kopf, d.h. der duckt sich gerade noch. Erst jetzt gehen Fenster und Türen rundum auf, und sie kriegen Ratschläge, wie man so etwas vermeidet: Nicht am Riemen, unter dem Arm tragen! In der Tasche waren alle Papiere, Schecks, Geld usw.

In Palermo muss er den Eröffnungsvortrag bei einem Kongress halten. Es sprechen auch der Staatspräsident und Andreotti. Das Latein hat dort eben die Stelle, die bei uns Geschichte und Philosophie haben. Es war sein erster Vortrag in italienischer Sprache.

Beim Essen: Zanders über Marokko. In einer Stadt ein Studentenpaar. Sie konnten Zanders 100 Kilometer in eine Oasenstadt bringen. Dort lernen sie einen Mann kennen, der sie in sein Haus einlädt. Am Abend kommt einer an mit einer Karawane. Der Hausherr sagt, das sei eine Gelegenheit. Der hat Silbersachen, Schmuck, Dolche für 600 Dinar, einen für 300. Frau Zander korrigiert: 540 und 214. Der Begleiter von Zanders aus Stockach kauft den Dolch. Handeln kann man nicht. Der hat genau gesagt, wieviel Weizen er für seine Sachen in die Wüste mitbringen muss. Da gibt es nichts zu handeln. Frau Zander wird mit dem Essen nicht fertig, soviel hat sie zu erzählen.

Herr Fuhrmann: Frau Zander erzähle wie eine englische Aristokratin.

Herr Zander gegen Dahrendorf. Der hat sich gegen Fuhrmanns Berufung nach Konstanz gewehrt, und Fuhrmann kriegte in Kiel schon Gicht und Ischias vom Klima. Und die Nazis und Nationalisten mit ihren Erinnerungsmärschen zu den Düppeler Schanzen! Aber Dahrendorf hat inzwischen seine Frau verloren. Die ist ihm weggelaufen, eine kluge Schottin, die mochte Herr Fuhrmann.

Herr Fuhrmann fragt nach meiner Reise, ob ich auch in Stockholm gewesen sei. Ja. Ach Gott, er hat doch eine Schwester in Uppsala. Er betont es, gegen meine Betonung, auf der zweiten Silbe: Uppsála. Ob ich in Uppsala die Bibel, den Dom und das Anatomie-Theater gesehen hätte. Letzteres nicht. Das sei aber das Wichtigste.

Meine Passage über Göttingen in *Seelenarbeit* führte zu einer ausführlichen Bestätigung. Er war dort Assistent des Rechtshistorikers Wieacker: Ein Genie ohne Haut, ruft er aus, um die Sensibilität seines Professors vorzustellen. Wieacker war Pringsheim-Schüler, in Freiburg. Ein Bruder Katias.

Fuhrmanns wohnten, schon verheiratet und 400 Mark verdienend (1954), im Professorenviertel in der Oststadt. Zwei Pyramiden-Pappeln wurden nachts um zwei Meter versetzt, sie verschafften die Erlaubnis, die zurückzuversetzen, dann zieht der Stadtdirektor in die Nähe, der lässt sie ganz wegversetzen. Sie schaffen sie für ihren Hausbesitzer wieder her. Der Stadtdirektor macht seinen Antrittsbesuch im Stresemann am Sonntagmorgen.

Dann, sagt Herr Fuhrmann, eine gute Geschichte: Einmal, in der letzten Sitzung des Seminars im Semester, trägt ein Student ein Referat vor. Dr. Fuhrmann musste damals den Studenten bei Referaten helfen. Jetzt spricht der Professor über Prozesse im späten Rom. Iudicia bona fidei und stricti iuris. Also auf guten Glauben und auf strenge Rechtsanwendung gegründete Prozesse. Dr. Fuhrmann hat dem Studenten gesagt, man betont fi-déi. Der Professor unterbricht und sagt: fí-dei. Der Student sagt, Dr. Fuhrmann habe die 2. Silbe betont. Während der restlichen Sitzung weist der Professor jedes Mal, wenn er den Ausdruck gebraucht, darauf hin: Wie wir gerade belehrt wurden: fi-déi. Am nächsten Tag lässt der Professor Fuhrmann kommen. Er hat sich bei einem Altphilologen-Kollegen erkundigt, der versichert, Betonung auf der ersten Silbe. Der hat eine Horaz-Stelle gewusst. Der Professor steigert sich in eine ungeheure Tragödie hinein: Das war die letzte Sitzung, drei Studenten gehen nach Heidelberg zum Kollegen Kunkel. Die werden dort die Betonung auf der zweiten Silbe aussprechen: fi-déi. Was wird Kunkel sagen, was reden Sie da für Zeuch, fidéi, mein Gott, wer hat Ihnen denn das gesagt, was, der Kollege Wieacker in Göttingen, ja so was, also da sieht man's wieder einmal, nicht die simpelsten Voraussetzungen! Und auf dem nächsten Kongress wird er natürlich in seinem Referat eine Bemerkung darüber improvisieren, dass der Kollege Wieacker in Göttingen nicht einmal wisse, wie man fidei ausspreche, den Genitiv von fides. Dr. Fuhrmann dachte an Thomas von Aquin, wenn es nicht mehr auszuhalten ist, bleibt nur eines von den drei B, Baden, Beten oder ins Bett gehen, baden konnte er nicht, aber beten und ins Bett gehen. Er hatte eine lateinische Formenlehre dabei, die schaute er jetzt doch nach: Daraus ergab sich eindeutig, dass die Horaz-Stelle eine Ausnahme war, diei wurde nur wegen des Zusammentreffens der drei Vokale auf der ersten Silbe betont. Es war ganz klar, er hatte recht gehabt. Er ruft seinen Professor an. Weist nach. Der sagt, Fuhrmann soll morgen zu ihm kommen. Fuhrmann wird freundlich empfangen, der Professor macht Milchkaffee. Über Betonung wird nicht mehr gesprochen, aber es ist klar, dass die Einladung dazu diente, Fuhrmann zu rehabilitieren.

Einmal der Professor mit Frau Fuhrmann über das Gebirge nach Heidelberg. Steile Stellen, der VW schafft es fast nicht mehr. Professor Wieacker fragt, wieviel Frau Fuhrmann wiege. Murmelt über deren Gepäck, schließlich müssen sie rechts ran fahren, Frau Fuhrmann muss andere Autofahrer anhalten, sie besehen sich alles, hören sich alles an, dann geht's weiter und jetzt ohne Probleme. Der Professor sagt: Das waren sehr kundige Männer, die wussten Bescheid über Kolben und Kammern, aber Frau Fuhrmann hatte den Eindruck, als hätten die einfach die Handbremse gelöst, die der Professor zu lösen vergessen hatte.

Auf dem Stein, wo Fuhrmanns jetzt wohnen, das Haus Vianne. Dort die Kleinen Schwestern vom Herzen Jesu. Da ziehen dann

Spastiker und Schizophrene ein. Die grüßen Herrn Fuhrmann immer häufiger so, dass seine dem Nachdenken gewidmeten Spaziergänge in der Straße gestört sind. Die Schwestern vom Herzen Jesu haben eine Kapelle mit Glöckchen, und die Spastiker und Schwachsinnigen läuten damit. Das fällt jedes Mal überraschend aus. Und das Glöckchen ist sehr hoch: das zweigestrichene C, sagt Herr Fuhrmann.

Nebenan wohnt der Pfarrer Horion, der bei einem Versehgang in der Eifel beide Ohren erfror und seitdem fast taub ist, für den kirchlichen Dienst nicht mehr geeignet. Aber ein Koleopterologe ist er, ein Forscher für Käfer, ein Hartflügler-Spezialist. Ernst Jünger ehrt ihn. Aber es war immer sehr laut nebenan, weil der Klavier spielte und sang, besonders wenn am Sonntag die Leute in der Kirche waren, aber Fuhrmanns nicht. Die mussten dann das Gebrüll und Gehämmer des Tauben ertragen. Er müsse lauter sprechen. Ik ben namelijk doof, habe die holländische Verkäuferin gesagt zu ihm, das sei noch die alte genaue Bedeutung von taub. Frau Fuhrmann: Der Horion kriegt jeden Tag Post aus ganz Europa, fliegenschissartige Präparate, bei denen es sich aber um die Geschlechtsteile von Hartflüglern handelt, nach denen der Professor dann bestimmt, um welche Art von Hartflüglern es sich handelt.

Herr Fuhrmann hat auf der Promenade einen Eisenpfahl entdeckt mit Wegschildern und Kilometerangaben nach Karlsbad, Breslau, Königsberg, Danzig und Berlin. Herr Fuhrmann hat an den Gemeinderat geschrieben. Die wollen das nicht beschlossen haben. Es handelt sich nicht bloß um schlichtes Heimweh, sagt Herr Fuhrmann, sonst wäre Berlin nicht dabei. Die Reichshauptstadt hat eine Appellfunktion, und zwar eine imperiale, also ist das Revanchismus. Beim Gassenfest hat er sich dort hingestellt und hat den Leuten gepredigt. Manche sind stehengeblieben und haben gesagt, er soll doch das dem Bürgermeister sagen.

Als Student in Freiburg hat er einer Bürgerrechts-Initiative angehört und hat seine Seminarkarte zurückgegeben, weil die Fakultät (ein Professor und ein Assistent mit dem Fahrrad) bei Studenten auftauchte und Hausdurchsuchungen machte nach Büchern, die in der Präsenz-Bibliothek fehlten. Er setzte einen Schriftsatz auf. Er verzichtete auf die Anrechnung des Semesters. Er konnte ja ohne Karte weder Sitzungen besuchen noch Bücher entleihen. Er hat das in Kauf genommen. Das sagt er heute den Studenten, diesen Super-Pragmatikern, die nur noch kuscheln. Um '68 haben sie die Lehrerbeleidigung institutionalisiert, jetzt die Duckmäuserei. Aber erzogen sind sie alle nicht mehr, die einen wie die anderen. Er bleibt abends oft da und sieht, was die Türkinnen da zusammenkehren müssen. Die Bildungsreform hat nur dazu geführt, dass uns Leute ins Haus gespült werden, die die Universität verdrecken, sonst nichts, kein Niveau mehr. Und eine sprunghafte Zunahme der Selbstmorde und der Psychotherapiefälle. Ein Student mit Kummergesicht: Nachdem man mich zum Abitur gequält hat, bleibt mir doch gar nichts anderes übrig als zu studieren. Er, Fuhrmann, würde, wenn ein Kind von ihm handwerkliche Fähigkeiten hätte, das Kind gern Handwerker werden lassen, der Mensch hat ja nicht nur einen Kopf, sondern auch Hände.

Er erzählt auch wieder, wie er nach München gefahren ist, um zu verhindern, dass sich Franz Josef Strauß die Schack-Galerie unter den Nagel reißt und die Bilder in der neuen Pinakothek untergebracht werden, wo jetzt schon kein Platz mehr ist. Der Kollege in München, der Direktor der staatlichen bayerischen Gemäldesammlungen, war sehr verlegen. Er tat Fuhrmann leid. Der hätte ja den Krempel hinschmeißen müssen, hätte nie einverstanden sein dürfen. Die Schack-Galerie war früher preußisches Gesandtschaft-Eigentum, dann von Schack dem bayerischen Volk geschenkt worden. Deus providebit steht über der Tür. Und jetzt?

In Rom habe «Familie» ja alle zum Clan Gehörenden gemeint, auch das Gesinde.

Konditionalsätze, das sei ein Gefüge so auf Gegenseitigkeit, dass man von einem Haupt- und Nebensatz nicht mehr sprechen könne. Wenn er käme, würde ich … Dieses «würde» sei das einzig richtige, weil das Zukünftige eine Rolle spiele. Bei der bloßen Ersetzung des konjugierten Verbs fehle diese Qualität, also sei es ein Stilfehler.

Herr und Frau Fuhrmann ergänzen einander. Wenn einer etwas erzählt, kann der andere bei jedem Detail einspringen, der andere hört sofort auf. Also sieht man, dass der, der jetzt übernimmt, jeden Nagel, jeden Brandfleck, jede schwedische Bahnhofsuhr, jede sizilianische Hitzesekunde, jede Lärmplage, jeden Wieacker-Einfall genauso gut kennt wie der, der diese oder jene Geschichte bis zu diesem Punkt erzählt hat. Und nie korrigiert einer den anderen, er setzt den anderen nur fort. Sie müssen alles immer zusammen erlebt haben, oder wenn einer einmal tatsächlich etwas ohne den anderen erlebt haben sollte, einander über alles so vollkommen informiert haben, dass es nichts, überhaupt nichts gibt in dieser Ehe, was nur einer allein weiß. Das ist bei diesen zwei polyhistorisch, enzyklopädisch universal gebildeten Persönlichkeiten besonders erstaunlich. Sie hätten sich ja darauf einigen können, dass der eine Nord-Europa und Mittelalter, der andere den Süden und das Altertum und die Neuzeit übernehme. Aber nein, selbst bei Ausführungen über arabische, phönizische, griechische und türkische Sprach-Eigenheiten können sie den Stab der Rede einander fließend übergeben, es tritt keine Stockung ein, die ein anderer dazu benutzen könnte, auch etwas sagen zu wollen. Herr Fuhrmann selber, das merkt jeder, der einmal versucht hat, ihm ins Wort zu fallen, spricht völlig ununterbrechbar. Wenn man nicht ganz genau hinschaut und hinhört, hat man den Eindruck, dass er an einem Abend von acht bis zwölf kaum Luft holen muss. Wenn man aber nicht an Wunder glaubt, also doch hinschaut, hinhört, dann sieht man, hört man, wenn man nahe genug sitzt und scharf genug aufpasst, dass er immer wieder einmal blitzschnell nach Luft japst und dabei sogar hohe keuchende Laute ausstößt. Bei seiner Frau bemerkt man nichts dergleichen. Sie spricht, ohne dass sie Luft holen muss. Beide zusammen sind eben ein vollkommen pausenloser Redestrom. Das kann nur einen Menschen stören, der nichts erfahren will. Wer an der Welt interessiert ist, wer zum Beispiel wissen will, dass das Türkische im Gegensatz zum Arabischen eine agglutinierende Sprache ist, der wird ihnen zuhören, wird dankbar sein dafür, dass er erfährt, das Arabische bilde Wortfamilien aus immer drei Buchstaben. Mit s-l-m drücke es alles Freundliche und Schöne aus. Die drei Radikalen in jedem Wort blieben ohne Vokale. Und das Verhältnis von Vokalen zu Konsonanten im Italienischen sei 5 zu 6 (oder 6 zu 5, das weiß ich nicht mehr). Also, wer möchte denn so was nicht wissen! Herr Zürn hört da zu. Er hat das Gefühl, er könne alles, was er da höre, bald einmal brauchen. Das schwedische Wort für Auktionen. Es ist falsch, in Schweden im Laden zu kaufen. Fuhrmanns haben auf der Auktion gekauft, nur da kriegt man den Bunsenbrenner, der sonst 100 Mark kostet, für zehn, weil die dort nicht wissen, was das ist. Und Herr Fuhrmann kann sogar schöne Sätze bilden: Es war

so ein verregneter Tag, Ende Juli, der Himmel hing bis in die Hörsäle, man musste Licht machen, nachmittags, Ende Juli, solche Tage gibt's ja. Und er bedauert, dass er nicht der Eckermann von Wieacker geworden ist.

Am Ende in der Halle, Herr Fuhrmann: Das sei ein Abend ohne Niveau gewesen. Vielleicht wollte er damit sogar sagen: Warum habt ihr mich nie nie nie unterbrochen! Ihr habt versagt! Genau so, wie ich euch viel früher hätte auffordern sollen, mich zu unterbrechen. Er hat ungefähr drei Flaschen Wein getrunken, davon zwei Flaschen schweren schönen Burgunder.

Herr Ficus hat einmal gesagt: Dieser Herr Fuhrmann sei ein unmöglicher Quasselkopp. Das ist die Reaktion eines Solisten auf einen anderen Solisten. Zwei norddeutsche Solisten in einem hiesigen Zirkel schließen einander aus. Aber ich finde Herrn Fuhrmann liebenswürdig. Und erstaunlich.

Der normale Wahnsinn als das Produkt aus Wetter, Nerven und Arbeit. Nichts als Unverhältnismäßigkeit.

Sich so wenig Gedanken über so spürbare Schmerzen auf der linken Seite zu machen ist leichtfertig, oder was sonst? Ich wäre in Kalifornien besser dran, aber es hängt zu viel zusammen mit mir, ich kann nicht mehr reisen, ohne zuviel zu zerreißen.

Vielleicht hat der Wind gedreht. Elektrizität und Sauerstoff erreichen mich wieder, jetzt könnte ich ruhig sein, wenn es verlangt werden würde, aber die von mir Verjagten verlangen von mir nichts mehr.

Samstag, 15. 12. 1979
Mit Hans-Peter Schabert und Hannelore im Wasserburger Büchel. Hans-Peter hat für 17000 Mark Baltimore Gas and Electric (BGE) Bonds gekauft. Kurs 50, Laufzeit elf Jahre, Zins 3 ½ %. Er hat also für 34000 nominal nur 17000 bezahlt, bekommt aber in elf Jahren 34000 zurück. Und der Zins ist, weil er ja von 100 Prozent 3 ½ % ist, in Wirklichkeit 7 %, insgesamt 9 % Verzinsung.

Abends bei Ficus mit Frau Müller-Gögler, Herrn Wild, später Gisela Linder.

Der übliche kleine Streit: Diesmal darüber, dass Beuys ein Produkt der Linken sei. Nachher schränkt Ficus ein: der Linksliberalen, die einfach aus schlechtem Gewissen alles erlaubten und förderten. Er werde Strauß wählen.

Gisela Linder über ihren USA-Aufenthalt: Als das Kind ihrer Freundin die Finger in die Autotür geklemmt hat und Gisela und die Freundin die Zweijährige ins Krankenhaus bringen und es der Freundin schlecht wird und Gisela das Kind halten muss, während der Arzt die zerquetschten Finger behandelt, da rinnen Gisela Tränen aus den Augen. Plötzlich brüllt der Arzt sie an: Hören Sie auf, ich kann es nicht sehen, als ihr unsere Kinder vergast habt, habt ihr auch nicht geweint.

Den ganzen Tag wieder, schon in der letzten Nacht, der Weststurm, wieder mit riesigen, rasenden Wellen, wieder fühle ich mich wohl, links viel freier: Offenbar bin ich von jetzt an auf Sturm, auf Weststurm angewiesen.

Sonntag, 16. 12. 1979
Der Wind tost immer noch. Jetzt schon eine Woche lang.

Die Ölpreise machen uns Angst. Wenn man mit uns verführe, wie wir mit schwächeren …

Was einer sich leisten kann, das leistet er sich auch.

Rücksicht nimmt nur, wer muss.

Der Tierarzt fragt: War er rund oder flach? Flach. Also war's ein Bandwurm. Kommt von den Mäusen. Eigentlich müsste man den Stuhl von allen untersuchen, ob schon jemand den auch hat.

Die Katze macht eine Pause im Putzen und beobachtet meine schreibende Hand.

Die Verachtung, die man sich erwirbt, ist unwiderruflich. Wer einmal etwas gegen mich gesagt hat, kann das nicht mehr gutmachen. Wenn er jetzt das Gegenteil sagt, hat er doch auch das andere gesagt. Die Verachtung besteht weiter. Ihre Wirkung ist schärfer als die der Bewunderung. Bewunderung verfliegt. Sie müsste andauernd wiederholt werden, sonst spürt man sie nicht mehr. Einmal geäußerte Verachtung sitzt für immer.

Mich beunruhigt der Amateurklang meiner Klagen. Bei anderen schüttele ich den Kopf. Das macht den Amateur, dass er den Kopf nur bei anderen schüttelt.

Die 22 Liegestützen, Stechen nachträglich links.

Es hat nachts geschneit. Der Himmel ist wieder hoch und fast hell, alles ist ruhig. Ich auch.

Freitag, 21. 12. 1979

Peter Handke: Siegfried müsse alles daran setzen, dass keine Rezension in der *FAZ* erscheine. Nur ein Dichter, ein Theologe und ein Philosoph sollen darüber schreiben, keine Rezensionsexemplare. Jetzt entzieht er sich Siegfried, weil er wahrscheinlich ihn für die Reich-Ranicki-Kritik verantwortlich macht.

Samstag, 22. 12. 1979

Traum: Adlers wollen auf ein Schiff, fallen sofort nach rückwärts ins Wasser, Käthe und Johanna und Alissa springen nach, ich ziehe mich aus und rufe nach Rettung. Alissa und Johanna bringen schon beide Adlers heraus. Erst viel später kommt Käthe zurück und sagt, Johanna wolle drunten bleiben, ganz am Grund, das sei noch eine sehr gute Gelegenheit, keiner werde denken, dass sie absichtlich sterbe, weil sie doch ihre ganze Tasche voller schöner Dinge dabeihabe. Sie zeigte Käthe welche. Käthe imitiert die immer ein bisschen geziert klingende Sprechweise Johannas. Es ist grotesk, dass sie die auch in dieser tödlichen Situation beibehalten haben soll.

Montag, 24. 12. 1979

Schnee fällt von einem Zweig. Der Zweig schnellt in die Höhe und schwankt noch eine Zeit lang. Ein sehr dünner Zweig natürlich.

Von Gewissheit umstellt, widerspreche ich.

Sonntag, 30. 12. 1979

Sarn. Acht Fahrten, zehn Zentimeter Neuschnee.

1980

Dienstag, 1. 1. 1980
Elf Fahrten, Sonne, ca. minus fünf Grad. Viermal den Steilhang im Tiefschnee.

Alissa erzählte, im Geschichtsunterricht war ein Oberst aus Bonn, der erklärt, dass man nur für einen Verteidigungskrieg gerüstet sei und nie für etwas anderes rüste. Als er einmal bemerkt hat, dass er Christ sei, wird er nach dem fünften Gebot gefragt. Er antwortet: Neuere Forschungen haben erbracht, dass man den Urtext bisher immer falsch übersetzte. Es heißt nicht: Du sollst nicht töten, sondern: Du sollst nicht morden.

War ich je so wenig? Noch nie habe ich mich geringer gefühlt. Das Leben in mir hat abgenommen bis auf einen schmerzlosen Rest. Ich werde nur noch zur Decke grinsen.

In der sonnigen Bergwelt sind Wolken verstreut. Viele tiefer als wir. Und immer wieder schneit im vollen Sonnenschein ein bisschen Schnee auf uns herab.

Das Lachsrosa, das die schon fast verschwundene Sonne noch an die Schneeflanken der höchsten Berge hinaufwirft.

Siegfried hat gestern angerufen. Schon um sieben Uhr. Wahrscheinlich will er um zehn durch sein mit den Silvester-Autoren-Telefonaten. Er drängt bald auf das Ende des Gesprächs. Er hofft auf den Western. Vielleicht kommt er noch mit dem Nachtzug von Frankfurt nach Chur. Sein Prinzip ist wahrscheinlich, dass er nur Positives weitersagt. Neulich: Nizons positive Reaktion auf *Seelenarbeit*. Wahrscheinlich ist Siegfried der einzige Erwachsene in diesem Autoren-Kindergarten. Und es genügt wahrscheinlich, erwachsen zu sein, dann hat man mit uns keine Schwierigkeiten. Dass die, die es sich leisten können, den Erwachsenen ein bisschen quälen wollen, ist klar. Was für ein dürftiges Gespräch war das. Ich hätte mit einem Freund länger gesprochen.

Der selber durchaus akzeptierte Adorno befand, die Unverständlichkeit Becketts sei dem Bürgertum gegenüber viel kritischer gewesen als der einlässliche und affirmative Brecht. Allerdings hat dieser Brecht den Nobelpreis nicht bekommen, sondern der angeblich so scharf negierende Beckett.

Warum haben sie mir am Anfang ein paar Preise angetan und dann keinen mehr nach '66? Bin ich so viel besser geworden, dass das Urteilsvermögen von Jury-Mitgliedern nicht mehr mitkam? Wohl kaum. Auch einen sensationellen Zerfall kann ich nicht feststellen. Was hat sich geändert seit 1964/65? In einem recht missverständlichen und grob verkürzenden Wort könnte ich sagen, ich sei politischer geworden.

Donnerstag, 3. 1. 1980

Wenn ich Winfried Leuprechts Buch lese, weiß ich wieder, warum ich die Autoren, die jeden Tag gut frühstücken und den Rest des Tages Unglück trompeten, öfter mit Misstrauen lese. Der Wille zum Unglück als literarische Fabrik. Und hier das Buch eines wirklich Geschlagenen: Friedreich'sche Ataxie. Ein zunehmender, immer mehr Partien befallender Krampf, der in Leuprechts Fall mit 35 zum Tode führte. Und die Stimmung des Buches: heiter, sarkastisch, gegensteuernd gegen die grauenhafte Misere. Dass man gegen etwas anschreibt, hier wird es wieder einmal furchtbar klar. Wenn es gut geht, wem es gut geht, der trachtet nach Unglück, der produziert Misere, verflucht den Menschen, hält alle außer sich für Kretins, spielt den Künstler der Fruchtbarkeit. Der wirklich Geschlagene, der weder gehen noch sprechen kann, der ein paar letzte Bewegungsabläufe unter phantastischen Anstrengungen eine Zeit lang gegen den Krampf verteidigt, der schreibt sich in einen heroischen und herrlichen Humor hinein. Wie feindselig sind die Feinsinnigen gegen die Menschheit. Wie gütig ist der Geschlagene zum Beispiel zu einem Taxichauffeur, der ihn anflucht, dass er keinen Krüppel fahren wolle. Niemand darf indes annehmen, dass das Ausmaß des Geschlagenseins die literarische Reaktion sozusagen automatisch produziere. Ich habe die ersten Fassungen dieses Buches vor vielen Jahren in Händen gehabt. Ein Arzt hat sie mir zugeschickt, hat den Autor in einem Begleitbrief kurz vorgestellt. Vom Autor selbst war nur ein Brief von zweieinhalb Seiten dabei. Ich hatte dann vor etwa fünf Jahren eine zweite Fassung des Buches in der Hand. Die dritte Fassung, die ich kenne, ist die hier gedruckte. In den ersten Fassungen überwog immer die unmittelbare Klage, der höchst verständliche Jammer. Der Aufschrei des Geschlagenen, der Gerechtigkeit vermisst. Der Protest gegen die Zumutungen der Sexualität in dieser Lage und der Protest gegen eine Welt, in der man konkurrenzfähig zu sein hat, wenn man menschenwürdig leben will. Das verführte den Autor zu einer höchst verständlichen kritischen Haltung gegenüber der Welt der Gesunden. Aber die Form war Ideologie. Während man das las, distanzierte man sich immer mehr von dem Autor. Unwillkürlich dachte man daran, dass man ja nicht schuldig sei an dieser Weltunordnung. Die hier ein Leben mit Krampf schlägt und daneben eines krampflos und gelöst blühen lässt. Leuprecht hat diese Ideologisierung seines Leidens in zehnjähriger Arbeit überwunden. In der letzten Fassung seines Lebens- und Leidensbuches ist nur die Erzählung übrig geblieben in der dritten Person. Also das konkrete Schritt-für-Schritt-Gehen, das die Stimmung, die es erzeugt, nicht selber ausdrückt. Das Literarische ist hier der Ausweis dessen, was die Person geschafft hat. Was ist dagegen die Eroberung eines Himalayagipfels! Der Held dieses Buches verteidigt in jahrelanger, mit schönstem Mut betriebener Trainingsarbeit ein paar Körperfunktionen gegen den andauernd überall angreifenden Krampf. Es herrscht eine fromme Kampfstimmung in diesem Buch. Es ist echt abenteuerlich, wie einer hier mit wechselnden Hilfstruppen und Waffen um die Verlängerung seines Lebens kämpft. Dieser gerechteste aller Kämpfe erzeugt eine Lebensstimmung sondergleichen. Den Virtuosen der empfindsamen Feindseligkeit sei dieses Handbuch der Güte empfohlen. Wir alle sind, wenn wir in dieses Buch schauen, Voyeure. Wir schauen aus harmlosen Quartieren einem zu, der eine Last, die wir uns nicht vorstellen wollen, in reine Erzählung verwandelt. Wenn so etwas glückt, sieht es immer so aus, als sei das Erzählen selbst die Entschädigung schlechthin. Es ist ja so: Wir, die Zuschauer, müssen, wenn wir einem so entsetzlichen Vorgang zuschauen, getröstet werden. Dafür hat Leuprecht einen Sinn gehabt, einen literarischen.

Montag, 7. 1. 1980

14 Fahrten.

Siegfried mit Taxi um 3 Uhr nach Chur. Er erzählt, dass sich Uwe nach eigener Aussage in einer Depression befinde. Uwe betrachte sich als von einer Frau ruiniert. Sein Konto: –154000. So übertreffe er jetzt Koeppen: –125000. Struck –60000 + 48000 Steuerschulden. Siegfried habe Frau Koeppen versprochen, er werde, wenn Koeppen sein Bismarck-Buch endlich abliefere, mit ihr ins Schlafzimmer gehen. Max Frisch sei wieder sehr einsam, Silvester mit Marianne, dann er zu Honegger, sie zu Bondy. Honegger zu Siegfried: Max Frisch habe alle anderen Freunde dupiert, er lasse sich nicht dupieren von Max Frisch, Max Frisch könne ihn nicht beleidigen, deshalb habe ihre Freundschaft gehalten. P. Nizon hat zum dritten Mal geheiratet, eine Bretonin. Seine Frauen werden immer jünger, sagt Siegfried. Und er müsse immer gleich heiraten. Peter Handke ist nicht nach Frankfurt gekommen, wo er die Gedichte von Nicolas Born lesen sollte. Er hat nicht einmal abgesagt.

Thomas Bernhard hat einen Jeep irgendwo im Tal, mit dem er zu seinem zweiten Wohnsitz hinauffährt.

Dasso

Eine Eleonore ist die Meisterin der anderen. Eine parasitäre Beziehung auf beiden Seiten, wie es modern ist.

Frau St. hat inzwischen bei Hilde auch die Ernährung übernommen. Salate und Gemüse in Milchsäure präpariert, das ist die Hauptsache.

Meine Hand würde gern schreiben, aber ich habe nichts zu schreiben für sie. Und es hat Zeiten gegeben, da wurde sie müde und unbrauchbar vom vielen Schreiben.

Das Wort Bedingungen. Was sind Bedingungen. Es gibt nichts, was man Bedingungen nennen könnte. Das Zusammenwirkende dieser Art ist eine reine Einbildung. Jeder entdeckt seine Bedingung. Zwei teilen nicht eine Bedingung. Zwei haben zwei Bedingungen.

Die Schweineopfer der Germanen führten zum Schwein als Glückssymbol. Ein Hufeisen darf nie gegen unten offen sein, es muss nach oben offen sein. Dann empfängt es das Glück.

Der Bauer Lareda: Als Buben hat man gelacht über die Alten, die nur bei zunehmendem Mond gesät haben, inzwischen weiß man selber, dass man auf eine Saat bei zunehmendem Mond einen Stein legen kann, die Saat hat die Kraft, ihn zu lupfen.

Donnerstag, 10. 1. 1980

Käthe träumt, sie habe für Franziska eine Rolle übernehmen müssen. Als sie dann auf die Bühne sollte, wusste sie den Text nicht. Sie war schon draußen. Gerade hatte sie den Text noch gekonnt, jetzt war er weg. Franziska rannte auf die Bühne, sie gab ihr das Textbuch, aber es war das falsche.

Sieben Fahrten. Die Sonne, ein rundes Platinfeuer, das durch das Schneien scheint. Sie hat einen goldenen Hof. Sie ist schön. Und durch den verschleiernden Schnee kann man sie anschauen, mich sticht mein Herz vor Freude.

Herr Hund und Herr Teufel arbeiten zusammen. Und vom Alkohol überwältigt, hört Herr Hund jetzt auf. Teufel macht noch ein bisschen weiter. Er spricht mit den Schrauben. Wenn eine nicht will, wie er will, sagt er zu ihr: Ja, dees dät i au mache, wenn i die wär. Wenn sie zusammen kamen, hatten sie immer einen heftigen Dialog, weil sie fast über keinen Handgriff einer Meinung waren. Aber immer versuchten sie, leise zu sprechen, um die Kundschaft nicht ihre Uneinigkeit merken zu lassen. Aber der, der sich im Recht glaubte, sprach doch ein bisschen lauter, und da sie sich beide im Recht glaubten, sprach doch jeder ein bisschen laut, schwollen ihre Stimmen von Satz zu Satz an. Wenn Käthe am Morgen im Bett denkt: Wie mache ich es bloß, dass der Herr Hund kommt, dann kommt am Vormittag Herr Hund und repariert die Mischbatterien für das Wasser in der Küche. Am 1. Februar hört Herr Hund auf. Dann werden wir ja wohl die große Rechnung, auf die wir seit Jahren warten, kriegen. Herr Hund: Er hat immer schön einbezahlt, wenn er jetzt nicht aufhören würde, würde er ja dem Staat die Rente schenken, also da wäre er doch schön blöd.

Ich habe jetzt die meisten Wünsche erfüllt, außer denen, die mit Amerika zu tun haben, jetzt möchte ich mich mit mir abgeben.

Der Benzin-Preis um 6–7 Pfennig erhöht. Es ist wie im Traum. Man kann sich nicht rühren, während es schlimmer wird.

Donnerstag, 10. 1. 1980
Lukas 11, 5–13: Bittet, so wird euch gegeben. Aber wir können nicht mehr bitten.

Ich liebe die faltigen Äpfel im Januar, alt, gelb, als wären sie leberkrank. Und ekelhaft sind mir die knackigen grünen.

Fräulein Eggers, Hotel Rad: Über den toten Vertreter. Er lag nackt auf dem Boden, auf dem Rücken, die Füße senkrecht nach oben und neben sich ein Underbergfläschchen. Der war so dürr. Und so blass. Sie telefonierte mit der Firma in Esslingen. Die sagten, dafür sei bei ihnen niemand zuständig. Dann suchte sie die Heimat-Adresse in seinen Sachen. 1 Stunde brauchte die Auskunft, dann fand sie: Gästeheim Müller. Nicht Pension, nicht Hotel. Dann konnte Fräulein Egger doch nicht anrufen. Sie konnte einfach nicht. Also rief sie den Pfarrer an. Auch wieder die Auskunft. Der bedankt sich nachher, weil er die Familie kannte und das für richtig hielt, dass er hingehen würde. Am nächsten Tag kam die Frau. Ein Beerdigungsunternehmen hatte den Toten geholt. Fräulein Eggers lässt putzen, dass da nichts herunterdringe. Das war ein so saurer Geruch, saurer als jede andere, vorstellbare Sauerkeit.

Noch eine Schöllkopf-Nachricht. Er ruft am Morgen aus dem Krankenhaus an: Es geht zu Ende, Blutsturz, jetzt butzt's mi. Jetzt sitzt der Gottlieb bei mir und hält mir die Hand. Der Gottlieb läbe hoch. Ich scheide gern von dieser Scheißwelt. Also ehrlich, Gottlieb, es ist schade um jeden, also auch um mich. Mensch, Gottlieb, du kleinlicher Geist, ich weiß, du hast es nie begriffen, dass einer es darauf anlegt, nicht auszukommen mit der Welt, wie sie ist, wie sie nun einmal ist. Du begreifst nicht, dass man sich in einer grundlegenden Diskrepanz befinden kann zu der Welt, wie sie ist, und nichts tun kann zur Verminderung dieser schneidenden Diskrepanz. Du bist eine kleine Anpassungs-Begabung, Gottlieb, entschuldige, Gottlieb. Er hängt auf.

Der Notar, der die Parteien am liebsten verpflichten würde, in Frack oder Smoking zu kommen. Auf jeden Fall verlangt er dunkle Anzüge von den Herren. Er zelebriert die Eigentums-Überschreibung wie ein Hochamt. Gottlieb Zürn muss zugeben, dass er das nicht für falsch halten kann, ein Mensch, der einen Flecken hat, auf dem er geschützt ist, weil der ihm gehört: Das ist, als erwerbe er für seine Person eine Form der Immunität. Er ist auf seinem Grund und Boden nur noch dem unterworfen, dem alle unterworfen sind. Solange jemand kommen kann und kann zu ihm sagen, worauf Sie stehen, sitzen, liegen, das gehört alles mir, gehen Sie. Wo will er da hin? Solange ihm nicht die Wohnung, in der er wohnt, gehört, ist er ausgesetzt fremdem Willen. Deshalb ist der Kauf, durch den er erst Subjekt und souverän wird, höher zu schätzen als jeder andere Kauf. Der Notar hat recht.

Ich habe mehr Kleider, als ich brauche, von mir werden Schuhe bleiben und wie neu. Ich habe mehr Raum, als ich brauche. Ich esse mehr, als ich soll. Ich habe mehr Geld, als ich brauche. Ich habe Angst, mir werde, was ich nicht brauche, genommen.

Die Stoff-Hysterie

Die Verlegenheit des Asozialen. Die tief liegende Mahnung, sich einen Widerstand zu schaffen. Die Angst vor der Unmittelbarkeit. Und die Ungewissheit über das, was Unmittelbarkeit ist. Man hat nichts als sich. Aber sich zu haben, ist nichts. Ich flechte mich mit Hilfe von Nachrichten ins Licht.

Herzungewisses Kind.

In der warmen Eilzugkutsche schwanke ich durch weiße Wüsten auf München zu.

Samstag, 19. 1. 1980

Er kannte ihn nicht gleich wieder, aber das war die Schuld dessen, der seit einigen Jahren mit Bartwuchs experimentiert und deshalb verhinderte, dass sich ein verlässlicher Eindruck bilden konnte.

Früher weg vom VS, ca. 5 Uhr. Eine Flasche Wein am Bahnhof, dann Bismarckstraße 67, da ist das Hinterhaus, Druckerei, eine Dreizimmerwohnung für 190 DM. Viele Bilder, viel Liegegelegenheiten, in der Küche jede Waagerechte voll von Gläsern und Schüsseln und Flaschen, das meiste sind Gewürzgläser. Also K. V. und C. I. Mit beiden mittaggegessen. Sie sind gleich per Du. K. V. mit Jeans-Bluse wie ein Kolonialoffizier. Narben von zwei Autounfällen. Zuerst dreimal überschlagen, dann einmal in Suttgart gegen ein parkendes Auto, sie durch die Scheibe, eine Jugoslawin pflückt ihr nachts um 2 Uhr im Krankenhaus stundenlang die Glassplitter aus dem Fleisch. In der linken Schulter Arthrose, die Finger gichtig. Vom Massieren. Aus lauter Fortschrittlichkeit hat die Stadtverwaltung befohlen, dass die Mädchen, zum Teil 19 oder 20 Jahre alt, die Männer nackt massieren müssen. Da liegen die auf dem Rücken. Die Kabine hat zwei Quadratmeter. Da muss man nah sein. Beginnt an den Füßen und schaut aufwärts, überlegt, wie man an dem vorbeikomme, bei einer Frau massiert man ja tief in die Schenkel. Aber da! Jetzt habe sie durchgesetzt, dass die Männer Slips tragen müssen. C. I.: Sie wollte nachmittags mit K. V. schlafen. Aber die redete immer so heftig. Nur küssen gelang. Als es ihr gekommen sei, sei sie stiller geworden, und die Annäherung sei im Nu um Jahrtausende vorangekommen. Wir waren auf dem großen Bett. Ich musste um 6 Uhr 30 Uhr auf den Zug. C. I. wollte, dass wir zusammengeblieben wären. Sie trieb das Erotische voran. K. V. hatte immer nur ihr großes östliches Lebensleidenspathos anzubringen. Ich konnte immer nur neue Pläne für beide entwickeln. C. I. sagte, sie wolle K. V. ein Kind machen. Sie schlägt vor, wir sollten uns in einem Kuss vereinigen. Ihr müsst allerdings still sein dabei. Und es geht. Ein Kuss zu dritt, bei dem keiner dominiert. Ich wollte vielleicht dominieren und beide Münder in meinen bringen, aber es ist mir nicht gelungen. C. I., das erotische Genie. Auf dem Weg zum Bahnhof sagt sie, sie könne noch viel mehr.

Der Mann in der Bar des Excelsior, der große Dicke auf dem Barhocker, zieht zwei jüngere Ehepaare an, aber nur, weil da eine hübsche Frau dabei ist, deren Hand er dann streichelt. Sein Fangtext: Das Einzige, was ich zuviel habe, sind Häuser und Geld. Es ist zur Zeit Architekturmesse.

K. V. hat überhaupt kein Geld mehr, keine Flasche Wein mehr, heruntergewirtschaftet die Schönheit, die Gesundheit, die Karriere. Jetzt schreibt, malt, singt sie. Alles mit vollem Einsatz. Sie tobt in ihrer kleinen Wohnung. Entweder ist es Verzweiflung oder Kraft. Alles, was sie anbietet, ist eine Geschichte. Sie brodelt, sie schwappt über von Geschichten. Sie hat alles erlebt in 42 Jahren.

Sonntag, 20. 1. 1980

Violinkonzert, Mozart, Anne-Sophie Mutter, Karajan, Berliner Philharmonie.

Richard Strauss, *Also sprach Zarathustra*, eine Musiktapete.

Alissa: Ein Schüler zum Mathelehrer: Ich hab mein eins Buch im Zimmer zehn vergessen. Der Lehrer: Was ist denn das für eine Ausdrucksweise, mein eins Buch. Jetzt sagst du den Satz noch einmal korrekt. Der Schüler: Das finde ich eigentlich nicht nötig. Der Lehrer: Dann finde ich es auch nicht nötig, dass ich dir den Schlüssel gebe.

Jetzt lernen wir, wo Kabul liegt, wie wir vor zehn Jahren lernten, wo Hanoi liegt. Damals hieß der Lehrer USA, jetzt heißt er UdSSR.

Montag, 21. 1. 1980

Jetzt sitzen wieder auf den Bäumen des schneefreien Streifens am See entlang die Bussarde aus dem verschneiten Hinterland.

Lippen, Finger, weite Betten, Fluren,
Bänder, Knie. Und vom Boden aller
Weiher steigen Feen, Dämpfe, Ober-
bürgermeister. Eine Stimme, die
ein Amt hat, sagt: Noch mal von vorn.

Theresia: Mein Faschingsangsttraum.: Ein Vampir wirft Bonbons unter die Kinder, fängt die Kinder und isst sie.

Mittwoch, 23. 1. 1980

Das neue Jahr rennt an mir vorbei, ich sehe ihm nach.

Donnerstag, 24. 1. 1980

Gestern, als der Föhn den Himmel blankblau, die paar Wolkenschiffe grellweiß und überhaupt alles sichtbar und alles Sichtbare grell gemacht hatte, stürmten sofort junge Beamte hinaus, Fototaschen umgehängt, ihre jungen Frauen schoben mit offenem Mund den Kinderwagen hinter ihnen her, während sie nur rannten und spähten und fotografierten. Die Bauern standen in halbwüchsigen Bäumchen und schnitten und sägten, dass der Boden unter überflüssigen Sprösslingen verschwand. Die Möwen wiegten sich über den am Ufer brechenden Wellen. Nur die Bussarde saßen, schwarze Klumpen, in der Astgabel, so reglos wie immer.

Was du dir einbilden kannst, hält, solang du es dir einbilden kannst.

Wenn der Winter hätte stehen bleiben können im Eis, wäre der Frühling ausgefallen und alles. Aber der Glanz der Milde heute im Licht, in der Luft, gleich wird es rauschen vor Wind, Wärme, Fruchtbarkeit, Routine, Tod.

Das Fenster offen, der milde Tag strömt herein.

Angewiesen sein auf eine allmählich vorstellbare Beschränktheit.

Dienstag, 29. 1. 1980

Lesung in Schaan, Liechtenstein. Frau Valérie von Martens' Klage, dass es keine Moral mehr gebe, nichts Gutes und Schönes, sie habe noch in einer heilen Welt gelebt. Nachher sagt sie: Ich bin so froh, dass das mein Mann nicht mehr erleben muss, was heute passiert, wo er doch so empfindlich war in Fragen des Anstands, der Moral.

Frau von Opel hat Carson McCullers besucht, am Hudson, sie wird hereingetragen von einer kräftigen Negermami, und obwohl man dann nur zu zweit am Tisch sitzt, unterhält sich McCullers mit mehreren Personen. In den letzten zehn Jahren 30 Schlaganfälle. Und seit der Kindheit durch Kinderlähmung beeinträchtigt. Ihr Mann, ein Oberst, der sich erschoss. Frau von Opel bringt die Rechte herüber. Gibt sie Herrn Goverts. Frau Martens ist ca. 85. Frau von Opel sagt, wenn man mit ihr fernsehe, das sei das Beste, dann sei sie still. Aber danach fange sie sofort wieder von ihrem Mann an, der seit 18 Jahren tot ist.

Auf der Herfahrt ein ungeheures Abendrot, in das die Gipfel vom Montafon bis zum Säntis blauviolettschwarz scherenschnitthaft reichen.

Wieder der Schul-Traum: Ich muss in Lindau in der Abiturklasse sitzen, obwohl ich weiß, dass ich das Abitur schon habe, promoviert bin usw. Aber ich habe mich entschieden, das Abitur noch einmal zu machen. Die anderen sind alle viel, viel jünger, echte Abiturienten. Das wirklich Schlimme aber ist, dass ich keine Aussicht habe, das Abitur zu bestehen. Ich verstehe fast nichts von dem, was da zu lernen ist und was da gesprochen wird, aber ich darf es nicht merken lassen. Ich treibe auf eine Katastrophe zu, gegen die ich nichts machen kann.

Freitag, 1. 2. 1980
Heute Nacht Galle. Jetzt immer noch. Das scheint schon eher eine Entzündung als ein Stau zu sein. Ich rede mich jetzt wieder auf meine Schulden hinaus und sage, solange so viel Schulden bestehen, muss ich auch bestehen. D. h. es gibt immer noch die Illusion, ich würde, wenn es finanziell vertretbar wäre, nicht so ungern Lebensende feiern. Dann wäre es nichts als eine normale Niederlage. Du hast nicht durchgehalten.

Montag, 4. 2. 1980
Hell, warm, windig, ein Frühlingstag.

Der Regen hat den Geräuschwali des Windes abgelöst.

Dienstag, 5. 2. 1980
Und auf deinen nackten Winterzweigen schwarz die Amsel blüht.

Einmal wurde Alissa von einer Frau, die zwei Töchter hat, mitgenommen, in einem kleinen Wagen. Sie hielten direkt an der Stelle, von der aus der Weg zum Schulportal führt. In diesem Augenblick kam hinten mit Mercedes Frau M. mit ihrer Tochter. Die Dame M. Anstatt dass nun die Tochter von Frau M. eine Autolänge entfernt von der Einmündung in den Plattenweg zum Portal ausgestiegen wäre, winkte Frau M. der Frau im Golf zu, weiterzufahren. Die fuhr sofort weiter und hielt zwei Wagenlängen weiter vorne an und ließ da ihre Töchter und Alissa aussteigen. Frau M. konnte jetzt vorfahren, ihre Tochter aussteigen lassen.

Mittwoch, 6. 2. 1980

Die Gefahr für Intellektuelle in unserer Gesellschaft: Jeder fühlt sich durch seine Erfahrungen unwillkürlich auf einer Seite. Wie undeutlich auch immer, er ist doch Partei. Wenn er als Mitarbeiter der öffentlichen Meinung nun seine Sache verarbeitet, seine eigenen Erfahrungen, dann ist er in Gefahr, einen Standpunkt darzustellen, schon im Bewusstsein, dass Gegen-Standpunkte von anderen dargestellt werden. Deshalb verkürzt er vielleicht seine Erfahrungen. Man macht immer mehr Erfahrung, als auf einen Standpunkt geht. Schön, wenn voll ausgearbeitete Erfahrungen eine Parteilichkeit produzieren. Schlimm, wenn Parteilichkeit Erfahrungen verkürzt oder gar ersetzt.

Ich kann bei offenem Fenster arbeiten. Vögel zwitschern, ein kühler Frühlingstag.

Weinen ist auch Wasser lassen.

Das Violett des Sonnenuntergangs ist eine Farbe, mit der ich mich schminken möchte für diese Nacht.

Donnerstag, 7. 2. 1980

Wenn man wüsste, was da sticht und brennt unter dem rechten Rippenbogen! Die Leber. Aufhören.

Ich würde lieber erst weiterarbeiten, wenn die Schmerzen weg sind, weil sie einen übermäßigen Einfluss hätten auf das Erzählen. Der steht ihnen, falls es sich um vorübergehende Schmerzen handelt, nicht zu.

Herr Schmid mit zwei Gesellen an meiner Tür. Er zeigt, dass die Angeln zu schwach sind für diese schwere Tür. Klopft ans Futter. Das ist alles zu schwach. Da müssen Falzbänder hinein, sagt er. Der Geselle schaut die Öffnung an, wo die Klinke einrastet. Probiert mit dem Zeigefinger und sagt: Wenn man da ein bisschen wegnähme, hielte sie. Nachher, als der Meister fort ist, feilt er 5 Minuten. Jetzt hält die Tür. Wenn Herr Schmid bei seinen Schreinern steht und ich komme dazu, grüßt nur er mich, grüße ich nur ihn. Die Schreiner stehen dabei, als wären sie nicht da. Das sind Gewohnheiten von früher. Und spricht ein Schreiner, der etwas sagen will, sagt er es ihm, nicht uns. Herr Schmid ist aber knapp 40.

Auf einem Schiff

Das lässt sich nicht bestreiten: Wir sind auf einem Schiff. Es lässt sich natürlich auch nicht beweisen. Dazu müsste einer das Schiff verlassen können, eine Partie weit weg rudern oder schwimmen können. Uns samt dem Schiff in den Blick kriegen, zurückkehren und in einer uns, die wir das Schiff nicht verlassen haben, immer noch verständlichen Sprache mitteilen, was er von draußen gesehen hat. Und diese Mitteilung müsste in unserer Sprache lauten: Ein Schiff. Das wäre ein Beweis. Aber auch dann gäbe es Leute, die, was sie nicht selber gesehen haben, nicht zu glauben vermögen. Und alle können wir nicht weg hier. Damit würde die Unsicherheit absolut.

Freitag, 8. 2. 1980

Schmid Fritz, Wasserburg: über meinen Vater. Wenn ein Lump auf das Bezirksamt kommt, und da trifft er zufällig den Martin Walser, dann lohnt es sich für ihn. Dass der Vater Schuhcreme machen wollte mit Schuhmacher Gierer und dessen Herd dabei in Brand geriet. Dann die Versuche, Wachs herzustellen. Dann Seidenraupenzucht im obersten Stock. Einmal hatte er ein Zimmer voller Uhren. Die hat ihm wahrscheinlich einer aufgehängt oder in Zahlung gegeben, oder er hat dafür eine Bürgschaft geleistet. Er sei, man könne ihn schlecht beschreiben, er sei so verträumt gewesen. Als er dieses Mädchen heiratete, Mai '24, habe man im Dorf gesagt: Das wird doch nie eine Wirtin, jeder hat das gesagt. Dann sei sie vielleicht die beste Wirtin überhaupt gewesen.

Bei Tante Anna. Weißt du, was Henry Ford schreibt? Wer viel Geld will, kriegt nie viel Geld. Stimmt das? Ich: Ja. Anna: Also kriege ich nie viel Geld, das ist ja schrecklich. Sie möchte gern ein Loire-Schloss.

Sonntag, 10. 2. 1980

Heute Max Frisch mit Marianne. Er lakonisch virtuos. Sie angenehm. Vor allem lacht sie, wenn er geglückt formuliert, herzlich und am lautesten und gar nicht demonstrativ, das ist angenehm. Peter Handke war also die letzten acht Tage bei Nicolas Born. Um Nicolas Born haben sich also drei Frauen bemüht oder gestritten, zwei Kinderärztinnen und Ingrid Krüger. Uwe Johnson sei ein Lügner, beweisen beide. Er sagt Marianne etwas, was er, wie er dazu sagt, noch nie einem Menschen gesagt habe, aber Marianne weiß es schon von dem, dem er es gesagt hat. Max Frisch als der, der jede Nachricht in eine psychologische verwandeln kann.

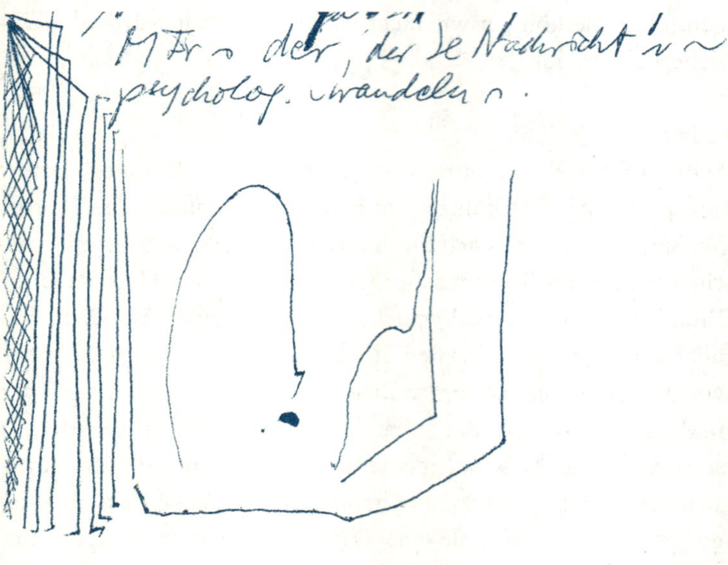

Montag, 11. 2. 1980

Max Frisch erwähnt in Sätzen immer wieder ironisch-attributiv sein Alter wie etwas, für das er sich entschuldigen müsse. Nie benutzt er es oder lässt er es gelten als Würde oder Wert. Damit fügt er sich dem Brauch der Zeit und des Ortes. Er ist 67. Und die Furchtbarkeit des Alters macht jeden Zeugen beklommen. Man kontrolliert die Wortwahl, auf dass nicht unversehens ein Bild oder Ausdruck passiere, in dem das Alter vorkommt. Käthe, nachher: Die sind auseinander. Das merkt sie einfach. Das weiß sie, dass dieses Paar kein Paar mehr ist. Man kann nur sagen: Das riecht sie.

Frau Wirkus. Sie sagt ihren Geburtstag an und sagt dazu, was sie sich wünsche. Sie hat ein zwölfteiliges Rosenthal-Service, aber es fehlen ihr noch einige Stücke. So zum Beispiel eine Saucière. Von ihrem Mann bekommt sie eine Tischdecke, gestickt darin ein Stiefmütterchenmuster, das ist das Muster, das auch ihr Service beherrscht. Sie will natürlich alles nicht für sich, sondern für ihr Enkelkind, das bei ihr oder bei ihrer Schwiegertochter lebt. Wenn sie sie lobt für ihr Zeugnis, Deutsch zwei, Englisch zwei, Mathe vier, und die Mutter sagt: Das könnte besser sein, dann kommt die Enkelin wieder zu ihr, der Großmutter. Von dem Mann, dem zweiten, dem Jugoslawen, wurde das Kind schon so geschlagen, dass Frau Wirkus hat die Polizei benachrichtigen müssen. Der Mann von Frau Wirkus hat in zwei Monaten 40 Pfund abgenommen. Zuckerkrank. Diät. Er kann seine Arbeit nicht mehr machen im Bodenseewerk. Herabstufung. Er grüßt nicht mehr, wenn man an die Tür kommt.

Mittwoch, 13. 2. 1980

Herr Zürn: Wenn er sein Wehweh schildert, sieht er, dass seine Frau übermäßig reagiert: Große Angstaugen kriegt sie. Sie sieht in seinem aufgetriebenen Leib nur noch Krebs. Deshalb drängt sie ihn zum Arzt. Aber er weiß, wenn er zum Arzt geht, hat er nur noch Blähungen und keinen pathetischen Krebsverdacht, also geht er nicht zum Arzt. Und stirbt später an Krebs.

Ich würde vielleicht gern nicht weiterleben, wenn das Schreiben wirklich beendet wäre. Was werde ich, wenn das Schreiben beendet sein wird, für eine Ausrede haben?

Ich nehme seit 14 Tagen Mittel.

Unmittelbar gut tun nur die Heublumenwickel und der Haferschleim.

Gestern Mittag um zwei, Telefon, Käthe: Jetzt gehen wir nicht mehr hin. Ich gehe dann doch hin. Es ist der Ministerialrat Müller, der mitteilt, dass sie mir den Schiller-Preis geben wollen. Am 10. November.

Dienstag, 19. 2. 1980

Gestern Herr Saueressig und OB Hoffmann. Herr Saueressig war bei Ernst Jüngers 80. Geburtstag: Mit Verlegern immer Pech gehabt, aber Glück mit seinen zwei Frauen.

Die Mongoloide, mit Kind im Wagen und Koffer, kommt jetzt jede Woche mit Kämmen, Wäscheklammern, Seife, Shampoo, Klopapier. Sie zu ihrem Mann: Hol de Rechner, rechne dös. Der holt ihn und rechnet: 2 × 48 = 96 Pfennig.

Mittwoch, 20. 2. 1980

Wenn man der Vernichtung näherkommt, sucht man – was unmöglich ist, und man weiß es –, vertraut zu werden mit ihr.

H. L. Gremliza, der bei Buchinger kurt: von 106 auf 96 kg. 5 für Männer und 3,5 für Frauen ist normal.

Er meldet über Henri Nannen: Bei der Beerdigung von Peter Neuhauser, 40, tönte Nannen, wie dankbar man sei, in den letzten

Monaten, was habe man da nicht alles diesem Toten zu verdanken gehabt, die Drogenserie, die Brunnenvergiftungsserie gegen die Industrie, die Bundeswehr-Skandalserie, die Raucherreportage. Und während dieser Zeit hat er bei Redaktionskonferenzen den *stern* wütend durchgestöbert und hat geschrien: Wo man das Blatt aufschlägt, Drogenopfer, Abwasserdreck, Rüstungskorruption, Rentnermisere, ja, wer um alles in der Welt will denn so was lesen! Aber bestens gesorgt wird für die Witwe. Der Konzernbeauftragte: Alle Konten Neuhausers, soweit sie negativ sind, sind sofort auf Null zu stellen. Die Höchstrente, die betriebliche, 1800 sofort, ob Anspruch oder nicht. Die Frau kann, wenn sie will, sofort in die Redaktion, in die sie will. Henri Nannen stand so neben Witwe und Kindern, dass es aussah, als müsse man auch ihm kondolieren. Nannen über ihn, Gremliza: das größte Arschloch, das mir je begegnete. Über Rudolf Augstein: Gisela Stelly hat ihn verlassen. Zum ersten Mal eine Frau, die ihn verlässt. Beim Senatsempfang sitzt Rudolf betrunken von seinem Bier, das er in sich hineinschüttet, mit Geräusch, Gisela Stelly kommt mit einem jungen großen Schwarzlockigen vorbei, der noch auf konischen Absätzen. Rudolf zieht sie her: Waren wir nicht mal verheiratet? Da geht Gremliza weg, er kann den Jammer nicht hören. Die Elbufer-Villa, Kauf und Ausbau 20 Millionen, ist unverkäuflich. Augstein wohnt nicht mehr drin, weil er darin nicht schützbar ist. Einmal wurde abends hineingeschossen. Hans Detlev Becker, als Gremliza noch beim *Spiegel* war: Ich kann mir nicht vorstellen, dass in diesem Blatt ein Redakteur arbeiten kann, der über 40 ist. Inzwischen ist Becker selber über 40, und jetzt geht das. Über Helmut Schmidt: Ein schwerer Hacker. Bevor man fragen kann, was das ist, sagt Gremliza: Also der lässt ohne weiteres, wenn er irgendwo raufgeht, den Wagen mit Ständer unten auf der Straße stehen, und die vom BKA warten auf dem Gang draußen, bis er fertig ist. Also der ist da schwer tätig, und der Dossier-Herbert (Wehner) könnte ihn natürlich jederzeit fortschicken, weil er alles gesammelt hat. So hat er auch Willy Brandt fortgeschickt.

Pa. l^f. [redacted] Pl^. Pal^.

[redacted] [redacted] [redacted], Schwere allein. [redacted]

[redacted] Gewesen sein. [redacted]

Übergehen. [redacted]

[redacted] Draußen sein. [redacted]

Aus den Linden lassen jetzt Früchte
Kastanien haben [redacted] aufgeplatzt
Schmutzigen Schaum trägt der Fluß
in den Winter. Ich halte nichts mehr aus.

Wenn der Klavierlehrer nicht kommt.

Di 16/9. Eberhards Kaffee. Er 84. Aus Dortmund. Stachel. Trübsinn. Er hält Waldreden. [redacted]: denkt grün, wählt rot.

Draußen ein Tierschrei, sehr fern, für mich kaum hörbar, aber die Katze schreckt auf aus ihrem Schlaf, schaut mich an länger als je zuvor, es ist, als versuche sie herauszubringen, ob ich so geschrien haben könnte.

Fortschreitender Stillstand

Wie einen Krankheit leitet. So bestimmt. Man widerspricht, so lang als möglich. Dann fügt man sich und tut, als wär's ein eigener Entschluss. Nur keine Panik. Sind schon andere Schmerzen wieder weggeflogen von einem.

Jetzt tut es weh. Das Leben. Es drückt. Und presst. Und schneidet. Und sticht. Ich bin nicht nur der Adressat des Übels. Mich trifft, was lang unterwegs war. Ich bin der Absender, den, was er sandte, erreicht.

Thomas Bernhard hat das Wort Hass verbraucht. Seit er seine Orgie damit betreibt, bedeutet es nichts mehr. Dafür darf man ihm dankbar sein.

Stellengesuche: Privatchauffeur (Chef-Fahrer) sucht neuen Wirkungskreis.

Donnerstag, 21. 2. 1980

Kalbin, nahe am Ziel, zu verkaufen.

Wenn die Katze sieht, dass sie durch Geduld und Hinsitzen und In-die-Richtung-Schauen, in die sie will, keinen dazu bringt, ihr die Tür zu öffnen, fängt sie an zu tanzen. Das sieht aus wie Übermut, ist aber wahrscheinlich ganz zweckmäßig.

Samstag, 23. 2. 1980

Das vierte Kapitel fertig. Also noch eines. Vielleicht bis 20. März. Dann bis 20. April überarbeiten, dann abschreiben bis 28. April, dann wäre das Manuskript am 1. Mai in Frankfurt. Das wäre die vollkommene Pünktlichkeit. Aber mehr als 220 Seiten sollten es nicht sein.

Franziska ist da. Über die Lucile im *Danton*, sie wisse nicht, ob sie die spielen soll. Die muss man nicht unbedingt gespielt haben. Winifred Wagner sei an Weihnachten nach Überlingen gekommen, krank geworden, jetzt hier im Krankenhaus, Koma und wieder zurück. Daphne fragt, wie es geht. Die 93-Jährige: Beschissen.

Sonntag, 24. 2. 1980
Spätwinter und Vorfrühling verhandeln im Nebel. Entschieden wird alles von Schneeglöckchen und Primeln.

Franziska über Hermann Gremliza: DKP-nahe und dann den Sohn nach Salem, das passt. Gremliza: Weil er seinen Sohn aus dem Modeterror von Hamburg-Pöseldorf befreien will. Er hat kein Erziehungsrecht mehr. Der Sohn zieht nur noch Levi's Breitcord an.

Dasso

Eine Eleonore, die auf Besuch, fotografiert die andere. Ihr Mann ist ein Tyrann und zärtlicher Psychopath.

Wodurch verlieren Reliquien ihre Kraft? Auch dadurch, dass ihre Verkündigung mit der Praxis der Gläubigen immer weniger zu tun hat. Das kann einer weltlichen Verkündigung genauso gut passieren. Wenn eine Demokratie behauptet, sie garantiere die Würde des Menschen, und in der Praxis gelingt das dann doch nicht, dann verliert diese Demokratie an Glaubwürdigkeit. Es wird nicht an leidvollen Versuchen fehlen, die Kluft zwischen Anspruch und Wirklichkeit zu schließen. So war das ja auch bei der Religion. Und wie komisch muten gewisse Verzweiflungsvirtuosen in der Literatur an.

Literatur wird weniger gescholten, wenn sie sich nach dem Religiösen hin übersteigt, als wenn sie sich nach dem Politischen hin übernimmt. Der politische Überstieg zieht eine strengere Ahndung nach sich als der religiöse. Am liebsten natürlich sieht man es, wenn sie so pathologisch als möglich bei sich selbst bleibt, d.h. die Sprache als ahistorische Maschine laufen lässt, dass lauter reine Sätze herauskommen. Eine Passepartout-Verzweiflung ist erwünscht.

Montag, 25. 2. 1980

Die Zweige stehen im Nebelpapier. Der Atem sucht einen Weg.

Eine Frau zu Franziska im Englischen Garten: Wissen's, die Jahre vor 80 sind die schönsten. Jetzt ist es nichts mehr. Der Mann tot, man hört nicht mehr gut, kann nicht mehr schlafen, aber bis 80 war das Leben schön.

Donnerstag, 28. 2. 1980

20 Liegestützen.

Heute müsste ich nach München zum VS-Kongress. Eine Spur von Dankbarkeit gegenüber dem Gallentrakt, dass er mich ohne schlechtes Gewissen hier sein lässt.

Organisation Heißenbüttel

Dass man seine Dichtung besser zählen kann,
den Ernst verspürt im kühlen Geröchel,
heftet er an alles Zahlen dran
und wird sein eigener Köchel.

Freitag, 29. 2. 1980

Die Winterlinge mit ihren gelben Köpfen auf den grünen Krausen. Mit Violett und Blau führen die Primeln. Stare stieben streitend vorbei. Die Schneeglöckchen sind still wie junge Tote.

Sobald der Schmerz nachlässt, quillt das Leben.

Krank sein. Zuschauen können. Einfach den entgegengesetzten

Standpunkt einnehmen können. Die Anti-Perspektive. Das umgedrehte Fernglas. Ein Kranker, das ist einer, der weit weg ist. Die Unterhaltung mit einem Gesunden ist grotesk. Für beide beleidigend. Möglich sind nur Missverständnisse. Stundenlang Bauchweh und Stiche rechts sind den Nerven lästig. Wie lange noch, fragen sie zurück. Ich weiß es auch nicht, antworte ich. Fragt doch im Bauch nach und südlich der Leber. Aber die Sprache, die dort gesprochen wird, verstehen die Nerven nicht. Das ist ja der Schmerz. Im Grunde möchten sie nur wissen, was das heißt, der Schmerz. Was tut da weh? Die einzige Antwort: Der Schmerz. Frage: Aber warum Schmerz? Antwort: Weil es wehtut. Es wäre mir egal, wenn ich jetzt unterläge. Ich schlösse mich den Fliehenden an. Immer wieder dieser Schmerz, das ist nicht lustig.

Sonntag, 2. 3. 1980

Heute streiten ein Apriltag und ein Februartag mit einander um einen Märztag.

Diagnose ex juvantibus. Man gibt Mittel, an dem, was hilft, sieht man, was es war.

Man muss schon sehr erfinderisch sein, um im Augenblick noch etwas Angenehmes zu entdecken.

Mittwoch, 12. 3. 1980

Am Ende seines Lebens dieser Hauch von Erfolg. Soll das Ende oberflächlich versüßt werden, oder soll er bitter denken: Jetzt, wo es erträglich werden will, muss ich gehen? Beides natürlich.

Der rohe Genscher gestern Abend. Ein mächtiger Redner. Rücksichtslos gegen seine vom Wahlkampf verschwundene Stimme. Er hat einen voluminösen Atem und schiebt so lange Nebensätze, relativ und parataktisch, ein, bis der Atem verbraucht ist und die Stimme sich natürlich herabsenkt.

Ich fühle mich krank. Elend. Der Bauch ist eine Schmerzkugel, egal, was und wie wenig ich esse. Und wie ruhig verhält sich das Herz, wenn es weiß, dass mich eine andere Gegend plagt. Da kann es warten. Also ex juvantibus dürfte sich auch nichts ergeben. Die Krankheit ist feiner als alle bereitgestellten Bezeichnungen. Sie schlüpft durch alle Wortmaschen und Satzgeflechte durch. Wie lange noch? Ich könnte mich vielleicht ohne Aufregung bereit finden, am Ende zu sein. Vielleicht eine Stunde oder ein Tag lang würde ich vor Aufregung fassungslos sein. Aber wenn die Schmerzen bleiben, wäre das als Ende von allem erträglich. Ohne Schmerzen will keiner gehen. Werde ich je mit dem Gefühl, gesund zu sein, auf diese Momente zurückblicken? Dann will ich daran denken, dass ich mich sehr schlecht gefühlt habe im Februar und März '80. Dass ich eigentlich den Glauben nicht hatte, ich könne mich je wieder gesund fühlen.

Das Manuskript ist uninteressant. Ich bin so tief herunten wie noch nie. Und das muss dem Manuskript noch eingehaucht werden, dass es aus einer solchen Lage stammt.

Es gibt keine mit der Schwäche vergleichbare Kraftquelle.

Mit einer Klasse 13 der Merian-Schule Freiburg, sozialpädagogisches Gymnasium, im Löwen mittaggegessen und in der Seehalde Kaffee getrunken. Eine öde Unterhaltung, weil ich kaum noch eine Stimme habe. Die Schwäche bei mir wird zuerst an den Stimmbändern bemerkbar.

Ich kann nichts mehr machen. Ich bin ohne Kraft. Als Vortragsreisender und grauer Tagungstiger könnte ich jeden Monat ca. 1500 DM verdienen. Immer noch. Wahrscheinlich sollte ich das tun. Alles wieder annehmen. Schluss mit dem hochmütigen Absagen.

Das Schwanenhaus: so will Käthe das Buch genannt wissen.

Donnerstag, 13. 3. 1980
Frau Wirkus: Im Frühling hat man gleich mehr Mut.

Gitta feiert mit anderen im Keller nebenan Party. Lauter dumpfe, wilde Musik dringt von drüben herauf und herüber. Theresia sagt, ihre Hasen litten unter der Musik, Käthe solle hinüber und das sagen. Wahrscheinlich leidet sie darunter, dass sie von einer solchen Party Lichtjahre weit weg ist.

Freitag, 14. 3. 1980
Gestern hat mich Herr Dr. Auer als gesund entlassen. Ich entlasse Sie, Sie sind gesund. Farbstoff 97 %, Blutsenkung 4 zu 10, also noch besser als eine Woche vorher.

Freitag, 21. 3. 1980
Die Schmerzen gestern und heute, so dass es wieder schwerfällt, an die Harmlosigkeit zu glauben. Der bleierne Bauch.

Mittwoch, 26. 3. 1980
Heute Morgen 251 Seiten Manuskript nach St. Moritz zu Siegfried, per Eilboten, für 19,90 DM.

Donnerstag, 27. 3. 1980
Aber es ist noch 10–15 Seiten zu lang, mehr als 225 Druckseiten sollten es nicht sein. Ausasten. Jäten. Stutzen. Beschneiden.

Letzte Woche seit langem zum ersten Mal der Häherschrei. Der aus drei oder vier Tönen eine Melodie macht. Dagegen die Weihe, die draußen auf dem See vorbeifliegt: nur ein karger Ton, ein trauriger Schrei. Die Amselmännchen sorgen jetzt jeden Abend dafür, dass man das Frühjahr als Frühjahr empfindet, mit ihrem süßen Flöten. Und jeden Morgen der Specht-Triller, angeschlagen und sofort verhallend. Gestern lockte Theresia mit ihrem genau nachgemachten Taubengurren eine schöne Wildtaube vom übernächsten Grundstück auf des Nachbars Antenne. Sie schaute immer zu uns herunter, wo Theresia nicht aufhörte, als Taube zu rufen.

Siegfried hat am Sonntagvormittag angerufen. Mit diesem Buch sei mir wieder etwas gelungen. Heute Elisabeth Borchers, sie gratuliert. Bei dem Gespräch stellt sich aber heraus, dass sie meint, ein Text über das Buch sei schwierig, weil nicht ein neues Thema da sei, das man verkünden könne. Die Themen seien bekannt von den anderen Büchern seit '76. Das Konkurrenz-Thema hat sie nicht wahrgenommen. Die Exponierung dieses Themas ist ihr nicht aufgefallen. Siegfried hat wenigstens schöne Sätze über die Intensität gefunden, wenn er auch nicht die Erkenntnis reflektiert.

Elisabeth Borchers glaubt, dass keine Lese-Exemplare möglich sind bis Juni. Für sie ist es Routine. Für mich ist es alles. Das kann nur Erbitterung entzünden. Ich will nur mit Leuten zusammenarbeiten, die sich ganz dafür einsetzen. Diese halben Herzen sollen für sich bleiben. Dann mach ich lieber etwas anderes.

Ich bin überspannt. Am liebsten würde ich stottern.

Freitag, 4. 4. 1980

Karfreitag.

Sonntag, 6. 4. 1980

Ostersonntag. Die zweite Nacht wieder mit Schmerzen.

Drei Betrunkene wollten herein. Eine hatte schon den Fuß in der Tür. Timon bellte, bis ich kam und die hinausverhandelte. Kaffee und Wein wollten sie. Um 3 Uhr nachts.

Siegfried in Salzburg bei Karajan, Hilde allein in Frankfurt. Er sieht dort *Parsifal*. Wahrscheinlich mit einer jungen Malerin. Das ist das alte Modell.

Das Schwanenhaus fertig zum zweiten Versand.

Siegfried war in Salzburg nicht in der Oper. Er hat Peter Handke besucht und wollte Thomas Bernhard besuchen. Auch der Residenz-Verleger beschenkt Reich-Ranicki mit Festspiel-Karten. Siegfried hat so sehr an das letzte Handke-Buch geglaubt, dass er ihm 100000 Leser versprochen hat. Jetzt beschwert sich Handke, weil es nur 30000 geworden sind.

Jedes Jahr mahnt die Ostergeschichte alle Geschichtenmacher, sie sollen sich nicht mit sich selber zufrieden geben, sondern in jeder Geschichte das Höchste anstreben, die äußerste Konstellation. Warum tun wir es nicht? Wir verschieben es immer auf die nächste Geschichte. Bis es keine nächste mehr gibt. Es ist höchste Zeit jetzt.

Im Käsgeschäft in Thusis: Sus no öppis.

Dienstag, 8. 4. 1980

Heute das *Schwanenhaus* zum 2. Mal weggeschickt, von Chur aus, als Expresspaket, soll 4–8 Tage dauern.

Ein Streichmittel für das Holz, weniger giftig als Xylamon. Giftklasse 5S. Das ist die niederste Klasse. Von 1 bis 5 geht die Einteilung.

In Chur in der Kirchner-Ausstellung: Alles aus dem Davoser Kirchner-Haus auf dem Wildboden. Auch ein Modell dieses Hauses. Und Bilder der Alphütte, vom Staffelberg, sein handgeschriebenes Testament.

Wie eine Ferienregion beobachtet und bewacht wird. Der Verkehr, das Wetter, wie ein Organismus. Zehntausende sind Darsteller eines einzigen Geschehens. Ostern in Graubünden.

Heute in San Bernardino gefahren. Weil die Piste eisglatt und hart war, fuhren alle im Tiefschnee am Lift entlang ab. Schneetreiben, Eiswind, Wolken. Und wir sind plötzlich allein.

Also suche ich zurück. Zur alten Piste. Unter einem Felsen durch überqueren wir einen Steilhang. Das ist gefährlich zur Zeit. Täglich Lawinen und Schneebretter. Einen Augenblick lang sehen wir eine Markierung. Es kommt aber ein junger Fahrer hinter uns, der gerade da weiterfährt, wo ich glaubte, nicht mehr weiter zu können. Und plötzlich wieder mehrere, hinter denen ist die Abfahrt sofort wieder problemlos.

Donnerstag, 10. 4. 1980

Jagd-Novelle

Alle, die er trifft, tun nichts anderes, als die Optimierung des GV zu betreiben. Jeder auf seine Art. Die Hotels dienen nur dem GV. Das einzige Problem dieser Menschen ist der unnötige GV. Die Ausschmückung des Notwendigkeitlosen. Die Monstrositätskultur. Das Sinnlose. Anstatt so genannter Sublimierung die Raffinierung des Sichauslebens. Gott war keine hinreichende Größe. Was jetzt?

Sonntag, 13. 4. 1980

Heute vor 13 Jahren. Es war kälter. Und nicht Sonntag. Die Mutter gestorben.

Wenn man Musik hören will und durch jeden Ton nur an sich erinnert wird und dann überhaupt nicht mehr zuhören kann, und man merkt das und lenkt sich wieder auf die Musik und wird sofort wieder auf sich aufmerksam, denkt nur an sich und hört wieder nicht zu. Das Leben kann so dringlich werden, dass man keine Musik mehr hören kann. In einem brennenden Haus würde man ja auch keine Musik hören können. Wohl aber in einem abstürzenden Flugzeug.

Johanna liest zur Zeit die *Brüder Karamasow.* Aljoscha! Sie: Figuren, mit denen man sich so identifizieren könne, gebe es wohl nicht mehr heute. Das ist eine Aufforderung.

Ich werde weiter hinausgehen und langsamer zurückkehren, also den Bogen mehr spannen. Das kann ich. Ich muss nur den Helden selbständiger machen. Weniger durchlässig für mich.

Dienstag, 15. 4. 1980

Käthe hat Migräne, nach einem rabiaten Arbeitsnachmittag im Garten. Ich habe nur meine steinerne Stelle im Bauch und die kaum mehr zum Klingen zu bringende Stimme. Am Telefon werde ich gefragt, ob ich erkältet sei. Die Stimme klingt so erbärmlich, dass ich selber gerührt bin, wenn ich sie höre.

Käthe ist im Bett. Ich habe die Küche gemacht und bin jetzt einsam wie ein Junggeselle kurz vor seinem Tod. Ich würde gerne diese Art teilnahmsloser Beobachter-Haltung beibehalten, wenn es ernst wird. Diese Haltung ist genauso sinnlos wie eine andere, aber sie fällt nicht auf, und sie ist vielleicht ganz gut beizubehalten. Die Fiktion: Es sei etwas zu beobachten. Alleinsein hält das Theater klein. Ich bin nicht zufrieden mit den Arbeitsergebnissen. Obwohl ich jetzt eher krank bin als gesund, habe ich den Eindruck, das Buch, das von August bis Ende März geschrieben wurde, sei ohne mein Dazutun geschrieben worden. Zu wenig Seelenöffnung.

Mittwoch, 16. 4. 1980

Seit Tagen immer wärmer. Durch die Fenster rufen wir das Frühjahr herein. In meinem rechten Bauch trag ich eine harte Tasche. Wenn ich wollte, könnte ich mich krank fühlen.

Auf den 28. Mai sind 2500 Lese-Exemplare zum Versand fertig, sagt Honnefelder.

Über die Herkunft

Alle Menschen sind am 24. 3. 1927 in Wasserburg am Bodensee geboren. Bis sie merken, was das für sie bedeuten könnte, ist die Herkunft versunken wie etwas Schweres im Moor. Jetzt fangen sie an zu wühlen, bergen Teilchen, bauen Vitrinen für Teilchen, die nicht mehr verraten, wozu sie einmal gehört haben. Nur dass sie überhaupt dazu gehört haben, ist klar. Zeitteilchen, Raumteilchen, Lebensteilchen, Elternteilchen, Politikteilchen, Leidensteilchen, Todesteilchen. Jeder wird schließlich zum Historiker. Zum Prähistoriker. Zum Paläontologen. Zum Astrologen. Jeder ein Fanatiker der Herkunftsforschung. Es geht nicht um Blut oder Stammbaum. Es geht darum, wer am Weihnachtsabend des Jahres 1935 – oder war es '36 oder '38 – was geschenkt bekommen hat. Wer hat den Steinbaukasten, wer die Dampfmaschine für 8,80 DM bekommen? Wem gelang es, sie in Gang zu setzen? War das in dem Winter, in dem man, als man zur Mette ging, immer ausrutschte? Hat es da gegen neun angefangen, leicht zu schneien, dass dann gegen zwölf ein rutschiger Flor auf der Straße lag? Und einmal stellte sich Otto – oder war es Hermann – unter die Straßenlampe und blies auf der C-Trompete Weihnachtslieder in den durch den Lampenschein fallenden Schnee.

Die Nachbarin ruft mir über den Zaun zu, ich möge mich doch um das Laub kümmern. Unten am Zaun liege es so hoch, dass es bald schon über den von ihnen am allgemeinen Zaun zur Abwehr alles Anfliegenden angebrachten Maschendrahtzaun dringe. Ich sage: Ich will da einen zweiten Komposthaufen machen, habe schon eine Erdschicht auf diese Blätter geworfen. Ach so, Sie haben Erde darübergetan. Das hat sie noch nicht gesehen. Aber die verfilzen nur, diese blöden Eichenblätter, sagt sie, und sie geben keinen guten Boden. Sie haben zu viel Gerbsäure.

Donnerstag, 17. 4. 1980

Anruf: Ich wollte fragen, ob man bei Ihnen Horoskope machen lassen kann. Nein. Wissen Sie zufällig die Telefonnummer von dem Herrn Walser in Überlingen, bei dem man das machen lassen kann? Nein. So. Danke.

Und von den Wacholderschüsseln, wenn man an sie rührt, rauchen Samenschwaden.

Freitag, 18. 4. 1980
Die Faust im rechten Bauch ist wieder geballt. Sie droht mir. Ich kann machen und essen, was ich will, sie ballt sich und droht. Ich kann es ihr nicht recht machen. Nicht mehr zum Arzt. Das muss versucht werden. Wie lange hält man es durch, keinen Arzt hereinzuziehen in den Schmerzkreis, so eng und elend, spitz und gemein. Ich bin jetzt auf 83 kg. Anfang Februar waren es 87.

Samstag, 19. 4. 1980
Gestern in Wasserburg, geholt die Zeichnung, mein Vater, gemacht von Josef Zapf, 1910, wahrscheinlich am Schleinsee.

Wie zwei Zwanzigjährige einander abwechselnd zeichnen, bis zur Erschöpfung. Wie schön dieser Zwanzigjährige dasteht, und 28 Jahre später war es ganz aus. Von da an hatte er noch 4–5 gute Jahre. Der Rest war Krieg, Dreck, Gefangenschaft, Krankheit, Not.

Ich wähle unter dem Himmel die Wolken aus, die mich begleiten sollen auf meiner ewigen Reise. Was soll das alles?, fragte Käthe. Ich wage allmählich zu sagen, dass diese Frage nicht zu beantworten ist. Diese Frage setzt voraus, dass das Wichtigste garantiert und geliefert wird. Es wäre ja keine Kunst, zu leben und zu sterben, wenn die Welt einen manifesten, so oder so geoffenbarten Sinn hätte. Andererseits ist die Vorstellung, dass alles gemacht werden muss, wenn etwas sein soll, auch nicht so schlecht. Die Befriedigung, wenn es gelungen ist, in einem Ofen, der in einem kalten Haus steht, in das man abends im Gebirge kommt, Feuer zu machen, ist unabweisbar. So ist alles davon abhängig, dass man es tut. Ins Feuer kann man starren, ins Eis nicht.

Lautes Flüstern. Über die Unsterblichkeit Gottes. Eine Erzählung.

Manchmal finde ich es kleinlich, Angst zu haben.

Geselligkeit als Stress. Mit Mineralwasser bin ich, glaube ich, ein ganz anderer Mensch.

Dienstag, 22. 4. 1980

9 Uhr 21 nach Frankfurt, an 14 Uhr 17.

Tragödie bei Meyers

Am Schluss hat der Bruder die Krankheit seines gestorbenen Bruders. Die Frau hat gesiegt, aber sie hat nur den Sterbenden erobert. Vielleicht stirbt er, weil sie ihn erobert hat. Bei Krebs ist das denkbar. Krebs muss die am meisten seelische Krankheit von allen sein, sonst hätte man längst eine klare physische Ursache gefunden. Kränken heißt krank machen, ein jan-Verb.

Freitag, 25. 4. 1980

Heute nach Memmingen, erste Lesung aus dem *Schwanenhaus.*

TSG. Verfolgung in Konstanz.

Die zwei einander Verfolgenden sind auch befreundet, sie sind einander auch ähnlich. Sie sind auch würdig, verfolgt zu werden, jeder vom anderen.

Im Kopf dröhnt die Schwäche, das angeschlagene Leben rauscht. Seit zehn Jahren sinkt mein Kinn, der Schiedsrichter zählt und zählt.

Lieber soll sich nichts mehr finden. Äste wehen allein. Aber das Licht trifft. Gelingt's, die Zeit zu meiden?

Gallistl II: Er glaubt Marianne alles. Auch wenn er das Gegenteil weiß, wenn sie ihm etwas sagt, ist das mehr und wichtiger als das, was er sieht. Sie wiegt ihn in die totale Sicherheit. Er muss sich überhaupt keine Sorgen machen.

Ich dürfte nicht leben jetzt. Ich habe mich drüben gestohlen.

Praktisch den ganzen Vormittag Schwere-Anfall im Kopf. Keine Aussicht. Nur die Proteste der Innereien. Sollte sich noch einmal alles geben, werde ich für immer hell sein. Ich möchte nichts mehr. Ich folge Signalen. Ich bin ein Schiff, auf dem Schmerzen fahren.

Samstag, 26. 4. 1980

In Hergatz muss unser Triebwagen stehen und warten, bis der Mailand–München-Zug mit den orangenen Wagen, in denen nur Menschen, die aus Schokolade sind, sitzen können, vorbei ist; dann muss auch noch der München–Milano an uns vorbei rasen, dass es uns schüttelt. Dann stehen wir immer noch.

Die erste Lesung aus dem *Schwanenhaus* ist gut bis sehr gut gegangen. Als mir von Teil I die letzte Seite fehlte, klatschte man in deutlich herzlicher Sympathie. Ca. 65 Minuten.

Der Schaffner unseres Triebwagens sieht aus, als leite er hauptberuflich einen Bach-Chor in München und fahre nur samstags als Nebenstreckentriebwagen-Schaffner. Der Lokführer, wenn man den an unseren bescheidenen Instrumentenbrettchen so nennen darf, fährt sicher auch nur hobbyweise hier und ist, das sieht man seinem Kopf an, Professor für mathematische Philosophie in Stanford.

ZEIT, Nummer 18, 25. 4. 1980, Dossier über Interferon, Seite 27. Interferon aus Bindegewebs-Zellen, die die nötigen Zellkulturen liefern, unter anderem die Vorhäute beschnittener Knaben.

Sich wiegen wie Musik dem Tod entgegen, vollkommen, eine Schale aus der gemachten Zeit.

Sonntag, 27. 4. 1980
Warum der Stich in der Seite, warum? Keiner ist, wenn du mit ihm telefonieren willst, daheim. Aus allen Räumen quillt Gewürm der Verhinderung.

Heute vor 36 Jahren, nachts um 1 Uhr, Bombardierung Friedrichshafens. Käthe im Keller. Auf einmal alles voll Staub, dass man nichts mehr gesehen hat. Sie waren vis-à-vis im Zollamtskeller. Der Boden schwankte wie Wasser. Nachher raus, alles hat gebrannt. Ins Rad, und retten, was man kriegen kann. Käthe lässt ihr Fahrrad verbrennen, rettet aber Butter aus dem Eiskasten. Nachher den Rest der Nacht auf einem geretteten Sofa, das man ganz hinaus auf die Mole gestellt hat. Am schlimmsten, dass sie nirgends aufs Klo konnten in der brennenden Stadt. Sie hat sich so geniert. Am nächsten Tag kommt Gustl mit großem Brückenwagen und Traktor und holt alle. Die Familie wird, nach einem Vesper im Engel in Ravensburg, verteilt. Im Oktober nach Wasserburg. Vom Metzger Ruß gehört, dass dort etwas zu pachten ist. Als Josefs Tod gemeldet wird, habe meine Mutter geschrien. Das habe man im Haus gehört. Dann habe ich Klavier gespielt. Frühlingsrauschen von Sinding oder Grieg. Meine Mutter habe mir das verbieten wollen. Ich habe es mir nicht verbieten lassen.

Was tut mir weh? Woraus ist die Faust, die von innen nach außen drückt? Warum ändert sich nichts? Die Krankheit nimmt nicht ab und nicht zu.

Von Bäumen reiten Blätter fort
auf dem Rücken des Windes,
wie jeder Wurm sterb ich für immer.

Dienstag, 29. 4. 1980

Heute nach Bregenz.

Ich verspreche mehr, als ich werde halten können.

Bei offenem Fenster, in Wolle gewickelt, von Helle bestürmt, sitz ich, bewacht vom Schmerz. Es hört nicht auf. Was kann man noch weglassen? Was noch nicht essen?

Dienstag, 6. 5. 1980

Jeder Reisetag ist ein Verbrechen.

Das Tier im Bauch hat immer Hunger, längst bevor ich Hunger hätte. Dann beißt es mir in die Magenwände. Wenn ich, um es zu beruhigen, so rasch als möglich etwas esse, kann es sein, dass es sich über das, was ich ihm anbiete, sofort empört und wie wild im Magen um sich schlägt. Treffe ich aber einmal seinen Geschmack, dann beruhigt es sich und tut, als sei es gar nicht mehr da. Diesmal bin ich krank. Daran ist nicht zu zweifeln. Länger als 2 Stunden darf ich jetzt schon nicht mehr ohne Essen sein. Es kommt mir vor, als würden die Fristen kürzer. Und die Reaktionen innen werden immer schärfer, härter. Man könnte sich nach Aufhören von allem sehnen. Und doch würde ich mich wehren. Wieder mit der Ausrede, die Kinder bräuchten mich. Ganz schnell noch arbeiten. Nicht mehr reisen. Ein Jahr noch arbeiten, ohne einen einzigen Reisetag. Alles absagen.

Ist mir ein Schmerz ins Netz gegangen?
Blutet der Spiegel, in den ich schau?
Habe ich im Kopf ein Werk aus Pein? Wer
hat mich in seiner Gewalt? Hör auf zu verlangen.

Ich handle immer noch. Ich will es einfach nicht glauben. Die dümmsten Parabeln stimmen. Es ist tausendmal gesagt. Du kannst das Maul halten und vom Stuhl fallen. Wenn dir nicht eine Art zu lachen gelingt, die neu wäre. Es ist noch nicht furchtbar genug gelacht worden. Den Eindruck hab ich. Es ist doch alles viel komischer, als wir wahrhaben wollen. Ganz Junge merken es manchmal, wenn der Tod das erste oder zweite Mal auf sie zufährt und sie noch nicht erreicht. Also, wie das Grinsen erfinden, das eher entspräche? Viel härter sein. Nein sagen. Keinen Gefallen tun. Nicht mehr der liebe Mensch sein wollen, der du doch nicht bist. Die Zunge über die Türmatte ziehen. Ein bisschen Blut die Straße hinunter laufen lassen. Sich nichts gönnen als den Tod. In Kauf nehmen, dass man allein ist. Sich nicht mehr strecken. Nicht dem andern die Laune verderben. So allein bleiben, wie du bist. Freundlichkeiten, soweit möglich, rückgängig machen. Warum erschrickst du, wenn im Zimmer nebenan ein Stuhl umfällt? Wenn du hören könntest, was wirklich fällt. Woran klammerst du dich? Lass doch los. Freier Fall. Zerschmettert. Da, wo du auftriffst, wird kein Fleck bleiben. Ich wäre jetzt in der günstigsten Lage, ich könnte gehen. To pass away. Es tut weh, wenn der nebenan den Fernsehapparat aufrauschen lässt. Die Schmerzschienen laufen heiß. Wer hat mir all diese Messer in den Bauch gestoßen? Welche Nummer könnte man entwickeln aus diesem Weh? Ich bin legitim, das erfahre ich jetzt. Was soll mir hier geschehen? Ich darf … D.h. die Ohnmacht ist groß genug, ich kann nur noch gestehen.

In den Kindern sehe ich ihre Schicksale wachsen. Ich sehe, wie sie sich einzustellen versuchen auf immer neue Unzumutbarkeit. Sie schlucken und schlucken. Sie glauben noch nicht an das, was ihnen deutlich wird. Es wird sich ändern, denken sie. Sie wissen noch nicht, dass sie schon den endgültigen Ton zu hören bekommen haben. Sie wissen nicht, dass es so ist, wie es scheint.

Der Betrunkene in der Königstraße, der durch die Leute geht und eine Onanie-Pantomime abzieht, so wild und demonstrativ als möglich. Dabei stellt der sich immer vor neue Leute, macht ihnen das vor, tut das nur für sie. Es kann keinen anderen Zweck haben als: Legt doch ihr Hand an mich, verhaftet mich doch, tut mir irgendwas, irgendwas. Aber alle schauen nur so rasch als möglich weg und vorbei. Solange der sein GT nicht wirklich entblößt, kommt ihm keiner zu Hilfe. Auch das Verhaftetwerden muss man sich verdienen.

10 Minuten bei nachlassendem Bauchweh, und ich fühle mich sofort sehr wohl.

Donnerstag, 8. 5. 1980

Wir alle nach Griechenland und überlassen unser Land den Gastarbeitern, bis sie uns auch als Gastarbeiter brauchen können, wenn wir nach 100 Jahren arm, entspannt und wieder arbeitswillig sind.

Samstag, 10. 5. 1980

Morgens mit dem Auto nach Ludwigsburg, die Verdienstmedaille abzuholen. In den Schlosshof biegen die Autos, die Herren steigen aus, wechseln die Jacke, knüpfen sich wieder zu, eine Frau wechselt die Schuhe. Ich habe auch eine andere Jacke zum Fahren angehabt. Im Schlossbrunnen nicht nur Zierfische, sondern Mastkarpfen. Ich sitze neben dem Landwirt Wiedmann. Dann die Auszuzeichnenden. Ein Innungsmeister, Karosseriebauer. Ein Professor, Präsident des Landesvermessungsamtes und Alpenvereins. Ein Fabrikant, der größte Teigwarenproduzent der Welt. Ein Regierungspräsident. Eine Frau, die für die soziale Besserstellung der Frauen gesorgt hat. Ein Ballett-Tänzer, einer der besten der Welt. Ein dynamischer Handwerksmeister, der für die Ausbildung der Jugend sorgt. Ein Kunstmaler. Ein Betriebsratsvorsitzender. Ein Kritiker und Schriftsteller. Ernst Jünger, einer der Besten der deutschen Literatur dieses Jahrhunderts. Ein Oberbürgermeister. Einer der bekanntesten Handballspieler. Eine Gemeinde-Schwester. Ein Präsident der Industrie- und Handelskammer Mittlerer Neckar. Ein Ärztekammerpräsident. Eine Dorfhelferin. Ein Pionier des katholischen Männerwerks. Eine vom Jugendherbergswesen. Ein Präsident des schwäbischen Sängerbundes. Eine Oberin der städtischen Kliniken Ulm. Ein Prälat. Ein Professor von der Stuttgarter Kunstakademie … Dann ein Vortrag, darin heißt es: Keinesfalls vertritt er Gewinnmaximierung als Sinn wirtschaftlichen Handelns. Dann noch Le Bon zitiert: Während aber der Gemeine die Schuld draußen bei den anderen Menschen sucht und das Schicksal anklagt, sucht der Edle den Fehler in sich selbst. Dann: Gestatten Sie mir, das in aller Bescheidenheit zu sagen: Der Reichtum Baden-Württembergs ist auf die besonderen Tugenden Einzelner zurückzuführen. Nun, lieber Herr Späth, zum Geselligen …

Nachmittags entdeckt Theresia, dass Meeschi tot im Gras vor Nachbars Hecke liegt, blutiger Kopf, auf einer Seite ist das Auge fast herausgerissen, auch das andere Auge offen. Sie ist schon ganz starr. Alissa bricht schnell in einen Satz voller Wut und Hass gegen die Autofahrer aus. Theresia heult laut. Ich vergrabe die Tote unter den Büschen. Es ist ein Jammer. Der normale Jammer. Alles grenzt andauernd ans Unerträgliche. Es kann keinen Festtag geben auf dieser Erde. Tage der Gedankenlosigkeit gibt es vielleicht.

Als ich mit Johanna telefonierte, konnte ich es ihr nicht sagen. Ihr kann man es nicht am Telefon sagen.

Von drei Katzen geträumt, die ungeheuer lebendig auf und nieder rasen.

Jeder Schritt im Haus erinnert an die Katze. Überall war sie, hat ihren Tanz gemacht, ihr genau verständliches Gemaunze. Ihre Geduld, wenn sie irgendwohin wollte. Darum meint Alissa, die Nachbarn hätten sie von ihrem Grundstück gejagt, dann sei sie ängstlich über die Straße, und dabei hab es sie erwischt. Weil sie doch immer ganz genau hörte, wenn ein Auto sich näherte, und schon frühestens zusammenzuckte. Theresia hat ihr eine Marmorplatte auf das Grab gelegt: 1972–80.

Sehnsucht nach Amerika. Da will ich jetzt hin. Wo die Autos langsam durch die Viertel fahren. Hier rast ein jeder. Überall. Ich auch. Darum will ich nach Amerika, da fahre ich langsam vor mich hin. Märchen: Sie wird begraben, am dritten Tag steht sie auf, und nach so und so vielen Tagen fährt sie auf in den Himmel. Und zwar durch die Glyzinienstränge, an denen sie sich oft herunterließ wie ein Mensch. Diesmal hebt es sie, als sei sie ungeheuer leicht. Man hätte bald meinen können, sie halte sich noch ein wenig fest, sie wolle gar nicht so heftig hinauf- und fortgerissen werden, wie es ihr ihrer Leichtigkeit wegen passiert. Als sie schon über die letzten blauen Glyzinien-Trauben hinausgetrieben wurde, griffen ihre Pfoten in die Luft und noch nach unten, nach irdischem Halt. Aber der war weg. Da war kein Halten mehr. Oder wollte sie winken? Theresia verstand es so und winkte zurück. Sie wurde rasend schnell kleiner. Sie schoss geradezu fort und hinaus und hinauf. Alle hatten damit gerechnet, dass man lang und ausgiebig einem sanften Aufstieg zuschauen könne. Leider nicht. Meeschi wurde uns sozusagen aus den Augen gerissen. Jäh wurde sie ein fortrasender Punkt, der auch gleich noch vom totalen Blau geschluckt wurde. Das machte alle traurig. Der tröstliche Eindruck einer Himmelfahrt war gestört. Es war doch etwas Gewaltsames dabei, etwas Brutales.

Theresia hat kurz nach dem Mittagessen ein Hupen und Bremsen gehört: das muss das Todesauto gewesen sein.

Das Komische bei einem Katzentod: Man kann mit keinem darüber reden. Man fände einen, der einem von nichts als vom

Tod seiner Katze erzählen möchte, lästig. Wie sie ihm auf dem Schenkel lag und im Schoß und auf der Schulter und auf seinem Schreibtisch, wie sie sich in die kleine Schachtel schmiegte, immer ernst, nie aufdringlich, sie kam, nahm ihren Platz ein und schaute weg von einem. Sie schmeichelte nie. Sie war immer so eng als möglich da, aber immer für sich. Sie wollte nur dabei sein.

Sonntag, 11. 5. 1980
9 Uhr 21 bis 14 Uhr 17 Frankfurt.

Jeder Baum weiß, dass es Sonntag ist. Ich weiß es nicht

Dienstag, 13. 5. 1980
Hilde stößt den mittleren Zehen gegen eine Tür. Verstaucht. Jammert frühmorgens herein, dass sie nicht nach Mexiko könne. Sie will überhaupt nicht. Was ist denn Mexiko? Ein Hotel am Meer, kein bisschen anders als in Hawaii. Man frühstückt, trottelt an den Strand, trottelt wieder herein, isst, trinkt, geht ins Bett.

Während wir Schach spielen, redet sie anfallhaft. Der Mensch muss sich an sein Hara halten, aber wir haben keins …

Siegfried regt das auf, er kann sich nicht konzentrieren, wenn sie redet. Er verliert ein Spiel. Aber Hilde hat den ganzen Tag keinen Menschen, mit dem sie sprechen könnte. Außer mich. 1 Stunde lang I-Ging-Weissagung auf dem Balkon. Sie redet und redet. Sie lässt sich nicht das Wort verbieten. Sie durfte auch nicht mit zu Honnefelder, wo vor den Vertretern und Vertriebsleuten gelesen wurde. Hilde lässt alles Geschirr überall stehen. Vielleicht hat sie Anweisung von ihrer Meisterin Stapenhorst, nicht mehr perfekt zu sein. Einmal abends, nach elf, als wir zurückkamen: Deine Mutter hat angerufen mit einer ganz krächzenden Stimme. Wetten, die stirbt, wenn wir in Mexiko sind. Das ist doch ganz klar, wir sind für fünf Tage in Mexiko, und dann stirbt sie natürlich, genau so hat das geklungen. Aber das sage ich dir, du kannst sie allein beerdigen. Ich fliege da nicht zurück.

Als er am Frühstückstisch die Schluckimpfung nimmt, ruft sie: Mein Gott, 1 Stunde vor dem Frühstück hättest du das nehmen sollen, ich habe es dir doch extra hingelegt.

Siegfried berichtet: Mit Burgel Zeeh im Hotel. Trinken wir noch ein Glas Rotwein. Sie trinken. Zärtlichkeiten. Er will wirklich nicht, aber er beteiligt sich, weil er weiß, sie wird bremsen. Er will sich abweisen lassen. Und sie weist ihn ab. Sie will nicht eine von den vielen werden, die sie täglich verwaltet und organisiert. Das haben sie beide gemeinsam. Sie schreibt es ihm noch einmal in einem Brief in dieser Nacht. Idealer kann es nicht gehen. Thomas Bernhard schickt Burgel Zeeh Blumen. Nur Peter Handke hat keinen Kontakt zu ihr. Hilde hat für die Handke-Tochter ein Geschenk mitgegeben nach Salzburg. Als Siegfried sich verabschiedet, sagt er zu Peter Handke: Soll ich Hilde grüßen? Handke lacht ein wenig: Wenn du meinst.

Ich habe eine Cymbidie gebracht, ein Zweig für DM 20, die Hilde und Siegfried für Orchideen halten. Siegfried: Aha, sonst bring doch nur ich Orchideen. Hilde hatte gesagt: Gell, jetzt bin ich in dem Alter, in dem man Orchideen geschenkt bekommt. Siegfried: Wer hat denn diese erotischen Blumen geschenkt. Ja, sowas, sagt er, jetzt wird man auch noch von seinen Nebenbuhlern imitiert. Hilde: Also weißt du, als ich 30 war, war der kein bisschen eifersüchtig, und jetzt, wo ich gleich 60 bin, fängt er an. Man hat den Eindruck, sie meine es ernst. Sie möchte nicht noch einmal 18 sein. Mich müsstest du hineinprügeln ins 18. Jahr, freiwillig möchte ich das nicht noch einmal.

Bei der Vertretersitzung sprach zuerst Siegfried über das Buch. Er war völlig unvorbereitet. Mehr schlecht als recht brachte er 2–3 Minuten zu Stande. Berichtet falsch, das *Schwanenhaus* werde am Schluss abgebrochen, ich muss ihn nachher korrigieren: gesprengt, und er korrigiert mich, weil er fürchtet, ich habe Gottlieb Zürn zu negativ vorgestellt. Er: Die Vertreter wollen nichts Negatives, dafür haben die kein Verständnis. Vielleicht ist er es, dem das Negative widerstrebt.

Heute Morgen geschwommen, Siegfried 14 Doppelbahnen, ich in derselben Zeit 10.

Mittwoch, 14. 5. 1980

8 Uhr 07 Paderborn ab, Überlingen an 17 Uhr 38.

Lesung in Paderborn nachmittags aus *Seelenarbeit* in der Uni, gute Reaktion, abends in der Stadtbibliothek aus *Schwanenhaus*: schwache Reaktion.

Ich habe den Schwarzwald erreicht, die schützenden Wälle aus Grün, die bergende Schlucht unter den Tannen.

Fortgefahren bin ich fürs Buch, dass ich ihm genützt hätte, empfinde ich nicht.

Gestern sagte Herr Steinecke, dass ich jetzt seit 25 Jahren, also seit einem Vierteljahrhundert, in der Literatur tätig sei. Das hatte ich mir bisher verborgen.

Eile Züglein durch das Grüne
gib mich meiner Frau zurück.
Ich habe von Sonntag bis Mittwoch
Blühen genug versäumt
und die Kinder nicht gesehen.

Die Katze ist tot.

An die Katze kann ich noch lange denken, weil sie so deutlich war. Sie wird erst mit mir verloren gehen. Ich bin ihr ein Gefäß.

Montag, 19. 5. 1980

Sie haben eine Katze aus Ailingen. Geboren am 3. 4. 1980, getigert wie Meeschi und auch noch ein schwarzes M genau auf der Stirn zwischen den Öhrchen. Bei Käthe ist sie beliebt, weil sie sich an ihren Abort und an ihr Bett hält unterm Küchentisch. Sie trabt herum und riecht und tastet überallhin. Der Tod der Vorgängerin wird furchtbar gegenwärtig. Die schaurige Hässlichkeit durch die tödlichen Verletzungen kontrastiert andauernd mit dem reinen Liebreiz von Meeschi II. Meeschi II wäre getötet worden, wenn wir sie nicht genommen hätten. Wenn also Meeschi I nicht getötet worden wäre, wäre Meeschi II dran gewesen. Meeschi I ist also für Meeschi II gestorben. Käthe muss sie noch aus der Hand füttern. Ich werde gefragt, ob ich das Geschlecht feststellen kann. Ich sage: Nein.

Zwei Schweizer: Sie seit drei, er seit sieben Generationen in der Schweiz. Sie Psychologin, er Ethnologe an der Uni Bern. Sie in der Drogenpräventiv-Arbeit an Schulen, er für die richtige Hilfe für die Dritte Welt. Er macht jeden Tag 180 Liegestützen. Würde er machen, wenn es nicht so ermüdend wäre zu zählen. Ein Schweizer hat den Weltrekord mit 1611 Liegestützen. Er ist groß und schlank, braun, überall schwarze Haare. Beide sind völlig glücklich.

Wie Meeschi II durch die Luft springt und sich dreht in der Luft, streckt die Beine dabei, hat übergroße Augen, klettert auf mir herum, wenn ich meine Rollkur auf dem Boden mache. Wie ruhig war schon ihre Vorgängerin.

Laune

Die Eichen haben ihr Grün, ich warte noch,
weiß nicht, auf was, die Ewigkeit seh ich
vorüberziehn, zerbreche mein Glas,
möchte nicht sein, was ich bin.

Mittwoch, 21. 5. 1980
Man kann kein Geld sparen. Geld sparen, das hieße, Geld verlieren. Also sparen ist jetzt verschwenden. Nur wer sich kapitalistischer Methoden bedient, nur der kann das Geld, das er verdient hat, in seinem Wert erhalten. Aber dazu muss er es anlegen, d.h. er muss die Arbeitskraft anderer ausbeuten. Andere müssen dafür arbeiten, dass mein Geld den Wert behält, den es hatte, als ich es verdiente.

Ich staune, kann es wieder nicht fassen,
was ich halten will, muss ich lassen.

Herr Zürn stellt sich angesichts einer Anzeige für ein erotisch-pornographisches Buch die Frage, ob er von einem Buch dieser Art je etwas haben könne. Natürlich zieht ihn dieses Versprechen an, aber er sagt sich sofort, dass er, wenn er sich diesem Buch aussetzt, nur den Schmerz vergrößern würde, der ohnehin sein fast ununterbrochener Schmerz, Lebensschmerz war, der Schmerz, der durch ein andauerndes Nichtleben, durch eine ständige Unterdrückung der sexuellen Bedürfnisse entsteht. Je mehr Reiz, desto mehr Unterdrückung. Das ist das, was die Lustindustrie bewirkt. Sie tut es nicht aus Sadismus, sondern nur, weil sie unser Geld will und weiß, dass wir für nichts lieber zahlen als für den Konsum von Sexualillusionen. Steuern zahlen wir nicht so gern wie die tägliche Pornogebühr, obwohl wir uns denken könnten, dass mit unserem Steuergeld etwas Vernünftigeres und uns mehr zugute Kommendes gemacht wird als mit dem Porno-Scherflein, das wir an alle Medien täglich entrichten.

Dasso
Eleonore I und Eleonore II und Dasso. Die Geschiedene legt der anderen das I Ging. Die Frage: Soll sie sich von ihrem Mann trennen oder nicht. E. II will zwischendurch Dasso fotografieren.

Sie hat sich ausbilden lassen, hat schon Ausstellungen gehabt. Prominentenporträts. Die Angst der Prominenten beim Fotografiertwerden ist ihr Thema. Wer prominent ist, hat mehr Angst als jeder andere. Das ist ihre Erfahrung. Klar, weil er etwas zu verlieren hat. Sie haben Angst um sich selbst. Das macht sie leidensfähig. Sie redet Dasso-Text und sagt, dass sie das alles bei ihm gelernt hat. Er schält eine große Birne. Zuerst liegt er auf einer Stufe oder irgendwo, wo man wirklich nicht liegt. Dann erst die Birne. E. II kämpft hin und her zwischen Selbständigkeit und Abhängigkeit. Aber I empfiehlt sie Selbständigkeit. E. I soll ihr nur die Sätze aus dem I-Ging-Text vorlesen, von denen sie glaube, sie treffen auf ihre Frage zu. Am Schluss wird die Frage gesagt: Soll ich mich von ihm trennen? Oder nicht?

Freitag, 23. 5. 1980

Gestern mit Käthe in Bregenz: John-Neumeier-Ballett, *Sommernachtstraum*, eine elegante Gesellschaft. Ein paar wahrhaft schöne und schön gekleidete junge Frauen. Eine in hellgelber Seide, die auf den Schultern gerafft und genäht aussieht, dann aber fließt sie hinunter und hinunter, trotzdem zeichnet sich die Frau, wenn sie sich bewegt, in der hellen Seidenflut immer wieder ab. Wenn sie sich setzt, sieht man sie einen Augenblick von hinten so deutlich, wie wenn sie nackt wäre. Frau Findeisen mit Partner. Der sagt in der Pause: Die Männer springen viel zu wenig. Mein Gott, im Bolschoi, wenn sie da springen, die Männer, dann kommen sie erst allmählich wieder herab, aber hier kommen sie ja erst gar nicht hinauf. Ich bemerke wenig. Man hat den ganzen Abend den Eindruck, auf der Bühne passiere viel mehr, als man wahrnehmen könne. Und dieses Zuschauen macht mich ganz passiv. Ich merke, dass ich nur noch zuschaue. Ich denke nichts und empfinde fast nichts, ich schaue zu, was da droben alles passiert. Dass die Musik auch dazugehört, fällt fast nie auf. Da spielt eine Musik, die sich bemüht, sich nach den Tanzenden zu richten. Das Geschlecht der

Tänzer und Tänzerinnen wird fast unterschlagen. Nur wenn die Titania mit dem Esel koitiert, machen sie ausführliche geschlechtsbezogene Bewegungen. Aber das auch nur im Hintergrund. Ich stelle es mir schwer vor, öfter von acht bis elf abends diese ganze Choreographie durchzutanzen.

Ich bin allein, und ich juble und weiß nicht, warum. Ich habe so viel Luft, wie ich brauche, in meinem Kopf spür ich das Leben wie eine Kraft. Elend ist nur, dass ich sitze. Ich traue mich nicht, aufzustehen. Ich möchte keinen Gedanken versäumen. In mir taumelt die Schwere. Ich fühle mich mobilisiert. Die Leere rauscht interessant.

Außer dem Fleiß seiner Frau hat er nichts mehr zu melden. Ihre immer eiligen Schritte klopfen aus allen Gegenden des Hauses. Damit, dass er sich schämen muss, hat er sich abgefunden. Er weiß nicht recht, dürfte er nicht stolz sein? Er kennt noch eine Heldin!

Als er selber jung war, hat er nie bemerkt, wie grausam er war gegenüber Älteren. Deshalb wagt er jetzt nicht, sich zu beschweren, wenn er von Jüngeren verhöhnt wird.

Ich muss mich bald, so schnell als möglich, wieder in eine Arbeit vergraben. Ich halte es nicht aus, tätigkeitslos, also schutzlos, also illusionslos den täglichen Mitteilungen ausgesetzt zu sein.

Der ganze Tag heute wirkt und verläuft wie ein Samstag, dabei ist es ein Freitag.

Der gottlose Zeitgenosse à la Beuys will kein Bild mehr, macht kein Bild mehr, arbeitet nur noch in Versatzstücken und veranstaltet sich selbst als Verehrungsgegenstand, als Gott. Das ist konsequent. Aber für wen Gott noch nicht so klein ist wie für Beuys, für den ist Beuys noch nicht so groß wie für Beuys und deshalb viel zu teuer.

Samstag, 24. 5. 1980
Johanna-Lektüre macht mich wieder glücklich. Ob das andere auch so lesen werden wie ich? Witz und Weh durchdringen sich wie wahrscheinlich bei meinem Vater.

Wie schnell muss man eigentlich sein, um von diesem 1980 nicht überholt zu werden? Für diese Frage ist es schon wieder zu spät. Das Jahr ist auf und davon. Ich kriege es nicht mehr zu fassen.

Wenn das Buch nicht geliebt werden wird? Das wäre unangenehm.

Das Buch liegt wahrscheinlich in jeder Hinsicht zwischen *Pferd* und *Seelenarbeit*, d. h. es könnte von den Liebhabern beider Bücher gelesen werden oder weder von denen des einen noch von denen des anderen, dann fiele es sozusagen durch: Wenn ich den Erfolg betrachte, frage ich mich, ob Misserfolg nicht besser passe zu mir.

Lass uns bald heimgeben und leise die Türen schließen, die Lichter löschen und ins Dunkel und zur Decke starren, die wir nicht sehen. So wenig Historisches bewegt uns. Wir müssen verloren sein.

Donnerstag, 29. 5. 1980

Gestern Maria-Müller-Gögler-Geburtstag. 80. Die Gesamtausgabe: die erste Frucht des Literaturarchivs.

Als Siegfried dem OB von Weingarten sagte, nachdem er ihn zuerst verhört hatte, um zu erfahren, wie viele Bibliotheken Weingarten habe, er werde ihm zehn Ausgaben von Maria Müller-Gögler stiften, ging der OB federleicht und gelenkig auf ein Knie nieder. Er konnte das. Es war eulenspiegelhaft.

Der Kultusminister war bei seiner Laudatio so unvorbereitet wie 1978. Dabei hatte er doch diesmal einen wirklichen Auftrag. Aber er scheint sein Amt für so beeindruckend zu halten, dass er glaubt, nicht auch noch etwas Inhaltsvolles sagen zu müssen.

Mittwoch, 4. 6. 1980

Der Sechser der sechziger Jahre ging mir leicht von der Hand, am Siebener der Siebziger schnupperte ich, kaute ich, rieb und verschrieb ich mich. Jetzt habe ich ihn intus, jetzt soll ich umlernen auf Acht. Wie man das macht, weiß ich nicht. In der Neun wird sich endlich alles lösen. Da werde ich zur Null hinübergrüßen.

Gestern 24 Liegestützen.

Der unterirdische Himmel

Beton und Stahl, darin gefangen, Papier. Die Wie-für-immer-Illusion. Eine enorme Präparatur zukünftiger Archäologie. Eingekochte Zeit. Geschichtsmarmelade. Gsälz. Als ich im Duden nachschaute, ob ich Gsälz verwenden dürfe, sah ich, dass der Duden Gsälz nicht für aufbewahrenswert hält. Anstelle von Gsälz bewahrt er Gschnasfest, was heißen soll: Maskenball der Wiener Künstler. Dass so ein Wiener Wort aufbewahrenswerter scheint als das rundum würdige Wort Gsälz, das muss politische Gründe haben. Es gibt Kulturen, die sind imperialistischer als andere. Die hiesige, glaube ich, die schwäbisch-alemannische, ist eine der weniger imperialistischen. Sie neigt eher zum Komplex. Deutsch ist immer das, was die anderen können. Ja, vor 700 Jahren! Aber jetzt segeln wir milde unterm Sinnierer-Image und bauen darauf, dass die Nation der Dichter und Denker zur Pflege dieses Rufes, den sie sich selbst verlieh und wahrscheinlich nur verleihen konnte, weil die zwei einschlägigen Wörter im Deutschen beide mit D beginnen, wir bauen darauf, dass die Nation zur Pflege dieses Rufes nicht nur Höfe und Städte braucht, sondern auch ein Land oder noch besser ein Ländle. Und das Ländlichste unter den Ländern war in der Zeit, in der solche Inkubationen vor sich gingen, also zwischen 1759 und 1914, sicher das Land von Weinsberg bis Hausen als die freundlichste Form von Verschlossenheit. Dem Äther offen und allen höchsten Gewittern, aber vom schlimmsten Ehrgeiz, dem nämlich, über andere zu herrschen, noch verschont. Württemberg ist nie ambitioniert gewesen wie etwa der Wittelsbacher in München, der 1916 vom Beutefell des noch nicht erlegten Bären schon Anspruch erhob auf das Elsass, das er seiner Rheinpfalz angegliedert sehen wollte. Als diese Nation dann zerstört war in einem Ausmaß, das eine Nation allein überhaupt nicht verschulden kann, da wurde der National-Archiv-Gedanke immer wichtiger. Das Nationale konnte nirgends mehr untergebracht werden als in einem unterirdischen Himmel. Plötzlich war die Goethe-Schiller-Kultur total blamiert. Auschwitz Auschwitz Auschwitz. Als ich einmal den unterirdischen Himmel betreten durfte, hatte ich, die Handschrift betreffend, zwei Wünsche offen: Ich sagte: Kafka und Hölderlin. Es ist alles eine Religionsgeschichte …

Was wäre kritischer Umgang mit Geschichte? Die Rechtfertigung der Tötungshemmung.

Die Illusion

Die Sprache ist der Bestand der nachprüfbar gewordenen Illusion. Wie man dem Tod gegenübersteht oder dem Vaterland oder der Geschichte oder der Gesellschaft, das sind ja nicht subjektive

Wählbarkeiten. Wie man in einer gewissen Zeit spricht oder denkt, das verdankt man ja kaum sich selbst. Tradition jeder Art, von sozusagen offizieller Kultur bis zu kritischer Anfechtung, also Tradition von Humanismus bis Klassengesellschaft, und das plus eigene Erfahrung, das ist auch etwas, was man sich nicht aussuchen kann, das alles wirkt zusammen. Und andauernd krame ich in mir nach dem persönlichen Anteil. Ich möchte ihn gern verantworten, aber ich finde ihn nicht. Ich fühle mich ungeheuer hörig, ungeheuer opportunistisch, ungeheuer anpassungsbereit. Sozialisierungssüchtig. Am wenigsten bin ich erlebnisfähig für etwas, was mir empfohlen wird als meine Individualität. Ich erlebe alle Vereinzelung als Bedrohung, Krankheit, Isolation, Tod. Die geringsten Anzeichen von Aufhebbarkeit in diesem Mehr-als-Ich, also im Allgemeinen, empfinde ich als Brauchbarkeit, Zugehörigkeit, Zurechnungsfähigkeit, Stärke, Gesundheit, Vorzeichen von Glück. Dass wir für das Gemeinsame solche Wörter wie Kollektiv eingeführt haben, hat zum Verruf des Sozialen beigetragen. Abgesehen davon, dass es Mitbürger gibt, die ein handfestes Interesse daran haben, das Gemeinsame, das Gleiche, das Allgemeine zu diffamieren zur Heiligung des Unterschieds bzw. des Privilegs. Ich dagegen bekenne, dass ich immer die Grenzen meiner Aufhebbarkeit erlebe als meinen Mangel. Wo man die Wirklichkeit anrührt auf dieser inzwischen übervollen Erde, demonstriert sie einem die Notwendigkeit der Vereinbarung.

Freitag, 6. 6. 1980

Ich bin ganz lahm. Gefangen. Ich sollte mich freimachen vom *Schwanenhaus*. Weitermachen. Aber ich sitze, warte auf das Lese-Exemplar, auf den neuen Umschlag, auf die Ergebnisse der Vertreter-Reise, dann auf die ersten Pressestimmen, dann auf die Verkaufszahlen, die Erfolgsliste … Das ist alles ein wesenloser Unsinn, dem man keinen Einfluss gestatten dürfte. Also.

Walter Benjamin II, 1, 246: Werden doch sogar nach einer talmudischen Legende die Engel – neue jeden Augenblick in unzähligen Scharen – geschaffen, um, nachdem sie vor Gott ihren Hymnus gesungen, aufzuhören und in Nichts zu vergehen.

II, 1, 203: Erst der Messias selbst vollendet alles historische Geschehen, und zwar in dem Sinne, dass er dessen Beziehung auf das Messianische selbst erst erlöst, vollendet, schafft. Darum kann nichts Historisches von sich aus sich auf Messianisches beziehen wollen.

Jede Nacht gerieten sie auseinander. Tagsüber waren sie freundlich zu einander, oft sogar lieb. Wenn einer den anderen aus Versehen berührte, hielten sie beide ganz schnell still, als wollten sie die Stelle und die Sekunde festhalten. Wenn sie einander dabei ansahen, dachten sie an die nächste Nacht. Aber sobald sie im Schlafzimmer waren, wurden sie von einer ehernen Notwendigkeit an allem gehindert, was sie zusammenbringen konnte.

Walter Benjamin nennt es auch das Nationelle.

Samstag, 7. 6. 1980

Ein Hund

Ein Mensch sieht, dass er wieder auf die Welt gekommen ist als Hund. Und er hat nicht an Wiedergeburt geglaubt. Aber der Fanatiker dieser Weisheit, der noch unverwandelt lebt, merkt auch nicht, dass sein Hund der ist, dem er früher immer erfolglos die Wiedergeburt predigte. Jetzt sieht der Wiedergeborene auch die Grenzen des Predigers. ES könnte für beide die Hölle sein.

Mittwoch, 11. 6. 1980

Die Schmerzstellen sind grell wieder da. Der Schmerz lässt nicht mit sich handeln. Er brüllt nach Linderung, Abschaffung. Schluss, brüllt er.

Freitag, 13. 6. 1980
Gestern Lesung in Marbach, Ludwigsburger Festspiele.

Nachher im Hotel, ein Zettel von C. I.: Sie ist bei K. V. Dort bis 3 Uhr geredet, dann gelegen, sich ausgezogen. Jetzt also, Herr Zürn, das Dreigespann für die Jagd-Novelle! Die Frauen genieren sich vielleicht vor einander. C. I. ist auf jeden Fall mit Herrn Zürn allein schon sehr laut. K. V., die er ja nicht kennt, hat Schwierigkeiten. Sie will sich zurückhalten oder will zeigen, dass sie auch sich zurückhalten muss. Weiß Gott, was sonst wäre. Als C. I. einmal draußen ist: Das habe ich nicht mehr geglaubt, dass einmal einer kommt, dem das so wichtig ist wie mir. Ihr Selbstgespräch adressiert sie in der zweiten Person an sich: ... dem so wichtig ist wie dir ... Ihr Fleisch ist überall beweglich auf dem Skelett. Aber sie könnte wahrscheinlich schon etwas. C. I. ist sozusagen süß. In der Tat kann alles gemacht werden, was man sich so vorstellt. Aber da es zwischen drei und sechs nachts ist, muss Herr Zürn seine Ejakulation hinausschieben, er wäre nicht mehr brauchbar danach. Das muss er sein. Und so ist er es denn auch bis wahrscheinlich fünf oder halb sechs. Man könnte süchtig werden nach so etwas. C. I. auf dem Rücken, K. V. auf ihr und Herr Zürn in K. V. von hinten. Und jeder holt sich überall, was zu kriegen ist. In Pausen Herr Zürn zwischen beiden, gestreichelt und angefasst. C. I. von ungeheuerem Takt. Herr Zürn muss sich mehr mit K. V. abgeben als mit C. I. Nachmittags drängt er K. V. 100 DM auf, weil sie kein Geld mehr hat. Sie ist am Ende ...

In der vollen Straßenbahn sitzen alle düster, grimmig, haben ihre Fäuste unters Kinn gestemmt, nur einer lächelt, ein dicker, riesiger Blinder. Er lächelt unglaublich ausdauernd, als wüsste er, dass alle anderen wüste, erbitterte Gesichter machen.

Als Herr Zürn seinen Automatenfahrschein immer wieder ohne jeden Effekt dem Entwerter anbietet, ruft ein Fahrgast: Dieser Schein muss nicht entwertet werden.

K. V. zeigte Bilder aus ihrer tollen Zeit in Stuttgart und Tunis. Mit Hüten, Hauben und Bikinis. Sie war eine TV-Schönheit. Mit Rudolf Augstein im Schlosshotel. Sie erwähnt Ehmke. Rudolf Augstein holt den sofort. Einmal bei einer Party kommt Ehmke, der immer den Bauern aus dem Danziger Umland spielt, auf sie zu und greift ihr vorne in den Ausschnitt bis hinunter und ruft: Sie hat alles, was ich will auf der Welt. K. V. greift ihm in die Hose und hält sein GT: Du hast alles, was ich nicht will auf der Welt. Er habe sie trotzdem nachher angerufen. Und, sagt sie, Hajeks Bruder hat einen Besitz im Bayerischen Wald und arrangiert dort Partys für Brandt und Ehmke. Junge Mädchen werden angekarrt. Als sie 3 Monate bei Koelble & Brunotte verkauft, kommt Herr Merkle und will mit ihr essen gehen. Sie lehnt ab. Das bereut sie jetzt. Was hätte sie da alles erfahren können. Was K. V. sagt, klingt unglaublich. Heißt das, dass es unwahr ist?

Ich habe den Stuttgarter Hauptbahnhof abgesucht nach einem Taschenbuch von mir. Auch das *Pferd* nicht. Nichts. Also trotz des dritten Platzes auf der TB-Sellerliste dringt mein TB nicht vor, andere sind stoßweise vorhanden.

Herr Zürn kommt unrasiert heim nur, weil er die Schnur vergessen hat. Er käme auch unrasiert heim, wenn er die ganze Nacht in seinem Hotelbett verbracht hätte. Aber da er die Nacht in anderen Betten verbrachte, hat er das Gefühl, sein Unrasiertsein müsse, wenn er heimkommt, auf nichts als auf das Unsolide dieser Nacht hinweisen. Es waren Fußball-Europameisterschaften. Die anderen Männer im Hotel und im Zug und die Taxifahrer, überhaupt die anderen Männer unterhielten sich über die zwei Fehler, die der Libero Cullmann gemacht habe. Ob ihn der Trainer nicht doch herausnehmen sollte aus den Meisterschaften. Die Meinungen waren geteilt. Im Empfang kam, als Herr Zürn abends ins Hotel kam, ca. 23 Uhr, eine Blonde im Lederkostüm, ließ sich ihren

Schlüssel geben und sagte, sie habe keine Lust mehr, Fußball anzuschauen. Sie hatte schon den dritten Stock gedrückt, als Herr Zürn in den Lift trat. Er sagte: Danke. Droben sagte er, als sie in die andere Richtung ging: Gute Nacht. Sie sagte auch gute Nacht und noch etwas dazu. Er musste nachfragen. Ihr sei es langweilig, sie wisse nicht, wo man in Stuttgart etwas Gutes zu essen bekomme. Er sagte, er werde es sich überlegen. Was haben Sie für eine Zimmernummer? Fragte er. Sie fragte, was er für eine habe. 349, sagte er. Sie gingen auseinander. Er hatte das Gefühl, alles sei daran gescheitert, dass er gesagt habe, er müsse sich das überlegen. Das hatte er gesagt, weil er noch im Lift den Zettel von C.I. gelesen hatte, auf dem sie mitteilte, sie sei bei K. V. Vielleicht hat die Lederne noch angerufen auf 349. Er musste ja gleich gehen. Er hätte hier blitzschnell reagieren müssen. Dazu muss man ein Prinzip haben: Jede neue Frau ist jeder schon bekannten vorzuziehen. Kein Hin und Her und vergleichen. Das muss sitzen, das muss man intus haben, dass man sich in jeder Lage sofort richtig verhalten kann.

C. I. wurde beim GV, besonders beim Dreier, ganz und gar säuglingshaft selig. Sie saugt und schmatzt und klammert sich und lächelt und grunzt völlig hingenommen, sie weiß nichts von dem, was vorgeht. Sie ist, je mehr sie dem GV verfällt, umso unschuldiger. Sie weiß nicht, von wem sie gefickt wird. Schade.

Günter Grass im Zug getroffen, mit Ute. Als ich in Friedrichshafen in ihren Zug umstieg. Er ist liebenswürdig.

Sehnsucht nach dem Dreier. Es müssen doch viel mehr Glieder liegen auf so einem Bett. Nicht bloß die von zweien. Herr Zürn möchte C. I. einsetzen als Jagdbiene. Mit ihr andere Bienen erbeuten, das ist sein Traum. C. I. müsste für ihn jagen gehen. Oh, gut. Gut.

Günter Grass hat in Wewelsfleth ein Abbruchhaus dazugekauft, darin eine Wohnung eingerichtet, für Gäste. Heißenbüttel wohnt vis-à-vis über der Elbe in einem Dorf. Dass Günter das aushält, Heißenbüttel als Nachbar. Ich hielte das nicht aus. Ich halte fast keinen aus. Ich bin durch Behandlung böse geworden. Ich behaupte, ich sei lieb und zutraulich gewesen. Ein bisschen unachtsam, ein bisschen brutal war ich sicher. Ich habe sicher viele verletzt. Aber ich habe es überhaupt nicht so gemeint. Ich wollte keinem etwas Böses. Aber ich habe mir Feinde gezeugt, Verächter, Verfolger.

Der Dreier hat etwas Leises, Friedliches, Idyllisches, Paradiesisches. Dieses harte Gegeneinander fällt weg. Alle wollen allen nur Gutes tun. Ist das so, Herr Zürn? Ohne C. I., der alles gut tut, jedes Geschlecht, ginge es nicht. Für K. V. war es sicher eine Zumutung. Sie wurde hineingezwungen. Sie hat es in Kauf genommen. Sie will klassisch alles allein und nur vom Mann. Aber sie hat vielleicht auch etwas gelernt. Herr Zürn hat sonst nichts geschaffen. Aber der Dreier, wenn er den schafft, nicht nur einmal, sondern regelmäßig, als Gewohnheit, wenn er den hineinorganisieren kann und finanzieren kann, jedes Mal als ein Paradiesmemorial, ein Idyllenfest, dann kann er ruhiger sterben, dann hat er etwas zu hinterlassen. Seine Gespanninnen werden die Wirkung weitertragen, werden den Dreier verbreiten schneeballartig, lawinenartig wird sich der Dreier ausbreiten und eine neue GV-Welt herbeiführen.

Der Zug hatte Verspätung. Mein Gott, wie schlecht waren die Voraussetzungen für das erste Mal, und es scheint so gut zu gehen. Er kann aufstehen und abfahren, der Dreier ist durch. So wie sie auf dem Bett liegen. Der Rest kann später folgen.

Sonntag, 15. 6. 1980

Käthe, Alissa und ich waren in Hohenems. Christa Ludwig, eine perfekte Singmaschine, die für die Gruberová gesungen hat. Es war nicht ergreifend. Die Leute haben so heftig geklatscht, dass man den Eindruck hatte, sie wüssten, es sei kein Grund da, enthusiastisch zu sein. Aber sie wollten das die berühmte Frau nicht spüren lassen. Die sollte in Salzburg, Wien, New York nicht erzählen, in Hohenems wisse man eine große Künstlerin nicht zu schätzen.

Montag, 16. 6. 1980

2431927

Die Menschen hatten damals Ohren, die in die Höhe standen, die müssen irgendwie steif gewesen sein, steif durch ein knorpelartiges Zellgewebe. Das muss sehr komisch ausgesehen haben, solche abstehenden und starren Ohren.

Vorgestern hat Siegfried angerufen: Ich solle meinen Willen haben, sagte er. Es werde der Umschlag gemacht, der mir gefalle. Das klang alles, als unterwerfe man sich nur dem Eigensinn eines Unbelehrbaren. Dass es um den Verkauf geht, spielt keine Rolle, offenbar. Er hat Alissas Bild nicht gesehen. Er enthält sich jeden Urteils. Er ist nicht informiert und serviert mir deshalb diese abwägende Formulierung. Verlangt aber, dass ich der Uni wieder zusage, für die Herbstvorlesungen, und erst im Herbst dann, wegen Krankheit, absage. Aber nicht jetzt. Ein unbefriedigendes Gespräch.

Donnerstag, 19. 6. 1980

Aussprechen kann man nur, was keine Wichtigkeit mehr hat für einen. Sobald etwas vorbei ist, rühren sich die Wörter. Solange etwas ist, braucht man und hat man keine Wörter. Liebe macht stumm, und wer spricht, fühlt nicht. Wer nicht mehr fühlt, spricht. Wer trauert, ist stumm. Wer bezeugen will, dass es ihn getroffen habe, spricht. Aber wenn er spricht, trauert er nicht mehr. Wer den Nachruf verfasst, ist mit sich und der Sprache beschäftigt, nicht mit dem Toten. Ja, den Mangel erlebt er schon. Aber wenn er schreibt, fängt er an, den Mangel zu kompensieren. Und er schreibt so lange, bis er den Mangel abgeschafft hat. Weil etwas nicht ist, ist Sprache. Der Mangel an Liebe schreibt die Romane. Oder: Dass wir dahinleben nach all den Verlusten, dass wir nicht trauern, das produziert die wehklagenden Bücher.

Freitag, 20. 6. 1980

Der Juni dampft, die Bäume orgeln, ich schaue schwächlich durch die Scheiben.

Sonntag, 22. 6. 1980

Gestern in der kantonalen Fischzuchtanstalt. 80 Sekunden kreist das Leben in den Samenfäden. Wenn sie dann nicht das Ei getroffen haben, war es umsonst. Dann auf der Insel Rheinau, eine Anstaltsinsel. Die Kirche, eine romanische, der von Franz Beer Barock angetan wurde, auf den zwei Kirchturmspitzen goldene Engel mit Posaunen, die bei Wind tönen sollen. Groteske Drachen und Farben. Darunter jetzt die Anstalt des Kantons Zürich. Fröhliche Insassen wünschen einem einen schönen Sonntag. Einer steht reglos am Fenster und hat sein Gesicht in den Händen.

Der Strabos Hortulus nachgebaute Kräutergarten in Allerheiligen: Lavendel neben Rosen setzen, zum Schutz gegen Läuse. Schöllkraut gegen unreine Haut. Knoblauch, Eibisch, Kümmel, Aronstab (Gift), Huflattich, Schafgarbe, Liebstöckel, Thymian, Salbei, Basilikum, Kerbel, Dillkraut, Schöllkraut.

Zwei junge Paare knutschen im Kreuzgang.

Ich könnte weinen vor Juni
und vor Schwere.
Wie lang bin ich schon tot?

Montag, 23. 6. 1980
Alissa: Der Mathelehrer nach der mündlichen Prüfung zum Abitur leise zu ihr: Sie haben weder mich noch sich, noch die Mathematik blamiert.

Ich war lange nicht hier. Verstellt man sich noch immer so? Keine 5 % konnten sich's leisten, die Wahrheit zu sagen.

Die dritte Symphonie von Bruckner. Anschauung der hingestellten Motive, Risse, Abflüsse, das plötzliche Mutloswerden der Töne, sie müssen ganz klein wieder anfangen.

Nöhbauer-Anruf: Am 30. Interview für den *stern*. Ein Fotograf kommt mit, der muss bei dem Interview 14 Filme verknüpfen: so sein Auftrag.

Dienstag, 24. 6. 1980
Bartnelken sind im Juni Käthes Lieblingsblumen. Es sei zum Verzweifeln, sagt sie, sie werde mit diesem Garten nicht mehr fertig. Sie hat mehrere Säcke mit Ästen, Blättern und Ranken vollgestopft. Überall wächst zu viel und zu schnell. Ihre Königskerzen müssen wegen eines mächtigen Buschs in komische Kurven ausweichen. Das tut ihr weh. Das Summen der Hummeln tut gut.

Mittwoch, 25. 6. 1980
Sie haben den Büchner-Preis an Christa Wolf gegeben. Jetzt kann ich das Spiel in meinem Innenraum ein Jahr weiterspielen: Nehme ich ihn noch, oder nehme ich ihn nicht. Dieses Jahr frag ich mich schon: Trete ich aus oder nicht? Aber ich werde nicht austreten. Wie groß müsste mein Markt-Erfolg sein, dass ich austreten könnte? Es müsste vor allem ein internationaler Erfolg sein. Aber wie das gehen soll, ist mir unklar. Die Menschen wollen doch etwas in der Art des Neuen Testaments. Und diese Story-

Struktur liegt mir nicht. Ich hätte mehrere Anlässe für so etwas. Ursachen, die so wenig gestehbar sind, dass sie eine vollkommene Verwandlung brauchen. Und die vollkommenste Verwandlung ist die in eine Geschichte. Der reale Druck liefert nie eine Geschichte. Die kann nur durch Verarbeitung entstehen. Zum Beispiel die Erlösung im Hundedasein. Oder unter falschem Namen durch die Welt. Zwei Untertauch- und Rachegeschichten. In der ersten führt es zu nichts. Er wird so sehr ein Hund, dass er nichts mehr mitkriegt. Sie wachsen auseinander. Der Herr leidet dann mehr als der Hund. Das ist eine objektive Rache, die der Hund nicht mehr mitkriegt. Er begreift nicht mehr, wie sehr er den Herrn quält.

Ich hoffe, ich kann nichts tun, weil ich ganz beim *Schwanenhaus* bin. Wie wäre es, wenn die das Buch ablehnen? Jetzt auch die Linken!

Drei Interviews stehen schon bevor. Devise: Ich sehe, es ist ein Konkurrenzroman geworden.

Freitag, 27. 6. 1980, Siebenschläfer-Tag.

Geschichte oder Existenz. Wie könnte man sich in eine Lage bringen, dass diese zwei Wörter sich nicht alternativ zueinander verhielten? Eine Existenz soll sich ganz in einer Geschichte darstellen. Eine Geschichte soll eine Existenz darstellen. Das eine soll für das andere da sein.

Jeder ist verpflichtet, etwas zu nützen. Das ist die Grenze der Freiheit. Allein ist er nichts. Also gehört er dazu. Das Dazugehören heißt, dass er etwas tun muss, wovon andere etwas haben. Davon kann sich keiner freisprechen. Religion begänne erst, wenn dieses Verpflichtungsgeschäft erlebt worden ist. Narzissmus ist die Gegenrichtung.

Wollschläger spielt in Ulm Orgelkonzert. Schreibt gegen nichts als gegen die Kirche. Und fanatisch. Aber er musiziert auf Instrumenten, die mit Kirchensteuern bezahlt wurden. Muss ihm das nicht wehtun?

Dies ist bis jetzt ein norwegischer Sommer. Es hat auch schon spanische gegeben.

Jetzt Mode

Sich in Decken lehnen,
heraus sein aus der Kälte
der Welt. Nichts zu sagen haben,
aber viel zu essen. Dann eine Religion
verbreiten, deren Gott du selber bist.

Am liebsten würde ich Tiere versorgen,
am liebsten unsterbliche. Ich muss sie
noch züchten. Die Versuche, die viel versprechenden,
haben begonnen. Mein Ernst ist groß.

Samstag, 29. 6. 1980
Es ist ein Gähnen den ganzen Tag,
aber schlafen darf ich nicht,
mich trifft die Peitsche der Pflicht,
ununterbrochen starr ich zur Uhr.

Langsam Personen wachsen lassen.

Das Mädchen zuerst: Sie weint leicht, spricht wie jemand, der auf dem Wasser geht: kann in jedem Augenblick versinken. Sie hat Pech gehabt noch und noch. Nachdem sie endlich jemanden gefunden hat, ist der verheiratet. Nachdem sich der endlich scheiden lässt, kriegt er Krebs. Sie hat in den letzten fünf Jahren acht oder elf Freunde gehabt, die alle von ihr gezehrt haben. Rettungssüchtige.

Sie kann sie schildern. Und dann findet sie diesen Mann. Diesen Stillen, Sanften, Lieben, Zuvorkommenden, Feinfühligen.

Dienstag, 1. 7. 1980
Wenn ich am Wasser stehe,
die klaren Kiesel lese,
mehr ist nie.

Peter Hamm
Du bist zu mir gekommen
und hast kein Wort gesagt
über mein neues Buch
das habe ich dir übelgenommen.

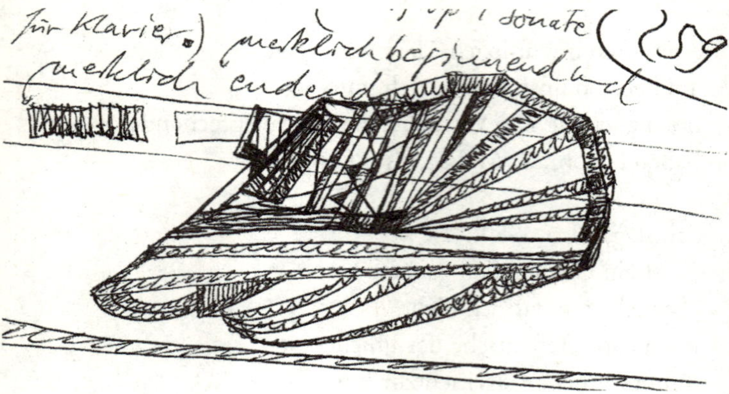

Samstag, 5. 7. 1980
Heinrich Böll wurde ein Bein abgenommen. Raucherbein. Ich werde nie vergessen, das wäre die Überschrift über die Schilderung des Augenblicks, in dem er und ich in der Bühnengasse der Schulbühne oder Aula der Brentanoschule in Frankfurt standen, um, jeder für sich, auf den Redeauftritt zu warten. Mit einer Demonstration hatten wir diese Schule erreicht. Heinrich Böll zog

und zog an seiner Zigarette und schwitzte und schwitzte über das ganze Gesicht. Es sah aus, als suche er aus der Zigarette etwas herauszusaugen, was zwar drin war, aber sich einfach gegen das Herausgesaugtwerden sträubte. Er gab nicht auf. Bis er dran war, hinaus musste, seine Rede halten musste.

Montag, 7. 7. 1980
Thaddäus Troll sei gestern tot in seiner Stuttgarter Wohnung aufgefunden worden.

Gerhard Marcks am 19. 2. 1919 an Walter Gropius: Da ich kein Jude bin und auch aus Gesundheitsrücksichten kein Opium nehmen darf, wirst du keine Utopie von mir erwarten dürfen.

Donnerstag, 10. 7. 1980
Gestern zu Thaddäus Trolls Beerdigung auf dem Steigfriedhof, Hallschlag. Die Frau und die Töchter lächeln. Das sieht aus wie eine Leistung. Der Pfarrer gibt sich fröhlich, liest aus dem Nachruf auf sich selbst, den Thaddäus vor zehn Jahren für eine Anthologie dieses Titels schrieb. Man will alles in Schreckenslosigkeit tauchen. Er hat sich umgebracht, wunderbar, er ist nicht gestorben, er wollte einfach lieber tot sein. Das wirkt mindestens genauso krampfhaft wie die normale Trauer mit ihren schrecklichen Routinen. Aber die Routinen sind viel erträglicher, unauffälliger, allgemeiner, lindernder. In einem kleinen Abteil in dem Friedhofsgebäude konnte man Thaddäus noch einmal anschauen: Im dunklen Anzug, in einem ihn überschwappenden Blumenmeer lag Thaddäus, die Hände bei einander. Die Fingernägel schon dunkel unterlaufen. Auch das sichtbare Ohr schimmert schwarz. Das Gesicht wirklich friedlich. Aber der Mund steht ein bisschen starr offen. Dadurch wirkt er vollkommen abwesend, tot. Man kann sich nicht der Illusion hingeben, man sei jetzt bei ihm. Zuerst wallt die Trauer auf, das Weinen, nach ein paar Minuten wird man ru-

hig, interessiert. An dem Sargschiffchen ist mit einem normalen Bürohefter hingeheftet ein Adresszettel: Dr. Hans Bayer, Steigfriedhof, Mittwoch, 13 Uhr 30. Und dieser Adresszettel trägt die Firmenbezeichnung des Bestattungsinstituts. So wie nachher in den Gräbern kleine Täfelchen stecken, auf denen steht: Grabpflege Hermann. Weil Thaddäus in seinem Feuilleton geschrieben hatte, dass der Pfarrer sich kurz fassen solle, sagt der fast nichts. Nur noch zwei Psalmen liest er vor, mit dem richtigen Gespür für erstklassige Texte. Thaddäus hatte auch über die gewerbsmäßig ernsten Gesichter der Sargträger geschrieben. Die waren, als das vorgelesen wurde, nicht da. Nachher kamen sie herein, hatten aber ganz normale Gesichter. Thaddäus war seit 14 Tagen im Katharinenhospital. Tags frei, abends zurück. Am Sonntag kam er nicht zurück in die Klinik. Das Telefon auf Beantworter geschaltet. Man schaut nach und findet ihn, schwarz gekleidet, Krawatte, Manschetten, Schuhe, perfekt, auf dem Bett liegend. Und tot. Lieber Thaddäus, mein Brief hat also keinen Eindruck mehr gemacht auf dich. Bei Gottfried Just war es auch so. Sie gehen, ohne auf Wiedersehen zu sagen. Er hat mir noch auf einer Karte geschrieben: «Ich denke oft an Dich, wie es Deinem Innenleben geht, ob der Wein noch schmeckt und überhaupt; um so mehr, weil ich so vieles in unserer Umwelt für beschissen halte und mein Gemüt im Keller sitzt und schon am späten Vormittag nach der alkoholischen Narkose schreit, dieweil die Feder nicht wandern will, weil mich die große Sprachlosigkeit und der taedium vitae erfasst haben. Möge es Dir besser gehen. Dein alter Thaddäus.»

Verschiedene Seen schauen zum Himmel und wissen nichts von einander.

Man kann sich umbringen, wie ein Diener einen unerträglichen Herrn umbringt.

Die große Anregung durch die Briefe Tassos.

Der Schreiber schreibt jeden Brief von einer anderen Stelle dieser Erde aus. Aus Tokio, New York, Boston, Paris, Graubünden, Oberschwaben, Bodensee, München, Frankfurt, Stuttgart. Selbstanklagen und Verteidigungen: ein Nicht-Ich, das von allem zerquetscht oder eingenommen wird und sich für alles rechtfertigen muss. Alles wird gleich eine Schuld. Der Kommunismus ist ein Verbrechen. Der Kapitalismus ist ein Verbrechen. Er ist beider Verbrechen schuldig. Gleichermaßen. Er ist süchtig nach einem süßen Glauben. Und dehnt sich wohlig in der Raserei augenblicklicher Freiheit. Er war brutal. Jetzt ist er zitternd und schwach. Er gehört in die Geschichte von Christus bis jetzt. Er war immer ein Verfolgter und ein Verfolger. Er wurde in jedem Zeitalter auf die typische Art verfolgt und hingerichtet. Aber es war doch immer seine Art: einer, der sich befreit hat und dadurch schuldig wurde an denen, die sich noch nicht befreit haben. Jetzt klagt er sich an. Konkret, seiner wirklichen Verbrechen. Das ist sein Ton, sein Inhalt, seine Tradition. Er zitiert immer wieder Tassos Briefe, Hölderlins Verse aus dem Turm, Bekenntnisse aus den Stalinprozessen. Er will sich nur verteidigen. Nichts ist so mobilisierend wie die Schuld.

Alissa: Es ist nachgemachte Klage, denn mir geht es gut. Das Schlimmste ist, dass ich klage.

Man fühlt sich, als sei einem etwas versprochen worden, das je länger je weniger eingehalten wird. Dabei ist uns nichts versprochen worden. Oder doch? Die Eltern locken Kinder in das Leben hinein durch Güte und Zugetanheit, die nachher nie mehr ihresgleichen finden.

Vorgestern im Zirkus Hagenbeck. Wieder bei Regen. Zum ersten Mal ein Zirkus mit einem andauernd redenden Conférencier. Wie schwer der Aufbau war bei diesem Wetter, dass die Kapelle aus Warschau kommt usw. Das ist nicht zirkusmäßig. Als er, wenn die Elefanten ihre Rüssel heben, in die rosaroten Schlünde hineinschaute, hoffte er, dass seine Familie nicht an das dachte, an das er jetzt dachte.

Flug nach Marseille. Zürich–Paris–Marseille. Ankunft 12 Uhr 20.

Ich bin enttäuscht, dass mein Französisch immer noch nicht besser ist als bei meinem letzten Frankreich-Besuch vor drei Jahren. Offenbar war ich der Meinung, die Französischkenntnisse wüchsen von selber. Sie tun das nicht. Wieder das Gefühl, dass es ein Privileg ist, diese Sprache zu sprechen. Lesen kann ich sie besser. Hören weniger. Am wenigsten sprechen. Mein Vorurteil: Es ist mehr eine Sprache zum Lesen als zum Sprechen.

Eine Französin lässt die Hand ihres Mannes auch auf der engen Treppe, die ins Flugzeug führt, nicht los, also auch nicht, wenn sie hinter einander gehen müssen. Mir passt es sofort zu meinem Klischee-Bild von der Französin, dass sie ein Flugzeug nur an der Hand ihres Mannes oder überhaupt nicht betritt.

Frankreich. Wenn ich jetzt an Deutschland denke, denke ich immer unwillkürlich und ohne dass ich dagegen irgendetwas tun kann, an Auschwitz und an die deutsche Teilung. Ich war nie der Meinung, dass Auschwitz von einzelnen Tätern verantwortet werden könnte. Das kann nur national getragen werden.

Da ich einmal einen Roman schrieb, dessen weibliches Zentrum Orli heißt, lande ich gern in Orly. Herr Hartmann vom Goethe-Institut Marseille: Uwe Johnson sagte, Sie sind doch ein armes Schwein, Herr Hartmann, weil ich jetzt hierherkomme, müssen Sie mit mir herumsitzen, Sie sind doch ein richtig armes Schwein, ein Impresario eben … Herr Hartmann empfand, dass Uwe Johnson sagte: Ich, der Kreative, Sie der Manager.

Samstag, 19. 7. 1980
Ein Vater glaubt, er müsse eine Tochter gegen ein Scheusal schützen. Im entscheidenden Moment entscheidet sich die Tochter für das Scheusal. Melodram.

Timons Kampf mit dem Rottweiler hinter der Post. Timon wird niedergebissen. Von dem Rottweiler. Der hört aber noch nicht gleich auf. Als Timon wieder aufsteht, tut er so, als mache er weiter. Aber dann begleitet er den Besiegten nur bis an den Rand seines Bereichs. Timon blutet und ist zerknautscht. Er ist keinem Kampf gewachsen. Er hat keine Seele für so was.

Ein Ehepaar, das über einander nie schimpft, ist unglaubhaft.

20. 7. 1980
Schläfrige Tropfen treffen die Blätter,
hohe Motoren bleiben weit weg,
schüchtern leb ich im Grünen,
schmatze, so leise als möglich.

Montag, 21. 7. 1980
West-Sturm. Nachmittags sonnig. Käthe: Wenn es April wäre, würde man jetzt sagen: Ein schöner Tag.

Mittwoch, 23. 7. 1980
Dass man ein Bild braucht, eine Vorstellung. Man sieht ja nichts von außen. Keiner kommt lebend von Bord. Nie hat einer gesehen, dass das, worauf wir sind, ein Schiff ist. Es ist nur eine Vorstellung. Eine Allegorie. Aber etwas braucht man schließlich.

Donnerstag, 24. 7. 1980
Frau Wirkus. Jetzt zweimal pro Woche ins Krankenhaus. Morgens eine ganze, mittags eine halbe und abends wieder ne janze,

nämlich Tablette. Selbst bei einem blauen Fleck sofort ins Krankenhaus. Hat eine Ampulle immer dabei, auf der steht Lungenembolie. Die wird sofort gespritzt im Notfall.

Freitag, 25. 7. 1980

Das erste Exemplar *Schwanenhaus* eingetroffen. Weniger als ein Jahr nach Schreibbeginn.

Denken kann keiner, wir können alle nur leben. Dieses Wie-für-immer-Getue! Und beim Teetrinken die halbe Stunde Wohlgefühl. Blindlings.

Ich muss die Luft anhalten, mich herunterstimmen, das Schlimmste für möglich halten. Ich halte das Schlimmste nicht für möglich. Das ist der alte Fehler. Gestern Herr Saueressig: nichtssagende Floskeln über das Buch. Im *Kölner Stadtanzeiger* eine Besprechung, die nur mir wohl gesonnen sei, aber nicht dem Buch.

Herr und Frau Ficus über den Besuch bei dem Fabrikanten Wagner. Den kannten sie schon, als er seinen IBO-Stand noch mit faulen Wechseln zahlte. Außer ihnen drei Ärzte. Den ganzen Abend redeten die darüber, wie und wo sie ihr Geld hinschieben sollen, damit es möglichst viel bringe.

Herr Saueressig über eine Außendienst-Mitarbeiterschulung im Holiday Inn zwischen den Autobahnen bei Frankfurt, wo man einkaserniert war von nichts als Autobahnen. Abends ein Bus voller junger Damen, die sich über die Männer hermachen, auch über Herrn Saueressig. Er dachte, dass da noch etwas laufe, aber plötzlich will die ihn, nachdem sie bis dahin nur so geredet hatte, ins Schreibzimmer lotsen und dort einen Versicherungsvertrag abschließen, sofort zur Versorgung der Familie usw. Da war es aus. Er ging zu den anderen, denen war es genauso ergangen.

Ich kann keine Meinung haben, der ich mich nicht zu widersprechen gezwungen sehe. Ich glaube an nichts, ohne dadurch auf das Gegenteil hingewiesen und verpflichtet zu werden.

Meine Ängstlichkeit müsste mich belustigen.

Samstag, 2. 8. 1980

Siegfried: Er und Hilde mit Porsche nach Bayreuth, Hotel-Pension Hofgarten. Siegfried: Ach so, eine Pension ist das. Um sechs fängt *Das Rheingold* an, Hilde trägt Siegfried ihre Wagner-Auffassung vor. Ihn hat das alles nicht hingerissen. Schon dass die anderen so toll begeistert waren, eine halbe Stunde frenetischer Beifall, vor allem Franzosen, stößt ihn ab. Nachher sagt Hilde: Gefällt dir meine Frisur. Schau doch einmal her. Er schaue immer nur andere an. Ihm gefiel die alles auf eine Seite legende Frisur nicht. Das wollte er aber nicht sagen. Er sei müde. Im Hotel wollte er schlafen, aber Hilde wollte noch reden. Sie schreit ihn an, er steht auf und geht und fährt ins Hotel Reichsadler, ein Zimmer für 80 DM. Morgens bringt Hilde den Porsche und fährt mit dem Zug nach Frankfurt.

Montag, 4. 8. 1980

Siegfried hat nicht vom Buch angefangen. Ich fragte. 22000 seien vorbestellt. Noch nie so viel bei einem Suhrkamp-Buch, warum sagt er das nicht? Er redet sich heraus: Er dachte, sagt er, ich sei nur noch am Schach interessiert. Ich frage nach dem *Pferd*. Da weiß er nichts. Heute bringt er Suhrkamp-Taschenbuch *Flugzeug über dem Haus* zum Frühstück. Als Morgengabe, sagt er. So verkauft er alles, benutzt alles. Darin ein Brief einer Italienerin an Frau Ritzerfeld, dass ich für das *Pferd* den Premio Europa bekomme. Frau Zeeh habe mir das doch sicher schon gesagt. Wieder eine reine Ausrede. Käthe und ich haben den Eindruck: Entweder interessiert er sich einfach nicht mehr für den Verlag, oder er lässt so sehr nach, er vergisst alles. Käthe: Sein Gesicht ist jung, aber dieser magere Körper, 16 Tage bei Buchinger gefastet, sieht alt aus, unangenehm alt. Aber der Körper hat die ideale Form. Man sieht, dass dieser gebildete Body einem gehört, der fast 60 ist. Das wirkt grotesk, nicht hässlich.

Eine Frau, die es sich leisten kann, einen wesentlich jüngeren Mann zu halten. Erste Voraussetzung: Sie muss erfolgreich sein, also eine Art Macht haben.

Der See hat heut wieder für ein paar Stunden das ewige Leben.

Sonntag, 10. 8. 1980

Istres, La Côte.

806 km von Nussdorf hierher. Übernachtung in Chambéry, weil in Annecy kein Bett frei war.

Montag, 18. 8. 1980

Erörterung der Bedeutung der Madeleine bei Proust. Schmeckt nur nach Vanille, sagt Theresia. Und Zitrone, ergänzt Käthe. Da Theresia Proust nicht kennen kann, stellt sich bei ihr kein aureatisches Erlebniss ein.

Plage Napoléon. Theresia: Ich könnte, glaub ich, im Meer leben.

Wo ein Hügel ist, seh ich die Daudet-Mühle.

Die Zikadentöne rattern, als wären sie aus Blech.

2 Tage Midi, und die Bronchitis ist fast weg.

Ich bin 50 geworden, bis ich zum ersten Mal in Frankreich mehrere Tage an einem Ort verbringen kann. Zwei Töchter haben das im Alter von 10 und 17 geschafft. Sie haben Wochen in Amboise und Montpellier verbracht. In einem Alter, in dem ich von Frankreich nur wusste, was die Kriegervereine verbreiteten und was im Wehrmachtsbericht gemeldet wurde, können sie erzählen, wie gefrühstückt wurde bei Bauern an der Loire …

Gestern auf der D 5 nach Avignon. Platanengesäumte Straßen, links und rechts Äcker zwischen Zypressenwänden und Bambuswänden, und wo man hält, duftet es. Was man in die Hand nimmt, ist ein Gewürz. Zu jedem Haus im Feld führt eine Extra-Allee. In Saint-Rémy tanzen sie am hohen Mittag zwischen den Tischen der Boulevard-Brasserie.

Zwei Deutsche in einer Buchhandlung kaufen Karten usw., und beide verlangen fast gleichzeitig eine Quittung. Die Dame an der Kasse muss unwillkürlich lachen. Zwei Deutsche denken am höchsten Mittag in der tiefsten Provence, im heiligen Schatten von Saint-Rémy, an ihre Steuererklärung.

Wenn man drei hübschen jungen Frauen begegnet, sieht man zuletzt doch noch, dass eine die Mutter ist. Sie geht auf unbequemen hohen Absätzen.

Theresia nach dem Reiten: Dass sie Angst gehabt habe, die Pferde seien so verrückt vom Wind, wie Alissa gesagt habe. Aber es sei ganz toll gewesen. Ihr Pferd sei gestolpert. Ein Mann sei von seinem Pferd gefallen.

Das Schild Troupeaux erinnert wieder an Daudet.

Patrimoine, ein französisches Thema. Giscard d'Estaing.

Samstag, 23. 8. 1980

Am Donnerstag abgefahren in Marignane, einen Gepäckständer gekauft, porte-bagages. Der Magazinier erbarmt sich, nachdem er zuerst ablehnte, das sei ja leicht, alles steht in der Beschreibung, die Rapide-Abteilung könnte es auch erst am nächsten Vormittag montieren. Der Magazinier schraubt es zusammen, ich soll es dann selber anbringen. Es ist zu breit, er kommt hinaus, schafft es auch nicht. Nachher kommen zwei, die drehen alles um und um, das sind zwei Gesellen aus der Halle, Praktiker. Wir können fahren. Im Kofferraum 120 Flaschen Gigondas und Vacqueras. Der Kofferraumdeckel geht auf, herausfallen 1 Flasche Vichy und mein Bademantel. Die Flasche, Plastik, platzt, als ein Auto drüberfährt, die Kolonne weicht meinem Bademantel geschickt aus. Über Vaison, Grenoble, Chambéry, Genf heim mit 60 Flaschen Gigondas und 60 Flaschen Vacqueras. Um halb 2 Uhr nachts hier. An der Grenze haben sie eher Mitleid gezeigt mit dieser Familie.

Sonntag, 24. 8. 1980

Es scheint, als scheitere dieses Buch wieder auf die von früher gewohnte Art. Lassen wir's. Gehen wir nach Sarn. Nur noch dort droben. Und keinem sagen, warum ich nur dort droben sein will.

Wenn man in Not ist, geht man ziemlich großzügig um bei der Einschätzung möglicher Hilfsquellen. Man mutet es in Gedanken halbfremden, völlig uninteressierten Menschen zu, einem zu helfen. Man denkt sie sich so zurecht, dass es völlig unverständlich und geradezu skandalös wäre, wenn sie nicht alles einfach liegen ließen, um einem zu Hilfe zu kommen. Stellte man sich 1 Sekunde lang vor, wie überrascht und befremdet man wäre, wenn man von diesen Leuten zu Hilfe gerufen würde, dann wüsste man, wie völlig illusionär es ist, von diesen Menschen Hilfe zu erwarten. Aber wer in Not ist, der kann nichts ausschließen. In Not sein heißt, Illusionen ausgeliefert zu sein.

Donnerstag, 28. 8. 1980

Heute die meisten Kritiken. Keine Revision des Bisherigen. Tapfer versuchen *Frankfurter Rundschau* und *Rheinischer Merkur* Gutes zu finden. *Süddeutsche*, Vormweg, kann sich nicht ganz dazu aufraffen. Ich bin aber nur von der *FAZ* verletzt, alles andere sind akzeptable Verneinungen. Die Beleidigung hat wieder nur die *FAZ* geschafft.

Wenn ich keine Schulden mehr habe, werde ich einen glorreichen Rückzug von allen Feldern vor sich gehen lassen. Ich werde mich ausblenden aus der Merkbarkeit. Nur das machen, was zum Lebensunterhalt notwendig ist. Unauffindbar sein. Nicht gefunden, nicht einmal gesucht werden wollen. Für sich sein.

Samstag, 30. 8. 1980
Wenn nichts ist oder wäre
als der Wind, die Veranstaltungen
des Wetters, Blumen, Raben
und Sonne, wäre der Sonntag
Mache, aber der Braten duftet,
und die Tränen lösen die Rätsel.

Keinen mythischen Touch. Unter keinen Umständen. Die gesellschaftliche Mitteilung von allem. Sonst ist nichts. Basta. Härte gegen die dadurch auch noch nicht unvermeidbare Herrschaft. Überhaupt Härte. Überhaupt basta.

Roman-Ende: Herr Zürn tut so, als schlafe er, weil sonst seine Frau auch nicht einschlafen könnte, und das wäre viel schlimmer, als allein wach zu liegen. Er atmet regelmäßig, produziert sorgfältig unwillkürliche Laute und Bewegungen. Er spürt, dass Anna abflaut, nicht mehr herhört. Und endlich hört er ihre Atemzüge die Tiefe gewinnen, die man nur im Schlaf gewinnt. Tief fährt der Atem ein, langsam kehrt er zurück, wie beladen mit einer ruhigen Fracht. Jetzt könnte er seine Schlafdarstellung beenden, wach liegen ohne Nervosität. Ihn regte es nicht mehr auf, wenn er nachts wach lag und nicht einschlafen konnte. Ihm genügte es, dass er noch lebte.

Der Dreier-Kuss: Als wollten drei aus einem kleinen Gefäß trinken, und jeder wollte dem anderen zuvorkommen. Ein gieriges In-die-Mitte-Drängen.

Herr Teufel und Herr Hund: Das ist die große Crux beim Chef, das Rechnungenschreiben, das mag er gar nicht. Käthe hat bei Kretz' im Geschäft Frau Hund sagen hören: Ob Herr Kretz einmal Kupferabfälle habe, damit bastle ihr Mann am liebsten. Käthe vermutet: Herr Hund ist in einer Entziehungsanstalt, und alle sind ihm etwas schuldig.

Jedes Mal, wenn er sich eine Frau zutraut und sie zu verfolgen wagt, stellt sich heraus, dass sie schon die Frau seines Freundes war. Dem sagt er das nie.

Die Unergiebigkeit der Depression. Das Einwegige, Stumpfe. Man müsste Brechungen einbauen können. Das Schlimmste: mit Leuten sprechen müssen. Man möchte allein sein, nur allein sein, dann lässt der Schmerz gleich ein bisschen nach. Jeder Mensch, mit dem man sprechen muss, tut weh. Die eigene Familie kann helfen. Man kann sich ihr augenblicksweise in die Arme werfen. Arbeiten müssen tut auch weh. Andererseits ist es die einzige Hoffnung: sich durch Arbeit mobilisieren. Wie ein auf Grund gelaufenes Schiff muss man Ballast verlagern, Fracht abwerfen, um wieder Fahrt zu gewinnen. Das Festsitzen könnte für immer sein.

Montag, 1. 9. 1980

Heute zum ersten Mal das *Schwanenhaus* auf Platz acht, das *Pferd* auch auf acht, also doch einmal in beiden Tabellen. Trostpflaster. Mir ist die Platzierung der Bücher auch wegen des Verlags wichtig. Wegen aller, von denen ich abhängig bin.

Jetzt sind die zwei Aufsätze (für *Le Monde* und für Marbach) endlich hingequält. Und jetzt müsste ich schon wieder einen machen, für Stuttgart.

Ich bin böse, wenn mich jemand stört. Nur weiß ich nicht, wobei er mich stört. Ich tue ja nichts, also stört er mich beim Nichtstun.

Jagd-Novelle

Sie sprach ununterbrochen beschwörend, antreibend, mobilisierend, korrigierend, auf jeden Fall leitend auf ihn ein. Wie eine Tennislehrerin auf einen Schüler, der andauernd den rechten Geist, den rechten Schritt, das richtige Ausholen, Drehen, Wenden und Dreinschlagen vermissen lässt. Sie massiert ihn förmlich mit ihren zugreifenden Sätzen.

Dienstag, 2. 9. 1980

Drei Kritiken, die man brauchen kann: *Frankfurter Rundschau*, Bonner, Stuttgarter Zeitung, vielleicht noch *Rheinischer Merkur.*

Mittwoch, 3. 9. 1980

Es will wieder Sommer werden. Aber die Wildheit, mit der die Wespen sich in die für sie tödlichen Situationen stürzen, deutet auf September.

Laute Badender dringen herauf. Ich muss fort. Glück ist tödlich. Es ist nichts zu gewinnen. Lass alles wahr sein, was dagegen spricht. Füge dich endlich.

Er tut so, als wüsste er das Wichtigste noch nicht. So bleibt ihm, glaubt er, Verhalten erlassen. Aber der andere verzeiht ihm auch das Nichtwissen nicht. Er verlangt, dass jetzt jeder wisse und sich verhalte.

Herz, stich doch nicht so, als wären wir in einem Kartenspiel.

Ich bin immer noch zur Untätigkeit verurteilt. Die Lähmung hält an. Man muss sie sich leisten können. Noch ein Darlehen über weitere 30000 DM, dann komm ich schon wieder in Bewegung.

Es könnte sein, dass die CDU/CSU planmäßig die Stimmung verbreitet, die SPD habe die Wahl schon gewonnen. Dass dann die Massen am Wahltag zu Hause bleiben und die CDU/CSU die Wahl gewinnt. Eine Stimmung, die man als verbreitet bezeichnen kann, ist meistens eine von der CDU oder CSU verbreitete.

TSG

Zwei Männer, die an einem Ort in Südfrankreich ihre Morde austauschen. Vollkommener geht es nicht. Aber TSG: Man muss nur nach dem Motiv gehen, überhaupt nicht nach den Indizien. Die lassen sich manipulieren. Das Einzige, das nicht manipulierbar ist, sind die Motive.

Donnerstag, 4. 9. 1980

Gestern Abend zum ersten Mal zum Lampensteg.

Am nächsten Dienstag in Baden-Baden Diskussion mit Martin Lüdke und Walter Jens: die bisher größte Beherrschungsaufgabe. Das ist nichts anderes, als was der Dompteur macht. Zwei Raubtiere. Ein freundliches und ein bösartiges. Und ich darf nicht merken lassen, dass ich Angst habe. Ich darf auch nicht merken lassen, dass ich sie für Raubtiere halte. Ich muss bei denen den Eindruck erwecken, als hielte ich sie für höhere Wesen und sei selber ein dankbares niedereres Wesen.

Monographie über die Zwetschge. Sie werfen der Zwetschge den Stein vor.

Donnerstag, 4. 9. 1980

Franziska, 0:20 Uhr, ein Sohn. 7 Pfund 150 g, 52 cm. Die Hebamme riet ihr, mit den Wehen zu schreien. Das half zuerst auf dem Boden, dann im Gebärstuhl. Erst um 11 Uhr waren sie von der Wohnung abgefahren.

Der absolute Freund ist nur der Tod. Jemand, der einen deutlich an der Hand nimmt und emporhebt. Auf jeden Fall herausnimmt aus dieser Foltermaschine. Die wir alle miteinander gegeneinander betreiben. Manchmal träume ich auch von einer Welt, die so erträglich wäre, dass der Tod zu etwas Schrecklichem würde. Dann fühle ich mich gleich ganz warm und wohl hier, wo es immer so zugeht, dass der Tod zur liebenden Hand wird, die hilft. Selbst wenn das Sterben fürchterlich wäre, da es uns von Fürchterlicherem befreit, ist der letzte Atemzug ein Aufatmen. Auch wenn sich das zu nichts als Fortsetzung verdammte Fleisch mit Händen und Füßen dagegen sträubt.

Alle Rezensionen mitnehmen nach Baden-Baden. So aufpassen wie noch nie. Kein Alkohol.

Ich fühle mich zu Edgar Allan Poe hingezogen. Zum Glück habe ich alle seine Bücher da.

Samstag, 6. 9. 1980

Gestern und heute in Dachau und München.

Frau Wackernagel ruft an, will kommen. Käthe sagt, ich sei nicht da. Das ist die Routine. Ich bin auch froh. Aber gestern wurde der Sohn zu 15 Jahren verurteilt. Ich muss sie in München besuchen.

Sonntag, 7. 9. 1980

Weil das Buch ein Buch der Konkurrenz ist, wird es sich denen bekanntmachen, die es brauchen.

Schön schwimmt die Einsamkeit um mich herum und lässt mich sein. Verklärung. Wirklich: Jeder glaubt, es sei sein Königreich, er, fortgejagt, die Rotte der Usurpatoren tafelt dort und höhnt den Verjagten. Neuere Bilder, bitte, nicht so zurückgreifen.

Die Herzstiche, die bleibenden, gehören zum neueren Bild.

Aber das Bildverhindernde ist die Rechtssicherheit, die Unverletzlichkeit des Körpers. Gequält werden nur noch die Seelen.

Frau Menz: Ich habe Großes zu berichten. Gedichte von 1940. Die sind gut. Nebenher mit der Katze im Dialekt, ihre Gedichte seien meistens aus dem Kummer gekommen. Das dürfen die Jungen doch nicht merken, das ist zu privat, ich lebe sozusagen der Begegnung mit Ihnen entgegen. Das ist nicht nur als Lyrik, sondern auch als Schau zu verantworten. Die guten Gedanken gehen durch alle Wände. Sie will mich einschließen in die Gedanken ihrer gebetsmächtigen Freunde, die mich nicht kennen. Also auf jeden Fall sagt sie mir Protektion zu.

Jetzt, nach dem Maria-Menz-Telefongespräch, weiter in meinem Abenteuerroman. Die Seelenquäler. Die Schmerzen, die sie auf dem Umweg über die Seele erzeugen, sind nicht kleiner als die, die sie früher mit Stiefelspitzen, Reitpeitschen, Zangen und Schrauben erzeugten. Mein Herz, zum Beispiel, ist ein schmerzlicher Lappen in ihren Händen. Die neue Tour.

Reaktive Depression
Was nicht verlangt werden kann, wird verlangt,
das Bedürfnis, der Einzige zu sein.
Die Gratisherrschaft errichten will jeder über alle.
Wer hat mir das eingesagt, dass ich nicht nachgeben dürfe, bevor
ich nicht alles habe?

Jetzt wächst Theresia ein wenig über die unwillkürlichen Bewegungen hinaus. Sie tut manchmal etwas, weil sie es, durch uns veranlasst, für notwendig hält. Andere Familien beherrschen ihre Kinder schon viel früher zu fast 100 %. Die Kinder funktionieren familiengemäß. Sie tun, was die Eltern wollen.

Wie soll man sich den Feind vorstellen? Am besten wäre es, wenn er mir gleichsähe. Am allerbesten wäre es, wenn man ihn von mir überhaupt nicht unterscheiden könnte. Je verschiedener er von mir ist, desto härter wird der Kampf werden.

Die Alleingelassenheit des Unterlegenen.

Montag, 8. 9. 1980

9 Uhr 18 ab Überlingen – 12 Uhr 45 Baden-Baden.

Ich fahre zu einer elenden Veranstaltung. Zwei Kritiker und einer, der mich nicht mögen kann. Und Thomas Bernhard feiert mit Tiraden zur Abschaffung der Welt Triumphe. Allerdings: Mit dem Tod lassen sich komischere Sätze machen als mit dem Leben.

Bismarck (*Spiegel* 37/1980, S 210): «… Die großen Krisen bilden das Wetter, welches Preußens Wachstum fördert.»

Dienstag, 9. 9. 1980

Baden-Baden, Holiday Inn, Zimmer 401, DM 98.

Mit Marcel Reich-Ranicki zur Batschari-Hütte. Vom Golf-Hotel aus. Seine Frau bleibt im Hotel. Er hat 100–160 Blutdruck. Abends Schloss in Neuweier. Ich gleich das Lamm. Ah, er kennt sich aus.

Er fragt, ob Johanna hübsch sei. Das kommt mir vor wie eine Sklavenmarktfrage: Der Interessent betastet die Muskeln des Sklaven, den er kaufen will. Wie oft Reich-Ranicki erwähnt, dass der Fernsehdirektor in Polen vier Schwarze hatte zu seiner Bedienung auf seinem Landgut. Und die vier sind den ganzen Tag dort, parfümieren sich, bereiten sich vor, das kann dessen Potenz doch nicht bekommen, der muss doch immer darauf gefasst sein, dass er zu wenig kann. Er macht sich verschiedene Sorgen um diesen Herrn.

Nachmittag und Abend gingen leichter als gedacht. Die Frau ist immer da, auch wenn er an ihr vorbeispricht. Wenn er sich aber dann an sie wendet, weil sie das Gedächtnis hat, ist sie sofort präsent. Ohne aufzutrumpfen. Und wenn man sie einbezieht, lacht sie herzlich. Es ist allerhand, dass man sie manchmal draußen lässt.

Reich-Ranicki fährt unglaublich schlecht Auto. Sobald einer entgegenkommt, reißt er reaktiv das Steuer nach rechts, muss es, weil er sonst gleich gegen Bäume und Zäune prallen würde, gleich wieder nach links reißen. Zum Glück ist der, der entgegenkam, jetzt vorbei. Wenn aber einmal zwei hinter einander entgegenkämen, was dann! Auch milde Kurven durchfährt er unter heftigen Lenkradrucken, die immer zu weit gehen und dann durch ebenso scharfe Rucke rückgängig gemacht werden.

Plötzlich haben hier alle Männer von 17–40 ärmellose Lederwesten an. Vorher hat kein Mann zwischen 17 und 40 eine Lederweste getragen.

Mit Walter Jens nach der Aufnahme nur heftig Krach. Ich: Dass ich den Vorwurf, ich schriebe zu gut, nicht mehr hören könne. Dann lief ich bald weg. Er hat scheinheilig und böse und nur von oben herab das Buch in die untere Hälfte der Mittelmäßigkeit geschubst. Der gefürchtete Lüdke war dagegen mild. Walter Jens: Ein Nebenwerk, und das mit Thomas-Mann-Sprüchen abgetan. Lüdke: Zu wenig anarchisch.

Der Rentner an der Auskunft. Er will auf jede nur erdenkliche Art nach Luxemburg. Den Zettel hat er schon ganz voll. Er ist präpariert. Er kann dem Auskunftsbeamten eine noch kompliziertere Wegstrecke abfragen. Der geht auf alles ohne Zeichen von Ungeduld ein, weil er bis 22 Uhr Dienst hat und die Zeit bis dahin genauso gern nur mit den Fahrplanproblemen dieses Rentners verbringen kann. Der Rentner bläht in kurzen Abständen beide Backen auf und drückt dann jedes Mal die Luft mit einem furzenden Geräusch über die unnachgiebigen Lippen. Sollte er am Ende doch auch nervös sein?

Dass ich mit Walter Jens Krach anfing, war ein Fehler. Aber man erträgt nicht alles. Aber ich hätte so tun sollen, als spürte ich nicht, was er sagte.

Der Nicht-Erfolg des Buches: Besten-Liste Platz sieben mit einer lächerlichen Punktzahl.

16 Uhr 45 ab Baden-Baden, 20 Uhr 36 Überlingen.

Der ganze Effekt der Reich-Ranicki-Konsolidierung ist durch meine Walter-Jens-Beleidigung wieder kaputt gemacht. Man muss sich eben gar alles gefallen lassen. Wenn man sich nur die Hälfte oder nur 75 oder 90 Prozent gefallen lässt, nutzt das überhaupt nichts. Die geringste Gegenwehr und Selbstbehauptung zerstört alles. Und das Traurige: Walter Jens ist selber ein Geschlagener, genau wie ich. Darum musste er mir jetzt eins versetzen. Deshalb hatte er das lächerliche Bild vorbereitet: Ein Philologe im Jahr 2030 bezeichnete das Buch als eine Fälschung, es sei gar nicht von mir, sondern von einem Nachmacher. Ich behaupte auch jetzt noch, dass das ein Bild ist, das nichts beiträgt, es ist die reine Schmähung.

Reich-Ranicki will eine Schulgeschichte aus dem Dritten Reich und etwas für *Wiedergelesen*. Ich schlage vor das Lersch-Buch. Gleichzeitig für die Bibliothek Suhrkamp.

Lass mich hinein in die Täler,
Berge, stellt eure Wände um mich,
mir läge an einer grünen Geborgenheit.
Ich gebe zu, es gibt nicht genug Berge,
so viele suchen Schutz.

Wie oft im Zug zurück von verlorener Schlacht. Immer heim als Besiegter. Ich war schlecht.

Wie denkt man so eine Pleite zu Ende? Doch nicht so, wie es in Wirklichkeit verläuft, sondern so, dass man es aushält. Also Walter Jens wird zwar in Wirklichkeit jetzt bei Reich-Ranicki im Golf-Hotel eintreffen und polemisch über dieses undankbare Mittelmaß namens Martin Walser klagen, da fährt man extra her, hat dem sein wahrhaft nicht lesenswertes Buch gelesen, und was tut der? Der beleidigt einen noch, also nein nein nein nein ... Ich ertrage es nicht, mir vorzustellen, wie die jetzt über mich reden, deshalb denke ich mir, es verlaufe so: Walter Jens sagt, es tue ihm leid, dass er sich einen Augenblick etwas aggressiv ausgedrückt habe, er wolle doch lieber jeden anderen, nur nicht mich beleidigen ... Nein nein nein, das setze ich nicht durch bei mir. Er hat auf die Gelegenheit gewartet. Ich bin ihm zwar entgegengekommen bei seiner Geburtstagsanthologie, er lässt sich meinen Freund nennen von Jürgen Lodemann, und dann haut er zu. Das wird umso schlimmer, als der Zuschauer denken muss: Donnerwetter, und so spricht einer, der sein Freund ist, wie schlimm muss das in Wirklichkeit sein, der verschönert ja noch alles. Jürgen Lodemann trifft die Schuld, zwei Gegner eingeladen zu haben. Aber er konnte es ja auch nicht wissen, dass Walter Jens so gegen mich ausholen würde.

Wenn mich die Bahn über die Berge gebracht haben wird, will ich atmen, vorher nicht.

Es ist nichts als mein Pech, dass Walter Jens seine Auftrittsdramaturgie nicht gelungen ist. Er hat es gut gemeint, aber es missglückte. So deute ich in meinem universalen Besänftigungswahn.

Die drei blieben zurück und schauten sich die Aufzeichnung an.

Jetzt stehen schon einige Waldwände zwischen mir und dem Beleidiger, und tiefe Tunnels haben das Licht erwürgt, in dessen Schärfe sie mich stellten.

Schön die Schwärze der Tunnels, durch die uns durchsaugt das

Heimweh. Erreicht, das schützende Triberg. Wie von Milch das Besänftigende ausgeht, spüre ich schon die Bergsamkeit einer Gegend, die mir mit jedem mütterlichen Lokomotiven-Pfiff mehr verspricht. Die Ohren gehen auf, als wäre nichts mehr zu fürchten. Jetzt, Gedächtnis, gibst du noch nach, dass ich Ruhe finde wie einer, dessen Feierabend verdient ist.

Nichts nützt dein Grün, Schwarzwald, ich bin immer eingeholt worden, wovor ich fliehe. Warten wir St. Georgen ab, dass die Schutzkraft größer werde.

Plötzlich ist einer sehr groß, der gerade noch ganz klein zu sein schien. Aber dann erfährt man, dass er sich immer für so groß hielt. Das überzeugt. Und ist unnachahmlich.

Auch die langsamste Fahrt kommt nur mit seufzenden Bremsen zum Halt. St. Georgen öffnet die Ebene in der Höhe. Die Wälder weichen zurück. Wir wären über dem Berg. Wieviel tue ich für das Buch, und was nützt es? Ganze 29 Punkte habe ich, glaube ich, erreicht. So wenig wie noch nie seit '76. D.h. die demokratische Freundestruppe unter den Kritikern hat nicht mehr mitmachen wollen. Und die Gegner fanden nicht, dass sich etwas zu meinen Gunsten geändert habe. Gemieden sozusagen sitze ich jetzt zwischen den Fronten, die ich mir denke. 7 Uhr Villingen. Wer könnte mich jetzt ablenken von mir? Den suche ich. Gott, wie wär's mit dir? Schaffst du das noch? Oder habe ich dich zu sehr geschwächt durch meine Schuld. Dass ich allein bin, sollte mich nicht wundern, nicht schrecken. Nur Mut, nicht wahr. Nur Mut. Auf die Hinterbeine, bitte, und in den Nacken eine Art Kraftgefühl. Ein wenig den Kopf sinken lassen. So. Nicht zu weit. Jetzt harren.

Jagd-Novelle

Seine Vorstellung, und die ergibt sich aus den Zeitumständen, der Berufssituation: Es werden, wie es jetzt aussieht, nur 2–3 Stunden übrig bleiben für die ersehnte Begegnung. Beide sind dann über 300 km gefahren, dafür. Bei ihr ging es nicht anders und bei ihm auch nicht. Aber genügt das nicht? Durch diesen Druck werden sie nicht reden müssen. Und beide müssen in 130 Minuten wieder zurückfahren, wer möchte, wenn beide noch per Sie sind mit einander und sich überhaupt nicht kennen, aber schon kein bisschen, wer möchte da mit Reden anfangen und Legitimieren und Herbeiführen alles erlaubender Bedingungen! Er nicht. Sie nicht. Niemand. Völlig stumm werden sie sein, sobald er die Tür hinter sich zugemacht haben wird. Nicht dass sie hastig auf einander losstürzten, einander vergewaltigten! Er wird ihr die Hand geben, sie wird mit der Hand, die bei der Begrüßung nicht gebraucht wird, irgendetwas machen, was er erwidern wird usw. So werden sie mit nichts als flüchtigen, zielunsicheren Bewegungen sehr rasch auf dem Bett liegen, ausgezogen. Schon 1 Minute später würde er, gefragt, nicht mehr sagen können, wie das gegangen ist. Auf jeden Fall ohne Verlegenheit. Dann sind sie bei ihrem GV. Ja, etwas anderes ist es nicht. Aber das ist es, das wird es sein. Alles, was sie jetzt noch tun, nützt beiden. Bringt sie weiter. Es gibt keine vergebliche Bewegung mehr, nichts Misslingendes. Nichts, was man angefangen hat und wieder aufgeben muss, kein Missverständnis mehr. Weil alles ein vollkommenes Hin und Her ist. Ohne das eine, nie das andere. Immer steigert jedes Hin jedes Her und jedes Her jedes Hin. Also da wird nichts passieren. So viel geleitende Notwendigkeit, dass sie sich beide voller Einigkeit anschauen, konstatieren. Nicht prahlend oder zufrieden. Es ist ja alles nichts als die Ausführung eines reinen Einverständnisses. Das ist doch klar.

Donnerstag, 11. 9. 1980
Nachts noch, mit einander.

Siegfried hat mir mitgeteilt, schriftlich, auf meine Frage, dass der Bericht im *stern* mäßig freundlich sei. Jetzt habe ich ihn selber lesen können. Jetzt will Käthe verhindern, dass ich zu Siegfried sage: Was redest du daher, der Bericht ist doch ganz anders. Dann käme Siegfried und würde sagen: Die haben mich falsch informiert über das, was in dem Bericht steht. Aber in Wirklichkeit hat Siegfried nur nicht zugehört und, was er gehört hat, vergessen. Und warum erzählen die mir das alles so genau? Dass sie nicht zu Siegfried gehen und sagen müssen, er habe falsch berichtet.

Betrübnis ist eine weiche Last. Alles zieht nur hinab. Die Last regiert die Stunde. Ich wiege etwas mehr als die Welt.

Freitag, 12. 9. 1980
Oh
dass ich mich regte
dass ich ging
dass ich nicht glaubte
ich hing

Ich kam von daheim,
den Mund voller Wörter,
die sind mir genommen worden,
ich fühle mich stumm,
habe nichts mehr zu glauben.

See, du trägst den Schall, vermehrst den Schein und ruhst nun. Dir bin ich ähnlich.

Samstag, 13. 9. 1980
11 Uhr 37 ab Stuttgart, 14 Uhr 34 Friedrichshafen.

Ein Riesenauftrieb in Marbach. Jubiläum. Mein Vortrag: Der unterirdische Himmel. Der ehrgeizige Zeller, eine lange kluge Rede, die Minister Baum und Engler ohne jeden Inhalt. Danach Professor Rosenthal, Oswald Heimbucher, Sulzbach-Rosenberg. Jedele und Frau. Bausch und Frau. Beckermann. Siegfried und Honnefelder. Professor Avery, der Adoptivsohn hat sich das Flugticket als Bademeister und Gärtner verdient. Gisela Linder holt sich eine Kopie der Rede. Deutelmoser und Frau und Tochter. Storz und Frau. Oehlers fragt, ob eine Aufbau-Einladung nach Weimar möglich sei. Herr und Frau Rudolf, er will die Rede, begeistert, an Neujahr senden, Rettich und Müller waren da. Schwedhelm. Greve. Kurz auch Brandstetter.

Mein Schauer, wenn ich ausspreche, Gott sei unsere Schöpfung. Wie sehr ich dann alle Existenzkraft in die rasch hinzugefügte Beteuerung lade, dass er unsere größte, wichtigste Schöpfung sei. Ich möchte 2–3 Monate in die Berge und dort mit Gott beschäftigt sein.

Die Konkurrenz ist in diesem Herbst auf der Liste besonders hart. Offenbar bin ich wieder auf Platz acht gerutscht, gedrängt, gestoßen durch ein amerikanisches Buch, für dessen Rechte Molden Millionen Mark bezahlt hat, die er nicht mehr hereinbringt. Sagt Honnefelder.

Weg vom Hass, hinauf zu Gott, der die Liebe ist. Daran kein Zweifel. Alles, was mit ihm zu tun hatte, ist Liebe. Ohne Objekt. Wenn man Gott liebt, kann man sich ersparen, Menschen zu lieben. Allerdings, Christus.

Ein Paar in einer Fremdsprache, die ich nicht kenne. Sie unterhalten sich, sobald der Zug steht, nur noch flüsternd. Wenn der Zug wieder fährt, werden ihre Stimmen ein wenig lauter.

Solange ich wartete vor dem Bahnhof in Ludwigsburg, küssten sich zwei Junge immer wieder, immer wieder. Er lehnte an einem Geländer, nahm sie, die immer wieder kam, immer wieder zu sich. Jedes Mal wirkte dieses Aufeinanderzu- und Ineinanderhineinsinken wie das erste Mal. Jedes Mal hatte es die Kraft einer vollkommenen Neuigkeit. Und 20 Minuten schaute ich zu. Die beiden hatten gleich lange Haare. Ich stand ziemlich weit von ihnen weg. Ich habe praktisch nichts gesehen als diese Küsserei, die sie betrieben wie Columbus die Entdeckung Amerikas.

Holthusen und Frau waren auch da. Mit ihr zwei Sätze gewechselt: Ich erkannte wieder die Frau, die oben unter der Tür stand vor vielleicht 25 oder 27 Jahren, als ich mit Sperr diese Stufen hinaufging und diese ziemlich ältere Frau uns empfing. Schwarz, bleich, breites, schönes, russisch erscheinendes Gesicht. Und ihr Mann sagte zu mir: Sie sind mein Mörder, und dass ich das jetzt noch nicht verstünde, erst später, wenn mein Mörder auf mich zukomme. Ich habe mich seitdem einige Male über diesen Empfang lustig gemacht. In letzter Zeit nicht mehr.

Klagen ohne Potenz, bitte nicht. Nur höchst geschraubte Klagen interessieren mich. Solche, die ohne Beanspruchung komplizierter Sätze nicht ausdrückbar sind.

Es wird immer einen geben, der jubeln kann. An den haltet euch. Jubelt mit. Es ist nichts zu bedauern. Die Brunnen fließen, noch blüht der Klee. Auch Schweine weiden. Silbern und gelb leuchten die Ufer. Bin ich froh, dass ich nicht den Pullover angezogen habe, sagt die zu ihrem Mann, der nur Französisch spricht. Ein Maisfeld sieht immer aus wie eine geschlossene Gesellschaft. Wenn der Zug bremst, nehmen die Farben zu, die Äpfel tun sich hervor, und die Geranien, immer noch mehr Geranien.

Sonntag, 14. 9. 1980

Heute das Ironiebuch zusammengestellt. Fast alle Kapitel sind jetzt da.

Montag, 15. 9. 1980

Sobald sie darüber sprachen, hatte sie recht. Die Sprache, schien ihm, war einzig darauf eingestellt, war nur dazu entstanden, ihr recht zu geben. Also schwieg er und handelte.

Der Blick sinkt, bis du nichts siehst als die Spitzen deines Schuhs.

Das *Schwanenhaus* auf Platz neun und das *Pferd* auf zehn, also 2 × 2 Plätze eingebüßt.

Nach der Nachbars-Sirene nachts habe Timo 1 Stunde lang gebellt. So hat ihn dieses Geheul verletzt.

Dienstag, 16. 9. 1980

Eberhards zum Kaffee. Er, 84, hält Wahlreden. Er schließt so: Denkt grün, wählt rot!

Donnerstag, 18. 9. 1980

Heute Morgen von 4–8 hat es sich geklärt. Das Buch soll heißen Dorle und Wolf.

Freitag, 20. 9. 1980

Herr Brändle und Frau. Er hat seinen zweiten Dr. über seinen Lehrer Fuchs: Als der in ein Haus gerufen wurde, wo eine junge Frau gestorben ist, sagt er, als er sie da liegen sieht, jung und schön:

Steh auf und wandle. Aber sie blieb liegen. Er war erschrocken über seinen Satz und war froh, sagte er, dass sie liegen blieb. Wenn sie aufgestanden wäre, das hätte ihn ganz schön in Verlegenheit gebracht. Zu seinen Schülern: Wenn ihr predigt und ihr merkt, dass die Leute alles zu glauben beginnen, was ihr sagt, dann müsst ihr gehen, dann ist es höchste Zeit, abzuhauen.

Goldene Kühe standen im Herbstlicht.

Dass ich die Hand noch rühr, ist Heldentum. Heldentum.

Sonntag, 21. 9. 1980

Gestern Abend zur Birke. Der Sommer hält an.

Gallistl II

Jetzt ist alles klarer als vor zehn Jahren. Es ist klar, dass es nur Verfolgte und Verdammte gibt. Und die Verdammten sind die Verfolger der Verfolgten. Ein Drittes gibt es nicht.

In Kreuzlingen ein kleines Schloss zu verkaufen: 2 Millionen Fr. und die Renovierung. Ich möchte sowohl ein Mönch sein und nur beten und arbeiten für andere, andererseits möchte ich ein Schloss.

Der Sommer bleibt und bleibt.

Montag, 22. 9. 1980

Heute wenigstens auf Platz sechs, aber das *Pferd* ist nicht mehr auf der Liste.

Er geht gern bergauf. Wenn er bergab geht, hat er Schmerzen in den Knien, auch fürchtet er, komisch auszusehen. Über Graubünden stand das riesige Blau. Gegen Mittag kam ihm ein Traktor entgegen, der die enge Wegschlucht ausfüllte. Er kletterte den Rain hinauf. Der Bauer hatte goldblonde Haare, trug einen blauen Kittel, und sein Gesicht leuchtete vor Friedlichkeit. Das Rattern des Traktors erlaubte nur pantomimisches Grüßen.

Samstag, 27. 9. 1980

Ein Stück, in dem die Kinder zu Hause alles spielen dürfen, was sie wollen. Eine sieht sich als Tänzerin, obwohl sie das am wenigsten ist. Der Vater gibt nach. Er will ihnen nicht auch noch diese einzige Freude der Illusion verderben. Die Tänzerin verehrt pathetisch schöne Männer. Wie sie einander die Illusionen streitig machen. Vor allem die jüngsten zwei. Das Stück heißt Theologinnen.

Wenn sie nach einander eintreffen und jede wäre etwas vollkommen anderes geworden, als man gedacht hat. Jede würde jetzt Theologie studieren. Aber keine möchte das zugeben. Und jede gibt es zu, wenn die anderen nicht dabei sind, so dass nur die Eltern es von allen wissen und nicht wissen, wie sie das enthüllen sollen. Zuletzt gibt auch der Vater zu, dass er gern Theologie studiert hätte. Einfach um der Weltflucht willen. Aber die haben ganz andere Motive. Das Gegenteil. Sie wollen helfen. Theologie ist offenbar immer wichtig, ob man fliehen oder ob man helfen will.

Sonntag, 28. 9. 1980

Frau Dengler erzählt Käthe: Eines Abends vor fünf Jahren lag vor ihrer Tür ein schwarzer, vielleicht ein- oder zweijähriger Schäferhund, offenbar schwer krank. Sie nimmt ihn herein, bleibt vier Wochen Tag und Nacht bei ihm. Nierenbeckenentzündung. Heilt. Dann gehen sie einmal mit ihm ins Tierheim, als Herr Schnurr noch lebte. Sie haben dem Hund alle Namen anprobiert. Keiner passte, er reagierte einfach nicht. Herr Schnurr kann sich an diesen Hund erinnern. Ein Student wollte den nicht im Heim lassen. Wolfi heißt der. Sie probieren. Der Hund reagiert sofort. Sie treiben den Studenten auf. Der hat den Hund von einer Witwe. Ihr Mann war bei der Lach- und Schießgesellschaft gewesen, nach seinem Tod musste sie, weil sie gehbehindert war, den

Hund weggeben. Der Student wollte ihn kaufen. Nahm ihn mit. Hatte kein Geld. Dachte, es habe keinen Sinn, den Hund dieser Frau zurückzubringen. Der Hund wurde krank, er legte ihn im Vorbeifahren vor die nächstbeste Haustür. Es war zum Glück die von Frau Dengler, die sich immer schon so einen Hund gewünscht hatte. Jetzt ist er ihr und ihres Mannes Kind.

Leidende Angestellte.

Geistliche Musik in der Birnau, *Magnificat anima mea Dominum.*

Drei Kinder, 6–9, 2 Reihen vor mir. Einer hat einen Papierflieger gefaltet aus dem Programm, den schwingt er durch die Luft wie zum Start, immer wieder, aber er traut sich nicht. Einmal greift eine Greisin nach seiner erhobenen Hand. Dann kommt eine Frau und holt ihn hinaus. Dafür drängen sich zwei alte Grauköpfe auf den Platz des Buben. Einem wackelt und zuckt der Kopf andauernd bei der Musik, das stört mehr als die Bewegungen des Buben.

Es ist Zeit für Pat und Patachon feminin.

Mittwoch, 1. 10. 1980

Es ist zwar ein Nachsommer, aber einer, der dem Sommer zum Verwechseln ähnlich sieht. Wir essen immer noch draußen. Man möchte nicht mehr herein. Gestern Abend zur Birnau, ein lauwarmer Windhauch vom violetten See herauf. Die schwarze Silhouette der Bäume und Häuserreihe am Ufer wie ein neuromantischer Scherenschnitt. Man weiß, es kann nicht schöner sein, und fragt sich, warum man dann nicht mehr davon hat. Auf jeden Fall tut es nur weh. Die Schönheit des Augenblicks ist nichts als eine Verschärfung von allem, was nicht so angenehm ist: Die Kinder sind nicht dabei. Sie kämpfen selber, und selber wird man nicht mehr lange kämpfen.

Timon bellte Hubschrauber an.

Jagd-Novelle

Den ganzen Nachmittag die Sünde organisiert. Er ist der katholische Lebemann, der dressierte Unterworfene. Das Organisieren des Verbotenen ist, als würde er ununterbrochen Seifenwasser schlucken. Warum tut er's dann überhaupt? Aus Lebens-Pflichtgefühl. Und um nicht schon so tot zu sein, wie er ohne diese Demonstrationen wäre.

Beim Schwimmen. Hing der Bauch ins kältere Wasser.

Donnerstag, 2. 10. 1980

Wir, die Religiösen, die Fresser, die Unproduktiven, die Verrückten, die Nichtskönner, die Lauscher, die Leisen, die Gegenstandslosen in einer Welt, in der das Gegenständliche zählt, wir, die Ängstlichen, die davon leben, den anderen Angst einzujagen, Angstexperten, wir! Und wollen uns von denen, denen wir Angst eingejagt haben, aus der Hand fressen lassen.

Wie weit hinaus sieht man, sobald man die Augen schließt.

Ein Flüchtling, kontaktlos. Neugierig, aber scheu. Andauernd ein Ergebenheitsgesicht, im Fall jemand herschaue.

Heute Lesung in Villingen-Schwenningen. Und im Fernsehen Helmut Schmidt und Franz Josef Strauß drei Tage vor der Wahl, zweieinhalb Stunden lang. Wenn ich heute nicht allein bin im Saal, werde ich nie mehr allein sein. Der nationale Schaukampf. Der wäre mir selber wichtiger als jede Lesung.

Freitag, 3. 10. 1980

Gestern Abend Villingen-Schwenningen. Ich habe Angst, dass nur zehn Leute da sein werden wegen der Vierer-Diskussion Schmidt, Strauß, Genscher und Kohl im Fernsehen. Ich schlage vor, dass wir die Fernsehdiskussion anschauen, wir lassen abstimmen. Die Mehrheit will auch zuschauen. Einige sind enttäuscht, die gehen. Ich verspreche, acht Tage später zu lesen.

Anruf Reich-Ranicki. Er versteht, dass ich jetzt wegen der Günter-Blöcker-Kritik nicht bei ihm schreiben kann. Er lädt mich ein für den 22. zum Essen. In Frankfurt, aber am 7. Oktober sei etwas in der *FAZ*, wovon ich hin- und hergerissen sein werde. Das sind Drohungen. Am liebsten wüsste ich nichts von alldem.

Wärme lass mich bleiben
bleib du auch
bei mir. Wenn ich
der Liebe ein Mund war
mag ich erkalten.

Ich sollte nicht angerufen werden können. Ich verlange furchtbare Rechte. Gewöhnliche Umstände halt ich nicht aus.

Mindestens ein Vogel auf geheiztem Ast will ich sein, ganz geschützt und frei.

Die Fühllosigkeit der Mächtigen. Sie wissen nicht, was sie tun. Und soweit ich Macht habe, bin ich genau so. Ich weiß überhaupt nicht, was ich anderen tue. Manchmal blitzt es auf. Aber ich begreife es nicht. Mehr als eine Ahnung meiner Wirkung erreiche ich nicht. Die Kinder versuchen es manchmal zu zeigen, was ihnen durch mich passiert. Ich beuge mich vor und schließe die Augen und halt mir die Ohren zu. Man kann nicht leben, wenn man weiß, was man tut.

Aufstehen heißt, den Kopf so hoch zu heben, dass die Schwere in die Füße rinnt. Das ist schwer.

Susanne B. hat gestern von einem in der Räuberhöhle LSD bekommen und genommen. Ihr Vater ging mit dem Lederriemen auf sie zu und schlug. Jetzt sitzt sie im Keller in einer Ecke und rührt sich nicht mehr. Der Vater heult nur noch. Sie schreit vor Heulen. Ein praktischer Arzt wurde angerufen, aber der kommt nicht.

Er bevorzugte Buchten und Hügel, brennende Abende. Steinerne Böden. Die von der Kälte gefasste Wärme. Den Wasserlaut. Auf ihre Kinder einredende Mütter.

Ich bin genauso gefallen wie die anderen meiner Generation. Nur bin ich jetzt tiefer drunten als Günter Grass, Uwe Johnson, Hans Magnus Enzensberger. Der Letztere hat seinen Fall immer verschleiert. Was er jetzt als Transatlantiker aufführt, ist einerseits komisch, andererseits verdient. So sind wir. Wie er. Auch wenn wir es zu verbergen suchen. Er bringt es an den Tag.

Vom Schweben reden, während man rutscht ins Finstere, den Schluss.

Samstag, 4. 10. 1980

Ruhig schwimmt der Schwan vorbei
die Schnake sieht sich in der Politur
Oktobersonne, die es gut meint
es ist noch keiner gestorben.

Der Nachbar, der mit einem Ostpreußen seine Hecke stutzt: Man muss den Mut haben, im Garten immer wieder etwas Neues zu machen, sonst wird alles alt und vergammelt.

Etwas, was, während es entsteht, als Religion ausgegeben wird, ist keine. Erst nachträglich kann man bei Religiösem von Religion sprechen. Akut ist es Leben, Praxis, Hilfe, Tat. Wo Gott ist, heißt er anders.

Wir müssen hoffen, dass wir verachtet werden. Würden wir geehrt, das würfe ein schlechtes Licht auf die Zukunft.

Jedem sind die Grenzen des anderen deutlicher als seine eigenen. Deshalb ist es keine Kunst, Kritiker zu sein. Nach den eigenen Grenzen suchen, das ist ein Abenteuer wie die Erforschung des Amazonas oder des Nordpols.

Günter Blöcker

Der Literaturleiter aus Berlin
hat mich wieder exekutiert
weil ich nicht der Sprache dien'
sondern sie mir

Montag, 6. 10. 1980

Die CDU verlor 4 %, die SPD gewann 0,3 %, die FDP kam von 7,9 auf 10,6. Willy Brandt kann sich im Sieg so wenig beherrschen wie im Kampf. Er ist fertig, fix und fertig. Franz Josef Strauß gibt sich als bayerischer Ministerpräsident, als sei alles nur ein Ausflug gewesen und jetzt sei man wieder daheim.

Heute mit Käthe zu Franziska nach München. Käthe fuhr, weil ich nicht kann. Ich mit dem Zug nach Salzburg, in den Elefanten, zum zweiten oder dritten Mal. 260 oder 320 Schilling.

In der Aula der Universität 700 Plätze, ich wieder nervös bis hysterisch, verlangte von Herrn Weichselbaum einen kleineren Hörsaal. Dann waren so viele gekommen, dass wir blieben. Mit Mikro. Barocksaal für Konzerte. Die Seiten mit riesigen Bildern bemalt, innig schmerzliche Religionsszenen.

Der Ausschnitt Seite 102–136 ist wieder sehr gut aufgenommen worden. Allerdings waren es zu 90 % Studenten.

Das *Schwanenhaus* auf Platz sieben, das *Pferd* auf acht.

Dienstag, 7. 10. 1980

10 Uhr 42 Salzburg – 12 Uhr 19 München.

Mit Käthe nach Ulm. Gefahren bin ich. Käthe mit dem Auto heim. Ich um 16 Uhr 59 weiter nach Ludwigsburg. Jetzt einen Schmerz-Querbalken in der Brust. Zum Sterben. Auf dem Bahnhof. Oder im Zug.

Mittwoch, 8. 10. 1980

Schlosshotel Monrepos.

Bei Aigner gelesen. 45 Exemplare signiert unter anderem.

Zu Fuß von der S-Bahn zum Hotel, von der Haltestelle aus sieht man, wie nah der Asperg dem Favoriten-Schloss liegt. Dass die das nicht gestört hat, sagt viel, und alles gehört noch den Nachfahren derer, die hier gehaust haben.

Der junge Mann, den ich darauf aufmerksam machte, dass er sich auch hinten anstellen solle in der Warteschlange: Ich habe nur eine Auskunft eingeholt, und wenn Ihnen was nicht passt, kriegen Sie eine in die Fresse.

Donnerstag, 9. 10. 1980

Gestern Mannheim ab 9 Uhr 29 – Überlingen 13 Uhr 40.

Gut 600 Leute im Museum in Ludwigshafen. Reaktion sehr gut. Über 50 Exemplare signiert unter anderem.

Geträumt, dass Christa Wolf auf drei Listen auf Platz eins stehe. Jemand weist mich ausdrücklich darauf hin, um mich zu beschämen.

Als ich gestern in Stuttgart auf dem Bahnsteig den Fahrplan notierte, kam ein Mann vorbei und sagte: Gibt das den neuen Roman?

Aus den Gesprächen nach den Lesungen ergibt sich: Ich könnte so weitermachen. Der Mittelstand, der lesende, der anspruchsvollere Teil des lesenden Mittelstandes, würde mir mehr und mehr zuschauen, freundlich gesonnen. Ich könnte meine heimatliche Sage fortsetzen, so wie sie jetzt angelegt ist. Die Leute finden das Ihre in Überfülle darin. Sie rufen ununterbrochen: Genau, genau so ist es. Das ist ja nicht viel, aber man kann leben.

Im Hack-Museum: Herr Hack hat mit Textil und Tabak verdient, hat von einer Frau von Liebig nach 1945 das gekauft, was die aus über 100, vielleicht sogar über 1000 Keltengräbern in ihrem Park ausgraben ließ. Damals, 1920, gab es noch kein Gesetz. Es gehörte ihr alles. Dann noch Bilder vom Mittelalter bis zur Moderne. Der Stifter kriegte Krach mit Köln, also nach Ludwigshafen. Jetzt liegt er hier im Krankenhaus, auf der Intensivstation, er ist 81, seine Freundin ist bei ihm.

Ein Anwalt gestern Abend über seine Abhängigkeit: Wenn irgend so ein Schnösel von Richter ein blödsinniges Urteil fällt, schiebt der Mandant die Schuld auf den Anwalt.

Die Heiligkeit des Kindes

Gerade geboren, vollkommen heilig. Das sieht man. Man kann angesichts eines Neugeborenen nichts anderes als fromm werden. Es gibt nichts Größeres als dieses Kleinste. Alles andere ist schon um das verdorbener, als es älter ist. Der jeweils Jüngste ist der Wichtigste. Dieses Anschauen des kleinen Kindes fühlt sich an wie Gebet. Es war wahrscheinlich die intensivste literarische Leistung der Evangelisten, dass sie eine so große Bedeutung der Geburt Jesu beilegten. Weihnachten ist die Folge davon, die beweist, dass das Christentum vor allem durch die Geburtsgeschichten berühmt, übertragbar, attraktiv geworden ist von der durch den Engel gemeldeten Empfängnis bis zur Rückkehr aus Ägypten.

Eine Geburtsgeschichte heute. Die nur von diesem Neuen lebt. Ein neuer Mensch. Darum ist Käthe alles unwichtiger als Jakob. Für sie gilt nur der neue Mensch. Er ist das Höchste. Und das kann man bei eigenen Kindern nicht so erleben. Aus Bescheidenheit. Dafür sind dann Enkel geeignet: Jakobs Hände. Der Mund, der hohe Kopf. Käthe: Das ist ein Bub, das sieht man schon am Gesicht.

Søren Kierkegaard, *Unwissenschaftliche Nachschrift*, I, 29: Protagoras: Alles ist relativ.

Walter Jens, der dürre Sterbende, hat sich den großen Töter unter den Kritikern zum Freund dressiert: So kann er ungeniert töten lassen. Immer wieder muss Reich-Ranicki verkünden, dass es momentan nur Schriftsteller und Bücher, aber keine Literatur gebe. Und Walter Jens kann nicht mehr schreiben, also darf nicht mehr geschrieben werden können. Das ist ein fruchtbares Verhältnis. Wie sie zusammensitzen und Freunde sind, zwei Lessinge, herabschauend auf die Zwerge Zeitgenossen.

Der Inspektor hat einen bekehrten Verbrecher an seiner Seite, der ihm die ehemaligen Genossen ans Messer liefert. Das sind die Erfolge des Inspektors, dass er sich besser auskennt als jeder andere Beamte in der Psyche und im Handwerk der Verbrecher. Und der Exverbrecher lässt durch seinen Inspektor hochgehen, wen er hochgehen lassen will. Er ist der Meinung, heute seien Verbrechen nicht mehr zu verantworten. Heute im wissenschaftlichen und im republikanischen Zeitalter sind diese Individualganoven obsolet. Um der Ehre der Epoche willen und um der Entwicklung der Gesellschaft willen muss aufgeräumt werden mit den obsoleten Figuren.

So stellt es sich wenigstens der Verfolgte vor. In der Fortsetzung des Selbstporträts als Kriminalroman.

Bei jedem polemisch kritischen Satz, egal, wo er ihn las, in welchem Zusammenhang, egal, von wem, und egal, gegen wen geschrieben, er musste zwanghaft probieren, ob diese kritisch polemische Formulierung auch gegen ihn selber passen würde. Das war wohl ein Effekt der Polemiken, die wirklich gegen ihn gerichtet gewesen waren Alles Polemische, das war seine Dressur, musste gegen ihn gerichtet sein.

Freitag, 10. 10. 1980
Von Michael Krüger ein Brief an Johanna: Er will etwas von ihren Stücken nehmen, sie gefallen ihm.

Ich versinke in mir wie im Sumpf, und es fehlt mir der Schopf, mich herauszuziehen.

Montag, 13. 10. 1980
10 Uhr 00 Friedrichshafen – Göttingen 17 Uhr 13.

Man kann den Eindruck haben, die Aufklärung habe eine solche Popularisierung des Witzes zur Folge gehabt, dass sich die feineren Leute gezwungen sahen, ihre Witze Ironie zu nennen. Der Hofmanns-Ton.

Samstag, 18. 10. 1980
Die Sekretärin eines Professors ereifert sich für Cicero gegen Varro, dass der ein Böser sei. Diese Sekretärin sei nie aus sich herausgegangen, sagt der Professor. Ihre Tochter sei mit 22 von einem Hochhaus gesprungen in Berlin, in der Hand hatte sie Anouilhs *Antigone* und hatte die Stellen des überspannten Mädchens unterstrichen. Der Professor: Aber dafür wird sie doch von Anouilh kritisiert. Die Mutter hatte vorher einen *Antigone*-Aufsatz des Professors zu schreiben gehabt. Der Professor: Die Magd des Thales habe gelacht, die Thrakerin, als Thales, weil er immer zum Him-

mel schaute, in den Brunnen gefallen sei. In den Brunnen fallen sei komisch. Von einem Turm fallen nicht.

Mittwoch, 22. 10. 1980
Kierkegaard, *Unwissenschaftliche Nachschrift*, Seite 44: Von Natur ist jeder Mensch darauf angelegt, ein Denker zu werden.

Einmal und 's andere Mal
schaue ich allein
jeder wartet
auf jeden
keiner kommt.

Siegfried war bei Frau Konsul Schubert zum Abendessen und hat gefragt, wo diese Tischwäsche her ist. Aus Ulm. Er bleibt bis 5 Uhr.

Gräfin Galen, Schatzmeisterin der CDU, rief Siegfried an, das war 1976: Spende für die CDU. Siegfried sagt, für alles kriegt sie eine Spende, aber er ist doch Sympathisant von Helmut Schmidt. Ja, das wisse sie, das sei doch klar, aber trotzdem könne er doch ganz persönlich usw. Sie bietet ihm Rückversicherungs-Gedanken an. Er sagt nein. Wird nicht mehr eingeladen. Sie ist gescheit und schön.

Siegfried war mit Eva Hesse, Enkelin oder Urenkelin, in der Algarve, fünf Tage lang. Gerade die richtige Zeit, sagt er. Deren Mann ist der europäische Vertreter einer US-Hörgerätefirma.

Donnerstag, 23. 10. 1980
Der Diktator

In 3–5 einander widersprechenden Szenen. Jedes Mal ist er für etwas ganz anderes.

Hilde hat vereiterte Kiefer. Ohne ihren Doktor, sagt sie, wäre sie schon längst nicht mehr da. Da würde ich bloß noch in Krankenhäusern herumliegen. Siegfried darauf: Wenn du ohne den überhaupt nicht mehr da wärst, na ja, dann verdient er wirklich Dank.

Wiesbaden

Es ist ironisch, etwas gegen sich selber tun zu wollen. Etwas gegen andere zu unternehmen ist in jedem Sinn realistisch. Keiner tut wirklich etwas gegen sich selbst. Auch der Selbstmörder bringt sich um, um anderen etwas vorzuwerfen. Er tut nur physisch etwas gegen sich selbst. Er liebt sich im Augenblick der Tat, wie er sich noch nie vorher geliebt hat, wie ihn noch nie jemand geliebt hat. Seine Zärtlichkeit gegen sich selbst ist grenzenlos. Umso schlimmer die Welt, die einen Menschen, der einer solchen Zärtlichkeit würdig und auch bedürftig ist, nicht nur nicht daran hindert, sondern sogar dazu zwingt, sich umzubringen. Um der Welt zu beweisen, wie schlimm sie ist, bringt er sich um. Jeder Selbstmörder stirbt für die Welt. Um sie zu strafen und dadurch zu bessern. Christus war nicht weit davon. Die meisten machen keinen Hehl daraus, dass sie nichts gegen sich tun. Sie demonstrieren genussvoll, dass sie nicht müde werden, alles für sich zu tun. Ein paar versuchen, etwas gegen sich zu tun. Sie finden sich nicht großartig. Sie hoffen insgeheim schon, sie seien auch großartig. Aber es fällt ihnen nicht leicht, andauernd in dem Gefühl zu leben, sie seien großartig. Sie erleben in ihrem Benehmen und Denken, in ihrem Dichten und Trachten einigermaßen Furchtbares. Sie kennen Sachen in und an sich, die sie bei jedem anderen ganz entsetzlich fänden. Sie fragen sich: Warum dann nicht auch an mir selbst. Sie versuchen, sich probeweise den Prozess zu machen. Sie versuchen etüdenhaft, Geständnisse zu machen. Da ist gerade eine Gesellschaft bei einander, in der sie zu glänzen gewohnt sind. Das hat er nun wirklich satt, also sagt er probeweise in die ihm wieder einmal zuhörende Runde: Ich weiß, dass ich nichts weiß. Großer

Beifall. Wunderbare Formulierung. Der Ironiker widerspricht. Da merkt er, in dieser direkten Art lässt es sich nicht machen. Wenn er glaubwürdig gegen sich aussagen will, wenn er wirklich etwas gegen sich tun will, muss er das Bild, das er in Jahren und Jahrzehnten unermüdlich und unendlich sorgfältig entworfen und realisiert und allen angeboten und eingeprägt hat, ebenso sorgfältig beschmutzen, beschädigen. Es zu zerstören traut er sich nicht. Vielleicht darf es am Ende zerstört werden, aber nicht in einem Schlag. Aber beschmutzen, beschädigen möchte er es schon. Er erträgt es nicht mehr, für diesen ganz bestimmten prima Kerl gehalten zu werden. Ach, der ist er doch! Ja, aber er ist doch auch das Gegenteil. Er ist doch in der und der Hinsicht ungeheuer schlimm. Also bitte. Und den Schlimmen in sich, den wird er jetzt endlich einmal hervorkehren, unterstützen. Er muss dabei allerdings vermeiden, negative Urteile der Welt und Umwelt über ihn zu bestätigen. Er wird nicht aufhören, sich gegen alles, was seine Gegner gegen ihn vorbringen, weiterhin fanatisch zu verteidigen. Was er gegen sich vorbringt, soll von ganz anderer Art sein. Es soll ihm selber nicht wehtun. So blöd auf jeden Fall, seinen Gegnern zuzustimmen, wird er nicht sein.

Einen Augenblick lang verdächtigt er sich, er wolle durch Hervorkehrung schlimmer Züge nur einen neuen Propagandafeldzug für sich inszenieren. Negativ-Werbung, was! Eine Parkettversion des Punkstils, was! Nein, er glaubt, er meine es ernst. Er will sorgfältig vorgehen. Er wird jetzt zuerst einmal ein Porträt von sich entwerfen, bestehend aus Sätzen, die er sich dann einprägen wird. Er wird in der nächsten Zeit prüfen, ob alles, was er tut und sagt, diesen Muster- und Beichtsätzen entspricht. Also los. Ich bin ein … Na los, nur Mut. Ich bin ein Nazi. Das wird ihm niemand glauben. Nicht immer gleich diese Dreinreden. Lass doch die Porträt-Sätze zuerst einmal in Bewegung kommen. Sag nicht ich, sondern du, dann fällt es dir leichter, sag: Du bist ein Nazi. Und ein Kapitalist. Du lebst von dem, was andere für dich schaffen. Du bist nicht …

Meinst du irgendetwas ernst, was dir gegen dich einfällt? Dann benimm dich als der, der du sein willst, anstatt es nur zu behaupten. Benimm dich als Nazi, als Kapitalist, als Lügner. Lass die Leute selber zu dem Urteil kommen, du seist ein Nazi, ein Kapitalist, ein Opportunist. Wende alle Sorgfalt daran, um den Leuten durch Benehmen und Tun glaubhaft zu demonstrieren, dass in dir ein kleinbürgerlich faschistisches Reservoir lebt, ein tief hinab verdrängtes. Genau so deine kapitalistischen Ambitionen. Du legst dein Geld an, so gut du kannst. Sollst du es vielleicht schlecht anlegen? Kannst du dir vorstellen, dass du zuviel kriegen könntest? Soll es dir wirklich etwas ausmachen, die Zinsen sich häufen zu sehen? Du träumst doch von einem Leben wie auf Plakaten! Nichts ist so wenig trivial wie ein Karibikplakat, auf dem alles, was dazugehört, blühend und prall versprochen wird. Dazu gehört jede Menge Geld. Es soll sich doch jeder nach diesem Geld strecken, es gibt nichts Banales. Weder auf Farbfotos noch in Wirklichkeit. Kein Halbblut, keine Buchtbiegung, kein Palmengrün und Himmelblau ist kitschig oder banal, das alles ist höchst begehrenswert. Der Kampf dafür kann gar nicht entschieden genug geführt werden. Wir wollen alle bloß das eine. Verbogen sind wir bis ins Kreuz. Lass dich endlich los. Sei wie du bist. Kassieren! Und tu nicht so skrupelhaft. Das Schlimmste ist immer deine moralische Reaktionsweise. Du bist echt bescheuert. Du reagierst wie ein auf Moral programmierter Computer. Kein besonders teures Modell. Du weißt, was gut ist. Und du willst gut sein. Du weißt, du schaffst es nicht. Aber du tust immer so, als würdest du es später einmal schaffen. Deshalb verbirgst du es, dass du es im Augenblick nicht schaffst. Du lügst den ungeheuren Unterschied zwischen dem, was du denkst, und dem, was du sagst, einfach weg. Tun tust du sowieso nichts. Du machst so ein bisschen herum. Saucen und so, Schaugeschäft, du wirst immer reagieren, wie es sich gehört. Und du wirst nie, solange du lebst, mit deinen Reaktionen übereinstimmen. Ist das so? Das ist so. Was willst du dagegen tun? Nichts. Du willst nichts gegen dich tun? Nein. Dann bist du kein Ironiker. Sondern? Ein Heuchler. Ein Heuchler, das hat schon Hegel festgestellt, ist dem Ironiker ziemlich ähnlich. Der Unterschied ist nur der, dass der Heuchler verbergen will, dass er heuchelt, während der Ironiker darauf hinweist, dass er heuchelt. Meint denn der Ironiker diesen Hinweis auf seine Heuchelei ernst? Er weist darauf hin, so gut er kann. Den Grad des Ernstes müssen die bestimmen, vor denen er es tut. Jeder wird danach in dem Geständnis des Ironikers, dass er ein Heuchler sei, so viel Ernst entdecken, wie er selber aufbringen würde, wenn er sich selber als Heuchler bezeichnen müsste. Wenn einer sagt: Des Ironikers Geständnis, er sei ein Heuchler, sei reine Ironie, also nichts als Scherz und kein bisschen ernst, aber als Ironie sei es so und so schön, dann sagt er dadurch nur, dass er, sollte er zu seiner eigenen Heuchelei Stellung nehmen, dass er es immer nur im Scherz tun würde. Er weiß, das lässt sich so machen, dass die Leute, auf die es ankommt, immer noch sagen: Welch reizende oder welch tiefe oder gar welch reizende und tiefe Ironie. Es ist eingeführt, das für eine Frage des Könnens zu halten bzw. der Begabung. Es gibt da Genies. Damit erübrigt sich eigentlich alles. Denn wenn es Genies der Ironie geben kann, heißt das, dass die genial sind in der Art, sich selber Vorwürfe zu machen. Aber, möchte man da fragen, hätten sich solche noch etwas vorzuwerfen?

Freitag, 24. 10. 1980
Von Wiesbaden nach Basel SBB.

Gestern in einem Saal in Wiesbaden, 250 Zuhörer, eine der zwei im Raum hängenden schwarzen Lautsprecherkugeln stößt ein gleichbleibendes zischendes Geräusch aus, und das bleibt so bis zum Schluss.

Der kurze Weg zur Ironie

Sage die Wahrheit über dich anstatt über andere. Sage zum Beispiel in deinem Kreis einmal ohne besonderen Stimmaufwand: Ich bin ein furchtbarer Mensch. Die Leute, die dich kennen, werden lächeln, wie sie lächeln, wenn dir eine sanfte Fügung gelungen ist. Sage: Ich bin einer der furchtbarsten Menschen, die ich kenne. Lass dich nicht durch Lächeln stören. Rede weiter: Wenn ich einen kennenlernen würde, der so fiese Züge hat wie ich, ich glaube, den würde ich sobald als möglich loswerden.

Ironie als ein Verhältnis zur Geschichte

Sokrates: Gegen das Positive.
Hegel: List der Vernunft.
Solger: Untergang zur Realisierung.
Kierkegaard: Der Glaube als Unglaube, gegen das Positive.
Robert Walser: Zum Ruhm der Furchtbarkeit.
Franz Kafka: Die Wendung gegen sich selbst als höchste, ernsthafteste ironische Art.

Dienstag, 28. 10. 1980
12 Uhr 09 Uhr Radolfzell, 16 Uhr 17 Frankfurt.

Ironie nicht als bewusste, sondern als unwillkürliche Verstellung. Man antwortet nicht als der, der man ist, sondern als der, der gefragt wurde. Das ist der, der man ist, plus der, der man durch die Frage wird.

Alle sind nur noch hautanliegend gekleidet. Was sie noch bei sich haben wollen, müssen sie in umgehängten Taschen mit sich tragen. Manche sind schon ganz überhängt mit Taschen.

Zur Zeit der *Abstecher* und das *Kinderspiel* in kleinen Theatern in München.

Ein Traum: Die gelbe Schlange, lang und eher dünn. Käthe greift nach ihr, packt sie unterhalb des Kopfes und würgt sie, reißt ihr das Maul auf, ich sehe, dass Käthe die Kraft zum Würgen ausgeht, greife zu, spüre den Widerstand von Muskeln und Knochen, drücke mutlos, es ist, als würgte ich mich.

Sonntag, 2. 11. 1980

Alissa, als sie so spät zum Frühstück kam, dass wir schon fertig waren: Dann ess ich grad nix, wenn ich allein essen muss.

Donnerstag, 6. 11. 1980

Mich kann man leicht zerschlagen, das würde ich jedem raten, der einen zerschlagen will. Das wird schon meine Schuld sein, dass ich leicht zerschlagbar bin. Lieber wäre ich stabil. In meinem Inneren gräbt die Schwäche große Räume. Zum Glück habe ich, als ich arbeitete, fast nichts gewusst. Jetzt nimmt das Geräusch im Kopf so zu. Ich glaube, ich siede.

Donnerstag, 13. 11. 1980

Seit einigen Wochen auf Platz fünf, das *Pferd* ist verschwunden. 45.–75. Tausend ist erreicht, aber ob wir bis 31. Dezember auf wenigstens 60000 kommen? Alles unter 60 wäre ein Witz. Dann hätte ich umsonst getrimmt.

Vorwärts, höre ich mich rufen und geniere mich für mich. Zum Glück hört mich außer mir keiner. Ich bin der Einzige, an den ich mich zu wenden wage.

Sonntag, 16. 11. 1980

Die kleinen Kobolde, sechs und neun, die den Gast foltern. Die Eltern bemerken nichts, weil sie alles, was die Fratzen tun, mit trancehafter Bewunderung genießen. Die Eltern bemerken es nicht einmal, wenn sie selber gequält werden.

Donnerstag, 20. 11. 1980
10 Uhr 30 ab Frankfurt mit B747 nach Boston, 7 Stunden 40 Minuten.

Gestern in Walldorf-Mörfelden, 11 Uhr Stadthalle voll, mit Diskussion. Danach ein Professor, der mit der Harvard Medical arbeitet: Ein Hormon, das in den Zellmembranen gebildet und gebraucht wird. Knollenblätterpilzgift vernichtet es. Verschiedene Krankheiten wirken nicht, wenn es da ist. Er gibt mir für einen Ungarn, Szabo, eine Substanz mit. Drüben testen die das ... Die radioaktive Markierung wirkt nur auf 1 mm Entfernung, das allerdings zwölf Jahre lang.

Siegfried mit Frau Korf. Diese Frau schwärmt bei dem Empfang in der Siesmayerstraße am Dienstagabend von ihrem Mann: Er ist ein Genie. Neues Stahlverfahren. Milliarden-Auftrag aus der UdSSR. Sie waren in Moskau, aber die wollten sie nicht weiterlassen, weil in Kursk nach zweieinhalb Jahren Bauzeit immer noch nichts läuft. Obwohl sie etwas von uns wollen, ist die Bürokratie so verhindernd, dass wir andauernd von denen etwas verlangen müssen.

Korf ist ein Newcomer, sagt sie. Er hat die Stahlherstellung revolutioniert. Energie sparend und umweltfreundlich. In der Nähe von Paris ein Werk. Dann kommt der eher kleine, aber wirklich energische Mann. Er sieht nicht wie Napoleon aus, aber er könnte ihn spielen. Am Samstag von zehn bis zwei, sie bei Siegfried. Sie: Ihr Mann wird Siegfried und dann sich erschießen, wenn er es bemerken würde. Er liebt sie so. Sie hat zwei Töchter.

Siegfried muss nachts um 2 Uhr noch nach San Antonio telefonieren. Neulich ein Gespräch für 520 DM. Hilde hat das bemerkt. Burgel Zeeh protestiert, da sie ja alles organisiert. Hilde protestiert nicht mehr direkt. Sie bricht nur gelegentlich in einen Streit aus, jedes Mal bei einem Gegenstand, der mit Siegfrieds Geschichten nichts zu tun hat. Sie kann sich einfach nicht mehr beherrschen:

die Vorhänge, die Lampen, der Innenarchitekt … Siegfried ist dann jedes Mal erstaunt und ein wenig verletzt. Sie schreit ihn an. So ist sie, so geht sie mit ihm um. Das ist doch ungerecht. Es heißt, er setzt sie ins Unrecht. Sie muss dann hinauf in ihr Zimmer, weil sie es nicht mehr aushält. Sie kommt dann später und sagt, sie müsse sich auch entladen, alles hänge an ihr, immer müsse sie alles entscheiden.

Am Wochenende zu einer Eranos-Tagung nach Herrenalb über Mystik. Als sie das Amulett, das sie trug, richtig drehte, fand sie die Schlüssel, die sie verlegt hatte.

Gestern noch bei Reich-Ranicki. Gustav-Freytag-Straße 36. Ein Zwitschern antwortet dem Läuten. Man sieht die dunkle runde Öffnung der Kamera, die einen anschaut und nach oben meldet. Im Souterrain sieht man, durch Büsche gestört, in einem grünen Bad Bewohner schwimmen. Er hat eine Wand mit Schriftstellerporträts. Thomas-Mann-Kopf von Seitz. Der Charme der beiden Reich-Ranickis! Wie er an die Bücherwand geht und zeigt, was er alles von mir hat. Wie er beim Abschied unter der Tür drunten sagt: Lassen Sie von sich hören. Die Augen mit den großen Lidern geschlossen. Wie grob Siegfried sagte, dass wir noch Schach spielen wollen. Sie wollen wenigstens mich noch halten. Ich soll mit Taxi nachkommen. Ich habe doch einen Schlüssel. Aber ich bleibe auch nicht.

Hilde springt auf, als Siegfried sagt, dass ihn irgendjemand am Arsch lecken könne. Sie wolle diese Sprüche nicht mehr mit anhören.

Anflug mit der *New York Times*. Warum du diese Zeitung nicht wegwerfen darfst. Zeitung zum Mitnehmen. Er las die ganze Zeit.

Südlich der Neuen Hebriden werden wir etwas höher steigen, auf 12 000, und dort bleiben. 10–15 Minuten vor Plan in Boston.

Sonne über Küste und Meer. Kein Schnee mehr in Boston. Das Bucht- und Inselgelände, auf das wir hinabschauten, die Inselchen

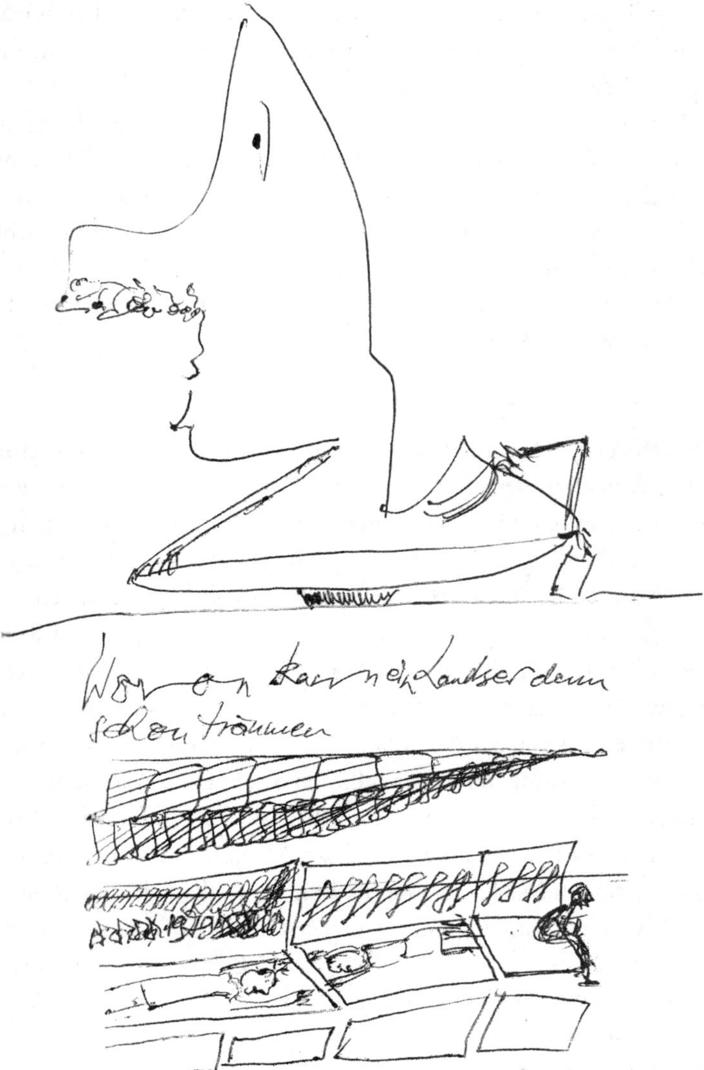
Wovon kann ein Landser denn schon träumen

haben interessante Formen und außer Busch und Baum kaum was drauf. Nieder übers Wasser. Da rumpeln wir schon, dass es scheppert, auf die Bahn.

Lenox Hotel, Zimmer 906, draußen das Hancock Building, in dem sich alles spiegelt, auch vorbeifliegende Flugzeuge, die Sonne geht in der Spiegel-Front des Hancock Building unter.

Schon wenn drunten die Polizeisirene durch die Straßen peitscht, könnte er weinen.

Der Ungar holt den weißen Würfel in der Halle. Er kommt mit einer hübschen Begleiterin.

Freitag, 21. 11. 1980

Herr Kirchhoff vom Goethe-Institut ist eine Art Thaddäus Troll ohne Künstlerschaft. Er wäre vielleicht ein Musiker geworden, wenn er den Gehörschaden nicht hätte vom Krieg. So aber hat die Bürotätigkeit ihn ganz besiegt. Abendgegessen. Draft Beer, Scrod mit Sour Cream, Baked Potatoes, Cheesecake. Danach ein Glas Almadén, rot, sehr gut. Herr Kirchhoff spricht auf dem Kongress über das Schreibenlehren. Es gibt Wiederholungsfehler, Konsequenzfehler, Ausdrucksfehler und Formfehler. In einer Viertelstunde muss er das darstellen, wie man einem Ausländer das Schreiben beibringt auf einer höheren Stufe. Die Zuordnung von Fakten und Phantasie. Und das noch schriftlich einreichen. Wenn er das gewusst hätte. Er war jetzt zwölf Jahre in Bayern, Passau usw. Er war der erste liberale Stadtrat im Rathaus in Passau. Mit den Passauer Stimmen gelang es, den ersten liberalen Abgeordneten aus Niederbayern nach Bonn zu bringen. Er wohnt im 33. Stockwerk des Wolkenkratzers nebenan.

Die Gedanken wandern durch mein Gehirn wie Menschen durch Täler.

Das gewaltige willkürliche Riesentor auf dem Flugplatz Logan: Zwei gewaltige Betonsäulen sind hoch oben durch ein paar aufgehängte Stockwerke verbunden, und das Dach des obersten Stockwerks trägt eine Weltkugel.

Samstag, 22. 11. 1980

Gestern mit Dorrit Cohn, Steven Scher und Ulrike in *Kagemusha*: der Doppelgänger, der kein Feldherr ist. Und solange er noch da ist, funktioniert es. Dem Pferd darf er sich nicht aussetzen und den Frauen auch nicht. Als er es wenigstens mit dem Pferd probiert, wird er abgeworfen, und die Frauen sehen, dass die Narbe fehlt. Der Enkel ließ sich täuschen. Der Realismus allein hilft. Alle subjektiven Abweichungen sind uninteressant.

Dorrit Cohn erzählt von Ruths Endokarditis. Sechs Wochen Fieber, 103°, sie schwitzt und leidet, nimmt 25 kg ab, muss dann nach Philadelphia ins Krankenhaus, vielleicht eine Herzoperation. Percy ist da und fährt jeden Tag hin.

Gestern Nacht geträumt, dass Goethe in einen Saal kam, in dem außer mir niemand war. Er mit noch jemandem. Er trug einen bis zum Boden reichenden Rock. Ich war erstaunt, dass ich ihn noch erleben kann, und bedauere es bitter, dass ich keine Kamera dabeihatte.

Der Wind ist so stark, dass es aussieht, als wollten sich die Flaggen von den Masten reißen.

Die Menschen wohnen schlecht. Viel besser wohnen die Waren. Am besten wohnt das Geld.

Lesung im Commonwealth Room. Die größte Beteiligung, die lebhafteste Reaktion. Fast zuviel. Nachher im Goethe-Institut. Der leichenblasse Herr Kirchhoff. Man hat ihm in Konstanz vier Backenzähne gezogen wegen andauerndem Fieber. Dann sagt der Arzt: Sie haben Syphilis. Das kann nicht sein, sagt er. Dann: Eine Putzfrau hat eine Probe verwechselt. Da ging er. Es war aber Herzmuskelentzündung.

Mit Heike Doane und Gertrud Picard nachher noch ins London Ole Pub. Zum Schluss eine Annäherung der Gesichter, bis die Münder einander berührten. Das hat sieben Jahre gedauert: seit Middlebury.

Einige Referate über das *Pferd* heute. Die Reise hat sich wahrscheinlich schon gelohnt. Falls diese jungen Germanisten nicht vergessen, dass sie so lange geklatscht haben, wie noch nie nach einer Lesung geklatscht wurde.

Montag, 24. 11. 1980

Mit dem Bus von Newark nach Princeton. In Newark Airport kann man ein Telefon abnehmen, an dem Salem Transportation steht, und erfährt, wann die Limousine fährt. In 5 Minuten. Man gibt einen last name an und erfährt, dass man dem driver zehn Dollar geben soll. Der überholt immer rechts und drückt dann drauf und schlüpft immer noch vorne wieder hinein.

Der Doppelgänger. In der Antike. Er schenkt dem Armen seine Kleider, und der wird erschlagen. Der Reiche lebt glücklich bis ans Ende. Er zieht nach Amerika mit seiner jungen Frau. Er benutzt diese ganze Angelegenheit, um überhaupt fortzukommen. Ihm gerät alles zum Glück. Das ist eine Anekdote.

Mit Alkohol dieser Geständniszwang. Etwas sagen müssen, das ihn selber verletzt. Oder: Er muss reden, hat nichts zu sagen, also sagt er etwas gegen sich. So weitgehend als möglich. Dann werden sie ihm wohl zuhören, wenn er solche Horrorgeschichten über sich erzählt. Er richtet sich praktisch hin, um ein bisschen Aufmerksamkeit zu erregen. Er erzählt Träume, die er nicht hatte, die aber schlimm sind. Inzest ist ihm nicht zu wenig. Am Morgen schämte er sich.

NYT

Section 8 Real Estate Time-Share Resort Industry 1975, 50, 1980, 1000 $. Brokers Who Serve Buyers Only HAVE IT ALL NOW:

Finally there's a way for working people in the prime of their lives to enjoy the luxury and leisure that we all work so hard for, and so few of us ever achieve.

Why am I spending so much of my free time on chores?

We hear you. We know what you want. That's why we're building The Communities of Concordia. To give you a home where you can enjoy first class living and service. A Community where you can escape from crowds and chores without getting too far away from family, friends and work.

Luxurious way of live, look of a village, many have stunning golf course views, lofted ceilings, brilliant bay windows, romantic fireplaces, elegant master beds. Unexpected options like a whirlpool, solarium, greenhouse as maintenance free as possible. Opportunity. A special brand of people, active adventurous people with young ideas, happy plans, varied interests. You need not retire to have all this. If you're 48 or over, you are still eligible. The wisest are those who «retire» while they are still working … and in their prime. Few people ever have a chance to do that. You can. Here's your chance. All the things you have promised yourself 90–100000 $. There is absolute no reason why you can't have it now. Fun community:

A country club community for working adults. Enjoyment is the point. You'll never run out of things to do unless you want to. 18-hole championship golf course, multi-million dollar club house, lighted tennis courts, indoor and outdoor swimming pools, a health spa, jogging and bicycling paths, community clubs, organizations, classes, party-excursions: a wealth of new friends. Security. Being safe and secure as important as comfort and luxury: a computer controls 24-hour security system to keep an eye on things whether you are at home or away. Instant push button access to security personel and immediate attention to your everyday needs through concierge system less than an hour from Manhattan or Phil., next door to Princeton and Rutgers, close to the ocean or mountains.

Tuesday, 25. 11. 1980

Andrew Ranicki gestern Nachmittag: schön und faszinierend. Hat ein 320-Seiten-Buch geschrieben. *Exact Sequences in the Algebraic Theory of Surgery.* Hat ein Stipendium von 1000 $ für eine elektrische Schreibmaschine. Will nach England. Mit 15 kam er ins Internat nach England. In Hamburg war er auf der englischen Schule. Deshalb waren die nach Hamburg gezogen. Abends der genauso schöne Percy: ein kleiner Prophet. Aus Kafkas Stamm.

Im Nassau-Saal, wo 1876 der erste Kongress stattfand noch vor Philadelphia. Die Bänke einander gegenüber. Diese Schulen gehörten damals dem König von England. Waren für Priester. In der Vorhalle des Nassau-Saals die Toten in den Kriegen von Napoleon bis Vietnam. Es sind noch Platten frei für weitere Namen und Kriege.

Bei Ruth im Krankenhaus: Sie hat sich als Kind immer dagegen gewehrt, andauernd Fieber zu messen. Als ihre Mutter rief: Was für eine Temperatur, rief sie: Das geht dich nichts an. Da fiel es ihr auch auf, dass sie eine Sperre hat. Erzählt vom zweiten Sohn, Dan ist Professional Scuba Diver: das ist sein Job. Die Unterseiten der Schiffe zu reinigen.

Eine ist zwei Tage in der Woche bei einem Institut in Princeton, da werden Teste entwickelt für alle, die Teste brauchen. Fragen für multiple choice usw. Immer ein Viertel von einem Test wird in die Neufassung mitgenommen, weil man sehen will am Vergleich, wie die Antworten sich entwickeln. Jeder Test kommt zurück und wird als Test getestet. Eine Frage wird untersucht, ob sie von solchen nicht beantwortet wurde, die sonst schwerere Fragen beantwortet haben, oder von solchen, die alle leichten nicht beantwortet oder falsch beantwortet haben.

Wednesday, 26. 11. 1980

Dan Mantovan, zuerst 2 jahre in Ost-Berlin, acht aus Italien haben ein Stipendium in Ost-Berlin. Daher ihr Deutsch: Nu, was machen wir jetzt. Bist du in mich. So nass, ist schon ganz abgearbaid. Jetzt ein Jiddisch-Stipendium in NY. Zuerst in das West-End Café, wo in den Fünfzigern Jack Kerouac und Ginsberg saßen.

Mit dem jungen Prof. Gallup über die Morningside Avenue an das Denkmal mit der Mauerbrüstung, hinuntergeschaut in den Park, der Professor: Der Park grenzt an Harlem, wenn Sie in diesen Park gehen, kommen Sie nicht zurück. Vorgestern wurde ein Kollege hier heroben in der 118. Straße seines Geldes beraubt. Wollte das Geld abliefern, aber die Creditcard und Papiere behalten, aber sie nahmen ihm alles ab. Einer, der vor einer Woche sagte: Was soll'n das, der wurde zusammengeschlagen. Selbst auf dem College Walk, also innerhalb des Campus, ist man nachts allein nicht mehr sicher. Aber die Columbia ist doch noch eine Insel in diesem unsicheren Stadtteil.

Wintermorgen

Erwachend kaum
und zugedeckt vom frommen Schnee
sinken wir zurück zur Frühe.
Dem Kristall der schönen Not

entkommt nur Licht.
Ich möchte nichts wissen
was die Kerze nicht weiß.
Die Welt gehört unter die Haube.

Ein Gott ohne Geschlecht.

Donnerstag, 4. 12. 1980

Wenn jemand, der einen oft anruft, immer isst, wenn er mit einem telefoniert. Eine Tochter, zum Beispiel, das wäre schlimm.

Dienstag, 9. 12. 1980

12 Uhr 04 nach Zürich, an 13 Uhr 58.

Das Ironiebuch hat alle Zeit gekostet. Das Schneien, das Regnen, das Gefrieren, unerlebt vorbei.

Mittwoch, 10. 12. 1980

1 Uhr 45 Zürich, 13 Uhr 15 Wien.

Gespräch mit Dr. W. Kraus über *Schwanenhaus*: 10 Minuten Fernsehen. Vom Taxi in die Schminke, dann mit Herrn Kraus ins Studio, 10 Minuten geredet, und er muss weitermachen, der Besucher kann gehen. Herr Kraus empfiehlt ein Café in der Nähe, hieß es Hübner? Da sitzt man gut, da können'S Zeitungen lesen. Vor dieser ungeheuren Aussicht bucht der Besucher um und fliegt erschreckt sofort zurück nach Zürich. Herr Kraus sagt, offenbar um das als einen erst jetzt auftauchenden Einfall zu kennzeichnen: Heut in 14 Tagen ist Weihnachten oder net? Doch, es ist. Als dann die Kameras eingeschaltet sind, beginnt er hochgemut zu den Zuschauern: Liebe Zuschauer und Zuschauerinnen, heute in 14 Tagen ist Weihnachten. Das ist immer ein Fest für Leser … Er wird unterbrochen, die Kameraleute sagen, an ihnen liege es nicht. Oben in der Regie sei etwas nicht in Ordnung. Wir sitzen. Dann wieder das Zeichen, er fängt an:

Liebe Zuschauer und Zuschauerinnen, heute in 14 Tagen ist Weihnachten …

Freitag, 12. 12. 1910
Mit der Mittagsmaschine von Genf nach Marseille, zuerst mit der DC-10, die nach Lagos fliegt, bis Genf.

Blauer Himmel, Sonne, weiße Gipfel rundherum, Swissair: der Augenblick, eine Schokoladenpackung. Alle, die jetzt nach Marseille fliegen, scheinen nicht daran zu denken, dass sie sterben müssen. Aber an was soll man angesichts dieses leuchtenden Lebens denken? Stewardessen und Schlagermusik. Das Pfeifen und Sausen der Triebwerke. Es kann nicht schöner sein. Was habe ich zu verlieren! Über Avignon, das man an der unfertig in die Rhône ragenden Brücke erkennt, heißt es, dass wir unsere descente nach Marseille beginnen.

Hôtel Le Président.

Bin vor bis zur Canebière. Einer, das Gesicht ganz nach vorne, Nase fast auf der Brust, aber man sieht, dass er sehr jung ist, er hält die Hand hin, eine starre Muschel, in die man etwas hineinwerfen soll. Das wirkt tausendmal auffordernder, als wenn da einer eine Pappschachtel oder irgendeinen Teller vor sich hin stellt. Das ist eine Menschenhand, die darf nicht leer bleiben. Ich werfe ein paar Münzen hinein, der ganze Mann zuckt zusammen. Er hat offenbar doch gedöst, oder er hat einfach mit nichts mehr gerechnet.

Samstag, 13. 12. 1980
Von schönen Klippen ragen triste Klötze um Marseille,
der Himmel verliert den Wald und uns auch.

Polizisten lungern herum. Die Araberstadt, Koffer an Ketten, unser Kitsch auf ihren Stoffen, Kalbsköpfe nackt, aber die toten Augen glotzen noch. Frierende Händler zeigen den warm angezogenem Polizisten, was sie an Papieren haben.

Herr Hartmann beim Bummel durch das Araberviertel: Dass manche behaupten, man habe hier gleich ein Messer zwischen den Rippen, das sei nicht so. Aber die Menge junger Männer, die hier herumlungern, die wirkt gefährlich. Man schaut, wie lang die Straße ist, ob sie in eine größere mündet mit mehr Autoverkehr. In diesen Gassen könnte man verschwinden, ohne es zu wollen.

Frau Heckenroth: Ihr Vater erzählte immer, dass sein Vater erzählt habe, wie er 1866 bei der Schlacht einen Preußischen oder Deutschen vom Pferd gesäbelt habe, und der habe, während er herabstürzte, noch gerufen: Mein Gott, meine Frau und meine Kinder. Da erst sei dem Säbelnden bewusst geworden, dass da ja Deutsche gegen Deutsche kämpften.

Gott: Über Wörter, die es gibt, ohne dass es das, was sie sagen, gibt.

10 Uhr 55 Uhr Marignane – Paris Orly. Zürich 16 Uhr 08 – Singen 17 Uhr 13.

Sonntag, 14. 12. 1980

Dass ich Angst habe vor dir, spricht nicht für mich, aber für dich auch nicht.

Dienstag, 16. 12. 1980

Seit gestern nicht mehr auf der Liste.

Für die Feier: Lieber Jakob, du musst es für möglich halten, dass es in deinem ganzen Leben vielleicht keinen Tag mehr geben wird, an dem sich alles so um dich dreht, an dem du so der einzige Mittelpunkt bist wie heute. Ich bin ziemlich sicher, dass du diesen Tag schon erlebst. Du kannst es nur noch nicht sagen. Du weißt nicht, was dir heute passiert, aber du spürst es. Und darum findet es ja auch statt. Dass du es spürst, dass du merkst, wie wichtig du bist. Später werden noch genug kommen, die dir beweisen wollen, dass du nicht so wichtig seist, dass du sogar überflüssig seist. Aber so ein Tauftag hat den Sinn, dass du das Erlebnis hast: Du bist aufgenommen, du gehörst dazu, du bist jemand, du bist nämlich der Jakob Thaddäus. Aber du gehörst nicht nur zu einer Kirche, du heißt auch Walser, damit gehörst du zu einer Familie und dazu auch noch zu einem Stamm. Eine besondere Familiengeschichte wird dir nicht geboten, es ist eine normale Familie, und das Normale an ihr sind ihre Anomalitäten. Die wirst du noch früh genug kennenlernen. Den Stamm, zu dem du gehörst, wirst du schätzen lernen, wenn du zum ersten Mal über die 1200-m-Grenze hinaufkommst und es scheint die Sonne. Daher kommt nämlich dein Stamm. Ausgewandert im 13. Jahrhundert aus dem Wallis in die Gebiete Graubünden und Vorarlberg. Sie haben sich Freye Walser genannt, weil sie nur in Talschaften und Berglagen über 1200 m siedelten und dafür Freiheiten hatten, die damals noch selten waren. Zu den sonstigen Sprüchen, die heute auf dich herabregnen, will ich noch den Averser Eydspruch der freien Walser fügen. Er stammt aus dem Jahr 1622 und aus dem Averser Tal, einem Nebental des Hinterrheins, zwischen Via Mala und San Bernardino, und der Spruch heißt: Wir haben von Gottes Gnaden eine schöne freyheit, wir haben eygen Macht und Gewalt, zu setzen und zu entsetzen, wir haben eygen Staab und Siegel, stock und galgen, wir sind Gottlob keinem frömden Fürsten und Herren nichts schuldig noch unterworfen, denn allein dem Allmächtigen Gott … Lieber Jakob, ich wünsch dir, dass die Sprache deiner Vorfahren die deine sein wird.

Am Sonntag die Jakobstaufe durch den Pater Prior in der Birnau. Er winkt uns immer weiter hinein. Wir wissen nicht Bescheid. Die Großeltern ins Chorgestühl. Gesungen wird Maria Meerstern ich dich grüße. Dann die Predigt: Das Leben wird ja oft bezeichnet als eine Überfahrt von Ufer zu Ufer. Deshalb werden wir nachher auch das Lied des Kölner Dominikaners singen, Es kommt ein Schiff geladen bis an sein höchsten Bord. Und dann der Apostel Jakob der ältere, gehörte zu den Jesus-Nächsten wie Johannes. Feuchtmayer hat ihn hier gleich nach Petrus und Johannes auf die Balustrade gestellt. Eine Putte hält elegant den goldenen Wanderstab. Dann wird getauft. Er ruft die Patrone aller an. Lässt sich noch Namen zurufen. Alle immer: Bitte für uns. Dass er die Formeln beim Taufdialog leise soufflieren muss, weiß er offenbar schon. So viele Schauspieler, und kein Text. Katechumenen-Öl, dann Chrisam, dann Wasser.

Zum Essen in den Schwanen. Der Pater beim Zigarrenabschneider: das Praeputium oder der Praeputiator.

Der Pater Prior: Die Benediktiner auf den Bergen, die Zisterzienser in den Tälern, die Jesuiten in den Städten.

Donnerstag, 18. 12. 1980

Gestern 14 Uhr 25 Zürich – Frankfurt, nach Warteschleifen 16 Uhr 10.

Abendessen mit Bundeskanzler Schmidt und Frau, Max Frisch und Alice, Uwe Johnson, Koeppen usw. Und am Anfang, als nur die Kollegen da waren, Uwe zu Wolfgang Hildesheimer: Rauchen Sie immer noch Prince Albert? Hildesheimer: Den habe ich noch nie geraucht. Uwe, unbeirrt: Aber dass Sie die Dose in Gebrauch hatten, würden Sie zugeben? Hildesheimer: Nein, da verwechseln Sie mich wirklich. Uwe: Dann erinnern Sie sich wohl auch nicht daran, dass ich Ihnen in Berlin zeigte, wie man einen Pfeifenreiniger benützt? Hildesheimer: O doch, aber das war nicht in Berlin, sondern hier in Frankfurt. Uwe: Mein Gott!!

Ein trüber Beginn.

Nachher fragt Hildesheimer den Bundeskanzler: Herr Schmidt, wie viele Pfeifen hat Herbert Wehner, und wie viele davon hat er an einem Tag in Gebrauch. Schmidt: Ich schätze so 18–20. Uwe, sich einmischend: Aber das geht doch gar nicht. Ein geübter Pfeifenraucher raucht 1 Stunde an einer Pfeife, wie kann er da 20 Pfeifen an einem Tag in Gebrauch haben. Schmidt: Ich kann mich für keine Schätzung natürlich verbürgen. Ich sehe ihn eben morgens um neun Pfeife rauchend, abends um eins immer noch, da dachte ich, 20 wird hinkommen. Uwe: Ja, sehen Sie, dachten Sie eben. Uwe fragte vorher, ob er Schmidt fragen soll, wie es beim Volksgerichtshof gewesen sei.

Schmidt trocken, konkret, wir verkrampft, um Sachen bemüht, als müssten wir verbergen, dass wir keine haben und uns für keine außer uns selbst interessieren.

Von 7 Uhr 30 bis elf.

Uwe redete am meisten. Erzählt eine lange Geschichte des Stahlwerks in seiner Nähe, in privater Hand, die dürfen wegen Brüssel nicht mehr so viel Stahl produzieren, das verstehen die Arbeiter nicht. Dazu braucht er lang. Schmidt: Uwe soll den Arbeitern seine Grüße bestellen, er sei auch gegen diese Quoten, die den benachteiligen, der modernisiert hat.

Adolf Muschg: Die U-Boote für Pinochet.

Schmidt: Handfeuerwaffen kriegt er nicht von uns, aber mit U-Booten kann er doch nichts anrichten. Arbeitsplätze, das ist das erste Gebot, dann erst alles andere.

Wolfgang Hildesheimer kam schon vor Schmidts Anwesenheit wieder auf seinen *Marbot* zu sprechen. Er findet in jedem Gespräch eine Anknüpfung. Aber als Schmidt da war, wird *Marbot* nur kurz eingeflochten.

Mit D oder T am Ende, fragt Schmidt.

Wolfgang Hildesheimer, ganz glücklich: Mit t, bitte, mit t.

Schmidt: Dann ist er wohl doch erfunden.

Hildesheimer: Sie könnten recht haben.

Uwes erster Beitrag: Über ihn sei eine Staatsbürgerschaft verhängt worden, die er nicht gesucht habe, deshalb habe er sie nach zehn Jahren abgegeben. Habe dann aber sofort eine BRD-Staatsbürgerschaft bekommen, die er nicht gesucht habe. Er habe nie in der BRD gewohnt, immer nur in Westberlin, New York, Italien und England.

Schmidt: Und was wollen Sie fragen?

Auch wir anderen drängen ein bisschen: Was er denn wolle.

Uwe fängt wieder umständlich an, dass er eben eine Staatsbürgerschaft bekommen habe, die er nicht verlangt habe.

Schmidt: Laut Grundgesetz gibt es nur eine deutsche Staatsbürgerschaft.

Uwe: Aber Bayern zum Beispiel hat das Grundgesetz gar nicht unterschrieben.

Schmidt: Trotzdem gilt es für Bayern genauso.

Uwe kommt wieder auf sich zurück. Es wird mühselig. Als der Bundeskanzler und Loki wieder fort sind, ist Uwe völlig weich vom Alkohol. Käthe ist die Einzige, die mit ihm sprechen kann. Er ist lieb zu ihr, wir gehen um 0 Uhr 30 hinauf. Käthe schickt mich wieder hinunter zu Uwe. Kommt dann selber auch noch. Uwe ist sozusagen offensichtlich betrunken. Vorher merkte man nicht, dass er schwamm. Jetzt schwimmt er total. Seine schwarzen Tuchhosen glänzen überall so sehr, dass es aussieht, als habe er einen Glanzstoff an. Riesige Stiefel, lose geknüpft, sehr lose, eine neuere Fischgrät-Jacke, hellgrau. Die alte Lederkrawatte, fast ununterscheidbar vom dunklen Hemd.

Er sagt, weil ich nichts sage: Der Sätzefabrikant Walser, dessen Satzfabrik früher ununterbrochen produzierte, hat Pause.

Als wir einen Augenblick allein sind: Das is nu mal der Schietkram, dass ich dich liebe, dich liebe wie … (große Bewegung), und du freust dich, dass du mich hinrichten kannst, immer wieder mich hinrichten, das macht dir Spaß. Das mit dem Hinrichten wiederholt er ganz am Schluss, als Käthe kommt und Käthe und ich uns von ihm in seinem Zimmer verabschieden.

Uwe, wenn ihm etwas zum Essen angeboten wird: Gebt das den

Hinterbliebenen des Bundeskanzler-Besuchs. Die Hinterbliebenen haben immer Hunger.

Mit eng aneinander reibenden Beinen geht er, als verlöre er, wenn er die Beine auseinander nehme, sofort allen Halt. Einmal beugte er sich von dem Sofa, auf dem er sitzt, zu seinem Aschenbecher hinunter, der auf dem Boden steht. Das muss er so vorsichtig tun, dass man kaum zuschauen kann. Die Hand tastet auf dem Boden wie die eines Blinden. Er braucht jetzt nur noch Goldoase. Den Abend über Pfeife. Sein Husten dröhnt aus Bronchien voller Rauchreiz und Schleim.

Uwe verlässt das Parterre nur, weil Käthe und ich mit ihm hinauf gehen. Dass die Hilfe sagt, sie müsse hier sauber machen, es ist 2 Uhr vorbei, weil um 7 Uhr wieder geweckt werde für das Frühstück. Da sagt Uwe: Er wolle doch gar nicht um sieben geweckt werden, um 10 Uhr will er geweckt werden. Als wir um 3 Uhr hinauf gehen, er hat mich noch eine Flasche Beaujolais öffnen lassen, die er aus London mitgebracht hat, da sagt er: Das vergebe ich nicht. A slight misdemeanor entschuldige er, aber das nicht.

Was heißt entmythologisieren, ruft Siegfried.

Demythologise, antwortet sofort Adolf Muschg.

Frau Muschg: Sie hätte den Bundeskanzler schon gerne noch nach dem Sozialismus gefragt. Er hat einmal, bei den U-Booten, den Weber-Satz von 1920 über Gesinnung- und Verantwortungsethik als seine Richtschnur bezeichnet.

Ich finde, man müsse ihm alles durchgehen lassen. Er tut etwas, wir tun nichts. Was tun wir denn?

Sonntag, 21. 12. 1980

Herr Zürn erkältet sich auf seiner Reise, schwitzt nachts. Wenn die Schweißbäche an ihm hinabrennen, denkt er: Mein Körper weint.

Hölty: Üb' immer Treu und Redlichkeit bis an dein kühles Grab und weiche keinen Fingerbreit von Gottes Wegen ab.

Dienstag, 23. 12. 1980
In Sarn, seit gestern, nach der Abzweigung Ketten.

Alissa: Sie würde gern ins Kloster gehen, wenn Heiraten erlaubt wäre. Sie will nicht heiraten, aber sie will nicht, dass es verboten ist.

Käthe: Du liegst auch lieber in einem Bett, wo zweierlei Schuh druntersteher.

Mittwoch, 31. 12. 1980
Heute zum ersten Mal sieben Strecken, fünfmal die zwei Steilhänge.

Zierlich zierlich zierlich.
Unaussprechlich zierlich.
Über alle Maßen zierlich
ist dein Gliedernest.

Poschtkartenblau, schreien die Burschen, sei der Himmel, und stürzen sich vornüber die Hänge hinab und fliegen davon.

Rutsch guatt ybere und blib gsund!

1981

Donnerstag, 1. 1. 1981
Acht Strecken von 12–3.

Sonntag, 4. 1. 1981
Johanna hat 50 Fr. für die Dritte Welt gespendet an Weihnachten. Anstatt uns und ihre Schwestern zu beschenken. Nur sie ist auf diese Idee gekommen.

Dienstag, 6. 1. 1981
Es schneit jetzt so, dass man nicht mehr hinaus kann.

Geld entspricht der Zeit: Beide sind nur sinnvoll, wenn es zu wenig davon gibt. Beide sind Versuche, einen Mangel einzuteilen. Nichts wäre sinnloser, als genug Geld und genug Zeit zu haben. Das wäre nicht mehr Geld und Zeit.

Nachmittags viermal bei dichtem Schneefall. Ein Orkan von Daunen.

Wieviel gelassener wäre ich, wenn ich nicht so viel zu verbergen hätte. Man kann sich auf den Augenblick des Überführtwerdens nicht vorbereiten. Man tut zwar nichts anderes, als sich auf diesen Augenblick vorzubereiten, aber man weiß schon, dass man nichts von dem sagen wird, was man sich wieder und wieder zurechtgelegt hat. Es fällt einem einfach nicht ein. Die Scham verhindert jede Regung. Du hast das Gefühl, dass du nur durch willenloses Zustimmen mitarbeiten kannst am richtigen Verlauf. Aus jeder Geste und Regung, die du jetzt noch machst, stürzt das Geständnis.

Der Zeitgenosse

Wir können uns einen Fortschritt nicht leisten. Seit 1970 trommeln die Besitzer von allem mit allem, was sie an Argumenten kaufen können, auf die schüchterne und immer schüchterner werdende Schar der Reformer ein. Wir können uns keine Humanisierung der Arbeitsplätze leisten. Auch keine Solidarität mit der Dritten Welt. Auch keinen sparsamen Umgang mit unseren Ressourcen. Wir können uns nichts leisten als das möglichst uneingeschränkte Leistungsprinzip, den Zuwachs, die Expansion. Wer bremst, mordet.

ICH: Dass alles mit mir zu tun hat, lähmt mich mehr, als es mich schreckt. Es gibt nichts Abschnürenderes als dieses irrsinnig zunehmende Interesse für mich selbst. Dabei weiß ich ganz genau, dass ich dieses Interesse, das ich für mich entwickle, nicht wert bin. Wirklich nicht. Ich bin armselig. Und trotzdem interessiere ich mich für nichts als für mich. Ich bin wirklich langweilig. Ich bewache mich von morgens bis abends. Umsonst. Kein Einfall. Keine Überraschung. Nichts Nennenswertes. Ich gähne aber nicht. Ich bleibe gespannt. Kein Kriminalfilm kann so spannend sein wie ich für mich. Aber nirgends passiert so wenig wie in mir. Wenn ich die Milliarden Momente zusammenfassen sollte, in denen ich mich belauere, müsste ich sagen: Ich habe von mir den Eindruck, ich sei leer. Nicht ungeheuer leer. Einfach leer. Eng und leer. Trüb und eng und leer. Flau und trüb und eng und leer. Ich scheppere vor Leere. Ich war einmal anders. Vor allem jünger. Aber dass ich jünger war, weiß ich nur, weil ich Fotos habe, auf denen ich ganz anders aussehe als in dem Spiegel, vor dem ich mich jeden Tag rasiere. Ich kann mich nicht erinnern, dass ich mich je jünger gefühlt habe. Also jung habe ich mich nie gefühlt, das ist sicher. Ich habe nie gedacht: Mein Gott, bin ich jung! Ich habe nie gesagt: Was darf es sein, ich bin jung! Das weiß ich ganz sicher, ich habe mich immer so irrsinnig gespannt bewacht wie jetzt. Ich habe immer auf etwas gewartet. Ich weiß nicht, wie diese Erwartung entstanden ist. Aber seit ich denken kann, bin ich in diesem Zustand gespanntester Erwartung. Ich weiß überhaupt nicht, was ich von mir erwarte. Wirklich nicht. Aber dass ich etwas von mir erwarte, ist sicher. Es muss etwas Außerordentliches sein. Sonst wäre ich nicht so gespannt. Auf jeden Fall ist alles, was in mir erscheint, was mit mir passiert, was ich vollbringe, nichts gegen das, was ich von mir erwarte. Wer mir meine Erwartung beigebracht hat, weiß ich nicht. Sie war da, als ich zum ersten Mal ICH sagte, das weiß ich. Ich kenne mich nicht ohne diese Erwartung. Ich bin diese Erwartung. Ich bin diese Enttäuschung. Inzwischen kann ich ja eigentlich nicht mehr von Erwartung sprechen, sondern nur noch von Enttäuschung. Ich gehe jetzt ein Leben lang an einer dürren Hecke entlang, streife mit immer schmerzenderer Hand an den harten, dürren, grausam raschelnden Zweigen entlang. Meine Fingerspitzen müssen längst zerrissen sein. Ich schau nicht hin. Ich starre geradeaus. An der endlosen Hecke entlang. Was also soll sich ändern, ich erwarte doch nichts mehr. Ich sage mir doch nur in jeder Sekunde vor, dass ich enttäuscht bin. Von allem. Nein, überhaupt nicht von allem. Nur von mir. Die Welt, kommt mir vor, ist übervoll von blühenden, saftigen, duftvollen, leise wehenden Hecken. Nur ich … Ich sehe doch die Ergebnisse der anderen. Was für Töne, Bewegungen, Gesichter, Gedanken. Was für Lippen. Bitte, was für Lippen! Und erst die Augen! Es ist klar genug. Alle anderen erleben etwas gänzlich anderes. Ich ärgere mich doch mit Recht schon über meine Schuhe. Ich habe noch nie Schuhe gehabt, die mir passten. Gut, das ist lächerlich. Ein Luxusproblem. Es gab Zeiten, da hatte man in meinen Schichten überhaupt keine Schuhe. Da wäre jeder in meiner Klasse froh gewesen, wenn er wenigstens zu kleine oder zu große Schuhe gehabt hätte. Ja, ja, ich weiß. Das ist doch auch so eine unabsehbare Eigenschaft von mir, dass ich mich immer herausreden will. Immer mich beklagen. Über Bedingungen. Über Schuhe. Hecken. Lippen. Ich habe ein paar wirklich erbärmliche Lippen. Nicht dass sie zu klein wären. Überhaupt nicht. Quantitativ gesehen, habe ich viel Lippenmaterial. Jemand wie ich sollte nicht so viel Lippenstoff zur Verfügung haben. Ich weiß einfach nichts damit anzufangen. Und das fällt auf. Meine Lippen … Also das dafür zur Verfügung Stehende … Ich bringe es in keine lippenhafte Ordnung. Ich vermag diesem zur Verfügung Stehenden keinen lippenhaften Ausdruck zu geben. Ich merke, dass jeder, der mir begegnet, das bemerkt. Er schaut mir nur kurz in die Augen. Dann schaut er mir gleich auf den Mund, auf die Mundpartie, wo diese entgleitenden und entgleisenden Wülste um eine Formation ringen, in der sie eine Sekunde lang zur Ruhe kämen. Dadurch, dass einer so hinschaut, geraten sie in eine noch heillosere, haltlosere, hilflosere Bewegung, als wenn sie sich unangeschaut wissen. Manche schauen ziemlich schnell von dem uferlosen Fluten wieder zurück in meine ruhigeren Augen. Ich sehe das, ich sehe den Ekel, das Mitleid usw. Ich lebe ja noch. Was soll's. Ich bin sogar, das weiß ich auch, einer der glücklichsten Menschen. Mir fehlt nichts. Ich habe mich gänzlich abgefunden mit meiner so genannten Enttäuschung. Inzwischen ist alles in einem Zustand glücklicher Fühlbarkeit. Ich glaube nicht, dass reichere Naturen sich in einen solchen Zustand zu bringen vermögen. Die Basis meiner Ruhe ist das Bewusstsein, dass die Reicheren, Lebendigeren, Erfüllteren, Schöneren viel mehr leiden müssen als ich. Das ist doch die Bedingung ihres Reichtums. Das weiß ich einfach. Alles hat seine Kehrseiten. Meine Leere tut weniger weh als alles, was es an ihrer Stelle geben könnte. Ich habe mich also in den Zustand der größten Leidlosigkeit hineinentwickelt. Dass das zugleich der Zustand der größten Armseligkeit und Enttäuschung ist, kann ich ertragen. Lieber bin ich absolut enttäuschend und enttäuscht von mir, als dass ich leide. Basta. Ich will nichts mehr wissen von so etwas. Man muss das Leben so klein halten als möglich. Nur das Leben nicht ins Kraut schießen lassen! Also ich finde, die Begründung, die ich für meine Ausgeräumtheit und Minimalität gebe, diese Begründung ist gar nicht so schlecht. Ich wollte nicht leiden, deshalb habe ich … Das ist doch nicht schlecht. Jeden Tag lasse ich neue Entschuldigungen und schmeichelhafte Begründungen aufmarschieren. Religion, Philosophie usw. liefern mir täglich neue Dekorationen für meine vollkommene Enttäuschtheit. Nihilismus, Psychoanalyse, Marxismus … Ich kann alles brauchen. Sogar Musik. Ich bin sehr zufrieden in meiner Unzufriedenheit, mit meiner Unzufriedenheit. Schlimm wäre nur Langeweile. Vor nichts habe ich so Angst wie vor Langeweile. Aber da meine Enttäuschung von mir mich niemals ganz und gar ausfüllen kann, d. h. da ich trotz aller endgültigen Beweise, die ich mir liefere, mich nicht und niemals ganz und gar zu meiner Ärmlichkeit bekenne, bleibe ich und bleibe ich immer noch im Zustand der Gespanntheit. Im nächsten Augenblick wird es blitzen. In mir. Niemals wird es. Aber ich glaube, es wird. Aber ich weiß, es wird nicht. Aber was ich weiß, hat keine Kraft über mich. Nur was ich glaube, gilt, also ich glaube, im nächsten Augenblick … Und wenn ich eine Ewigkeit warten müsste, mein Glaube würde ausreichen für mehr als eine Ewigkeit. Also spannend ist es. Was will ich mehr. Hauptsache, es ist spannend. Also wirklich, ich kann von Glück sagen. Eine Ewigkeit lang spannend. Ich hätte nie gedacht, dass ein so genanntes elendes Leben, ein Leben, das aus nichts als aus Enttäuschung besteht, so spannend sein könnte. So dumm war ich. Inzwischen ahne ich schon: Nur ein so vollkommen enttäuschendes Leben wie das meine kann spannend sein. Ich sage ja, besser als mir kann es einem gar nicht gehen. Es ist schon unverschämt, wie gut es mir geht.

Donnerstag, 8. 1. 1981

Den ganzen Tag 10 ° und kälter. Vormittags musste ein Baum, der auf das Liftkabel gestürzt war, zersägt werden. Ich bin fast bis zur Mittelstation gelaufen. Dann ab zwölf 10-mal gefahren. Nachmittags noch 3-mal die obere Strecke. Immer Sonne.

Montag, 12. 1. 1981

Nach einem Anruf aus Leipzig ist mein Tel. 10 Minuten lang nicht mehr zu gebrauchen. Das Freizeichen kommt einfach nicht. Jemand hat es belegt.

Mittwoch, 14. 1. 1981

Schön, dass der halbe Januar schon vorbei ist. Wie ein Bad ausläuft. Am Schluss scheint das Wasser nicht schnell genug in den Abfluss kommen zu können. Das ist viel schöner, als wenn das Wasser sich wehren würde. Das wäre lächerlich, Wasser, das sich dagegen wehrt zu verschwinden. Beschleunigung des Vergehens. Mehr nicht.

Immer weniger gern tue ich etwas Sinnloses, viel lieber tue ich nichts. Nichtstun, in der Tat, tut mir gut. Sobald ich drin bin im Starren, stirbt jeder Reiz, die Unruhe erlischt in der Masse, ich habe nichts mehr einzuwenden. Du sollst nicht lieben. Du liebst auch nicht. Es ist die normale Infektion. Zweimal Gurgeln täglich.

So fremd wie ich ist mir keiner.
Warum kann ich mich nicht in Ruhe lassen.
Du bist aufdringlich, hörst du.
Der See gleißt immer nur da, wo man selber hinschaut.

Sonntag, 18. 1. 1981

Diese Reise, diese Reise
durch den Tag, die Nacht
keine Dämmerung darf dauern.

Alissa und Johanna sind um 16 Uhr 57 von Radolfzell nach NRW gefahren. Eine wird um 22 Uhr 57 in Köln, die andere um 23 Uhr 57 in Essen sein. Alissa geht mit einem Alfred, 42, in die Kirche, zum Kirchenchor, dann fährt er noch mit ihr hinaus, zeigt

Eine Fläche sein lassen

ihr die Kneipe, in die sie immer gehen werden. Er ist in einem Büro. Nicht Behörde. Hat Anträge entgegenzunehmen und zu bearbeiten. Alissa hat einen Schwarzen aus Malawi, Ostafrika, im Kurs. Der kam nach der ersten Stunde einfach zu ihr und lachte. Er ist klein und dicklich, Satchmo-Typ. War im Gefängnis, durfte ein Jahr nicht in die Schule, weil er erzählte, wie der Staatspräsident lebe. Das wissen alle, aber man spricht es nicht aus. Jetzt hat er ein Stipendium der Regierung: Designer, will Alissa heiraten. Sie hat ihm abgesagt. Er heißt Aurings, spricht sich aus wie Ohrring.

Dienstag, 28. 1. 1981

Ob die Wahrheit immer konkret ist, weiß ich nicht. Aber ich glaube, das Konkrete ist immer die Wahrheit.

Der Stock, den ich für Timon warf, zerbrach am Baum, die zwei Teile weit auseinander. Timon gibt nicht auf, bis er beide Teile hat, und obwohl sie so dick sind, dass er sie kaum unterbringt in seiner Schnauze, schafft er es schließlich und trägt beide zugleich herauf.

Freitag, 23. 1. 1981

Siegfried am Telefon: Vor dem Hungern zum Arzt, Blutdruck 120 zu 80, wie ein Jüngling, sagt er, sagte der Arzt.

Dienstag, 27. 1. 1981

Gestern Herr und Frau Ficus. Sie berichten: Herr Gessler ist nach Abano. Andeutungen, dass er nicht glücklich sei, aber ungeheuer wohlhabend, der Kleideretat der Frau bei 5000 pro Monat, und er fahre immer zu Zeller nach Lindau und kaufe und kaufe. Porzellan, Bilder, Schmuck. Herr Ficus wird von Anfällen des Antisemitismus förmlich gewürgt. Es ist fast ergreifend, wie er nicht Herr wird trotz aller Intelligenz, Feinheit usw. Frau Ficus flankiert. Dann machen sie sich lustig über Herrn Groß, der bei einer

Jumelage des Lions Clubs gesagt hat: Nous jouissons avec notre épouse … ohne de sei das aber Orgasmus haben. Die Franzosen darauf: Encore une fois. Der Arme habe nichts gemerkt, habe alles für einen Erfolg gehalten. Wer sagt Gattin und wer nicht? Gattin, das sei kleinbürgerlich, sagt Herr Ficus.

Mittwoch, 28. 1. 1981

Käthe zu Franziska: Andere Leute loben, das hettsch bei meiner Mama lernen können.

Die zwei zwerghaften Schwachsinnigen mit ihrem Kind und dem winzigen Köfferchen, insgesamt eine Clownsgruppe, fragen an der Tür, ob wir Birnen bräuchten, Glühbirnen. Ich nehme 3 à 1,70. Nachher stellt sich heraus, dass sie mir ausgebrauchte Birnen verkauften. Also jetzt: Clown oder Schwachsinn?

Freitag, 31. 1. 1981

Siegfried: CSU-Zimmermann sagt, er rieche es, wenn etwas zerfällt, egal ob Ehen, Freundschaften, Koalitionen. FDP/SPD hält die Legislaturperiode nicht durch.

Gestern Uni Konstanz, Audimax, voll, sehr gute Reaktion.

Montag, 2. 2. 1981

Seit gestern der gefrorene Nebel, die Bäume sehen aus wie Foto-Negative.

Käthe in der Bucht beim Schlittschuhlaufen gefallen, Platzwunde an der Schläfe. Der junge Arzt: Leichte Commotio. Sie muss dortbleiben, Erbrechen. Sie meint, es könne auch Migräne sein. Das Haus ohne sie wirkt leer, auch wüst. Den Gegenständen fehlt die Weihe. Die Räume wollen nicht klingen. Eine Gehirnerschütterung, so schnell, so unversehens.

Trockene Routen des Winterstrauchs
knabbern. Wo sie sind, beben die Blätter
im Wind. Täglich keine Geschichte.
Der See rauscht, der Analphabet.
Ich glaube nicht, was ich sehe.

Dienstag, 3. 2. 1981

Überlingen 8 Uhr 06 bis 15 Uhr 38 Bonn.

Ein Mann im Zug erzählt: Ein Hund wollte, als der Zug abfuhr, noch zu seinem Herrn, schaffte es nicht mehr, merkte das und legte sich still und flach zwischen die Gleise. Aber am Schluss des letzten Wagens hing die schwere Eisen-Kupplung, die traf ihn voll gegen den Kopf. Er war tot. Was für ein Hund war es, fragte eine Frau. Ein Schäfer. Ja, sagte eine andere, Schäferhunde sind intelligent.

Donnerstag, 5. 2. 1981

Gekränkt zurück. Irgendwo trifft der Stich immer. Noch nicht daheim, droht die nächste Reise.

Ich möchte nicht mehr vorbeifahren an allem, ich möchte bleiben. Wo ich wäre, wäre ich bei mir. Aufmerksam auf mich. Nicht so verloren. Gib mir Urlaub, Welt.

Samstag, 14. 2. 1981

Gestern endlich *Heines Tränen* fertig.

Montag, 18. 2. 1981

Mit Käthe nach Frankfurt.

Donnerstag, 19. 2. 1981

Gestern Abend mit D. Henrich bei Siegfried und Hilde. Siegfrieds Unigeschichten. D. Henrich hat einen im Flugzeug für das Rigorosum geprüft. Beim Frühstück protestiert Siegfried wehleidig, weil auf seinem Platz keine Tasse wartet.

Freitag, 20. 2. 1981

Gestern die Heine-Plakette. Reich-Ranicki-«Laudatio»! Eine Sammlung des bekannten Vokabulars. Er hat kein bisschen gearbeitet. Man könnte deprimiert sein. Heute von 10 Uhr 30 bis 12 Uhr 45 im IC mit Herrn und Frau Reich-Ranicki. Käthe nachher: Er erreicht deine Wellenlänge nicht. Aber eine Kraft hat er.

Frau Domin versuchte, sich zu entschuldigen. Drängte sich zum Frühstück mit uns. Aufgeregt. Hier läuft der Majdanek-Prozess. Das sagt sie, als wäre es ein Film. Aber sie war dort. Sie ist erschüttert. Die Zeugen werden unwürdig behandelt. Sie selber ist als Assimilierte aufgewachsen. In Israel wird sie als Deutsche angesprochen.

Reich-Ranickis Anekdotenschatz: Fadejew kommt nach Warschau zum Kulturkongress. In einer Pause fragt er einen polnischen Teilnehmer, und es ist zufällig ein bekannter polnischer Satiriker: Wo kann man hier pinkeln. Der sofort: Sie, hier, überall.

Persönlich ist Reich-Ranicki wieder gewinnend, aber in der Rede gestern Abend nichts als die Echos seiner Tiraden und Tiraden, weil er nicht gearbeitet hat. Er wollte über meine Essays sprechen und änderte den Titel in: Martin Walser, ein anatomisches Wunder. Inhalt: Ich bestehe aus lauter Achilles-Fersen. So dröhnt und dröhnt er. Ohne jeden wirklichen Inhalt. Nichts als Gerüchte. Es ist nicht auszuhalten. Und dann ist er im Zug wieder so nett, und ich kann nichts aufrecht erhalten gegen ihn, obwohl ich übervoll von Unmut bin. Also schreiben. Selbstporträt als Kriminalroman.

Eine Reich-Ranicki-Geschichte, als er meine Mütze endlich bemerkt: Das wissen Sie, wie sich Sander, den brauchen Sie nicht zu kennen, ein Journalist, früher bei der *Welt*, wie der sich in die Unsterblichkeit hineingeschrieben hat, mit einem einzigen Brief. Als Thomas Mann noch in Amerika war, schrieb der an Thomas Mann und fragte ihn, ob er ihm nicht eine solche Mütze schicken könnte. Thomas Mann antwortete tatsächlich, dass er früher bei Autofahrten selber eine solche Mütze, die man wohl Sportmütze genannt habe, gehabt habe. Jetzt folgt also Thomas-Mann-Umständlichkeit und am Schluss die Mitteilung, dass er eine solche Mütze nicht schicken könne. Oder: Werner Webers Sohn Gerhard, acht Jahre alt, schreibt Thomas Mann sehr sorgfältig, der antwortet ihm: Du bemühst dich offenbar um Deutlichkeit. Das habe ich selbst auch versucht in meinem Leben. So oder so ähnlich hat Thomas Mann geantwortet. Reich-Ranicki lacht über diese Formulierung, als sei sie das Schönste, Heiterste überhaupt, man begreift nichts. Oder: Er hat der zwölfjährigen Tochter von Wirsing empfohlen, die *Buddenbrooks* zu lesen. Die schreibt nach der Lektüre zurück, dass Thomas Mann gut formulieren könne. Alle Geschichten dieser Art sind das Erzählen nicht wert. Der Erzählende merkt das und forciert durch Lautstärke und Lachen.

Sonntag, 22. 2. 1981
Wo bin ich, ich kann mich nicht finden, es ist, als wäre ich mir endlich entkommen. Habe ich Sehnsucht nach mir?

Die Widerwärtigkeit des Ähnlichen.

Eine Beißner-Prüfungsfrage: Welche deutschen Dichter des 20. Jahrhunderts haben keine Gedichte geschrieben? Dann musste man sagen: Kafka und Thomas Mann.

Sie langt sich an in der Badewanne, sagt sie. Um sieben. Er versucht, sich darauf zu konzentrieren.

Der mich fragt, kriegt eine Antwort, die von nichts als von der Frage produziert wird. Ohne diese Frage käme mir diese Antwort nie in den Sinn.

Bin ich zwischen Wespen geflogen
selig im Verein, habe ich mich

in deine Münder gebogen,
du hast geflüstert: Tritt ein.

Montag, 23. 2. 1981
Immer fliegen im Jahr
mit seufzenden Schwingen
die Schwäne vorbei.

Herr W. versammelte seine Abteilung im Wirtschaftsministerium und sagte: Ich muss sterben, ich möchte mich von Ihnen verabschieden. Das tat er dann. C., seine Frau: Er konnte überhaupt kein Theater machen. Nicht einmal beim Sterben. Nicht beim Schmerz. Er sagte ihr, wie sie als Witwe gut weiterleben könne. Sie kennt eine Frau, die unterbricht die Psychoanalyse nur, wenn sie wieder schwanger ist.

Dienstag, 24. 2. 1981
So laut, dass die es später noch hören, kann keiner schreien.

Mittwoch, 25. 2. 1981
9 Uhr 20 ab Aarau, 12 Uhr 22 Überlingen.

Gestern Lesung in der Kantonsbibliothek. Anstrengend.

Im Zug Aarau–Zürich zwei junge Ingenieure, zuerst nur Französisch, ab Baden genauso heftig Schwizerdütsch. Ich habe nicht gemerkt, wann sie wechselten. Der Sound blieb völlig gleich. Den erzeugten sie zuerst mit französischen, dann mit schweizerdeutschen Wörtern. Die Sprache ist sekundär. Die Haltung, das Vorsprachliche, der Klang: das gibt den Ausschlag.

Ich habe mich überanstrengt. Vor dem Einschlafen war nicht mehr an das Lesen zu denken, sonst hätte sich die Atemnot wiederholt. Ich atme einfach zu wenig, kette zu viele Sätze aneinander. Auch wenn ich schon wirklich keine Luft mehr habe, meine ich, diesen Satz noch dranhängen zu können. Er gehört noch dazu, aber es ist eben keine Luft mehr da für ihn. Früher habe ich nie unter so etwas gelitten.

Traum: In der linken Hand die Katze, in der rechten die Ratte. Die Katze will auf die Ratte los, schwillt mir in der Hand mit ungeheurer Kraft und wird gleich nicht mehr zu halten sein. Ich drücke ihr den Hals zu, bis ich spüre, sie ist tot. Ich schau jetzt die Ratte an. Die immer gleich groß geblieben ist und gleich hässlich. Die Katze fühlte sich jetzt klein und weich an.

Zwei mit schlechtem Gewissen als Betrüger. Es stellt sich heraus, sie sind harmlos, schlimm sind die, die sie glaubten, betrogen zu haben.

Donnerstag, 26. 2. 1981

Wir sind eingeklemmt zwischen tschüs und ciao, unsere eigenen Grüße sind besiegt.

Einem JVA-Entlassenen, schlank und rollköpfig, Lederweste, ein *ZEIT*-Abo abgekauft: Klasse, da kriegt er sogar viele Punkte. Er braucht 200. Dann die Kaufmannslehre. Versprochen von der Firma. Zwei Jahre. Die alte Leier. Blau gefroren. Den Text kann er. Seine Hartnäckigkeit ist zum Erbarmen. Nachher: Er könne mir nur danken. Mit den 200 Punkten sei seine Vorstrafe aus dem Feld, und er könne sein Leben neu planen. Er wusste dann die Straße nicht. Gerade noch den Ort. Wahrscheinlich gehört er zu einem Kolonnenchef. Der hat dressiert, dessen Knabe ist er. Ich bin hereingefallen. Das ist besser, als wenn ich nicht hereingefallen wäre. 140 DM. Absetzbar. Aber die Drohung: Dass ununterbrochen diese Zeitung ins Haus kommt, egal, was drin steht.

Eine Haydn-Biographie schreiben, die nichts so schön erzählt wie seine Reaktionen auf Mozart.

Zugeben, dass du jetzt bist, wo du gern mit Verachtung hingeschaut hättest.

Leibarzt der Verlorenheit
Kenner des Schnees
Freund des Fehlens
Ausbund des Nichts
Zur Litanei gehörend
Jedem geb ich die Hand
Ich habe durch jedes Fenster geschaut
Das Unglück richtet Stäbe ein
Die Eingeweide bluten
Der Winter ist ein weißes Wort
Die Kälte hält warm
Ich überlebe jedes Mal

Er kommt immer herunter. Zwischen den Tannen, dann noch zwischen den letzten Lärchen, dann ist er da. Kein Mangel an Glanz. Die Ferne gefügt, eine hohe Kette aus weißblauer Himmelsseide. Man muss eine Handbewegung machen, als gehöre das alles zu dem, was man jetzt sage. Auch die trockenen Tannen und die knorrigen Lärchenzapfen. Schaut hinunter auf den Talboden, wo die winzigen Flecken Häuser bedeuten. Man kriegt Gott nicht geschenkt. Man müsste es wahrscheinlich ernst meinen. Es würde sich lohnen. Aber das ist das Schlimme. Also Leute, meine Gemütlichkeit nähert sich ihrem Ende. Jeder, der jetzt die Hand eines anderen nimmt, dem rat ich: Schaut, überall hängen Hände, frierend, verlegen. Nehmt sie. Du musst überhaupt nichts sagen. Also wirklich. Du kannst dich durch nichts deutlicher machen. Mut. Feige sein, dazu gehört jetzt Mut.

Infarktgefühle. Gefühlsinfarkt. Seeleninfarkt.

Samstag, 28. 2. 1981

Siegfried Unseld: Er hat mit Peter Handke sechs Regisseure für das Stück ausgesucht, gibt in Berlin Luc Bondy das Stück. Jetzt Peter Handke: Er verlässt den Verlag. Die Zeit der Lügen ist jetzt vorbei. Schon vor Jahren beim Frühstück das Reich-Ranicki-Buch, darin: In alter Verbundenheit. Und darin war die *Linkshändige Frau* verrissen. Jetzt also vorbei. Siegfried hätte das Stück nicht weitergeben dürfen. Als Siegfried von Berlin zurückkam, war ein Brief da, dass doch noch etwas getan werden soll an dem Stück. Siegfried hat also übereifrig reagiert. Und das löste die Woge aus. Handke wolle eigentlich nur noch im eigenen Verlag erscheinen.

Peter Handke: Peymann ist Bernhard-Regisseur, der darf überhaupt nicht genannt werden.

Dasso

Derselbe ist auch eingeladen. Der zerschlägt alles und will fort. Wie er sich aufführt, wenn er glaubt, es sich leisten zu können, also wenn er die Macht hat, und wenn er sie nicht hat, sobald Presse da ist, die ihm gewogen ist, ist er menschlich, d.h. da spielt er einen, der so ist, wie er nach den Schriften sein müsste. Die Fotografin ist die Einzige, die ihn in den Opernkleidern fotografieren darf. Dabei kommt heraus, dass sie den Konkurrenten in Sepplhosen auch fotografiert hat. Jetzt entreißt er ihr alle Filme und vernichtet sie.

Sonntag, 1. 3. 1981

Ein Traum: Ich soll einen Vortrag halten, Käthe und Siegfried sind auch dabei, schon im Saal, das Manuskript ist schwarz-weiß geschrieben, es rollt sich von allen Seiten ein, sobald man es aus der Tasche nimmt. Ich rufe sofort nach starken Seiten und Klebstoff, dass man die Manuskriptseiten daraufkleben und so am Einrollen hindern kann. Siegfried und Käthe kleben die Seiten auf die Manuskriptseiten, dass man nichts mehr lesen kann. Ich erwache ohne Luft. Wonach ich endlich wieder einschlafen kann, mit Tropfen, Pulver und Dragees. Ein zweiter Traum: Auf einem Bodenseedampfer, 4 Stunden zum Vortragsort, dort mit Jürgen Habermas sprechen, er ist zuerst am Ort, es ist klar, dass ich erst am Nachmittag hinkomme statt um 11 Uhr vormittags. Ich werde unentschuldigt fehlen.

Mit Joachim Kaiser telefoniert, nachdem Frau Zeller mich gefragt hat, ob ich Präsident der Akademie machen würde. Ich schlage Harig vor. Und frage Joachim Kaiser, ob er nicht möchte. Er findet, dass das zuviel unbezahlte Arbeit ist. Bundes-Kultusminister, das würde er machen. Günter Grass sei auch immer enger geworden und habe sich darauf reduziert, nur noch das zu sagen, was auf einem Unterbezirks-Abend der SPD gesagt werden könne. Heißenbüttel sei rachsüchtig und kleinlich.

Ich müsste ein solches Gespräch viel Philip-Marlowe-hafter führen. Ich telefoniere gern mit Joachim Kaiser. Er wäre mir lieb. Wahrscheinlich weil er aus der Zeit stammt, in der ich noch liebte.

Das G-Dur-Konzert von Vivaldi spielt Theres am schönsten.

Montag, 2. 3. 1981

Rosenmontag in Wasserburg. Friseur Häfele gestorben.

Bei Anna. Sie wird bald 77. Leidet unter dem Wetter, Föhn. Heute hat sie zum ersten Mal wieder den Säntis gesehen. Als der Vetter gestorben war, ließ sie ihn aus dem Krankenhaus holen. In Amtzell sagte man, der ist doch von da drunten, soll man ihn dort auch beerdigen. Aber das ließ sie nicht zu. 1944. Niemand gab Benzin und dann doch der Wirt. Bringt den Sarg auf dem Anhänger. Einer sagt: In die Garage. Anna: So weit kommt's, dass der nicht einmal mehr in sein Haus kommt. Und lässt ihn ins Zimmer tragen. Wo er schon am Auslaufen war. Im August. Und in Amtzell kein Grab, keine Genehmigung. Dauert noch drei Tage. Und die Fliegen schon in Massen da. Einer: Sie habe nie jemanden im Stich gelassen, und das sei so viel, wie wenn sie ein Haus gebaut hätte. Sie meint, ihr Georg sei vergiftet worden. Am 12. Juni schreibt er, dass es ihm gut gehe, dass er jetzt auf eine Domäne komme, am 23. Juni stirbt er. Die Kartoffelsuppe. Der Kamerad, den sie verdächtigt, schreibt: Die meisten hätten sich beherrscht. Er nicht. Die Suppe habe schon gegärt, und 2 Stunden später bei leichter Arbeit, Reben aufbinden, sei Georg umgekippt und abends um 10 Uhr gestorben. Aber katholische Beerdigung. Der Verwalter habe sich nichts daraus gemacht. Deutschenhasser. Am nächsten Tag der Besitzer, dann bessere Verpflegung. Anna: Der Kamerad brauchte Georgs Papiere, weil er selber Dreck am Stecken hatte. Warum geht der dann nicht nach Breslau, sondern bleibt im Westen, das begreift sie nicht. Auf dem gleichen Stock wie Anna ein ungarisches Ehepaar, sie war Schneiderin, die Schränke voller Eleganz, auch Pelze, aber beide kommen immer sehr lotterig daher. Die Tochter bei Paris mit einem Reichen verheiratet. Man hatte sie in Ballett und Gesang ausbilden lassen, sie kam nach Paris und wurde sofort von einem 20 Jahre älteren Mann geheiratet. Jetzt wird die Villa, 20 km vor Paris, verkauft und ein Haus in Nizza gebaut und für die Eltern auch etwas, dann ziehen sie dorthin.

Anna war mit Josef in Gattnau auf dem Friedhof. Er wollte gleich wieder gehen. Aber sie hatte zwei Stöcke dabei, schickte ihn also fort. Sie ist nirgends so gern wie auf diesem Friedhof. Wie gut es die Toten hier haben, wie sie mit einander auskommen, sagt sie. Kein Streit. Und jeder hat Platz. Auch vom Gangfenster aus sieht sie immer hinüber nach Gattnau, den Kirchturm. Es ist der schönste Friedhof, den es geben kann. Wenn man da einmal drin ist, dann hat man es geschafft. Nur hineinkommen ist schwer, sagt sie.

Als wir in Aeschach vorbeifuhren an dem Schild «Bestattung Friedrich Wurm», lacht Theres hell heraus.

Oft verabrede ich mich mit mir
und gehe nicht hin. Ungern
begegne ich mir. Hoffentlich
sterbe ich weg, bevor ich mir sage
was ich denke von mir.

Donnerstag, 5. 3. 1981

München. Vormittags bei Wolfgang Werner im Haus 22 an der Ringstraße in Haar. Zweibettzimmer, mit einem Alkoholiker, kleiner Fernsehapparat, die Wand am Bett mit einer Serie von Pornobildern, alle von einer Frau, rotblond und reizend postiert. Er weist entschuldigend darauf hin: Das braucht man eben hier. Seine Nikotinfinger, die abgebissenen Nägel (nachher Dr. M. genauso kurze Nägel). Wenn er sich hält, kommt er ins Erdgeschoss. Morgens frei, nachmittags Arbeit. Dr. M.: Dieses Frustrationskontingent muss er auf sich nehmen, wir müssen ja auch Sachen machen, die wir nicht wollen. W. kaufte acht Monatsbiere auf und trank sie alle auf einmal. Der Doktor brauche selber einen Psychiater, der sei sehr unsicher. Zum Einkauf meldet er nur Tabak an. Er heult auf, wird von innerem Wasser förmlich überschwemmt, wenn ich komme und wenn ich gehe. Eine Kerze auf dem weiß gedeckten Tisch vor dem Zimmer im Gang, die brennt, dazu ein Räucherstäbchen und vier Tassen und ein Topf mit Nescafé auf dem Rechaud. Dass er keinen Alkohol trinken soll, ist unvorstellbar. Auf diese Perspektive geht er nicht ein. Das verstehe ich leider. Er hat nicht gewusst, dass sein Opfer schwachsinnig war. Sonst hätte er ihr Grinsen anders bewertet und hätte nicht einfach zugeschlagen, als die auf seine Aufforderung, das Bett zu verlassen, immer nur grinste. Aber mitgenommen hat er sie, weil er so betrunken war.

Die Lesbierin: Einmal sah sie in einem Lokal auf der Galerie ihre Freundin mit einem Mann sitzen und zog sich aus Protest und Ohnmacht splitternackt aus. Das nützte nichts.

Freitag, 6. 3. 1981

Im Zug nach Leipzig.

Mehr gefrühstückt als sonst. Wahrscheinlich weil der Zug eine Zeit lang durch die DDR fährt.

Allein im Abteil, fast allein im Kurswagen nach Leipzig, und ich dachte, ich müsse vielleicht nachlösen, weil die zweite Klasse zu voll sei. Keiner will nach Leipzig. Und dort ist doch Buchmesse. Die Papiere sind nicht angekommen, obwohl Herr Kugler extra nach Berlin gefahren sei, um sie aufzugeben. Thomas Beckermann aus Frankfurt: Schon im *Neuen Deutschland*, dass ich als ausländischer Gast auf die Messe komme.

Die Wälder nehmen zu. Hier ist noch beruhigend viel Land. Wenn man längere Zeit in übervölkerten Gegenden lebt, wird man schwermütig und pessimistisch. Eine Art Sauerstoffmangel der Seele vielleicht. Man braucht menschenleere Räume, sonst glaubt man nicht mehr, dass man noch lange existieren kann.

Hungrig in die DDR. Ab Probstzella komme einer mit einem Wägelchen. Aber wo ist Probstzella?

Gert Neumanns *Elf Uhr* gelesen. Die direkte Poesie, keinerlei Fiktion, alles auf dem Entdeckungsweg. So mühsam wie schön. Beim Lesen das Gefühl, dieses Buch könne nichts von einem verlangen. Es ist zwar fast unendlich schön, aber auch fast unendlich schwer zu lesen. In der einen Sekunde hat man das Gefühl, dieses Buch soll froh sein, dass man es liest. In der nächsten Sekunde fühlt man sich beschämt vom Reichtum, der da Zeile für Zeile verschenkt wird.

Nach Pressig werden die Passagen eng. Wälder und Hänge rücken uns auf den Leib. Passkontrolle. Er: Die Einreisepapiere ham Sie alle dabei? Ich nicke, obwohl ich keine solchen Papiere habe.

Zwischen Straße und Schienen windungsreich der Bach. Jetzt sind wir wieder im Winter. Granitabbau. Wir sind verschwunden in Wäldern und zwischen felsigen Wänden. Birken gebogen wie Tänzerinnen. Der Zug so langsam, als fürchte er, jeden Augenblick abzustürzen. Der Zug steht schon eine Viertelstunde vor einem Ort. Das elektrische Summen ist erloschen. Erst als der Gegenzug vorbei ist, dürfen wir weiter. Der Ort, über den wir hinwegfahren, heißt Ludwigsstadt. Haufen schmutzigen Schnees. Schnee ohne Chance. Wieder warten. Sind das Zeitschleusen, um unsere übertriebenen Bewegungserwartungen herabzustimmen auf DDR-Gemütlichkeit? Auf abgeholzten Hängen liegt für wertlos Gehaltenes. Birken vor allem liegen da, wie ermordet.

Probstzella. Zollbeamte: Meschten Se das mal ausfüllen. Sie haben um den Hals gehängt schwarze Köfferchen, die sie aufklappen können, so dass eine Schreibfläche entsteht. Der senkrecht bleibende Teil enthält Fächer, die ihn zum Minischreibtisch machen. Dann kommt eine Frau in Zivil: Meschten Sie Ihren Umtausch erledjen? Wieviel Tage bleiben Sie? Bevor ich antworten kann, kommt eine beleibte Uniformierte und sagt etwas Leise-Scharfes zu der anderen, wohl, dass sie zuerst dran sei, worauf die sofort aufsteht und das Abteil verlässt. Die Uniformierte gibt mir eine Zollerklärung zum Ausfüllen. Als sie auf der Bank die Zeitungen sieht, sagt sie jäh bedauernd: Sind das Ihre Zeitungen? Ja. Ob ich Wert auf die Zeitungen lege? Nein. Dann packt sie sie unter den Arm und lässt die Erklärung zurück. Meine Briefe aus Weimar habe ich in München vergessen, die Telegramme sind nicht da, und ich komme nicht über Gutenfürst, sondern über Probstzella. Die mit dem Geld kommt wieder, will die Passnummer, den Pass hat aber schon der eine mit. Sie sin wohl noch gar nich abgefertischt? Nein. Dann dürfte isch Ihnen ja noch gar keine ... Muss isch doch erst mal raus zu den zwei Kollegen. Geht wieder. Ein Dritter kommt mit dem umgehängten Koffer, klappt auf. An dem an seiner Brust hängenden Kofferboden hängt noch eine schwarze Tasche, und an schwarzen Lederseilchen hängen drei verschiedene Stempel, die er befeuchten und schwärzen könnte, an einer dafür vorgesehenen Stelle direkt über seinem Herzen. Schauen Sie bitte mal, sagt er. Er hat meinen Pass aufgeschlagen, schaut mich an und das Passbild. Dann stempelt er dreimal, behaucht, was er bestempelt hat, weil es wohl zu feucht geraten war, trennt die Zählkarte von ihrem Zwilling, die will nicht, offenbar war die Abrissnaht zu solide geraten, aber dann schafft er es doch und geht. Er duftete übrigens nach Orangenkaugummi oder dergleichen. Die unwichtigste Kontrolle: die der Fahrkarte. Wohlgenährte NVA-Mantelträger, junge, des öfteren hin und her. Nach einer guten halben Stunde ging es weiter. Probstzella, ein dunkles Schieferstädtchen, gemütlich blauer Rauch aus den Kaminen. Kaserne mit lungernden Soldaten. An der Straße im unberührten Tal eine große Plakatwand: Alles für die Stärkung der Arbeiter- und Bauernmacht.

Ich schau von jetzt an hinaus, süchtig nach Bestätigung meiner Meinungen über die DDR und genauso süchtig nach Korrekturen.

Schieferhänge, als hätte eine Nation ihre Schultafeln zerschlagen.

Je stärker der Sozialismus, desto stabiler der Frieden.

Hockeroda. Schiefer und Fachwerk. Kaulsdorf. Der Bach schon ein Fluss. In Probstzella hatten fünfzehnjährige Mädchen, übermütig plaudernd, enthemmt auf einander eingeredet. Das überrascht einen schon.

Dampflokomotiven, eine pafft ungeheuer schwarze Wolken.

Nu zieh du dich erst mal aus, ich mach die Tür wieder zurück.

Ein Paar mit zwei Taschen und einer in Plastik gehüllten Tischplatte. Die Frau will in ein unbesetztes Abteil. Der Mann: Er räume doch nicht noch mal um. Sie will es wegen der Tischplatte, dass die dann auf einem Sitz Platz hätte. Er muss folgen. Soldaten beim Kohlenausladen, mehr lungernd als arbeitend.

Saalfeld, Pößneck, Gera, Unterwellenborn, Könitz.

Uns allen zum Nutzen: Hohe Leistungen.

Dann stürmen vier herein, sehr laut, sehr fröhlich.

Neugiersch sind wir net, nur wissen möschten wirs. Drei Flaschen Bier für vier Männer. Zuerst werden sie in den Händen gewärmt.

Sonntag, 8. 3. 1981, Hotel Astoria, Leipzig, Zimmer 103. Regengrau. Düster die Straßen aus dem 19. Jahrhundert. Ohne Licht und ohne Schaufenster. Die andere Verführung: eine warenlose Welt.

Gestern in der Bastei gelesen. Gewölbe, von den Studenten wieder ausgegraben. Mittagessen im Auerbachkeller. Soljanka-Suppe. Mephisto-Fleisch. Gestern Abend bei Pezolds. Die Frau Ungarin. Trolli, der Münsterländer, wird meinetwegen nicht hinausgelassen und scheißt vor Aufregung, als ich komme, in die Diele. Das sei das erste Mal, sagt Herr Pezold. Das ist ganz sicher wahr, aber es bleibt komisch, dass er es erwähnt. Aber ich hätte das auch so kommentiert zu Hause. So verlegen, als müsse man das entschuldigen, als ginge das einen Gast etwas an, wenn der eigene Hund ins eigene Haus scheißt. Der ältere Sohn wird das Abitur und die Gießerprüfung machen. Deshalb ein Schuljahr mehr. Drei Jahre Lehre, die ersten zwei Jahre ein Tag in der Woche arbeiten, im dritten Jahr zwei Tage. Der Sohn ist 16, kann erstaunlich gut politisch formulieren, gar nicht parteiisch für die SU. Er sagt über Afghanistan, dass die SU dies nicht noch einmal machen würde.

Im Speisesaal des Astoria das Frühstück, die Abwesenheit von Herren, alle sehen arbeiter- und bauernhaft aus. Die Einfachheit der Kleider bis zur leichten Verlottertheit bei denen aus Bulgarien oder Georgien. Die Abwesenheit von Schick, Dressur und Schau.

Frau Marquardt, Frau meines Verlegers: Der Westverleger habe dem Marquardt-Sohn eine große Orange gebracht, und der habe gerade von seiner Mutter eine kleine gekriegt. Und der Westgast sagte, so sei es richtig, so groß sei eben die BRD und so klein die DDR. Herr Marquardt: Aber die großen Früchte seien innen meistens faul. Und schimpft: Zehntausend habe Suhrkamp für die Rechte für die *Dubliner* verlangt. 96 Mark Ost hat mir die Karl-Marx-Uni gestern bezahlt. Das hiesige Geld sieht aus, fühlt sich an, als sei es nichts wert. Nichts von der Feierlichkeit unserer Scheine oder gar des SFr oder des $. Herr Pezold fährt Dacia, rumänische Renault-12-Lizenz, seit fünf Jahren. Die Japaner haben das Riesenhotel Merkur gebaut und wollen das mit ihren Touristen abwohnen.

Gestern Abend Academixer, Kabarett, lauter Mangelerlebnisse als Anlässe. Trabi-Auspuff oder Frieden? Was brauchen Sie dringender? Trabi-Auspuff. Frieden ham'mer ja schon. Fünf Versionen der Mitteilung einer Versorgungsklemme: Am Dienstag wird es keine Brötchen geben. Die Bauarbeiter, die am Montag nichts tun, weil die Zulieferung nicht klappte; am Dienstag nichts tun, weil der Meister nicht da ist und keiner weiß, warum; am Mittwoch teilen sie die Arbeit ein; am Donnerstag stellen sie sich auf das Wochenende ein. Am Schluss: Raustreten zum Auf-die-Regierung-Schimpfen.

Nachher bei Marquardts mit Dr. Keller und Frau, Kulturbeauftragter des Bezirks Leipzig = Kultusminister, ca. vierzig, groß, schlank, muskulös, ein Bodymann, die Frau hat über Adorno promoviert, ist jetzt Kabarettistin. Dr. Keller: In der DDR im letzten Jahr pro Arbeiter 250 ausgefallene Arbeitsstunden, das entspricht

6 Wochen zusätzlich zur Urlaubszeit. Die Arbeiter geben an, sich unterfordert zu fühlen. Dr. Keller sagt, wenn er aus dem Ausland zurückkommt, freut er sich auf die Zeitungen. Nur da fühlt er sich informiert. Bei unseren Zeitungen überhaupt nicht. Herr Marquardt: Als er letztes Jahr die Grenze hinter sich hatte, sprang er sofort aus dem Auto, du hast es gesehen, Barbara, und kaufte sich zuerst das *Neue Deutschland*. So groß war sein Bedürfnis nach einer Zeitung, die man lesen konnte. Ich frage nach Gert Neumann, die Auskunft: Seine Mutter ist Schriftstellerin, er arbeitet als Heizer bei der Kirche, die Mutter hat sich von ihm losgesagt.

Heute bei Werner Tübke, Springerstraße. Er schließt auf. Torsprechanlage. Schönes altes Haus. In der Diele der *Schlitten für zwei* in Form eines weißen Schwans, mit roten Polstern und schwarzen Kufen. Der sollte gerade nach Brüssel verkauft werden, das hörte Herr Tübke und kam dazwischen. Das begreift man. Dass er den schönen Schlitten für sich hat, wird nicht ein hässliches Privileg, sondern eine vaterländische Tat. Rascher Gang mit dem mageren Mann durch die große Wohnung. Überall imposante Bilder, druckfertige Steine, Lithos. Durch den Wintergarten in den Stock darüber über eine jetzt eingebaute kühne Wendeltreppe. Dass Kunden hinaufgeführt werden, ohne dass sie ihn stören. Droben drei Grafiken, im leeren Raum: das Produkt dieser Woche. Er geht vom Rahmen aus. Sobald er einen Rahmen gefunden hat, kann er ein Bild malen. Das Risiko sonst wäre zu groß. *Die französische Puppe*: Soldat aus dem Krieg 1870, in roten Hosen, sitzend, mit weit vornübergefallenem Kopf und Leib, daneben aufrecht, herrlich in der italienischen Landschaft, die ewige Schöne. In der Schamgegend ist das grünliche Kleid in sich gemustert, es kräuselt sich da fast durch das Muster. Die Landschaft und der Himmel sind künstlich. Die Landschaft aus zusammengenähten Lurchhäuten. Der Himmel ein helles Drogerieprodukt. Die Messersammlung. Die Sammlung der Feuerzeuge. Ein Bild von 1974 hat die Frau zurückgekauft, weil er von ’74 kein Bild mehr hatte, da hatte er zu rasch verkauft. Die Frau muss jetzt aufpassen. Sie war die Scheidungsanwältin. Seine erste Frau hat gemalt wie er. Er war Alkoholiker. Er ist ein Pedant. Künstlertum ist nicht durch Unordnung auszudrücken, sagt er. Er raucht viel und hastig. Er spielt Skat, vor allem seine Frau. Ob ich mit deutschen oder französischen Karten Skat spiele? 120 km Umweg zu uns seien ihm wahrscheinlich zu lang. Das letzte Mal war das Auto nicht in die Papiere eingetragen. Die Frau musste die Slalom-Strecke wieder rückwärts fahren, an einer Berliner Schlange vorbei. Morgen nach Paris zur Kollektivausstellung. Er hat Wahnsinn im Gesicht.

Herr Tübke ist völlig in der Renaissance verfangen. Er weist in den Bildern auf Stellen hin und sagt, das sei aus dem und dem und dem italienischen Ort. Jedes Detail ist irgendwoher.

Dann in das Kollektiv-Atelier Junge Malerei. Sein Frankenhausen-Panorama. Es wird das größte Gemälde der Welt sein. Er sucht für die Übertragung (1:10) Maler, die genauso gut malen können, ohne dass sie irgend eine Persönlichkeit hätten. Er versteht nicht. Dass nicht junge Leute mitmachen und 5 Jahre bei ihm malen. Dann wären sie was. Stattdessen malen sie ihre Träumchen, damit sie was zum Signieren haben. Es komme ihnen nur darauf an, etwas zum Signieren zu haben. Er spricht mit uns, wie wenn er tot wäre. Er kann sich wirklich nur für sich interessieren. Also für seine Arbeit. Ein Zug schmerzhafter Konzentration in der Nasenwurzelgegend, um die Augen. Ein magerer Kopf. Irrtümlich könnte man Bürokratisches entdecken. Aber das ist nur seine Überorganisiertheit. Die goldene Brille ist echt gold, schwer, ein Instrument. Er hat es eilig, muss es eilig haben. Tübke-Ramsch nennt er seine Sammlung. Aus der BRD darf ihm keiner helfen. Das geht kulturpolitisch nicht. Im Zimmer der Frau: das Bild mit den sechzehn Bundeswehrsoldaten, die in der Iller ertranken, ca. 1964, auch das als historische Szene. Die Historie ist sein Schutz gegen die hässliche Gegenwart. Nur die Menschenporträts holt er sich heute.

Tübke als Rektor auf allen vieren die Uni-Treppen hinauf. Das würde er jeden Tag so machen. Er wollte, dass er abgelöst werde, und wurde abgelöst.

Vor sein Frankenhausener Panorama ließ er ein Haus mit Turm bauen. Ruheturm. Im Rohbau einmal hinaufgeklettert, Angst, traut sich nicht mehr herunter, muss abgeseilt werden. Parteileute kriegen nichts von ihm. Staatsleute müssen einen Rahmen bringen, dann malt er vielleicht.

Montag, 9. 3. 1981

Nach Weimar. Morgens in Röcken auf dem Nietzsche-Grab. Er links, in der Mitte die Schwester, rechts der Vater und an der Kopfseite des Vaters aufrecht der Grabstein der Mutter. Sonst kein Grab um die alte Kirche. Und dieses Grab in keinem Führer. Vorher noch in Lutzen die an ein Wikinger-Schiff erinnernde Kirche für den hier getöteten Gustav Adolf. Vis-à-vis der Gedenkstätte alle Plätze von den Schweden gekauft, dass dem Toten nie die Aussicht verbaut werden kann.

Zuerst mit Herrn und Frau Witt nach Erfurt. Dom, Einhornaltar, Abraham-Jakob-Fenster. Jetzt für ein Jahr Restauration. In den letzten 20 Jahren ging mehr kaputt als in den 600–700 davor. Dann Wartburg. Zu. Also ins Restaurant. Abends um 10 in Weimar. Herr und Frau Witt klagen leise, dass es der Fahrer nicht hören soll. Sie hat dann Angst, zu viel gesagt zu haben. Bittet mich, nichts weiterzusagen. Ihre Tochter durfte nicht Medizin studieren, weil sie nicht bereit war, ihre Eltern zu bespitzeln. Herr Witt kritisch über Kunzes CSU-Wendung und wie wenig der drüben positiv zu sagen hatte. Die Interviews machen ein Vielfaches seines geschriebenen Werkes aus. Da komme wohl nichts mehr. Er brauchte die DDR als Klageanlass. Sarah Kirsch habe sich Leiden organisiert, um ihre Klagegedichte machen zu können. Vielleicht unbewusst. Aber wenn sie über 50 ist, wirkt das nur noch komisch, diese Mädchen-Liebes-Klage.

Herr Iller, der Fahrer, war bis '78 Fernfahrer, LKW, Budapest, Prag, Warschau, SU, da ging seine Ehe drauf, jetzt fährt er nicht mehr so weit fort, obwohl er jetzt eine viel liebere Frau hat, die dafür viel mehr Verständnis hätte. Herr Iller, ein Riese, dessen Fußspitzen bei seinen großen Schritten nach außen zeigen, nie in die Richtung, in die er geht, weshalb man den Eindruck hat, es mache ihm Mühe, dahin zu kommen, wo er hinwill.

Dienstag, 10. 3. 1981

Bis 2 Uhr nachts wegen Radiolärm nicht geschlafen.

Gang durch Weimar mit Wulf Kirsten. Lieblose J.-P.-Eckermann-Tafel am zerfallenden Haus in der Bräuhausstraße. Wulf Kirsten zeigt mir die Stelle, an der Franz Kafka, der acht Tage in Weimar gewesen sei, gestanden habe und mit einem Zimmermanns-Sohn gesprochen habe. Uwe Kirsten: Er habe noch nicht herausgebracht, ob der im Krieg gefallen sei. Dann hinab zur braun schäumenden, jäh fließenden Ilm. Jedes Jahr Tote, sagt Wulf Kirsten. Im Schloss NFG, was vielleicht Nationale Forschungsgesellschafts-Gedenkstätten heißt. Professor Dr. Hahn gibt die Linke, die Rechte ist lädiert. Schöner großer Mann, ein Herr, aber sympathisch, hat gerade einen Zwei-Stunden-Vortrag über Karl August gehalten. Ich klage über das halb im Schutt versinkende Eckermann-Häuschen. Professor Hahn hat kein Mitleid mit Eckermann: Er war eben ein kleiner Geist.

Professor Beyer in Jena, Mittagessen, dunkles Hemd, schwarzrote Krawatte, ein Tüchlein aus demselben Gewebe. Er lobt an Goethe das Kompromisslerische. Die Slawen könnten mit Goethe nichts anfangen, sagt er, wegen der Frauen. Die Slawen seien für den kämpferischen Schiller.

Gestern Essen mit Herrn Paul. Er war ein Vierteljahr auf einem Sonderkurs der NDPD. Eine Blockpartei, zu der er gehört. Was ist das? Alle. Warum dann noch Block? Wird nicht klar. Nur die SED ist keine.

Zwei Proletarische am Tisch, an den wir gesetzt wurden. Sie klären den Ober auf: In Berlin is dat so, der Ober macht uff'n Bierdeckel, der uff'm Tisch lijen bleibt, immer 'n Strich, dann weeß nachher jeder Bescheid, nich wahr. Herr Paul dann zu den beiden: In Interhotels nicht. Das ist nicht der Unterschied von Berlin und Weimar. In Weimar in jeder Kneipe genau so, aber nicht in Interhotels.

Um 9 Uhr im Hotel ein Gespräch angemeldet. Dringend (3,– die Minute, normal 1,50). Er wird es weitermelden. Man muss sagen, wie lange man es will. Bis 10 Uhr. Wenn man es bis dahin nicht hat, wird es gestrichen. Ich soll ihm noch den Namen der Stadt sagen, sagt er, weil er nicht weiß, ob das Fräulein beim Amt mit diesen Zahlen was anfangen kann. Ich sage: die Null weglassen, dafür Vorwahl BRD, dann den Rest der Vorwahlnummer, dann die Nummer. Er wird das alles weitersagen, sagt er in einem Ton, der bedeutet, dass er zweifle, ob das was nütze.

Einer erzählt: In einer asiatischen Republik ohne Wasser mit dem Bus durch die Hungerwüste zu klolosen Fabriken, wo die Empfangskommitees seit Stunden mit verwelkten Blumen in der Sonne standen.

Freitag, 13. 3. 1981

Gestern im Club der Kulturschaffenden gelesen. Nachmittags im Schillerhaus, die kleinen Stuben, die bei Goethe kleine Säle oder doch gelassene Salons sind. Und mit Wulf Kirsten noch einmal auf dem Friedhof in der Gruft. Abends erzählt Herr Goldammer: Alle zwei Jahre wird aufgemacht und kontrolliert, wie die in den Särgen dran sind. Gerassimow (russischer Kommandant, 1945) war

Osteologe, Schädelforscher, ließ öffnen, untersuchte und publizierte, das wurde von der Goethe-Gesellschaft nie aufgenommen in ihre Schriften.

Abends im Club der Kulturschaffenden gelesen. Die Leiterin, Vizedirektorin einer Schule, muss immer um halb sechs aufstehen, wenn man 5 Uhr 30 sage, klinge das allerdings unerträglich, muss um ½ 7 in der Schule sein, die um 7 anfängt, im Fall ein Lehrer fehlt, dass sie umbesetzen kann.

Der Saal übervoll, 50 Stühle zusätzlich. Ich bestehe auf Einlass der Ausgeschlossenen. Aber die dürfen sich nicht im Raum in den Gängen platzieren, sondern müssen in der Garderobe, offen zum Raum, untergebracht werden. Einige werden doch weggeschickt.

Wulf Kirsten: Einige der Funktionäre seien sauer gewesen, hätten sich während der Lesung schweinisch benommen. Die Leute waren sehr freundlich, auch in der Diskussion. Wulf Kirsten ist 47, sieht aus wie 37.

Im Antiquariat an der Esplanade, *Hesperus* für 150,– und Goethe-Bücher.

Die Kinder auf der Brücke werfen etwas in die heftige, immer noch steigende Ilm und rennen schnell auf die andere Seite, um zu sehen, ob sie, was im Wasser dahinschießt, noch einmal zu Gesicht bekommen.

Mittags mit ca. 15 Angestellten im Archiv, sie haben mir geholfen, Material für mein Eckermann-Stück (*In Goethes Hand*) zu finden, bei Kaffee und Kuchen. Und sie wussten, dass ich Kuchen gern mag.

Heute durch das Mühltal nach Jena. Zuerst hinauf auf die Ebene, dann, nach Isserstedt, wo die Straße nach Apolda abzweigt, hinein ins Mühltal, in den Wald. Die steile Stichstraße hinauf, auf der Napoleon die Kanonen, zur fatalen Überraschung der Preußen, hinaufschaffen ließ. Droben in der Sonne Hagelschauer. Dann durch die Goethe-Allee nach Wenigenjena, Camsdorf, Grüne Tanne, da hat Goethe gewohnt, und da wurden 1815 die Burschenschaften gegründet. In der Camsdorfer Kirche hat Schiller geheiratet. Die Saale mit Hochwasser. Zu Goethes Zeiten musste man noch durch die Furt. Saaleaufwärts sieht man bis Kahla. Dann zum Schillerhaus, 1797–99. An der Sternwarte. Mit Garten, der auf der Stadtmauer endet, Küchenhäuschen, Laube, mit Eckermann-Zitat von Goethe, und das turmartige Häuschen, in dem der *Wallenstein* geschrieben wurde. An der Mauer entlang die Leutra, die das Mühltal herunterkommt. Dann in die Uni. Das Hodler-Bild. Der Pedell, seit 30 Jahren, zieht den Vorhang weg: 1813, Burschenschaften bei der Mobilisierung, schön gemalt. 10 Leute haben das 4 Monate lang für 30000 restauriert. Das ist die Stirnwand der Aula. Bei langweiligen Vorträgen schaut man Hodler an. Der Eucken-Sohn kam, alt, mit seiner Frau, er hat 1913 Modell gestanden: Der am Pferd, der beim Ankleiden und der in der großen Gebärde ist immer der eine Jüngling. Eine Verwalterin hatte einmal Geld und lässt alle Gänge dieser Jugendstil-Universität 1,20 hoch mit hellgrünen Kacheln bepflastern, bloß weil die runden Türstürze gekachelt sind. Das Fichte-Haus am E.-Thälmann-Ring. In der Zeise mit Herrn Brand, noch einem Professor Beyer und Studentinnen. Ein bisschen Krach, weil Herr Brand sagt, jetzt sei mit der BRD kein Kulturabkommen möglich wegen Reagan-Kurs, und die BRD gehöre da immer dazu. Mit Frankreich ist viel möglich, weil Frankreich aus der Reihe tanzt. Die BRD wolle die DDR stürzen. Deshalb könne aus der BRD niemand in Leipzig studieren. Ich hatte gefragt, ob Alissa in Leipzig studieren könne.

Der Zeiss-Direktor und Ulbricht ließen das beschädigte Altstadtzentrum planieren und bauten den runden Wolkenkratzer, der dann, weil Breschnew sagte, Zeiss sei hier zu nahe am Westen, der Uni geschenkt wurde, die mit den kreisförmigen Großraumbüros nichts anfangen kann. Der Gingkobaum im Botanischen Garten. Das Inspektorhaus, in dem Goethe seine Absteige hatte.

Der Turm, in dem der Zwischenkieferknochen entdeckt wurde. Und: Hier promovierte Marx.

Professor Beyer kann aus den *Tagebüchern und Schriften* beweisen, Goethe habe im Inspektorhaus immer in den Zimmern gewohnt. Solche Mitteilungen werden gemacht, als bedeute das etwas.

Abends *Zar und Zimmermann*. Mit dem Bürgermeister aus Berlin, der zeigt, wie ein Großstadtstar sich in Weimar aufführen muss. Im Hotel ärmliche Russengruppen, die stundenlang träge zwischen ihrem Gepäck verharren. Lauter einfache Gesichter. Keine Herrschaften. Ein betrunkener russischer Soldat, der russisch fleht, aber vom Geschäftsführer so sanft hinausbugsiert wird, dass er zu keinem Widerstand findet. Die Hemdsärmligen besetzten die Halle. In der Oper, je jünger, umso feiner: Meist Kleider bis auf den Boden.

Samstag, 14. 3. 1981

Der Proletarier, der aggressiv an den genau so jungen, aber im schwarzen Anzug eleganten Hotelangestellten hinklagt: Der wolle also sein Mädchen (das noch kleiner als der Proletarier, aber genau so rührend abenteuerlich bekleidet neben ihm stand), der will die also hinausschicken, ohne Jacke, ja, will er das, so in der Bluse, wie sie dasteht, also wenn er das will, übernimmt er dann auch die Krankenkosten, das will der Proletarier dann doch noch wissen, vorher.

Der Bismarck-Turm heißt jetzt anders, wird aber noch mit dem alten Namen genannt.

Wo bei uns steht, dass nicht geraucht werden darf im Taxi, steht hier: Hier wird nicht gemeckert. Dazu ein Geißbockkopf.

Frühstück mit Dr. Schulze, Englisch und Deutsch an der Berufsschule des Landmaschinen-Kombinats, 500 Schüler, 3 Tage Schule, 2 Tage Produktion, 200,– pro Monat. In Schulzes Betrieb wird eine Vollerntemaschine für Kartoffeln produziert, die keinen Menschen mehr zur Bedienung braucht, die in der DDR keine Verwendung findet, weil die Felder zu klein sind, nur für Export.

Schulze: Der Großherzog ging, aber sein Friseur blieb. Schulze war noch nie im Westen. Er sagt auch seinen Schülern, das Englisch, das er lehre, sei vielleicht eine komische Sache, vielleicht habe so eine viktorianische Gouvernante gesprochen. Aber die Schüler werden wahrscheinlich auch nie hinauskommen. Trotzdem habe es der Russischlehrer viel schwerer, weil die Schüler einen antirussischen Affekt hätten, und je begabter, desto antirussischer.

Mit Herrn und Frau Goldammer und Fahrer Behringer ins Stein-Schloss, das aus dem Verfall für 5 Millionen gerettet wurde. Durch die Baubrigade des NFG. 1938 starb der letzte Nachkomme, die Witwe wurde '46 nach Weimar umgesiedelt. (30 km vom vorigen Ort war Gesetz für Großgrundbesitzer.) Schon seit 1918 verkauften die dort Handschriften, z. B. Goethe-Briefe in die USA. Eine Goethe-Zeichnung, soll Frau von Stein sein, sieht aber nach Goethes Schwester aus. Ein Bild: Peter im Baumgarten, den Goethe aus der Schweiz mitbrachte. Waise, schwer erziehbar, dann hinaus ins Stein-Schloss, dort auch nicht erträglich, also in ein Internat, schließlich in die USA und wird dort Kupferstecher. Trank schon als Kind, rauchte, hatte immer Hunde, die Goethe nicht mochte. Vielleicht eine Anregung für Mignon. Goethe hat von ½ 6 bis ½ 10 gebraucht zu Fuß von Weimar zu Frau von Stein. Sie immer nervös, viel Kaffee, kein Porträt, sie könne nicht sitzen. Wahrscheinlich war sie misstrauisch, fürchtete sich vor dem Ergebnis.

Ganz oben im Schloss Zimmer für Schriftsteller und Komponisten.

Ein Marx-Lenin-Professor geht zu Leuten, die ein Haus kaufen, und sagt, sie sollen es ihm geben, da er dafür sorgen könne, dass sie nicht einziehen dürften.

Der NFG-Generaldirektor am Stock, der proletarische Großherzog.

Sonntag, 15. 3. 1981

7 Uhr 55 Weimar – Leipzig 9 Uhr 05. Stehplatz direkt vor der Klo-Tür. Jedes Mal, wenn eine kam – und es kamen ausschließlich Frauen – und die Tür öffnete, schlug ein beißender Urin-Geruch heraus. Man musste das Atmen einstellen, wenn eine Hand sich der Klinke näherte, und erst wieder atmen, wenn die Tür schon eine Zeit lang zu war. Mit Dr. Schulze, der auch zur Messe fährt. Die einzige Möglichkeit, über den Zaun zu schauen. Die hochmütige und arrogante Art der BRD-Verlage. Abends, wenn er heimkehre, werde er wieder einen solchen Kater habe, dass er die Familie bitten müsse, ihn zu retten.

Hermann-Kant-Rede: der übliche Eiertanz. Dann zum Essen bei Marquardt, mit Herrn Keller und anderen. Keller verteidigt sich mit Rettungsdaten. Er kann zu Honnecker oder zu Höpcke und kann sagen, den und den soll man sofort wieder freilassen und dieses und dieses Buch soll erscheinen. Fühmann habe ihm wegen Hilbig die Hand nicht mehr gegeben. Christa Wolf habe aber mit ihm zu Mittag gegessen. Dann hauptsächlich das Thema: Es stinke nach Krieg, die wollen die DDR zu Tode rüsten und mundtot machen, Nervenkrieg, aber die Arbeiter wollen sich ihre Macht nicht mehr nehmen lassen, er sei selber Arbeiter gewesen.

Abends Kant-Lesung, wieder ein bisschen der blonde Junge, zwei Geschichten, die zwei Stunden dauerten und nur eine Stunde hätten dauern dürfen, vor lauter Humor kommt er nicht vorwärts und muss alles öfter als einmal benützen.

Wulf Kirsten: Im November eine Mobilmachungsübung, die überhaupt nicht klappte. Nach zwei Tagen hätte man den Krieg verloren gehabt.

Hier ringt eine Welthälfte mit den Folgen einer Politik, von der sie sich nicht mehr befreien kann. Wir empfinden kein Mitleid, nicht einmal Bedauern. Unsere Rechtfertigung: Die hätten mit uns auch kein Mitleid, wenn sie die Stärkeren wären. Die Versuchung, hier zu bleiben bei den Schwächeren, bei den Verrückten,

Kranken, Erschöpften, Ungeschickten. Aber im Bad kriecht ein Käfer verschreckt herum, ich wage nicht, ihn zu töten. Es kommt mir vor, das Bad gehöre ihm.

Bis um 3 Uhr morgens mit Thomas Beckermann und Gert Neumann im Hotel.

Wie ein General dann auf den proletarischen Standpunkt kommt: Letzten Endes ist alles gleichgültig, was wir machen, wenn es uns hilft. Es ist Krieg, Genossen. Wir sind im Krieg. Wir Sozialisten sicher. Der Bürger setzt uns das Messer an den Hals. Der Kapitalismus ist erfolgreicher als wir. Wenn ihr dem Kapitalismus nicht ein Geheimnis nach dem anderen abjagt, wenn wir nicht wenigstens auf dem Gebiet der Feindrekognoszierung eine absolute Überlegenheit beibehalten, ist es aus. Das Wissen über das, was der Feind tut und tun kann, ist unsere einzige Chance, dass unsere Unterlegenheit nicht jeden Tag unsere Katastrophe werden kann. So, und jetzt vergleiche das, was du für unsere Sache tun kannst, mit dem moralischen Wehwehchen, das du bejammerst. Treue misst man mit anderen Maßen. Du bist deiner Klasse mehr Treue schuldig als deiner Frau.

Montag, 16. 3. 1981

Ein Gesetz, das verbietet Auslandskorrespondenten, mit DDR-Bürgern Interviews zu machen. Sie brauchen Genehmigung.

Klaus Höpcke, braungebrannt, spricht über 500 Jahre Bücherstadt Leipzig, 1481 wurde hier das erste Buch gedruckt.

Dienstag, 17. 3. 1981

Gudrun Brüne (Frau des Bernhard Heisig): Normal geht bei uns nichts, aber als Ausnahme geht alles.

Um 3 Uhr im Hotel mit Herrn Beckermann, Gert Neumann, Hilbig und Frau, Monika Maron. Frau Hilbig: Isch will'n erlischen Mann ham. Wenn er etwas hier veröffentlicht, ist es eine Schande, ist er korrumpiert. Gert Neumann: Das Schlimmste, wenn durch meinen Besuch eine Hoffnung erweckt würde. Das sei unerträglich. Gert Neumann über den Terror der Partei: Klingeln, Anrufe, er arbeite als Heizer. Er sei Arbeiter und verstehe nicht, warum die ihm so kämen. Die seien keine Arbeiter. Aber er. Seit zehn Jahren.

Abends meine Lesung im Gohliser Schlösschen, die Leute wieder überaus freundlich. Dann bei Herrn Marquardt. Herr Keller und Frau Heisig, und so weiter und so weiter, wieder endlose Diskussionen über Gert Neumann. Herr Höpcke, nach meiner Lesung im Nebenzimmer auch über Gert Neumann: Neumann habe einen Brief an Höpcke geschrieben, er wolle aus seiner Staatsbürgerschaft entlassen werden. Höpcke stimmte einem Versuch mit Neumann zu. Keller ist jetzt abends hart dagegen. Mir hatte Neumann gesagt, er sei vom Personen-Standesamt vorgeladen und gefragt worden, ob er in die BRD ausreisen wolle. Das sei doch ein rechtswidriges Ansinnen der Behörde gewesen. Keller, jetzt am Abend, ich solle nicht mit Neumann frühstücken. Ich sage, ich sei verabredet und könne das doch nicht einfach fallen lassen. Er: Das kann man schon. Und wiederholt, es sei nicht gut, jetzt, bei meinem ersten Besuch hier, mit Neumann zu frühstücken. Wieso er wusste, dass ich mit Neumann frühstücken wollte, hat er mir nicht gesagt. Ungeniert nutzte er eine Kenntnis, die er nur durch Verrat oder Überwachung haben konnte. Ich sagte pathetischer, als ich wollte, Gert Neumann und sein Buch *Elf Uhr* werden das System, das ihn unterdrücke, überleben.

Neumann beim Frühstück wieder: Das Furchtbarste wäre Hoffnung. Dann könnte er nicht mehr schreiben. Das hier ist ein Sumpf. Wenn man sich einlässt, das wirkt sich aus, das merkt man einem an. Das wirkt sich auf die Sätze aus. Er sei rein geblieben. Er sei Facharbeiter. Gut im Schweißen, 800 Mark, 200 für Alimente, die Kinder außerhalb der Ehe, sie wohnen elend, das ist auch poetisch, bringt einen hoch, wenn man nur Dreck sieht. Weiß nicht, ob er in ein Haus, in dem Christa Wolf wohnt, gehen würde. Er strahlt bzw. strahlt aus. Er kennt seine Stärke. Sogar Lesungen im privaten Kreis sind gesetzlich verboten. Die müssen zurücktreten, sagt er. Eine Kleinigkeit genüge. Die Arbeiter seien verbittert. Neumann schickte ein Manuskript an einen anderen, wissend, dass es geöffnet und letzten Endes von Höpcke gelesen werden würde. Der schrieb an Neumann, dass der den Weltfrieden und die Existenz der DDR gefährde. Neumann schrieb an Hager in Berlin, der schrieb zurück, beschimpfte ihn grob und schloss, er nehme das Menschenrecht in Anspruch, von Neumann keinen Brief mehr bekommen zu müssen.

Neumann: Wolfgang Hilbig wurde zum Verleger Marquardt bestellt, geht hin, läutet, keine Reaktion, fragt, jemand im Haus sagt, dass Marquardt noch eine Wohnung einen Stock höher habe. Ein anderer Name. Auskunft: Das weeß doch unsereener nich, wir sin Arbeeter, vastehn Se, dass ener zwee Wohnungen haben kann, darauf kommt unsereener einfach nich. Und als W. H. hinaufkommt, öffnet eine Frau tränenüberströmt die Tür und ruft, Wolfgang Hilbig sei schuld, dass ihr Mann auf den zweiten Infarkt zusteuere. Hilbig sei ein Terrorist, sie bleibe nicht in der Wohnung, solange er da sei, und rennt fort.

Nehme mir vor, seinetwegen an Hager in Berlin zu schreiben.

Leipzig 12 Uhr 39 – Berlin-Schöneweide 14 Uhr 50.

U. Reinhold und A. Drescher am Bahnhof. Zum Aufbau-Verlag. Der blasse, verkümmerte Herr Caspar. Fast ein Greis. Ging nur nach West-Berlin, wenn die Partei ihn zum Agitieren hinüberschickte. Nie ins Kino am Steinplatz, wo die attraktivsten Filme liefen. Anno '54 ging seine Frau einmal von Wilhelmsruh, wo sie wohnen, nach Reinickendorf hinüber, eine halbe Stunde durch Industriegelände, um eine Schuko-Steckdose zu kaufen. Er war dagegen. Aber sie ging. Als sie heirateten, wohnte sie in West-Berlin und er im Osten. Sie wollte noch Stunden nehmen im Stern'schen Konservatorium. Während der Blockade und Luftbrücke haben sie Kohlen einzeln in Tragtaschen in den Westen geschafft, weil es drüben nichts gab. Er konnte seine Frau doch nicht frieren lassen.

Die ganze Veranstaltung, dass ich aussteigen und ihn besuchen musste, fand, außer für das Interview mit Frau Reinhold, nur statt, weil er eine vage Hoffnung hatte, ich würde die 6 oder 12 Zeilen, wegen denen *Seelenarbeit* nicht hier erscheinen kann, streichen. (Vergewaltigung durch Russen.) Er erinnert sich noch daran, warum vor 20 Jahren *Ehen in Philippsburg* nicht im Aufbau-Verlag erscheinen konnte (die Abtreibungs-Szene). Das *Schwanenhaus* ist von einem Korrektor auf DDR-Orthographie-Stand gebracht worden, ganz streng und genau. Herr Caspar: Sie würden viel lieber *Seelenarbeit* machen.

Dann in den Presse-Club. Zwei Flaschen Stierblut, er Bier mit Wodka. Plötzlich wird er noch blasser, als er schon war. Rückenschmerzen, die nicht mehr weggehen. Immer öfter. Bandscheibenschmerzen. Herr Caspar will nicht, dass man teilnimmt. Er greift plötzlich mit beiden Händen in den Rücken, als habe ihn ein Schuss getroffen.

U. Reinhold: Sie rupften als Kinder wilden Dill und verkauften ihn im West-Sektor und kauften dann dafür Schokolade.

Die drei, Reinhold, Drescher und Caspar, zeigten das Handelszentrum, das die Japaner gebaut haben. Architektur, Technik, Material, Bau, alles japanisch. Die drei Parteigenossen kichern, wenn sie mitteilen, dass die DDR nicht im Stande wäre, solche Leistungen zu erbringen. Es ist eine Art masochistische Schadenfreude in ihrer Stimmung.

Gehört: … wenn Se noch eigene haben, dann arbeitet der Kiefer noch, wenn Sie die raushaben, dann beruhigt sich das, das hat zu mir mein Zahnarzt schon anno '52 gesacht: Da 'n Zähnchen und dort 'n Zähnchen, nee, Kindchen, dat jeht nich, raus damit, dann ham Se Ruhe un ick ooch.

Ich sachte zu meim Mann: Do is die Ilm, da war sie schon wieder weg.

Nachher bin ich im Übergangslabyrinth immer wieder an einer Einreise- statt an einer Ausreisestelle.

Mittwoch, 18. 3. 1981
Berlin, Hotel Lichtburg, Zimmer 42.

Hier die Kunststofflöffel so schwersolide, mehr, als man für die dünnen Eierschalen brauchte. In der DDR windige Kunststofflöffel, die für die soliden Eierschalen nicht reichen.

Bei Pels-Leusden 2 Tübke-Zeichnungen für 4950 gekauft (3000 und 1950).

Ich versuche, so gut es geht, den Bedeutungen auszuweichen, die aus allem Begegnenden auf mich zukommen. Oder, genauer: Ich weiche nicht aus, sondern biege die Bedeutungen so, dass sie für mich ein bisschen erträglicher werden. Das ist meine Umwertung der Werte.

Am liebsten halte ich mich frei von Deutlichkeit jeder Art. Die Dämmerung ist meine Zeit. Ich mische in jedes Licht so viel Dunkelheit, dass ich, so sehr ich schaue, weniger sehe, als ich ertragen kann.

Abgestellt. Ausdruck der Bundesbahn.

Man kann sich darauf verlassen, dass das, was ich sage, umso weniger meine Meinung ist, je heftiger ich es sage. Ich wundere mich selber darüber, wie ich mich anstrenge, etwas zu beweisen, was ich selber nicht glaube. Und eben weil ich, was ich beweisen will, selber nicht glaube, ist es so anstrengend, es zu beweisen. Warum hilft mir denn niemand.

Käthe über das adelige Ehepaar im Wartezimmer: Als er Zeitung lesen will, sagt sie, wieso denn? Du liest doch zu Hause auch keine Zeitung. Wieso willst du denn hier auf einmal Zeitung lesen. Nach der Behandlung hält sie ihm den Mantel zum Hineinschlüpfen: Komm jetzt. Dann noch: Sag auf Wiedersehen zum Herrn Doktor. Käthe hätte den am liebsten mitgenommen, so leid tat er ihr.

Die Entwicklung der Sprache führt ganz von selbst zur Erschaffung von so etwas wie Gott. Gott ist wahrscheinlich das reinste Wort, das es gibt. Die pure Wortwirklichkeit. Das vollkommene Sprachwesen. Das Sprachliche schlechthin. In Gott kommt die Sprache zu sich selbst. Sagt er zu den Studenten. Nein, zu den Journalisten. Die brauchen das mehr als alle anderen, weil sie mit der Sprache umgehen, ohne daran zu denken, dass sie mit Gott umgehen. Das höchste Wesen, das wir haben, ist also aus Sprache, und daran denkt doch, bitte, wenn ihr euer Wesen mit der Sprache treibt.

Die Autos rauschen durch die Stadt, goldene Wülste hängen um den Hals des Mädchens, das auf ihren Wangen Fieber trägt. Ich suche Schmuck, der nicht beschämt die Schönheit, die jede Telefonnummer hat.

Der Traum. Wie aus der Eichel ein Katzen-Embryokopf wurde, der dann die Augen öffnete. Die Versuche des Vaters, das Wachsen und Ausfahren des Kopfes mit Witzen zu begleiten und so der Gewalt zu berauben, die es über alle hatte.

Donnerstag, 19. 3. 1981, Berlin

Gestern in *Orestie II*, Schaubühne, schön, es kommt nichts vor, was nicht die Wirkung verstärkt. Man sitzt auf dem langsam gestuften Boden des Theaters. Die Bühne ist mit einer schwarzen Wand abgeschlossen. Der Grabhügel Agamemnons als Tisch. Das Liturgische und das Episch-Dramatische sind allerdings öfter im Konflikt. Man kann halt doch nicht alles haben: Ausdruck bzw. Existenz und Mitteilung bzw. Handlung.

In Ost-Berlin dass *Schwanenhaus*-Exemplar voller Korrekturen zur Vereinheitlichung meiner Schreibung: zusammenschreiben, Bindestriche usw. Sie würden, sagt Herr Caspar, viel lieber *Seelenarbeit* machen, aber die Russen.

Freitag, 20. 3. 1981

Gestern Lesung im Rathaus Reinickendorf. Erträglich.

Traumland: dass alle Träume nur noch in Wasserburg und Umgebung spielen. Aus Träumen setzt sich allmählich die Vergangenheit zusammen. Die ziellose Kühnheit der Träume ergibt eine tiefste Schicht der Zusammengehörigkeit. Das Bild, das entsteht oder entstünde, wäre von reiner Qualität.

Die Fußmatte vom Hotel Stadt Leipzig klebt mir gewissermaßen für immer an den Fußsohlen.

10 Uhr 20 nach Stuttgart, 12 Uhr 56 ab Stuttgart.

Überall herrscht noch die Leiche des Winters. Wenn der Zug im Wald stehen bleibt, wirkt er nachdenklich. Sogar das Elektrizitätsgeräusch hört auf. Wie vor Probstzella.

Montag, 23. 3. 1981

Am Samstag die zweite Birke, mit Herrn Guldin und Sohn. Wo man die Birke verletzt, quillt und tropft der Saft. Vor lauter Saft kann man kaum sägen. Wir sind ganz nass an Brust und Bauch und Schenkel von Birkenblut. Theresia und Alissa nennen mich Mörder.

Alissa für 7,21 DM pro Stunde in der Putzfirma. Im Internat Schloss Spetzgart. Bad, Klo und Küche putzen. Sie sagt, die machen nicht sauber, sondern machen es so, dass es sauber aussieht. Man kriegt eine Wut gegen die Fratzen. Kaugummi im Waschbecken. Teeblätter im Waschbecken. Zerbrochene Flaschen, Zigarettenkippen einfach auf dem Boden, Frühstücksreste in der Küche, die lassen einfach alles liegen. Die Chefin putzt mit. Die macht alles gründlich. Alissa ekelt sich hauptsächlich. Zum Glück Gummihandschuhe

Kessel und Boiler von Viessmann sind gekommen, Auto mit Kran.

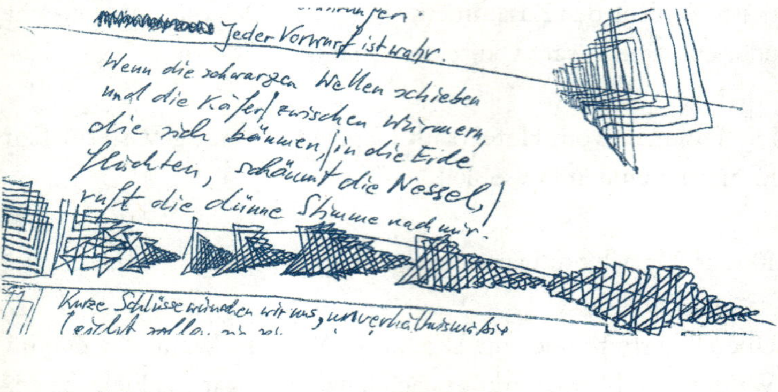

Wenn die schwarzen Wellen schieben
und die Käfer zwischen Würmern,
die sich bäumen, in die Erde flüchten,
schäumt die Nessel,
ruft die dünne Stimme nach mir.

Kurze Schlüsse wünschen wir uns, unverhältnismäßig leicht sollen sie sein, wie das Ei aus der Pfanne rutschten wir gern aus der Haftung heraus, in den süßen Ozean des Vergessens.

Alleinsein hat keinen Ton,
lautlos wartet, wer allein ist.
Sobald er Gott annimmt, singt er.
Sich durchschauend, wird er stumm.

Wenn die Wellen gleißend wandern,
kommt der Glanz nicht von der Stelle.
Schwarz stehen vor ihm die Bäume.
Efeu blättert im Wind. Es rauscht hell.
Am liebsten wär ich betört.

Heute sind Stare und Drosseln eingetroffen.

Donnerstag, 26. 3. 1981

Alissa: Die Herrchen stellen einfach ihre Papierkörbe mit ihrem ganzen Müll in die Küche, weil die Putzfrauen die Küche säubern müssen. Aber da die Putzfrauen wissen, dass die Papierkörbe Sache der Herrchen ist, stellen sie sie denen wieder in die Zimmer zurück.

Um zu sehen, dass das, was man denkt, nicht das ist, was man denken will, muss man es aufschreiben.

Ein Museumsdirektor, in der DDR, auf die Frage, ob er frei sei oder ob die Partei ihn lenke, er sei selber Partei.

Was an mir ausgesetzt wurde, hat mich sicher in einer anderen Art verändert als die, die Anstoß nahmen, sich das denken. Es sollen schon Kinder durch Prügel nicht artiger, sondern unartig geworden sein. Vielleicht hat man so schon Mörder produziert. Das Sinnlose des Mordens: Opfer werden immer die, die an der Heranprügelung des Mörders überhaupt keinen Anteil hatten.

In der Wärme liegt der Schmerz und treibt Blüten in den Himmel, der so heißt, weil die Hoffnung eine Richtung braucht.

Montag, 30. 3. 1981

Gestern Anruf von Reich-Ranicki, dass er seine Rede in der *FAZ* gedruckt habe. Walter Jens habe ihn am Telefon gefragt, ob ich ihm dafür wenigstens die Hand geküsst habe. Er: Nicht einmal die zwei Silben dan-ke hätte ich gesagt. Ich sage meine Unzufriedenheit mit seiner Rede allgemein. Er: Also mehr habe man mich doch jetzt gar nicht loben können. Das sei auch die Meinung von Jens.

Dienstag, 31. 3. 1981

Bei Frau Menz. Sie gibt mir ein geweihtes Öl, Sankt-Rita-Öl. Dazu zwei kleine Aluminiumamulette. In ihrem Wohnzimmer, nach der Lesung, als wir sie heimbringen, sagt sie, es sei besser, sie nehme die Amulette wieder zurück. Das Öl könne ich behalten. Das sei nicht so hoch geweiht. Aber jetzt auf die Feiertage hin tobten die Höllischen, und es könne sein, dass ich dann das Ziel der unteren Anschläge werden könnte. Marienamulette seien den Höllischen besonders verhasst. Erst jetzt gerade wieder sei die Aktivität der Unteren ganz rabiat geworden, als es auf Mariä Empfängnis zuging. 25. März. Und ich sei vielleicht doch nicht so gerüstet, dass ich einem Ansturm standhalten könne. Sie zählt Todesfälle, überraschend eigenartige, auf aus den Tagen um den 25. März. Sie kann so konkret Angst gehabt haben um mich. Aber vielleicht würde sie auch durch die Lesung darauf aufmerksam, dass ich einer solchen Schützung nicht würdig bin. Allerdings: Von den Aluminiumamuletten hatte sie erzählt, dass ihre Mutter einmal gerettet wurde, als sie nur Wasser getrunken hatte, in dem solche Amulette gelegen hatten. Auch für das Vieh, das nichts weiß, sei davon Hilfe gekommen. Auch das geweihte Öl wirke so ohne Wissen und Mitarbeit dessen, dem es helfen soll.

Mittwoch, 1. 4. 1981

Gestern in Wolfsberg, SBG, auch ein Schloss, Ende 16. Jahrhundert. Dann ein Oberst, der zu Hortense gehörte. Bilder von Melanchthon und Luther, gemalt von Cranach dem Jüngeren. Sind das Originale, frage ich. Herr Mauser: Bei uns gibt es keine Kopie. Henry Moore hat eine liegende Gruppe extra für die SBG zu einem günstigen Preis gemacht, als er den erhabenen Platz gesehen hatte.

Der Nachbar auf Schloss Salenstein, Mr. Budgeon, ein homosexueller Chemiker aus England. Er hat im Krieg eine neue Legierung für Metalle gefunden für Brandbomben. Produzierte in eigener Fabrik. Damit wurde Dresden erledigt. Wegen seiner Homosexualität wurde er erst zehn Jahre nach dem Krieg, nachdem er das Land längst verlassen hatte, geadelt. Jetzt kann man das Schloss wieder kaufen. Der Engländer kriegte Krach mit den Leuten, jetzt will er hier nicht mehr sein. Nur noch auf den Bahamas. Im Empire-Bau, in dem auch Louis Napoléon verkehrte, heute noch das Bild Napoleons III. In Ermatingen sehen ihm noch Leute gleich.

Man sieht hinaus auf die Reichenau.

Kader-Ausbildung der SBG. Kader: das ist in der Hierarchie ein ganz bestimmter Rang. Aber ganz genau kann es einem niemand sagen.

Ich nehme die Zigarre vom Abendessen mit, um sie nach der Lesung zu rauchen. Wie ein Chauffeur stecke ich sie in die Außentasche neben dem Revers.

Der Slogan der SBG: Der Mut zum Außerordentlichen. Im Gespräch darüber, dass man mit solchen Sprüchen genau den Mangel bezeichnet und nicht die Tugend, die man eigentlich bezeichnen will.

Es wäre sicher lächerlich, hier nicht zu lesen, weil es sich um die SBG handelt. In diesem Quartier wird zwar das grauenhafte Gewerbe aufgerüstet, aber es ist so still wie in einem Kloster. Alles ist bedacht auf Kultur, Landschaft, Ruhe. Und ich habe gelesen. Den Text beigesteuert. Soll er doch wirken. 16 Exemplare wurden gekauft und eine Menge Taschenbücher. Es sollen dort nie mehr als 100 Leute sein. Nie eine Masse, und den Unterricht geben immer Praktiker aus der Bank. Das sind zwar keine Pädagogen und Management-Ideologen, dafür ist aber alles, was sie sagen, Erfahrung. In Gruppen bis zu 25 wird unterrichtet. Auch die Aufsichtsräte kriegen Kurse. Mit Aufgaben.

Adieu. Es war wieder so anheimelnd in der Schweiz. Aber wir müssen immer zurück über die Grenze. Wir gehören dort nicht hin. Und hierher auch nicht.

Alissas wildes Drängen zu erfahren, ob ich Freundinnen habe oder nicht. Um sie nicht völlig in einer unerträglich falschen, zu günstigen Meinung zu halten, habe ich angedeutet, dass das Sichverlieben wie eine Infektion sei, die nach 14 Tagen von selber nachlasse. Jetzt will sie Namen. Wann zuletzt. Und ob jetzt. Sie fragt Käthe. Die sagt: Das sei ihr egal. Alissa sagt, sie würde nur jemanden heiraten, den sie nicht liebe. Wenn sie einen liebte, genügte es ohne Heirat.

Der ungeheure Abstand der Meinungen zu dem, was wirklich ist, macht einen zum Verbrecher. Man kann sich überhaupt nicht so verrucht darstellen, wie man ist. Die dazu notwendige Schurkentragödie wäre so unglaubhaft wie lächerlich. Was er täglich und lächelnd betreibt. Und ohne Beunruhigung seines Gewissens. Und das ist doch das Beste an ihm, dass er kein Gewissen hat. Er täte alles, was er tut, auch wenn er es unter Kämpfen und Krämpfen tun müsste. Er ist der Meinung, er müsse. Also ist es besser ohne Skrupel. Skrupel sind doch lächerlich, wenn sie, angesichts ihrer völligen Unwirksamkeit, noch ernst genommen werden. Also doch fließend, vielsprachig.

Sonntag, 5. 4. 1981

Gestern mit Alissa nach Kronberg, Gartenstraße 11. Das Palais Fest, ein Würfel mit schwarzem kurzem Dach, ein riesiges, schweres Tor geht auf, durch eine Allee, dann entdeckt man den Klopfer. Über die Terrasse ins Haus. Die Räume so hoch, dass im Dämmer die Decken unsichtbar werden. Überall Statuen. Leidenschaftliche Figuren. Und die Zeichnungen von Janssen, Klimt, Picasso, Nolde, Tübke. Der Hausherr behauptet, vor sein Porträt werde noch ein Schrank gestellt werden. Er könne das nicht immer sehen. Drei Kunsthändler, Tübke. Er ist zart, kleine Lippenschläuche, die aussehen, als könne er sie noch weiter aufblasen. Er stellt immer, wenn einer sich an ihn wendet, bevor er antwortet, zuerst einmal fest, was der, der ihn fragt, damit tut. Jedes Mal interpretiert er die Frage, richtet sie so zu und her, dass die Antwort, die er darauf zu geben hat, viel besser passt. Er verschafft seinen Antworten einen optimalen Raum. Er war ein Jahr in der Sowjetunion. Herumgefahren, hat einen Baum im Kaukasus gezeichnet, mit drei Nägeln drin, hat den im Bild *Weißer Terror in Ungarn* verwendet, wurde kritisiert wegen christlicher Symbolik. Er hat nie Rote-Teppich-Malerei betrieben. War noch nie in der Schweiz. Die Frau hat Angst, dass sie an Abgründen entlangfahren müsse. Seine Harlekin-Welt. Die Männer aus Renaissancemuskeln. Seine Zurichtungen der an ihn gerichteten Sätze dienen dem Ziel, sein Leiden mokant darzustellen. Aber der Leidenswert geht nicht verloren. Es gibt für ihn sicher nichts als solches. Er ist ein Theatermann. Andauernd zeichnet er Vorkommendes, um es dann, wenn er es braucht, in seinem Theater auftreten lassen zu können.

Wenn man dann aus dem Palais Fest ins schlichte Haus Unseld kommt, mit den Bemühungen von Innenarchitekten-Geschmack konfrontiert wird. Oder gar zu Burgel Zeeh in die Mietwohnung, wo auch viele Bilder hängen, aber sie können sich nicht sehen lassen neben den Weltmeisterproben im Palais Fest. Auch unsere nicht. Die Rahmen bei Fest! Frau Fest: Sie haben Leute, die für sie Rahmen kaufen hier und in Spanien. Die Rahmen seien allmählich so teuer wie die Bilder.

Montag, 6. 4. 1981
Das Verschwiegene wächst. Gott: Von simplen Systemen zu größeren. Zu zeigen, welchen Vorteil Systeme bringen. Sie schotten einen Bereich ab gegen die von allen Dimensionen herdringende Leere. Der Bereich ist vielleicht lächerlich. Aber es gibt ihn. Es ist ein Vorteil. Vier Wände, ein Boden und eine Decke zum Beispiel, ein Zimmer also, in einem Haus zum Beispiel, das ist etwas, was einen Eindruck macht, der täuscht. Aber diese Täuschung ist so wichtig wie der Sauerstoff. Ohne diese Täuschung fielen wir durch. Wohin wir da fielen, dafür ist jeder Name zu schön. Also wohl uns, dass wir Wände haben. Gelobt seien Decke und Boden. Und kaum haben wir das, wacht die Sprache auf, regen sich Wörter, verknüpfen sich und vervollständigen das Schutznetz, die Geborgenheitszelle. Ein schier unendlicher Illusionsgewinn entfaltet sich aus vier Wänden, Decke und Boden im Heimvokabular, im Sprachfeld Heimat. Danach kann man dann sogar anbauen, ausbauen, gründen. Allerdings auch überbauen, isolieren, ersticken. Ein System bringt immer ganz genau so viel Gefahr wie Rettung. Die Rettung wächst proportional mit der Gefahr. Die Gefahr

wächst proportional mit der Rettung. Aber ohne diese Spannung, ohne diese in jeder Höhe zu behauptende Balance wäre nur nichts. So ist aber die Balance, die Illusion. Das ist das ausgewogene Nichts. Das ausgehaltene Nichts. Das gekonterte Nichts. Das bestätigte Nichts. Das diensttuende Nichts. Das domestizierte Nichts. Das Nichts als etwas. Schön, schön, schön. Ich freue mich, Leute. Jedes Gänseblümchen hält für eine Zeit lang diese Balance. Wenn etwas untergeht, fehlt es uns. Für immer. Vergehen können wir ruhig Sünde nennen. Die größte Sünde ist, etwas untergehen zu lassen. Das größte Verbrechen ist die Ausrottung. Die Gesetzbücher der Menschheitsgeschichte sind ganz unvollständig. In ihnen ist erst ein Bedürfnis gestammelt. Inzwischen weiß jeder, dass wir die größten Ausrotter sind. Aber unser Empfinden schläft noch. Aber Empfindlichkeit ist das Einzige, was zunehmen soll. Zwar nimmt so auch das Leiden zu. Aber auch der Frieden auf der Erde usw.

Jetzt hätte er gerne gebetet. Aber er hatte keinen Text. Aber seine Hände, mit denen er bis jetzt den einen oder anderen Satz nuanciert hatte, trafen einander, die Finger griffen durch einander, er schüttelte diese in einander verflochtenen Hände ein paarmal hoch in der Luft. Es scheint die Sonne, rief er, damit ist doch alles gesagt. Es ist jetzt 4 Uhr 04 Uhr, rief er, könnte man sich nicht vorstellen, rief er, dass jeder, bevor es fünf ist, einem anderen die Hand drückt. Nichts ist so falsch wie das, rief er und schüttelte noch einmal seine in einander verkrallten Hände in der Luft. Finde noch vor fünf eine Hand, mein Lieber. Renn aus dem Haus. Ergreife die Hand eines anderen, und nimm sie in deine Hände und drücke sie. Dass deine Hände einander finden, ist eine Art Erstickungsakt. Die Angst, dass die eigenen Hände sich nicht mehr loslassen.

Theresia lässt ihren Zwerghasen eine Riesenhäsin bei Regina decken. Der Zwerg fällt immer wieder herunter von der Riesin. Regina weiß, wie sie ihn wieder hinaufscheuchen kann.

Die Süchtigkeit nach den Kabinetten des Professor Tübke. Elegant zerfranst. Lyrisch schrill. E. T. A. Hoffmann und E. A. Poe stehen an den Pforten dieses Kabinetts.

Dienstag, 7. 4. 1981

Anruf, ich sage, Walser. Darauf Hochhuth, alarmiert: Sind Sie krank? Was fehlt Ihnen?

Donnerstag, 9. 4. 1981

Gestern Plenzdorf in Säckingen, er oft: Das pack ich nicht. Hier geht ihm auf die Nerven, dass von allem zuviel da ist, wo man hinschaut. Er hat als Kulissenschieber beim Film angefangen, seine Frau arbeitet noch in einer Druckerei, manche sagten, er sei beim Stasi, weil er reisen darf. Er hat aber kein Dauervisum. Lässt sich immer wieder einladen und stellt dann wieder einen Antrag. Ein Dauervisum ist ein solches Privileg, dass er fürchtet, die würden dann irgendetwas von ihm verlangen, und er ist ein weicher Mensch, er weiß nicht, ob er dann nein sagen könnte.

Abendessen bei Hochhuth, Basel, Spalentorweg 43, mit Martin Zingg und Manfred Bosch. Ein viel zu großes Essen, zwei Katzen, zwei Hunde, die Frau, geborene Jugoslawin, gegen Hochhuth eine Riesin, sie kritisiert, dass wir immer von Literatur reden. Zu ihm: Hast du nicht etwas Freundlicheres, worüber du reden kannst? Dabei hatte er gerade über Bismarck gesprochen. Und das sehr gut. Sie kritisiert andauernd. Er verteidigt sich mutlos. Sie fährt uns zum Theater, er ruft sie nachher an, aber offenbar erreicht er sie nicht. Sie kommt auch nicht. Er geht dann früher als wir, so gegen zwölf. Es sieht aus, als werde er von ihr misshandelt. Man weiß auch, dass ihre Mutter im Haus ist. Sie verlangt, dass er im Haus arbeitet. Er ist noch unsicher. Fürchtet Störungen. Er hat eine komplette Sammlung aller Misserfolgserfahrungen von Dramatikern. Goethe und Schiller konnten sich nur durchsetzen, weil sie selber ein Theater hatten, bei Privattheatern wurden große Neue gespielt. Nie von Staatstheatern. Hauptmann, Wedekind, Sternheim. Heute ist aber das ganze Theater in staatlicher und kommunaler Hand, also ist es praktisch aus. Dürrenmatt wird nur verrissen, nicht gespielt. Hochhuth träumt immer noch vom eigenen Theater. Peter Stein, das war sein Eindruck, würde ihn, hätte er die Macht, nicht nur nicht spielen, sondern hinrichten lassen.

Samstag, 11. 4. 1981

Wahrscheinlich bleibt, um geliebt zu werden, nichts anderes übrig, als zu lieben. Wahrscheinlich muss man, will man geliebt werden, lieben. Lieben, weil man geliebt werden will. Lieben, um geliebt zu werden.

Jeder muss heute zuerst sagen, dass das ein unheimlich schöner Tag ist. Himmel und See sind ganz und gar eins, getrennt von dem solideren Farbband des Hügellandes.

Der Wunsch, etwas Schönes zu machen, nimmt zu am gleißenden Tag, die Fähigkeit nicht. So wächst das Unglück.

Die Osterglocken und Forsythien geben ihr Gelb wie einen Pistolenschuss in die verschwimmende Skala. Bei den Amseln sieht das Vögeln aus wie Streit. Erst wenn sie danach zum selben Ast hochfliegen und stumm herunterschauen auf den Kampfplatz, merkt man, dass man nichts versteht.

Montag, 13. 4. 1981

Thomas Bernhard gestern im TV, als er gefragt wird, warum er jetzt wieder mit Salzburg kooperiere: Salzburg sei nur ein Name, ein Name wie Trier oder Augsburg, auswechselbar. Wenn da Leute seien, mit denen es Spaß mache, dann mache man da eben Theater. Wenn es keinen Spaß mache, dann lässt man's eben. Er war vielleicht in Verlegenheit. Vielleicht aber auch nicht. Auf jeden Fall klingt es komisch, wenn er von Spaß redet.

Wie noch beauftragt, unterscheidet dein Ohr alles, was kommt. Die Augen zweifeln schon an ihrem Geschäft. Dein Herz sammelt Schwere, der es erliegen will.

Bei Anna, sie angezogen im Bett, sie kämpft um Atem. Jeder will leben, solange es geht, sagt sie. Aber wenn es nicht mehr geht – sie wäre froh, wenn sie schon in Gattnau wäre. Was dort für eine Ruhe ist.

Donnerstag, 23. 4. 1981

Traum: An der Haustür stehen Einbrecher, die versuchen, mit Messern den Kitt zwischen Glas und Holz wegzubrechen. Um dann einzudringen. Ich mit der Familie innen. Ich: Dass ein Kind sofort die Polizei rufe. Sage die Nummer. Und frage, ob jemand Timon zur Tür auf der anderen Seite hinauslassen will, dass der gegen die Einbrecher vorgehe, und jemand sagt, wenn man die Tür öffne, um Timon hinauszulassen, dringen die Einbrecher ein. Klar, dass die Scheiben und Holz von einander getrennt haben und dann hereinkommen, bevor die Polizei da sein kann, und währenddem steche ich mit einem langen Messer durch eine von innen schon geschaffene Ritze auf die Hände ein, die draußen mit Messern den Kitt absprengen. Ich sehe, wie ich immer wieder in Einbrecherhände hineinschneide, tief hineinschneide. Die ertragen das, werden aber immer böser durch die Schmerzen. Ich erwache mit Herzschmerzen. Lange wach. Immer wenn ich wieder einschlafe, stellt sich die Situation mit den Einbrechern wieder her. Es nützt nichts, wach zu sein. Ich kann mir fast nicht klarmachen, dass es sich um einen Traum handelt. Auf jeden Fall darf ich vorerst nicht mehr einschlafen.

Freitag, 24. 4. 1981

Jetzt hat Franziska die Generalprobe *Leonce und Lena*, es ist 12 Uhr 15. Sie schien sehr stark am Telefon.

Man träumt nie von Orten, an denen man nur ein paar Jahre war. Zehn Jahre Friedrichshafen, acht Jahre Stuttgart und Umgebung sind ohne Einfluss auf die Träume geblieben.

Der wahre Beckett

Also, den unwahren Beckett, den stell ich mir so vor: Es geht ihm ganz gut. Er wohnt raffiniert. Verdient viel mehr, als er braucht. Betrügt die Steuer. Frühstückt mit dem Vorstandssprecher eines Rüstungskonzerns. Gibt für die Gattin eines Direktors der Chase Manhattan eine Spezial-Lesung zu deren 50. Geburtstag. Da liest er seine schwarze Weltverfluchung, in einem Milieu von vollkommener Gediegenheit. Er geht überhaupt nur mit Elite um. Was er berührt, ist Spitze. Weltklasse. In seinen Produkten klingt es, als sei die Welt ein Rotz aus der Nase eines Kretins. Das mag die Elite. In ihren vollkommenen Lebensausstattungen sind sie ganz scharf auf die Beschimpfung des Daseins durch unseren Paradegriesgram. Gib ihr Saures, dieser Welt, rufen sie in erlesenem Chor.

Jetzt der wirkliche Beckett: Er sitzt im Gefängnis, wieder einmal, diesmal soll's über zehn Jahre dauern. Ein fortschrittlicher Strafvollzug hat ihn in eine geschlossene Abteilung einer ärztlich geleiteten Anstalt gebracht. In einem Park hinter 6 oder 8 m hohen Mauern darf er wieder einmal leben lernen. Besser waren seine Bedingungen nie, und wie immer, wenn er einsitzt, fängt er wieder an zu schreiben. Vor über zehn Jahren hat er sein erstes Buch geschrieben. Eine Autobiographie. Mit noch nicht ganz 30 Jahren. Jetzt erzählt er eine ganz kurze Zeit, ein paar Tage, die ersten paar Tage des aus dem Gefängnis entlassenen Hermann Meyer. Er sucht gleich nach der Entlassung Anschluss bei den so genannten Asozialen. Bei ihm rührt mich die Reinheit des Schmutzes, die Unschuld des Obszönen. Das ist kein lackierter Versuch über das Unreinliche. Dieser Hermann Meyer ist der asoziale Parzival eines asozialen Kosmos. Unsere bürgerliche Republik kommt in dieser geschlossenen Welt überhaupt nicht vor.

Nur Unrettbare schlagen auf einander ein. Mit allem, womit man schlagen kann. Alle Handlungen hier sind Misshandlungen. Ob sie aus Hass oder Liebe geschehen, ist keine Frage, diesen Unterschied gibt es hier nicht. Schon die Erwähnung eines solchen Unterschieds kommt einem so verlogen vor wie ein Plakat in einem Reisebüro. Wie entsetzlich sich das ausnehmen mag, was hier erzählt wird, es enthält nicht im Geringsten eine Klage oder gar eine Anklage. Hermann Meyer, der hier in die Welt zurückkommt, die ihn zum Gefängnisinsassen machte, konstatiert ungerührt. Er hat an den schlimmsten Stellen ein harmloses Mitleid mit sich selbst. Er weiß, dass es immer so bleiben wird, wie es jetzt ist. Wie ein undurchlässiger Deckel lastet auf diesem Milieu das Unentrinnbarkeitsgebot unserer Gesellschaft. Wer da drin ist, als Nutte oder Alkoholiker, der hat keine Aussicht. Saufen und Ficken ist die absolute Formel für alles, was hier passiert. Und trotzdem liegt etwas unheimlich Idyllisches in dieser entsetzlichen Atmosphäre. Es gibt hier keine Unterschiede mehr. Was auch immer sie einander antun, sie gehören zusammen. Ob sie einander verfluchen, bepissen oder bekotzen, es ist ein brüderliches Tun. Die Misshandlung ist ein solidarischer Akt. Und M. hat keine Distanz zu dem, was er erzählt. Es kommt ihm hoch. Er will uns offenbar auf eine schlimme Art anmachen, er findet es vielleicht toll, dass er das alles erlebt hat. Er glaubt vielleicht, er habe es hinter sich. Wenn er es hinter sich hat, dann nur, weil er es so erzählt hat. Es wird sich zeigen, wenn er wieder einmal herauskommt, ob er dieses Wuppertal-Inferno hinter sich hat. Er hofft, er sei entkommen. Aber was können wir bieten? So nahe, wie er diesen Scheißefressern, Blutspuckern und Wermutsruinen und Bordellveteraninnen kam, wird er in der bürgerlichen Gesellschaft keinem kommen. Wenn man dieses Buch zuschlägt, schlägt man den Deckel zu, der uns von diesem Blut- und Spermamilieu trennt. Jeder, der ein eigenes Bett hat, der ein Zimmer für sich hat, ist ein höheres Wesen, verglichen mit denen da drunten, die einander im Zeichen von Alkohol und Sex misshandeln. Aber wie, wie kommt es, dass von diesem Ratten- und Drecksbereich, in dem es nur Kaputte, also nur Verunstaltete mit einander haben, dass davon ein solcher Gemeinschaftsgeist ausgeht, sich mitteilt, mir dem Leser, der es keine Sekunde lang dort aushalten möchte? Das muss am Autor liegen. Es muss seine Leistung sein. Seine Prosaleistung, seine Erzählarbeit. Allen Arten von Brutalität, denen er begegnet, begegnet er gleich ungerührt. Er verurteilt nichts und entschuldigt nichts. Wir sind geneigt, fast alles, was da passiert, grauenhaft zu finden, ich jedenfalls. Wieviel geschlossene Gesellschaften enthält eigentlich unsere Gesellschaft?

Siegfried: Thomas Bernhard bezahlt keine Steuern in Österreich oder sonst wo für die Rechte, die er bei Suhrkamp Zürich hat. Das ist die Selbständigkeit und die wahre Praxis des Asozialen. Er sei der Lieblingsautor von Herrn Guth, dem Vorstandssprecher der Deutschen Bank. Zu seinem 60. Geburtstag wünschte sich Herr Guth eine Thomas-Bernhard-Lesung im kleinen Kreis. Siegfried macht's möglich. Thomas Bernhard kommt und liest aus dem *Stimmenimitator*. Das ist schön. Auf welchen Balken in meinem Auge weist es mich hin? Ist das vergleichbar meiner SBG-Lesung in Wolfsberg im Thurgau? Was man selbst gemacht hat, kommt einem immer harmloser vor, weil man dabei war.

Siegfried: Frau Stapenhorst und Hilde haben sich in Salzburg gestritten. Hilde hat nichts gesagt, aber Frau Stapenhorst hat angerufen: Am ersten Abend hat Hilde nur über Siegfried geklagt. Am zweiten Abend nur über Siegfried geklagt. Also Frau Stapenhorst: Dann lass dich doch endlich scheiden. Hilde reagiert mit einem Anfall, fährt ab, Frau Stapenhorst wolle sie nur von Siegfried abspenstig machen. Das alles erfährt Siegfried jetzt nur von Frau Stapenhorst.

Freitag, 1. 5. 1981

Kurzer Zweige aufgeregtes Winken,
hoher Bäume Schwanken, dies Bedürfnis
nach Schein. Sich wegducken dürfen.
An meiner Stelle der Quatsch. Höhlen,
für die ich durchs Feuer ginge. Versuche
nur zur Entschuldigung.

Ersatz, bitte. Sonst. Ruft die Ohnmacht
und bläht sich in ihrem schweren Bett.
Eine Farbe stolziert vorbei. In Schleiern
rauscht das Grau. Ich möchte zahlen.

Ich bin nicht mehr wert als das Geld, das ich herschaffe. Nicht zu vergleichen mit anderen, die das Doppelte oder Dreifache herschaffen. Je mehr einer herschafft, desto mehr ist er wert.

Lass alles weg, was du nicht kannst, dann bist du gut.

Dienstag, 5. 5. 1981

Wenn du von deiner Eisscholle springst, landest du, falls du nicht untergehen willst, wieder auf einer Eisscholle. Also bleib.

Samstag, 9. 5. 1981

Gestern Lesung in Waldsee. Gute Lesung.

Johannas wunderbare Prosastücke in der *Neuen Rundschau*. Das Schönste im ganzen Heft. Wer wird es bemerken? Ich darf es niemandem sagen. Ich muss mich beherrschen, ich darf nicht jubeln, möchte nichts anderes als das. Käthe und ich empfinden es schmerzlich, dass wir Johanna nicht anrufen können. Jetzt müsste man sich ihr mitteilen, sie spüren lassen, wie stark sie wirken kann. Sie könnte es nötig haben.

Herr Heinzler und sein Gehilfe. Sie haben alles ausgepackt, studierten die den Geräten beiliegenden Informationen, Zeichnungen, Fotos, Pläne, Schaltschemata. Der Gehilfe: I woiß, was eine Sicke ist, so ein Wulst ist das. Dass die Heizmatte des Boilers nicht über die Sicke hinausragen darf. Sie würde dann nicht mehr anliegen, und Wärme ginge verloren, klar. Immer wenn Käthe fragte, wann sie fertig seien, wann man den Elektriker holen oder bestellen dürfe, verweigerte Herr Heinzler düster jede Antwort. Er deutete jedes Mal an, dass er überhaupt nicht wisse, ob das Unternehmen gelinge, und schon gar nicht, wie und wann. Aber er deutete das nur so an, dass man nicht darauf antworten konnte. Am Donnerstag ging er noch so weit: Ich bin krebskrank und der ein Alkoholiker, deutete auf den Gehilfen, das war seine Antwort. Das hieß: Was wollen Sie eigentlich von einem Krebskranken und von einem Alkoholiker erwarten! Ihm habe der Arzt noch vier Wochen gegeben. Dann die Säfte-Kur Breuss. Der Gehilfe wohnt bei seiner Mutter, fliegt von jeder Arbeitsstelle. Sie zerschlagen die Glasfüllung der Kellertür. Käthe: Wer war das? Herr Heinzler: Fragen Sie den. Der Gehilfe zu Herrn Heinzler: Soll ich es sagen. Heinzler: Ja, sag's nur. Der Gehilfe: Ja, also der Alteisenhändler. Als sie den mit dem Schneidbrenner zerschnittenen Kessel hinaustransportierten, der war's. Aber ich war schon auch dabei, also das muss ich schon sagen, ich war dabei. Dann hatte er keine Rohre dabei. Was ist jetzt näher, Radolfzell oder Friedrichshafen? Also muss er jetzt nach Radolfzell und Rohre holen. Dann vergisst er, über der Pumpe ein Rückfluss-Ventil einzubauen. Also muss man immer den Hahn zudrehen, wenn man das Wasser mit Öl wärmen will, dass das Wasser nicht in die Heizkörper aufsteigt.

Die schmerzhafte haselnussgroße Geschwulst, die hinten heraushängt, nennt Dr. B. eine Thrombose, verschreibt Salbe und ein Nachfolgemittel Butazolidin. Ich nehme es noch nicht. Da er keinen Anästhesisten beschäftigt, müsste ich zur operativen Behandlung zu Dr. Sch. gehen.

Würzburg, 12. 5. 1981

Die Bedienung: Mein Hirn is wia a Sieb. Was war's jetzt wieder?

Nicht durch das Schreiben wird man ein Krüppel, sondern durch das Vorlesen.

Jede vorbeigehende Begegnende tastet er ab, ob oder ob nicht. Viel öfter sagt er ja, selten genug nein. Es war ein schwerer Gang. Die Stadt wimmelte von Mädchen und Frauen, die er gern für sich gehabt hätte. Was für ein aussichtsloser Abend. Nur Feinde. Der einzige Feind, den er liebte, war schon abgereist, bevor die Tagung überhaupt anfing.

Freitag, 15. 5. 1981

Nachts um 0 Uhr 30 in Frankfurt, Klettenbergstraße. Uwe Johnson gerade auf dem Klo. Ich warte unten unter der Tür, wir gehen noch einmal hinunter. Er zieht eine richtige Schlafanzughose an, vorher hatte er nur Jacke und weiße Unterhose in Form von Shorts à la Bermuda. Er sah zerdrückt und verschlafen aus, war aber noch betrunken. Ich esse drunten ein Brot und etwas Wurst und trinke zwei Gläser Rotwein. Geplänkel. Eher freundlich. Aber er behauptet willkürlich, ich habe ihn geweckt. Dass er auf dem Klo war, bestreitet er. Behauptet, ich habe Siegfried gesagt, er habe gesagt, dass ihm Siegfrieds Bundesverdienstkreuz-Feier eine Flugkarte wert gewesen sei, nicht aber der Abend mit dem Bundeskanzler. Da musste der Verlag Spesen zahlen. Das ist reine Willkür. Er behauptet, um zu reizen, er lacht, gelöst, mächtig. Ich schon verkrampft. Aber ich komme um 2 Uhr ohne Krach ins Bett.

Am nächsten Mittag gehen Uwe und Fellinger und ich zum Essen. Siegfried schickt mich mit denen. Uwe fängt wieder an. Hilde und er und ich hätten am Morgen das und das besprochen. Ich: Dass ich Hilde heute noch nicht gesehen habe. Er kommt spielerisch immer weiter. Bis ich gehe. Zweimal wirft er meine Uhr aus dem Lokal durch die offene Tür hinaus auf die Straße. Die Bedienung bringt sie wieder zurück. Seine Aufführung ist völlig regellos, immer auf den jeweils schmerzlichsten Effekt bedacht. Dabei fällt ihm ein, was er braucht. Er trinkt rasch vier Viertel Weißherbst. Hält mir vor, 1959 oder '63, dass ich, als er das Radio im Auto anmachte, es wieder ausmachte und sagte: In meinem Auto mache ich das Radio an. Wenn ich sage, er sei mit allen verkracht, er: Mit niemandem. Ich: Mit Kant? Er: Da war nie etwas, was verkrachen konnte. Fellinger: Raddatz? Er: Der mit mir, aber nicht ich mit ihm. Mit mir sei er seit '59 verkracht, also von Anfang an. Ich: Erst ab '78. Es lässt sich nicht mehr fassen. Ich musste gehen, hielt es nicht aus. Rannte in die Klettenbergstraße, konnte mich nicht von Siegfried und den anderen halten lassen, musste mich in den Zug setzen, um heimzufahren. Wie schon einmal in einer Januarnacht nach dem Krach bei Gisela Elsner und ihrem damaligen Mann.

Wie er Geschenke austeilt. Pralinen aus Prag für Hilde, ein Gänseblümchen-Strauß, wahrscheinlich aus Porzellan, für Burgel Zeeh. Eine Cardin-Krawatte, nachtblau, für Siegfried. Und dass er nie in den Verlag kommt, ohne Frau Ritzerfeld zu besuchen. Ob ich Busch besuche? Nein. Ich habe ihn auch nicht besucht, als er noch im Verlag war. Ob ich Boehlich besuche? Nein. Er schon. Er ist der Menschliche. Er besucht die, die hinausgedrängt wurden.

Es tut mir leid, dass ich nicht dort bleiben konnte. Es kann einem leidtun. Obwohl es nicht wichtig ist, ob ich an diesem Geburtstag von Max Frisch teilnehme. Ich glaube, wir können sowieso nicht teilnehmen. Das sind lauter Geburtstagskinder, die da zusammenkommen, die wollen ununterbrochen, dass alle anderen ihren Geburtstag feiern. Ich hätte mich nicht einplanen lassen dürfen. Das Peinliche ist das Eklathafte. Es wäre idiotisch, wenn Uwe jetzt Vorwürfe hören müsste.

Frankfurt ab 17 Uhr 37–21 Uhr 49 Radolfzell.

Samstag, 16. 5. 1981

Kressbronn, Haus Ottenberg, evangelische Tagung über *Seelenarbeit.*

Ich bereue den Aufbruch in Frankfurt, den unseligen Ton, der dadurch in den Tag kam. Aber vielleicht überschätze ich mich wieder, oder Uwe hat alles so dargestellt, dass ich der Schuldige bin, und man ist froh, dass ich weg bin. Dieser Nachmittag mit der evangelischen Tagung steht mir bevor. Keine Sekunde merken lassen, wie wenig ich davon halte. Ein Nein im richtigen Augenblick, und ich hätte einen schönen Nachmittag. Aber dann müsste ich heute bei Grieshabers Beerdigung sein. Jeder Tag ist zwei- oder dreifach belegt. Und ich komme immer zuletzt dran.

Ein Mann flog auf ärztlichen Rat mit der 35-jährigen Frau auf die Philippinen. Darmkrebs. Hier nichts mehr zu machen. Der Mann fotografiert, wie der Wunderheiler mit den Fingern in die Haut hineinfährt. Und dass er sich selber zu nahe kommt in diesem Augenblick, er schneidet sich selbst. Aber 14 Tage nach der Reise stirbt die Frau. Der Mann lässt eine Verwandte des Heilers, eine Siebzehnjährige, nach Deutschland kommen und heiratet sie sofort. Sie kam im Winter an. Hat vor allem Angst vor der Dunkelheit in den Häusern.

Reich-Ranicki, Telefon: Böll hat ihm einen Sieben-Seiten-Brief geschrieben. Fest habe empört abgelehnt, eine Prostata-Untersuchung gehabt zu haben.

Montag, 18. 5. 1981
Telefon, Hilde Domin. Wie ein Kind.

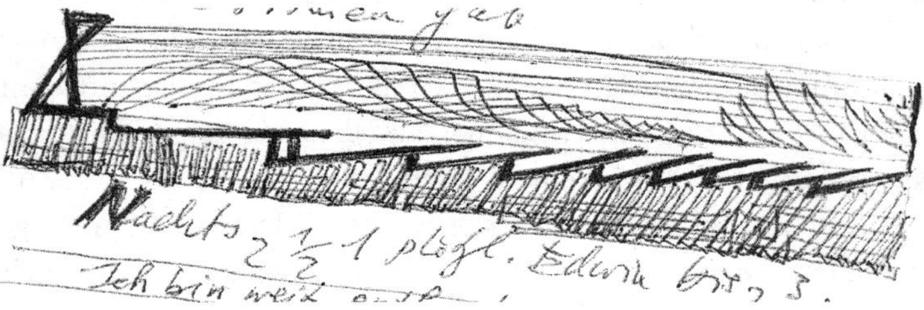

Donnerstag, 21. 5. 1981
Telefon, Frau Menz. Sie will die Oberessendorfer nicht dabeihaben. Die Preisgabe, eine Schamlosigkeit ohnegleichen vor denen. Die Welt kann es lesen, aber nicht die. Denen das in die Hand geben, nie! Ich werde darum gebeten, dass die das nicht in die Hand kriegen. Fassen können die Leute mich nicht, die stehen zu tief unter mir.

Das Unglück, nicht singen zu können. Das Unglück, nicht sagen zu können, wie es ist. Es gibt Gedichte, die sagen es. Ungefähr. Nicht ganz. Man müsste es selber sagen können. Die besten Gedichte anderer sind nur eine Demonstration der eigenen Unfähigkeit, etwas sagen zu können.

Ich kann nichts verlangen von mir. Ich bin nicht zu sprechen für mich. Ich erreiche mich nicht. Ich will nichts wissen von mir. Ich bin verreist und weiß nicht, wann ich zurückkomme. Wahrscheinlich habe ich mich satt. Meine Geduld mit mir ist zu Ende. Ich werde jetzt andere Saiten aufziehen. Wenn ich nicht hören will, muss ich fühlen. Gar alles kann ich mir auch nicht durchgehen lassen.

1000 Goldschmiede sitzen herum und hämmern in Ermangelung edlen Materials das Nächstbeste.

Ich bin im Verdämmern. Aus der Müdigkeit schaue ich wie aus einer Höhle hinaus. Ich wäre einverstanden …

Dienstag, 26. 5. 1981
Gott: nur eine Erkundung des Selbstbewusstseins, seiner Schwäche. Vorher die Schwäche. Worauf beruht sie immer noch?

Also: Der geht nicht auf den Markt, er benutzt Mittelsmänner, die für ihn auf den Markt gehen. Wenn er irgendwo auftritt, dann nicht als der, der Mittelsmänner auf den Markt geschickt hat. Er tritt auf als der, der keine eigenen Interessen hat. Nur das Allgemeine scheint ihn zu interessieren. Es wird vom Geld nicht gesprochen. Nicht von ihm. Nicht von seinesgleichen. Also nicht von Politikern, Pfarrern, Lehrern, Ärzten. Bezahlung wird soweit als möglich wegdelegiert. Das Ideal: die ärztliche Verrechnungsstelle. Und darauf noch ein Stempel, dass der Arzt das gar nicht alles kriegt, sondern weitergeben muss an das Krankenhaus. Die Politiker: niemals vom Geld. Das Geld ist ein unterirdischer Strom, der alle verbindet, aber nirgends ans Tageslicht darf. Das ist die erste Predigt. Ich rede nicht von dem, um das es mir geht. Geld und Gott. Zwei Erfindungen. Eine von beiden hätte genügt. Der größte Gegensatz: Geld kann man nur für sich haben und verbrauchen. Gott kann man nur für andere haben und für andere brauchen. Die zweite Predigt: dass man jetzt ohne alles auskommt, was direkt mit anderen zu tun hat. Man kann zwischen sich und andere das Geld schalten. Wer Geld hat, kann mit geschlossenen Läden leben. Gloriose Selbstgenügsamkeit. Vollkommene Gottlosigkeit. Ich bin mein Gott. Ich bete mich an. Es kommt mir zwar vor, als sei das die größte Umkehrung dessen, was Gott werden sollte. Aber es ist jetzt so: Allein bin ich entweder nichts oder Gott. Wenn ich Geld habe, bin ich Gott. D.h. wenn ich die anderen um nichts zu bitten brauche. Wenn ich kein einziges Mal bitte oder danke sagen muss, sondern alles mit Geld abgelten kann, dann halte ich es allein aus. Asozial oder sentimental. Jede Stimmung kann dann passieren. Aber eines ist immer gegenwärtig: Ich bin mein Gott. Ich genüge mir selbst.

Eine im Rheinland, was konnte die denn, bevor sie auf dich traf?

Nichts Nennenswertes. Dir gegenüber erwachte sie zu ungeahnter Bewegung, zu Ausdrucksvermögen. Dann beschimpfte sie dich, daran bildete sie sich, erwachte, erwuchs sie. Nachher konnte sie sich darauf berufen und konnte jetzt, ohne dich noch als schlimme Anregung zu brauchen, selber etwas tun. Du bist wirklich nützlich. Dich zu verurteilen gibt immer wieder welchen das erste Erlebnis, selber nützlich und richtig zu sein. Lerne das, bitte, genießen.

In Deutschland heute nur Anhänger solcher oder solcher Importe. Die eigene Bildung nicht mehr auffindbar. Keiner ist selber etwas. Alle haben etwas geliehen. Schuften für Zinsen. Können vor Entkräftung im Zins-Dienst zu nichts Eigenem kommen. Wie sähe ein Deutscher des Jahres 1980 oder '85 oder '90 aus? Wir werden auch im Jahr 2000 noch nicht so weit sein, einen Deutschen zu haben. Wir können nur den Wunsch lebendig halten nach etwas Deutschem. Das soll nicht verlorener sein als etwas anderes.

Ein Todesurteil: Neue Filme kann er nicht mehr sehen, die alten hat er mehr als einmal gesehen. Wenn er jetzt weiter zusähe, würden ihm alle schönen alten Filme bald zuwider. Ein paar hat er so schon zerstört. Soll er den *Mann im grauen Flanell* ein drittes Mal anschauen? Ohne kann er auch nicht sein, also zerstört er einen nach dem anderen durch Anschauen. Aber als dann Cagney und Bogart dran wären, zieht er vor, selber Schluss zu machen. Eine reine Filmgeschichte. Er ist eine Betschwester des Films. Ein unbrauchbar gewordener Fanatiker. Er ist kein Ruhmesblatt für das Filmmetier. Auf ein solches Ergebnis wie ihn kann niemand stolz sein, weder die katholische Kirche noch die Filmindustrie. Das Rauchen hat er sich abgewöhnen können. Darauf war der stolz. Auch mit dem Alkohol war er schließlich doch noch fertig geworden. Mit dem Film nicht. Der Film kriegte ihn hin. Die alten Gespenster nagelten ihn. Aber erschießen konnte er sich nicht. Er musste Gift zu Hilfe nehmen. Ein Schlafmittel. Warum sollte es denn kein

Schlafmittel sein? Mein Gott, in welchem Film wird denn gesagt, dass es kein Schlafmittel sein dürfe? In keinem! Wirklich, in keinem! Also bitte! Ja, wirklich, also bitte. *Dirty Little Billy.*

Es gab Filme, die zerstörte er gern durch Wiederanschauen, die waren schon nach dem ersten Wiederanschauen total kaputt. Das machte Spaß. Den *Weg im Dunkel* ein zweites Mal anzuschauen und sich vor Ekel, Verachtung und Langeweile zu winden. Laute Rufe stieß er aus, wenn er einen solchen miesen Film durch Wiederanschauen hinrichten konnte. Er hatte das Gefühl, der Film verblute, während er ihn ansah. Er hörte den Film stöhnen und um Gnade betteln. Geh doch weg, keuchte der Film, mach doch die Augen zu, schau doch nicht mehr her, bitte, bitte. Grad mit Fleiß schaue ich hin, rief er. Das tät' dir so passen, rief er. Angeschaut wirst du, rief er und schlug, so fest er konnte, auf seinen rechten Schenkel. Angeschaut bis zur letzten Sekunde, du kleiner, billiger, schmieriger Drecksfilm, du!

Mittwoch, 27. 5. 1981

Es regnet immer noch mehr. Und wird kühler.

Die Viessmann-Schneider-Leute mit Herrn Heinzler sind da. Auf Sonntag gestellt, darf das Brauchwasser geheizt werden. Wenn der Schieber offen ist, kommt per Schwerkraft Warmwasser in die Heizkörper. Herr Guldin hat einen Abtast-Thermostat, eingestellt auf 30°, an ein Rohr zwischen Kessel und Boiler gemacht, der wird ein Ventil öffnen und schließen, dass während der Nacht keine Zirkulation mehr stattfindet …

Die Bewegungen kosten immer mehr Mühe. Das bloße Sitzen wird immer erträglicher. Ich möchte nichts mehr tun. Ich könnte es abwarten. Ist das Faulheit oder Existenz? Soll ich mir raten lassen oder selber entscheiden? Da ich mir das, was ich könnte oder möchte, noch nicht leisten kann, kann ich die Antwort vertagen. Inzwischen arbeiten.

Goethe an Zelter am 14. 10. 1821: Ich hoffe, man wird nach und nach das Gelegenheits-Gedicht ehren lernen.

Donnerstag, 28. 5. 1981, Christi Himmelfahrt.
Käthe: Kein Christi Himmelfahrt ohne ein Gewitter.

Man muss hingehen, auch wenn man lieber, sich beleidigt fühlend, daheim bleiben würde. Man muss sich unterwerfen durch Hingehen. Aber nur so, dass man glaubt, man spiele den, der die Beleidigung gar nicht bemerkte, man spiele den, der vor lauter Breitbeinigkeit gar nicht zu beleidigen ist. Man unterwirft sich nicht wirklich, denkt man. Aber hingehen heißt, sich unterwerfen, egal, was man dabei denkt.

Er sagt: Gott ist die Höhle in jedem, in der die Dunkelheit Platz hat, die zu uns gehört. Er sagt: Ich bin wirklich hinausgerannt früher, barfuß und das Hemd weit offen. Ich habe nicht aufgepasst, ich habe drauflosgeliebt. Frauen, Männer, egal, wie sie waren. Am Morgen im Frühstücksraum habe ich noch genauso groß dahergeredet wie abends und nachts. Aber es ist mir nicht gut bekommen. Ich schaue heraus, herum: Kein Mensch ist bei mir. Ich hocke auf einer Klippe in der Großstadt und lasse den Lärm und den Gestank um mich brausen. Ich versuche, mit wenig Atem auszukommen. Es lohnt nicht, diese Luft zu atmen. Und einen Freund oder eine Freundin habe ich auch nicht in dieser Stadt.

Gegen seinen Willen geht er in das nächste Telefonhäuschen, ruft seinen Freund L an, er sei zwischen zwei Zügen hier am Hauptbahnhof, habe nur 25 Minuten Zeit, wolle aber hier nicht durchgefahren sein, ohne L wenigstens angerufen zu haben. L spricht oberflächlich, ohne jede Beteiligung. Er lässt merken, dass der Anruf ihn störte. Er wollte gerade essen gehen mit Leuten. Ja, ja, sagt er, er lege sofort wieder auf. Es sei nur so eine Routineregung gewesen, kommst du durch, dann rufst du L an. Klar. Also mach's gut. Du auch. Er spürte, wie sich in ihm alles zusammenzog. Er hatte das Gefühl, er müsse innen so rasch als möglich eine ungeheure Volumenverminderung bewirken, zur Herabsetzung der Angreifbarkeit. Er setzte sich auf eine Bahnsteigbank, krümmte sich. Es dauerte fast 1 Stunde, bis er das Gefühl hatte, der Krampf könne sich jetzt lösen, er würde den Schmerz jetzt offen und direkt aushalten, dem Schmerz standhalten. Sein Stolz verlangte das. Dass dir etwas wehtut, ist keine Schande. Lass es ruhig wehtun. Ziehe keine Folgerung daraus. Mach dich nicht größer, aber auch nicht kleiner. Lass einfach dem Schmerz sein Recht in dir. Du lebst. Das genügt. Ist nicht jeder, der in diesem Bahnhof an dir vorbeirennt, 1000-mal schlimmer dran! Du darfst deinen Schmerz empfinden wie etwas Schönes. Es ist die vierte Kunst nach Musik, Dichtung, Malerei. Vielleicht ist es sogar die erste. Schmerz, gibt es etwas, das man mehr erleben könnte?! Glücklicher! Du musst nicht reisen, nicht rennen, du darfst auf der Bahnsteigbank sitzen und den gestaltreichen, spannungsreichen. unendlich vielfältigen und schön strömenden Schmerz erleben! Glücklicher, du wolltest klagen, und jetzt musst du preisen, dich glücklich preisen musst du.

Samstag, 30. 5. 1981
9 Uhr 29 Überlingen – 13 Uhr 43 Lausanne, umgestiegen in Radolfzell, Schaffhausen, Zürich.

Sodde oder sodde it? Kathrie beschließt, ins Kloster zu gehen, nachdem sie an der ersten Rundfunk-Sendung in Wasserburg in der Wirtschaft teilgenommen hat. Als Bedienung. Wie die aus München sich aufführten. Sie will daran nicht teilnehmen.

Der Kampf um Freizeit die Bankrotterklärung der Arbeitswelt. Es ist misslungen, das Einzige, was das Leben erträglich macht, die Arbeit, ist etwas geworden, von dem man möglichst wenig will. Das ist schon in der biblischen Religion falsch aufgenommen. Anstatt von falscher Arbeit wird von aller Arbeit gesagt, dass sie einem Fluch entsprungen ist, im Schweiß deines Angesichts.

Meine Arbeit ist die Reise, die tabuisierte Entschlossenheit, dort anzukommen, wo ich nach dem Willen der Einladenden ankommen soll. Dreimal umsteigen. Am meisten bedroht ist diese Entschlossenheit anzukommen beim Umsteigen in Zürich ... Da laufen so viele Leute durcheinander, dass immer mehr sich immer häufiger gezwungen sehen, stehen zu bleiben. So lange sie stehen bleiben, das sieht man deutlich, denken sie überhaupt nicht mehr ans Gehen oder an ein Ziel. Sie halten einfach an, sie müssen anhalten, weil es momentan nicht weitergeht. Ihre Entschlossenheit ist nicht der Art, dass sie, was ihnen im Weg ist, mit Gewalt wegräumen. Sie kämen ja auch nicht weit auf diese Art. Also ist es sogar das Vernünftigste, einfach so lang anzuhalten, bis der Weg wieder frei ist. Aber dieses Anhalten, das sieht man an anderen und spürt es selber, ist auch die Gefahr für die Reise. Man könnte einfach stehen bleiben. Die Masse der Durcheinander-Eilenden sieht eher aus wie eine Masse Stehenbleibender. Man hat das Gefühl, in einen Schicksals-Sumpf geraten zu sein. Man ist aufgegangen in anderen. Ist erlöst von der Notwendigkeit, das Ziel zu erreichen. Das Tabu der Entschlossenheit versinkt, wie ein Feuer in einem Wasser versinkt und beim Versinken noch nicht gleich erlischt, aber dann eben doch. So, jetzt kannst du eigentlich umkehren. Du wolltest ankommen, aber es ging nicht. Du bist nicht mehr verantwortlich. Irgend eine Hoffnung sagt dir, wenn du umkehren und den Rückweg antreten würdest, würde sich dir ein bisschen weniger in den Weg stellen. Für das Heimkommen brauchst du ein bisschen weniger Entschlossenheit als für das Noch-weiter-Fortkommen. Das Einzige, was jetzt nötig wäre, du müsstest dich umdrehen. Aber da stößt du an das Tabu: die Entschlossenheit, dort anzukommen, wo du ankommen sollst. Du kannst nicht darauf verzichten, dir als zuverlässig vorzukommen. Du bist darauf angewiesen, dich für jemanden halten zu können, der eine Zusage einhält. Jetzt löst sich die Stockung schon wieder auf, du kannst weiter in deinem Trott. Und so oft du auch noch gehemmt oder für Augenblicke aufgehalten wirst, du stehst einfach da und wartest, zeitlos, bis es weitergeht. Dass du auch umkehren könntest, diese phantastische Wegvariante taucht nicht mehr auf, du wirst ankommen, wo du ankommen musst. Wie immer.

Herr Fuchs zu Käthe: Er hat weiter vorne, Maurach zu, zwei Katzen gesehen, eine schwarz-weiße und eine getigerte. Die schwarz-weiße lag auf der Straße, die andere immer um die herum und schnupperte an der. Aber die rührte sich nicht. Herr Fuchs ging hin, ihn wunderte dieses Benehmen. Da sah er, dass die schwarz-weiße einen aufgetriebenen Bauch hatte und schon tot war. Die andere schleppte sich noch bis zum Straßenrand und blieb dort liegen. Auch schon so gut wie tot. Beide waren an dem Mäusegift gestorben, das ein Bauer auf seine Wiese nördlich des Bahndamms gesprüht hat. Wenn die Mäuse nur an die besprühten Gewässer streifen, sterben sie sofort. Die Katzen waren auf dieser Wiese gewesen, also wurde unsere Meeschi nicht überfahren, sondern vergiftet.

Sonntag, 31. 5. 1981

Glion, Hotel Righi.

Tagung mit Germanisten. Vor allem Bernhard Böschenstein.

Die Legitimationsnot des bürgerlichen Ich.

Was kann der realistische Roman leisten? Vorher Engagement und Kritik, jetzt Innerlichkeit. Ob die *Seelenarbeit* schon Innerlichkeit hat.

Böschenstein zu mir über seinen Vortrag in Charlottesville, bei Sokel, sein Kollaps. Plötzlich sind alle 30 Zuhörer Krankenschwestern. Sofort ins Krankenhaus. Freitag bis Sonntag, dann steht es in der Zeitung. Das kann ich brauchen.

Das Treffen in Glion gehört zu Caux. Das Caux-Schloss liegt

800 Meter höher, wie ein Neuschwanstein. Unten das weltliche Montreux, auf halber Höhe die Germanistik, droben die moralische Aufrüstung Caux.

Ich sammle mehr, als ich brauche.

Der Sammler verschiebt Tat und Genuss auf später. Anstatt zu leben oder zu arbeiten, sammelt er. Er will erst anfangen, wenn er alles beisammen hat. Das ist nie.

Auf welchen Ton hört deine Kindheit? Die Tatsachen sind nur durch einen Ton zu wecken, zu erreichen, herzubeschwören. Das Gedächtnis ist nur eine Tonangelegenheit, die richtige Frequenz, und alles, was dazugehört, erscheint. Nicht so tun, als könnte alles gerufen werden. Alles überhaupt nicht. Etwas, was zusammengehört. Das gibt es. Das ist ein Ganzes. Und meist ist es ein bestimmtes Verhältnis. Die liebe Not. So zu tun, als sei man dort. Sich von dort her ansteuern.

Der Genfer See lag vor meinem Westfenster der Länge nach. Nachts, Lichter von Montreux.

Warum bleibe ich den meisten so undeutlich. Warum vermuten sie so grob. Vorher die peinlichen Differenzen zwischen dem, was ich zu hören bekomme, und dem, was ich hören will, warum richte ich mich nicht danach?

Ich habe mich am Vormittag in der Selbstdarstellung vor den begriffssüchtigen Germanisten regelrecht erpresst.

Auf ein gesichertes Leben zu hoffen ist genau so illusionär wie die Sehnsucht eines Schauspielers nach einem Theaterstück, bei dem ihm, egal, wie er spielt, nichts passieren könnte.

Mir gsähend is hüt. Dann gsähen mir is hüt nit?

Sterben weder bei Sonnenschein noch bei elektrischem Licht, sondern bei Kerzenlicht.

Bin heimgekommen. Ich bin der Familie treu geblieben. Das lohnt sich nicht. Aber vielleicht sollte man es trotzdem tun. Dass es sich nicht lohnt, das ist das Lohnende. Wenn es sich lohnen würde, könnte man nicht sagen, es lohne sich.

Montag, 1. 6. 1981

Alissa hat Post von einem Griechen aus Schweden. Der hat in Rumänien studiert, musste aus der BRD wieder ausreisen, kann in Schweden nur drei Monate bleiben, bittet Alissa, angeben zu dürfen, dass er sie besuchen kann. Die Polizei werde kommen und sich das bestätigen lassen. Er werde dann nicht ihr zur Last fallen, sondern bei einem Freund bleiben, bei einem Rumänen.

Herr Fuchs hat jetzt bei uns seine Fallen gestellt. In neue Fallen gingen sie nicht. Erst wenn die Fallen alt und rostig seien. Die Mäuse liefen morgens um sechs, mittags um zwölf, abends um sechs durch die Gänge. Die Falle muss mit Erde überdeckt werden. Alte Mäuse kriege man weder mit Gift noch mit der Falle, da müsste man warten mit dem Spaten, sie laufen, und dann mit dem Spaten zustoßen.

Dienstag, 2. 6. 1981

Herr Fuchs lacht beifällig, wenn er beim Fallenprüfen kommentiert, auf welche Art und Schläue die Maus diese Falle wieder umgangen hat. Es scheint, als hätten wir nur schlaue Mäuse. Und er kann das würdigen, obwohl es gegen die Menscheninteressen ist. Manchmal kommt er einem vor, als sei er im Dienst der Mäuse und verfolge sie nur zum Schein. Eigentlich ist er dazu da, der Mäuse Ruhm zu verbreiten, ihren Machtbereich zu erweitern, überhaupt uns ihnen gegenüber einzuschüchtern.

Predigt. Enden wollen.

Ernsthaft. Sofort wärst du überragend. Du müsstest nur Schluss machen. Aber wenn du nur Schluss machen willst, um überragend zu sein, bist du nichts. Du musst nichts sein wollen. Dann bist du alles. Aber du musst wirklich nichts sein wollen. Ohne Hintergedanken. Wie zerstampft man Hintergedanken? Durch Ernst. Ernsthaft enden wollen, das genügt.

Alissa liest jetzt gerade mit Begeisterung *Zarathustra*. Ihm glaube ich jedes Wort, ruft sie aus.

Größer werden, größer sprechen. Nicht genügen.

Hart Nibbrig und Walter Jens lesen Hildesheimer und machen Vorschläge: Nicht so akademisch beginnen, so kopflastig, sagt Jens. Mit einer Landschafts-Schilderung, schlägt er vor, England im Nebel.

In den Händen von Trimmern

Ich bin vernichtet von der Nacht,
Licht erreicht mich nicht,
mich gürtet der Schmerz,
gegen Heil bin ich dicht.

Mittwoch, 3. 6. 1981

Gestern und heute zur Birke, alles im Dunst. Man glaubt, 1835 sei das Wetter immer so gewesen.

Theresia, nach Aggressionen: In der Schule muss man immer lieb sein. Und dann zu Hause auch noch. Also irgendwo muss man doch auch bös sein dürfen.

Dasso

Er will alles steuerfrei, er ist Anarchist, Millionär. Die Leute sind blöd, die bejubeln seine Schmähungen. Ja, wenn sie so blöd sind, bitte. Die Menschen wollen beschimpft sein. Sie könnten einem leidtun, wenn einem etwas leidtun könnte. Mir tut nichts leid. Ich bin fein heraus. Gewissen, was ist das! Nietzsche usw. Ich beschimpfe jeden, alles. Mich auch. Mir doch egal. Deutsche Bank, Vatikan, das sind meine Adressen. Macht, das mag ich. Ich bin Anarchist, verstehen Sie. Aber das weiß keiner. Macht, das macht mich an. Da wird mir ganz anders. Macht und Niveau, das mag ich. Macht mit Niveau!!

Donnerstag, 4. 6. 1981

Das erstickende Gefühl, wenn einen einer lobt. Man überlegt, wie wird man reagieren. Wie könnte man ihn loben, ohne dass es so wirkt, als lobe man ihn nur, weil er einen lobt. Die völlige Glaubwürdigkeit eines Lobs, wenn es von einem kommt, den man auch loben kann und soll. Aber wen kann man nicht loben? Alles ist lobenswert. Wenn zwei bei einander sind, die vom Gelobtwerden leben, hört sich bald alles auf. Sie müssen schweigen.

Jeden Satz, der mit ich anfängt, sollte man streichen.

Wenn diese Gesellschaft jetzt in Not gerät, ruft sie nach Opfern, nach Gemeingeist, im Grunde genommen nach Solidarität. Was aber hat man uns eingebläut 30 Jahre lang: Konkurrenz und Leistung. Also Egoismus. Wer für Solidarität war, war ein Kommunist. Nun hat der Osteuropa-Sozialismus tatsächlich mehr als Vorwände geliefert, alles Gemeingeistige unter Verdacht zu stellen.

Hostilitätsfanatiker beherrschen den Ton, der menschenfreundlich gewordene Brecht gilt als Zuckerbäckerl. Schon seit Adorno.

Büchner erlaubt jede Anknüpfung. Das geniale Fragment strahlt nach allen Seiten. Anarchisten und Sozialisten können sich dort Zitate leihen.

Freitag, 5. 6. 1981
Gestern Abend unter den Eichen: durch die Kronen herab zwei Raben und Amseln, Letztere zeternd. Herab bis auf den Uferkies. Ein Rabe hat ein Amseljunges im Schnabel. Der zweite Rabe sitzt dabei. Die Amseln schreien und tanzen. Wir klatschen in die Hände. Die Raben wechseln ein paar Meter weiter und lassen sich wieder nieder. Das Amselgeschrei stört sie nicht. Den ganzen Abend zetert das Amselpaar noch im Garten herum: von der Antenne in die Äste und zurück. Zu machen ist nichts mehr. Wir haben auch eine Maus getötet. Mit der Falle. Genau im Genick saß der tödliche Bügel.

Das Leben ist schön, weil es endet. Endete es nicht, wäre es nicht schön.

Jagdnovelle
Wenn Herr Zürn heimkommt, haben alle Darmgrippe. Brechdurchfall und Fieber. Mit grauen Gesichtern liegen sie in abgedunkelten, verwüsteten Zimmern. Ein Gespensterhaus. Herr Zürn dachte an die zwei Mädchen, die er verlassen hatte. Die beiden wurden unendlich schön.

Donnerstag, 11. 6. 1981
Man kann etwas nur einmal verkaufen.

Lieber Walter Boehlich, ich bin nicht sicher, ob es sich nicht gehörte, dass ich lieber Herr Boehlich schriebe. Sie sind auch ein Herr, schon durch die Hunde. Über Klodrian – die Rechtschreibung dieses nur dänisch zu hauchenden Namens muss ich wie früher alle Rechtschreibung und -sprechung Ihnen überlassen – bin ich nicht recht hinausgekommen. Von Ihrem Chow-Chow weiß ich nicht einmal mehr den Namen. Ich sehe Sie ja nicht mehr. Endlich hat so ein blöder Geburtstag einmal einen Sinn. Ich kann Ihnen schreiben, sonst hätte ich ja keinen Grund. Wir kommen offenbar ohne einander aus. Sie sicher leichter ohne mich als ich ohne Sie. Womit ich einfach behaupten will, ich dächte öfter an Sie als Sie an mich. Ihr Gesicht, wenn es aus Lachfalten besteht, hält sich sozusagen für immer. So wie auch Ihr noch unmodulierter Nasalton, den Sie Antworten, über die Sie nachdenken, vorausschicken. So vieles andere. Es gibt, wie ich erst jetzt wieder von einem Kollegen hörte, offenbar Leute, die kommen in eine Stadt, rufen Bekannte an, die sie von früher kennen, auch wenn sie jetzt mit denen nichts mehr und die mit ihnen nichts mehr zu tun haben. Um diese Fähigkeit beneide ich jeden, der sie hat. Weil man nicht weiß, ob man gerade recht kommt, lässt man es doch besser. Ich bilde mir dann lieber ein, Sie dächten, wenn Sie durch etwas oder jemanden auf mich gestoßen würden, nicht ganz und gar anders als ich an die Jahre, in denen es kein Problem war, einander zu treffen. Dass diese Jahre unsere besten hätten sein sollen, haben Sie damals hoffentlich so wenig bemerkt wie ich. Politik und Literatur bzw. das richtige Leben und der richtige Ausdruck sind nach wie vor das Problem. Ich freue mich immer, wenn ich mich durch Lektüre lustvoll davon überzeugen kann, dass Sie sich von keiner Tendenz wenden ließen. Aber ich bedaure, dass Sie einem so selten Gelegenheit geben, sich Ihrer so zu erfreuen. Aber auch das ist noch der alte Boehlich: Er macht sich rar, er ist rar, er raucht mehr Pfeifen, als er Seiten schreibt. Herr Boehlich geht, glaube ich, spazieren, auf eine spöttische Art. Nur wenn es wirklich sein muss, bändigt er seinen Müßiggang und wird konkret. Lieber Herr und Walter, ich nutze diesen Brief und zähle auf, was Sie wirklich für uns tun sollten: Sie könnten etwas Orientierendes liefern! Wie beurteilen Sie die Chance der Finsternis, die wir momentan pflegen? Wird sie dauern? Wird die Fiktion das

Jahrtausendende erreichen, oder wird Sprache endgültig zur bloßen Nabellupe?

Montag, 15. 6. 1981
Telegramm von der Akademie: Die Akademie hat Ihnen den Georg-Büchner-Preis 1981 zuerkannt. Erbitte telegraphische Antwort, ob Sie den Preis annehmen. Peter de Mendelssohn. Präsident.

Freitag, 19. 6. 1981
Gestern in die *Orestie*, Stuttgart, mit Alissa und Sikorski. Von 23 Uhr 20 bis 1 Uhr Heimfahrt im Regen.

Die *Orestie* weckt das Bedürfnis, ein Stück über alles in Wasserburg zu schreiben. Eine Zeit lang konnte ich nicht mehr zuhören, weil die Wasserburger Szenen erregt waren. Aber wie es von einer Mythologie zu einer Stadtgerichtsbarkeit kommt, das gibt es nicht mehr. Die Ereignisse sind von Stein, glaube ich, falsch kostümiert. Eine Mischung aus Horrorfilm, Weltkrieg eins und Polizei. Die ganze Bühne als ein Organismus.

Montag, 22. 6. 1981
Jan Sikorski: Der ununterbrochen redet, deshalb ist sein Teller noch voll, wenn alle anderen gegessen haben. Dabei hat er am meisten Hunger, denn in Polen gibt es von allem zu wenig, und er muss doch lesen und kann sich nicht stundenlang anstellen. Trotzdem ist Reden für ihn noch wichtiger als Essen. Ohne zu reden, würde er sich nicht mehr spüren.

Alissas erste Reaktion: Er schmeichelt einem andauernd. Das kommt ihr völlig unglaubhaft vor. Einen Menschen, der ihr nicht glaubhaft etwas Liebenswürdiges sagen kann, kann sie überhaupt nicht ertragen. Diese immer flüssig und übermäßig dahinströmenden Schmeicheleien sind für sie Beleidigungen. Und vor jedem Adjektiv ein ja, ich muss mich ja entschuldigen, es ist ja schön, wenn man ja alles bekommt … Aber ich bitte Sie ja sehr um Verzeihung ... Er hat keinen Kontakt in Mannheim, wo er Humboldt-Stipendiat ist. Keiner hat Zeit, klagt er. Dann hat er in seinem perfekten Englisch auch noch Alissa korrigiert, weil sie pardon me gesagt hat. Pardon genügt, sagt er. Und wie er die Pfeffermühle sofort als physikalisches System beschreibt, die Art der Kraftübertragung, und was das kulturhistorisch bedeute. Aber er hat auch gesehen, dass 1968 im Januar und Februar nur Revolutionsstücke in Warschau aufgeführt wurden: *Danton*, *Fiesco*, *Marat/Sade*, und im März war dann Studentenrevolte. Deutlicher Affekt gegen Juden. Dass sie das Kulturleben nach dem Krieg in Polen völlig beherrscht hätten.

Dienstag, 23. 6. 1981

9 Uhr 21 Überlingen – 13 Uhr 55 Nürnberg. In Nürnberg wird mich Oswald Heimbucher abholen.

Mittwoch, 24. 6. 1981

Gestern Sulzbach-Rosenberg, Hotel Bayerischer Hof.

Während der Lesung spitzt sich der Nagel im Hals. Nachher Wein, Milch, Isla Moos, morgens zum Arzt: Durch die Leseanstrengung eine kleine Blutung. Inhalation, Stromstöße, Antibiotika.

Im Walter-Höllerer-Museum, das er sich eingerichtet hat, um daheim etwas zu sein. Dass die hier besser begreifen, was er in Berlin ist und macht!

Freitag, 26. 6. 1981

Ein Journalist stellt seine Frau vor: Meine zukünftige Witwe.

In Passau noch nach sechs ins Krankenhaus, HNO: Die Kehlkopfentzündung sei im Abklingen. Inhalation mit Kiefernlatschen-Öl.

Theater in Passau ausverkauft. Lesung ohne Schmerz, aber etwas dünn. Reaktion sehr gut. Die Bühne verführt zu größeren

Ausdrücken. Ob das richtig war? Das Mikro stört, das Notenpult stört. Man müsste sich frei bewegen.

10 Uhr 46 Passau – 12 Uhr 53 Nürnberg – 14 Uhr 01 Bamberg – 14 Uhr 31 Lichtenfels – 15 Uhr 23 Kronach.

Samstag, 27. 6. 1981

8 Uhr 55 Kronach – 10 Uhr 30 Bamberg – 13 Uhr 42 München.

Gestern noch bei einem HNO in Kronach. Sein Vater schon als solcher in Görlitz. Werner Krauß als Patient, wenn die von Berlin aus gastierten. Werner Krauß als Othello drückte der Desdemona den Kehlkopf halb ein, dass die am nächsten Tag auch Patientin war. Dabei murmelte er, dass man es bis in die dritte Reihe hören konnte, aber der Vater hatte immer als des Künstlers Arzt erste Reihe: Blödes Ding! In seiner Praxis sei ich ja nach den Besuchen bei seinen Kollegen erst mal richtig auf dem Dorf. Er wies darauf hin, wie er gerade vor mir mit den einfachen Leuten geredet habe. Noch der gleiche Ton wie vor 50 Jahren in der Praxis seines Vaters. Ihm mache das Spaß so, vor allem, weil er es nicht mehr des Geldes wegen betreibe. Jemand, nach der Lesung: Dieser Doktor und seine Frau seien oft in New York, dort kommen sie mit Frau Rothschild zusammen und erzählen dann, die habe nur einen Stein getragen, aber der war so groß wie ein Taubenei.

Die Stimme nachher schwächer als in Passau. Dieser Dr. war der schlechteste. Bestrahlung und Inhalation waren eher zirkushaft als medizinisch. Gegenüber eine Frau, die vor mir inhaliert und viel heraufhustet. Die Windstöße ihres Hustens in mein Gesicht.

Kronach hatte den Bamberger Domschatz, wurde dreimal von den Schweden belagert, aber nie eingenommen. Deshalb kriegten die Ratsherren das spanische Habit, sonst nur in Köln und solchen Städten. Lucas Cranach hat sich nach seinem Geburtsort genannt. Adam Riese aus Staffelstein.

Montag, 29. 6. 1981
München. Edgar sehr gut als Arkas. Gisela Stein und Eberth dröhnen hauptsächlich. Goethe wird als Person spürbar. Im Werk ununterbrochen spricht die Person. Also möchte man, wenn man über sein Werk etwas sagen will, immer über ihn sprechen. Aber auch über sich hat er mehr gesagt, als je ein anderer sagen kann.

Wieder Schmidinger: Je mehr man den Hamel lobt für eine bestimmte Stelle, die nicht gut ist, desto schlechter wird er. Also lobte ihn Schmidinger immer mehr.

Einkäufe: Sony-Kleingerät, 574 Mark, Hose, 102 Mark.

15 Uhr 47 ab München, 17 Uhr 01 Ginsburg. Käthe wird mich dort holen.

Dienstag, 30. 6. 1981
Herr ist, wer sich nicht verantworten muss.

Freitag, 3. 7. 1981
Trio: Die Frau kann ihre Strümpfe nicht finden. Dann könnte sie, was sie anhat, heute nicht tragen. Vielleicht hat er einmal auch etwas versteckt. Er kann ja auch einmal Hass empfinden. Fenster nach hinten. Da hing sie dann jenseits der Stores auf dem Balkon. Dass sie das so demonstrativ tut. Also gegen ihn.

Dienstag, 7. 7. 1981
Solche wie mich verachte ich. Mich aber nicht.

Mittwoch, 8. 7. 1981
8 Uhr 21 nach Tübingen. Seminar Barner, 11 bis 13 Uhr. 14 Uhr Stuttgart, Kultusministerium. Für Janker und Bosch je 24000 Mark.

J. P. Eckermann, für das Stück: Er ist sich wichtiger als Goethe. Aber er schiebt sich auf. Nachher ist das nicht mehr einzuholen. Er muss Goethe andauernd bei sich abwerten, sonst würde der ihn vollends ersticken. Aber vor anderen und auf dem Papier übertrifft Eckermann alle an Verehrung.

Donnerstag, 9. 7. 1981

Käthe: Riech doch mal, wie diese Lilien riechen. Ich muss, um etwas zu riechen, die Nase in den Kelch stecken. Alissa aus drei Meter Entfernung: Ich rieche die von hier aus.

Beim ersten Laut heute, eine Männerstimme rief etwas, da meinte ich, ich sei in Zimmer 8 in Wasserburg, also auf der Westseite zu Gierers hinüber. Und ich hatte fast eine Sekunde lang den Eindruck von ganz früher: das heißt, ich war fast eine Sekunde lang wieder 12 oder 14 Jahre alt und stand vor einem Wasserburger Tag. Das ist ungeheuer.

Ich kehre zurück zu dem gefrorenen Meer in uns. Das Bild ist pathetisch. Kafka musste sich das leisten. Eine laue Suppe tät's genauso. Nun gibt es auf dem Kontinent ein paar flammenspeiende Berge. Einer heißt Büchner. Der hat den Effekt, dass man, wenn man in seinen Bereich gerät, getroffen wird. Wenn ich mir noch etwas zu Weihnachten wünschen dürfte, wäre es zu erfahren, wie bei den heutigen Nachfahren des Hauses Hessen oder Württemberg oder Bayern oder Waldburg-Zeil oder Baden oder oder oder, wie in solchen Häusern 18- oder 40-Jährige reagieren, wenn sie in der Schule oder sonst auf eine Büchnerschrift stoßen. Zum Beispiel auf den *Hessischen Landboten*. Bedauern sie die mangelnde Fahndungsfertigkeit ihres Vorfahrs, oder wollen sie zum Telefon greifen und ihre Milliarden-Liegenschaften den Händen des Volkes übereignen? Da ich überhaupt keine Ahnung habe, wie in hohen Häusern empfunden wird, ist meine Neugier, hoffe ich, begreiflich. Ich werde es nie erfahren. Aber etwas anderes können wir täglich erfahren: dass es das Volk, von dem Büchner träumt, von dem wir alle träumen, nicht gibt.

Die Tochter des Nachbars, 15, badet immer nackt. Ihre Freunde haben an Motorrädern und Autos Phantasie-Sirenen, besonders eine geht durch und durch: ein von hohen Tönen rasch herunterstürzendes Signal. Er beobachtet die nackt Badende. Am liebsten, wenn sie herauskommt und das Wasser reicht ihr bis zur Hüfte, so dass der Oberkörper nackt auf dem Wasser, auf der Wasserfläche steht. Als gäbe es keinen Unterkörper und keine Beine. Unterkörper und Beine, egal, wie sie ausfallen, können die Vollkommenheit dieses auf der glatten, ölhaft ruhigen und soliden Wasserfläche nur beeinträchtigen, nicht steigern.

Max Frisch und Alice von 11 bis 18 Uhr. Frisch über Theater: Die Sinnlichkeit eines Körpers im Kontrast zur Sprache.

Ein Loft in der Prince Street. 27 mal 7 Meter ohne Trennwände, hat er gekauft, dass es Alice später haben kann. Das ist der Preis. So trostlos. Obwohl er viel jünger aussieht, als er ist, und sie viel älter aussieht, als sie ist, ist der Kontrast unvergesslich. Wenn er seinen Mittagsschlaf als Yoga-Meditation bezeichnet, sagt sie, dass sie noch nicht gewusst habe, dass die beim Meditieren schnarchen. Er verwarnt sie launisch, aber motiviert: Sie hätte das nicht ausplaudern dürfen, dass er snore.

Als sie fort sind, Alissa: Alice sieht aus wie eine Schlange. Da geht es uns allen auf. Schlange. Ja, um die Augen. Darauf Alissa: Halt genau wie er. Und das stimmt auch. Unheimlich ruhig, konzentriert, schon sehr attraktiv, aber man vermutet, sie seien sehr kalt.

Freitag, 10. 7. 1981

Eine Familie aus Vater Mutter Tochter, alle drei lügen einander an aus Rücksicht und Scham. Jeder präsentiert ein Bild von sich, das den anderen Freude machen soll. Das sind alles Produktionen. Die sind von der Kulturgeschichte längst der Verächtlichkeit ausgeliefert. Prüde, viktorianische usw.

Samstag, 11. 7. 1981

Der mit Gott will mehr Anerkennung leisten als brauchen.

Sonntag, 12. 7. 1981

Käthe: Einer ihrer Großväter, Kurpfuscher, hat ein Mädchen, das vom Fahrrad gestürzt war und das man zu ihm geschickt hatte, behandelt: Als sie an Blutvergiftung starb, wurde er zu einem Jahr verurteilt. Nach Rottenburg, nach sechs Monaten entlassen und mit zehn Chaisen im Triumph nach Alberskirch heimgeholt.

Montag, 13. 7. 1981

Meeschi III wirft sich hoch in die Luft, schnappt nach Schnaken und Faltern, dreht sich im Scheitelpunkt und kommt wieder auf die Füße.

Komödie: Der Schwiegersohn ist 70, die Tochter 21, der Vater 54.

Der Alte in der Energie-Panik. Hält Ausschau nach Hölzern auf dem See. Sobald er irgendwo einen dunklen Strich treiben sieht, rudert er hinaus. Wenn dann das Ruder aus der Dolle springt und er nach hinten von der Sitzbank ins Wasser fliegt und nicht mehr hochkommt. Das Boot dreht sich und dreht sich, weil ein Ruder noch gegriffen hat, als das andere schon herausgesprungen war. Wie er fürchtet, vom Land aus beobachtet zu werden. Wie er noch den schweren Eichenstamm findet und ihn nicht hereinbringt. Wie er noch, als er schon fällt, Stamm und Boot langsam hinaustreiben sieht. Und als er dann schon stehen kann, sinkt er um und ist tot. Alle drei, Stamm und Boot und er, werden angeschwemmt und bald gefunden.

Mittwoch, 15. 7. 1981

Meeschi III: Sie prescht, rast, schnurrt, sie benimmt sich so, dass man alle jungen Katzen, die man je hatte, vergisst, man hat, wenn man sie hat, noch nie eine junge Katze gehabt, sie ist die junge Katze schlechthin, die junge Katze aller jungen Katzen. Sie hat keine Streifen, sondern dunkle Flecken, die genau angeordnet sind wie Streifen.

Mir nicht die Füße binden,
wovon noch ausgesprochen wird.
Lang hat am Abend das Hoffen
ein Thema ergeben.

Sophie seit Sonntag im Krankenhaus, hat Blut gespuckt. Ottmar: Vielleicht ein Äderle geplatzt oder Nasenbluten nachts, in die Lunge gelaufen, oder Krebs. Dann Blutdruck auf 210, dann auf 130. Mit vier anderen im Zimmer. Anna: Warum muss ich denn allen ins Grab nachschauen.

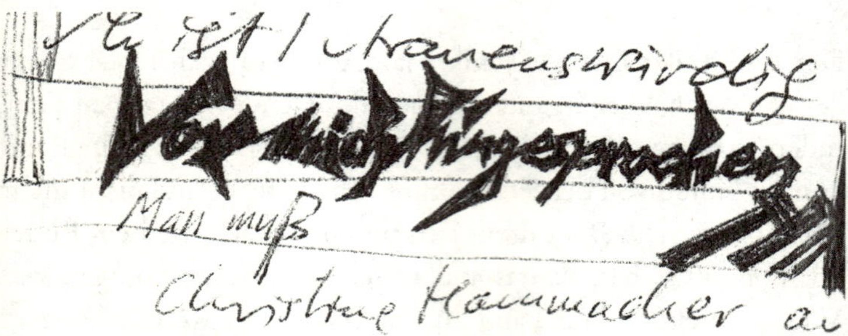

Donnerstag, 16. 7. 1981
Contra tussim: Senfmehlwickel, Essigwasserwaschung, Bienenwachscreme, Eisentabletten, Milchzuckerpulver, Fichtensaft. So die Prozedur, zweimal täglich.

Der Böse

Er wird nicht fertig mit diesen aus ihm aufsteigenden Wellen von Hass, er kann mit keinem darüber sprechen. Alle halten ihn für den Liebsten. Er weiß, dass er der Schlimmste ist. Auch die, mit denen er liebend umgeht, hasst er. Sogar das an seinem Kind, was, wie er meint, misslungen ist. Jedes Mal wenn Leute da waren, die seine Freunde zu sein glauben, die er auch so behandelte, übermäßig sogar, der reine Service, jedes Mal bricht der unterdrückte Hass umso heftiger aus. Er hasst auch sich dann, weil er diesen Service leistete. Er nimmt sich alles übel. Wenn die Freunde fort sind, ist er eine Zeit lang mit seiner Frau eins, weil sie, die an dem Service fast noch mehr beteiligt war als er, weil sie jetzt diese Freunde auch hasst. Beide wünschten, dass sie es fertigbrächten, diese Freunde so zu behandeln, wie sie möchten. Aber sie brauchen doch Freunde. Sie sind schon isoliert genug. Es sind ja die letzten Freunde sowieso. Aber diese Freunde kommen vorbei, wenn es denen passt.

Die Stare besetzen seit einer Woche die Eichen. Die Eichen quietschen nur so von dem Gezwitscher. Auf einmal ist es dann wieder still. Sie sammeln sich wahrscheinlich. Wenn sie genug Kirschen gefressen haben in der Umgebung.

Sonntag, 19. 7. 1981
Sophie, heute Nacht um eins gestorben.

Montag, 20. 7. 1981

Gestern in Wasserburg, Kirche, Abendmesse. Alle da. Hans zerrt an der Notwendigkeit. Sophie hat am Telefon gesagt, dass Ottmar Epple gesagt habe, die Befunde seien da. Und dann tut er nichts. Und jede Nacht so nassgeschwitzt wie aus dem See gezogen. Und Ottmar Epple: Wenn Sie's aushält! Kathrie schildert, wie ab fünf Uhr nachmittags das Luftholen immer mühsamer wurde. Sie warf sich herum, konnte zwischen den Atemzügen kein Wort mehr herausbringen. Kathrie zu ihr: So, jetzt geht's ans Sterben, beten wir mit einander. Helmut und Hans noch dabei. Helmut bittet sie noch einmal, die Augen aufzumachen. Schau uns noch einmal an. Das tut sie.

Anna ist am meisten betroffen. Sie macht sich Vorwürfe, dass sie noch lebt. Und Ottmar Epple hat nicht einmal die vielen Aufnahmen ins Krankenhaus geliefert. Er spielt die Lage herunter wie üblich. Lungenentzündung. Vielleicht schon länger …

Ein Gott, der nicht hilft, wird abgeschafft. Jedes Mal tritt Atheismus ein. Vorübergehend. Bis zur nächsten Gottesbildung. Der Kapitalismus kann der Welt nicht helfen. Der Kommunismus kann sich nicht einmal selber helfen. Wir erleben das Versagen zweier Götzen. Es sieht so aus, als müssten wir dem Kapitalismus und dem Kommunismus gegenüber Atheisten werden. Wir erleben, wie jedes der beiden Systeme seine eigenen Fehler mit dem Hinweis auf die Fehler des anderen zu Vorzügen erklärt.

Man will andauernd gefällig sein, liebenswürdig. Man achtet nicht sich, sondern die, denen man gefällig sein möchte. Man verbiegt sich denen zuliebe in jede Richtung. Eigentlich ahnt man schon, dass sie einen jetzt eher verachten als lieben müssen. Und was für Leute wären das, wenn sie einen jetzt noch lieben könnten!

Wie schweigsam muss man werden, um mit sich einverstanden zu sein.

Donnerstag, 23. 7. 1981

Gestern Herr Kruntorad mit Frau, über Stücke.

Freitag, 24. 7. 1981

Von größtmöglicher Dummheit und Verworfenheit ausgehen und sie dann mit allen Kräften verteidigen, das kann zu realen Farben führen. Nicht immer von den Guten ausgehen, die es gar nicht gibt, und dann Widersprüche suchen.

Von ganz Reinen ausgehen ist auch schön. Nur nicht von solchen Mischungen.

Sonntag, 26. 7. 1981

Siegfried, Hilde, Joachim und Martine. Kommen von Klothen, fahren weiter nach Bayreuth. Martine spricht das aus: Beirut. Joachim: Gaddafi und Wagner, sowieso kein Unterschied. Joachim ist nicht Dr., sagt er, sondern Designatus. Er wurde von Walter Höllerer über Hauptmanns *Bahnwärter Thiel* geprüft, obwohl Kleist angesagt war, aber dann fragte der Co-Referent doch noch, wie man Giscard d'Estaing schreibe. Wusste, dass Joachim seit drei Jahren mit einer Französin lebt. Die ist schlank bis mager, schönstes Kindergesicht. Sie friert und hat Kopfweh. Schon am Vormittag Champagner, weil sie immer erster Klasse im Flugzeug fliegen. Sie ist bei Air France. Joachim kann nach New York und zurück für ganze 100 Mark fliegen. Paris–Zürich 32 Franken. Sie hatte in Houston neun Tage Zeit. Da badet sie und spielt Tennis. Sie sagt: Ich bin geboren für Baden und Tennis. Sie fliegt immer lange Routen. Sie haben in Rom Johannes von Dohnanyi besucht, der ist Entwicklungshilfe-Journalist. Fliegt um die Welt und berichtet, wie überall die Milliarden sanft verdampfen. Seine Freundin ist Einser-Juristin, UNESCO, Rom. Deshalb ist er dort. Joachim hat einen Surfschein seit '76, von einer spanischen Surfschule. Er hat überall in der Welt schon gesurft. Vor Guadalupe kann man bei Windstärke sechs und trotzdem glattem Wasser surfen. Eine weite Ellipse, gebildet durch Korallenriffe, die jeden Wellengang verhindern. Siegfried, ununterbrochen mit Martine Französisch lernend. Er lässt sich andauernd Wörter sagen, die er dann in Sätze einbaut. Martine sagt, sie habe noch so gut wie kein Deutsch gelernt, weil zuerst Joachim immer nur mit ihr Französisch gesprochen habe, um Französisch zu lernen, und Siegfried jetzt genauso. Die Deutschen beuten sie aus. Wahrscheinlich in jeder Hinsicht. Denn Joachim will sie nicht heiraten. Sie schimpft über das Surfen. Überall, wo sie seien, rennt er zum Surfen, und dann kommt er zurück und schimpft: Zu wenig Wind oder zu kalt oder zu hohe Wellen. Siegfried: Sie beklagt sich nicht über das Surfen, sondern über Joachim. Und mit Recht. Wenn ich mit Martine irgendwohin fahren würde, würde ich nicht surfen. Da lacht sie und macht eine tolle Bewegung mit einer ihrer langen dünnen Hände. Er sitzt neben ihr. Hilde ist völlig zur Großmutter ohne Enkel degradiert. Joachim will sich nicht binden. Er sieht, wenn Siegfried Französisch probiert, schaudernd weg. Dann Geschichten, in denen Beckett vorkommt. Als Siegfried Joachim im Auto ließ und Beckett Joachim befreite! Siegfried, als er getrunken hat, nach dem Abendessen bei uns: Er wird Hilde gegenüber brutal. Zuerst noch wie liebevolle Vorwürfe: dass sie sich nie hätte mit diesem Nürnberger Zahnarzt einlassen dürfen. Der ist schuld an deinem heutigen Aussehen. Wir protestieren, als er wiederholt, wie Hilde aussehe, das habe sie dem zu verdanken. Wäre sie nicht zu dem, sähe sie jetzt nicht so aus. Schließlich ruft sie verzweifelt, aber doch noch im Kinderton: Ich bin 60, was willst du. Er sagt: Dieses Gesicht habe nichts mit 60 zu tun, das hast du deinem Nürnberger Zahnarzt zu verdanken. Daneben hat er immer Meeschi III im Arm und schmust mit der, streichelt sie und sagt, wie schön die sei usw. Das wirkt beleidigend für Hilde. Wir beteuern, dass sie nicht anders aussehe als sonst. Er: Diese Linien ... Er zeigt mit beiden Zeigefingern grob auf die abwärtsführenden Falten. Hilde: Die habe sie schon mit 20 gehabt.

Fräulein Hoffmann ist gegangen. Sie war Verlagsangestellte mit 8 Stunden und Überstunden. Im letzten Monat 40 Stunden. Sie wollte immer schon von 6 bis 14 Uhr. Hilde wollte aber von 8 bis 13 Uhr und von 16 bis 19 Uhr. Da wollte Fräulein Hoffmann aber schon in der Stadt sein. Und sie hat immer Hildes Putzfrau für sich beschäftigt, Frau X, machen Sie das und das. Als Herrin. Sie ist ein Riesenkind. Infantile Töne. Meine Eltern sagen: Wir sollen die Sonne wieder scheinen lassen. Sie steckt an Siegfrieds Schlafanzug Zettel: Sie habe Kreislaufschwierigkeiten, sie sei auch ein Mensch, sie wolle sich auch manchmal nachmittags selbst verwirklichen ... Hilde sammelt die Zettel und gibt sie Herrn Marré. Im Falle es zu einer Auseinandersetzung kommt mit dem Betriebsrat. Man trifft sich. Marré schwärmt eine Stunde lang von Fräulein Hoffmann ihr ins Gesicht. Sie ist hingerissen und schwärmt von ihm. Er dann: So, jetzt lassen Sie uns das, was wir besprochen haben, schriftlich fixieren. Das ist dann die Kündigung, das hat sie gar nicht bemerkt. Jetzt die Eltern: Lassen wir doch die Sonne wieder scheinen. Marré hat gesagt zu ihr: Er habe gleich bei der ersten Besprechung gemerkt, dass sie eine Persönlichkeit ist. So hat noch nie eine in einer Einstellungs-Besprechung so souverän ihre Rechte dargelegt, auch wie sie die Überstunden durchgesetzt hat, alle Achtung. Ehrlich, Fräulein Hoffmann, unter uns, Sie sind keine Hausangestellte, Sie sind Herrschaft. Sie sind einfach unter Ihrer Fähigkeit, also unter Ihrem Bedürfnis beschäftigt. Hier, das ist eine Stellung für solche, die noch dienen wollen und können. Das gibt's ja, das wissen wir doch beide. Es gibt Leute, die selig sind in der Unterwerfung, in der Hingabe. Und es gibt solche, die müssen anordnen, leiten, zu denen gehören Sie, stimmt's? Sie gehören als Directrice in ein internationales Hotel, stimmt's. Da stimmt sie zu. Da ist sie gekündigt. Die Eltern kommen zu spät. Der Betriebsrat entfällt. Da sind

Hilde und Siegfried einig. Allerdings, Siegfried: Du kannst mit Frauen nicht umgehen. Du hast keine Freundin länger als ein halbes Jahr, dann ist es Schluss.

Die Derwischisierung der Intellektuellen.

Joachim beim Mittagessen: Er trinkt keinen Wein, probiert aber schnell von unserem Blanc de Blanc und sagt: Der sei geschwefelt. Wir wundern uns. Ja, da müsse man in Frankreich aufpassen. Fast alle Weißweine seien geschwefelt, um sie haltbarer zu machen. Keinem schmeckt der Wein jetzt noch. Jeder hält seine Zungenspitze ins Glas. Jeder findet, der Wein sei vielleicht etwas aggressiv. Ich: Dass deutsche Weißweine erst recht geschwefelt seien.

Wenn man keine Macht hat, das Erlebnis der Ohnmacht, wie das wehtut, sich Macht gefallen lassen zu müssen. Und die Vorstellung der Süße der Macht. Aber es ist eben keine wirkliche, keine spürbare Süße, nur diese verdammte Vorstellungsqualität, diese Null-Empfindung, die zu allem Geistigen gehört, diese Absolut-nicht-Spürbarkeit. Was nützt eine vorgestellte Macht? Also weg mit dieser Vorstellung. Du wirst nie Macht haben, und du musst froh sein. Das allerdings sage ich nur: Ich bin froh, dass ich das, was ich will, nie haben werde. Es wäre schrecklich, Macht zu haben: So weit Lord Liszt.

Siegfried heute mit den drei Kindern in Gottlieben und auf Schloss Arenenberg. Das ist schon ungeheuer liebenswürdig. Wer außer ihm täte das?

Donnerstag, 30. 7. 1981

Wasserburg. Vormittags die Beerdigung. Nachmittags wird wieder gelacht. Die Gesichter der Kinder stören die einheitliche Trauermiene der Erwachsenen. Die Kinder lachen, wenn sie eine Sekunde nicht aufpassen. Man muss sie andauernd überwachen. Aber das Schmid-Gesicht taugt auch nicht gut für Beerdigungen. Wenn einer nicht aufpasst, grinst es schon.

Gestern Abend, Theresia beim Essen: Sie liest das Programm der Hiroshima-Tage in Überlingen vor. Nichts als das Programm: Schweigestunde, Film, Diskussionen, heutige Friedensbedrohung usw. Darauf bricht Siegfried los: Wenn er hier der Vater wäre, hätte sie das nicht vorlesen dürfen. Er hätte es ihr verboten. Dass er sich so was beim Essen anhören müsse! Allerhand. Bitte, nachher hätte man darüber diskutieren können. Theresia verbarg ihr Gesicht hinter dem Programm-Papier. Leise: Dann tut es mir leid. Sie schafft noch einen glimpflichen Abgang mit Hilfe dieses Papiers. Aber es ist klar, dass sie heult. Später will Siegfried sie holen. Sie ist schon irgendwo im Garten. Verweint kommt sie mit Käthe zurück. Ich hätte ihr helfen sollen: Mich habe dieses Vorlesen nicht gestört. Theresia, später: Wir alle hätten sie im Stich gelassen. Sie sei sich vorgekommen wie ein Verbrecher. Klar ist: Siegfried erträgt nichts mehr, was nicht seine Ansicht wiedergibt. Wenn das ein konservatives Programm gewesen wäre, hätte sie es beim Essen vortragen dürfen. Nach zwei, drei Flaschen Wein verliere ich die Beherrschung und beleidige ihn ein bisschen.

Siegfried über eine Klasen-Einladung, Samstagvormittag, 11 Uhr, Küng über Religion und Gesellschaft heute. Siegfried soll kommen und als Erster die Diskussion eröffnen. Dort viele Autos, Sicherheit, der Bundeskanzler ist auch da, Loki kommt laut auf Siegfried und Hilde zu. Apel, Dohnanyi, Friedrichs und der von der Commerzbank und der Zweithöchste von der Deutschen Bank. Bis kurz vor drei statt bis eins. Dann ins Hotel, dort am TV Tennis. Hilde im Bett, gestört durch das TV. Abends noch 25 bei Klasen zum Essen. Vormittags waren es 125 gewesen.

Es kommt einem unpassend vor, dass Herrschende sich mit Religion beschäftigen. Ein anderes Mal laden sie einen Referenten ein, der über Investitions-Chancen in Südafrika berichten kann.

Um sich zu unterscheiden, müsste man nicht nur anders denken, sondern anders sein.

Zu Schlageter: Unser Stolz, wir haben einen, der etwas getan hat, was wir nicht getan haben. Wir loben ihn, um uns weniger schämen zu müssen. Der Grund aller Heldenverehrung.

Freitag, 31. 7. 1981

Josef, Röthenbach: Dass er zwei- bis dreimal nachts hinaus muss, das sind so Mannsbilder-Krankheiten.

So schreiben, dass es ein Handeln wird. Dazu darf man über nichts schreiben. Man muss etwas schreiben, aber dazu muss man etwas sein.

In Zürich: Seit Max Frischs *Dienstbüchlein* Reserve der Reinharts. Über Johannas Prosa in den *Akzenten*. Ich: Die Einladung Beckermanns zu S. Fischer. Siegfried: Aus taktischen Gründen wäre es besser, wenn Beckermann es machte. Wenn nicht, mache er es. Ich soll Johanna ausrichten, dass ihm die Prosastücke gefallen.

Montag, 3. 8. 1981

Frau S. erzählt: Acht Tage Capri, 1975, gegen Arthritis, Wanderung um die Insel, erster Angina-Pectoris-Anfall, morgens der Arzt, aber italienische Ärzte spritzen nicht selbst, als mittags der, der spritzen soll, immer noch nicht da ist, fährt der Hotelier ihren Mann ins Krankenhaus, dort eine Leberspritze, Heimflug, von Düsseldorf nach Krefeld, dort vor der Bahnhofstreppe: Da komme ich nicht rauf. Zum DRK. Dann Taxi. Und nachts wieder hinaus, nur noch bis zum Sessel, da sitzt er, tot.

Eine Rechtsanwältin aus Norddeutschland: In ihrer Matratze hier Marienkäfer, in ihren Akten im Büro auch noch. Sie kündigt, geht zurück nach Norddeutschland.

Morgengrauen und Wasserspülung
aus Versehen die Schnecke zerdrückt
mit Absicht in den Finger geschnitten
O Tod bzw. Quatsch mit Soße

Dienstag, 4. 8. 1981

An Günter Schöllkopf

Ich lebe noch, du nicht. Ich bin vorsichtiger, feiger.
Das gestehe ich, werfe es mir aber nicht vor. Und
dass ich es mir nicht vorwerfe, werfe ich mir auch nicht vor.
Ich lerne immer noch kleinere Schritte. Nur um noch zu leben.
Selbst stehen zu bleiben und zu fast nichts zu schrumpfen
erschreckt mich nicht mehr. Überleben ist Tugend genug.

Donnerstag, 6. 8. 1981

Müde von nichts. Von Leere schwer.
Gähnend im Wahn, es sei Zeit.
Weit im Feld fault die Rose.
Ihr Duft geistert im Traum.

Freitag, 7. 8. 1981

Gestern Abend Sturm, Theaterblitze ohne Donner. Nachts Gewitter und Regen. Jetzt grau. Bis zur Birke. Die ganze Algenernte des Sommers hat der Sturm auf das Schilfstück geworfen. Arbeit.

Samstag, 8. 8. 1981

Nach Tennis bis zur Birke. Gestern gegen Gottfried Honnefelder 5:7 und 6:1.

Honnefelders Bruder war eingeladen auf einer Computer-Fabrikanten-Motoryacht: zehn Kabinen, jede mit Bad, der ganze Schiffsaufbau aus Mahagoni. Auf dem Oberdeck ein Motorboot für Wasserski und noch ein zweites Boot. Ein deutscher Philosophieprofessor ist mit der Tochter verheiratet. Kellner, Koch, Kapitän. Gottfried Honnefelder: Er lasse sich ja nicht so schnell beeindrucken von irgend einem kapitalistischen Zauber, aber diese Yacht, wau!

Als er an den GV der letzten Nacht dachte, empfand er ganz deutlich, dass dieser GV nicht nötig gewesen war. Er ging noch einmal das ganze Geschehen durch. Lauter peinliche Momente. Er hatte eine Verführung angezettelt, ohne dass er jemanden verführen wollte. Nachdem er einmal angefangen hatte, hatte er weitermachen müssen. Lauter peinliche Momente. Nirgends schmerzt Willkür so sehr wie beim GV.

Traum: Gespräch mit Sigmund Freud. Er war alt, sah aber ganz anders aus als der wirkliche Freud. Er hatte statt eines Hemds unter dem Anzug eine Bluse, wie sie Chirurgen bei der Arbeit tragen. Aber sie war aus grauer Seide und war mit feinen Knöpfen zu schließen. Man konnte nichts sagen, weil er immer wusste, was man sagen würde. Das war lästig. Er tat so, als leide er auch ein wenig darunter, dass mit ihm kein Gespräch möglich, weil nicht nötig war. Aber es war deutlich, dass er nur so tat, als leide er darunter. Man wusste, dass er einen mehr oder weniger verachtete, weil man diese Art Person war, die man sofort durch und durch kennt, dass es sich nicht mehr lohnt, noch ein Gespräch zu führen.

Traum: Das falsche Manuskript beim Vorlesen. Nach jedem Satz ein langes Suchen. Es ist unmöglich, dass die Leute sich das gefallen lassen. Dazu bin ich noch im Raum, die Zuhörer im Freien. Schließlich fehlt die ganze Seite 527. Jetzt schaue ich auf. Schimpfend und protestierend stehen die Letzten von den harten Bänken auf und gehen.

Traum: Das Nebenzimmer in Wasserburg der Länge nach unterteilt. Eine Hälfte unsere Wohnung. Ich schlafe mit Käthe. Die Gäste schauen zu. Käthe steht auf und zieht die Vorhänge zu.

Einer hat 3 Buben und spielt nicht. Einer spielt ohne 4, Herz, verliert, 44 hat er. Jetzt bist aber dran, sagt er zu dem mit den 3 Buben, der hat gespritzt. Er macht ihm Vorwürfe. Er konnte nicht spielen, 3 Buben und von jeder Farbe was.

Sonntag, 9. 8. 1981

Nach dem Nachtgewitter hat es sich eingeregnet. Gegen Gewell bis zur Stange.

Der direkte Ausdruck taugt nichts. Dass etwas wehtut, ist uninteressant. Interessant ist nur, was man dagegen tut.

Der Regensonntag liegt im Grün und döst.

Herr Zürn will keine Frau, aber er will, dass er eine will. Das will er so sehr, wie er früher eine wollte. Die Sehnsucht nach dem Bedürfnis ist so heftig wie früher die Sehnsucht nach der Frau. Auf dem Bahnhof sah er, wie sich eine von einem verabschiedete. Sie ganz leicht in seinen Händen. Eine Süße, ein Wehen, nicht anzuschauen. Eine andere hing mit nichts als dem Mund am Mund eines Kerls. Er streckte seinen Kopf aus dem Zugfenster, sie hing mit ihrem Mund an seinem. Dass sie noch den Boden berührte, sah man nicht. So vorbereitet geht Herr Zürn heim.

Die Entschlossenheit der Entgegenkommenden dreht mich förmlich um.

Mädchenleben

Sehr erregt Herr Zürn, als er zuhören musste, wie der Sohn seines Konkurrenten spielte. Er musste zuhören, und in ihm akkumulierte sich ein Zorn. Mit jeder Sekunde nahm die Schmach zu. Als nach der letzten Note der Beifall losprasselte, hätte Herr Zürn weinen können. Sein Kind hatte ihn nicht enttäuscht, sondern getäuscht. Und seine Frau begleitete den Sohn des Konkurrenten auf dem Klavier.

Montag, 10. 8. 1981

Im Zimmer nebenan hörte er die japsenden Schmerzlaute des Hundes, der offenbar wieder einen Angsttraum hatte. Wahrscheinlich erlebte Timon im Traum wieder eine Verfolgung.

Wenn eine Frau einen Dreißigjährigen verlässt und zu einem Sechzigjährigen wechselt und selber 28 ist. Alle drei sind betrogen. Zuerst heimlich, es wird ausprobiert. Dann geht es offenbar. Sie legalisieren es durch Öffentlichkeit. Die Komik, älter zu sein, ergibt ein Lustspiel. Das Lustspiel von nichts als vom Älterwerden dessen, der glaubt, ohne Sexualität nicht leben zu können. Die 28-Jährige wird von einem ungeheuer scharfsichtig machenden Pessimismus erfasst. Sie will einen Alten. Der Alte hat gerade seine Frau verlassen, weil das nicht mehr zumutbar war. Zuerst getrennte Schlafzimmer. Dann überhaupt. Er sagt immer: Auf keiner Folter gestehe ich, was passiert in einem Schlafzimmer von zwei Sechzigjährigen. Die Welt wird das nie erfahren. Die Sechzigjährigen schweigen. Es gibt nichts, was der Verschweigenskraft eines Sechzigjährigen gleichkommt.

Freitag, 14. 8. 1981

Zum See: Du überträgst den Schall, vermehrst den Schein.

Ein erster und zweiter Eckermann-Akt fertig.

Dienstag, 18. 8. 1981

Gestern Doktor W. Wieder Röntgen. Die Rekurrens-Lähmung müsse irgendwo herkommen. Auf dem langen Weg aus dem Kopf ums Herz. Der Embryo hat das Herz im Hals, das Herz senkt sich dann und nimmt den Rekurrensnerv mit, der geht also um Herz, Aorta, Speiseröhre, Carotis wieder zurück, um einen Muskel des Stimmbands zu innervieren. Also Thoraxaufnahme genügt nicht.

Im Krankenhaus-Gang. Einem alten dürren Männchen, das sich sowieso nicht mehr rührte, rief eine kräftig vorbeischreitende Schwester zu: Schön sitzen bleiben, gell.

Mittwoch, 19. 8. 1981

Freiligrath: *Hamlet.*

Deutschland ist Hamlet! Ernst und stumm
in seinen Thoren jede Nacht
geht die begrabene Freiheit um
und winkt den Männern auf der Wacht.

Je weniger man eine Sprache kann, desto leichter kann man lügen in ihr.

Sonntag, 23. 8. 1981

Nachmittags siegt der Südwind mit Sonne und Wärme, eine Zeit lang drehten sich die Boote ratlos an den Bojen.

Jetzt bricht die Dürre aus
mit lebendiger Gewalt
und überblüht mein Haus,
mit Todesgestalt.

Montag, 24. 8. 1981

Jagdnovelle

Wenn Ludwig von seinen Frauen erzählte, dann zog er die Wörter honigartig auseinander, so dass manchmal sein Reden ins Summen geriet.

Die Rekurrensparese soll bleiben. Doktor W.: Damit müsset Sie jetzt halt lebe. Durch Strychnin eine Tonisierung. Er hatte einen Pfarrer, den stellte er letztlich so ein, dass der eine Stunde predigen konnte. Nix schwätze nützt nix, aber viel au it. Er wirkt ratlos.

Die Logopädin empfiehlt: Jede Nacht Krautblätter um den Hals.

Ich kann mir nicht klarmachen, dass alles vorbei ist. Ein Nagel in der Kehle, der bleibt.

Mittwoch, 26. 8. 1981

MEW, VII, 117: Herrschaft der Bourgeoisie über das Proletariat durch das Lohnverhältnis, über den Bauern durch die Hypothek, über den Kleinbürger durch die Konkurrenz.

Traum: Ich wundere mich, dass das Gräble fehlt, es sind doch zwei Betten, die neben einander stehen. Käthe hat gerade noch anmacherisch einen Mann zitiert, der in ihrer Gegenwart irgendetwas erzählte, was nichts als eine Anspielung, eine sehr plumpe, auf GV war. Als sie in der Bettmitte ist, ist das Leintuch verrutscht, man sieht die Matratzen aneinanderstoßen, ich höre Sophie im Gang vor der Tür rufen: Martin, da unten machen ein paar an deinem Rad herum. Wir sind offenbar schon verheiratet, also Käthe darf da sein, aber GV ist natürlich trotzdem peinlich. Ich sofort zum Fenster, sehe, wie eine dunkle Figur mit einem Rad unter den Kastanien weggeht, ich will rufen, aber ich traue mich nicht, weil dann alle Leute erwachen würden, ich erwache, stehe auf und bin immer noch im Zimmer 9. Ich weiß absolut nicht, wie ich hinausfinden soll. Ich stelle mir vor, dass von diesem Zimmer, in dem ich jetzt bin, sicher eine Tür direkt in ein Bad führe. Erst als ich schon fast an der Tür bin, bin ich wieder orientiert, zurück im Jahr 1981, zurück aus dem Jahr 1948.

Kaum Parese, schon im TV eine Sendung über Gesang und Stimme. Wie Caruso zwölf Sekunden das hohe C hielt, wie lange es Jan Kiepura, Richard Tauber und Beniamino Gigli hielten. Kehlkopfbilder usw.

Sonntag, 30. 8. 1981

Alissa 12 Uhr 45 ab Zürich, dann 13 Uhr 35 wegen Fluglotsenstreik in New York, 15 Uhr 25 soll sie dort sein. Frau Standke holt sie ab. Sie schaut, auch nachdem sie durch die Passkontrolle durch ist, sich nicht mehr um. Wir schauen ihr nach, bis sie die Treppe hinter sich hat und nachher drunten noch einmal sichtbar wird.

Dienstag, 1. 9. 1981

Alissa wurde nicht abgeholt. Sie ruft an von ihrem Gangtelefon aus. 001–2129979222. Das Zimmer ist eng, heiß und laut. Sie hat eine halbe Stunde auf Frau Standke gewartet, dann Taxi.

Reich-Ranicki: Hans Mayer zerstritten mit Walter Jens. Mayer hat alle Beziehungen abgebrochen mit Jens.

Er geht zu denen, die es wissen müssen. Er sagt nicht, dass er es ist, von dem er spricht. So erfährt er, was an ihm nicht richtig ist. Also tut er etwas gegen sich. Das schlägt zu seinen Gunsten aus. Also, wer etwas gegen sich tut, tut etwas für sich. Man kann nichts gegen sich tun. Das ist die Komödie.

Samstag, 5. 9. 1981
Sehr geehrter Herr Greiner,
konservativ reimt sich auf schief,
progressiv auch. Das ist Schall plus Rauch.
Solche Wörter wurzeln nicht tief,
die reimen sich, grad wie ich's brauch.
Mit freundlichen Grüßen
Ihr Martin Walser

Montag, 7. 9. 1981

Gestern Biberach, Frau Menz. Zuerst die Stimme schwach, dann problemlos. Frau Menz nachher: Sie hat einem Pilgerzug mit einem Pfarrer mitgegeben, in Fatima um diese Zeit sich für einen einzusetzen, der es um diese Zeit nötig hat. Sie ist glücklich, dass ihr das gelungen ist. Sie rechnet es sich nicht alleine zu, aber ein bisschen ist sie stolz. Und schenkte gestern noch ein Hinterglasbild, Jesus-Süße, aus Murnau, 19. Jahrhundert.

Heute bei der Logopädin. Sie hat geraten, immer einen Halbton tiefer, als man glaubt, das sei die richtige Lage, das heißt, ich habe 20 Jahre lang zu hoch gesprochen.

Dienstag, 8. 9. 1981

Himmel, Land und See schwimmen in einer Bläue zusammen, durch die fährt ein weißes Schiff.

Wenn die Hand wie früher schreiben will, aber man hat ihr nichts zu bieten. Sie wird sich gegen mich wenden.

Der Regen spricht über mich mit der Nacht, ich höre zu, als ginge es mich nichts an.

Herr Zürn: Seine Frau liebt man nicht wie etwas, was man entbehrt. Aber dafür, dass man sie hat, liebt man sie doch ganz schön. Das wird ihr, denkt Herr Zürn, nicht anders gehen.

Donnerstag, 10. 9. 1981

Reich-Ranicki: Dieser Brief, den hätte Unseld an mich richten sollen oder an Fest. Aber an die Herausgeber, die finden das lächerlich. Was Reich-Ranicki in acht Jahren getan hat für Siegfried! Jetzt habe ich es satt. Ich werde ihn nicht mehr verteidigen. Dieser Brief ist denunziatorisch und dumm. Und lächerlich. Tief verbittert. Im Lauf der Jahre Hunderte von diskret gesellschaftlichen Sachen erzählt über Peter Handke und Thomas Bernhard, wie er von Handke und Bernhard gedemütigt wird, wortwörtlich, Siegfried Unseld: Dankbarkeit gibt es in diesem Gewerbe nicht. Siegfried Unseld hat nicht gefragt, ob Reich-Ranicki den Artikel vorher gesehen hat. Diesen idiotischen Titel hätte Reich-Ranicki nicht zugelassen. Max Frisch hat sich wie ein Werkzeug benützen lassen. Er hätte sich äußern müssen. Noch hat ihn keiner so behandelt, in 23 Jahren BRD.

Hans Mayer zu Siegfried: Du hast dich zu tief eingelassen mit Reich-Ranicki. Der hat doch keinen Charakter. Hast du keinen Sinn für das Jüdische.

Siegfried: Gegen meine Empfindung habe ich Reich-Ranicki angerufen.

Reich-Ranicki: Sein Anruf war unverschämt, die Liebe hat Grenzen. So kann man mit Menschen nicht umspringen. Der unverschämte Ton, in dem er sprach, womit er mir gedroht hat, wissen Sie das! Ich werde mich in meinen Beispielen lieber auf Hanser, Kiepenheuer oder Luchterhand berufen. Sein ganzer Anruf war de facto ein Wutausbruch. Ich habe immer alles getan für diesen Verlag in der Überzeugung, dass es richtig ist. Zugegeben, der Titel war falsch, war schlecht. Er ist im Augenblick in fünf Jurys. Immer wieder, wenn Unseld sagt, für den oder den. Für die Leutenegger in Klagenfurt, für Brasch den *FAZ*-Preis usw.

Montag, 14. 9. 1981

Reich-Ranicki am Telefon: Eine Frau kennenzulernen gibt es zwei Möglichkeiten, im Bett oder betrunken. Wenn betrunken vulgär, dann auch im Bett.

Jens hat sich gewundert über Hamm. Er habe den Ruf eines etwas windigen Gesellen. Zuerst DDR, dann katholisch, Bayerischer Rundfunk. Hamm habe Reich-Ranicki aufgefordert für das Buch über Kritiker. Reich-Ranicki schickt den Beitrag. Dann im Forum

ein Aufsatz von Peter Hamm über die Kritiker Blöcker und Reich-Ranicki. Man darf nicht Leute heruntermachen, die man einlädt mitzumachen. Reich-Ranicki hat einen himmlischen Artikel über den Ingeborg-Bachmann-Film geschrieben. Das hat Peter Hamm überrascht. Aber für Reich-Ranicki ist das klar. Er rächt sich doch nicht.

Samstag, 19. 9. 1981

Am Donnerstag nach Köln, bei Johanna, abends nach Bonn, Villa Hammerschmidt. Unterwegs die Bundestagsdebatte über Haushalt '82. Die Beschimpfungsorgien. Giftig sentimental Kohl, immer persönlich beleidigt und kleinlich. Schmollton überzogen mit Pathos. Strauß böse und hart zu Wehner: Sie haben heute wieder einmal den Sachverstand an der Garderobe abgegeben. Kohl: Wehner? Zu Wehner fällt mir nichts mehr ein. Über einen FDP-Politiker: Wollen tät er schon möchten, aber dürfen hat er sich nicht traut. Als einer Bafög einwirft: Bafög? Ihnen nützt 's nichts, und ich brauchs net. Gegen Helmut Schmidt und andere: Dass sie in Wirtschaftspolitik nur über den zweiten Bildungsweg eingeweiht worden seien. Nur er versteht etwas davon, sonst niemand.

Hotel Königshof, Zimmer 116.

Villa Hammerschmidt: Wir müssen an der Pforte aus dem Taxi aussteigen. Herr und Frau Carstens. Eine Zuckerbäcker-Villa. Unten zwei rechteckige Salons, einer für Aperitif, der andere als Esszimmer. Die Decke hier sei von Scheel verschuldet. Große Glaskugellampen dicht neben einander an der Wand. Wir nur mit Kerzen. Serviert wird von Obern mit weißen Handschuhen. Käthe zwischen Böll und Kaiser, ich zwischen Frau Böll und Frau Rückriegel. Nachher oben Kaffee. Böll sieht aus wie misshandelt, verbrannt, als weine er immer noch wegen der Schmerzen dieser Misshandlung. Er geht an einer Krücke. Beide rotbraunen Schuhe haben lange Kappen, wahrscheinlich sind ihm beide Füße vorne abgenommen worden. Das Clownhafte ist so noch deutlicher. Carstens sagt, dass er vor solchen Wort-Menschen lieber nicht spräche. Dann sagte er über jeden etwas, was passen soll und ein wenig Vertrautheit zeigen. Bei mir das *Fliehende Pferd*. Bei Böll der Nobelpreis. Er liest aus handgeschriebenen Notizen. Böll antwortet, dass das Verhältnis von Schriftstellern und Politik nicht schlecht sein müsse. Uns stehe allen Schweres bevor, also wir müssten schon zusammenhalten. Nachher noch in eine Kneipe. Hannen Alt und Schafskäse. Mit Joachim Kaiser, Siegfried, Reich-Ranicki und Frau. Käthe ist es schlecht, sie ist im Hotel, aber sie ist um vier, als ich komme, noch wach. Siegfried und Joachim Kaiser gehen zweimal im Jahr zum Kurden bei Wilhelmsdorf zum Akupunktieren. Sie sind voller Vertrauen. Der setzt den Blutdruck von Joachim Kaiser sofort von 154 auf 130 herunter. Joachim Kaiser hat eine Krawatte mit bunten Blumen, kleinen, ein wogendes Farbenmeer, à la Renoir. Carstens hatte nur ein paar farbige Streifen schräg im unteren Teil der Krawatte, aber Reich-Ranicki laut: Herr Bundespräsident, ich weiß nicht, ob es das Protokoll erlaubt, aber ich muss Ihnen ein Kompliment machen über Ihre schöne Krawatte. Die habe er vor zehn Jahren gekauft, sagt Carstens. Reich-Ranicki nachher zu mir: Damit habe er das Eis brechen wollen, die Stimmung lockern. Reich-Ranicki noch einmal: Jens habe gesagt, Hamm sei ein windiger Geselle. Dass der die Laudatio macht bei mir für den Büchner-Preis? Als ich sage, dass Peter Hamm eine jüdische Mutter hatte, ändert Reich-Ranicki seine Empfindung.

Ein Mann nimmt eine andere, weil seine Frau nicht mehr will. Die Frau nimmt einen anderen. Sie lieben einander, aber schlafen müssen sie auswärts. Und sie müssen das vor einander verheimlichen.

Dienstag, 22. 9. 1981

Die Kiefer, die ihre zweiflügeligen Samen weithin versendet, ist ein imperialistisches Gewächs, vor allem wenn man sie mit der Eiche vergleicht, die ihre Eicheln einfach fallen lässt. Deshalb wachsen die Eichen dicht aufeinander. Mehr als fünf Meter kommt da die nächste Generation nicht fort.

Mittwoch, 23. 9. 1981

Der Föhn greift mit einer heißen Hand über die Alpen, als wolle er uns den hier beginnenden Herbst entreißen. Nordwind und Südwind streiten um uns. Gestern über dem Obersee am Himmel ein Durcheinander aus allen Wolkenarten und Farben und Formen. Als sei alles auf der Flucht. Fetzen, Ballen, Schlieren, Schleier, Massen, blaugrausilberschwarzviolett. Ein Wettertheater sondergleichen.

Der böse, von Verletzungen zeugende und verletzende Hans-Magnus-Enzensberger-Brief, den ich mit der Antwort zurückschicke, weil ich ihn nicht im Haus will, nicht ertrage. Die Angst, ich könnte das noch einmal lesen, es könnte sich mir einprägen, ich müsste es glauben. Ist das so, wie es da steht? Habe ich das zuzugeben? Noch hoffe ich, meine Ungerechtigkeiten haben ihn ungerecht gemacht. Mein Ton war zu souverän angelegt. Ich hätte mich mehr einbegreifen müssen. Nicht nur er allein ist gestolpert, ich auch.

Dass ich so wenig ein Kämpfer bin. Ich empfinde mich nicht als beständig. Was für ein Eingeweide braucht man, um einer Welt standzuhalten wie zum Beispiel Karl Marx. Mich zerdrückt jeder Anflug von Feindseligkeit. Auch von solcher, die ich selber heraufbeschworen, sozusagen verschuldet habe. Ich reagiere fast nur körperlich auf Feindseligkeit und Beschimpfung. Ich habe Hitzewellen, Blutdruckschwankungen zu gewärtigen, im Bewusstsein spielt sich so gut wie nichts ab. Die Beschimpfung sagt mir nichts

Neues. Die Feindseligkeit bedaure ich. Diese physische Attacke muss mir zu denken geben. Ich fühle mich danach völlig ermüdet. Es war offenbar anstrengend.

Zu Wittgenstein: Die Welt ist nicht alles, was der Fall ist, sondern alles, was man sagen kann. Es gibt nur das, was man sagen kann. Das andere gibt es nicht. Man muss keine Angst haben, dass man mit dieser Annahme etwas einbüßt, weil man immer mehr sagt, als es gibt. Es gibt immer weniger, als man sagt. Durch Sagen erschafft man das meiste. Wenn es das Wort Welt nicht gäbe, gäbe es die Welt nicht. Der Unterschied zwischen Gott und Baum ist kleiner, als ein so genannter Atheist meinen könnte. Er könnte meinen, den Baum gibt es, den kann man sehen, greifen, fällen usw., Gott dagegen kann man weder beweisen noch nicht beweisen. Trotzdem: Dadurch dass beides Wörter sind, sind sie einander verwandter als in der Wirklichkeit. Ich will den Turm von Babel weiterbauen. Da fehlen noch einige Stockwerke. Zu Ende bauen kann ihn niemand. Aber weiterbauen. Ein paar Stockwerke kommen in jedem Zeitalter dazu.

Nichts ist richtig getan. Offen bleibt, vorwurfsvoll, alles. So viel kann nicht, wie mir jetzt verziehen werden müsste, verziehen werden. Ich muss noch gutmachen und wiedergutmachen. Das meiste hängt noch herum. So kann man es nicht lassen.

Reich-Ranicki lehnt Rühle als Kritiker ab, weil Rühle davon ausgeht, dass der Kritiker der verlängerte Arm des Theaters zu sein hat.

Donnerstag, 24. 9. 1981

Überlingen 9 Uhr 21 – Zürich 10 Uhr 58, Klothen 12 Uhr 45 – New York 15 Uhr 25.

In der 747 auf Platz 53 C. Max Frisch mit Alice vor mir. Er hat mir den Platz reservieren lassen. Er findet meinen Anspielungston

«Princeton bis Kuba» polemischer, verletzender, als es die Namensnennung Enzensberger gewesen wäre. Er hat recht.

The Windwalker. Trevor Howard als alter Indianer, eine Geschichte nur unter Indianern, 1797. Steinzeit-Kämpfe immer im Schnee. Frauenkauf oder -raub.

Unruhiger Flug. Wie lange soll das so eine Riesenmaschine aushalten?

Anna: Das Glück ist ein Rindvieh und sucht seinesgleichen.

Die dröhnende Flugfabrik hat sich im Abstieg in etwas nur noch Sausendes verwandelt. Das Gewackel nimmt zu, je näher wir dem Boden kommen. Wir stieben durch Wolken. American soil. Schon sichtbar. Wir haben die Wolkendecke durchstoßen. Jetzt unter ihr hin. Wir nehmen wieder teil am durchgelassenen Licht. Geliebtes Land, würde ich sagen, wenn sich das sagen ließe ohne jede Bedeutung. Immer muss man Gefühle zur Ordnung rufen.

Freitag, 25. 9. 1981

Hotel Edison, 228 West, 47th street.

Blick in ein Viertel aus Hinterhöfen, beherrscht von Wassertürmen und -türmchen. Lauter runde Behälter mit flachen, kegelförmigen Dächern. Und geschindelt. Und diese Schindeln sind mit Drahtseilen umschlungen, das sieht aus wie Fassreifen. Diese afrikanisch wirkenden Wasserfässer-Hüttchen in Manhattan, alle in der Höhe zwischen dem 8. und 30. Stockwerk.

Bei Alissa im Sloane House, Zimmer 1046. Lousy.

Die Tür nicht bis zur Schwelle, die Fenster zur 34. Straße sind ohne Vorfenster, klapprig. Das muss kalt werden im Winter. YMCA-Hotel. Darin auch New-School-Studenten. Die Gänge enger, als man sich das in einem alten Gefängnis vorstellt, auf jedem Stockwerk ein Wächter. Schwarz. Unten Schwarze am Empfang, im Büro, an der Security-Kontrolle. Alissa hat gesehen, dass man mit einer Kreditkarte Geld aus einem Automaten lassen kann. Wir gingen in der Sechsten essen und nachher noch in eine französisch getönte Snack Bar. Alissa isst diese Îles Flottantes mit Cappuccino.

In einem Büro: This is not a big company as you can tell but it's mine.

Eine Security Company: Come grow with us.

In der Halle einer im Rollstuhl an einem Weltraum-Electronic-Spiel.

Sonntag, 27. 9. 1981

Princeton, Nassau Inn, Zimmer 232.

Gestern mit dem Vier-Uhr-Bus von Gate 121A, 3rd Floor, Bus Terminal, 42nd Street, nach Princeton, dort um halb sechs. Mit Alissa noch gegessen, dann lasse ich sie in der furchtbaren Umgebung. Sie nimmt ihre Aufgaben übermäßig wichtig. Diese farbige Körperflut in der 7., 8. und 9. Avenue spült einem Unglück entgegen, Krücken, Blindheit, Geschwür, Verzweiflung, Armut … Man kann sich angesichts dieses schmutzigen Elends nichts erklären. Dass Alissa jetzt fast mitten drin ist, daran ist man schuld. Bisher hat man ihr den Zustand der Welt verheimlicht, jetzt weiß sie, wo sie ist. Man lässt sie allein. YMCA International Center. Mr. Sloane ist 49 Jahre alt geworden und hat sich bei der Armee, bei der Marine für die Jugend eingesetzt. To his memory dieses Haus. Gelebt hat er von 1873 bis 1922.

Ich mache mir lediglich an der *New York Times* die Finger schmutzig.

Im Nassau Inn die Week End Parties der upper middle class.

Fahrt im Bus ins immer schönere Land, bis man dann wirklich in Princeton ist.

Ruth: Princeton wird immer mehr das Schlafzimmer der Reichen, die jeden Tag hin und her fahren.

Der Busfahrer ließ jeden Schwarzen und jede Schwarze da hinaus, wo die hinaus wollten, er nahm auch alle mit, die winkten, nicht nur an optional stops. Hochspannungsmasten ragen noch mit einem Stück ihrer edlen Geometrie über den Sumpf, in den sie gestürzt sind. Das Wasser entlang der Straße ist ein See von neun Kilometern Länge, den Mister Carnegie ausbaggern ließ von dafür importierten Italienern (daher hier immer noch eine Kolonie von solchen), weil die Princetoner auf die Frage, was er für sie tun könne, sagten: Bücher hätten sie schon, aber nichts zum Rudern.

Dorrit Cohn und Ruth waren acht Tage mit Bella am Cape Cod und haben sie verwöhnt.

Percy macht jetzt einen kommerziellen Film, obwohl er das nie wollte, aber so kommt man in die Directors Guild, bis jetzt hat er immer nur technische Effekte für andere Filme gemacht. Jetzt ist er gerade zu Wolkenaufnahmen in New Orleans, weil es in Kalifornien zu wenig Wolken gibt.

Abends zwei Schlangen, eine vor dem Kino und eine vor einem Eisshop. Die Studenten, die ihr Eis haben, liegen und hocken auf Treppen, im Rasen, auf Bänken herum, das Eislutschen verbindet sie wie der Gesang einen Chor. Sie lutschen im Chor.

Im Zimmer Papierlatschen, damit man den Boden nicht mit bloßen Füßen berühren muss, dabei ist dieser Boden sauber. In New York würde man das verstehen.

Princeton, genau zwischen Philadelphia und New York.

Zu zweit tragen die Paare die Sonntagsausgabe der *New York Times* zum Frühstück.

An der Nassaustraße ein Lesender auf dem Boden, wie ein Naturabguss, in einer Hand das Buch, in der anderen das Sandwich, man soll glauben, er würde sich gleich bewegen. Und eine Plastik von Lipschitz, *Das Lied der Vokale.*

Der Schmerz, Alissa dort lassen zu müssen, erinnert an den in Köln, als ich Johanna in ihrem ersten Zimmer besuchte. Der

Schmutz New Yorks ist der Ausweis der Welt. Besondere Kennzeichen, keine.

Herr Zürn warf Karten an verschiedene Frauen nicht in einen Briefkasten, sondern in verschiedene, möglichst weit auseinander liegende Kästen. Er fürchtete, die offenen Karten könnten, wenn er sie in einen Kasten würfe, einander lesen, es käme zu Szenen.

Das Sunday Brunch Buffet is being served in the Yankee Doodle Tap Room.

Nachmittags mit Michael Curschmann am Institut for Advanced Studies vorbei, zum Spazierweg einbiegen aufs Schlachtfeld des Battle of Princeton, 1777. Washington schickt Mercer in die Schlacht, der stirbt verwundet im Quaker House, das das Lazarett war. Man steht am Kartentisch mit Fahne, an dem Washington gestanden ist. Die Mercer-Eiche draußen, am anderen Ende das Mal für die Toten. Beim Quaker House ein Friedhof, alle von 1850 bis 1970. In der Mercer Street das Einstein'sche Haus. Poison ivy schon verfärbt, das andere Laub noch grün.

Alle Leute grüßen, sind locker und freundlich, warm. Der Wald ist ein Urwald. Nur der Weg wird bewahrt, aber nicht weiter befestigt.

Im Hotel. Drunten Singen, Klatschen, Stampfen, Tanzen. Heftiger, als es in einem deutschen Hotel dieser Preisklasse sein könnte. Die upper middle class hier ist ungezwungener, sozusagen vitaler.

Ich studiere Freiligraths Briefwechsel mit Marx und Engels.

Percy hat eine Perserin geheiratet, die nur ein Studentenvisum hatte, die sonst hätte wieder gehen müssen.

Dienstag, 21. 9. 1981
Draußen wieder das schönste Wetter, herinnen kann man die Temperatur nicht wissen, kein Fenster ist zu öffnen. Der Airconditioner-Kasten ist die einzige Verbindung nach draußen. Das ist bei einem solchen alten schönen Haus grotesk. Noiseless steht auf dem Kasten, und wenn man ihn anmacht, dröhnt er los. Wenn ich wissen will, wie es draußen ist, muss ich den TV anmachen. Der ist mit dem Lichtschalter gekoppelt. Wenn man abends das Zimmer betritt und das Licht anmacht, läuft er. Das ist ausdrucksvoll bzw. beeindruckend.

Gestern Abend wünschte Ruth: Ein gutes neues Jahr, Roshaana oder so ähnlich, 5743 oder 46, genau weiß sie es auch nicht, seit der Erschaffung der Welt. Der höchste Feiertag. Jom Kippur in zehn Tagen ist der zweithöchste. Wie hart ihre Augen wurden, als ich etwas Freundliches über Kissinger sagte. Der Massenmörder, sagte sie, in Kambodscha. Das könne man nicht Nixon zuschieben, da Kissinger schließlich Secretary of State war.

Beim Vortrag gestern war auch Joyce Carol Oates da. Man kann sie erkennen, sie ist nervös, mager. Lebhafte, ausdrucksvolle Skeletthände. Sie ist stärker als ich. Das ist sofort klar.

Ruth nachher: Die schreibt nicht nur gut und fleißig, die ist auch noch schlank. Das habe sie gedacht, als sie sie sah. Ich: Die sei doch mager, das sei mir sofort als ihr Mangel aufgefallen, als ihr Leiden. Ruth: Amerikanisches Sprichwort: You never can be too thin or too rich.

Die paar Sätze mit Joyce Carol Oates, eher peinlich. Der, der einen Vortrag gehalten hat, ist wahrscheinlich immer schlechter dran als der, der zugehört hat. Der Zuhörer fühlt sich immer überlegen. Und der Vortragende fühlt sich seinem Vortrag ja auch überlegen. Der Vortrag ist immer ein bisschen dümmer als man selber. Aber das kann man nicht sagen. Es würde kokett wirken.

Man muss also den dummen Vortrag verteidigen, vorsichtig verteidigen. Sie fragt mich, ob ich Beckett möge oder nicht möge. Was soll ich da sagen?

Noch bei Curschmanns: Der Sohn Paul ist Eishockeyspieler, 17, in einem Club in Lawrenceville. Seit seinem sechsten Jahr mit dem Vater am Sonntagmorgen um vier Uhr aufgestanden, fünf Uhr dort angefangen mit dem Training. Die Eltern um ein riesiges Feuer herum. Curschmann hatte immer die *New York Times* dabei. Bei einem Elternabend mit Darbietungen war dann auch von Michael Curschmann die Rede: Das ist der mit der *New York Times.* Ob sie das nicht gefährlich finde, frage ich die Mutter. Eine Zeit lang habe Paul getaucht, da habe sie Angst gehabt. Bei Hockey nicht, Paul selber: Wenn es nicht ein bisschen gefährlich wäre, hätte er keinen Spaß dabei.

Heute kommt kein Student in Ruths Holocaust-Vorlesung: wegen Neujahr.

Dass das höchste Fest der Religion ein sozusagen historisches ist! Der Geburtstag der Welt, das ist eine Idee!

In Manhattan: Durch alle neun Avenuen sollen neun Orchester auf fahrbaren Bühnen stadtauswärts fahren und dabei die neun Beethoven-Sinfonien spielen. An einem Sonntagvormittag, wenn Manhattan sowieso wie ausgestorben ist. Und der Dreck der Woche muss auch noch da herumliegen. Die bag ladies, die Huren, die arme farbige Welt, alles wäre verschwunden oder in Fenster und Türen verwiesen.

Frau Urzidil. Sie holte ihre Rente ab, da kam ein mugger, den schlug sie mit der Tasche und schrie: Are you crazy! Here is all my money in. Darauf floh der.

Michael Curschmann: New York ist unregierbar.

Mittwoch, 30. 9. 1981

Gestern mit Alissa in der Met: *Siegfried.* Eine halbe Stunde vor Schluss mussten wir gehen, weil ich Angst hatte, von zwölf bis ein Uhr im Port Authority Terminal warten zu müssen. So kam der Herr aus der Provinz noch auf den Halb-zwölf-Uhr-Bus, von dem er nichts wusste. Also fast keine Frauenstimme den ganzen Abend lang. Eine dramatische Tarzan-Disney-Land-Sache. Am schönsten sang Alberich. Die weiblichen Geschlechtsovale beherrschen das Bühnenbild. Aus der Bäumewelt Princeton mit ihren wissenschaftlichen Spielburgen jetzt ins schmutzige Manhattan auf einer Kunstinsel, eine musizierte Mythe zu genießen.

Zu sehen in den Schaukästen des Foyers: ein elfenbeinerner, mit Silber und Gold beschlagener Taktstock, den Ludwig II. Wagner gab, mit Ludwigs Wappen. Aber eigentlich ist es kein Taktstock. Es ist ein kleines Zepter. Sicher so gedacht. Eine goldene Brille von Caruso, eine goldene Feder von Debussy und ein Stockknauf mit viel Gold von Rossini.

Kann man sich das einbilden, dass alle Leute plötzlich ganz eckig sind, dass man Angst haben muss, sich zu schneiden.

Als er aufs Gaspedal trat, sagte sie: Don't be fuelish.

Stanley Corngold beim Essen über Joseph Hellers Roman. Der jüdische Held wird von einem Superamerikaner provoziert: Die Juden hätten ihnen die uramerikanischen Namen gestohlen, Bruce, Howard, Stanley. Gebt sie uns zurück. Stanley Corngold: Es tue ihm leid, aber die Jewish mothers hätten das leider gemacht. Nachträglich, dass er das Bedauern ironisch meine. Erhält zwei Anführungszeichen auf beiden Seiten über seinem Kopf in die Luft. Das sei das Zeichen für Ironie.

Freitag, 2. 10. 1981
Traum: Ich renne jetzt in Wasserburg die Treppe vom ersten Stock herab. Es ist alles noch wie früher, nichts umgebaut. Ich bin barfuß, habe kurze Hosen an, es ist Sommer. Aber trotzdem ist es nicht früher, sondern jetzt. Aber da ich angezogen bin wie früher und die Treppe und der Hausgang sind wie früher, versuche ich mich beim Herunterrennen klein zu machen; ich versuche, in die Knie zu gehen. Das tut in den Beinen weh, aber ich muss es versuchen. Ich habe das Gefühl, es könne mir gelingen, jetzt zum ersten Mal, wieder in Wasserburg zu sein und zehn Jahre alt. Ich muss es erzwingen, es kann gehen, das spüre ich, es muss gehen. Und deswegen rufe ich ganz laut: Mama! Da schmerzen die Beine schon so stark, ich höre den Ruf förmlich scheitern, ich erwache.

Beim Rasieren das Gesicht wie ein Stück Land, das in der Nacht einen Wolkenbruch erlebte: überall Rinnen, Furchen, Risse, die gestern noch nicht da waren.

Mittagessen im La Hire. Mit dem Chairman of the Council of the Humanities, Ed Sullivan, und Carry Rigolot, French Department und Frau eines Franzosen, der homesick ist und Radio Luxemburg hört, weshalb er nicht an die Uni Chicago soll, sagen die Kollegen hier, weil er dort Luxemburg nicht mehr kriegt. Und sie möchten ihn nicht verlieren. Carry: Ihr hat jemand gesagt, in vier Jahren über Satellit alle französischen Sender, darauf wartet sie, ihr Mann möchte einfach so wohnen, dass er abends eine Wetterkarte hat, wo der Midi wolkenlos ausgewiesen wird. Bert Sonnenfeld, Französische Abteilung. Einmal, ein einziges Mal, quittiert er durch ein «genau» einen deutschen Namen, den ich genannt habe, und zeigt so, dass er auch Deutsch kann. 1936 mit der *Normandie* mit den Eltern herüber. Vater und Mutter Berliner Ärzte. Dann sprechen sie über einen Romanisten, der sich anzieht wie Balzac und genauso viel Kaffee trinkt. Sullivan: Das sei so in den USA, dass oft critics so ihre Helden imitierten. Sullivan hatte einen Freund in Washington, der und Kim Sparks übersetzten 1966 speeches von Gruppe-47-Mitgliedern. Sullivan muss nachher zum Zahnarzt, mit einer Gebläsemaschine werden seine Zähne gereinigt. Viermal im Jahr. Weil er Raucher ist. Dass ich im Vortrag gesagt habe, mehr lower class-Kinder werden Schriftsteller, befremdet alle. Ärzte, Anwälte usw. sind hier upper middle class. Es gibt nur old money und new money. Es wird der Einstein-Tisch gezeigt. Sie diskutieren, ob Montaigne liebenswürdig sei (Sullivan) oder egotistical (Carry), like the rest of us.

Abendessen mit drei anderen, das ist organisiert. Sie haben Dienst mit mir. Aber der besteht eben in erstklassigem Essen. Es sind ja auch erstklassige Leute. Und wenn sie reden, wissen sie das.

Wenn sie etwas fragen und schon, kaum dass man antwortet, etwas Neues anschneiden, dann merkt man, dass sie, was sie fragten, gar nicht wissen wollten. Oder haben sie nur den Eindruck, man könne ihnen nichts mitteilen.

Dass sie einen nicht kennen, ist eher angenehm.

Ein Brief vom Washington College, Maryland, Chestertown. An Professor Robert Walser, jetzt hier. D.h. Robert und ich machen zusammen wenigstens einen Namen bekannt. Er hat es allein nicht geschafft. Ich allein auch nicht. Aber zusammen schaffen wir's. Dass es sein Name ist, den wir bekanntmachen, muss mir recht sein. Und die würden dort 400 Dollar bieten.

8 Millionen Arbeitslose. 16 Prozent black unemployment.

Sonntag, 14. 10. 1981

243267

Man nannte das Reisen. In der Luft usw. Die Magnetbahn in den Vakuumsröhren, die Untere Schleuder, kannte man noch nicht.

Dinner mit Comparative Literature und Joyce Carol Oates. Ihr Kopf ist das Größte, und am Kopf ist die Stirn das Größte. Sie hat mit Updike gegessen. Er: Ich schreibe nicht gut, aber besser kann ich nicht, was soll ich machen. Sie: O John, you write beautifully. Er sagt, er muss alle zwei Jahre einen Roman mit 50000 Exemplaren haben. Sie unterrichtet gern. Man kriegt mehr, als man gibt.

Dienstag, 6. 10. 1981

Ruth: Sadat sei tot, erschossen von zwei Offizieren. Das Einzige, sagt sie, dass jetzt die AWACS nicht an die Saudis verkauft werden. Warum? Weil dafür die Voraussetzung ist, dass der Mittlere Osten stabil ist.

Hugo Kuhn hat jetzt 16 Lehrstuhl-Inhaber. Mehr als jeder andere hat der liebe Kuhn. Er hat Leute umgepolt, Michael Curschmann wollte Kunstgeschichte und Archäologie studieren, nach einer Seminararbeit lässt er den kommen und sagt zu ihm: Besser wäre es, Sie würden Mediävist. Wenn einer 6 habilitiert, sagt man: Der hat nicht umsonst gelebt. Aber 16!

Wenn alles zusammenkäme.

Wenn die Unordnung sich überwände, alles ginge plötzlich mit rechten Dingen zu, man wäre sofort verloren. Man lebt im Schutz verhindernder Umstände. Und genau so abergläubisch wie früher der Seemann.

Um seinetwillen wendet sich jeder an mich. Um meinetwillen antworte ich. Das Gespräch ist eine Fiktion.

Ein Schwarzer, ca. 13, mit Fahrrad, zu meiner Bank. Er fragt nach chocolate und candy. Ich sage, dass ich so was nicht habe. Er sagt: O.K., und dreht ab. Ich Idiot. Warum habe ich ihm nicht einen Dollar gegeben. Ich saß da, eher fassungslos. Genau wie in New York, als ich den Port Authority Terminal verließ und einer um einen Dollar bat. Ich bin nicht gebefertig. Nur schlagfertig. Immer muss man vorbereitet sein. Der Dritte muss so viel bekommen, dass die zwei anderen ausgeglichen sind. Sonst bin ich geizig.

Neben einem Briefkasten zu sitzen ist unterhalten.

Wenn ich nicht lesen müsste heute Abend bzw. wenn ich zwei Stimmbänder hätte, würde die Zeit nicht so spannend werden. Ich muss mich vor Panik hüten. Durch Ablenkung. Ohne dass ich bemerke, dass ich mich ablenke. Wie macht man das?

Oklahoma Kid, 1939. James Cagney, Humphrey Bogart.

Mittwoch, 10. 10. 1981

Jom Kippur. Der Tag treibt noch ein paar weiße Wolkenfetzen durch den blanken Himmel, der dadurch noch blanker ist, als wenn diese Fetzen nicht wären. Wieder ein wunderbarer Windtag.

Die Lesung ging gut.

Ich sage immer mehr, als man mich gefragt hat. Ich meine immer, der Fragende wolle es so genau als möglich erfahren, und rede und rede und vergesse ganz, dass der Fragende nur gefragt hat, um auch etwas zu sagen. Durch mein Reden hindere ich ihn daran, noch etwas zu sagen. Er muss ärgerlich sein auf mich. Ich aber denke: Er muss mich lieben, weil ich mich bis zur Erschöpfung anstrenge, seine Frage zu beantworten.

Professor J … (Name nicht verstanden). Mehrerlei Tabletten aus einer Tablettenröhre. Und vor jedem Gang des Mittagessens eine Prise aus allen Sorten. Er ist blass. Perlmuttfarben. Klein, zierlich, bärtig, immer lächelnd und auch nicht ganz frei sich bewegend; jede Bewegung stößt an unsichtbare, ihm aber offenbar scharf oktroyierte Grenzen. Er wirkt wie ein alter Professor, obwohl er noch keine 30 ist. In diesem jungen Menschen schimmert ein alter milder, lächelnder Professor. Er hat auch nicht gewusst, ob sein Buch jemand haben will. Wenn man alles zusammennimmt, hat er mir viel weniger gesagt als ich ihm. Wieder einmal. Immer dasselbe Defizit in der Außen-Bilanz. Weil ich nicht warten kann. Weil es mir zu schnell peinlich ist, wenn keiner was sagt. Weil ich alles zu ausführlich beantworte. Weil ich glaube, ich sei verantwortlich für das Gespräch. So erfahre ich nie etwas.

Bus Stop, 1956. Marilyn Monroe, Don Murray.
Devastatingly feminine.

Jom Kippur beginnt heute mit sunset bis morgen Abend sunset. Der Rabbi betet für Sadat.

Ruth hält zwar nicht die Feiertage, aber sie will nicht außer Haus essen an diesem Tag.

Gestern Abend Dinner im La Hire mit Mrs. Bettigheim, Michael Curschmann und zwei anderen und einer Londoner Mediävistin. Sie hatte an den zwei letzten Fingern der linken Hand einen Haufen Ringe und an allen anderen Fingern keine. Sie war elegant englisch: sanftes Tweedkostüm, feinster Pullover, über den, kaum wahrnehmbar, eine weiche Goldkette rann. Eine weinrote, goldbeschlagene Mischung aus Damen-Handtasche und Geschäftsmappe. Sie hatte über Wolfram von Eschenbach gesprochen und kannte die erste Strophe von *O lieb, solang du lieben kannst.*

Über Long Island: Ihr Nachbar, orthodoxer Jude, dessen Gesänge und Gebete man andauernd hört, obwohl die lots auf Long Island so groß sind, weil dort nicht mehr Menschen wohnen sollen wegen der Wasserknappheit. Der Jude hat aber eine sehr gute Stimme. Einmal kam er mit seinem Widderhorn und ließ sich von ihrem Sohn, der Trompete spielt, erklären, wie er damit einen Ton herausbringen könne. Sie war in Wellesley, no male admission. Soll die Verwaltung eines weiblichen College männlich sein?

Kann man beweisen, dass die rein weibliche Erziehung Frauen hervorbringt, die nachher mehr weibliches Bewusstsein haben? Das sind ihre Fragen.

Ich kann nichts sagen. Mehrere versuchen immer wieder, mich höflich ins Gespräch zu ziehen. Ich beantworte jeden solchen Versuch so, dass er keine Folgen hat. Die Feine sagt dann, als sie gerade auf Frau Bettigheims Bitte erklärt hat, was eine Federation University sei, das langweile Herrn Walser sichtlich. Dabei hatte ich ganz eifrig zugehört. Wenn ich schon nicht sprechen kann, dann höre ich wenigstens zu. Sie müssten in England viele Unis und Colleges schließen, seit die Leute gemerkt haben, dass eine degree nichts bringt, aber eine apprenticeship viel. Bettigheim: Jetzt sprechen Sie aber nur von der Bezahlung, es gebe auch noch etwas anderes. Dann über die Zulassung in Princeton. Drei Bedingungen sind günstig. Erstens ein Alumni-Kind, zweitens minority, colour, drittens Athlet. Da war ein Alumni-Kind und erstklassige Squashspielerin, sonst total ungeeignet. Die wurde angenommen, quälte sich vier Jahre hier herum und ging genauso unentwickelt ab, wie sie gekommen war. Das sind schon mal 60 Prozent der Plätze. Frau Bettigheim hat eine Harvard-Untersuchung bereit: 40 Prozent der Studierenden sind Alumni-Kids. Das sei mehr, als von generic reasons zu erwarten wäre, findet sie.

Das Schönste wäre, wenn aus der Hand immer etwas Schönes aufs Papier flösse. Ein Tänzer muss sich nur daran erinnern, dass er einer ist, dann kann er tanzen.

Sobald ich mich im Katalogsaal der Schublade nähere, in der das Kärtchen ist, auf dem ich nachsehen kann, ob und welche Bücher von mir nicht hier sind, werde ich von einem Studenten ertappt. Also tue ich so, als wüsste ich nicht mehr, wo ich sei. Und wo ist denn unser Seminarraum?

Einer holt mich ab. Als er übermäßig bremst, sagt eine, die auch mitfährt: Do you like the rubber burning through? Der Fahrer: You should not have mentioned that, as a matter of fact I need two new tires. Fährt dann auf einen Gestoppten, der auf Abbiegung wartet, beinahe drauf. Er schaut sich immer um zu ihr und zu mir und fährt fast kreuz und quer. Plötzlich kommt wieder einer über eine Kuppe, und wir kommen gerade noch zurück auf unsere Straßenseite. Dann nach einer Kurve sagt er, jetzt nur noch gerade, jetzt hüpfen wir. Ich sage, ich werde leicht seekrank. Er lacht über meine witty remarks. Ich bin nicht angeschnallt. Als ich beim Einsteigen hinten hinein wollte, sie: We've already spoken about that and we decided, dass ich vorne sitze.

Zur Rutgers University. Ralph Ley, Vater aus Köln, Mutter aus Westfalen, grocery store in der Bronx, Kinder mussten mitarbeiten, Kartoffel schälen von sieben Uhr morgens bis abends für den Kartoffelsalat, danach ein Deli. Sein Deutsch ist nicht gut. Aber er ist furios against Princeton. Wenn ich a fortnight sage, er: Das ist britisch, no American would use it, except in Princeton. Am Hinfahren über einen Bach: Von hier an wird das Land billiger, es heißt nicht mehr Princeton. Demetz hat Rutgers als 16tbeste deutsche Abteilung eingestuft von 20. Also sagt er: Wir nähern uns jetzt der an vierzigster Stelle stehenden Uni in den USA.

Wenn ich *Dallas* kritisch sehe, Ruth: Das sei sehr deutsch, jeder Amerikaner freue sich, dass die so reich seien und so schön und dass die auch einmal drankommen.

Ruth hat gehört, dass Marcel Reich-Ranicki versuchte, Andrew von seiner Frau zu trennen: Das sei die schlimmste aller Reich-Ranicki-Storys. Die Frau von Andrew heißt Ida, hat eine schwedische Großmutter. Sie auf unserem Spaziergang sofort, dass Marcel Reich-Ranicki den Sohn aufgefordert hat, sie nicht zu heiraten, abzutreiben usw. Sie: Die sollen froh sein, dass sie endlich einen Enkel haben.

Heute eine schwer Nervöse: Sie sei unruhig, gepeinigt, weil sie diesen Unsinn gesagt habe gestern. Das sei einfach aus ihr herausgekommen. Ich: Sie könne sich beruhigen, sie habe doch nichts Schlimmes gesagt. Sie unterbricht, weil sie so einen entsetzlichen Dreck dahergeredet habe. Quasselt weiter. Unmöglich sei das. Sie komme nur, um sich zu entschuldigen. Sonst finde sie keine Ruhe mehr. What was it, frage ich. Sie springt auf und jubelt: Great. Wenn ich es nicht mehr wisse, sei alles in Ordnung. Thank you so much. Und geht hektisch hinaus.

Wenn sie hier den New Yorker Dialekt charakterisieren: Das th wie d: I'm dirty and my wife is dirtytwo.

Sears kauft die 3 größten Brokerage-Firmen für über 640 Millionen $. Die haben 8 Billionen investiert für Kunden. Sears will alles bieten, vom Retail bis zur Insurance. Jetzt noch die große Real-Estate-Firma.

Mit Stanley Corngold zur Familie Durek. Früher Psychiater, jetzt Gold- und Silberhändler, einer der reichsten Männer der Welt. Er schläft auf dem Sofa, als wir kommen, den Kopf im Schoß seiner Frau, einer Lombardin vom Aussehen her. Wir im Garten. Es ist Parents' Day im College. Deshalb sind alle da. Stanley bezeichnet jemanden als nurd. Nurd. Ein Unsportlicher, nur auf grades versessener undergraduate. Onomatopoetisch. Klingt nach turd, Rossmist.

Mr. Durek hat im Halbschlaf wahrgenommen, dass Leute kamen, und hat gedacht: Die schauen mich jetzt alle an. Ich: Und haben Sie gut geschlafen? Mr. Durek: Weiß ich doch nicht, ich habe geschlafen. Und er erzählt: Er hat einmal eine Psychiatrie-Praxis gehabt, hatte zu tun mit einer Menge Psychologen, also dachte er, he has to invent a pension plan. He bought an expert in pension plans, das Projekt wurde entwickelt. Am nächsten Morgen kam einer der Doktoren und verabschiedete sich. Er wolle nach Australien oder sonst irgendwohin, aber auf keinen Fall bleibe er hier. Mr. Durek sagte: Stanley, sag, was dann passiert ist. Stanley: Na ja, er hat eben gesehen, was er mit 65 hier kriege, da sei ihm klar gewesen, hier bleibst du nicht. Und er ging. Das war die Basis.

Sonntag, 11. 10. 1981

Mit Alissa in die *Frau ohne Schatten*, sie klatscht nicht, gefragt, warum, sie klatscht nur bei denen, die zu wenig Beifall kriegen, sagt sie. Das Märchen vom Kindersegen. Die Amme muss alles büßen. Birgit Nilsson, 63. Wieviel schöner ist die Musik als die Handlung.

Ich frage Alissa, warum sie an Weihnachten nicht heim will. Der Aufwand sei zu groß. Bei der Heimreise würde sie ihn schaffen, weil es heimwärts geht. Aber um zurück nach New York zu reisen, da würde sie den Aufwand nicht schaffen.

Mittwoch, 14. 10. 1981

Gestern im Deutschen Haus die Brecht-Rede und die Gallistl-Rede. Ivan Nagel, Max Frisch. Nachher noch bei Volkmar Sander.

Ich als Betrunkener, als Beleidiger, als Schwätzer. Bis halb zwei. Und Alissa wollte schon lange daheim sein. Max Frisch geht mit Alice um zwölf. Ivan Nagel deutet seine jüdische Herkunft an, die war mir unbekannt. Das sagte ich, gestand ich, fand wahrscheinlich nicht den richtigen Ton dafür. Ivan Nagel findet, das Leben hier sei thrill. Die Schwarzen ziehen sich am Freitagabend an, sagt er, gehen aus. Und die seien doch alle freiwillig hier.

Bei der Lesung Frau Piscator. Sie will meine Rede. Sie will mich küssen zum Dank, tut es, nachher bin ich rot im Gesicht, und es muss weggeputzt werden.

Donnerstag, 15. 10. 1981

Im Vorbeigehen 1 Stunde *Deep Throat*. Die Männer sind kaum beteiligt, sie stellen einfach ihren cock zur Verfügung. Sie aber, die Hauptdarstellerin, bittet, dass er further komme und auch in ihr ass und in ihre cunt. Dann ein weibliches Paar. Das ist am schönsten, wegen der Küsse. Dann zwei Männer und eine Frau gleichzeitig mit dem Star. Einmal bittet sie innig zu stoppen, sie will noch nicht, dass es kommt. Dann zwei Frauen, lateinamerikanische, die um einen cock gelagert sind und ihn benützen wie zwei Durstige, die nur einen Brunnen finden und einander immer wieder ein bisschen vom Wasserstrahl verdrängen. Dann wahrscheinlich eine Panne. Zuerst noch der Star mit einer Schlange, mit Trauben und Bananen: Sie ist an ihrem eigenen Geschmack interessiert. Nach der Panne geht ein anderer Film weiter. Darin: Am hellen Tag lässt sich eine von einem Gastarbeiter lecken. Nichts sonst. Das Kino fast leer. Vier Mädchen gehen. Ich auch. Es ist beruhigend, das gesehen zu haben. Auf diesem Feld versäumt man weniger, als man fürchtet. Eigentlich müsste dieser Film in jeder Schule vorgeführt werden. Er zeigt, dass vermutlich auf anderen Nervenbahnen mehr Genuss zu erhoffen ist. Als auf denen der Sexualität. Das ist natürlich auch eine erschütternde Enttäuschung.

Davor bei Bloomingdale's nach Morgenmantel oder Nachthemd gesucht. Gefunden ein pure silk gown, Abteilung lingerie, herabgesetzt von 300 auf 195 Dollar.

Abschied von Alissa um 10 Uhr 15 im Foyer der New School: Du hosch es schee, du kaasch etz hoimfahre. Aber es ist das Beste für sie. Sagt man sich. Hier wird so viel gearbeitet wie sonst nirgends. Wenn sie ein bisschen von der Härte erwürbe, die wir nicht vermitteln konnten. Usw. Eltern-Geschwätz.

Freitag, 16. 10. 1981
7 Uhr 40 ab New York.

Ansage: Wir sind immer noch über dem Atlantik, jetzt südlich von Irland, in 25 Minuten werden wir die Südspitze von England überqueren, in 45 Minuten die französische Küste südlich von Cherbourg, in 135 Minuten werden wir in Genf landen.

Atlantic City mit Burt Lancaster, Michel Piccoli, von Louis Malle.

Bruckners Dritte auf Kanal sieben.

Wenn er zu früh der Heimkehr-Freude gestattete, sich zu regen, würde sie ihn, weil er immer noch nicht zu Hause wäre, nur verletzen. Erst zwischen Radolfzell und Überlingen darf er die Freude ganz kommen lassen, aufbrechen lassen. Bis dahin, trotz Countdown, muss er die Freude gefangen halten, völlig unter Kontrolle. Sie darf spannen, ein wenig Druck und Drang ausüben, aber sie darf sich nicht bewegen und nichts in Bewegung bringen. Dann wäre kein Halten mehr. Aber jetzt zwischen Radolfzell und Überlingen kann ich willkürlich das Gefühl einschießen lassen. Jetzt kann mir nichts mehr passieren. Noch eine halbe Stunde in Ludwigshafen, das ist das Schlimmste, was jetzt noch passieren kann, der Zug muss in Ludwigshafen auf den Gegenzug warten, und der kommt nicht. Schau in die Sonne. Biete der Wärme einen Grund.

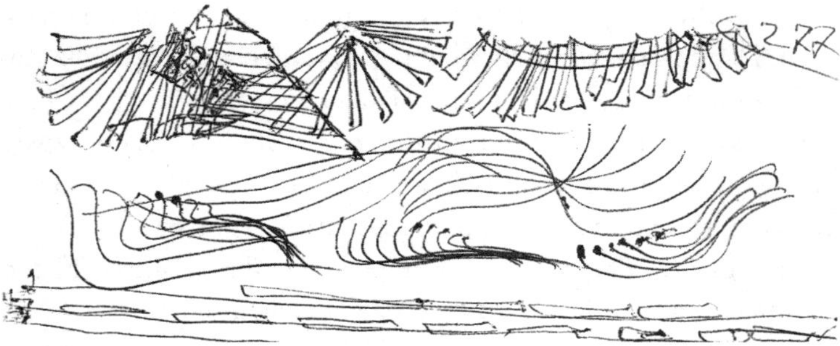

Marcel Reich-Ranicki: Es sind nicht nur rationale Gründe, die mich zwingen, so zu reden, den Abdruck einer Hans-Mayer-Parodie zu verbieten. Fest jetzt: Das sind doch Ihre Freunde, das ist doch Ihr Milieu, übermorgen wird er Ihrer Frau einen Riesenblumenstrauß schicken.

Mittwoch, 21. 10. 1981

Professor Johannsen, Ulm: Eine inkomplette Lähmung, und von solchen werden 80 Prozent wieder völlig gut. Die adoptive Asymmetrie des linken Stimmbandknorpels. Und die Lähmung der linken Stimmbandlippe. Was er inkomplett nennt, könnte auch eine Aktivität sein, die nur durch den Kehlkopfmuskel bewirkt wird, glaubt er aber nicht. Also insgesamt nicht schlecht.

Freitag, 23. 10. 1981, Darmstadt.

Hotel Weinmichel, Zimmer 422.

Akademie-Tagung. Ich hätte Erich Heller nicht mehr erkannt, er erkannte mich, sagte, wir hätten uns in Freiburg gesehen, vor ca. zehn Jahren. Er, der Alte, wusste es, ich nicht.

Wie jeder den anderen senil nennt. Auszeichnungen unserer Mitglieder: Frau Ilse Langner das Bundesverdienstkreuz, Frau Langner: Nein!! Das Große Verdienstkreuz. Das ist doch ein Unterschied. Peter de Mendelssohn hört es nicht. Wir bedauern und betrauern das Hinscheiden … Antrag, das Wort «ordentliche» vor

Mitglieder der Ehrenkommission zu streichen. Peter de Mendelssohn: Das können wir nicht über den Daumen erledigen. Die Zuwahlkommission war nicht arbeitsfähig besetzt.

Professor Martini kommt zu mir und sagt, er sei schon zweimal heute mit mir verwechselt worden. Er ist ca. 70. Die Domin kommt zu mir und spricht mich mit Herr Martini an.

Sind hierzu Fragen, Bemerkungen aus Ihrer Mitte? Nicht. Dann können wir diesen Punkt als behandelt ansehen.

Abends: Manès Sperber. In dem dahinsingenden, auf weichen Konsonanten hüpfenden Ton des südöstlichen Juden sagt er, dass ein Erzähler keine Dramen schreiben könne. Ich hab zweieinhalb Akte geschrieben, dann habe ich das gewusst, sagt er.

Andy Warhol, soll 57 sein, sieht aus wie ein altes Spielzeug. Im zerknitterten Papiergesicht zwei schwarze Glubschaugen, vom Kopf strahlt Strohhaar gleichmäßig nach allen Seiten. Er hat eine Henkel-Schwester dabei.

Mittwoch, 28. 10. 1981

Er stand seinem Körper unversöhnlich gegenüber. Er versuchte, sich immer wieder zu täuschen, wollte wirklich klein beigeben, zufrieden sein, umsonst. Er konnte sich nicht abfinden mit seinem Körper. Mit all dem Drum und Dran. Alles Körperliche war ihm eine unerschöpfliche Quelle des Missvergnügens. Tod und Teufel, das war sein Körper, sonst nichts.

Donnerstag, 29. 10. 1981

Siegfried am Telefon, mit Alkohol, laut: Du bist ja noch naiver und provinzieller als deine Töchter. Weil ich anbot, dass Käthe und ich im Hotel übernachten wollen, um ihn und Frau Korf nicht zu stören. Aber die wohnt ja in ihrem Stadthaus. Der Mann flog nach China. Siegfrieds Hilde nach Südafrika.

Dr. Gyges

Die zum Selbstmord geneigten Männer, der rettende Hochstapler, der einzige Mensch. Die ungebildete Frau und die Beflissene.

Freitag, 30. 10. 1981

9 Uhr 21 nach Stuttgart, 15 Uhr 25 Stuttgart–Berlin.

Beim Winken, das verkrampfte Ehepaar. Er, nur immer wieder die Hand bis Scheitelhöhe, die vorderen Fingerhälften geknickt, die Hand wieder runter. Aber dann doch wieder hinauf, die gleiche hilflose Handlung. Die Frau stemmt die Handfläche in die Luft, als stemmte sie ein Zentner-Gewicht. Das mehrere Male. Man kann sich nicht verstellen. Oder: Bei den verkrampften ist das schon Verstellung. Eigentlich können sie gar nicht winken.

Beuys: Früher bezahlten wir den Künstler, weil er nicht so ist wie wir. Jetzt bezahlen wir ihn, weil er so ist wie wir. Es hat sich also nichts geändert. Wir bezahlen ihn. Die Ströher-Sammlung Beuys in Darmstadt. Kindheits-Zusammenstellung. Als habe ein Kind gespielt und wolle sein verlassenes Spiel verewigen. Alles sieht furchtbar ausgestellt aus. Alles sieht einerseits kindheitlich, andererseits furchtbar aus. Das Kind macht sich lustig darüber, dass eine Kindheit schöner sein soll als das nachfolgende Leben. Die Erinnerung des Erwachsenen an die Sehnsüchte des Kindes nach Abenteuern. Die Zeichnungen an den Wänden zeigen, dass der Künstler nicht weit über das Kindliche hinausgekommen ist. In den Zeichnungen drückt sich das deutlich aus, dass er darüber böse ist. Böse und unglücklich. Unglücklich und böse.

Der kapitalistische Sammler hat die Lust verloren an dergleichen. Die öffentliche Hand tut sich auf.

Die Jeans so in den Arsch gezogen, dass die Backen wie große Brüste wirken.

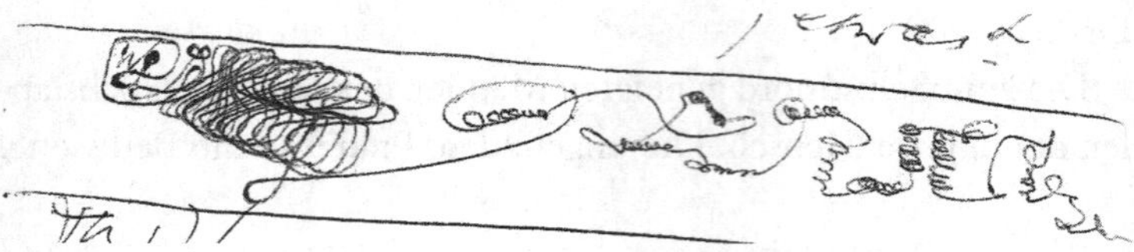

Samstag, 31. 10. 1981
Berlin, Akademie der Künste.

In der Akademie in Berlin nach dem Empfang noch bis fünf Uhr morgens. Gereizt durch Jürgen Becker, der die Sieburg-Kritik von 1960, *Halbzeit*, herbeschwört, wohlgefällig. Ich rege mich auf. Bleibe in der Wut. Mit Uwe kein Kontakt, nur gegenseitige Distanz. Ernst Schnabel, vor drei Jahren ein Schlaganfall, anfangs ganz gelähmt, jetzt noch halbseitig. Er isst den Teller von der Mittellinie an nach links leer. Rechts bleibt. Das rechte Bein kann er nur mitschleifen. Bei Kopfsteinpflaster bleibt die Schuhsohle an jedem Rand hängen. Wir führen ihn zum Essen und zurück. Er zeigt sich gerührt. Obwohl ihm das sicher andauernd passiert. Er geht in der Gaststätte einmal aufs Klo. Nachher ist die ganze linke Seite nass, vom Hosenladen bis zum Aufschlag. Die linke Gesichtshälfte hängt schwer herab. Und er hat noch vor ein paar Jahren jedes Jahr seine 53 Flugstunden gemacht im Tessin, mit Renate und Walter Höllerer, Günter Grass, Frisch. Und in New York hat er Renate und Walter Höllerer als VIP durch alles hindurchgeschleift, sofort zum Hubschrauber und auf das Pan-Am-Gelände. Ernesto! Der Weltmann! Dann trennt sich die Plessen von ihm. Dann Alkohol, Drogen, Schlag. Bettelt, dass man ihm Gift ins Krankenhaus bringe. Jetzt kämpft er um sein Leben. Aber er ist nicht mehr ganz da. Sagt Sachen, die nicht mehr ganz stimmen.

Hermlin und seine Frau, die Moskowiterin: Sie verteidigt, dass Russland den Zugang zu den Meeren brauche. Sie redet schnell und unaufhaltsam.

Der gemütliche Wolfgang Fortner: wie ein Weinbauer, macht aber diese dürre Musik.

Gershom Scholem kennt Louis Ferdinand noch aus der Schulzeit. Wir sind neben einander bei der *Unrat*-Lesung gesessen. Scholem mit Dr. Rosenbaum, Ascona, der aussieht wie 110, wenn man ihn an Scholems Aussehen misst, der 88 ist. Scholem wird zu Stuckenschmidts achtzigstem Geburtstag sprechen.

Montag, 2. 11. 1981

Frau Korf: Sie will, dass Andy Warhol ihren Mann porträtiert. Sie lädt 24 Leute zum Mittagessen. Sitzt neben Warhol. Lebhafte Unterhaltung. Der hat seine zwei oder drei Assistenten und die Apparate dabei. Schon vorher nimmt er Fenster, Türen, Möbel, Details auf. Dann, um drei, kommt Herr Korf, sieht Andy Warhol und zieht seine Frau in die Bibliothek: Unmöglich, von dem kann er sich nicht porträtieren lassen, er bringt es nicht über sich. Sie muss hinaus und Andy Warhol sagen, dass ihr Mann will, dass Andy Warhol sie porträtiere. Er will ihr das zu Weihnachten schenken. Warhol tut es. Auch Aufnahmen von ihren Händen, Teilen des Gesichts, Ringen, Bändern usw. Einmal wird das Gesicht ganz weiß eingepudert und die Lippen übermäßig rot geschminkt. Er richtet sie als Bild her, lässt sie dann von seinem Fotografen aufnehmen, und dieses Bild malt er dann an und aus. Drei- bis viermal. Siebdruck. Siegfrieds *Goethe* hat 50000 Dollar gekostet bei ihm. In zehn Jahren soll er 100000 Dollar wert sein. Ich widerspreche: Nichts mehr wird er wert sein.

Siegfried: Er und Hilde kamen zur Gräfin Montgelas und fanden dort Joachim mit der Gräfin französisch plaudernd. Keiner hatte den anderen von dieser Einladung verständigt. Die Korf-Tochter auch da. Siegfried meint, dass die Korfs gern Joachim als Schwiegersohn sähen. Hilde zu Käthe, dass sie und Siegfried schon froh wären, wenn Joachim in eine gute Frankfurter Familie hineinheiraten würde.

Siegfried hat nichts von meinem Goethe-Eckermann-Dialog gesagt, nur das, was in seine Pläne taugt: dass ich am 21. 3. 1982 auf seiner Veranstaltung 20 Minuten daraus lesen soll. Nur das interessiert. Propaganda, nicht die Sache. Aber darüber kann man nicht mehr sprechen. Mein Plan: Wenn Rach heute Abend nichts von Publikation sagt, telefoniere ich morgen mit Dr. B. von S. Fischer und biete den Dialog dort zum Druck an. Ich muss die Saison auch nützen. Wenn der Suhrkamp Verlag nicht will, dann S. Fischer.

Geld

Warum wird etwas, was mit Geld bezahlt wird, wesenlos oder büßt doch einen Teil seiner vorherigen Bedeutung ein? Weil der Vergleich der Arbeit mit dem Geld die Arbeit oder das Produkt wertlos macht oder doch den Wert beschädigt, denn Geld ist nichts, hat keinen Wert. Wenn das, was man anzubieten hat, mit dem verglichen werden könnte, was ein anderer gemacht hat und anzubieten hat, so würden einander zwei Werte begegnen, beide würden dadurch gewinnen. Die abstrakte Zählung mit Hilfe von Geld ist ein gesellschaftlicher Akt der Wertvernichtung. Der Umweg über das Geld nihiliert unser Produkt, in dem unser Wesen eine Rolle spielt. Und in dem Ausmaß, in dem unser Wesen an dem Produkt beteiligt ist, wird es beschädigt oder vernichtet, wenn das Produkt in Geld entschädigt wird. Das Wort entschädigen ist eine der für diesen Bereich typischen Prägungen: Man sagt das Gegenteil von dem, was wirklich passiert, um die völlige Unannehmlichkeit zu tarnen, hinwegzureden. Euphemismus. Wenn also einer etwas produziert, in dem sein Wesen weniger gegenwärtig ist, dann wird sein Wesen auch durch Bezahlung mit Geld weniger beschädigt; so beim Fabrikarbeiter am Fließband. Aber er ist deshalb nicht besser dran: Die Arbeit selber ist schwerer und als solche vernichtender, weil er an ihr weniger als Person beteiligt ist. So kann man bei ihm tatsächlich von Entschädigung sprechen. Er kann sich mit Hilfe von Geld Produkte aneignen, in die mehr Persönliches eingegangen ist als in das Produkt, das er herstellt. Ein Bildhauer dagegen ist mit Geld nicht zu entschädigen. Er dürfte nicht wünschen, mit Geld bezahlt zu werden. Ebenso wenig der Pfarrer, der Lehrer, der Schriftsteller, der Ofensetzer, der Fahrer, der Turnlehrer, der Arzt, der Koch, der Schneider, der Bäcker, der Gärtner, der Bauer.

Dienstag, 3. 11. 1981

Gestern Rudolf Rach: Das Eckermann-Stück sei keines. Es fehlt das Zentrum, ich habe mich zu wenig auf die Figuren eingelassen. Die redeten alle zu sehr meine Sprache. Damit ist das gelaufen. Den Mut, es jemandem anzubieten im Theatergelände, habe ich nicht.

Ich hänge an den Kindern wie an einem seidenen Faden. Ich habe nichts erreicht, gemacht, gehabt, geliebt außer diesen Kindern, sie sind mein Ein und Alles. Und das ist ganz normal. Es gibt hier nichts anderes.

Der Verdacht, dass man die Unglücksempfindung nur einer eigenen Anmaßung zu verdanken habe. Oder haben sie einen schon so weit gebracht, dass man sich die Schuld für alles selber zuschreibt?

Auf dem dunklen Wasser Abendgold,
der Rand der Erde ruht. Es zeichnet
der Mond sich aus im farblosen Blau.
Im leeren Strandbad zählen sich die Trauerweiden.
Linden bangen um ihren Laub. Die nackten Boote
an den Bojen starren auf ihr Bild. Lieber
verdürb ich hier, als dass ich auswärts gedieh.

Schau mir ins Gesicht,
Sonne, wag es, niederes Licht.

Mittwoch, 4. 11. 1981

Heute seit drei Wochen ist der Eckermann-Text jetzt im Verlag. Außer der Ablehnung durch Rach keine Reaktion.

Wenn ich nachts aufwache, ist es, als habe in mir ein Unruhiger, Wütender, Ängstlicher, Gieriger, Nervöser die ganze Zeit darauf gewartet, dass ich endlich aufwache. Bist du endlich wach, ruft er und legt sofort los. Es gibt kein Problem, das er mir dann nicht herholt, zuspitzt, entzündet. Sofort bin ich hellwach und habe überhaupt keine Chance mehr, mich um ein Weiterschlafen zu kümmern. Nicht vor fünf, sechs, kurz vor dem Aufstehenmüssen schlafe ich noch ein. Offenbar nur, um das Aufstehen noch schwerer zu machen. Brief an Lord Liszt.

Es muss schon noch ein paar Dumme geben unter uns Schriftstellern. Die sich der Handlungen und Tendenzen dieser Zeit annehmen. Wenn nur die Werke der narzisstischen Avantgarde überliefert werden würden, wüssten spätere Zeiten zu wenig über das, was das Leben der meisten in unserer Zeit ausmachte.

Rudolf Rach ruft heute an, eine Anfrage aus Kassel, Theater, dann Siegfried: Er will das Manuskript erst am Montag bekommen haben. Jetzt berufen sich alle auf meine Geringschätzung des Projekts im Sommer. Also: Wenn man selber dagegen ist, sind alle dagegen. Man muss also für das sein, was man macht.

Karin Kiwus: Johanna habe in Berlin mit feierlicher Stimme gelesen.

Auf der schwarzen Schreibtischplatte, kleiner als eine Laus, ein helles Pünktchen, das sich rasch bewegt, auf den Rand des Papiers zu, auf dem ich schreibe. Ich weiche zur Seite. Das Pünktchen rennt mir nach. Als ich nicht mehr weiter verschieben kann, klopfe ich mit dem umgedrehten Kugelschreiber auf die Platte, das Pünktchen stoppt, ich klopfe noch fester, produziere einen zehn Zentimeter breiten Wall aus Klopfen. Das Pünktchen dreht um, eilt fort, verschwindet im Schein des Nachmittagslichts, der die Platte zum Schimmern bringt.

Dienstag, 10. 11. 1981

Etwas Schönes schreiben, um etwas Schönes geschrieben zu haben. Das wäre jetzt schon genug.

Ich bin überlastet und unbeschäftigt.

Typisch Schriftsteller: Alles, was man weitersagen kann, ist erträglich. Das Sterben kann man nicht weitersagen. Da muss man etwas hinnehmen, worüber man nicht mehr sprechen kann. Man kann nachher keinem mehr sagen, wie es war. Das ist das einzig Schlimme am Tod, dass er das letzte Wort hat und dass das keins mehr ist.

Joachim Kaiser

Du stichst eitel um dich,
brauchst uns zu deinem Hohn,
dass wir es dulden,
rechtfertigt dich schon.

Mittwoch, 11. 11. 1981

Alf Brustellin sei tot, sagt Peter Hamm. Ließ sein Auto stehen, die Mädchen hinten, er vorn im Taxi, Frontalzusammenstoß mit einem anderen Taxi, Beckenbruch, Zwerchfelloperation bei dem Einzigen, der das konnte in Großhadern, Alf flucht schon wieder, dass er jetzt drei Monate liegen muss, in der Nacht stirbt er an einer inneren Blutung.

Das ist sozusagen unglaublich. Der Tiroler. Der Riese. Der Blondlockige. Der Liebste. Der, der nicht sterben durfte. Reiner kann ein Zufall nicht sein. Gemeiner auch nicht. Blöder kann es nicht demonstriert werden. Am besten, man spuckt aus. Am besten, man pfeift. Nicht obszön werden. Zärtlich bleiben, alles gestatten. Alles für möglich halten. Dran bleiben. Am Ball bleiben. Noch lieber leben. Der war besonders lebendig. Bei ihm ist der Kontrast denkbar groß. Er war nicht angeschnallt. Das wäre ihm in der Nacht komisch vorgekommen. Kleinlich. Es hätte zu ihm nicht gepasst, sorgfältig zu sein. Das Leben lieben, hat sehr gepasst zu ihm, aber deshalb vorsichtig sein, das hätte überhaupt nicht gepasst zu ihm. Dass der jetzt totenblass liegt, eine riesige weiße Leiche. Das passt nicht. Das darf nicht wahr sein. Das wird einem aufgezwungen. Schließlich gibt man nach. Wie immer. Das ist so. Es ist keines Aufhebens wert. Bitte zur TO überzugehen.

Traum: In Wasserburg auf dem Lausbichel, Café Seeblickraum, halb innen, halb außen, ein paar Alte auf lehnenlosen Holzbänken. Ich lese aus *Halbzeit*. Immer wieder ist es ein Manuskript. Ich verliere vollkommen den Satz-Überblick. Ich muss improvisieren. Schließlich gebe ich wirklich auf. Ein paar Leute klatschen schwach. Auf einmal klatscht ein sehr Alter sehr laut. Er sitzt fast neben mir. Ich bitte ihn, aufzuhören. Der Beifall war doch schon, sage ich. Da hört er beschämt auf.

Theresia wollte mit ihrer Arbeitsgruppe «Frieden» eine große Blume auf die Hofstatt malen. Zur Erinnerung an den 11. 11. 1918. Der Antrag war gestellt, aber unbeantwortet. Sofort kommen Polizisten, es seien schon sechs Anrufe gekommen, empörte. Ein Polizist: Da könnten ja morgen Kommunisten kommen und den Platz rot anmalen. Der Sozialarbeiter beobachtet aus dem Fenster des Rathauses. Einer ruft: Bezaubernd. Alte Frauen und Männer verteidigen die Malenden. Aber dann kommt der Sozialarbeiter: Keine Erlaubnis, Sachbeschädigung. Wenn Sie nicht gehen, wird Ihnen das Gerät gewaltsam weggenommen.

Härte brauchst du, sonst sinkt, was dich trifft, durch dich durch und kennt sich nicht.

Sonntag, 22. 11. 1981

Theresia gestern Abend: Als sie zehn war, träumte sie, sie sehe ein Licht, ein großes Licht, das die Form einer Acht hatte, diese Lichtacht strahlte aus, Theresia ging mühelos hin, kniete sich vor der Acht nieder, hatte das Gefühl, sie habe sich noch nie so leicht bewegt und sei noch nie so schön gekniet und habe sich noch nie so leicht und schön verneigt. Und als sie so kniete und sich neigte, sagte aus dem Licht eine Stimme: Mach Musik.

Kann man mehr, als in der Sonne sitzen und hören, wie der Zug vorüberfährt und eine Stille zurücklässt, die es vorher nicht gab. Aber ich spüre noch, dass dieses Sitzen gefährlich ist. Ich neige zur vollkommenen Untätigkeit. Sich nie wieder regen, das ist die Tendenz, die, wenn ich so sitze, mit jeder Sekunde zunimmt. Schon in den letzten Tagen wurde ich immer schwerer.

Herr und Frau Lietzau hatten ein Sektfrühstück nach der Premiere. Sie wollten in den Süden. Frau Lietzau schimpft von Anfang an im Auto auf Herrn Lietzau ein, dass das ein Fehler gewesen sei, Rolf Boysen umzubesetzen. Als sie schon fast in Innsbruck sind, sagt Herr Lietzau: Könntest du nicht einmal fünf Minuten still sein. Sie ist still, beide schlafen ein, das Auto überschlägt sich mehrere Male, kurz vor dem Inn bleibt es liegen. Beiden ist nichts passiert.

Schau, dein Schatten singt. Sing ihm die zweite Stimme.

Montag, 23. 11. 1981

Ich kann nichts tun, aber ich kann auch nicht nichts tun. Weder tun noch nichts tun ist möglich. Dazwischen verbringe ich mein Leben. Unerlaubt. Illegitim.

Wenn Hitler keinen Krieg angefangen hätte, wäre Deutschland heute ein erfolgreicher faschistischer Staat. Aber dieser Konditionalis ist mehr als irreal. Etwas so Entstandenes ist schon Krieg und musste in immer mehr Krieg ausarten. Ich wäre ein faschistischer Schriftsteller geworden. Aber ich hoffe, dass ich das nicht geblieben wäre. Vielleicht mit vierzig ausgewandert, nach Italien oder Frankreich oder Spanien, weil der Faschismus dort milder gewesen wäre. In einer südlichen Zurückgezogenheit hätte ich erst die volle Distanz gewonnen und wäre etwa mit 50 ausgewandert in die USA und hätte dort zehn Jahre als Antifaschist gelebt. Dann wäre ich, nach einer inneren Reinigung Deutschlands, wieder zurückgekommen, um hier an einem sozialen Staat mitzuwirken. Die Wandlungen, die der Faschismus selbst durchgemacht hätte, hätte auch der Sozialismus durchgemacht, also der Stalinismus. Im Jahr 1990 wären beide etwa bei einer sozialen Gesellschaft angekommen. Konditionaler Quatsch.

Mittwoch, 25. 11. 1981

Heute die letzten Verbesserungen des Stücks abgeschickt. Wenn es doch ein Stück wäre. Vielleicht ist es eins. Obwohl die Szenen schwerfälliger sind, als je Szenen waren bei mir. Aber vielleicht sind die Figuren reicher. Rudolf Rach hat mich so unsicher gemacht. Eine Szenenfolge, mehr will ich nicht geschrieben haben. Dass man zweieinhalb Stunden zuschauen kann.

Ich lasse mich von Plänen bewachen, großspurigen. Ehrgeiz heißt der Kommandant meiner Leibwache. Er ist ein Schwächling mit einem großen Maul. Faul ist er auch. Nur angeben kann er.

Wie hoch reicht das Gold des Sonnenuntergangs in den schon verloren gewähnten Himmel. Sage es ruhig. Es ist, als nehme die Intensität des Goldes wieder zu. Das Violett weicht wieder. Diese Sonne will offenbar im Untergehen noch einmal aufgehen. Mein

Stück spielt die da. So viel schöner, als ich es kann. Ganze Bäume stehen blattlos im Gleißen. Von unten winken Wacholderzweige hinein. Ein Rosenast lässt sich vom Gold jeden Dorn exponieren. Zum Glück wird alles düsterer. Es bleibt ein Untergang.

Es hat sich ausgezählt.
Ein Dunkel hat die Welt.
Man hört die Schnurren pfeifen.
Es räuspert sich der Groll.
Der Schmerz fährt neue Reifen.
Jetzt kreischt, wer singen soll.
Adieu, mein Tag. Ich leg die Brille ab
und pflanz eine Antenne auf mein Grab.
Gute Nacht, Rautendelein, gute Nacht, Marie,
der Tod macht aus uns allen Phantasie.

Anschübe

Nichts Überredendes. Immer wieder stehen bleibend. Süchtig nach Halt. Angst vor dem Mangel an Richtung. Ekel vor jeder Abenteuerdraperie. Eingeständnis der Kindheitslosigkeit. Kein bisschen Märchen. Keine Spur Männlichkeit. Überhaupt kein Rang. Beförderungslos. Ziemlich schwer. Also ruhend. Ausruhend. Wartend. Nicht hoffend. Aber wartend. Also geduldig. Nein. Unruhig. Also nicht ruhend. Nicht ausruhend. Bewegungslos. Aber gehetzt. Gespannt. Ja, gespannt. Sehr gespannt. Auf alles. Es gibt nur noch Ereignisse. Eine Fliege, ein Motor, zwei Staatsbesuche, vier Todesanzeigen, das Schrillen des Telefons, Erinnerung an eine Fahnenstange, Rost an der Jalousie, der Duft von feuchtem Laub, Gelächter zweier alter Männer vor der Plakatwand. Wir sind alle glücklich, wenn wir nichts mit einander zu tun haben.

Freitag, 27. 11. 1981

Der Föhn behauptete noch einen Goldrand über den Gipfeln, die er klar ins Gold ragen ließ. Dann rauchten Wolken aus der Föhnküche. Jetzt regnet es. Der Föhn ist gelöscht. Die Küche zu.

Wenn von Timons Stecken ein kleines Stück abbricht und ich hebe das Stückchen auf, um es in den Kamin zu werfen, lässt er sofort sein viel, viel größeres Stück aus dem Maul fallen. Es ist tot, unattraktiv. Attraktiv ist allein – so lächerlich es auch ist – das Stück, das der Herr in die Hand nimmt und damit zum Spielobjekt ernennt. Das ist das Herrenverhältnis überall. Dabei meine ich immer, wenn Timon morgens mich zu unserem Spiel begrüßt, wir seien Freunde. Aber das meinen Herren immer, das hätten sie gern, dass die, über die sie Herr sind, in ihnen Freunde sehen.

Der Abschied von Timon. Für ihn ist es keiner. Aber wenn ich, wie heute, ins Haus zurückgehe, bevor wir uns ein bisschen müdegespielt haben, dann steht er, hellwach und enttäuscht, er schaut und schaut, schaut durch das Fenster herein, die Ohren aufgerichtet, er will wenigstens noch etwas hören. Aber ich gehe aus dem Fensterbereich in ein Zimmer, in das er nicht sehen kann. Er zeigt, dass er es eigentlich nicht fassen kann, ihn so stehen zu lassen, gerade heute. Und ich fasse es eigentlich auch nicht. Wie ich ihn einfach so stehen lasse, gerade heute. Mundwerksleistungen zählen da nicht. Verbringe Zeit mit ihm, das ist das Einzige, was zählt. Bei Tieren und bei Menschen.

Marcel Reich-Ranicki: Ich deute an, ohne Namensnennung, dass jemand sagte, er verbreite McCarthy-Stimmung. Dadurch, sage ich, zwinge er mich, nach Ost-Berlin zu gehen, weil es sonst so aussieht, als lasse ich mich von ihm abhalten. Er liest mir fast den ganzen Artikel vor. Da ist tatsächlich nichts drin von dem, was Thomas Brasch ausmalte, um mich nach Berlin zu bringen. Reich-Ranicki: Das sei zwar nicht Antisemitismus, aber das geschehe nur, weil er Jude sei, dass man ihm diese Motive unterstellte, immer so bös als möglich, doch, es sei eigentlich doch Antisemitismus. Ich konnte nicht sagen, dass der Jude Brasch diese Diffamierung ausgesprochen habe. Reich-Ranicki: Der Bildhauer Fritz Cremer sei im Krankenhaus, 70, von KGB-Leuten aufgesucht worden. Wenn er seine Unterschrift von der Biermann-Solidaritäts-Erklärung zurückziehe, entlasse man seinen Schwiegersohn aus dem Gefängnis. Also zieht er die Unterschrift natürlich zurück. Das sind Schurkenstücke einer Unbelangbarkeits-Verwaltung. Zur Darstellung braucht es keinen jungen Schiller. Walter Jens hat Reich-Ranicki eingeredet, dass die Demetz-Laudatio nicht gut sei, nicht positiv. Dabei ist sie nichts als gut und positiv.

Wenn einer nur einen Freund hat und er erkennt allmählich, was das für ein Freund ist, was soll er dann tun? Wenn er merkt, dass der die Tatsache, dass er der einzige Freund ist, ausnützt zu Beherrschungsgesten, was soll er tun?

Alle Wetter- und Jahreszeiten erinnern immer nur an Wasserburg. Dieses Schneien, das dann immer nasser wird, das war öfter die große Enttäuschung, weil man die Ski herausholte, auch den Eiskegel präparierte, und dann war, weil die Temperatur über null stieg, nichts möglich.

Wer Glück hat, sieht einem international Beliebten gleich, zum Beispiel Wałęsa.

Montag, 30. 11. 1981

9 Uhr 55 von Schwäbisch Gmünd nach Göppingen.

Ein Wagen, eine Lok, ein Gewackel. Drei alte Männer und ich. Der Wagen nur auf einer Seite warm. Einer mit Prothese, zum Schaffner: Seid ihr alle von der FDP? Der Schaffner: Warum? Der: Weil ihr bloß die rechte Wagenseite heizt und die linke nicht. Eine klägliche Hupe, an vielen Bahnübergängen. Es schneit schwer und nass. Man sieht nichts. Eine schöne Fahrt. Die Lok stößt ihren fast tierhaft traurigen Laut in kurzen Abständen aus, ohne dass man sah, warum. Der Lokführer fürchtet offenbar, es treibe sich bei diesem Wetter jemand auf den einsamen Schienen herum. Dabei fährt der Zug nicht viel mehr als im Schritttempo. Er wackelt langsam voran, muss man sagen. Jetzt treibt der Schnee waagerecht. Das ist ein Zug und eine Bahnstrecke, die man zu Weihnachten geschenkt bekommen möchte.

Dienstag, 1. 12. 1981

München, Hotel Continental.

Mitgliederversammlung des Goethe-Instituts.

Herr von Bismarck, Präsident.

Mittwoch, 2. 12. 1981

Bei Wolfgang K., auch hier eine Katastrophe. Er ist seit Sonntag wieder in der Burg. Am Sonntag spielte er 17 und 4 in der Gaststätte. Jetzt leert ihm einer einen Asbach in den Spezi. Er merkt es sofort. Endlich. Trinkt weiter fünf Gläser Bier. Kommt zurück, patscht die Schwester aufs Knie, alles nur als Spiel. Und jetzt sagt die Schwester, sagt er, sie habe Angst empfunden. Dr. M. nachher: Er hat Handkantenschläge angedroht, ein anderer Patient musste sich dazwischenwerfen. Es ist hirnorganisch, da hilft keine Entziehungstherapie. Er ist auch nicht alkoholsüchtig. Und die Entzugstherapie baut auf Sucht. Wolfgang ist jetzt voller Hass gegen Pfleger und Schwestern. In die Gruppentherapie im Haus 16 darf er nicht. Soziotherapie. Die Frau Dr. K.: Da darf keiner hinein, der den Paragraphen 63 hat, den hat er noch. Er ist noch nicht zurückgestuft. Aber untergebracht. Wenn er zurückgestuft würde, müsste er wieder den Weg über 22O nach 22E machen. Man muss alles abliefern im Vorraum. Auch Kugelschreiber. Ein Gerät quiekst bei jedem Metallteil an den Hosenträgern. Bei der Armbanduhr schreit es auf. Der Gegensprecher an der Tür vor 22 sagte sofort: WK ist nicht mehr hier. Er ist auf 21, also wieder in der Burg. Zu mir sagt W.: Er hat heute morgen schon Captagon genommen. Er ist süchtig. Aber er hat sich in der Gewalt jetzt. Er schlägt nicht mehr zu. Jetzt brüllt er. Das hat er geschafft. Früher war er ganz still und hat einfach zugeschlagen. Jetzt nicht mehr. Er schreit rum, beleidigt, tut aber nichts mehr. Das wird ihm nicht geglaubt. Dr. M.: Er ist unberechenbar. Ich soll für ihn zu Dr. W., Direktor, gehen und meinen Einfluss geltend machen, im Frühjahr das Buch usw.

Käthe hat einen Ton für Todesmeldungen, dass man schon bei den ersten zwei Wörtern weiß, dass jetzt ein Tod gemeldet werden wird.

Das Problem ist nicht die Stimme, sondern dass ich das nicht mehr vorlesen möchte. Ich möchte mich daran hindern. Heute Abend in Solln. Und immer noch nicht zum letzten Mal. Schon bahne ich neue Termine an. Ich muss mich auf die Seite meiner Stimme schlagen.

Donnerstag, 3. 12. 1981

In Solln Umzug in eine Schulaula. Zwischen 350 und 400 Leuten. Das Mikro auf einem Stoß Bücher, wackelig und sehr unempfindlich eingestellt, um das Klingen, das technische, zu vermeiden. Volle Reaktion. Auch in der Diskussion. Bis nach drei noch im Leseschuppen der Buchhandlung. Zwei Frauen, ansprechbare, gingen.

24327

Die Produktion von Leicht-Zellen, die so genannte Anti-Gravitationstechnik, war damals noch völlig unbekannt. Man hätte es für Science-Fiction gehalten, wenn damals jemand gesagt hätte, dass es einmal gelinge, Zellen gegen Gravitationsstrahlung zu isolieren.

Dass eine ganze Serie von Ereignissen beweist, dass man viel zu harmlos war, alles falsch verstanden hat, überhaupt nicht bemerkte, was wirklich vorging.

Sonntag, 6. 12. 1981

Dass man auch im Alter glaubt, die Zeit vor einem sei beträchtlich, sogar lang. Das hinter einem Liegende war kurz, auch wenn es 50 Jahre waren. Die 10 Jahre vor einem müssen länger sein als die hinter einem liegenden, wünscht man.

Montag, 7. 12. 1981

Deutsch-französische Schriftstellertagung im Schlösschen der katholischen Akademie. Wenn man nur weiß, da sind Claude Simon, Maurice Nadeau usw., und man weiß nicht, wer wer ist, dann empfiehlt es sich, den für Claude Simon zu halten, den man am wenigsten dafür hält.

Herr Zürn: Vielleicht könnten Eltern sich aus allen Illusionen über die Aussichten ihrer geliebten Kinder befreien. Wieviel besser spielt immer noch der Lehrer als das eigene Kind. Unvergleichlich. Und wie weit hat er es gebracht?

Dienstag, 8. 12. 1981

Nach mehrtägigem Sturm ist es jetzt ganz still geworden. Föhnfeierlichkeit. Vor dem Goldtransparent im Süden kommen die Berge jede Minute näher. Die vordersten drängen sich an den See, als wollten sie aus ihm trinken.

Donnerstag, 10. 12. 1981

Die physische Wucht einer schlechten Nachricht ist unangenehm, obwohl man weiß, dass man geistig fein heraus ist durch diesen miesen Verlauf. Oder mach ich mir das nur vor?

Die Enttäuschung, Goethe einen ganzen Abend lang, und das

soll lediglich dazu dienen, das Leben eines J. P. Eckermann darzustellen, das ist eine Hypothek auf diesem Stück.

Widersprechen ist unfruchtbar.

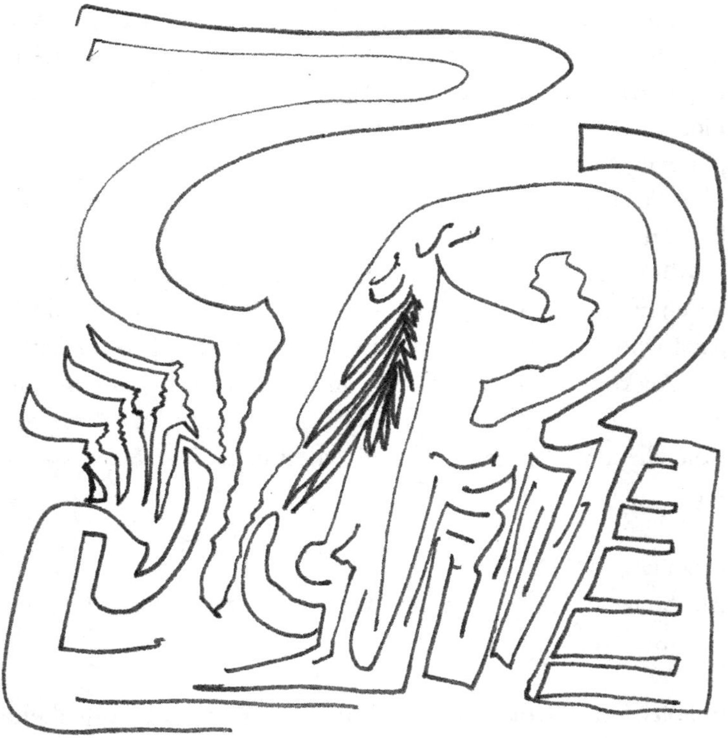

Wärme, zurückkehrend, findet mich vor, dankbar.
Wäre ich gegangen, die Stelle kalt,
auch der Schmerz braucht den Ort.
Wäre nichts mehr gewesen, zum Glück.

Wessen Flügel berühre ich in der dunklen Luft? Wessen Fragen sage ich hier? Wen habe ich in mir? Wer spricht? Ich nicht.

Mitten im Nachmittag hat sich endlich das Hin und Her entschieden. Jetzt schneit es nur noch, und der Schnee bleibt.

So ausgewogen, wie Leichtigkeit und Schwere im Fall dieser Flocken sind: Sie wirbeln kein bisschen, sie fallen nicht schwer und senkrecht, sie kommen zierlich, ein wenig schräg und doch auf ruhige Art zielstrebig herab. Wenn es doch nichts als das Wetter gäbe. Es würde genügen. Dieses unentwegte leichte Schneien. Diese sich wiegende Premiere. Antanzende, aber sehr gehorsame Flocken. Dieser reiche Augentrost. Dieser andachtstiftende Herunterfall von Milliarden weißer Einzelheiten. Denn dass keine zwei Flocken gleich sind, sieht man den gelassen herunterschwebenden Schneesachen an.

Was kann einer alles vertreten. Was hat alles Platz. Was für ein Segen ist es, dass man nicht spezialisiert ist auf das Gute, das Glück, das Richtige. Man kann auch im Verkehrten und Schrecklichen sein Auskommen finden. Man kann fast alles mitmachen und ein guter Mensch sein für das eigene Ermessen. Man hat das Ermessen weitgehend in der Hand. Zum Glück ist man Herr seines Ermessens.

Sonntag, 13. 12. 1981

Am Sonntagabend, wenn der Wochenendnachbar die Rollläden herunterlässt, zwitschern die.

In Polen zuerst Kriegsrecht, im Lauf des Tages wird es Ausnahmezustand genannt. Franz Josef Strauß: Helmut Schmidt hätte abreisen müssen, da Honecker wusste, was in Polen vorbereitet wurde.

Wie wenn ich mich etwas trauen dürfte. Solche Ausrufe.

Oder: als wüsste ich nicht, woher bei mir alles kommt.

Oder: als nütze es zu wissen, woher etwas kommt.

Oder: bloß nicht jetzt eine Tür zuschlagen.

Oder: bloß nichts Schweres.

TV, Schweiz: Die Regierung hat versucht, die Macht zu ergreifen. In Polen.

Bleiben wir dabei
mehrere Bäche finden
zusammen im Licht

Wer jetzt sagt, um noch Schlimmeres zu verhindern, musste der Ausnahmezustand erklärt werden, der nimmt etwas hin, was man nicht hinnimmt, wenn man noch intakt ist. Kreisky hat der Billigung durch den Realismus Ausdruck gegeben. Kreisky früher: Die Polen sollen mehr arbeiten, die *NZZ* verteidigt Kreisky. Wir werden sehen, ob die Polen morgen früh zur Arbeit gehen. Der Ausnahmezustand ist nur da, um die Macht für die Partei zu erhalten. Das Produktionsproblem löst er nicht.

Scharfmacher und so genannte Gemäßigte in der Solidarność. Wałęsa, nicht verhaftet, alle anderen verhaftet. Noch ist Polen nicht verloren.

Mittwoch, 16. 12. 1981
Ich weiß nicht wie und weiß nicht was
nur dass ich gern sänge
aber mein Mund ist schwer und schwarz
und schreit vor Enge

Samstag, 19. 12. 1981
Johanna gestern Abend in *Aspekte*: sehr schön, ruhig, fest, offen, genau, nicht indiskret gegen sich, ein bisschen zu weiß geschminkt. Zwei Stücke gelesen: fast vollkommen.

Silbern fließt der See durchs Licht.

Wie eine Rüstung gleißt der See dem Winter am Leib.

Parabeln für das Falsche.

Morgen sind es 14 Tage, dass ich Brief an Lord Liszt angefangen habe. Heute auf Seite 152. Ob dieses Klagen erträglich ist?

Theresia spielt Geige, dass man es manchmal richtig gerne hört.

Schöne frühe Stücke von Johanna im *Rheinischen Merkur.* Meine Dialoge in derselben Nummer dagegen sehr matt, sehr gemacht, unexistenziell.

Thomas Beckermann ruft an: Er hat Johanna gesehen am Donnerstag, war auch beeindruckt von ihrem Auftritt. Hoffentlich kommt sie gut heim.

Aus dem Haus Unseld: Niemand hat Johanna im TV gesehen. In diesem Haus nimmt man das kleine, ständige, normale Pulsieren des Lebens nicht mehr wahr. Man ist in St. Moritz, auf Hawaii, in New York oder wenigstens in Tansania oder Paris. Der Untergang des Hauses Unseld.

Und wo bist du jetzt, Johanna? Nachdem du zum ersten Mal mit Erfolg heimkämst, kommst du nicht.

Nur zerquält und mit neuen Ratlosigkeiten bist du immer gekommen. Ich habe gebeten, mir zu sagen, ob der, mit dem du fährst, Winterreifen hat. Du hast es mir nicht gesagt. Ich habe gesagt: Ich verbiete dir, mit ihm zu fahren, wenn er keine Winterreifen hat. Ich habe nichts mehr gehört. Du bist abgefahren. Es ist jetzt gleich sieben.

22 Uhr 23 Johanna ist da.

Dienstag, 22. 12. 1981

Jaruzelski, schon ein paar Tage nicht mehr erschienen. Ob er den Schießbefehl gegeben habe? Zuerst 16, jetzt 200 Tote in den Nachrichten. 1300 Bergleute sollen sich eingeschlossen haben durch Sprengung des Zugangs und Fernbedienung des anderen, Stahlarbeiter drohen, den Hochofen zu sprengen. Gibt es noch einen geheimen Oberen in Polen, dem auch Jaruzelski unterstellt ist? Franz Josef Strauß demonstriert mit Kerze in der Hand in München gegen die Militärdiktatur. Er, der sonst solche Regierungen freundschaftlich zu besuchen pflegte, sieht komisch aus bei diesem Zug durch die Ludwigstraße.

Alles ist allen zu schwer. Alle sind allen zuviel.

Morgen startet Alissa mit KLM um sechs Uhr, in Amsterdam eine Stunde Aufenthalt, 9 Uhr 40 in Zürich-Klothen.

Mittwoch, 23. 12. 1981

Als Tier würde ich jetzt eingehen. Sitzen, sich nicht rühren, keine Beute mehr, es ist gelebt. Ich wüsste nicht, wie alt ich bin, aber würde umso genauer mein wirkliches Alter spüren.

Maria Menz, Telefon: Ich bin noch nicht gesättigt von dem, was Sie öffentlich gesagt haben. Sie sollten sich mir nicht ganz entziehen. Über Fatima: 1917, jeden Monat am dreizehnten in sechs Erscheinungen. An dem Tag, als der Bolschewist nach Russland geschickt wurde, war das nicht Lenin. Am dreizehnten Oktober kam dieses Wunder: Die Sonne drehte sich wie wahnsinnig in sich selbst. Wie wenn sie sich auf die Erde stürzen wollte. Auch 30 Kilometer weg sahen es die Leute, also nicht Massensuggestion, sondern ein Wunder.

Donnerstag, 24. 12. 1981

Siegfried, Telefon: Ranicki mit Frau und Schwägerin mit Siegfried mittaggegessen. Ranicki fragt andauernd: Was schenken Sie Ihren Mädelchen zu Weihnachten? Wann treffen Sie Ihre Mädelchen das nächste Mal!

Mythos real

Einer bekommt eine Siebzehnjährige geopfert, danach geht es ihm natürlich besser. Aber nach einem halben Jahr ist er wieder so schwermütig. Und kriegt wieder eine Siebzehnjährige. Daraus wird ein therapeutisches Ritual.

Der Erfolg des Erfolglosen ist nur noch der Misserfolg des Konkurrenten.

Samstag, 26. 12. 1981
Feierlich, Sonne und Glanz,
unbefragbares Himmelsblau,
der Schnee ruht weiß, der Wetterstreit
ist aus, der Winter hat uns ganz.

Der Engel des Herrn macht Termine,
die Winde pflegen das Eis,
fallen lernen wie die Nüsse,
Freundschaft noch mit Bäumen,
Fisch und Vogel senden die Grüße.

Szenen sollten nicht wissen, wovon sie handeln.

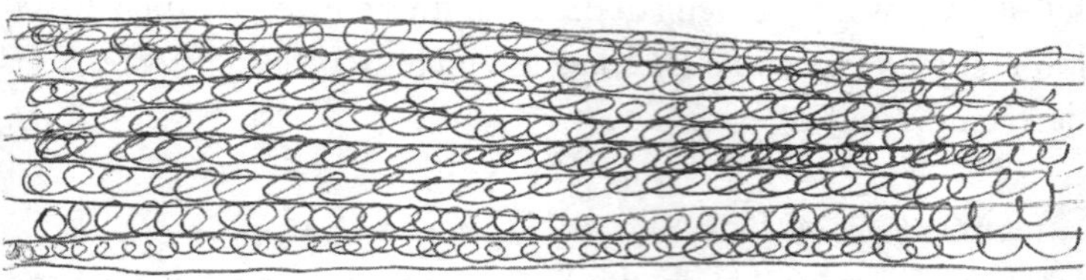

Montag, 28. 12. 1981

Jede beklagt sich: Wenn sie nicht heimgekommen wäre, wäre sie jetzt nicht erkältet.

Die Freundin von Sepp Bierbichler hat unaufgefordert Franziska und Edgar ein Horoskop gemacht, das nicht durchaus günstig gewesen zu sein scheint, beruflich. Franziska weigert sich zu sagen, was drin stand. Edgar: Aber wenigstens stand drin, dass wir zusammenpassen. Beides könnte im Interesse dieser Frau sein.

Jakobs jähe Anwandlungen, wenn er einen Gegenstand fallen lässt, dann sagt er sehr bedauernd: Aaaaah! Dazu oft den Bedauernslaut schon vor dem Fallenlassen. Das ist der Laut, den Erwachsene ausstoßen, wenn sie etwas fallen ließen. Er macht aus der Wirkung jetzt die Ursache, sagt: Aaaah!, und lässt etwas fallen.

Maria Menz: Ich habe ein hartes Gedicht geschrieben, soll ich es Ihnen beilegen, können Sie es vertragen?

Donnerstag, 31. 12. 1981, Sarn.

Durch eine Behauptung soll erreicht werden, was sie als schon erreicht darstellt.

Man bremst sich andauernd im Vorgehen gegen sich selbst. Man stellt das Verfahren gegen sich ein, weil man Angst hat, es könne zu weit führen. Ein Ende ist nicht abzusehen.

Fünf Liber kostet die Milch für mehrere Tage, wollen sechs nicht nehmen.

Die Überlegenheit einer Figur in einem Stück nur dadurch, dass sie nicht spricht. Unwiderlegbarkeit des Schweigens. Wer Recht haben will, sei still.

Im Schnee mit Tannen und Wind,
das hohe Gebrause, es möchte ein Märchen
beginnen, ich kann nicht folgen,
ich verstehe nichts, ich wäre lieber
einer, der etwas davon hat.

Anmerkungen
Zusammengestellt von Jörg Magenau

Seite 8: *Käthe:* Käthe Walser, geb. Neuner-Jehle: Ehefrau von Martin Walser.

Seite 10: *Johanna:* die zweite der vier Walser-Töchter, geboren 1957, neben Franziska (1952), Alissa (1961) und Theresia (1966).

Claus Carlé: Werbeleiter des Suhrkamp Verlages.

Seelenarbeit: Walser beendete den 1976 begonnenen Roman «Seelenarbeit» schon im Sommer 1977. Weil Ende Januar 1978 aber zunächst die in wenigen Wochen im Sommer 1977 geschriebene Novelle «Ein fliehendes Pferd» erschien und fast das ganze Jahr über auf der Bestsellerliste stand, wurde «Seelenarbeit» aufs Jahr 1979 verschoben.

Max Frisch (1911–1991): Schweizer Schriftsteller («Homo Faber», «Stiller»). Gehörte neben Walser, Hans Magnus Enzensberger und Uwe Johnson zum inneren Kreis der Autoren des Suhrkamp Verlages, die Siegfried Unseld um sich sammelte. Dort kam ihm als dem etwas Älteren die Rolle des Patrons zu.

Karl Krolow (1915–1999): Deutscher Schriftsteller, Übersetzer und Lyriker, der mit seinen Gedichten die deutsche Nachkriegsliteratur prägte. Die «Gesammelten Gedichte» erschienen in vier Bänden zwischen 1965 und 1997 im Suhrkamp Verlag.

Seite 12: *Das Kind:* Romanprojekt, aus dem dann «Das Schwanenhaus» hervorgegangen ist.

Seite 13: *Lord Liszt:* Der Roman «Brief an Lord Liszt» erschien 1982. Er setzt das in «Seelenarbeit» begonnene Thema der «Abhängigkeit» fort. Franz Horn konkurriert mit seinem jüngeren Kollegen «Lord Liszt» um die Gunst des Firmenchefs Thiele. Das Buch lässt sich als Schlüsselroman lesen, der das komplizierte Verhältnis zwischen Walser, Uwe Johnson und Verleger Siegfried Unseld behandelt.

Seite 14: *Sturz:* «Der Sturz», abschließender Teil der Anselm-Kristlein-Trilogie (nach «Halbzeit» und «Das Einhorn») aus dem Jahr 1973, wurde von Alf Brustellin in freier Adaption verfilmt. Ein Film übers Scheitern und Scheiternde, zu dem Dieter E. Zimmer in der «Zeit» schrieb: «Wer, enthoben und unangefochten, nie das Gefühl hatte, als Wahnsinniger unter Wahnsinnigen zu leben und wahnsinnige Dinge zu tun, muss den Film wie den Roman für wahnsinnig halten.» (Die Zeit, 16.2.1979)

Alf Brustellin (1940–1981): Österreichischer Filmemacher, Regisseur, Drehbuchautor, Kameramann und Schauspieler.

Hannelore Elsner (geb. 1942): Deutsche Schauspielerin, spielte Anselm Kristleins Frau Alissa.

Seite 15: *Buchrieser:* Franz Buchrieser (geb. 1937), österreichischer Schauspieler, übernahm die Rolle des Anselm Kristlein.

Seite 16: *Elisabeth Bergner* (1897–1986): Österreichische Film- und Theaterregisseurin.

Jagd: «Jagd» ist eines der ältesten Romanprojekte Walsers, das schon seit Mitte der 60er Jahre in den Notizbüchern auftaucht. Der Roman um den Helden Gottlieb Zürn setzt «Das Schwanenhaus» fort und erschien 1988. Die lange Entstehungszeit hielt Walser für nicht unproblematisch, weil die Gefahr bestehe, «dass man zum Erfüllungsgehilfen seiner Vorbereitung wird».

Seite 17: *Franz Kafka (Ironie):* Für die bevorstehende Gastdozentur am Dartmouth College, Hanover, New Hampshire, USA, setzte Walser sich mit Kafka und dem Thema «Ironie» auseinander. Auch schon während einer Gastdozentur in den USA im Jahr 1973 befasste er sich mit Ironie.

Inge Storz: Führte die Buchhandlung am Olgaplatz in Stuttgart.

Am neuen Buch: «Seelenarbeit».

Hans Christoph Buch (geb. 1941): Schriftsteller, Journalist, Weltreisender.

Seite 21: *Dr. Riha:* Karl Riha (geb. 1935), Schriftsteller und Literaturwissenschaftler, 1975 zum Professor an der Universität Gesamthochschule Siegen ernannt.

Seite 27: *Keshan:* Den nämlichen willenlosen Kauf eines 8000 Mark teuren Keshan vollzieht auch Walsers Romanfigur Gottlieb Zürn (vgl. Jörg Magenau: Martin Walser, S. 16).

Birnau: Klosterkirche am Bodensee, in der Nähe von Walsers Wohnort Nussdorf.

Seite 30: *Herr Labroisse*: Gerd Labroisse (geb. 1929): Professor der Germanistik an der Freien Universität Amsterdam.

Seite 31: *Adriaan:* Adriaan Morriën (1912–2002), niederländischer Schriftsteller, mit Walser befreundet seit Tagungen der Gruppe 47 Anfang der 50er Jahre. 1954 erhielt Morriën den Preis der Gruppe 47.

Seite 38: *Siegfried:* Siegfried Unseld (1924–2002), deutscher Verleger, Chef des Suhrkamp Verlages.

Seite 41: *Marchi:* Otto Marchi (1942–2004), Schweizer Schriftsteller und Journalist (schrieb u.a. für die «Weltwoche»). Autor mehrerer Romane.

Seite 50: *Rudolf Augstein* (1923–2002): Gründer, Herausgeber und Eigner des Nachrichtenmagazins «Der Spiegel». Mit Walser seit den 60er Jahren befreundet.

Seite 51: *Habermas:* Jürgen Habermas (geb. 1929), Philosoph und Autor des Suhrkamp Verlages, gab 1979 «Stichworte zur geistigen Situation der Zeit» als (zweibändige) Nummer 1000 der edition suhrkamp heraus. Walser steuerte dafür den Beitrag «Händedruck mit Gespenstern» bei, einen Text, in dem er sich zu Habermas' Verdruss von der Figur des engagierten Intellektuellen und der Verpflichtung auf Gesellschaftskritik vorsichtig verabschiedete (vgl. Jörg Magenau: Martin Walser, S. 369 ff.).

Seite 52: *Dieter Dorn* (geb. 1935): Theaterregisseur, seit 1976 Oberspielleiter der Kammerspiele München, wo er 1983 die Intendanz übernahm.

Klaus Pohls Stück: Das erste Theaterstück des Dramatikers Klaus Pohl, «Da nahm der Himmel auch die Frau», wurde am 21. November 1979 in der Regie von Edwin Noël in den Münchner Kammerspielen uraufgeführt. Franziska Walser übernahm die Hauptrolle der Studentin Katharina. (http://www.spiegel.de/spiegel/print/d-39867459.html)

Edgar: Edgar Selge (geb. 1948), Schauspieler, war seit 1978 an den Münchner Kammerspielen engagiert, wo er mit Franziska Walser zusammentraf, die er 1985 heiratete.

Seite 53: *TEE:* «Trans Europa Express» – Vorläufer des ICE.

Peter Handke (geb. 1942): Österreichischer Schriftsteller und Dramatiker. Der hier genannte Roman erschien unter dem Titel «Langsame Heimkehr», «Das Raumverbot» ist darin das zweite Kapitel.

Seite 54: *Bohrers Borniertheit:* Karl-Heinz Bohrer (geb. 1932), verantwortlicher Literaturredakteur der FAZ von 1968 bis 1974. Am 28.4.1973 besprach er Walsers «Der Sturz» unter dem Titel «Ein Sturz ohne Held und Höhe».

Seite 56: *24327:* Unter der Chiffre 24327 sammelte Walser schon seit Jahren Ideen für einen Zukunftsroman. Das Vorhaben blieb jedoch unausgeführt.

Seite 57: *Hartmut Apfelstedt:* Schulfreund aus der Katholisch-Bayrischen Realschule in Lindau, die Walser ab 1938 besuchte und an der er nach dem Krieg im Frühjahr 1946 das Abitur machte.

Seite 58: *Elisabeth Borchers* (1926–2013): Schriftstellerin, Lyrikerin. 1960 bis 1971 war sie Lektorin im Luchterhand Literaturverlag, von 1971 bis 1998 im Suhrkamp Verlag. Langjährige Lektorin Martin Walsers.

99 Sprüche: Im Sommer 1971 schickte Walser Unseld ein Manuskript mit dem Titel «Der Grund zur Freude. 99 Sprüche zur Erbauung des Bewusstseins». Unseld beschwor ihn, darauf zu verzichten. Er witterte darin die Selbstabdankung des Intellektuellen als eines autonomen Individuums und die Unterwerfung unter das sozialistisch gedachte Kollektiv. Ein Bekenntnis zum Sozialismus konnte und wollte er nicht teilen. Ohne die Publikation explizit zu verweigern – vielmehr beteuerte er stets, alles zu drucken, was Walser schreibe –, schob er die Veröffentlichung doch immer wieder auf die lange Bank. Diese Strategie trug maßgeblich zur Entfremdung zwischen Verleger und Autor bei. Walser zog das Manuskript schließlich zurück und schrieb am 6.5.1974 an Unseld: «Dazu hat man ja einen Verlag, dass man in ihn wie in einen Spiegel schauen kann. Ich werde die Sprüche weiter pflegen. Irgendwann sind dann die Hänger weg, hoffe ich.» «Der Grund zur Freude» erschien schließlich 1978 in der Düsseldorfer Eremiten Presse und 1980 als Taschenbuch im Rowohlt Verlag.

Honnefelder: Gottfried Honnefelder (geb. 1946): Kam 1974 in den Suhrkamp Verlag und war dort, gerade in den Jahren der Entfremdung von Siegfried Unseld, ein Vertrauter Walsers. Von 1979 bis 1996 war er Geschäftsführer. Von 1997 bis 2006 leitete er den DuMont Buchverlag als geschäftsführender Gesellschafter. Von 2006 bis 2013 war er Vorsteher des Börsenvereins des Deutschen Buchhandels.

Seite 61: *Frau Menz:* Maria Menz (1903–1996): Dichterin aus Oberessendorf in Oberschwaben, die als Tochter eines Landwirts das dörfliche Leben thematisierte. Sie gehörte für Walser – neben Maria Müller-Gögler und Maria Beig – zu den «drei Marien» und bildete das «Dreigestirn» der oberschwäbischen Dichtung. Walser führte 1981 mit ihr ein Radiogespräch über ihre Bauernkindheit. Ihr Briefwechsel erschien 2005 (Maria Menz: Briefe. Briefwechsel mit Martin Walser. Hrsg. von Claus-Wilhelm Hoffmann. Edition Klaus Isele, Eggingen).

Joachim Kaiser (geb. 1928): Musik-, Literatur- und Theaterkritiker, nahm seit 1953 an den Tagungen der Gruppe 47 teil, seit 1959 Redakteur im Feuilleton der «Süddeutschen Zeitung» in München. 1977 wurde er Professor für Musikgeschichte an der Musikhochschule in Stuttgart. Seine Besprechung von «Seelenarbeit» erschien unter dem Titel «Tägliche Gemeinheiten und hypochondrischer Witz» in der SZ vom 3./4.3.1979.

Seite 62: *Kürbiskern:* 1965 gegründete Zeitschrift, die bald unter den Einfluss der DKP geriet. Walser hatte dort regelmäßig publiziert und galt bis Mitte der 70er Jahre als DKP-nah, ein Ruf, den er vergeblich bekämpfte.

Katharina Adler: seit Tübinger Studententagen 1948 mit Martin Walser befreundet.

Reich-Ranicki: Marcel Reich-Ranicki (1920–2013), einflussreicher Literaturkritiker, bis 1974 für die «Zeit», dann als verantwortlicher Redakteur der FAZ, wurde später mit dem «Literarischen Quartett» im ZDF und seiner Autobiographie «Mein Leben» auch weit über den Literaturbetrieb hinaus bekannt. Walser unterhielt zu ihm stets ein spannungsreiches Verhältnis, besonders seit dessen Verriss des Romans «Jenseits der Liebe» (1976) (vgl. Martin Walser, Leben und Schreiben, Tagebücher 1974–1978, S. 213 f., 217 f.).

Paul Kersten (geb. 1943): Schriftsteller, Literaturkritiker, Moderator beim «Kulturjournal» des NDR und für das «Bücherjournal».

Enzensberger: Hans Magnus Enzensberger (geb. 1929), Schriftsteller, Lyriker, Publizist. 1978 erschien sein Versepos «Der Untergang der Titanic».

1968 hatte er ein Jahr in Kuba gelebt und die kubanische Revolution unterstützt.

G. Salvatore: Gaston Salvatore (geb. 1941), deutscher Schriftsteller chilenischer Herkunft. Gründete 1980 zusammen mit Enzensberger das Kulturmagazin «Transatlantik».

Seite 63: *Wittlinger:* Karl Wittlinger (1922–1994), Dramatiker, Fernseh-Autor, künstlerischer Beirat am Stadttheater Konstanz.

Holocaust: Die amerikanische Fernsehserie «Holocaust – Die Geschichte der Familie Weiss» lief im Januar 1979 im Deutschen Fernsehen.

Seite 66: *Helene Ritzerfeld* (1914–2000): Langjährige Mitarbeiterin des Suhrkamp Verlages, leitete die Abteilung Rechte und Lizenzen.

Joachim Unseld (geb. 1953), Sohn von Siegfried Unseld, trat 1983 als geschäftsführender Gesellschafter und designierter Nachfolger seines Vaters in den Suhrkamp Verlag ein. 1990 kam es zum Bruch. Seit 1994 ist Joachim Unseld Verleger der Frankfurter Verlagsanstalt.

Seite 67: *Burgel Zeeh* (1937–2009): Ab 1967 Sekretärin von Siegfried Unseld und «Seele» des Suhrkamp Verlages – so Walser in einem Nachruf in der FAZ: «Eine Frau, die einem großen Verlag Seele einhauchte. Aber was für eine! Eine fröhliche Seele.»

E. Y. Meyer (geb. 1946): Schweizer Schriftsteller.

Egon Ammann (geb. 1941): Lektor im Suhrkamp Verlag. 1981 gründete er den Ammann Verlag in Zürich.

Josef Winkler (geb. 1953): Österreichischer Schriftsteller, Autor des Suhrkamp Verlages.

Seite 69: *Rolf Becker:* Literaturkritiker, Kulturredakteur des «Spiegel».

Gallistl: Walser plante, den Roman «Die Gallistl'sche Krankheit» von 1972 in zwei Bänden fortzusetzen: «Gallistl's Verbrechen» und «Die Gallistl'sche Lösung». Beide wurden nicht ausgeführt. Tagebucheinträge dazu seit August 1972.

TSG: Tassilo S. Grübel, Hauptfigur und Ermittler einer Reihe von Kriminalhörspielen Martin Walsers, die in der Bodenseeregion spielen. Zwischen 1974 («Die Verteidigung von Friedrichshafen») und 1988 («Hilfe kommt aus Bregenz») entstanden fünf Tassilo-Folgen. 1991 wurden sie als ZDF-Fernsehserie mit Bruno Ganz in der Hauptrolle verfilmt.

Seite 70: *Peter Hamm* (geb. 1937): Schriftsteller und Literaturkritiker, Kulturredakteur beim Bayrischen Rundfunk.

Seite 71: *Anna:* Anna Schmid, eine Schwester von Walsers Mutter Augusta.

Geiselharz: Hier lebte der unverheiratete Onkel Anselm Schmid, dem Walsers Mutter für ein paar Jahre die Wirtschaft führte.

Seite 72: *Anton*: Anton Schmid, ein Bruder der Mutter.

Seite 73: *Kümmertsweiler,* Weiler oberhalb von Wasserburg, Geburtsort von Walsers Mutter Augusta Walser, geb. Schmid.

Kathrie: Katharina Schmid, eine Schwester der Mutter Augusta. Sie wurde sehr früh Nonne im Franziskanerinnen-Kloster Sießen, hieß dort Schwester Thaddäa und blieb mehr als 70 Jahre Klosterfrau.

Marianne: (geborene Oellers) war seit 1962 mit Max Frisch befreundet, seit 1968 mit ihm verheiratet. 1979 wurde die Ehe geschieden.

Seite 75: *Zorn einer Göttin*: Titel eines der Bodenseekrimis.

Seite 76: *Lokal Jehle:* Käthe Walser ist eine geborene Jehle. Die Familie stammt aus Friedrichshafen und führt dort das Hotel «Goldenes Rad» (vgl. Anmerkung S. 385).

Seite 77: *Frau Eberhard:* Ehefrau von Fritz Eberhard (1896–1982), der Anfang der 50er Jahre als Intendant des Süddeutschen Rundfunks Walsers Förderer und väterlicher Freund gewesen ist. Walser arbeitete damals beim SDR-Rundfunk und gehörte Mitte der 50er Jahre zu dem von Eberhard eingesetzten Team, das Pionierarbeit fürs Fernsehen leistete.

Buchinger: Klinik für Heilfasten in Überlingen. Auch Siegried Unseld kam regelmäßig in den Ferien hierher, um abzunehmen.

FAZ-Kritik: Ulrich Greiner, «Der gute Hirte Martin Walser», FAZ vom 17. 3. 1979.

Seite 79: *Herr Städtler, Steven Scher und Ulrike:* Erhard Städtler leitete 1977/78 das Goethe-Institut in Boston, Steven Scher und Ulrike Rainer waren Germanisten am Dartmouth College.

Boston: Beginn des zehnwöchigen Aufenthalts als Gastdozent am Dartmouth College, Hanover, New Hampshire. Walser wurde zunächst von Theresia begleitet, am 4. 4. kamen Käthe und Alissa nach. Nach den Aufenthalten 1956, 1973 und zuletzt 1976 (als er Gastprofessor in Morgantown, Virginia, gewesen war), war dies nun der vierte, längere USA-Aufenthalt.

Seite 81: *Kurt und Helen Wolff:* Kurt Wolff (1887–1963), Verleger, Gründer des legendären, besonders expressionistische Literatur fördernden Kurt-Wolff-Verlages in Leipzig (1913–1940). Im amerikanischen Exil gründete er zusammen mit seiner Frau Helen Wolff (1914–2011) 1942 den Verlag Pantheon Books. Sie verlegten zahlreiche deutsche Autoren in den USA.

Monika T.: Monika Totten, Germanistin am Dartmouth College.

Kenkel: Konrad O. Kenkel, Germanistikprofessor am Dartmouth College.

Seite 83: *Ken:* Kenneth Langer.

Seite 86: *Orozco:* José Clemente Orozco (1883–1949), mexikanischer Maler, bekannt für seine Wandmalerei.

Carlos Fuentes (1928–2012): Mexikanischer Schriftsteller.

Seite 87: *Herr Kleinhardt:* Werner Kleinhardt, Professor für Deutsche und Vergleichende Literatur am Dartmouth College.

Seite 94: *Dorrit Cohn* (1924–2012): Professorin der Germanistik und Vergleichenden Literaturwissenschaft an der Harvard University. 1939 war sie mit ihrer Familie in die USA emigriert.

Seite 95: *Idi Amin* (1928–2003): Ugandischer Diktator von 1971–1979, der auch als «Schlächter von Afrika» bezeichnet wurde. Im April 1979 wurde er gestürzt, nachdem er den von ihm angezettelten Krieg gegen Tansania verloren hatte.

Seite 96: *Fall-out:* Am 28. März 1979 kam es im Atomkraftwerk Harrisburg, Pennsylvania, zu einem schweren Zwischenfall mit partieller Kernschmelze.

Seite 97: *Joyce Carol Oates* (geb. 1939): US-amerikanische Schriftstellerin. Die Novelle «The Triumph of the Spider Monkey» erschien 1976.

Seite 100: *Rosenstock-Huessy:* Eugen Rosenstock-Huessy (1888–1973), Soziologe, Rechtshistoriker jüdischer Herkunft, geboren und aufgewachsen in Berlin, emigrierte 1933 in die USA.

NYT: Die «New York Times».

Seite 102: *TWA:* Trans World Airlines, amerikanische Fluglinie, 2011 von American Airlines übernommen.

Seite 109: *Ferdinand Sor* (1778–1838): Spanischer Komponist und Gitarrist *Segovia:* Andrés Segovia (1893–1987), spanischer Gitarrist.

Seite 114: *Frau Thatcher:* Margaret Thatcher (1925–2013), englische Politikerin, von 1975 bis 1990 Vorsitzende der Konservativen Partei, wurde im Mai 1979 zur Premierministerin gewählt und behielt das Amt bis 1990.

Seite 115: *Ezra Pound* (1885–1972): Amerikanischer Lyriker. Höchst umstritten wegen seiner Hinwendung zum italienischen Faschismus.

Wyndham Lewis (1882–1957): Britischer Schriftsteller mit Neigung zum italienischen Faschismus und zum Nationalsozialismus, die in seinem 1931 erschienen Buch «Hitler» zum Ausdruck kam.

Seite 116: *Lion Feuchtwanger* (1884–1958): Deutscher Schriftsteller, einer der meistgelesenen Autoren seiner Zeit. Ging als Jude und Linksintellektueller, dessen Bücher 1933 von den Nazis verbrannt wurden, ins Exil, zunächst nach Südfrankreich und 1940 in die USA, wo er in Pacific Palisades, Los Angeles, in der Nachbarschaft von Thomas Mann in der Villa Aurora lebte.

Seite 117: *George Avery* (1927–2004): US-amerikanischer Germanist, Spezialist für deutschsprachige Literatur des 20. Jahrhunderts, der sich u.a. mit dem auch von Walser hoch geschätzten Robert Walser befasste. Einer seiner Schüler war der Schriftsteller Jonathan Franzen.

Seite 124: *Kilchberg:* Letzter Wohnsitz der Familie Thomas Mann am Zürichsee.

Seite 125: *Volkmar Sander:* Leiter des Deutschen Hauses in New York, Förderer der deutsch-amerikanischen Kulturbeziehungen.

Mrs. Rosenberg: Mary S. Rosenberg (1900–1992): Emigrierte 1939 in die USA und gründete in New York den auf deutschsprachige Literatur spezialisierten Verlag Mary S. Rosenberg Publishers, zu dem auch eine Buchhandlung gehörte.

Oskar Maria Graf (1894–1967): Deutscher Schriftsteller, lebte seit 1933 im Exil, seit 1938 in den USA. Die hier erwähnte *Frau Graf* ist seine dritte Ehefrau Gisela Blauner (1907–1996), die er 1962 heiratete.

Seite 126: *Sepp Bierbichler* (geb. 1948): Deutscher Schauspieler mit Ähnlichkeiten zu Oskar Maria Graf in Konstitution und bayrischem Dialekt.

Adler's: Adler's Foreign Books, eine New Yorker Buchhandlung u.a. für deutschsprachige Literatur.

Seite 130: *Mädchenleben:* Altes Romanprojekt, war zunächst als eines von sieben Büchern über sieben Familien geplant. Es handelte von dem Mädchen Sirte und der Familie Zürn, deren Vater Ludwig allerdings nicht identisch ist mit den späteren Romanfiguren Xaver Zürn (in «Seelenarbeit») und Gottlieb Zürn (in «Das Schwanenhaus», «Jagd» und «Der Augenblick der Liebe»). «Mädchenleben» gehört zu den großen, immer wieder aufgegriffenen und doch unausgeführten Romanvorhaben. Unter diesem Stichwort begann Walser bereits im Jahr 1961, Notizen zu machen (vgl. Leben und Schreiben, Tagebücher 1951–1962).

Seite 133: *Heike Doane:* Germanistin an der University of Vermont, die wiederholt über Martin Walser veröffentlicht hat.

Seite 141: *GT:* Walser benutzt für «Geschlechtsteil» ein Kürzel. Die Schwierigkeiten der Benennung spielen auch im Kindheitsroman «Ein springender Brunnen» eine Rolle. Dort nennt Walsers jugendliches Alter Ego Johann sein Geschlechtsteil «Ich bin der ich bin», IBDIB.

Seite 143: *Bestenliste:* Damals SWF-, heute SWR-Bestenliste. Sie beruht auf Kritikerempfehlungen, die für einzelne Titel Punkte vergeben. Von Christa Wolf erschien 1979 die Erzählung «Kein Ort. Nirgends».

Seite 144: *AA:* American Airlines.

Seite 146: *Trio:* Geplantes Theaterstück, das immer wieder auftaucht, aber nicht ausgeführt worden ist.

Reinhold Grimm (1931–2009): Deutscher Germanist, der 1956 über Gottfried Benn promoviert hatte und seit 1967 als Professor in den USA lehrte. Machte sich neben Arbeiten über Benn auch als Brecht-Spezialist und mit vielfältigen Publikationen einen Namen.

Seite 153: *Arnold:* Heinz-Ludwig Arnold (1940–2011), deutscher Literaturwissenschaftler, Publizist, Verleger. Herausgeber der Reihe «Text und

Kritik» und des «Lexikons der deutschen Gegenwartsliteratur». Er war eine Institution des Literaturbetriebs und einer der wichtigsten Vermittler deutscher Literatur im In- und Ausland.

Seit Pulvermühle: In der Pulvermühle im oberfränkischen Waischenfeld fand 1967 die letzte offizielle Tagung der «Gruppe 47» statt.

J. Hermand: Jost Hermand (geb. 1930): Deutscher Literaturwissenschaftler und Kulturhistoriker, Professor an der University of Wisconsin-Madison.

Seite 154: *Uwe:* Uwe Johnson (1934–1984), mit dem Walser eine langjährige, schwierige Freundschaft verband, kam 1959 aus der DDR nach West-Berlin und wurde Autor im Suhrkamp Verlag. In den 60er Jahren gehörte er neben Walser, Max Frisch und Hans Magnus Enzensberger zum engsten Kreis um Siegfried Unseld. Sein vierbändiges Romanwerk «Jahrestage» entstand zwischen 1970 und 1983.

Seite 157: *Woody Allen* (geb. 1935), amerikanischer Schauspieler und Filmregisseur. 1979 kam sein Film «Manhattan» in die Kinos.

Seite 166: *Bruce Duncan:* Germanistikprofessor am Dartmouth College.

Seite 170: *Celan:* Paul Celan (1920–1970), deutschsprachiger, jüdischer Lyriker aus Czernowitz, überlebte während des Krieges Arbeitslager in Rumänien bis zur Befreiung durch die Rote Armee, floh 1948 in den Westen und lebte ab 1948 in Paris.

Seite 172: *Blechtrommel-Film:* Volker Schlöndorffs Verfilmung des Grass-Romans kam 1979 ins Kino und wurde in diesem Jahr mit der Goldenen Palme der Filmfestspiele in Cannes ausgezeichnet. 1980 erhielt er den Oscar als bester fremdsprachiger Film.

Volker Schlöndorff (geb. 1939): Filmregisseur und -produzent, der besonders mit seinen Literaturverfilmungen Furore machte. 1966 wurde er mit seinem Debüt, der Verfilmung von Musils «Der junge Törless», berühmt. 1975 adaptierte er Heinrich Bölls «Die verlorene Ehre der Katharina Blum» fürs Kino, 1979 folgte «Die Blechtrommel».

Seite 186: *Joyce:* James Joyce (1882–1941): Irischer Schriftsteller, Autor des epochalen Romans «Ulysses».

Seite 191: *Lewisohn:* Ludwig Lewisohn (1882–1955), geboren in Berlin, emigrierte 1890 nach New York. Sein Roman «Der Fall Crump» erschien 1926 auf Deutsch, mit einem Vorwort von Thomas Mann. Er handelt von einer Ehehölle und endet damit, dass der wider Willen in die Ehe hineingeratene Mann, ein Musiker, seine Frau ermordet. Die 1947 unter dem Titel «The Tyranny of Sex» erschienene amerikanische Ausgabe wurde zu einem Millionenbestseller. (Eine Neuauflage des Buches mit Thomas Manns Beitrag als Nachwort erschien im Verlag Secession, Zürich 2010.)

Seite 198: *Rob. Frost:* Robert Frost (1874–1963), amerikanischer Dichter, der in seiner Naturlyrik immer wieder die Landschaft Neuenglands beschrieb.

Seite 199: *Ruth:* Ruth Klüger, geb. 1931 in Wien, Schriftstellerin und Literaturwissenschaftlerin. Wurde 1942 zusammen mit ihrer Mutter ins KZ Theresienstadt deportiert; ihr autobiographischer Bericht «Weiter leben. Eine Jugend» handelt davon. 1946 begann sie als 15-Jährige ein Studium in Regensburg. Ihr Kommilitone Martin Walser wurde ihr zu einem Freund. In ihrer Autobiographie ist er in der Figur des «Christoph» porträtiert. 1947 emigrierte sie in die USA. Die Freundschaft endete 2002 mit dem Roman «Tod eines Kritikers», von dem sie sich in einem offenen Brief distanzierte.

George: Stefan George (1868–1933): Deutscher Lyriker, berühmt nicht nur durch seine ästhetizistische Dichtung, sondern auch durch den lebensreformerischen Kreis von Jüngern, die er um sich versammelte, den sogenannten George-Kreis.

Seite 201: *R. Angress:* So hieß Ruth Klüger in den Jahren ihrer Ehe mit Werner Angress.

Seite 207: *Albee-Stück:* Edward Albee (geb. 1928), US-amerikanischer Dramatiker.

Seite 208: *Freya Gräfin von Moltke* (1911–2010): Schriftstellerin, Juristin, Widerstandskämpferin gegen den Nationalsozialismus. Gründete auf ihrem Gut in Schlesien zusammen mit ihrem Mann Helmuth James Graf von Moltke den sogenannten «Kreisauer Kreis». Graf von Moltke wurde im Januar 1945 hingerichtet. Gräfin von Moltke lebte von 1947 bis 1960 in Südafrika, danach in Norwich (Vermont).

Seite 217: *Hans-Peter Schabert:* Schulfreund aus der Katholisch-Bayrischen Realschule in Lindau (vgl. Anm. S. 57).

Wendt: Ernst Wendt, Chefdramaturg und Regisseur an den Münchner Kammerspielen.

Seite 218: *Zweimal zur Birke:* Walser schwimmt möglichst täglich im Bodensee, von seinem Haus aus parallel zum Ufer. Im Tagebuch hält er immer wieder fest, wie weit er gekommen ist.

Seite 219: *Klaus Pohls Stück:* siehe Anmerkung S. 52.

Seite 220: *Böll, Grass, Lenz:* Bundespräsident Walter Scheel wollte im Mai 1979 Günter Grass, Heinrich Böll und Siegfried Lenz mit dem Bundesverdienstkreuz auszeichnen. Alle drei lehnten ab, als sie interne Anfragen erhielten; durch eine Indiskretion im Präsidialamt wurde die Verweigerung öffentlich und in der FAZ scharf kritisiert: Es sei nicht gerade der «Stil von Bürgern unter Bürgern», der «Republik die kalte Schulter» zu zeigen. Die drei wehrten sich mit einer Replik in der FAZ: Grass, indem er dem Kommentator einen Orden verleihen wollte, Böll, indem er aufzulisten versuchte, wer alles schon eine Auszeichnung verweigert hatte, und Lenz, indem er die Auszeichnung grundsätzlich für unwesentlich erachtete.

Seite 221: *Auf dem Schreibtisch seines Klienten:* Gottlieb Zürn aus dem Roman «Das Schwanenhaus» verdient seinen Lebensunterhalt als Immobilienmakler.

Seite 222: *Germania:* Heiner Müllers «Germania Tod in Berlin» wurde 1979 in der Regie von Ernst Wendt an den Münchner Kammerspielen uraufgeführt.

Seite 226: *Gershom Scholem* (1897–1982): Jüdischer Religionshistoriker, Mystiker, Philosoph. Aufgewachsen in Berlin, wo er der zionistischen Bewegung angehörte, war mit Walter Benjamin befreundet. Lehrte seit 1925 an der Hebräischen Universität Jerusalem. Wiederentdecker der Kabbala und Erforscher der mystischen Traditionen des Judentums.

Marcuse: Herbert Marcuse (1898–1979): Philosoph und Politologe. Als Sohn einer jüdischen Familie in Berlin aufgewachsen, studierte u.a. bei Edmund Husserl und Martin Heidegger, war marxistisch orientiert und lebte seit 1933 im Exil, zunächst in der Schweiz, ab 1934 in den USA. Arbeitete dort an Max Horkheimers Institut für Sozialforschung. Seit 1954 war er Professor der Philosophie an der Brandeis University, Massachusetts, seit 1964 an der University of California, San Diego. Er lehrte auch an der FU Berlin, wo er für die Studenten der 68er-Generation eine große Rolle spielte. Er starb wenige Tage nach Habermas' Geburtstag am 29. Juli 1979 in Starnberg an einem Hirnschlag.

Seite 227: *Martin Buber* (1878–1965): Jüdischer Religionsphilosoph, Zionist. 1924 bis 1933 Professor für jüdische Religionslehre in Frankfurt/Main. Er lebte in Heppenheim; sein Wohnhaus wurde in der sogenannten «Reichskristallnacht» am 9. November 1938 verwüstet, nachdem es ihm gelungen war, 1938 aus Deutschland zu entkommen und nach Jerusalem zu emigrieren.

Seite 228: *Marianne Koch* (geb. 1931): Filmschauspielerin, Ärztin, Fernseh- und Radio-Moderatorin, (z.B. «3 nach 9»), bekannt auch als Raterin in Robert Lemkes Rateshow «Was bin ich».

Nicolas Born (1937–1979): Deutscher Schriftsteller. 1979, kurz vor seinem Tod, erschien der Roman «Die Fälschung», der 1981 von Volker Schlöndorff verfilmt wurde.

Hille Baumgart: Ehefrau von Reinhard Baumgart (1929–2003), Literaturkritiker und Essayist, der sich immer wieder kritisch mit Walsers Werken befasst hat.

Bloch: Ernst Bloch (1885–1977): Deutscher Philosoph, Marxist («Das Prinzip Hoffnung»).

Seite 229: *ungeheuer nationalistischen Aufsatz:* (vgl. Anm. S. 51).

Seit ich die deutsche Teilung öffentlich unerträglich nenne: Walser hatte erstmals am 30.8.1978 in Bergen-Enkheim öffentlich über die deutsche Teilung gesprochen und bekannt, er halte es «für unerträglich, die deutsche Geschichte – so schlimm sie zuletzt verlief – in einem Katastrophenprodukt enden zu lassen». Er beschrieb sein elementares Bedürfnis, ohne Grenzschikanen nach Leipzig oder Dresden reisen zu können (Martin

Walser: Über den Leser – soviel man in einem Festzelt dazu sagen soll. Werke XI, S. 564 ff. Vgl. Jörg Magenau: Martin Walser, S. 367 f.).

Seite 231: *Helmut:* Helmut Lang, Sohn von Sophie Lang, einer Schwester von Walsers Mutter Augusta.

Seite 233: *Herr und Frau Ficus:* André Ficus (1919–1999): Maler vom Bodensee. Veröffentlichte zusammen mit Martin Walser «Heimatlob. Ein Bodensee-Buch» (1978) und «Die Amerikareise. Versuch, ein Gefühl zu verstehen» (1986).

Seite 235: *Bodensee-Literaturpreis:* Gestiftet von der Stadt Überlingen, verliehen seit 1954. Preisträger des Jahres 1979 war der Mediävist Arno Borst, der für sein Buch «Mönche am Bodensee» ausgezeichnet wurde.

Horst Jaedicke (1924–2010): Journalist, Redakteur, Filmproduzent. Walser kannte ihn aus seiner Zeit beim SDR in Stuttgart Anfang der 50er Jahre. 1952 ging Jaedicke nach Hamburg und wurde Redakteur der «Tagesschau». 1959 kehrte er als Fernsehdirektor nach Stuttgart zurück.

Seite 238: *Harald Clemen* (geb. 1947): Deutscher Theaterregisseur, seit 1976 als Dramaturg und Regisseur an den Münchner Kammerspielen.

Karin Kiwus (geb. 1942): Schriftstellerin, Lyrikerin. 1973–75 Lektorin im Suhrkamp Verlag, 1975 wurde sie Leiterin der Abteilung Literatur der Berliner Akademie der Künste. Der Gedichtband «Angenommen später» erschien 1979 im Suhrkamp Verlag.

Seite 239: *Hugo:* Hugo Jehle, Vetter von Käthe Walser, Fotograf.

Günter Schöllkopf (1936–1979): Maler, Grafiker, Illustrator. Martin Walser hat sich in mehreren Aufsätzen mit ihm befasst (Martin Walser: Woher diese Schönheit, S. 33, 37, 43).

Seite 241: *Lambert Hamel* (geb. 1940): Schauspieler. Von 1973–2001 gehörte er zum Ensemble der Münchner Kammerspiele.

Herbert Achternbusch (geb. 1938): Schriftsteller, Bildender Künstler und Filmregisseur. Wurde durch Vermittlung Walsers 1969 Autor des Suhrkamp Verlages.

Seite 242: *Bei WK in Haar:* Walser setzte sich immer wieder für schreibende Gefangene ein und verhalf ihnen zu Publikationsmöglichkeiten. So z.B. bei dem Buch «Vorleben» von Ursula Trauberg und bei Wolfgang Werners Erfahrungsbericht «Vom Waisenhaus ins Zuchthaus», 1969 im Suhrkamp Verlag erschienen. Walser schrieb dazu ein Nachwort und setzte sich auch darüber hinaus immer wieder für den unter diesem Pseudonym schreibenden Wolfgang Krämer ein, verschaffte ihm Zugang zum Literaturbetrieb, half ihm dabei, eine bürgerliche Existenz zu gründen, und war dessen Trauzeuge. 1977 wurde Krämer wegen Totschlags verhaftet und im Januar 1979 zu neun Jahren Freiheitsstrafe in einer psychiatrischen Anstalt verurteilt. Der «Spiegel» berichtete über diese traurige Geschichte: http://www.spiegel.de/spiegel/print/d-40352060.html.

Seite 251: *Auschwitz und kein Ende:* Werkausgabe XI, S. 361 ff. In einem Gespräch mit Rudolf Augstein 1998, dem Jahr der Paulskirchenrede, sagte Walser: «In jedem Jahrzehnt habe ich mich neu auf das Thema eingelassen. Ich war nie entlassen aus dieser Problematik. Ich habe mich aber auch nie aufgehoben oder gar entlastet gefühlt in der Behandlungsart, die das jeweilige Jahrzehnt praktiziert hat.» (In: Der Spiegel 45/1998.)

Seite 256: *Busch:* Günther Busch (1929–1995), Lektor bei Suhrkamp, zuständig für die edition suhrkamp.

Neue Folge: Nach dem von Habermas herausgegebenen Band 1000 der edition suhrkamp plante Siegfried Unseld ab Band 1001 einen Neustart der Reihe, die längst nicht mehr die Bedeutung hatte wie zu Zeiten der Studentenbewegung und mit Umsatzrückgängen zu kämpfen hatte. Unseld wollte wieder stärker auf Literatur und weniger auf Soziologie setzen. Habermas fürchtete eine politische Umorientierung; auch im Feuilleton wurde im Sommer 1979 heftig über das angeblich bevorstehende Ende der edition suhrkamp spekuliert (vgl. Kleine Geschichte der edition suhrkamp. Sonderdruck, edition suhrkamp 2003).

Seite 264: *Marie Luise Scherer* (geb. 1938): Deutsche Schriftstellerin und Journalistin, die mit ihren Reportagen für den «Spiegel» berühmt wurde.

Seite 268: *Werner Brändle:* Theologe und Literaturwissenschaftler, langjähriger Professor in Hildesheim, studierte zunächst Theologie u.a. bei dem in Tübingen lehrenden Ernst Käsemann (1906–1998), dann Deutsch und Philosophie. Er gab den Materialienband zu Martin Walsers «Sauspiel» heraus (edition suhrkamp, 1985).

Seite 273: *Zapatka:* Manfred Zapatka (geb. 1942), deutscher Schauspieler, der viele Jahre zum Ensemble der Münchner Kammerspiele gehörte.

Seite 274: *Heinrich Dickreiter:* Heinrich Georg Dickreiter schrieb die 1914 erschienene autobiographische «Geschichte einer Proletarierjugend». Walser las diese Publikation aufgrund der Härte des proletarischen Daseins als «Abenteuerbuch». Dickreiter, 1865 in Straßburg geboren, wurde 1898 Redakteur der «Pfälzischen Post». Walser publizierte 1981 den Essay «Einblick in eine Bildungslücke. Über Heinrich Georg Dickreiter», der in der Zeitschrift «Allmende» (1. Jahrgang, 1981, Heft 1) erschien (in: MW Werke XII, S. 337 ff.).

Hermann Gremliza: Hermann L. Gremliza (geb. 1940): Publizist. Herausgeber der linken Monatszeitschrift «Konkret» in Hamburg.

Seite 277: *Hubert:* Hubert Jehle, Schwager von Martin Walser.

Hans-Peter: Hans-Peter Schabert (vgl. Anmerkung zu Seite 217).

Seite 278: *Auschwitz-Ausstellung:* vgl. Anm. S. 251.

Seite 279: *Orell Füssli:* Schweizer Verlagsholding und Buchhandlung in Zürich.

Seite 280: *Alfred Andersch* (1914–1980): Deutscher Schriftsteller. Seine wichtigsten Werke, «Sansibar oder der letzte Grund» und «Die Kirschen der Freiheit», erschienen in den 50er Jahren. Walser lernte ihn 1949 bei SDR in Stuttgart kennen, wo Andersch die Redaktion «Radio-Essay» gründete und leitete.

Robert Walser (1878–1956): Schweizer Schriftsteller. Er ist neben Kafka und Hölderlin der wohl prägendste und wichtigste Autor für Martin Walser. In seiner Poetik-Vorlesung zu Ironie setzte er sich mit ihm auseinander. Am 16. 4. 1978 hielt er im Schauspielhaus Zürich eine Rede zum 100. Geburtstag Robert Walsers («Über den Unerbittlichkeitsstil. Über Robert Walser», in: MW Werke XII, S. 294 ff.).

Seite 284: *Kroetz:* Franz Xaver Kroetz (geb. 1946), deutscher Dramatiker, Schriftsteller, Regisseur, Schauspieler («Kir Royal»).

Seite 287: *Jürgen Lodemann* (geb. 1936): Deutscher Schriftsteller und Literaturkritiker, Redakteur des SWF, wo er die «Bestenliste» etablierte.

Max Seckler (geb. 1927): Von 1964 bis 1993 Professor für Theologie in Tübingen.

Hajek: Otto Herbert Hajek (1927–2005): Deutscher Maler und Bildhauer der Abstraktion.

Seite 297: *Wasserburger Bichel:* Ortsteil von Wasserburg, dem Geburtsort Walsers.

Seite 300: *Ingmar Bergman* (1918–2007): Schwedischer Filmregisseur, der sich in seinen Filmen vor allem mit Beziehungsproblemen und großen existenziellen Fragen auseinandergesetzt hat (u.a. «Das Schweigen», «Szenen einer Ehe», «Wilde Erdbeeren»).

Seite 302: *Peter Weiss* (1916–1982): Deutscher Schriftsteller, Dramatiker, Prosaautor. Lebte seit 1939 im schwedischen Exil, schrieb in deutscher und schwedischer Sprache. Er gehörte zu den wichtigsten Suhrkamp-Autoren und dem inneren Kreis um Siegfried Unseld. Wie Walser hatte er 1965 den Auschwitz-Prozess besucht und darüber berichtet. Walser lektorierte Anfang der 70er Jahre dessen Stück «Trotzki im Exil» und verteidigte es öffentlich, als der Sozialist Weiss deswegen in den sozialistischen Ländern zur «Unperson» erklärt wurde. Hauptwerk ist die dreibändige «Ästhetik des Widerstands».

Seite 303: *Lars Gustafsson* (geb. 1936): Schwedischer Schriftsteller, Philosoph, Literaturwissenschaftler. Gehörte zu den Gästen der Gruppe 47, lebte immer wieder in Deutschland, so 1972–1974 mit einem Stipendium des DAAD in West-Berlin. 1983–2006 war er Professor für Germanistische Studien und Philosophie an der University of Texas, Austin, USA.

Bengt Holmqvist (1932–1996): Schwedischer Intendant und Direktor der Staatlichen Museen.

Walter Jens (1923–2013): Philologe, Literaturkritiker, Professor für Rhetorik in Tübingen. Walser lernte ihn bereits 1948 als Student in Tübingen kennen, später begegneten sie sich bei den Treffen der Gruppe 47, an denen Jens als Kritiker teilnahm.

Seite 304: *Samuel Beckett* (1906–1989): Irischer Schriftsteller. Im Unterschied zu dem auf politische Wirkung und die Veränderung und Verbesserbarkeit der Welt bedachten Peter Weiss handeln seine Stücke («Warten auf Godot») vom Aushalten der Sinnlosigkeit des Daseins, das erst aus der Konfrontation mit dem Nichts einen letzten Sinn gewinnt.

Peter Handke, Hans Magnus Enzensberger: Handke erhielt den Büchnerpreis 1973, mit 31 Jahren, Enzensberger 1963, mit 34 Jahren. Walser musste auf den Büchnerpreis noch bis 1981 warten.

Seite 305: *Seine erste große Einnahme:* Für seinen Roman «Ehen in Philippsburg» erhielt Walser 1957 den Hermann-Hesse-Preis. Den Scheck über 10000 DM, den er bekam, überreichte er seiner Mutter, um ihr zu beweisen, dass Schriftstellerei nicht nur eine Marotte, sondern ein ernsthafter Beruf sei (vgl. Jörg Magenau, Martin Walser, S. 126 f.).

Seite 315: *Bergamasker:* Italienische Hunderasse, Hirtenhund.

Seite 321: *Siesmayerstraße:* In der Siesmayerstraße in Frankfurt/Main findet alljährlich zur Buchmesse der Empfang der Frankfurter Allgemeinen Zeitung statt.

Alejo Carpentier (1904–1980): Kubanischer Schriftsteller, Professor für Literatur in Havanna. Seit 1966 kubanischer Kulturattaché in Paris.

Dolf Sternberger (1907–1989), Politikwissenschaftler und Journalist, publizierte 1957 unter dem Titel «Aus dem Wörterbuch des Unmenschen» eine Untersuchung der Sprache des Nationalsozialismus.

Jürgen Becker (geb. 1932): Lyriker und Hörspielautor. Von 1974 bis 1993 leitete er die Hörspielabteilung des Deutschlandfunks.

Michaelis: Rolf Michaelis (1933–2013): Literaturkritiker, Kulturjournalist. Von 1964 bis 1973 bei der FAZ, von 1973 bis 1985 Leiter des Literaturteils der Wochenzeitung «Die Zeit», von 1985 bis 1998 Feuilletonredakteur der «Zeit».

Urs Jenny (geb. 1938): Schweizer Journalist, Literaturkritiker, 1979 war er Redakteur beim «Spiegel».

Ugnė Karvelis (1935–2002): Litauische Übersetzerin, Kritikerin, lebte in Paris, von 1967–79 mit dem Schriftsteller Julio Cortázar verheiratet.

Erich Wulff (1926–2010): Deutscher Psychiater, befasste sich mit Ethnopsychiatrie, engagierte sich für die deutsche Psychiatriereform. Von 1961 bis 1967 lehrte er an der Universität Hué, Vietnam, und berichtete darüber unter dem Pseudonym Georg W. Alsheimer.

Seite 325: *Lieber Herr Seeba:* Hinrich C. Seeba, Germanist und Altphilologe, lehrte von 1977 bis 1981 in Berkeley.

Seite 326: *Ingrid Krüger:* Lektorin. Von 1969 bis 1970 Kulturredakteurin der Zeitschrift «Konkret», dann Lektorin bei Wagenbach, später im Luchterhand Literaturverlag, danach bei Rowohlt Berlin; seither freie Lektorin.

Seite 327: *Luc Bondy* (geb. 1948): Schweizer Theaterregisseur.

Buddenbrooks-Film: Am 15. 10. 1979 lief die erste von elf Folgen der Verfilmung des Romans von Thomas Mann in der Regie von Franz Peter Wirth.

Seite 328: *Fest:* Joachim Fest (1926–2006): Historiker, Herausgeber der FAZ, Buchautor, der vor allem mit seinen Biographien über Hitler und Albert Speer berühmt wurde.

Seite 332: *E. Fröhlich:* Elio Fröhlich, Züricher Anwalt von Esther Hoffe.

Esther Hoffe (1906–2007): Lebensgefährtin und Sekretärin von Max Brod, dessen Nachlass sie 1968 erbte. Er enthielt nicht nur die gesamte Korrespondenz Brods (u. a. mit Kafka), sondern auch bedeutende Kafka-Manuskripte. «Der Prozess» wurde 1988 über Sotheby's versteigert und vom Deutschen Literaturarchiv Marbach für 1,98 Millionen Dollar erworben.

Max Brod (1884–1968): deutschsprachiger Schriftsteller aus Prag, mit Franz Kafka befreundet, Herausgeber der Werke Kafkas.

Dr. Keim: Anton Maria Keim (geb. 1928), von 1972 bis 1996 Bürgermeister und Kultur- und Schuldezernent der Stadt Mainz.

Seite 336: *Raddatz:* Fritz J. Raddatz (geb. 1931): Publizist, Kritiker, Schriftsteller, kam 1958 aus der DDR in die Bundesrepublik. Von 1960 bis 1969 Lektor des Rowohlt Verlags, von 1976 bis 1985 Leiter des Feuilletons der «Zeit».

Hans Mayer (1907–2001): Literaturwissenschaftler und Kritiker. Als Jude und Kommunist musste er 1933 aus Deutschland fliehen und lebte in Frankreich im Exil, kehrte 1945 nach Deutschland zurück und ging 1948 in die SBZ. In Leipzig wurde er Professor für Literaturwissenschaft, Christa Wolf und Uwe Johnson hörten dort seine Vorlesungen. Auch Fritz J. Raddatz war einer seiner Schüler. Mayer nahm regelmäßig an den Tagungen der Gruppe 47 teil. 1963 kehrte er von einem Besuch im Westen nicht in die DDR zurück. Von 1965 bis zu seiner Emeritierung 1973 lehrte er Deutsche Literatur in Hannover, anschließend war er Honorarprofessor in Tübingen.

Peter Paul Zahl (1944–2011): Deutscher Schriftsteller und Verleger, Sympathisant der RAF. 1972–1982 in Haft, nachdem er auf der Flucht bei einem Schusswechsel einen Polizisten lebensgefährlich verletzt hatte. Ab 1985 lebte er hauptsächlich in Jamaika und schrieb Kriminalromane. Walser hatte sich für ihn eingesetzt, indem er 1977 in Konstanz bei einer Preisverleihung Gedichte Zahls vortrug (vgl. Lesen und Schreiben, Tagebücher 1974–1978, S. 305).

Seite 337: *Hodler:* Ferdinand Hodler (1853–1918): Schweizer Maler.

Seite 340: *Greiner:* Ulrich Greiner (geb. 1945): Literaturkritiker. Von 1970–1980 arbeitete er für die FAZ, seither für das Feuilleton der «Zeit».

Fernsehjubiläum: Walser arbeitete Anfang der 50er Jahre für den SDR-Hörfunk in Stuttgart und gehörte ab 1953 zu den Pionieren des neuen Mediums Fernsehen (vgl. Anm. zu S. 77).

Micha: Michael Pfleghar (1933–1991): Deutscher Filmregisseur und Fernsehproduzent. Arbeitete mit Walser beim SDR.

Corinne: Corinne Pulver (geb. 1927): Schweizer Autorin, Schwester von Lilo Pulver. Arbeitete mit Walser beim SDR.

Hans Gottschalk (geb. 1926): Drehbuchautor, Produzent. Arbeitete mit Walser beim SDR.

Helmut Jedele (1920–2012): Ehemals Fernsehdirektor beim SDR, mit Walser bekannt und befreundet seit Anfang der 50er Jahre, als er ihn zusammen mit Hans Gottschalk als Volontär zum SDR holte. Direktor der Bavaria Filmgesellschaft in München.

Seite 341: *Leben und Schreiben:* Freier Vortrag über das Schreiben, nicht zu verwechseln mit dem späteren Titel der publizierten Tagebücher. Siehe auch S. 236.

Fritz Ludwig Schneider: Leiter der Unterhaltungsabteilung des Süddeutschen Rundfunks.

Herr Frommknecht: Ein Wasserburger Bauer.

Seite 342: *Schleyer und vier Polizisten:* Arbeitgeberpräsident Hanns-Martin Schleyer (1915–1977) wurde im Herbst 1977 von Terroristen der RAF entführt und ermordet. Bei der Geiselnahme am 5. September 1977 erschossen die Entführer drei Leibwächter und den Fahrer.

Seite 346: *Wenn sie die Wahlen gewinnt:* Die nächste Bundestagswahl, bei der Helmut Schmidt (SPD) die Kanzlerschaft gegen Franz Josef Strauß (CSU) verteidigte, fand erst am 5.10.1980 statt.

Seite 347: *Der Advokat Marx:* Heinrich Marx (1777–1838), Jurist, Vater des Philosophen Karl Marx, stammte aus einer Rabbinerfamilie, konvertierte ca. 1820 zum Christentum.

Seite 353: *Wolf Biermann* (geb. 1936): Liedermacher, Sänger, Lyriker aus der DDR. 1965 mit einem Auftrittsverbot belegt, wurde er 1976 ausgebürgert und lebte seither in West-Deutschland. Dieses Ereignis markiert eine tiefe Zäsur in der DDR-Geschichte; in der Folge verließen zahlreiche Künstler die DDR.

Seite 354: *Schmetterlinge:* Folkrockband aus Wien mit aktuellem politischem Anspruch. 1979 erschien ihre LP «Herbstreise», deren Lieder von Terrorismus, Berufsverboten, Anti-Atombewegung etc. handeln.

Seite 355: *Egon Gramer* (geb. 1936): Tübinger Autor und Lehrer, Professor am Seminar für Didaktik und Lehrerausbildung. Wurde bekannt für seine Seminare «Lehrer im Gespräch» mit Schriftstellern, an denen auch Walser teilnahm. Über Gramers späten Debütroman «Gezeichnet: Franz Klett» (2005) schrieb Walser eine große, enthusiastische Besprechung im «Spiegel» («Neue Wörter im Einflugloch», Spiegel 40/2010. http://www.spiegel.de/spiegel/print/d-42008787.html).

Seite 357: *Sarah Kirsch* (1935–2013): Lyrikerin, wurde 1976 wegen ihrer Proteste gegen die Biermann-Ausbürgerung aus der SED und dem Schriftstellerverband der DDR ausgeschlossen, übersiedelte 1977 in die Bundesrepublik.

Peter Glotz (1939–2005): SPD-Politiker, 1977–1981 Wissenschafts-Senator in West-Berlin, später Bundesgeschäftsführer seiner Partei.

Habermas-Anthologie: vgl. Anmerkung S. 51.

Seite 358: *Peter Schneider* (geb. 1940): Deutscher Schriftsteller. 1979 erschien sein Filmdrehbuch «Messer im Kopf» über einen an Rudi Dutschke erinnernden Mann, der durch einen polizeilichen Kopfschuss schwer verletzt worden ist. Die Verfilmung unter der Regie von Reinhard Hauff mit den Hauptdarstellern Angela Winkler und Bruno Ganz wurde ein großer Erfolg.

Jutta Karow: Berliner Malerin.

Ulla und Helmut: Helmut Kellerhoff ist ein Schulfreund Martin Walsers, später Arzt in Berlin.

Seite 361: *Jennifer Minetti* (1940–2011): Deutsche Schauspielerin, Tochter von Bernhard Minetti, von 1977–2001 an den Münchner Kammerspielen engagiert.

Seite 362: *Schmidinger:* Walter Schmidinger (1933–2013): Österreichischer Schauspieler, in den 70er Jahren an den Münchner Kammerspielen und am Bayrischen Staatsschauspiel in München engagiert. 1984 wechselte er an die Berliner Schaubühne.

Kolbe: Jürgen Kolbe. Münchner Kulturreferent von 1976 bis 1988, zuvor Cheflektor des Carl Hanser Verlages.

Ernst Jünger (1895–1998): Deutscher Schriftsteller. Lebte seit 1950 in Wilflingen bei Riedlingen.

Seite 363: *Ludwig Harig* (geb. 1927): Deutscher Schriftsteller und Übersetzer aus dem Französischen. Lebt in Sulzbach im Saarland, das er in vielen seiner Bücher thematisiert.

Seite 366: *VS:* Verband deutscher Schriftsteller. Walser hatte sich in der Gründungsphase 1969 stark für den Schriftstellerverband engagiert und sich für eine gewerkschaftlich orientierte «IG Kultur» eingesetzt.

Der entsprechende Heidegger: Martin Heidegger (1889–1976), deutscher Philosoph, Schüler des Phänomenologen Edmund Husserl. Hauptwerk «Sein und Zeit» (1926).

Herr Fuhrmann: Manfred Fuhrmann (1925–2005): Deutscher Altphilologe, Professor für Lateinische Philologie an der Universität Konstanz.

Zanders: Manfred Zander war Deutschlehrer an der Oberschule in Überlingen.

Seite 367: *Dahrendorf:* Ralf Dahrendorf (1929–2009), Soziologe, Publizist, liberaler Theoretiker und FDP-Politiker.

Seite 368: *Wieacker:* Franz Wieacker (1908–1994): Deutscher Rechtshistoriker. Professor in Göttingen.

Bruder Katias: Katia Pringsheim (1883–1980), Ehefrau von Thomas Mann. Gemeint ist hier nicht ihr Bruder, sondern der Schwager Fritz Robert Pringsheim (1882–1967), Professor für römisches und bürgerliches Recht in Göttingen und in Freiburg.

Seite 369: *Kollege Kunkel:* Wolfgang Kunkel (1902–1981), Rechtshistoriker, Professor an der Universität München.

Seite 375: *Frau Müller-Gögler:* Maria Müller-Gögler (1900–1987): Deutsche Schriftstellerin aus dem Allgäu. In den 70er Jahren erschienen ihre dreibändigen Lebenserinnerungen (vgl. Anm. S. 61). Walser schrieb über sie den Essay «Eine anspruchsvolle Frau oder Menschwerdung auf Oberschwäbisch», in: «Heilige Brocken, Aufsätze, Prosa, Gedichte», 1981 (Werke XII, S. 355 f.).

Gisela Lindner (geb. 1932): Tochter von Maria Müller-Gögler, gab Texte ihrer Mutter heraus und schrieb darüber.

Seite 377: *Sarn:* In Sarn in Graubünden hatte Walser 1969 ein kleines Haus erworben, wo die Familie regelmäßig ihre Urlaube verbrachte.

Seite 379: *Siegfried, schon um sieben Uhr:* Die Autoren des Suhrkamp Verlages gingen davon aus, dass Siegfried Unseld an Silvester alle der Reihe nach anrufe, und zwar in der Reihenfolge ihrer Wichtigkeit, sodass also aus der Uhrzeit des Anrufes die eigene Bedeutung im verlagsinternen Ranking abzulesen wäre.

Nizon: Paul Nizon (geb. 1929): Schweizer Schriftsteller, Autor des Suhrkamp Verlages.

Seite 380: *Winfried Leuprecht:* Das genannte Buch (mit einem Vorwort von Martin Walser) heißt «Der Versuch, aufrecht zu stehen» und erschien 1980 im Radius Verlag.

Seite 382: *Wolfgang Koeppen* (1906–1996): Schriftsteller, Autor des Suhrkamp Verlages. Nach seinen berühmten Romanen «Tauben im Gras», «Das Treibhaus» und «Der Tod in Rom» litt er an einer legendären Schreibblockade. Unseld wartete vergeblich auf seinen nächsten Roman, unterstützte ihn aber finanziell. Auch Uwe Johnson wurde mit dem abschließenden 4. Band der «Jahrestage» nicht fertig. Er erschien schließlich 1983, zehn Jahre nach Band 3.

Struck: Karin Struck (1947–2006): Deutsche Schriftstellerin, deren Romane «Klassenliebe», «Die Mutter» und «Lieben» in den 70er Jahren im Suhrkamp Verlag erschienen.

Honegger: Gottfried Honegger (geb. 1917), Schweizer Maler und Grafiker, Vertreter des Konstruktivismus.

Seite 383: *Thomas Bernhard* (1931–1989): Österreichischer Schriftsteller. Neben Frisch, Walser, Johnson und Handke gehörte er zu den wichtigsten Autoren des Suhrkamp Verlages.

Dasso: Unter diesem Titel plante Martin Walser ein Theaterstück, eine heutige Version von Goethes «Tasso».

Seite 385: *Hotel Rad: Über den toten Vertreter:* Das Hotel «Goldenes Rad» in Friedrichshafen gehörte der Familie von Walsers Ehefrau Käthe. Für Vertreter hatte Walser immer ein besonderes Interesse: Sein Vater hatte sich zwischenzeitlich als Vertreter für Schweizer Uhren versucht. Walser debütierte 1952 vor der Gruppe 47 mit einer Geschichte über einen Vertreter («Das Gerät»). Auch Anselm Kristlein (im Roman «Halbzeit») war Handelsvertreter.

Seite 390: *Valérie von Martens* (1894–1986): Österreichische Schauspielerin, war verheiratet mit dem Schauspieler Kurt Goetz.

Frau von Opel: Margot von Opel, geborene von Löwenstein, heiratete 1930 Fritz von Opel, war eine der letzten Freundinnen der Schriftstellerin Annemarie Schwarzenbach.

Carson McCullers (1917–1967): US-amerikanische Schriftstellerin («Das Herz ist ein einsamer Jäger» u. a.), die an Gelenkrheumatismus und nach mehreren Schlaganfällen an einer halbseitigen Lähmung litt. In ihren letzten Lebensjahren war sie auf den Rollstuhl angewiesen.

Herr Goverts: Henry Goverts (1892–1988), deutscher Verleger.

Seite 391: *Heute Nacht Galle:* Schon 1957 hatte Walser eine Gallenoperation und war mehr als zwei Monate im Krankenhaus. Auch damals bestand ein Zusammenhang zwischen der Erkrankung und der Angst vor Verschuldung (vgl. Jörg Magenau, Martin Walser, S. 126).

Seite 393: *Schmid Fritz:* Fritz Schmid, ein Wasserburger Malermeister.

Seite 396: *Schiller-Preis:* Der Schiller-Gedächtnispreis des Landes Baden-Württemberg wird seit 1955 alle drei Jahre an Schillers Geburtstag, am 10. November, verliehen. Preisträger vor Martin Walser 1980 waren u.a. Max Frisch (1965), Ernst Jünger (1974), Golo Mann (1977).

Herr Saueressig: Heinz Saueressig, kaufmännischer Direktor der Boehringer-Firma Thomae in Biberach, sammelte alles, was von Martin Walser erschien. Das Walser-Archiv in Biberach, das heute ins Deutsche Literaturarchiv Marbach eingegangen ist, geht auf ihn zurück. Auf seine und Walsers Initiative erfolgte 1979 die Gründung der Literaturstiftung Oberschwaben.

Henri Nannen (1913–1996): Herausgeber und Chefredakteur des «Stern» in Hamburg.

Seite 397: *Gisela Stelly:* Journalistin, Buchautorin und Filmproduzentin. Von 1972–1992 vierte Ehefrau von Rudolf Augstein.

Hans Detlev Becker (geb. 1921): Ehemaliger Chefredakteur des «Spiegel» und von 1961 bis 1984 Geschäftsführer und Verlagsdirektor des Spiegel-Verlages.

Seite 399: *Das vierte Kapitel fertig:* 1980 erschien der Roman «Das Schwanenhaus».

Seite: 400: *Winifred Wagner* (1897–1980): Die Schwiegertochter Richard Wagners leitete von 1930 bis 1944 die Bayreuther Festspiele und war eine Freundin und Bewundererin von Adolf Hitler. Sie starb am 5. März 1980 im Krankenhaus Überlingen.

Daphne: Daphne Wagner (geb. 1946), Schauspielerin, Enkelin von Winifred Wagner.

Reliquien: Das Thema Reliquien, die ihre Kraft besitzen, solange die Gläubigen daran glauben, wird zum Thema in der in den Roman «Muttersohn» integrierten Novelle «Mein Jenseits» aus dem Jahr 2010.

Seite 401: *Heißenbüttel:* Helmut Heißenbüttel (1921–1996), Schriftsteller, Kritiker. Von 1959 bis 1981 war er Redakteur beim «Süddeutschen Rundfunk», dort verantwortlich für den «Radio-Essay». Er schrieb experimentelle Lyrik und war Mitglied der Gruppe 47.

Seite 406: *Das letzte Handke-Buch:* Der Roman «Langsame Heimkehr» erschien 1979.

Seite 408: *Alle Menschen sind:* Mit diesem Satz beginnt der Text «Von Wasserburg an», erschienen 1981 in der Zeitschrift «allmende». Er ist enthalten in: «Heilige Brocken. Aufsätze, Prosa, Gedichte», 1988.

Seite 416: *Die Verdienstmedaille:* Walser erhielt die «Verdienstmedaille des Landes Baden-Württemberg». Die Verleihung durch Ministerpräsident Lothar Späth fand im Schloss Ludwigsburg statt.

Seite 421: *Herr Steinecke:* Hartmut Steinecke (geb. 1940), Literaturwissenschaftler, von 1974 bis 2005 Professor an der Universität Paderborn.

Seite 427: *Erste Frucht des Literaturarchivs:* Vgl. Anmerkung zu Heinz Saueressig, S. 396.

Der unterirdische Himmel: Vorarbeiten zur Rede zum 25-jährigen Bestehen des Deutschen Literaturarchivs in Marbach, vgl. auch die Anm. zu Seite 452.

Seite 432: *Ehmke:* Horst Ehmke (geb. 1927), SPD-Politiker, Vertrauter von Willy Brandt und Minister in dessen Kabinett.

Seite 433: *Günter Grass:* Mit Grass verband Walser ein von Respekt und Sympathie getragenes, aber nicht spannungsloses Verhältnis aufgrund unterschiedlicher politischer Auffassungen (vgl. Leben und Schreiben, Tagebücher 1974–1978, Seite 12 und die Anmerkung dazu).

Ute: Ehefrau von Günter Grass.

Seite 434: *Hohenems:* Das 1976 gegründete Festival «Schubertiade Vorarlberg» fand bis 1991 im Palast Hohenems statt.

Christa Ludwig (geb. 1928): Mezzosopranistin, Opern- und Liedsängerin.

Seite 437: *Christa Wolf* (1929–2011): Schriftstellerin aus der DDR mit solidarisch-kritischer Haltung gegenüber dem sozialistischen Staat, die im Westen besonders innerhalb der Frauen- und später der Friedenbewegung rezipiert und geschätzt wurde. 1979 war ihr Buch «Kein Ort. Nirgends» über eine fiktive Begegnung von Heinrich von Kleist und Caroline von Günderrode erschienen. (Zum Büchnerpreis vgl. auch Seite 304 und die dazugehörige Anmerkung.)

Seite 439: *Wollschläger:* Hans Wohlschläger (1935–2007): Schriftsteller und Übersetzer, berühmt vor allem durch seine Übersetzung des «Ulysses» von James Joyce. Er hatte zunächst Musik studiert (Orgel und Kontrapunkt) und auch mehrere Sinfonien komponiert.

Seite 441: *Thaddäus Troll:* Eigentlich Hans Bayer (1914–1980), Schriftsteller, schwäbischer Heimatdichter, Feuilletonist.

Gerhard Marcks (1889–1981): Deutscher Bildhauer.

Walter Gropius (1883–1969): Deutscher Architekt, Begründer des Bauhauses.

Seite 443: *Briefe Tassos:* Torquato Tassos «Werke und Briefe» erschienen 1978 in der Übersetzung von Emil Staiger.

Seite 444: *Roman, dessen weibliches Zentrum Orli heißt:* «Das Einhorn» (1966).

Seite 450: *Vormweg:* Heinrich Vormweg (1928–2004), Literaturkritiker, schrieb vor allem für die «Süddeutsche Zeitung» und für den WDR.

Beleidigung: Die FAZ-Kritik von Günter Blöcker erschien am 23. 8. 1980 unter der Überschrift «Über die Erbötigkeit der Wörter».

Seite 452: *Die zwei Aufsätze:* «Deutsche Gedanken über französisches Glück», abgedruckt in «Le Monde Dimanche», 7. Dezember 1980 (in: Werke XI, S. 637), und «Der unterirdische Himmel. Rede zum 25jährigen Bestehen des Deutschen Literaturarchivs in Marbach», abgedruckt in der «Stuttgarter Zeitung» am 20. September 1980 (in: Werke XI, S. 647).

Für Stuttgart: Gemeint ist die Rede zur Verleihung des Schiller-Gedächtnispreises am 13. November 1980, «Mein Schiller» (in: Werke XII, S. 379).

Seite 453: *Drei Kritiken, die man brauchen kann:* In der «Frankfurter Rundschau» rezensierte Eckhard Henscheid «Das Schwanenhaus» («Geld macht dumm und immer dümmer», 23. 8. 1980).

Seite 454: *Martin Lüdke* (geb. 1943): Literaturkritiker und Literaturwissenschaftler.

Ein Sohn: Geburt des ersten Enkels Jakob Walser.

Seite 455: *Der Sohn zu 15 Jahren verurteilt:* Der Schauspieler und Schriftsteller Christof Wackernagel (geb. 1951) wurde wegen Mitgliedschaft in einer terroristischen Vereinigung (RAF) und Mordversuchs zu 15 Jahren Haft verurteilt. Seine Mutter Erika Wackernagel (1925–1996) war ebenfalls Schauspielerin.

Seite 459: *Das Lersch-Buch:* Das Buch «Hammerschläge. Ein Roman von Menschen und Maschinen» von Heinrich Lersch erschien mit einem Nachwort von Martin Walser 1980 in der Bibliothek Suhrkamp. Die Originalausgabe erschien 1930. Lersch (1989–1936) war ein Arbeiterdichter und Kesselschmied aus Mönchengladbach, der sich dem Nationalsozialismus anschloss. Die Zeile «Deutschland muss leben, und wenn wir sterben müssen» aus seinem Erster-Weltkriegs-Gedicht «Soldatenabschied» zierte zahlreiche Kriegerdenkmale.

Seite 464: *Marbach:* Veranstaltung zum 25-jährigen Bestehen des Deutschen Literaturarchivs (vgl. die Anmerkung zu den Seiten 427 und 452).

Beckermann: Thomas Beckermann: Einst Walsers Lektor im Suhrkamp Verlag, ab 1981 Lektor bei S. Fischer.

Seite 465: *Holthusen:* Hans Egon Holthusen (1913–1997), Lyriker, Literaturwissenschaftler und einflussreicher Kritiker der Nachkriegszeit. Umstritten wegen seiner NS-Vergangenheit: Er trat 1933 freiwillig in die SS ein. 1966 berichtete er darüber in einem Essay in der Zeitschrift «Merkur». 1968–1974 Präsident der Bayrischen Akademie der Schönen Künste.

Sperr: Hans-Joachim Sperr (1915–1963), Leiter des Feuilletons der «Süddeutschen Zeitung».

Seite 466: *Das Ironiebuch:* Martin Walser, «Selbstbewusstsein und Ironie. Frankfurter Poetikvorlesungen». edition suhrkamp, 1981 (Werke XII, S. 443 ff.). Die fünf Poetikvorlesungen hielt Walser im Oktober und November 1980. Die Beschäftigung mit Ironie reicht aber weit zurück (vgl. Anmerkung zu Seite 17).

Dorle und Wolf: Walsers deutsch-deutsche Novelle zum Thema Spionage erschien im Jahr 1987.

Seite 471: *Blöcker-Kritik:* Vgl. die Anmerkung zu Seite 450.

Seite 472: *Transatlantiker:* 1980 erschien erstmals die von Hans Magnus Enzensberger und Gaston Salvatore gegründete und herausgegebene Zeitschrift «TransAtlantik». Zur Redaktion gehörten Karl Markus Michel und Michael Rutschky. In den ersten zwei Jahren schrieben hier viele bekannte Schriftsteller und Publizisten; nach enttäuschenden Verkaufszahlen und Konflikten mit dem Verleger Heinz van Nouhuys stiegen Enzensberger und seine Mannschaft Ende 1982 aus dem Projekt aus.

Seite 473: *Die CDU verlor 4 %:* Bei der Bundestagswahl am 5. Oktober 1980 gewann die sozialliberale Koalition um Kanzler Helmut Schmidt (SPD) und Außenminister Hans-Dietrich Genscher (FDP). CDU/CSU 44,5 %, SPD 42,9 %, FDP 10,8 %, Grüne 1,5 %.

In den Elefanten: Gemeint ist das Hotel Elefant.

Weichselbaum: Hans Weichselbaum (geb. 1946), österreichischer Autor und Gymnasiallehrer in Salzburg.

Seite 476: *Selbstporträt als Kriminalroman:* Kleine Erzählung aus dem Jahr 1978, die das Verhältnis zu Marcel Reich-Ranicki als Parabel darstellte.

Seite 477: *Michael Krüger* (geb. 1943): Schriftsteller, Lyriker, Verleger, wurde 1968 Lektor des Carl Hanser Verlages in München, den er von 1986 bis 2013 leitete. Prosa von Johanna Walser erschien ab 1982 im S. Fischer Verlag (Collection S. Fischer).

Seite 478: *Eva Hesse* (geb. 1925): Deutsche Autorin, Übersetzerin, Literaturwissenschaftlerin. Im Suhrkamp Verlag erschienen Anfang der 70er Jahre ihre Bücher über Beckett, Eliot und Pound.

Seite 483: *Abstecher* und *Kinderspiel:* Zwei Theaterstücke von Martin Walser. «Der Abstecher» wurde 1961 uraufgeführt, «Ein Kinderspiel» 1971.

Seite 485: *Boston:* Walser besuchte dort einen Lehrerkongress. Erlebnisse dieser Reise, Eindrücke im Foyer des Sheraton-Hotels, gingen in den Text «Amerikareise» ein (Werke XI, 835).

Harvard Medical: Harvard Medical School.

Korf: Willi Korf (1929–1990), deutscher Unternehmer, der vor allem auf die Produktion von Betonstahl setzte.

Seite 489: *Ruths Endokarditis:* Gemeint ist Ruth Klüger (siehe Anmerkungen zu den Seiten 199 und 201). Percy Angress, ihr Sohn, ist Filmproduzent und Filmregisseur.

Seite 492: *Andrew Ranicki* (geb. 1948): Sohn von Marcel und Teofila Reich-Ranicki. Mathematiker. 1977–1982 war er Assistenzprofessor in Princeton, ab 1982 lehrte er in Edinburgh.

Seite 494: *W. Kraus:* Wolfgang Kraus (1924–1988), österreichischer Schriftsteller und Literaturkritiker.

Seite 498: *Schmidt und Frau:* Bundeskanzler Helmut Schmidt und seine Frau Loki waren am 17. Dezember 1980 bei Siegfried Unseld in der Frankfurter Klettenbergstraße zu Gast. Dort trafen sie mit den Suhrkamp-Autoren Elisabeth Borchers, Max Frisch, Uwe Johnson, Wolfgang Koeppen, Adolf Muschg, Wolfgang Hildesheimer und Martin Walser zusammen. Die Polaroid-Fotos, die Joachim Unseld machte, beschriftete Walser ein paar Tage später und machte daraus einen kleinen Fotoroman. Die Bild-Story wurde zu Schmidts 85. Geburtstag in der «Zeit» publiziert (Die Zeit 1/2004, 22.12.2003) (http://www.zeit.de/2004/01/Abend_mit_Kanzler).

Alice: Alice Locke-Carey, amerikanische Geliebte von Max Frisch, Vorbild der Figur der Lynn in der Erzählung «Montauk».

Wolfgang Hildesheimer (1916–1991): Schriftsteller, Maler, Hörspielautor, Dramatiker. Er erhielt 1966 den Büchnerpreis.

Seite 499: *Adolf Muschg* (geb. 1934): Schweizer Schriftsteller, Autor des Suhrkamp Verlages bis 2010.

Seite 502: *Hölty:* Ludwig Christoph Heinrich Hölty (1748–1776), volkstümlicher deutscher Dichter des Sturm und Drang, der sich dem Göttinger Hainbund anschloss.

Seite 512: *Heines Tränen:* Dankrede zur Verleihung der Heine-Plakette am 19. Februar 1981 in Düsseldorf (in: Werke XII, S. 391).

Dieter Henrich (geb. 1927): Philosoph, wurde 1981 nach München berufen. Beschäftigt sich vor allem mit dem deutschen Idealismus.

Frau Domin: Hilde Domin (1909–2006): Deutsche Lyrikerin jüdischer Herkunft, lebte von 1932–1954 im Exil in wechselnden Ländern.

Majdanek-Prozess: Dauerte von 1975–1981. Angeklagt vor dem Landgericht Düsseldorf waren 16 ehemalige SS-Leute des Konzentrationslagers.

Seite 514: *Beißner:* Friedrich Beißner (1905–1977), Literaturwissenschaftler, Doktorvater von Martin Walser in Tübingen. Herausgeber der Stuttgarter Hölderlin-Ausgabe und Kafka-Experte.

Seite 518: *Peymann:* Claus Peymann (geb. 1937), Theaterregisseur und Intendant, von 1979 bis 1986 am Schauspielhaus Bochum. Seit 1999 ist er Intendant des Berliner Ensembles.

Seite 519: *Frau Zeller:* Eva Zeller (geb. 1923), deutsche Schriftstellerin, Mitglied und im Jahr 1981 auch Vizepräsidentin der Deutschen Akademie für Sprache und Dichtung in Mainz.

Seite 521: *Wolfgang Werner:* Vgl. Anmerkung Seite 242.

Seite 522: *Gert Neumann* (geb. 1942): Schriftsteller aus der DDR. Konnte dort nicht veröffentlichen, wurde 1969 aus der SED ausgeschlossen. Walser hat sich wiederholt über ihn geäußert und bewunderte seinen Roman «Elf Uhr». Das Buch erschien 1981 bei S. Fischer. Zur Neuauflage 1999 schrieb Walser ein Vorwort.

Seite 525: *Pezold:* Klaus Pezold (geb. 1937), Professor für deutsche Literaturgeschichte an der Karl-Marx-Universität Leipzig. Promovierte 1966 ebendort über «Das literarische Schaffen Martin Walsers».

Seite 526: *Marquardt:* Hans Marquardt (1920–2004), Martin Walsers Verleger in der DDR, leitete von 1961 bis 1987 den Verlag Philipp Reclam jun. in Leipzig.

Dr. Keller: Dietmar Keller (geb. 1942): SED-Kulturpolitiker. Von 1977 bis 1984 war er Sekretär für Wissenschaft, Volksbildung und Kultur der SED-Bezirksleitung Leipzig. In der Wendezeit war er von Dezember 1989 bis März 1990 Kulturminister in der Regierung Hans Modrow.

Seite 527: *Seine Mutter ist Schriftstellerin:* Margarete Neumann (1917–2002) war Lyrikerin, Vertreterin des sozialistischen Realismus.

Werner Tübke (1929–2004): Maler. Gehörte zu den bedeutendsten Künstlern der DDR und neben Bernhard Heisig und Wolfgang Mattheuer zur sogenannten «Leipziger Schule». Bekannt war er u. a. für sein Bauernkriegspanorama in Bad Frankenhausen, an dem er von 1976 bis 1987 arbeitete. Zunächst fertigte er ein Modell im Maßstab 1:10 an, das dann zu übertragen war.

Seite 529: *Herr Witt:* Hubert Witt (geb. 1935), Lektor beim Leipziger Reclam Verlag.

Kunze: Reiner Kunze (geb. 1933), Schriftsteller, Lyriker. 1976 erschien sein Buch «Die wunderbaren Jahre», das sich kritisch mit der Militarisierung der DDR-Gesellschaft auseinandersetzte. Kunze wurde daraufhin aus dem DDR-Schriftstellerverband ausgeschlossen; 1977 übersiedelte er in die Bundesrepublik.

Seite 530: *Wulf Kirsten* (geb. 1934): Lyriker und Prosaautor aus der DDR. Erhielt 1987 für seine Gedichte den Peter-Huchel-Preis.

Professor Dr. Hahn: Karl-Heinz Hahn (1921–1990), Professor für Germanistik, Direktor des Goethe- und Schiller-Archivs und Präsident der Goethe-Gesellschaft in Weimar.

Seite 532: *In Goethes Hand:* Theaterstück von Martin Walser. Die Uraufführung war am 18.12.1982 im Wiener Burgtheater.

Seite 536: *Hermann Kant* (geb. 1926): DDR-Schriftsteller und Kulturfunktionär. Von 1978 bis 1990 Vorsitzender des Schriftstellerverbands der DDR.

Höpcke: Klaus Höpcke (geb. 1933): 1973–1989 stellvertretender Minister für Kultur der DDR, zuständig für das Verlags- und Buchwesen und damit auch in oberster Instanz für die Zensurpraxis verantwortlich.

Fühmann: Franz Fühmann (1922–1984): Schriftsteller, Lyriker, Kinderbuchautor in der DDR. Nach einer prägenden Jugend im Nationalsozialismus wandelte er sich zum überzeugten Sozialisten, geriet aber in immer stärkeren Widerspruch zur Politik der SED und zur DDR-Wirklichkeit.

Hilbig: Wolfgang Hilbig (1941–2007): Schriftsteller, Lyriker, Erzähler aus dem Braunkohlegebiet Meuselwitz/Sachsen. Befreundet mit Gert Neumann. Durfte in der DDR nicht veröffentlichen, arbeitete als Heizer. Übersiedelte 1985 in die Bundesrepublik.

Seite 537: *Gudrun Brüne* (geb. 1941): Deutsche Malerin, war mit Bernhard Heisig verheiratet.

Bernhard Heisig (1925–2011): Deutscher Maler, gehörte neben Wolfgang Mattheuer und Werner Tübke zur sogenannten «Leipziger Schule».

Monika Maron (geb. 1941): Schriftstellerin. Arbeitete zunächst als Reporterin der DDR-Zeitung «Wochenpost». Ihr Debütroman «Flugasche» über Umweltzerstörungen in der DDR erschien 1981 nur im Westen, bei S. Fischer. 1988 verließ sie die DDR.

Seite 539: *Hager:* Kurt Hager (1912–1998), DDR-Politiker und Funktionär, als Mitglied des ZK der SED und des Politbüros zuständig für die Kulturpolitik.

Caspar: Günter Caspar (1924–1999), Cheflektor des Berliner Aufbau Verlages. Ursula Reinhold und Angela Drescher waren dort Lektorinnen.

Seite 540: *Stierblut:* Ungarischer Rotwein, Egri Bikavér, in Deutschland bekannt als Erlauer Stierblut.

Seite 547: *SBG:* Schweizer Bankgesellschaft.

Seite 549: *Palais Fest:* Gemeint ist das Wohnhaus von Joachim Fest (vgl. die Anmerkung zu Seite 328).

Seite 552: *Hochhuth:* Rolf Hochhuth (geb. 1931), deutscher Dramatiker. Bekannt wurde er mit seinem ersten Stück «Der Stellvertreter» (1963) über Papst Pius XII. und die Haltung des Vatikans gegenüber Faschismus und Holocaust.

Plenzdorf: Ulrich Plenzdorf (1934–2007), Schriftsteller, Dramatiker, Drehbuchautor aus der DDR. Bekannt geworden mit seinem ersten Werk, «Die neuen Leiden des jungen W.», und mit dem Drehbuch zum Film «Die Legende von Paul und Paula».

Martin Zingg (geb. 1951): Schweizer Autor, Lyriker, Mitherausgeber der Literaturzeitschrift «Drehpunkt».

Manfred Bosch (geb. 1947): Deutscher Schriftsteller, Literaturkritiker und Herausgeber, beschäftigt sich insbesondere mit dem Bodenseeraum und alemannischer Kulturgeschichte.

Seite 553: *Peter Stein* (geb. 1937): Deutscher Theaterregisseur, von 1970 bis 1985 Leiter der Berliner Schaubühne.

Seite 560: *Klettenbergstraße:* Wohnhaus von Siegfried Unseld.

Fellinger: Raimund Fellinger (geb. 1951), Lektor im Suhrkamp Verlag, seit 1980 verantwortlich für die edition suhrkamp, seit 2006 Cheflektor.

Gisela Elsner (1937–1992): Deutsche Schriftstellerin. War 1964, in der Zeit, an die Walser sich hier erinnert, mit dem Lektor Klaus Roehler verheiratet. Zu dem betreffenden Abend mit Johnson vgl. Jörg Magenau, Martin Walser, S. 184.

Boehlich: Walter Boehlich (1921–2006), Literaturkritiker, Herausgeber, Lektor, von 1957 bis 1968 Cheflektor des Suhrkamp Verlages. Schied nach dem Streit zwischen Lektoren und Unseld um Sozialisierung, Mitbestimmung und ein neues Statut aus dem Verlag aus.

Seite 562: *Grieshaber:* HAP Grieshaber (1909–1981), Maler und Grafiker, berühmt vor allem für seine großformatigen Holzschnitte. Zusammen mit Walser setzte er sich für eine Kulturgewerkschaft «IG Kultur» ein.

Seite 570: *Bernhard Böschenstein* (geb. 1931): Schweizer Literaturwissenschaftler, Hölderlin-Experte, von 1964 bis 1998 Professor an der Universität Genf.

Seite 573: *Hart Nibbrig:* Christiaan L. Hart Nibbrig (geb. 1944): Schweizer Literaturwissenschaftler, 1980–2008 Professor an der Universität Lausanne.

Seite 577: *Peter de Mendelssohn* (1908–1982): Journalist und Schriftsteller, emigrierte 1933 als Jude aus Nazideutschland nach London und war nach 1945 im Auftrag der Briten maßgeblich am Neuaufbau eines demokratischen Pressewesens beteiligt, berichtete von den «Nürnberger Prozessen», Mitbegründer des «Tagesspiegel» und der «Welt» in Berlin.

Seite 578: *Walter Höllerer* (1922–2003): Schriftsteller, Literaturwissenschaftler und -kritiker, gehörte zur Gruppe 47, war Gründer des «Literarischen Colloquiums» in Berlin, von 1959 bis 1988 Professor an der TU Berlin. In seinem Oberpfälzer Geburtsort gründete er 1977 das Literaturarchiv Sulzbach-Rosenberg.

Seite 580: *Janker:* Josef W. Janker (1922–2010), ein von Walser geförderter Schriftsteller aus Ravensburg, las durch Walsers Vermittlung auch mehrmals in der Gruppe 47.

Seite 584: *Sophie:* Sophie Lang, Schwester von Martin Walsers Mutter Augusta.

Seite 586: *Hans:* Hans Lang, Sohn von Sophie Lang.

Seite 587: *Herr Kruntorad:* Paul Kruntorad (1935–2006), österreichischer Schriftsteller, Herausgeber, Lektor und Ausstellungskurator.

Seite 589: *Marré:* Heribert Marré (1925–2006), seit 1971 kaufmännischer Geschäftsführer der Verlage Suhrkamp und Insel.

Seite 591: *Klasen:* Karl Klasen (1909–1991), von 1970 bis 1977 Präsident der Deutschen Bundesbank.

Küng: Hans Küng (geb. 1928), Schweizer Theologe, von 1960 bis 1996 Professor in Tübingen. 1979 entzog die katholische Kirche ihm aufgrund seiner Kritik am Dogma der päpstlichen Unfehlbarkeit ihre Lehrbefugnis.

Seite 592: *Schlageter:* Walser schrieb einen Essay über Schlageter, der in der Zeitschrift «allmende» (1981/82) erschien. Albert Leo Schlageter (1894–1923) gehörte nach dem Ersten Weltkrieg verschiedenen Freikorps an, kämpfte mit Sprengstoffanschlägen gegen die französische Besatzung des Ruhrgebietes und wurde von einem französischen Militärgericht zum Tode verurteilt. Die Propaganda der Nationalsozialisten machte aus ihm einen ihrer Märtyrer; Walser versuchte in seinem Text, Schlageter von dieser Vereinnahmung zu befreien (in: Heilige Brocken, S. 102; Werke XI, S. 668).

Dienstbüchlein: Buch von Max Frisch aus dem Jahr 1974, in dem er sich kritisch mit dem sogenannten «Aktivdienst» beim Schweizer Militär auseinandersetzt.

Reinharts: Die Schweizer Unternehmerfamilie Reinhart ermöglichte – auf Vermittlung von Hermann Hesse – 1950 als Geldgeber die Gründung des Suhrkamp Verlages und erhielt dafür Verlagsanteile von 50 %. 1999 verkaufte die Familie 21 % an Siegfried Unseld; die restlichen 29 % gingen 2006 an den Hamburger Investor Hans Barlach.

Seite 597: *Freiligrath:* Ferdinand Freiligrath (1810–1876), freiheitlicher deutscher Dichter, der besonders während der 1848er Revolution einflussreich war («Trotz alledem!») und mit Marx und Engels zusammenarbeitete. Als Bühnenfigur tritt er in Walsers Theaterstück «In Goethes Hand» auf.

Seite 598: *Rekurrensparese:* Schädigung des Nervs, der für Kehlkopfmuskulatur und damit für Stimmgebung und Atmung wichtig ist.

MEW: Marx-Engels-Werke.

Seite 601: *Dieser Brief:* Vermutlich hatte Unseld seine (kritische) Haltung über Reich-Ranickis Laudatio auf Walser (bei der Verleihung der Heine-Plakette) den Herausgebern der FAZ mitgeteilt, nachdem dessen Text dort publiziert worden war (vgl. die Einträge vom 20.2. und 30.3.1981). Das wiederum verärgerte Reich-Ranicki.

Seite 602: *Leutenegger:* Gertrud Leutenegger (geb. 1948), Schweizer Schriftstellerin, erhielt 1978 in Klagenfurt den Ingeborg-Bachmann-Preis, wo Reich-Ranicki einer der Juroren war.

Brasch: Thomas Brasch (1945–2001), Schriftsteller aus der DDR. Brasch wuchs in einer jüdischen Emigrantenfamilie auf, der Vater war stellvertretender Kulturminister der DDR. Nachdem er 1976 das Protestschreiben gegen die Ausbürgerung Biermanns unterzeichnet hatte, stellte er einen Ausreiseantrag und kam 1977 in die Bundesrepublik. Im selben Jahr erschien das Buch «Vor den Vätern sterben die Söhne». 1980 erhielt er den FAZ-Preis für Literatur.

Seite 603: *Villa Hammerschmidt:* Wohn- und Amtssitz des Bundespräsidenten in Bonn.

Carstens: Karl Carstens (1914–1992), CDU-Politiker, Bundespräsident von 1979–1984, wegen seiner einstigen NSDAP-Mitgliedschaft war er umstritten.

Scheel: Walter Scheel (geb. 1919), FDP-Politiker, von 1969 bis 1974 Bundesaußenminister, von 1974 bis 1979 Bundespräsident.

Seite 605: *Enzensberger-Brief:* Am 4.9.1981 hatte Walser zu Brechts 25. Todestag im Schauspielhaus Frankfurt eine Rede gehalten und darin die typische Dichterbiographie seit Brechts Tod als Weg vom Alles-Kritisierer zum «heiteren und traurigen Genießer seiner selbst» dargestellt. Enzensberger reagierte auf diese Rede (vgl. Martin Walser, Werke XII, S. 420, und Jörg Magenau, Martin Walser, S. 385).

Seite 606: *Rühle:* Günther Rühle (geb. 1924), Theaterkritiker der FAZ, ab 1974 Feuilletonchef. 1985 bis 1990 war er Intendant des Schauspiels Frankfurt.

Seite 610: *Michael Curschmann* (geb. 1936), Germanistikprofessor in Princeton.

Seite 613: *Stanley Corngold:* Germanistikprofessor in Princeton.

Joseph Heller (1923–1999): US-amerikanischer Schriftsteller, bekannt vor allem durch seinen militärsatirischen Debütroman «Catch-22».

Seite 616: *Updike:* John Updike (1932–2009): US-amerikanischer Schriftsteller, bekannt geworden vor allem mit seiner «Rabbit»-Tetralogie.

Sadat sei tot: Der ägyptische Staatspräsident und Friedensnobelpreisträger Anwar as-Sadat wurde am 6. Oktober 1981 Opfer eines Attentats.

Hugo Kuhn (1909–1978): Deutscher Mediävist, von 1954 bis 1978 Professor in München.

Seite 620: *Ralph Ley* (1929–2007): Professor für deutsche, russische und osteuropäische Literatur an der Rutgers Universit.

Demetz: Peter Demetz (geb. 1922), deutsch-amerikanischer Literaturwissenschaftler und Literaturkritiker jüdischer Herkunft aus Prag. Von 1972–1991 war er Professor in Yale. Herausgeber und Übersetzer tschechischer Literatur.

Seite 622: *Ivan Nagel* (1931–2012): Theaterkritiker, Publizist und Intendant. 1931 in Budapest in eine jüdische Familie hineingeboren, überlebte er den Holocaust in einem Versteck. In den 60er Jahren wurde er Chefdramaturg der Münchner Kammerspiele, war von 1972 bis 1979 Intendant am Schauspielhaus Hamburg, schließlich, 1989 bis 1996, Professor an der Hochschule der Künste (heute UdK) in Berlin.

Frau Piscator: Maria Ley (1898–1999): Tänzerin, Ehefrau von Erwin Piscator.

Seite 625: *Darmstadt:* Verleihung des Georg-Büchner-Preises an Martin Walser am 25. 10. 1981 in Darmstadt.

Erich Heller (1911–1990): Germanist, Essayist jüdisch-böhmischer Herkunft, lebte seit 1939 in England.

Ilse Langner (1899–1987): Deutsche Dramatikerin und Schriftstellerin.

Seite 626: *Professor Martini:* Fritz Martini (1909–1991), Germanist und Anglist, Professor an der Technischen Hochschule in Stuttgart, Herausgeber des Jahrbuches der Deutschen Schillergesellschaft.

Manès Sperber (1905–1984): Philosoph, Sozialpsychologe, Schriftsteller. Aufgewachsen in einer jüdischen Familie in Galizien, Mitglied der KPD in den 20er Jahren, überlebte die NS-Zeit im Exil hauptsächlich in Frankreich, Bruch mit der Partei und dem Stalinismus 1937, entging der Deportation durch Flucht in die Schweiz, kehrte nach 1945 nach Paris zurück, wo er bis zu seinem Tod lebte.

Andy Warhol (1928–1987): US-amerikanischer Künstler, Repräsentant der Pop-Art.

Seite 628: *Sieburg:* Friedrich Sieburg (1893–1964), Literaturkritiker, Literaturwissenschaftler. Er verriss Walsers Roman «Halbzeit» unter dem Titel «Toter Elefant auf einem Handkarren» (FAZ, 3.12.1960).

Ernst Schnabel (1913–1986): Deutscher Schriftsteller, Radio-Autor, leitete die Sektion Literatur der Akademie der Künste Berlin.

Die Plessen: Elisabeth Plessen (geb. 1944), Schriftstellerin, Übersetzerin, Herausgeberin. Übersetzte zusammen mit Ernst Schnabel Werke Ernest Hemingways.

Hermlin: Stephan Hermlin (1915–1997), Schriftsteller und eine Art *elder statesman* der DDR-Kulturpolitik. Er protestierte 1976 gegen die Ausbürgerung Wolf Biermanns und gehörte zu denen, die sich stets für den Austausch zwischen Ost und West einsetzten.

Wolfgang Fortner (1907–1987): Komponist, Dirigent.

Seite 629: *Dr. Rosenbaum:* Wladimir Rosenbaum (1894–1984), Schweizer Kunsthändler und Antiquar.

Stuckenschmidt: Hans Heinz Stuckenschmidt (1901–1988), Musikwissenschaftler und Musikkritiker.

Seite 630: *Rach:* Rudolf Rach, Theater-Lektor des Suhrkamp Verlages.

Seite 633: *Alf Brustellin:* Vgl. Anmerkung zu Seite 14.

Seite 635: *Lietzau:* Hans Lietzau (1913–1991): Schauspieler, Regisseur und Intendant.

Seite 642: *Claude Simon* (1913–2005): Französischer Schriftsteller, Vertreter des Nouveau roman, erhielt 1985 den Nobelpreis für Literatur.

Maurice Nadeau (1911–2013): Französischer Schriftsteller, Verleger, Kritiker, Herausgeber der Literaturzeitschrift «La Quinzaine littéraire».

Seite 644: *In Polen zuerst Kriegsrecht:* Auf die von der Gewerkschaft Solidarność unter Lech Wałęsa ausgelösten Unruhen reagierte die polnische Kommunistische Partei- und Staatsführung unter General Wojciech Jaruzelski mit der Ausrufung des Kriegsrechts am 13. Dezember 1981 – auch um ein militärisches Eingreifen der Sowjetunion zu verhindern. Bundeskanzler Helmut Schmidt befand sich zu diesem Zeitpunkt auf Staatsbesuch in der DDR.

Seite 645: *Kreisky:* Bruno Kreisky (1911–1990), österreichischer Sozialdemokrat, von 1970 bis 1983 Bundeskanzler der Republik Österreich.

Seite 646: *Brief an Lord Liszt angefangen:* Vgl. Anmerkung zu Seite 13.

Namenregister

MIX
Papier aus verantwortungsvollen Quellen
FSC® C083411

Das für dieses Buch verwendete FSC®-zertifizierte Papier
Creamy liefert Stora Enso, Finnland.